中國國家圖書館編

國家圖書館藏敦煌遺書

第九十九册　北敦〇七八〇一號——北敦〇七九五二號

北京圖書館出版社

圖書在版編目(CIP)數據

國家圖書館藏敦煌遺書·第九十九册/中國國家圖書館編;任繼愈主編.—北京:北京圖書館出版社,2008.6

ISBN 978-7-5013-3251-9

Ⅰ.國… Ⅱ.①中…②任… Ⅲ.敦煌學-文獻 Ⅳ.K870.6

中國版本圖書館 CIP 數據核字(2008)第 030809 號

書　　名　國家圖書館藏敦煌遺書·第九十九册
著　　者　中國國家圖書館編　任繼愈主編
責任編輯　徐　蜀　孫　彦
封面設計　李　璀

出　　版　北京圖書館出版社　(100034　北京西城區文津街 7 號)
發　　行　010-66139745　66151313　66175620　66126153
66174391(傳真)　66126156(門市部)
E-mail　cbs@nlc.gov.cn(投稿)　btsfxb@nlc.gov.cn(郵購)
Website　www.nlcpress.com
經　　銷　新華書店
印　　刷　北京文津閣印務有限責任公司

開　　本　八開
印　　張　49.75
版　　次　2008 年 6 月第 1 版第 1 次印刷
印　　數　1-250 册(套)

書　　號　ISBN 978-7-5013-3251-9/K·1478
定　　價　990.00 圓

編輯委員會

出版委員會

攝製人員（按姓氏筆畫排列）

原件修整人員（按姓氏筆畫排列）

目録

波羅蜜善男
持戒波羅蜜云
為一切衆生作煩
善趣門四者過於
功德皆悉滿足善
就持戒波羅蜜善田
薩成就忍辱波羅蜜云
瞋煩惱二者不惜身命
三者思惟往業遭苦能忍
就衆生諸善根故五者
善男子是名菩薩摩訶
善男子復依五法菩薩
羅蜜云何為五一者與諸
者福德未具不受安樂三者於諸
之事不生厭心四者以大慈悲攝
便成熟一切衆生五者願求不退轉
子是名菩薩摩訶薩成就勤策波

BD07801號　金光明最勝王經卷四　（5–1）

羅蜜云何為五一者與諸
者福德未具不受安樂三者於諸
之事不生厭心四者以大慈悲攝
便成熟一切衆生五者願求不退轉
子是名菩薩摩訶薩成就勤策波
子復依五法菩薩摩訶薩成就靜
云何為五一者於諸善法攝令不
願解脫不著二邊故三者願
衆生諸善根故四者為淨法界除心垢故
五者為斷衆生煩惱根本故善男子是名菩
薩摩訶薩成就靜慮波羅蜜善男子復依五
法菩薩摩訶薩成就智慧波羅蜜云何為五
一者常於一切諸佛菩薩及明智者供養親
近不生厭背二者諸佛如來說甚深法心常
樂聞無有厭足三者真俗勝智樂善分別四
者見修煩惱咸速斷除五者世間伎術五明
之法皆悉通達善男子是名菩薩摩訶薩成
就智慧波羅蜜善男子復依五法菩薩摩訶
薩成就方便波羅蜜云何為五一者於一切
衆生意樂煩惱心行差別悉皆通達二者無
量諸法對治之門心皆曉了三者大慈悲定
出入自在四者於諸波羅蜜多皆願修行成
就滿足五者一切佛法皆願了達攝受無遺
善男子是名菩薩摩訶薩成就方便勝智波
羅蜜善男子復依五法菩薩摩訶薩成就願

BD07801號　金光明最勝王經卷四　（5–2）

出入自在四者於諸波羅蜜多皆修行成
熟滿足五者一切佛法皆願了達攝受無遺
善男子是名菩薩摩訶薩成就方便勝智波
羅蜜善男子復依五法菩薩摩訶薩成就願
波羅蜜云何為五一者於一切法從本以來不
生不滅非有非無心得安住二者觀一切法
深最妙理趣離垢清淨心得安住三者過一
切相心本真如無作無行不異不動心得安
住四者為欲利益諸眾生事於俗諦中心得
安住五者於奢摩他毗鉢舍那同時運行心
得安住善男子是名菩薩摩訶薩成就願波
羅蜜善男子復依五法菩薩摩訶薩成就力
波羅蜜云何為五一者以正智力能了一切
眾生心行善惡二者能令一切眾生入於甚
深微妙之法三者一切眾生輪迴生死隨其
緣業如實了知四者於諸眾生三種根性以
正智力能分別知五者於諸眾生如理為說
令種善根成熟度脫皆是智力故善男子是
名菩薩摩訶薩成就力波羅蜜善男子復依
五法菩薩摩訶薩成就智波羅蜜云何為五
一者能於諸法分別善惡二者於黑白法遠
離攝受三者能於生死涅槃不厭不喜四者
具福智行至究竟處五者受勝灌頂能得諸
佛不共法等及一切智智善男子是名菩薩
摩訶薩成就智波羅蜜善男子何者是波羅

BD07801號　金光明最勝王經卷四　（5-3）

離攝受三者能於生死涅槃不厭不喜四者
具福智行至究竟處五者受勝灌頂能得諸
佛不共法等及一切智智善男子是名菩薩
摩訶薩成就智波羅蜜善男子何者是波羅
蜜義所謂修習勝利是波羅蜜義滿足無量
大甚深智是波羅蜜義行非行法心不執著
是波羅蜜義生死過失涅槃功德正覺正觀
是波羅蜜義愚人智人皆悉攝受是波羅蜜
義能現種種珍妙法寶是波羅蜜義無礙解
脫智慧滿足是波羅蜜義法界眾生界正分
別知是波羅蜜義施等及智能令至不退轉
是波羅蜜義無生法忍能令滿足是波羅蜜
義一切眾生功德善根能令成熟是波羅蜜
義能於菩提成佛十力四無所畏不共法等
皆悉成就是波羅蜜義生死涅槃了無二相
是波羅蜜義濟度一切是波羅蜜義一切外
道來相詰難善能解釋令其降伏是波羅蜜
義能轉十二妙行法輪是波羅蜜義無所著
無所見無患累是波羅蜜多義
善男子初地菩薩是相先現三千大千世界
無量無邊種種寶藏無不盈滿菩薩悉見
善男子二地菩薩是相先現三千大千世界地
平如掌無量無邊種種妙色清淨珍寶莊嚴
之具菩薩悉見善男子三地菩薩是相先現
自身勇健甲仗莊嚴一切怨賊皆能摧伏菩
薩悉見善男子四地菩薩是相先現四方風

BD07801號　金光明最勝王經卷四　（5-4）

善男子初地菩薩是相光現三千大千世界
無量無邊種種寶藏無不盈滿菩薩悉見
善男子二地菩薩是相光現三千大千世界地
平如掌無量無邊種種妙色清淨珎寶莊嚴
之具菩薩悉見善男子三地菩薩是相光現
自身勇健甲仗莊嚴一切怨賊皆能摧伏菩
薩悉見善男子四地菩薩是相光現四方風
輪種種妙花悉皆散灑充布地上菩薩悉見
善男子五地菩薩是相光現有妙寶女衆寶
瓔珞周遍嚴身首冠名花以為其飾菩薩悉
見善男子六地菩薩是相光現七寶花池有
四階道金砂遍布清淨無穢八功德水皆悉
盈滿嗢鉢羅花拘物頭花分陁利花隨處莊
嚴於花池所遊戲快樂清涼無比菩薩悉見
善男子七地菩薩是相光現於菩薩前有諸
衆生應墮地獄以菩薩力便得不墮無有損
傷亦無恐怖菩薩悉見善男子八地菩薩是
相光現於身兩邊有師子王以為衛護一切
衆獸悉皆怖畏菩薩悉見善男子九地菩薩

BD07801 號　金光明最勝王經卷四　（5–5）

故須菩提白佛言世尊云何菩薩不受福德
須菩提菩薩所作福德不應貪著是故佛
說不受福德
須菩提若有人言如來若來若去若坐若卧
是人不解我所說義何以故如來者無所從
來亦無所去故名如來
須菩提若善男子善女人以三千大千世界
碎為微塵於意云何是微塵衆寧為多不甚
多世尊何以故若是微塵衆實有者佛則不
說是微塵衆所以者何佛說微塵衆則非微
塵衆是名微塵衆世尊如來所說三千大千
世界則非世界是名世界何以故若世界實
有者則是一合相如來說一合相則非一合
相是名一合相須菩提一合相者則是不可
說但凡夫之人貪著其事須菩提若人言佛
說我見人見衆生見壽者見須菩提於意云

BD07802 號 1　金剛般若波羅蜜經　（3–1）

世界則非世界是名世界何以故若世界實
有者則是一合相如來說一合相則非一合
相是名一合相須菩提一合相者則是不可
說但凡夫之人貪著其事須菩提若人言佛
說我見人見衆生見壽者見須菩提於意云
何是人解我所說義不不也世尊是人不解
如來所說義何以故世尊說我見人見衆生
見壽者見即非我見人見衆生見壽者見是
名我見人見衆生見壽者見須菩提發阿耨
多羅三藐三菩提心者於一切法應如是知
如是見如是信解不生法相須菩提所言法
相者如來說即非法相是名法相
須菩提若有人以滿無量阿僧祇世界七寶
持用布施若有善男子善女人發菩薩心者
持於此經乃至四句偈等受持讀誦為人演
說其福勝彼云何為人演說不取於相如如
不動何以故
一切有為法　如夢幻泡影　如露亦如電　應作如是觀
佛說是經已長老須菩提及諸比丘比丘尼
優婆塞優婆夷一切世間天人阿脩羅聞佛
所說皆大歡喜信受奉行
金剛般若波羅蜜經
發菩提心戒咒

BD07802 號 1　金剛般若波羅蜜經　（3–2）

說其福勝彼云何為人演說不取於相如如
不動何以故
一切有為法　如夢幻泡影　如露亦如電　應作如是觀
佛說是經已長老須菩提及諸比丘比丘尼
優婆塞優婆夷一切世間天人阿脩羅聞佛
所說皆大歡喜信受奉行
金剛般若波羅蜜經
發菩提心戒咒
南无跋伽梵帝　波羅若　波羅蜜哆曳
唵　唎伊　地伊　輸律哆　鼻社耶　莎訶

BD07802 號 1　金剛般若波羅蜜經　（3–3）
BD07802 號 2　發菩提心戒咒

尒時……如來名……法莫於是阿難
彼藥師瑠璃光如來无量菩薩行无量巧
方无量廣大願我若一劫若一劫餘而廣說者
可速盡彼佛行願善巧方便无有盡也
尒時衆中有一菩薩摩訶薩名曰救脫即從
座起偏袒一肩右膝著地曲躬合掌而白佛
言大德世尊像法轉時有諸衆生為種種患
之所困厄長病羸瘦不能飲食喉脣乾燥見
諸方闇死相現前父母親屬朋友知識啼泣
圍遶然彼自身卧在本處見琰魔使引其神
識至于琰魔法王之前然諸有情有俱生神
隨其所作若罪若福皆具書之盡持授與琰
魔法王尒時彼王推問其人筭計所作隨其
罪福而處斷之時彼病人親屬知識若能為
彼歸依世尊藥師瑠璃光如來請諸衆僧轉
讀此經然七層之燈懸五色續命神幡或有
是處彼識得還如在夢中明了自見或經七
日或二十一日或三十五日或四十九日彼

BD07803 號　藥師琉璃光如來本願功德經　（3–1）

魔法王尒時彼王推問其人筭計所作隨其
罪福而處斷之時彼病人親屬知識若能為
彼歸依世尊藥師瑠璃光如來請諸衆僧轉
讀此經然七層之燈懸五色續命神幡或有
是處彼識得還如在夢中明了自見或經七
日或二十一日或三十五日或四十九日彼
識還時如從夢覺皆自憶知善不善業所得
果報由自證見業果報故乃至命難亦不造
作諸惡之業是故淨信善男子善女人等皆
應受持藥師瑠璃光如來名号隨力所能恭
敬供養
尒時阿難問救脫菩薩曰善男子應云何恭
敬供養彼世尊藥師瑠璃光如來續命幡燈
復云何造救脫菩薩言大德若有病人欲脫
病苦當為其人七日七夜受持八分齋戒應
以飲食及餘資具隨力所辦供養苾芻僧晝
夜六時礼拜供養彼世尊藥師瑠璃光如來
讀誦此經四十九遍然四十九燈造彼如來
形像七軀一一像前各置七燈一一燈量大
如車輪乃至四十九日光明不絕造五色綵
幡長四十九搩手應放雜類衆生至四十九
可得過度危厄之難不為諸橫惡鬼所持
復次阿難若刹帝利灌頂王等災難起時所
謂人衆疾疫難他國侵逼難自界叛逆難星
宿變怪難日月薄蝕難非時風雨難過時不
雨難彼刹帝利灌頂王等尒時應於一切有情
起慈悲心赦諸繫閉依前所說供養之法
供養彼世尊藥師瑠璃光如來由此善根及
彼如來本願力故令其國界即得安隱風雨

BD07803 號　藥師琉璃光如來本願功德經　（3–2）

復云何造救脫菩薩言大德若有病人欲脫
病苦當為其人七日七夜受持八分齋戒應
以飲食及餘資具隨力所辦供養苾芻僧晝
夜六時礼拜供養彼世尊藥師瑠璃光如來
讀誦此經四十九遍然四十九燈造彼如來
形像七軀一一像前各置七燈一一燈量大
如車輪乃至四十九日光明不絕造五色綵
幡長四十九搩手應放雜類衆生至四十九
可得過度危厄之難不為諸橫惡鬼所持
復次阿難若剎帝利灌頂王等災難起時所
謂人衆疾疫難他國侵逼難自界叛逆難星
宿變怪難日月薄蝕難非時風雨難過時不
雨難彼剎帝利灌頂王等尒時應於一切有情
起慈悲心赦諸繫閉依前所說供養之法
供養彼世尊藥師瑠璃光如來由此善根及
彼如來本願力故令其國界即得安隱風雨
順時穀稼成熟一切有情无病歡喜於其國
中无有暴惡藥叉等神惱有情者一切惡相
皆即隱沒而剎帝利灌頂王等壽命色力无
病自在皆得增益阿難若帝后妃主儲君王

BD07803號　藥師琉璃光如來本願功德經　（3–3）

法紘經義門領袖彌天避座安遠潛暉見諸反生
内心輕蔑不免償命而便教之与諸學士各立異号
或名驢頭馬頭牛頭羊頭鼉頭象頭豬頭猶頭師
子大虫狼頭豹頭如是惡口不可知數雖授經義不免
其罪身壞命終直墮地獄逕歷數劫受苦無間其
罪畢已生大海中一身百頭受斯水性形容極大見
之馳走

畢陵伽蹉以神足化牧牛女緣

昔釋迦文仏弟子畢陵伽蹉入王舍城巡門乞飯至一
牧牛女家見其女啼哭問曰何故荅言阿闍梨今日節
會衆生人咸集唯我無衣獨不得出尒時尊者即覆
化作種種珎玩真珠瓔珞嚴身衣服与之而去女得
裝束還赴衆會諸人見之怪未曾有問曰卿甚貧
窮那得此服女人懽喜廣説因緣國王聞已即名尊
者曰此衣希有何處得耶尊者即以杖打辟柱床一
切化成黃金寶物尊者白王向来所得只同此也王言

化作種種珍玩真珠瓔珞嚴身衣服与之而去女得
裝束還赴衆會諸人見之怪未曾有問曰卿甚貧
窮那得此服女人惟喜廣說因緣國王聞已即召尊
者曰此衣希有何處得耶尊者即以杖打辟和床一
切化成黃金寶物尊者白王向來所得亦同此也王言
有大神足且各還去

目連化神揵陁羅自說惡口報成獨頭緣

昔迦釋牟尼仏神足弟子大目揵連於雪山中化諸八
部神鬼尒時有揵陁羅神獨居七寶宮殿而与衆別
形容端正聽明俊抜諸相雖具而人身獨頭目連
怪問神答曰吾於惟衛仏時為大富長者常樂供
養悲敬二田為人急性惡口毀呰時有貧人飯食
饕餮少不可意于時不避老少種種惡罵如是無知
之人何如餡猶以此因緣人身獨頭由供養故受此
勝報

梵志化多昧爲緣

往昔有一婆羅門王名多昧爲奉事外道不敬於
仏忽於一日知世無常發大善心廣脩檀施如婆羅
門法先積七寶如山有來乞者任聽自取重擔持
去如是數日其積不減仏知是王宿福應度化作
梵志往到其國王出相見拜問起居大士遠來何所
求索必有所須莫自疑難梵志答言更無別意

BD07804號　金藏論（擬）　（4–2）

門法先積七寶如山有來乞者任聽自取重擔持
去如是數日其積不減仏知是王宿福應度化作
梵志往到其國王出相見拜問起居大士遠來何所
求索必有所須莫自疑難梵志答言更無別意
欲乞珎寶用造屋宅王言大善恣情任取梵志遂
取一重擔行去七步還着本處王問何故梵志答
言此纔足造舍脫其婦怨不足用是以不取王言可
更取三擔梵志取已行七步還着本處王問何為
答曰此纔足取妻又無由地牛馬奴婢是以息意不
取王言更取七擔梵志取已行去七步還着本處
王問何以梵志答取婦脫有男女必當嫁娶吉凶之
會計不足用是以不取王言盡以寶持以奉上梵志
受已而復捨去王甚驚怪而問意曷梵志曰本來

乞約而資於幻飾思念惟人命雖幾人何代而不斷
代何人而不故假使積寶如山終是無利勉皆不如
求無上道是以捨之不取王遂心開意解奉教而
梵志復仏身放光說謁曰
假使積珎寶　嵩高至梵天　如是滿世間　不如見道迹
不善像如善　愛而似無愛　愛而似無愛　以苦為樂像
狂夫之所厭
王既見仏聞法懽喜踴躍王及羣臣奉持五戒一時
得預流果
十誦律中仏在舍衛國[illegible]
賓頭盧化拔提長者慳婦緣

BD07804 號　金藏論（擬）　（4–3）

梵志復仏身放光說謁曰
假使積珎寶　高高至梵天　如是滿世間　不如見道迹
不善像如善　愛而似無愛　愛而似無愛　以苦爲樂像
狂夫之所厭
王既見仏聞法　懽喜踴躍　王及羣臣奉持五戒一時
得預流果
賓頭盧化扶提長者慳婦緣
昔扶提長者阿婦既慳而且怯迴出當令婦賢嫉
獨高往古取他財物七寶未入爲所厭已欲与他一毛
寧肯輕扶時目連語賓頭盧郎合可化此婦安令
信三寶時上坐賓頭盧郎於晨朝日初出時着僧
伽梨衣捧四天王鉢從容徐進到其婦手自造餅
忽見來乞心生熱惱便謂之曰必不与汝何勞心視
鉢縱汝口中烟大出不可得時賓頭盧遍身出
大如燎高原婦謂曰從汝到懸不与汝於是到懸
空中滋揭空而不下盧曰仏不令我化人古諺曰臨拼
頭魚不如退而求網逯便捨去離王舍城不遠有一
大石其狀青葱若垂蕤蒨倩若瑞璵字若鸞迴之
僃鳳轉俳佪數仞高主旬餘踞上飛空人皆逃難

BD07804 號背 1　菩薩受無盡戒羯磨

BD07804 號背 2　菩薩戒羯磨文

（3–1）

BD07804 號背 2　菩薩戒羯磨文

（3–2）

BD07804 號背 2　菩薩戒羯磨文

BD07804 號背 3　鳩摩羅什法師誦法

（3–3）

和戒文一本　深心渴仰尋法座　唯願戒師慈悲廣說
諸菩薩莫煞生　煞生必墮火坑　煞命來生短命報　世〻眼目
復雙盲　勸請道場諸弟子　共斷煞業不須行　佛子　諸菩薩莫偷
盜　偷盜得物櫃嫌少　死後即作畜生身　披毛戴甲來相
報　終日駈牽不暫息　無有切食水草餵　怨迷心不覺智　是
故慇懃重相報　佛子　諸菩薩莫邪婬　邪婬顛倒罪根深　鐵床炭
〻來相向　銅柱黑〻競來假　身遍解皆共爛　因何不發菩提心
諸菩薩莫妄語　妄語當來墮惡趣　不見言見詐虛言　鐵犁
耕舌身遍體　為利名懷彊欺眾生　欺誑師僧及父母　若能懺悔
正思惟　當來必離波吒苦　佛子　諸菩薩莫酤酒　酤酒路銅來灌
口　足下火出　失蓮天　獄卒持金斬兩手　緣為昏癡顛倒人身
作身當身自受　仍被魃將入阿鼻　鑊壓千重無處走　佛子
諸菩薩莫自說　自為善　湯沸毒罪猶如阿剎鄉　長入波吒如關鏈
運明曉夜下長劍　眼耳之中皆流血　罪因罪報罪相深　乃被牛
頭來扶　舌不容乞命　齊外獄卒持杖把挾契　佛子
諸菩薩莫毀他　毀他相將入奈河　刀劍縱橫從後趁　趁入深水
復騰波　湯沸猶如鑊湯沸　一切地獄盡經過　皮膚血肉如流水
何時得離此波吒　佛子　諸菩薩莫多慳　多慳積寶餘似山　見有
貧窮來乞者　一針一草不能捨　貪心不識智報　定當來空手入
黃泉　佛子　諸菩薩莫多瞋　多瞋定受蟒蛇身　宛轉復行無

BD07805號1　和菩薩戒文　　（2–1）

BD07805 號背　散花樂讚文（擬）

（2–1）

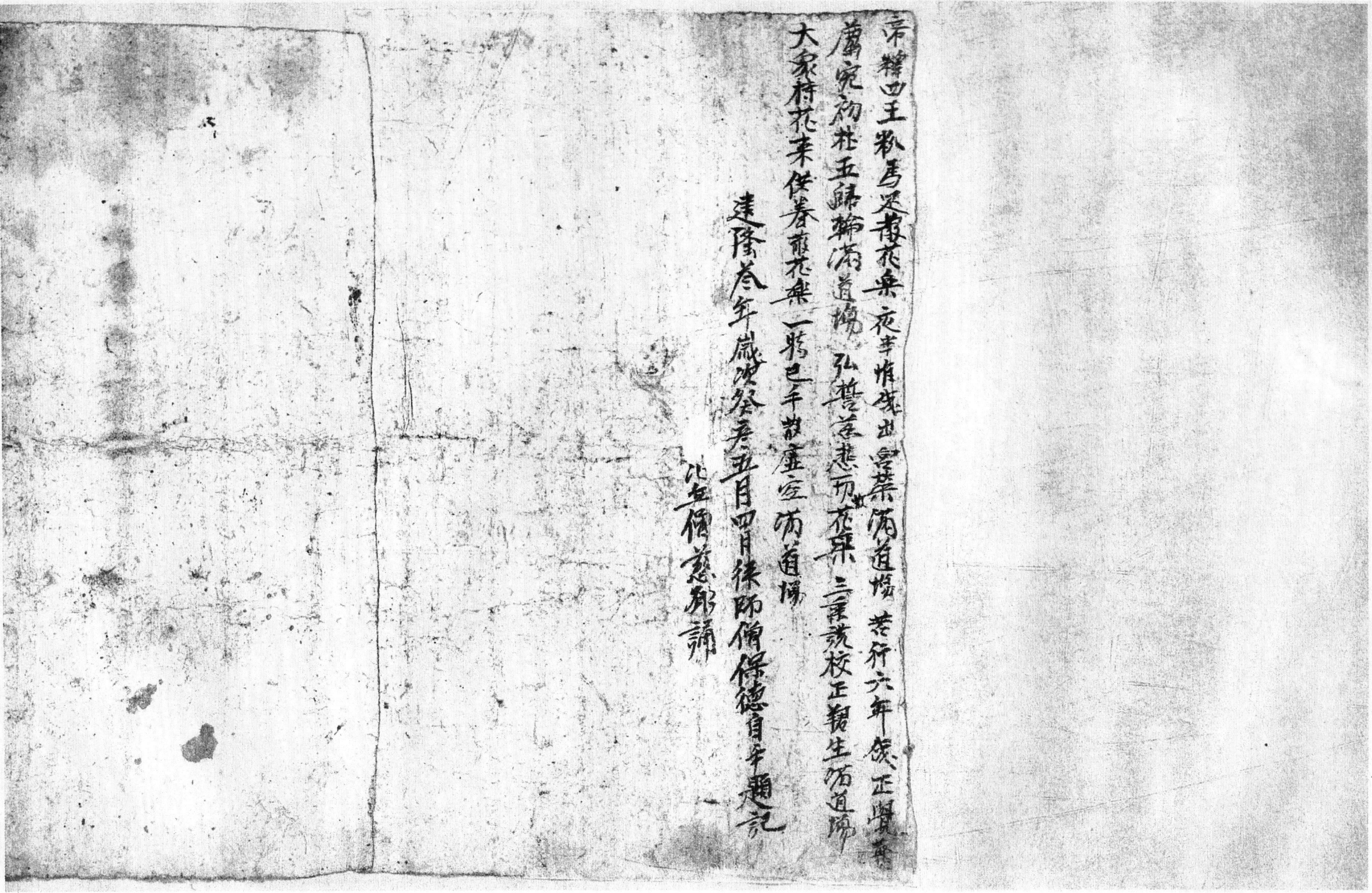

BD07805號背　雜寫　（2–2）

善哉善
哉須菩提如汝所說如來善護念諸菩薩善
付囑諸菩薩汝今諦聽當為汝說善男子善
女人發阿耨多羅三藐三菩提心應如是住
如是降伏其心唯然世尊願樂欲聞
佛告須菩提諸菩薩摩訶薩應如是降伏其
心所有一切衆生之類若卵生若胎生若濕生
若化生若有色若无色若有想若无想若
非有想若非无想我皆令入无餘涅槃而滅度
之如是滅度无量无數无邊衆生實无衆生
得滅度者何以故須菩提若菩薩有我相人
相衆生相壽者相即非菩薩
復次須菩提菩薩於法應无所住行於布施
所謂不住色布施不住聲香味觸法布施須
菩提菩薩應如是布施不住於相何以故若
菩薩不住相布施其福德不可思量須菩提
於意云何東　虛空可思量不不也世尊須
菩提南西北方四維上下虛空可思量不不
也世尊須菩提　无住相布施福德亦復

BD07806號　金剛般若波羅蜜經　（7-1）

菩薩不住相布施其福德不可思量須菩提
於意云何東　虛空可思量不不也世尊須
菩提南西北方四維上下虛空可思量不不
也世尊須菩提　无住相布施福德亦復
如是不可思量　菩薩但應如所教住
須菩提於意云何可以身相見如來不不也世
尊不可以身相得見如來何以故如來所
說身相即非身相佛告須菩提凡所有相皆
是虛妄若見諸相非相則見如來
須菩提白佛言世尊頗有衆生得聞如是言
說章句生實信不佛告須菩提莫作是說如
來滅後後五百歲有持戒脩福者於此章句
能生信心以此為實當知是人不於一佛二
佛三四五佛而種善根已於无量千万佛所
種諸善根聞是章句乃至一念生淨信者須
菩提如來悉知悉見是諸衆生得如是无量
福德何以故是諸衆生无復我相人相衆生
相壽者相无法相亦无非法相何以故是諸
衆生若心取相則為著我人衆生壽者若取
法相即著我人衆生壽者何以故若取非法
相即著我人衆生壽者是故不應取法不應
取非法以是義故如來常說汝等比丘知我
說法如筏喻者法尚應捨何況非法

BD07806號　金剛般若波羅蜜經　（7-2）

法相即著我人衆生壽者何以故若取非法
相即著我人衆生壽者是故不應取法不應
取非法以是義故如来常説汝等比丘知我
説法如筏喻者法尚應捨何况非法
須菩提於意云何如来得阿耨多羅三藐三
菩提耶如来有所説法耶須菩提言如我解
佛所説義无有定法名阿耨多羅三藐三菩
提亦无有定法如来可説何以故如来所説
法皆不可取不可説非法非非法所以者何
一切賢聖皆以无為法而有差别
須菩提於意云何若人滿三千大千世界七
寶以用布施是人所得福德寧為多不須菩
提言甚多世尊何以故是福德即非福德性
是故如来説得福德多須菩提於意云何若
復有人於此経中受持乃至四句偈等為他
人説其福勝彼何以故須菩提一切諸佛及
諸佛阿耨多羅三藐三菩提法皆從此経出
須菩提所謂佛法者即非佛法
須菩提於意云何須陁洹能作是念我得須
陁洹果不須菩提言不也世尊何以故須陁
洹名為入流而无所入不入色聲香味觸法
是名須陁洹須菩提於意云何斯陁含能作
是念我得斯陁含果不須菩提言不也世尊

BD07806 號　金剛般若波羅蜜經　（7–3）

陁洹果不須菩提言不也世尊何以故須陁
洹名為入流而无所入不入色聲香味觸法
是名須陁洹須菩提於意云何斯陁含能作
是念我得斯陁含果不須菩提言不也世尊
何以故斯陁含名一往来而實无往来是名
斯陁含須菩提於意云何阿那含能作是念
我得阿那含果不須菩提言不也世尊何以
故阿那含名為不来而實无来是故名阿那
含須菩提於意云何阿羅漢能作是念我得
阿羅漢道不須菩提言不也世尊何以故實
无有法名阿羅漢世尊若阿羅漢作是念我
得阿羅漢道即為著我人衆生壽者世尊佛
説我得无諍三昧人中最為第一是第一離
欲阿羅漢我不作是念我是離欲阿羅漢世
尊我若作是念我得阿羅漢道世尊則不説
須菩提是樂阿蘭那行者以須菩提實无所
行而名須菩提是樂阿蘭那行
佛告須菩提於意云何如来昔在然燈佛所
於法有所得不世尊如来在然燈佛所於法
實无所得須菩提於意云何菩薩莊嚴佛土
不不也世尊何以故莊嚴佛土者則非莊嚴
是名莊嚴是故須菩提諸菩薩摩訶薩應如
是生清淨心不應住色生心不應住聲香味
觸法生心應无所住而生其心須菩提譬如
有人身如須弥山王於意云何是身為大不
須菩提言甚大世尊何以故佛説非身是名
大身須菩提如恒河中所有沙數如是沙等

BD07806 號　金剛般若波羅蜜經　（7–4）

觸法生心應无所住而生其心須菩提辟如
有人身如須弥山王於意云何是身為大不
須菩提言甚大世尊何以故佛說非身是名
大身須菩提如恒河中所有沙數如是沙等
恒河於意云何是諸恒河沙寧為多不須菩
提言甚多世尊但諸恒河尚多无數何况其
沙須菩提我今實言告汝若有善男子善女
人以七寶滿尒所恒河沙數三千大千世界
以用布施得福多不須菩提言甚多世尊佛
告須菩提若善男子善女人於此經中乃至
受持四句偈等為他人說而此福德勝前福
德復次須菩提隨說是經乃至四句偈等當
知此處一切世間天人阿脩羅皆應供養如佛
塔廟何况有人盡能受持讀誦須菩提當
知是人成就㝡上第一希有之法若是經典
所在之處則為有佛若尊重弟子
尒時須菩提白佛言世尊當何名此經我等
云何奉持佛告須菩提是經名為金剛般若
波羅蜜以是名字汝當奉持所以者何須菩
提佛說般若波羅蜜則非般若波羅蜜須菩
提於意云何如来有所說法不須菩提白佛
言世尊如来无所說須菩提於意云何三千
大千世界所有微塵是為多不須菩提言甚
多世尊須菩提諸微塵如来說非微塵是名
微塵如来說世界非世界是名世界須菩提
於意云何可以三十二相見如来不不也世
尊何以故如来說三十二相即是非相是名
三十二相須菩提若有善男子善女人以恒

BD07806號　金剛般若波羅蜜經　（7–5）

大千世界所有微塵是為多不須菩提言甚
多世尊須菩提諸微塵如来說非微塵是名
微塵如来說世界非世界是名世界須菩提
於意云何可以三十二相見如来不不也世
尊何以故如来說三十二相即是非相是名
三十二相須菩提若有善男子善女人以恒
河沙等身命布施若復有人於此經中乃至
受持四句偈等為他人說其福甚多
尒時須菩提聞說是經深解義趣涕淚悲泣
而白佛言希有世尊佛說如是甚深經典我
從昔来所得慧眼未曾得聞如是之經世尊
若復有人得聞是經信心清淨則生實相當
知是人成就第一希有功德世尊是實相者
則是非相是故如来說名實相世尊我今得
聞如是經典信解受持不足為難若當来世
後五百歳其有衆生得聞是經信解受持是
人則為第一希有何以故此人无我相人相衆
生相壽者相所以者何我相即是非相人相
衆生相壽者相即是非相何以故離一切諸
相則名諸佛佛告須菩提如是如是若復有人
得聞此經不驚不怖不畏當知是人甚為希有
何以故須菩提如来說第一波羅蜜非第一波
羅蜜是名第一波羅蜜須菩提忍辱波羅蜜
如来說非忍辱波羅蜜何以故須菩提如我
昔為歌利王割截身體我於尒時无我相无
人相无衆生相无壽者相何以故我於往昔
節節支解時若有我相人相衆生相壽者相
應生瞋恨須菩提又念過去於五百世作忍
辱仙人於尒所世无我相无人相无衆生相
无壽者相何以故我於往是故須菩提菩薩

BD07806號　金剛般若波羅蜜經　（7–6）

人相无衆生相无壽者相何以故我於往昔
節節支解時若有我相人相衆生相壽者相
應生瞋恨須菩提又念過去於五百世作忍
辱仙人於尒所世无我相无人相无衆生相
无壽者相何以故我於往是故須菩提菩薩
應離一切相發阿耨多羅三藐三菩提心不
應住色生心不應住聲香味觸法生心應
一所住心若心有住則為非住是故佛說
薩心不應住色布施須菩提菩薩為利
切衆生應如是布施如来說一切諸相
是非相又說一切衆生則非衆生須菩提
如来是真語者實語者如語者不誑語者不
異語者須菩提如来所得法此法无實无虛
須菩提若菩薩心住於法而行布施如人入
闇則无所見若菩薩心不住法而行布施如
人有目日光明照見種種色須菩提當来之
世若有善男子善女人能於此經受持讀誦
則為如来以佛智慧悉知是人悉見是人皆
得成就无量无邊功德
須菩提若有善男子善[illegible]初日分以恒河
沙等身布施中日分[illegible]有
後日[illegible]

BD07806號　金剛般若波羅蜜經　（7–7）

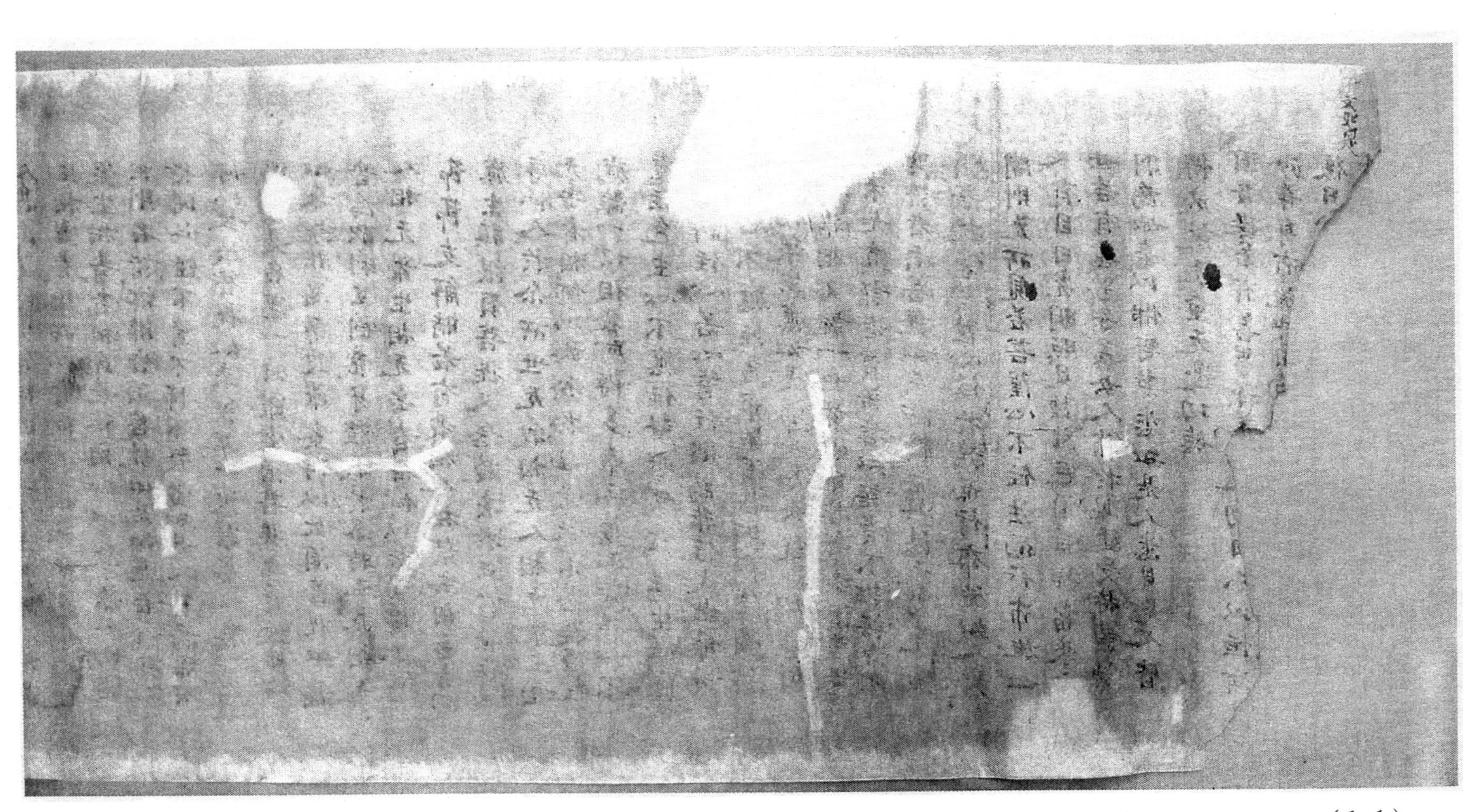

BD07806號背　雜寫　（1–1）

尒時如來復語阿難日月層照盲者不見
尒時阿難重白世尊云何是明云何是盲
尒時世尊答言阿難脩福者是明不脩福
者是盲阿難復白佛言世尊脩福者不見由
何世尊告阿難脩福不見我身郭聞佛光洒
湲三寶是以不得見我佛語菩薩聞此經者
心生歡喜如子見母遠行得歸如飢得食如
渴得漿如此之人盡心爲說
佛語阿難食肉之人喻如群狗爭骨各各貪
多見其猪羊常作煞想見其臯肉如猫覻擧
專心用意令身信解佛法者從人道中來令
身不信佛法者從畜生中來造罪不懺悔
者喻如運金墳園損其寶物造罪懺悔者如
病得藥還復差損汙衣水洗還得清淨佛
語普廣菩薩用我語者一偈度佛不信我
者喻如海中求針狂費功力无得見日佛語
諸菩薩令身盜他物者來生爲他作畜牛令
他苦打非時苦使受牛身以經五百劫與他作

語普廣菩薩用我語者一偈度佛不信我
者喻如海中求針狂費功力无得見日佛語
諸菩薩令身盜他物者來生爲他作畜牛令
他苦打非時苦使受牛身以經五百劫與他作
奴任他驅使心常逃避令被捉得苦刑卯面非
理苦持佛語菩薩伽藍中有二種心一者善
心二者惡心云何爲惡人若有衆生入寺之時
唯從衆僧乞索或求僧長短或噉僧食都
無慚愧餅菓菜蔬懷挾歸家如此之人死
墮鐵叉地獄云何名爲善人若有衆生入寺
之時見僧恭敬見佛礼拜受戒懺悔捨於財
物經營三寶不惜身命護持大法如此之人舉
足一步天堂自至受菓如樹提伽提伽别名爲
家上善人也佛告大衆我向所論種種因果此
經一名珠别二名殊勝三名菩薩若有衆生聞
此經者一發善心得生淨土佛告菩薩聞我
說者心生歡喜如旱得水苗稼蘇活不受我
語者如石水浸无有閏時尒時阿難白佛言
世尊汝等見振旦國有人從七歲脩福至於
百姓臨命終時破其五戒此人得福以不
尒時世尊復語阿難喻如駿車上万里之坂
臨頭翻車連本所損何有得欺縱汲少多如
雲影日片時之光喻如一口之食能得久飽
佛語衆生我等廣說因緣共同度佛普勸
衆生同脩淨行一切世間天人阿脩羅等
佛所說皆大歡喜作礼而去

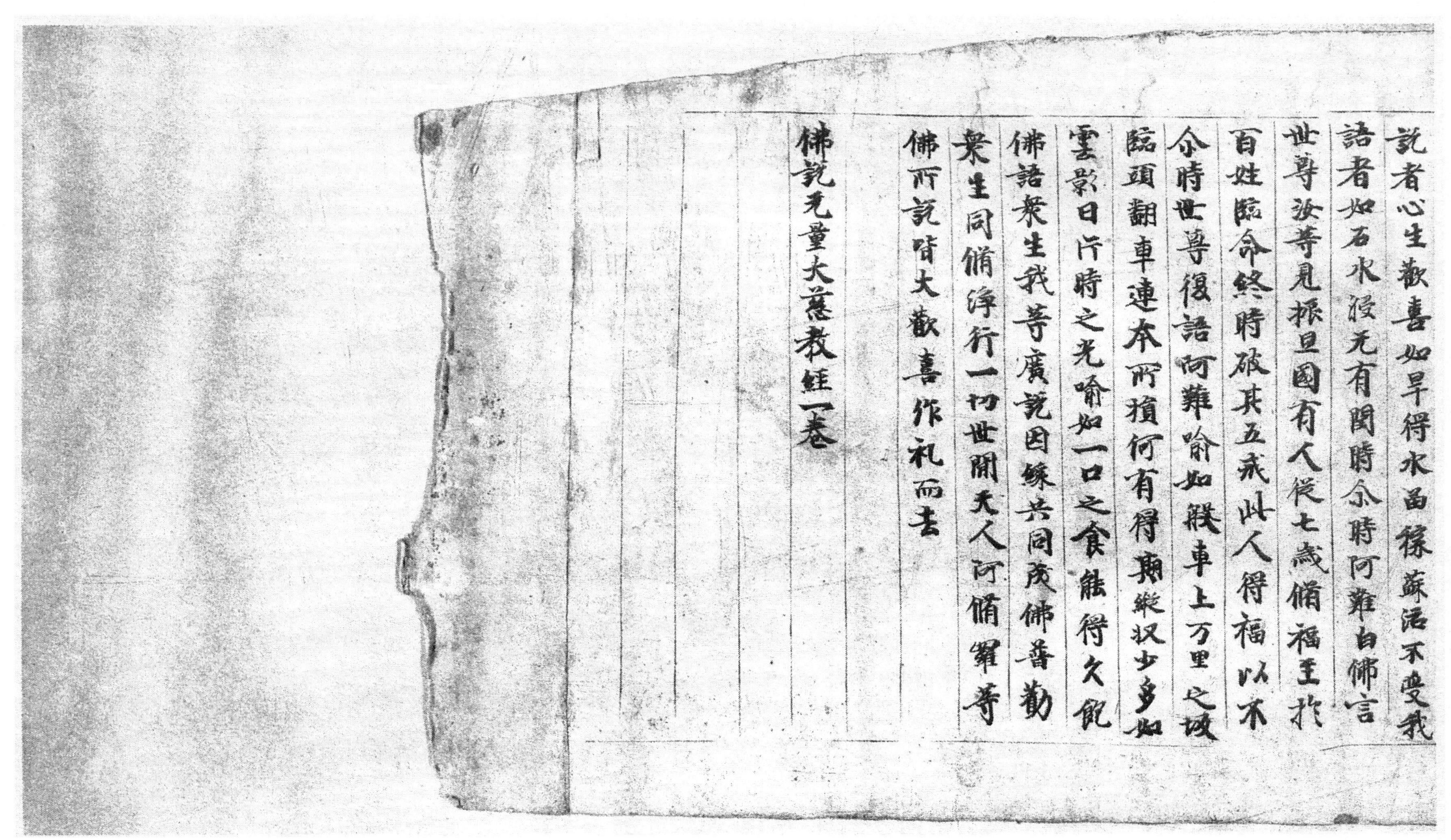
說者心生歡喜如旱得水苗稼蘇活不受我
語者如石水沒无有閑時尒時阿難白佛言
世尊汝等見振旦國有人從七歲脩福至於
百姓臨命終時破其五戒此人得福以不
尒時世尊復語阿難喻如群車上万里之坂
臨頭翻車連本所損何有得爾縱汉少多如
雲影日斤時之光喻如一口之食能得久飽
佛語衆生我等廣說因緣共同成佛普勸
衆生同脩淨行一切世間天人阿脩羅等
佛所說皆大歡喜作礼而去

佛說无量大慈教經一卷

BD07807 號　無量大慈教經　（3–3）

決定毗尼

菩薩法身法門

普賢法身身无邊　无邊身海常清淨

法身本性无二相　是故我嘆如相身

淨土法門

土名一切賢聖所居之處是故一切衆生賢聖各自居果報之土若化衆生

五陰中各正報之土山林大地共有名依報之土初地聖尔有二土一實知土

前知任前知任後知為土變化淨穢延劫量應現之土

三佛法門

一者應化菩提　二者報佛菩提　三者法佛菩提

十佛法門

无著佛　願佛　報佛　持佛　涅槃佛　法界佛　性佛　心佛　三昧佛　如意佛

真應二身法門

法身　應身

五種法身法門

一者實相法身　二者功德法身　三者法性生身

四者應化法身　五者虛空法身

五分法身法門

戒身　定身　惠身　解脫身　知見身

菩薩藏脩道　第十九　有三法門

是處非處力　業力　定力　根力　欲力　性力

十力法門

至處道力　宿命力　天眼力　漏盡力

四无畏法門

一切智无畏　漏盡无畏　鄣道无畏　盡苦无畏

十八不法門

身无失　口无失　无異想　无不定心　无不知已捨　欲无減

精進无減　念无減　惠无減　解脫无減　解脫知見无減

菩薩藏脩道第十九　有三法門

十力法門　是處非處力　業力　定力　根力　欲力　性力

至處道力　宿命力　天眼力　漏盡力

四无畏法門　一切智无畏　漏盡无畏　鄣道无畏　盡苦无畏

十八不法門　身无失　口无失　无異想　无不定心　无不知已捨　欲无減

精進无減　念无減　慧无減　解脫无減　解脫知見无減

一切身業隨智慧行　一切口業隨智慧行　一切意業隨智慧行

一切智慧過去世无导　智慧知未來世无导　智慧知現在世无导

菩薩藏脩道第廿　有七法門

十号法門　如來　應供　正遍知　明行足　善逝　世間解　无上調御　天人師　佛　世尊

涅者言不　槃者言織　不織之義名之涅槃　又有言覆

涅槃法門　不覆之義乃名涅槃　又涅者言取不取之義乃名涅槃

一者足下平如奩底　二者足下千福輪相　三者手足指長　四者手足柔濡

五者足根廣　六者足指合縵網好　七者足趺高平好　八者伊涅延蹲

九者平住兩手摩膝　十者馬陰藏相　十一者身縱廣等　十二者一毛一孔生

卅二相法門　十三者毛上向　十四者金色相　十五者身光面一丈　十六者皮薄細滑

十七者七處滿兩足下兩手中兩肩上頂中皆滿　十八者兩足下滿

十九者上身如師子　廿者身廣端直　廿一者肩圓好　廿二者卌齒

廿三者齒白齊　廿四者四牙　廿五者方頰車　廿六者味中得上味

廿七者舌大濡薄　廿八者梵音深遠　廿九者眼色如金精

卅者眼睫如牛王　卅一者眉間白豪相濡白如兜羅綿

卅二者須髮宍髻成

八十種好法門　手足廿指　手足八處表裏　手滿兩踝　兩膝兩肶　兩肩兩肘　兩腕兩

脹兩髖　陰藏相　兩𦟛圓　兩腸　兩踝　兩胻　兩乳　腰背

心匈　咽喉　悉皆如是　名咽已下六十種好　上六不出兩眉　兩斷　兩頰

兩顯　兩眼　兩耳　眉際　鼻孔　額　兩角　是名咽已上廿種好

四相法門　自正　正他　能隨問荅　善解因緣義

四一切清淨法門　身淨　境界清心　清智淨

三不護法門　身不護　口不護　意不護

菩薩藏諦門第四　卅一　有六法門

四相法門　自正已他能隨問答　善解因緣義
四一切清淨法門　身淨　境界清心清智淨
三不護法門　身不護　口不護　意不護
菩薩藏諦門第四　廿一有六法門
十六諦法門　布帝　中道第一義諦　无帝　苦帝　集滅帝　滅帝　道帝　相帝
差別帝　現成帝　說帝　事帝　生起帝　盡无生諦
十四諦法門　苦聖諦　苦集十諦　苦滅帝　道聖帝　知世帝　第一義帝　善知相帝
知差別帝　說成帝　知事帝　知生帝　无生知帝　道智帝　成就帝
四諦法門　苦帝　集帝　滅帝　道帝
三諦法門　有帝　无帝　中道第一義帝
二諦法門　世帝　第一義帝
一實諦法門　一實諦法門
菩薩藏雜門第五　卷之廿二　卷中立有法門
入不二法門　我我所為二　因有我故我故更有我
三空法門　空解脫門　无相解脫門　无願解脫門
十一空法門　內空　外空　內外空　有為空　无為空　无始空　性空　无所有空
第一義空　空空　大空
十八空法門　內空　內外空　外空　大空　第一義空　有為空　无為空
畢竟空　无始空　散空　性空　自相空　諸法空　不可得空
无法空　有法空　无法有法空　无法有法空
法界體性門
法藏

BD07808號　菩薩藏修道衆經抄綱目（擬）　（3–3）

BD07808 號背　大乘義章三十七道品義科分鈔（擬）

（1–1）

[illegible]言薩肉眼見三百踰繕那
訶薩肉眼見四百[illegible][illegible]六(?)百乃至
十踰繕那有菩薩摩訶薩肉眼見一贍部洲
有菩薩摩訶薩肉眼見二大洲有菩薩摩訶
薩肉眼見三大洲有菩薩摩訶薩肉眼見四大
洲有菩薩摩訶薩肉眼見小千世界有菩薩
摩訶薩肉眼見中千世界有菩薩摩訶薩肉
眼見三千大千世界舍利子是名菩薩摩訶
薩淨肉眼
時舍利子復白佛言世尊云何菩薩摩訶薩
清淨天眼佛言舍利子菩薩摩訶薩天眼見
一切四大王衆天天眼所見見一切三十三天夜
摩天覩史多天樂變化天他化自在天
天眼所見見一梵衆天天眼所見乃至見一
切色究竟天天眼所見舍利子有菩薩摩
訶薩天眼所見一切四大王衆天乃至色究
竟天天眼所不能見舍利子諸菩薩摩訶
薩天眼能見十方殑伽沙等世界有情死

BD07809號　大般若波羅蜜多經卷四〇四　（7–1）

天眼所見見一梵衆天天眼所見乃至見一
切色究竟天天眼所見舍利子有菩薩摩
訶薩天眼所見一切四大王衆天乃至色究
竟天天眼所不能見舍利子諸菩薩摩訶
薩天眼能見十方殑伽沙等世界有情死
此生彼舍利子是名菩薩摩訶薩清淨天眼
時舍利子復白佛言世尊云何菩薩摩訶
薩清淨慧眼佛言舍利子菩薩摩訶薩
慧眼不見有法若有為若无為若有漏若无漏
若世間若出世間若有罪若无罪若雜染若清
淨若有色若无色若有對若无對若過去若
未來若現在若欲界繫若色界繫若无色界
繫若善若不善若无記若見所斷若脩所斷若
非所斷若學若无學若非學非无學乃至
一切法若自性若差別舍利子是菩薩摩訶
薩慧眼不見有法是可見是可聞是可覺是可
識舍利子是名菩薩摩訶薩清淨慧眼
時舍利子復白佛言世尊云何菩薩摩訶薩
清淨法眼佛言舍利子菩薩摩訶薩法眼能
如實知補特伽羅種種差別此隨信行此隨
法行此无相行此住空此住无相此住无願此由
空解脫門起五根由五根起无間定由无間
定起解脫智見由解脫智見永斷三結所
謂薩迦耶見戒禁取疑永斷此三結故得
預流果此由脩道薄欲貪瞋恚得一來果此
[illegible]

BD07809號　大般若波羅蜜多經卷四〇四　（7–2）

定起解脫智見由解脫智見永斷三結所
謂薩迦耶見戒禁取疑永斷此三結故得
預流果此由脩道薄欲貪瞋恚得一來果此
復由上品脩道永斷欲貪瞋恚得不還果此
復由增上品脩道永斷五順上分結所謂色
貪无色貪无明慢掉舉永斷此五順上分
結故得阿羅漢果此由无相解脫門起五根由
五根起无間定乃至永斷五順上分結得阿
羅漢果此由无願解脫門起五根由五根起无
間定乃至永斷五順上分結得阿羅漢果由
二由三亦復如是舍利子是名菩薩摩訶
薩清淨法眼復次舍利子菩薩摩訶薩法眼能
如實知所有集法皆是滅法由知此故便得
五根舍利子是名菩薩摩訶薩清淨法眼
復次舍利子菩薩摩訶薩法眼能如實知此
菩薩摩訶薩最初發心脩行布施波羅蜜多
乃至脩行般若波羅蜜多成就信根精進根
方便善巧故意受身增長善法是菩薩摩
訶薩或生刹帝利大族或生婆羅門大族或生
長者大族或生居士大族或生四大王衆天
乃至或生他化自在天住於彼處成就有情
隨諸有情心所愛樂給施種種上妙樂具嚴
淨佛土供養恭敬尊重讚歎諸佛世尊不隨
聲聞獨覺等地乃至无上正等菩提終不退
轉舍利子是名菩薩摩訶薩清淨法眼復次

BD07809 號　大般若波羅蜜多經卷四〇四　（7–3）

乃至或生他化自在天住於彼處成就有情
隨諸有情心所愛樂給施種種上妙樂具嚴
淨佛土供養恭敬尊重讚歎諸佛世尊不隨
聲聞獨覺等地乃至无上正等菩提終不退
轉舍利子是名菩薩摩訶薩清淨法眼復次
舍利子菩薩摩訶薩法眼能如實知此菩薩
摩訶薩於无上正等菩提已得受記此菩薩
摩訶薩於无上正等菩提已得不退此菩薩
摩訶薩已到不退轉地此菩薩摩訶薩未到
不退轉地此菩薩摩訶薩已圓滿神通此菩
薩摩訶薩未圓滿神通此菩薩摩訶薩神
通已圓滿故能往十方殑伽沙等諸佛世界供
養恭敬尊重讚歎諸佛世尊此菩薩摩
訶薩神通未圓滿故不能往十方殑沙等諸佛
世界供養恭敬尊重讚嘆諸佛世尊此菩薩
摩訶薩已得神通此菩薩摩訶薩未得神通
此菩薩摩訶薩已得无生法忍此菩薩摩訶
薩未得无生法忍此菩薩摩訶薩已得勝根
此菩薩摩訶薩未得勝根此菩薩摩訶薩
嚴淨佛土此菩薩摩訶薩未嚴淨佛土此
菩薩摩訶薩已成就有情此菩薩摩訶薩未成
熟有情此菩薩摩訶薩已得大願此菩
薩摩訶薩未得大願此菩薩摩訶薩已為
諸佛稱舉此菩薩摩訶薩未為諸佛稱舉
此菩薩摩訶薩已親近諸佛此菩薩摩訶薩
未親近諸佛此菩薩摩訶薩壽命无量此菩

BD07809 號　大般若波羅蜜多經卷四〇四　（7–4）

薩摩訶薩未得大願此菩薩摩薩已為
諸佛稱譽此菩薩摩訶薩未為諸佛稱譽
此菩薩摩訶薩已親近諸佛此菩薩摩訶薩
未親近諸佛此菩薩摩訶薩壽命无量此菩
薩摩訶薩壽命有量此菩薩摩訶薩得菩提
時苾蒭僧无量此菩薩摩訶薩得菩提苾蒭僧
有量此菩薩摩訶薩得菩提時有菩薩僧此
菩薩摩訶薩得菩提時无菩薩僧此菩薩摩
訶薩專脩他行此菩薩摩訶薩兼脩自利行
此菩薩摩訶薩有難行苦行此菩薩摩訶薩
無難行苦行此菩薩摩訶薩為一生所繫此菩
薩摩訶薩為多生所繫此菩薩摩訶薩已住
最後有此菩薩摩訶薩未住最後有此菩薩
摩訶薩已坐妙菩提座此菩薩摩訶薩未坐
妙菩提座此菩薩摩訶薩有魔來試此菩
薩摩訶薩无魔來試舍利子是名菩薩摩
訶薩清淨法眼
時舍利子復白佛言世尊云何菩薩摩訶薩
清淨佛眼佛言舍利子菩薩摩訶薩菩提心
無間入金剛喻定得一切相智成就佛十力
四无所畏四无礙解大慈大悲大喜大捨十
八佛不共法无障无礙解脫佛眼菩薩摩
訶薩由此佛眼超過一切聲聞獨覺智慧境
界无所不見无所不聞无所不覺无所不識於一
切法見一切相舍利子是名菩薩摩訶薩清

BD07809號　大般若波羅蜜多經卷四〇四　（7–5）

八佛不共法无障无礙解脫佛眼菩薩摩
訶薩由此佛眼超過一切聲聞獨覺智慧境
界无所不見无所不聞无所不覺无所不識於一
切法見一切相舍利子是名菩薩摩訶薩清
淨佛眼舍利子菩薩摩訶薩發阿耨多羅
三藐三菩提時乃得如是清淨佛眼
舍利子若菩薩摩訶薩欲得如是清淨五眼
當勤脩習六到彼岸所以者何此六到彼岸總
攝一切善法謂一切聲聞善法獨覺善法菩
薩善法如來善法舍利子有問如來應正等
覺以實而言何法能攝一切善法佛正答言
所謂般若波羅蜜多何以故此般若波羅
蜜多是一切善法之母能生五波羅蜜多及
五眼等諸功德故舍利子若菩薩摩訶薩欲
得清淨五眼當學般若波羅蜜多若菩薩
摩訶薩欲得阿耨多羅三藐三菩提當學如是
清淨五眼舍利子若菩薩摩訶薩能學如是
清淨五眼定得阿耨多羅三藐三菩提
舍利子復有菩薩摩訶薩脩行般若波羅蜜
多時能發六神通波羅蜜多所謂神境智
證通天耳智證通他心智證通宿住隨念智
證通天眼智證通漏盡智證通波羅蜜多時
舍利子白佛言世尊云何菩薩摩訶薩脩行
般若羅蜜多時所引發神境智證通佛言
舍利子有菩薩摩訶薩神境智證通能起
種種大神[illegible]

BD07809號　大般若波羅蜜多經卷四〇四　（7–6）

覺以實而言何法能攝一切善法佛正答言
所謂般若波羅蜜多何以故此般若波羅
蜜多是一切善法之母能生五波羅蜜多及
五眼等諸功德故舍利子若菩薩摩訶薩欲
得清淨五眼當學般若波羅蜜多若菩薩
摩訶薩欲得阿耨多羅三藐三菩提當學如是
清淨五眼舍利子若菩薩摩訶薩能學如是
清淨五眼定得阿耨多羅三藐三菩提
舍利子復有菩薩摩訶薩修行般若波羅蜜
多時能發六神通波羅蜜多所謂神境智
證通天耳智證通他心智證通宿住隨念智
證通天眼智證通漏盡智證通波羅蜜多時
舍利子白佛言世尊云何菩薩摩訶薩修行
般若波羅蜜多時所引發神境智證通佛言
舍利子有菩薩摩訶薩神境智證通能起
種種大神變事所謂震動十方各殑伽沙界
大地等物變一為多變多為一或隱或顯
迅速無礙山崖墻壁直過如空陵虛往來
猶如飛鳥地中出沒如出沒水水上經行如

BD07809號　大般若波羅蜜多經卷四〇四　（7–7）

兑

如來於菩薩摩訶薩法真如非相應非不相
應於無上正等菩提真如亦非相應非不相
應如來於菩薩摩訶薩法法性非相應非不
相應於無上正等菩提法性亦非相應非不
相應如來真如於菩薩摩訶薩法非相應非
不相應於無上正等菩提亦非相應非不相
應如來真如於菩薩摩訶薩法真如非相應
非不相應於無上正等菩提真如亦非相應
非不相應如來法性於菩薩摩訶薩法非相應
非不相應於無上正等菩提真如亦非相應
非不相應如來法性於菩薩摩訶薩法非相應
非不相應於無上正等菩提亦非相應非
不相應如來法性於菩薩摩訶薩法法性非
相應非不相應於無上正等菩提法性亦非
相應非不相應憍尸迦如來於離菩薩摩訶
薩法非相應非不相應於離無上正等菩提
亦非相應非不相應如來於離菩薩摩訶
薩法真如非相應非不相應於離無上正等

BD07810號　大般若波羅蜜多經（兑廢稿）卷九三　（2–1）

非不相應如來法性於菩薩摩訶薩法非相應
非不相應於無上正等菩提真如亦非相應
非不相應如來法性於菩薩摩訶薩法非相應
非不相應於無上正等菩提亦非相應非
不相應如來法性於菩薩摩訶薩法性非
相應非不相應於無上正等菩提法性亦非
相應非不相應憍尸迦如來於離菩薩摩訶
薩法非相應非不相應於離無上正等菩提
亦非相應非不相應如來於離菩薩摩訶
薩法真如非相應非不相應於離無上正等
菩提真如亦非相應非不相應如來於離菩薩
摩訶薩法法性非相應非不相應於離無上
正等菩提法性亦非相應非不相應如來真
如於離菩薩摩訶薩法非相應非不相應
於離無上正等菩提亦非相應非不相應如
來真如於離菩薩摩訶薩法真如非相應非
不相應於離無上正等菩提真如亦非相應非
不相應如來法性於離菩薩摩訶薩法非相
應非不相應於離無上正等菩提亦非相應
非不相應如來法性於離菩薩摩訶薩法法

BD07810 號　大般若波羅蜜多經（兑廢稿）卷九三　（2–2）

狀者
時畢舍羅耶那童子父母既見如是事已心
大憂愁悵怏不樂心作是念我等何處能得
婦女如閻浮檀金色形者時拘盧陁大婆羅
門坐於樓上心裏不歡默然而住尒時彼家
有婆羅門為其門師恒常來往至彼大富
婆羅門作如是言大施檀主願汝增加一切
財戚吉祥果報充所之以妻妾子息願多增
益復更重問其家人言汝之大家今在何處
家人報言大婆羅門我大家今在於樓上心
大悵怏愁憂不樂默坐而住
時彼門師婆羅門即至於大富婆羅門邊如
是白言願大施主增長家計宿昔何如於夜
卧時食消以不又復夜共愛人相戲受於快
樂稱意以不而彼主人當知羅門默然不報
彼復問言汝今何故默然不報我今如是與
汝小來同苦同樂汝今何故不共我語
時拘盧陁大婆羅門向其門師婆羅門邊委
說前事說已語彼婆羅門言我今何處得如
是女如閻浮檀金色形者余時門師婆羅門

BD07811 號　佛本行集經（兑废稿）卷四五　（2–1）

益復更重問其家人言汝之大家今在何處
家人報言大婆羅門我大家今在於樓上心
大悵怏愁憂不樂默坐而住
時彼門師婆羅門即至於大富婆羅門邊如
是白言願大施主增長家計宿昔何如於夜
臥時食消以不又復夜共婇人相戲受於快
樂稱意以不而彼主人當知羅門默然不報
彼復問言汝今何故默然不報我今如是與
汝小來同苦同樂汝今何故不共我語
時拘盧陁大婆羅門向其門師婆羅門邊委
說前事說已語彼婆羅門言我今何處得如
是女如閻浮檀金色形者金時門師婆羅門
報大婆羅門作如是言汝大施主富婆羅門
莫愁莫苦汝既為我作於施主我所須者衣

BD07811號　佛本行集經（兑废稿）卷四五　（2–2）

底[…]
壽宗要[…]陁[…]
耶五怛他羯他耶六怛姪他唵[…]
底十二薩婆娑毗輸底十三摩訶娜耶十四波唎婆囇莎訶十五
爾時復有三十六姟佛一時同聲說是无量壽宗要經陁羅尼曰
南謨薄伽勃底一阿波唎蜜多二阿喻紇硯娜三須毗你悉指陁四囉佐耶五怛他羯他耶六怛姪他
唵七薩婆桑塞迦囉八波唎輸底九達磨底十伽伽娜十一娑謨特伽底十二薩婆婆毗輸底
十三摩訶娜耶十四波唎婆囇莎訶十五　爾時復有廿五姟佛一時同聲說是无量壽
要經陁羅尼曰　南謨薄伽勃底一阿波唎蜜多二阿喻紇硯娜三須毗你悉指陁四囉佐耶五
怛他羯他耶六怛姪他唵七薩婆桑塞迦囉八波唎輸底九達磨底十伽伽娜十一娑謨特伽
底十二薩婆娑婆毗輸底十三摩訶娜耶十四波唎婆囇莎訶十五　爾時復有恒河沙姟佛一時
同聲說是无量壽宗要經陁羅尼曰　南謨薄伽勃底一阿波唎蜜多二阿喻紇硯娜三
須毗你悉指陁四囉佐耶五怛他羯他耶六怛姪他唵七薩婆桑塞迦囉八波唎輸底九達磨底
十伽伽娜十一娑謨特伽底十二薩婆娑婆毗輸底十三摩訶娜耶十四波唎婆囇莎訶十五
善男子若有自書寫教人書寫是无量壽宗要經智其命盡復得長壽而滿年陁羅
尼　南謨薄伽勃底一阿波唎蜜多二阿喻紇硯娜三須毗你悉指陁四囉佐耶五怛他羯他耶
六怛姪他唵七薩婆桑塞迦囉八波唎輸底九達磨底十伽伽娜十一娑謨特伽底十二薩婆婆
毗輸底十三摩訶娜耶十四波唎婆囇莎訶十五　若有自書寫教人書寫是无量壽宗要
經讀誦受持畢竟不墮地獄在在所生得宿命智陁羅尼曰　南謨薄伽勃底一阿波唎蜜多
二阿喻紇硯娜三須毗你悉指陁四囉佐耶五怛他羯他耶六怛姪他唵七薩婆桑塞迦囉八波唎輸底
九達磨底十伽伽娜十一娑謨特伽底十二薩婆娑婆毗輸底十三摩訶娜耶十四波唎婆囇莎訶十五
若有自書寫教人書寫是无量壽宗要經受持讀誦如同書寫八万四千一切經典陁羅尼曰
南謨薄伽勃底一阿波唎蜜多二阿喻紇硯娜三須毗你悉指陁四囉佐耶五怛他羯他耶六怛姪他
唵七薩婆桑塞迦囉八波唎輸底九達磨底十伽伽娜十一娑謨特伽底十二薩婆娑婆毗輸
底十三摩訶娜耶十四波唎婆囇莎訶十五　若有自書寫教人書寫是无量壽宗要經
即是書寫八万四千部建立塔廟陁羅尼曰　南謨薄伽勃底一阿波唎蜜多二阿喻紇硯娜三
須毗你悉指陁四囉佐耶五怛他羯他耶六怛姪他唵七薩婆桑塞迦囉八波唎輸底九達磨底
十伽伽娜十一娑謨特伽底十二薩婆娑婆毗輸底十三摩訶娜耶十四波唎婆囇莎訶十五
若有自書寫教人書寫是无量壽宗要經能消五无間等一切重罪陁羅尼曰

BD07812號　無量壽宗要經　（4–1）

BD07812號　無量壽宗要經　（4–2）

BD07812號　無量壽宗要經　（4–3）

伽娜十莎訶其特伽底十二薩婆娑毗輸底十三摩訶娜耶十四波唎婆囉莎訶十五
如是毗婆尸佛弃佛毗舍浮佛俱留孫佛俱那含牟尼佛迦葉佛釋迦牟尼佛
若有人以七寶供養如是七佛其福有限書寫受持是无量壽經典所有功德不可限量
陁羅尼曰　南謨薄伽勃底一阿波唎蜜哆二阿喻紇硯娜三須毗你悲指陁四囉佐耶五怛他羯他
耶六怛姪他唵七薩婆桒悉迦囉八波唎輸底九達摩底十伽迦娜十一莎訶其特伽底十二薩婆
婆毗輸底十三摩訶娜耶十四波唎婆囉莎訶十五　若有以寶施於須弥以用布施其福上
能知其限量是无量壽經典其福不可知數陁羅尼曰　南謨薄伽勃底一阿波唎蜜哆
二阿喻紇硯娜三須毗你悲指陁四囉佐耶五怛他羯他耶六怛姪他唵七薩婆桒悉迦囉八波唎輸
底九達摩底十伽迦娜十一莎訶其特伽底十二薩婆娑毗輸底十三摩訶娜耶十四波唎婆囉
莎訶十五　如是四大海水可知渧數是无量壽經典所生果報不可數量陁羅尼曰
南謨薄伽勃底一阿波唎蜜哆二阿喻紇硯娜三須毗你悲指陁四囉佐耶五怛他羯他耶六怛姪他
唵七薩婆桒悉迦囉八波唎輸底九達摩底十伽迦娜十一莎訶其特伽底十二薩婆娑毗輸底十三摩
訶娜耶十四波唎婆囉莎訶十五　若有自書使人書寫是无量壽經典又能讀持供養
即如恭敬供養一切十方佛土如來无有別異陁羅尼曰
南謨薄伽勃底一阿波唎蜜哆二阿喻紇硯娜三須毗你悲指陁四囉佐耶五怛他羯他耶六怛姪他
唵七薩婆桒悉迦囉八波唎輸底九達摩底十伽迦娜十一莎訶其特伽底十二薩婆娑毗輸
底十三摩訶娜耶十四波唎婆囉莎訶十五
布施力能成正覺　悟布施力人師子　布施力能聲普聞　慈悲階漸最能入
持戒力能成正覺　悟持戒力人師子　持戒力能聲普聞　慈悲階漸最能入
忍辱力能成正覺　悟忍辱力人師子　忍辱力能聲普聞　慈悲階漸最能入
精進力能成正覺　悟精進力人師子　精進力能聲普聞　慈悲階漸最能入
禪定力能成正覺　悟禪定力人師子　禪定力能聲普聞　慈悲階漸最能入
智慧力能成正覺　悟智慧力人師子　智慧力能聲普聞　慈悲階漸最能入
尒時如來說是經已一切世間天人阿脩羅乾闥婆等聞佛[illegible]
行

BD07812 號　無量壽宗要經　（4–4）

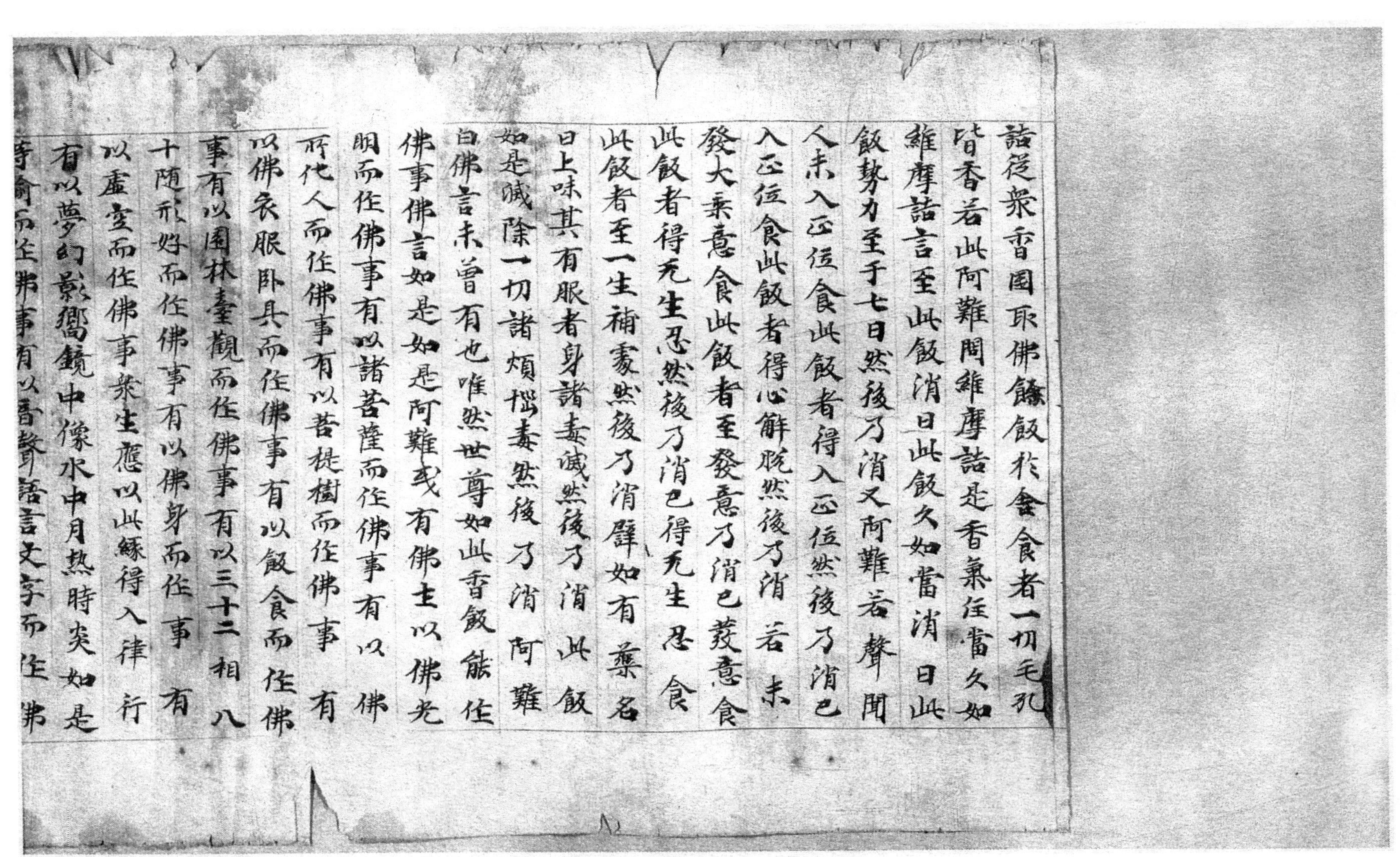
詰從衆香國取佛餘飯於舍食者一切毛孔
皆香若此阿難問維摩詰是香氣住當久如
維摩詰言至此飯消日此飯久如當消日此
飯勢力至于七日然後乃消又阿難若聲聞
人未入正位食此飯者得入正位然後乃消已
入正位食此飯者得心解脫然後乃消若未
發大乘意食此飯者至發意乃消已發意食
此飯者得无生忍然後乃消已得无生忍食
此飯者至一生補處然後乃消譬如有藥名
曰上味其有服者身諸毒滅然後乃消此飯
如是滅除一切諸煩惱毒然後乃消阿難
白佛言未曾有也唯然世尊如此香飯能作
佛事佛言如是如是阿難或有佛土以佛光
明而作佛事有以諸菩薩而作佛事有以佛
所化人而作佛事有以菩提樹而作佛事有
以佛衣服卧具而作佛事有以飯食而作佛
事有以園林臺觀而作佛事有以三十二相八
十隨形好而作佛事有以佛身而作事有
以虛空而作佛事衆生應以此緣得入律行
有以夢幻影響鏡中像水中月熱時炎如是
等喻而作佛事有以音聲語言文字而作佛

BD07813 號　維摩詰所說經卷下　（3–1）

眼而作佛事有以諸菩薩而作佛事有以佛
所化人而作佛事有以菩提樹而作佛事 有
以佛衣服卧具而作佛事有以飯食而作佛
事有以園林臺觀而作佛事有以三十二相八
十隨形好而作佛事有以佛身而作佛事 有
以虛空而作佛事衆生應以此緣得入律行
有以夢幻影響鏡中像水中月熱時炎如是
等喻而作佛事有以音聲語言文字而作佛
事或有淨清佛土寂寞无言无說无示无識
无作无為而作佛事如是阿難諸佛威儀進
止諸所施為无非佛事阿難有此四魔八万四
千諸煩惱門而諸衆生為之疲勞諸佛即以此
法而作佛事是名入一切諸佛法門菩薩入
此門者若見一切淨妙佛土不以為喜不貪
不高若見一切不淨佛土不以為憂不导不没
但於諸佛生清淨心歡喜恭敬未曾有也 諸
佛如來功德平等為教化衆生故而現佛土
不同阿難汝見諸佛國土地有若干而虛空
无若干也如是見諸佛色身有若干耳其无
导慧无若干也阿難諸佛色身威相種姓戒
定智慧解脫解脫知見力无所畏不共之法
大慈大悲威儀所行及其壽命說法教化成
就衆生淨佛國土具諸佛法悉皆同等是故
名為三藐三佛陁名為多陁阿伽度名為佛
陁阿難若我廣說此三句義汝以劫壽不能
盡受正使三千大千世界滿中衆生皆如阿
難多聞第一得念摠持此諸人等以劫之壽
亦不能受如是阿難諸佛阿耨多羅三藐三

BD07813號　維摩詰所說經卷下　(3–2)

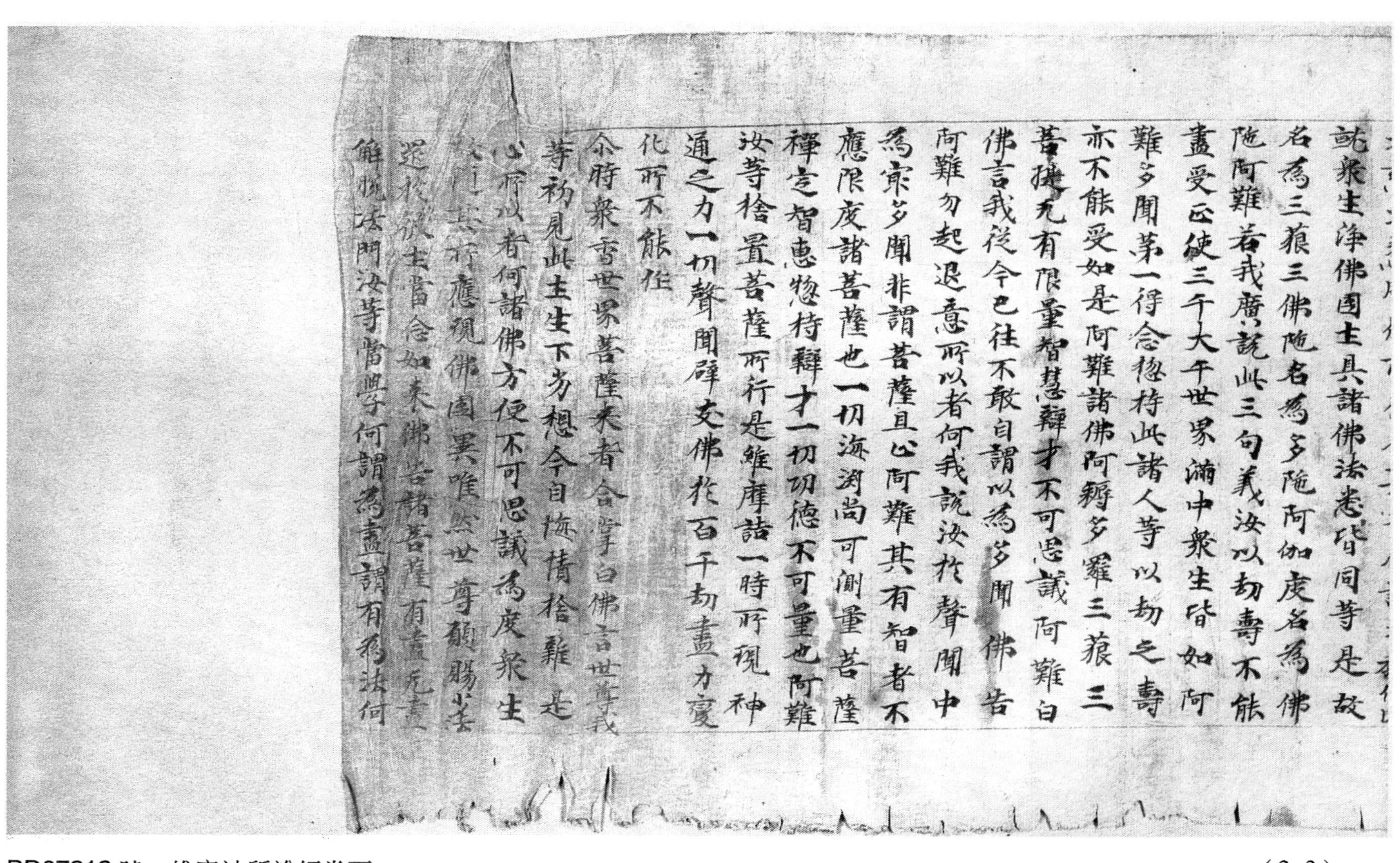

就衆生淨佛國土具諸佛法悉皆同等是故
名為三藐三佛陁名為多陁阿伽度名為佛
陁阿難若我廣說此三句義汝以劫壽不能
盡受正使三千大千世界滿中衆生皆如阿
難多聞第一得念摠持此諸人等以劫之壽
亦不能受如是阿難諸佛阿耨多羅三藐三
菩提无有限量智慧辯才不可思議阿難白
佛言我從今已往不敢自謂以為多聞 佛告
阿難勿起退意所以者何我說汝於聲聞中
為最多聞非謂菩薩且止阿難其有智者不
應限度諸菩薩也一切海淵尚可測量菩薩
禪定智惠摠持辯才一切功德不可量也阿難
汝等捨置菩薩所行是維摩詰一時所現神
通之力一切聲聞辟支佛於百千劫盡力變
化所不能作
尒時衆香世界菩薩來者合掌白佛言世尊我
等初見此土生下劣想今自悔責捨離是
心所以者何諸佛方便不可思議為度衆生
故隨其所應現佛國異唯然世尊願賜少
法還於彼土當念如來佛告諸菩薩有盡无盡
解脫法門汝等當學何謂為盡謂有為法何

BD07813號　維摩詰所說經卷下　(3–3)

受所引八十隨好不離般若
般若波羅蜜多之所攝受善
訶薩脩行般若波羅蜜多時一剎那
具攝布施淨戒安忍精進靜慮般若羅蜜
多亦能具攝四靜慮四无量四无色定亦能
具攝四念住四正斷四神足五根五力七等
覺支八聖道支亦能具攝空无相无願解脫
門亦能具攝苦集滅道聖諦亦能具攝八解
脫八勝處九次第定十遍處亦能具攝一切
三摩地門一切陀羅尼門亦能具攝內空外
空內外空空空大空勝義空有為空无為空
畢竟空无際空散空无變異空本性空自相
空共相空一切法空不可得空无性空自性
空无性自性空亦具攝真如法界法性不
虛妄性不變異性平等性離生性法定法住
實際虛空界不思議界亦能具攝五眼六神
通亦能具攝佛十力四无所畏四无礙解十
八佛不共法亦能具攝大慈大悲大喜大捨
亦能具攝无忘失法恒住捨性亦能具攝一
切智道相智一切相智亦能具攝三十二大
士相八十隨好
具壽善現白佛言世尊云何菩薩摩訶薩脩

BD07814 號　大般若波羅蜜多經卷三七四　（4–1）

亦能具攝无忘失法恒住捨性亦能具攝一
切智道相智一切相智亦能具攝三十二大
士相八十隨好
具壽善現白佛言世尊云何菩薩摩訶薩脩
行般若波羅蜜多時諸有所作不離般若波
羅蜜多常為般若波羅蜜多所攝受故一剎
那心則能具攝布施淨戒安忍精進靜慮般
若波羅蜜多亦能具攝四靜慮四无量四无
色定亦能具攝四念住四正斷四神足五根
五力七等覺支八聖道支亦能具攝空无相
无願解脫門亦能具攝苦集滅道聖諦亦
能具攝八解脫八勝處九次第定十遍處亦
能具攝一切三摩地門一切陀羅尼門亦能具
攝內空外空內外空空空大空勝義空有為
空无為空畢竟空无際空散空无變異空本
性空自相空共相空一切法空不可得空无
性空自性空无性自性空亦能具攝真如法
界法性不虛妄性不變異性平等性離生性
法定法住實際虛空界不思議界亦能具攝
五眼六神通亦能具攝佛十力四无所畏四无
礙解十八佛不共法亦能具攝大慈大悲大
喜大捨亦能具攝无忘失法恒住捨性亦能
具攝一切智道相智一切相智亦能具攝三
十二大士相八十隨好佛告善現諸菩薩
摩訶薩脩行般若波羅蜜多時所行布施波
羅蜜多皆為般若波羅蜜多所攝受故遠離

BD07814 號　大般若波羅蜜多經卷三七四　（4–2）

具攝一切智道相智一切相智示能具攝三
十二大士相八十隨好佛告善現諸菩薩
摩訶薩修行般若波羅蜜多時所行布施波
羅蜜多皆為般若波羅蜜多所攝受故遠離
二想所行淨戒安忍精進靜慮般若波羅蜜
多皆為般若波羅蜜多所攝受故遠離二想
所修四靜慮皆為般若波羅蜜多所攝受故
遠離二想所修四无量四无色定皆為般若
波羅蜜多所攝受故遠離二想所修四念住
皆為般若波羅蜜多所攝受故遠離二想所
修四正斷四神足五根五力七等覺支八聖道
支皆為般若波羅蜜多所攝受故遠離二
想所修空解脫門皆為般若波羅蜜多所攝
受故遠離二想所修无相无願解脫門皆為
般若波羅蜜多所攝受故遠離二想所住苦
聖諦皆為般若波羅蜜多所攝受故遠離二
想所住集滅道聖諦皆為般若波羅蜜多所
攝受故遠離二想所修八解脫皆為般若波
羅蜜多所攝受故遠離二想所修八勝處九
次第定十遍處皆為般若波羅蜜多所攝受
故遠離二想所修一切三摩地門皆為般若
波羅蜜多所攝受故遠離二想所修一切陁
羅尼門皆為般若波羅蜜多所攝受故遠離
二想所住內空皆為般若波羅蜜多所攝受
故遠離二想所住外空內外空空空大空勝
義空有為空无為空畢竟空无際空散空无

BD07814 號　大般若波羅蜜多經卷三七四　（4–3）

羅蜜多所攝受故遠離二想所修八勝處九
次第定十遍處皆為般若波羅蜜多所攝受
故遠離二想所修一切三摩地門皆為般若
波羅蜜多所攝受故遠離二想所修一切陁
羅尼門皆為般若波羅蜜多所攝受故遠離
二想所住內空皆為般若波羅蜜多所攝受
故遠離二想所住外空內外空空空大空勝
義空有為空无為空畢竟空无際空散空无
變異空本性空自相空共相空一切法空不
可得空无性空自性空无性自性空皆為般
若波羅蜜多所攝受故遠離二想所住真如
皆為般若波羅蜜多所攝受故遠離二想所
住法界法性不虛妄性不變異性平等性離
生性法定法住實際虛空界不思議界皆為
般若波羅蜜多所攝受故遠離二想所修五
眼皆為般若波羅蜜多所攝受故遠離二想
所修六神通皆為般若波羅蜜多所攝受故
遠離二想所修佛十力皆為般若波羅蜜多
所攝受故遠離二想所修四无所畏四无礙解
十八佛不共法皆為般若波羅蜜多所攝受
故遠離二想所修大慈皆為般若波羅蜜
多所攝受故遠離二想所修大悲大喜大捨

BD07814 號　大般若波羅蜜多經卷三七四　（4–4）

如是諸菩薩　得大法光明　能於正法中　勇猛善安住
由是法光明　了知一切法　以衆緣故起　一切无堅實
諸法自性空　自性无有相　自性无有生　自性无有體
諸法以衆緣　和合而共起　衆緣和合故　自性无所有
菩薩能觀察　了衆緣亦空　衆緣自性空　自性无有相
亦无有生起　亦非有所作　如是觀察者　於法勤修習
諸起无體故　衆緣亦非緣　如是如理觀　能知一切法
觀諸色受想　行識亦如是　皆以衆因緣　由斯諸蘊起
諸蘊无有實　自性本來空　性空故无相　一切无所起
諸蘊遠離相　離相則无生　无生則无滅　諸蘊如是相
无相妄有相　彼相從何有　諸法无體故　斯蘊亦无住
界處亦如是　一切從緣起　自性本來空　无相无有體
一切諸法中　法體不可得　了知一切法　名義思惟者
欲色无色界　一切從緣起　自性本來空　无相亦无體
觀此能觀智　何能知彼境　此智及彼境　自性常遠離
所起及衆緣　此二俱无作　能作如是知　斯為真實相
无相以相說　菩薩由斯入　而亦不分別　若相及无相
如斯善智者　能見真實相　於諸法界中　不作少法相
若法及法界　此二俱无相　諸法遠離相　說名為法界

BD07815號　大寶積經卷二三　（2–1）

觀諸色受想　行識亦如是　皆以衆因緣　由斯諸蘊起
諸蘊无有實　自性本來空　性空故无相　一切无所起
諸蘊遠離相　離相則无生　无生則无滅　諸蘊如是相
无相妄有相　彼相從何有　諸法无體故　斯蘊亦无住
界處亦如是　一切從緣起　自性本來空　无相无有體
一切諸法中　法體不可得　了知一切法　名義思惟者
欲色无色界　一切從緣起　自性本來空　无相亦无體
觀此能觀智　何能知彼境　此智及彼境　自性常遠離
所起及衆緣　此二俱无作　能作如是知　斯為真實相
无相以相說　菩薩由斯入　而亦不分別　若相及无相
如斯善智者　能見真實相　於諸法界中　不作少法相
若法及法界　此二俱无相　諸法遠離相　說名為法界
說名法界者　无界无非界　雖名為法界　然實不可得
思惟此義時　不念不可得　離諸分別故　獲大法光明
諸法无住故　光明亦无住　由斯觀察故　復得法光明
不見能觀智　斯見亦不見　見法虛妄故　說此名為觀
光明不思議　无邊无有量　見諸法皆空　說名不分別
若法有諸相　常无證入者　聞斯淨法音　應生大歡喜
若法无有生　常无分別者　聞斯淨法音　踊躍獲安樂
若後未世時　聞斯无上法　應說彼衆生　久集諸功德
若後未世時　聞斯无上法　當於此法中　以速而發趣

BD07815號　大寶積經卷二三　（2–2）

此張要尋知卷頭底

BD07815號背　勘記　　（1–1）

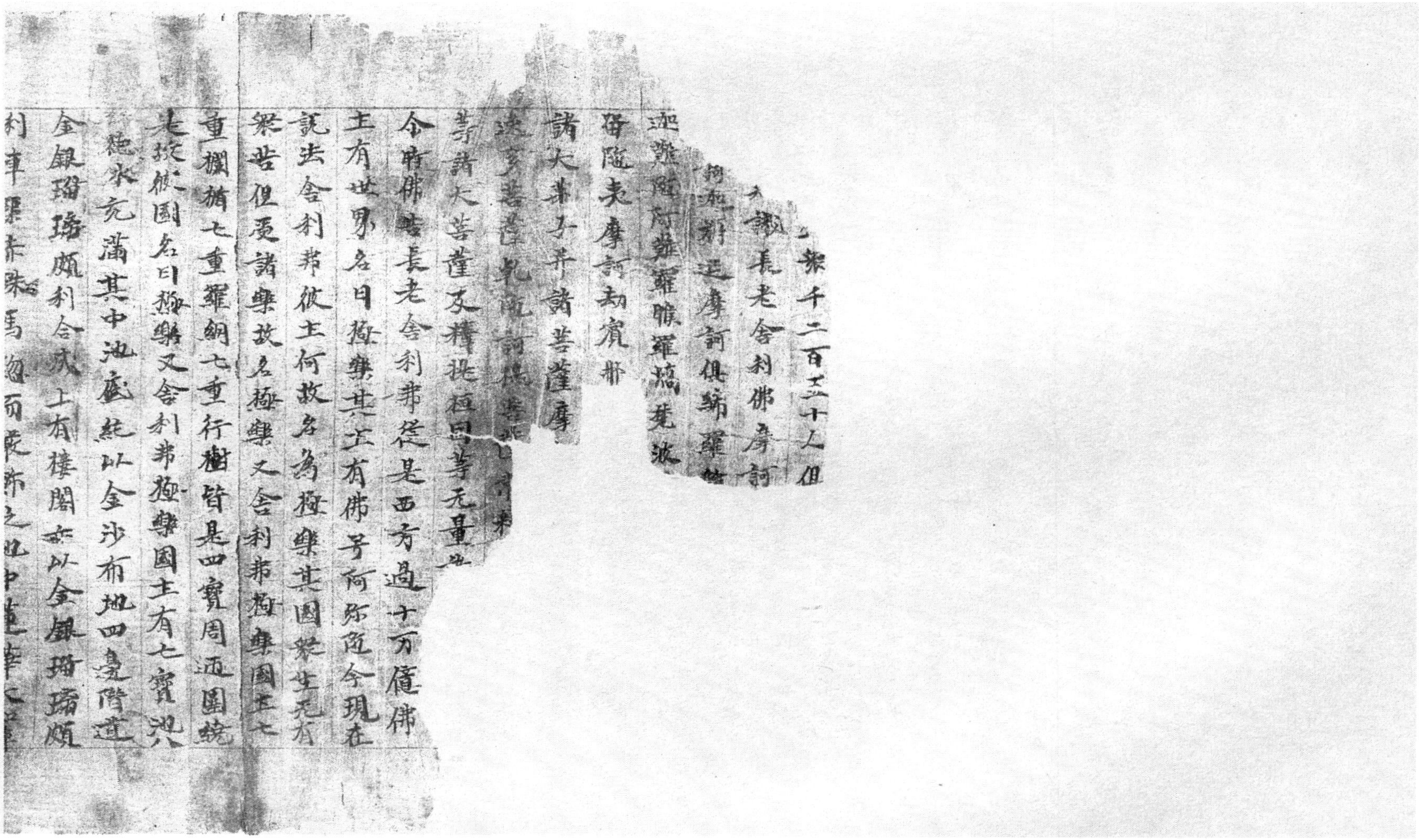

眾千二百五十人俱
識長老舍利弗摩訶
旃延摩訶俱絺羅離
迦難陀阿難陀羅睺羅憍梵波
留陀夷摩訶劫賓那
諸大弟子并諸菩薩摩
逸多菩薩乾陀訶提菩薩
等諸大菩薩及釋提桓因等無量諸
尒時佛告長老舍利弗從是西方過十万億佛
土有世界名曰極樂其土有佛号阿弥陀今現在
說法舍利弗彼土何故名為極樂其國眾生无有
眾苦但受諸樂故名極樂又舍利弗極樂國土七
重欄楯七重羅網七重行樹皆是四寶周迊圍繞
是故彼國名曰極樂又舍利弗極樂國土有七寶池八
功德水充滿其中池底純以金沙布地四邊階道
金銀瑠璃頗梨合成上有樓閣亦以金銀瑠璃頗
梨車璖赤珠馬瑙而嚴飾之池中蓮華大

BD07816號　阿彌陀經　　（5–1）

重欄楯七重羅網七重行樹皆是四寶周匝圍繞
是故彼國名曰極樂又舍利弗極樂國土有七寶池八
功德水充滿其中池底純以金沙布地四邊階道
金銀瑠璃頗梨合成上有樓閣亦以金銀瑠璃頗
梨車𤦲赤珠馬瑙而嚴飾之池中蓮華大如車
輪青色青光黃色黃光赤色赤光白色白光微妙香
潔舍利弗極樂國土成就如是功德莊嚴
又舍利弗彼佛國土常作天樂黃金為地晝夜六
時雨天曼陁羅華其國眾生常以清旦各以衣裓
盛眾妙華供養他方十万億佛即以食時還到本
國飯食經行舍利弗極樂國土成就如是功德莊嚴
復次舍利弗彼國常有種種奇妙雜色之鳥白鵠孔
雀鸚鵡舍利迦陵頻伽共命之鳥是諸眾鳥晝夜六時
出和雅音其音演暢五根五力七菩提分八聖道
分如是等法其土眾生聞是音已皆悉念佛念法念
僧舍利弗汝勿謂此鳥實是罪報所生所以者何
彼佛國土无三惡趣舍利弗其佛國土尚无三惡道之
名何況有實是諸眾鳥皆是阿弥陁佛欲令法音宣流
變化所作舍利弗彼佛國土微風吹動諸寶行樹及
寶羅網出微妙音譬如百千種樂同時俱作聞是音
者皆自然生念佛念法念僧之心舍利弗其佛國土成
就如是功德莊嚴
舍利弗於汝意云何彼佛何故号阿弥陁舍利弗彼
佛光明无量照十方國无所障礙是故号為阿弥陁又舍
利弗彼佛壽命及其人民无量无邊阿僧祇劫故
名阿弥陁舍利弗阿弥陁佛成佛已来於今十劫又舍
利弗彼佛有无量无邊聲聞弟子皆阿羅漢非是筭
數之所能知諸菩薩亦如是舍利弗彼佛國土成就
如是功德莊嚴

BD07816 號　阿彌陀經　（5–2）

佛光明无量照十方國无所障礙是故号為阿弥陁又舍
利弗彼佛壽命及其人民无量无邊阿僧祇劫故
名阿弥陁舍利弗阿弥陁佛成佛已来於今十劫又舍
利弗彼佛有无量无邊聲聞弟子皆阿羅漢非是筭
數之所能知諸菩薩亦如是舍利弗彼佛國土成就
如是功德莊嚴
又舍利弗極樂國土眾生生者皆是阿鞞跋致其
中多有一生補處其數甚多非是筭數所能知之但
可以无量无邊阿僧祇劫說舍利弗眾生聞者應當
發願願生彼國所以者何得與如是諸上善人俱會一處
舍利弗不可以少善根福德因緣得生彼國舍利弗
若有善男子善女人聞說阿弥陁佛執持名号若一日
若二日若三日若四日若五日若六日若七日一心不亂其人臨命
終時阿弥陁佛與諸聖眾現在其前是人終時心不顛
倒即得往生阿弥陁佛極樂國土舍利弗我見是利
故說此言若有眾生聞是說者應當發願生彼國土
舍利弗如我今者讚歎阿弥陁佛不可思議功德東
方亦有阿閦鞞佛須弥相佛大須弥佛須弥光佛妙
音佛如是等恒河沙數諸佛各於其國出廣長舌相
遍覆三千大千世界說誠實言汝等眾生當信是
稱讚不可思議功德一切諸佛所護念經
舍利弗南方世界有日月燈佛名聞光佛大焰
肩佛須弥燈佛无量精進佛如是等恒河沙數
諸佛各於其國出廣長舌相遍覆三千大千世界
說誠實言汝等眾生當信是稱讚不可思議功德
一切諸佛所護念經
舍利弗西方世界有无量壽佛无量相佛无量幢
佛大光佛大明佛寶相佛淨光佛如是等恒河沙
數諸佛各於其國出廣長舌相遍覆三千大千

BD07816 號　阿彌陀經　（5–3）

說誠實言汝等衆生當信是稱讃不可思議功德
一切諸佛所護念經
舍利弗西方世界有無量壽佛無量相佛無量幢
佛大光佛大明佛寶相佛淨光佛如是等恒河沙
數諸佛各於其國出廣長舌相遍覆三千大千
世界說誠實言汝等衆生當信是稱讃不可思議
功德一切諸佛所護念經
舍利弗北方世界有焰肩佛最勝音佛難沮佛
日生佛網明佛如是等恒河沙數諸佛各於其國出
廣長舌相遍覆三千大千世界說誠實言汝等衆生
當信是稱讃不思議功德一切諸佛所護念經
舍利弗下方世界有師子佛名聞佛名光佛達摩佛
法幢佛持法佛如是等恒河沙數諸佛各於其國出廣
長舌相遍覆三千大千世界說誠實言汝等衆生當
信是稱讃不可思議功德一切諸佛所護念經
舍利弗上方世界有梵音佛宿王佛香上佛香光
佛大焰肩佛雜色寶華嚴身佛娑羅樹王佛寶
華德佛見一切義佛如須弥山佛如是等恒河沙數諸佛
各於其國出廣長舌相遍覆三千大千世界說誠實言
汝等衆生當信是稱讃不可思議功德一切諸佛所護念
經
舍利弗於意云何何故名一切諸佛所護念經舍利弗若
有善男子善女人聞是諸佛所說名及經名者是諸善男
子善女人皆為一切諸佛共所護念皆得不退轉於阿耨
多羅三藐三菩提是故舍利弗汝等皆當信受我語
及諸佛所說舍利弗若有人已發願今發願當發願
欲生阿弥陀佛國者是諸人等皆不退轉於阿耨多羅
三藐三菩提於彼國土若已生若今生若當生是故舍

BD07816號　阿彌陀經　（5–4）

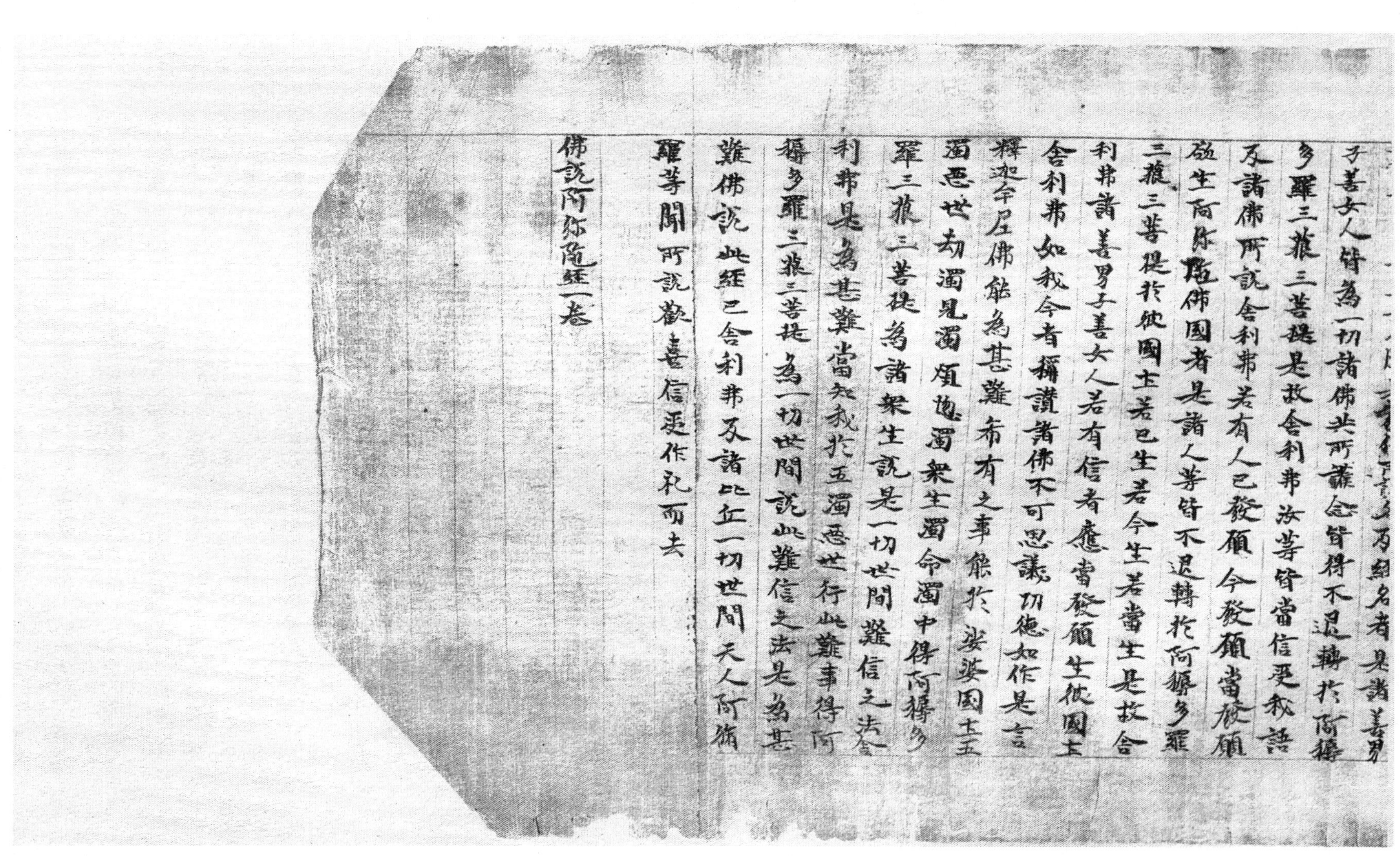
及經名者是諸善男
子善女人皆為一切諸佛共所護念皆得不退轉於阿耨
多羅三藐三菩提是故舍利弗汝等皆當信受我語
及諸佛所說舍利弗若有人已發願今發願當發願
欲生阿弥陀佛國者是諸人等皆不退轉於阿耨多羅
三藐三菩提於彼國土若已生若今生若當生是故舍
利弗諸善男子善女人若有信者應當發願生彼國土
舍利弗如我今者稱讃諸佛不可思議功德如作是言
釋迦牟尼佛能為甚難希有之事能於娑婆國土五
濁惡世劫濁見濁煩惱濁衆生濁命濁中得阿耨多
羅三藐三菩提為諸衆生說是一切世間難信之法舍
利弗是為甚難當知我於五濁惡世行此難事得阿
耨多羅三藐三菩提為一切世間說此難信之法是為甚
難佛說此經已舍利弗及諸比丘一切世間天人阿脩
羅等聞佛所說歡喜信受作禮而去
佛說阿弥陀經一卷

BD07816號　阿彌陀經　（5–5）

BD07816 號背　雜寫筆痕　　（1–1）

量无數阿僧祇劫以爲一念能〻一十剎
諸念以爲一念此諸方便皆由普賢菩薩
心究竟以此无縛无著解脫心善根於一
切悉能容受无量諸身如一身一切身亦復
如是具足普賢菩薩迴向以此无縛无著解
脫心善根悉入一切諸佛境界常見諸佛莊
空界菩清淨法身相好莊嚴神力自在梵音
微妙具足廣說无𨺓正法聞彼佛法悉能受
持於彼佛身了无所有悉得普賢菩薩无量
大願永離衆生心想見倒以此无縛无著解
脫心善根入一切世界入攝護世界入依世
界於一念中悉能遍入十方世界一切佛剎
分別四池銅世界分別一切平等法界令雜
世界悉爲一形无量種種世界无量方便入
深法界皆如虛空而亦不壞世界之性脩善
脩行住菩薩地以此无縛无着解脫心善根
悉能分別一切諸想衆生想法想佛剎想方
想佛想世想業想行想解脫想根想時想受
持想煩惱想清淨想成熟想見諸佛想轉法
輪想聞法解想調伏想種種方便出生想種
種地想入菩薩想脩習菩薩功德菩想薩三
昧正受想菩薩三昧起想菩薩境界想劫成

BD07817 號　大方廣佛華嚴經（晉譯五十卷本　宮本）卷一七　　（4–1）

分別因陀網世界分別一切平等法界令雜
世界悉為一於無量種種世界無量方便入
深法界皆如虛空而亦不壞世界之性修普
賢行住菩薩地以此無縛無著解脫心善根
悉能分別一切諸想衆生想法想佛剎想方
想佛想世想業想行想解脫想根想時想受
持想煩惱想清淨想成熟想見諸佛想轉法
輪想聞法解想調伏想種種方便出生想種
種地想入菩薩想修習菩薩功德菩想薩三
昧正受想菩薩三昧起想菩薩境界想劫成
壞想明想闇想晝想夜想半月一月年歲
時變想去想來想生想住想覺想眠想如是等
一切諸想於一念中悉能了知心無虛妄悉
離諸想心無所著悉離鄣得一切如來智慧
充滿一切佛法長養善根以一切佛身以動
其身常為諸佛之所攝取於白淨法未曾
失善能修學等正覺法究竟彼岸修行
普賢所行具足諸願受如來記於一念
入方便地究竟智滿足安住以此無縛無
解脫心善根以一一心顯無量心離諸虛妄
而無所依心不一故所行各異業想不同念
一切衆生勇猛精進出生普賢智慧之寶攝
如普賢以此無縛無著解脫心善根於一切
悉能分別無量諸處如一處一切處亦復
是悉決定智滿足普賢大願智寶以此
無著解脫心善根於一業分別知無量諸業

BD07817號　大方廣佛華嚴經（晉譯五十卷本　宮本）卷一七　（4–2）

一切衆生勇猛精進出生普賢智慧之寶攝
如普賢以此無縛無著解脫心善根於一切
悉能分別無量諸處如一處一切處亦復
是悉決定智滿足普賢大願智寶以此
無著解脫心善根於一業分別知無量諸業
種種緣造如一業一切諸業亦復如是修習
普賢菩薩行業智地以此無縛無著解脫心
善根於一法中悉分別知一切諸法於一切
法中亦知一法分別諸法而不違不著以此
無縛無著解脫心善根於一語中悉分別知
無量言音猶如呼響如一語中一語一切言亦
復如是於彼言音無所依著住菩薩行智慧
成就逮得普賢無導淨耳以此無縛無著解
脫心善根於一一法中悉能演說不可說不
可說諸法長養善根不可思議應時說法一
切時解脫決定了知衆生諸根隨其所應聞
佛音聲佛一妙音悅無量衆一如來所菩薩
大衆充滿法界究竟了知一切諸行住普賢
地於念念中如說入法長養不可說妙智慧
身盡未來劫於一切世界一切佛所悉能修
習虛空等行勇猛如普賢修習大智慧具足
一具行安住普賢地以此無縛無著解脫心
善根於一一根中皆悉了知無量諸根不可
數意不思議境界修普賢行法門諸根以此
無縛無著解脫心善根具菩薩行具[illegible]世間

BD07817號　大方廣佛華嚴經（晉譯五十卷本　宮本）卷一七　（4–3）

BD07817號　大方廣佛華嚴經（晉譯五十卷本　宮本）卷一七　　（4–4）

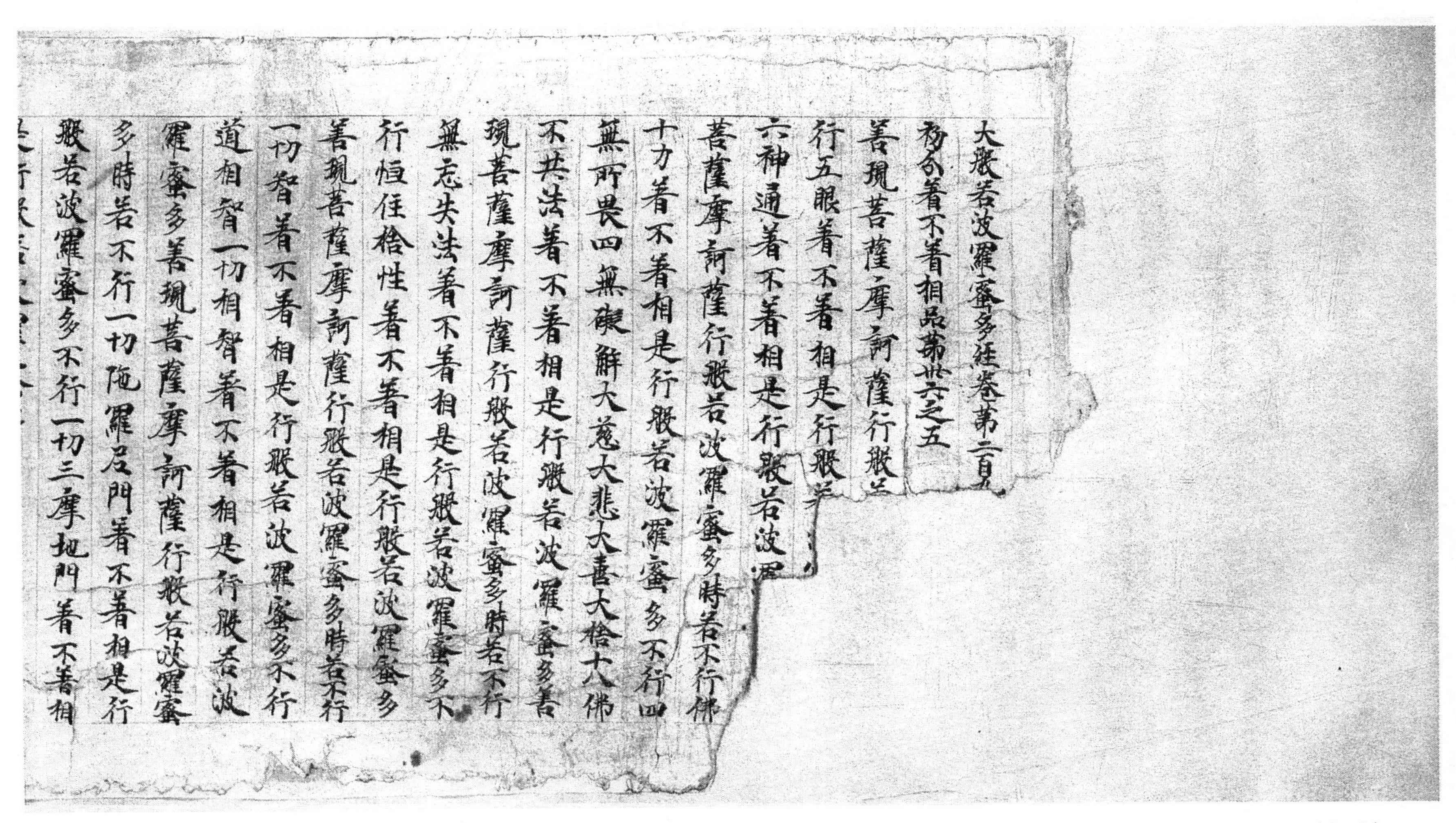

大般若波羅蜜多經卷第二百九
初分著不著相品第卅六之五
善現菩薩摩訶薩行般
行五眼著不著相是行般若
六神通著不著相是行般若波羅
菩薩摩訶薩行般若波羅蜜多時若不行佛
十力著不著相是行般若波羅蜜多不行四
無所畏四無礙解大慈大悲大喜大捨十八佛
不共法著不著相是行般若波羅蜜多善
現菩薩摩訶薩行般若波羅蜜多時若不行
無忘失法著不著相是行般若波羅蜜多不
行恒住捨性著不著相是行般若波羅蜜多
善現菩薩摩訶薩行般若波羅蜜多時若不行
一切智著不著相是行般若波羅蜜多不行
道相智一切相智著不著相是行般若波
羅蜜多善現菩薩摩訶薩行般若波羅蜜
多時若不行一切陁羅尼門著不著相是行
般若波羅蜜多不行一切三摩地門著不著相

BD07818號　大般若波羅蜜多經卷二九一　　（3–1）

道相智一切相智著不著相是行般若波
羅蜜多善現菩薩摩訶薩行般若波羅蜜
多時若不行一切陁羅尼門著不著相是行
般若波羅蜜多不行一切三摩地門著不著相
是行般若波羅蜜多
善現菩薩摩訶薩行般若波羅蜜多時若
不行預流果著不著相是行般若波羅蜜多不
行一來不還阿羅漢果著不著相是行般若
波羅蜜多善現菩薩摩訶薩行般若波羅
蜜多時若不行獨覺菩提著不著相是行般若
波羅蜜多善現菩薩摩訶薩行般若波羅
蜜多時若不行一切菩薩摩訶薩行著不著相
是行般若波羅蜜多善現菩薩摩訶薩行般
若波羅蜜多時若不行諸佛無上正等菩提
著不著相是行般若波羅蜜多
善現菩薩摩訶薩如是行般若波羅蜜多
時於色不起著不著想於受想行識不起著不
著想是行般若波羅蜜多善現菩薩摩訶
薩如是行般若波羅蜜多時於眼處不起著不
著想於耳鼻舌身意處不起著不著想是行般
若波羅蜜多善現菩薩摩訶薩如是行般
若波羅蜜多時於色處不起著不著想於聲
香味觸法處不起著不著想是行般若波羅
蜜多善現菩薩摩訶薩如是行般若波羅
蜜多時於眼界不起著不著想於色界眼識界

BD07818號　大般若波羅蜜多經卷二九一　（3–2）

般若波羅蜜多善現菩薩摩訶薩如是行般
若波羅蜜多時於色處不起著不著想於聲
香味觸法處不起著不著想是行般若波羅
蜜多善現菩薩摩訶薩如是行般若波羅
蜜多時於眼界不起著不著想於色界眼識界
及眼觸眼觸爲緣所生諸受不起著不著想
是行般若波羅蜜多善現菩薩摩訶薩如是
行般若波羅蜜多時於耳界不起著不著想
於聲界耳識界及耳觸耳觸爲緣所生諸受
不起著不著想是行般若波羅蜜多善現菩
薩摩訶薩如是行般若波羅蜜多時於鼻界
不起著不著想於香界鼻識界及鼻觸鼻觸
爲緣所生諸受不起著不著想是行般若波羅
蜜多善現菩薩摩訶薩如是行般若波羅蜜
多時於舌界不起著不著想於味界舌識界
及舌觸舌觸爲緣所生諸受不起著不著想
是行般若波羅蜜多善現菩薩摩訶薩如
是行般若波羅蜜多時於身界不起著不著想
於觸界身識界及身觸身觸爲緣所生諸
受不起著不著想是行般若波羅蜜多善現

BD07818號　大般若波羅蜜多經卷二九一　（3–3）

BD07818號背　勘記

(1–1)

方便善巧諸有所為定能證得一切智智善
現如是方便善巧皆由般若波羅蜜多而得
成就是故善現諸菩薩摩訶薩應行般若波
羅蜜多諸有所為不求果報
初分遍學道品第六十四
尒時具壽善現白佛言世尊諸菩薩摩訶薩
具眾勝覺雖能受行如是深法而能於中不
求果報佛言善現如是如是如汝所說諸菩
薩摩訶薩具眾勝覺雖能受行如是深法
而於其中不求果報何以故善現諸菩薩摩訶
薩於自性无動故具壽善現復白佛言世尊
諸菩薩摩訶薩能於何等自性无動佛言善
現諸菩薩摩訶薩能於无性自性无動世尊
諸菩薩摩訶薩能於何等諸法无性自性无
動善現諸菩薩摩訶薩能於色无性自性无
動能於受想行識无性自性无動能於眼處
无性自性无動能於耳鼻舌身意處无性自

BD07819號　大般若波羅蜜多經卷三六六

(3–1)

諸菩薩摩訶薩能於何等諸法无性自性无
動善現諸菩薩摩訶薩能於色无性自性无
動能於受想行識无性自性无動能於眼處
无性自性无動能於耳鼻舌身意處无性自
性无動能於色處无性自性无動能於聲香
味觸法處无性自性无動能於眼界无性自
性无動能於耳鼻舌身意界无性自性无動
能於色界无性自性无動能於聲香味觸法
界无性自性无動能於眼識界无性自性无
動能於耳鼻舌身意識界无性自性无動能
於眼觸无性自性无動能於耳鼻舌身意觸
无性自性无動能於眼觸為緣所生諸受无
性自性无動能於耳鼻舌身意觸為緣所生
諸受无性自性无動能於地界无性自性无
動能於水火風空識界无性自性无動能於
无明无性自性无動能於行識名色六處觸
受愛取有生老死愁歎苦憂惱无性自性无
動能於布施波羅蜜多无性自性无動能於
淨戒安忍精進靜慮般若波羅蜜多无性自
性无動能於內空无性自性无動能於外空
內外空空空大空勝義空有為空无為空畢
竟空无際空散空无變異空本性空自相空
共相空一切法空不可得空无性空自性空
无性自性空无性自性无動能於四靜慮无
性自性无動能於四无量四无色定无性自
性无動能於四念住无性自性无動能於四
正斷四神足五根五力七等覺支八聖道支

竟空无際空散空无變異空本性空自相空
共相空一切法空不可得空无性空自性空
无性自性空无性自性无動能於四靜慮无
性自性无動能於四无量四无色定无性自
性无動能於四念住无性自性无動能於四
正斷四神足五根五力七等覺支八聖道支
无性自性无動能於空解脫門无性自性无
動能於无相无願解脫門无性自性无動能
於苦聖諦无性自性无動能於集滅道聖諦
无性自性无動能於八解脫无性自性无動
能於八勝處九次第定十遍處无性自性无
動能於一切三摩地門无性自性无動能於
一切陀羅尼門无性自性无動能於菩薩十
地无性自性无動能於五眼无性自性无動
能於六神通无性自性无動能於佛十力无
性自性无動能於四无所畏四无礙解十八
佛不共法无性自性无動能於大慈无性自
性无動能於大悲大喜大捨无性自性无動
能於无忘失法无性自性无動能於恒住捨
性无性自性无動能於一切智无性自性无
動能於道相智一切相智无性自性无動能
於預流果无性自性无動能於一來不還阿

眼見大食虫住在身中或住安隱或爲病疾
彼以聞慧或以天眼見大食虫以食過故則
生瞋恚住陰黄中隨食隨消身大力故一切
身及身分眼耳鼻舌於自境界皆悉減劣見
不明了以食過故根不正緣若虫不瞋則无
此病觀大食虫已如實知身
復次循行者内身循身觀彼以聞慧或以天
眼見暖行虫常愛暖食憎於冷食此虫云何
與人病疾云何安隱彼以聞慧或以天眼見
暖行虫若我食冷冷或以飲冷或食或味虫則
瞋恚口多出水或極或重或竅或瞎或心陰
臺瞢或身疼强或復多噫或咽喉病若虫
不瞋則无此病觀暖行虫已如實知身
復次循行者内身循身觀彼以聞慧或以天
眼見於熱虫住在身内行於陰中住何等病
云何安隱彼以聞慧或以天眼見於熱虫住
入身中若食重食以食過故病始增長妨出

BD07820號　正法念處經（兑廢稿）卷六五　（2–1）

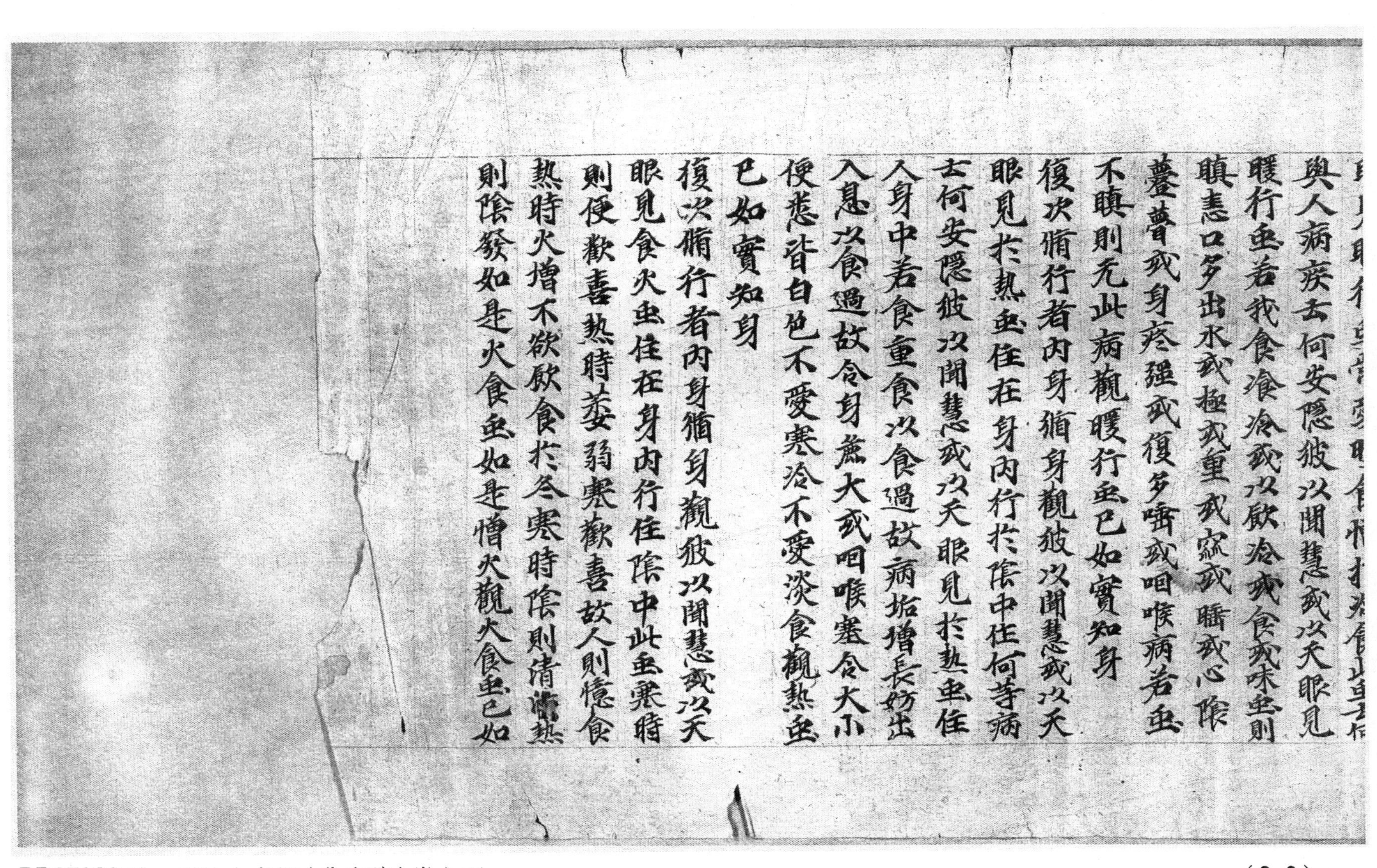

與人病疾云何安隱彼以聞慧或以天眼見
暖行虫若我食冷冷或以飲冷或食或味虫則
瞋恚口多出水或極或重或竅或瞎或心陰
臺瞢或身疼强或復多噫或咽喉病若虫
不瞋則无此病觀暖行虫已如實知身
復次循行者内身循身觀彼以聞慧或以天
眼見於熱虫住在身内行於陰中住何等病
云何安隱彼以聞慧或以天眼見於熱虫住
入身中若食重食以食過故病始增長妨出
入息以食過故令身羸大或咽喉塞令大小
便悉皆白色不愛寒冷不愛淡食觀熱虫
已如實知身
復次循行者内身循身觀彼以聞慧或以天
眼見食火虫住在身内行住陰中此虫寒時
則便歡喜熱時萎弱寒歡喜故人則憶食
熱時火增不欲飲食於冬寒時陰則清冷熱
則陰發如是火食虫如是憎火觀火食虫已如

BD07820號　正法念處經（兑廢稿）卷六五　（2–2）

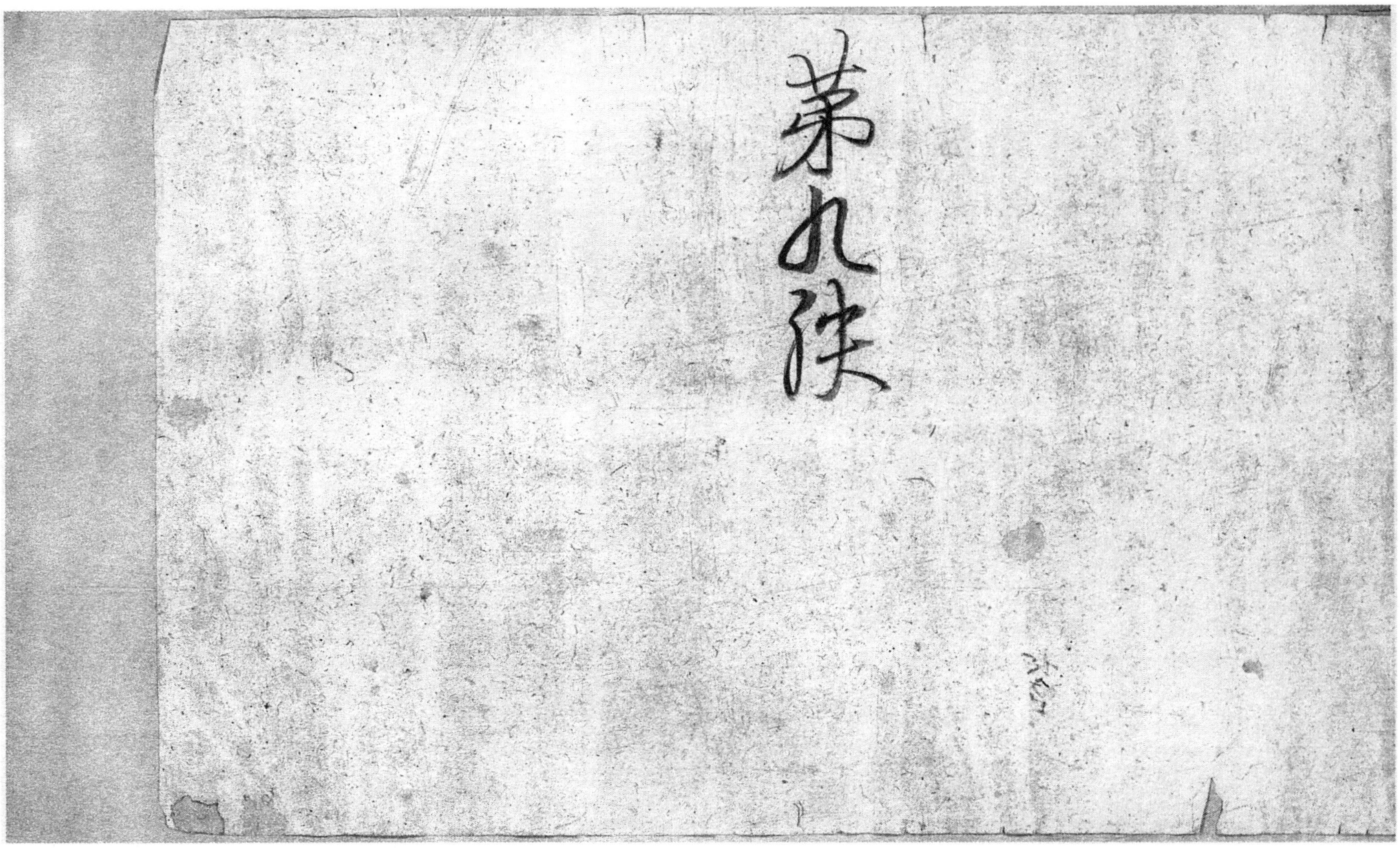

第九袟

BD07820號背　勘記　（1–1）

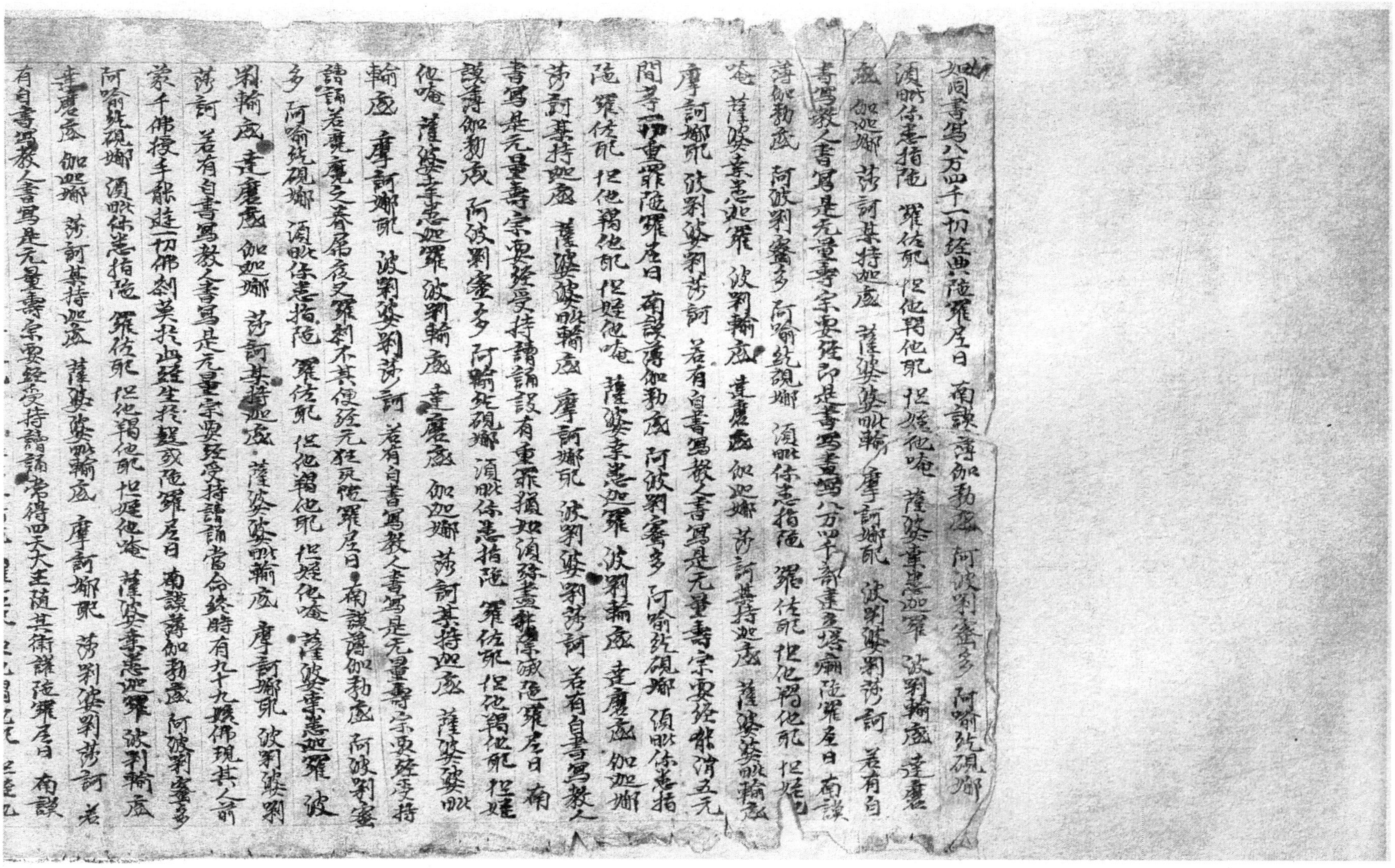

BD07821號　無量壽宗要經　（3–1）

羯輸底　達磨底　伽伽娜　莎訶其持迦底　薩婆婆娑毗輸底　摩訶娜耶　波利婆利莎
莎訶　若有自書寫教人書寫是无量宗要經受持讀誦當命終時有九十九拘胝佛現其人前
眾千佛授手能遊一切佛刹莫於此經生於疑惑陀羅尼曰　南謨薄伽勃底　阿波利蜜多
阿喻紇硯娜　須毗你悉指陀　羅佐耶　怛他羯他耶　怛姪他唵　薩婆桑悉迦羅　波利輸底
達磨底　伽伽娜　莎訶其持迦底　薩婆婆娑毗輸底　摩訶娜耶　莎利婆利莎訶　若
有自書寫教人書寫是无量壽宗要經受持讀誦常得四天大王隨其衛護陀羅尼曰　南謨
薄伽勃底　阿波利蜜多　阿喻紇硯娜　須毗你悉指陀　羅佐耶　怛他羯他耶　怛姪他
唵　薩婆桑悉迦羅　波利輸底　達磨底　伽伽娜　莎訶其持迦底　薩婆婆娑毗輸底
摩訶娜耶　波利婆利莎訶　若有自書寫教人書寫是无量宗要經受持讀誦當得往
生西方極樂世界阿彌陀淨土陀羅尼曰　南謨薄伽勃底　阿波利蜜多　阿喻紇硯娜　須
毗你悉指陀　羅佐耶　怛他羯他耶　怛姪他唵　薩婆桑悉迦羅　波利輸底　達磨底
伽伽娜　莎訶其持迦底　薩婆婆娑毗輸底　摩訶娜耶　莎利婆利莎訶　若自書
寫使人書寫是无壽宗經典之處則為是塔皆應恭敬作禮若是畜生飛鳥獸得聞是
經如是等類皆當不久得成一切種智陀羅尼曰　南謨薄伽勃底　阿波利
蜜多　阿喻紇硯娜　須毗你悉指陀　羅佐耶　怛他羯他耶　怛姪他唵　薩婆桑悉迦羅　波利輸
底　達磨底　伽伽娜　莎訶其持迦底　薩婆婆娑毗輸底　摩訶娜耶　波利婆利莎訶
若有於是无量壽經自書寫若使人寫畢竟不受女人之身陀羅尼曰　南謨薄伽勃底　阿波
利蜜多　阿喻紇硯娜　須毗你悉指陀　羅佐耶　怛他羯他耶　怛姪他唵　薩婆桑悉迦羅　波利
輸底　達磨底　伽伽娜　莎訶其持迦底　薩婆婆娑毗輸底　摩訶娜耶　波利婆利莎訶　若
有能於是經少分能惠施者等於三千大千世界滿中七寶布施陀羅尼曰　南謨薄伽勃底
阿波利蜜多　阿喻紇硯娜　須毗你悉指陀　羅佐耶　怛他羯他耶　怛姪他唵　薩婆桑悉迦羅
波利輸底　達磨底　伽伽娜　莎訶其持迦底　薩婆婆娑毗輸底　摩訶娜耶　波利婆利莎訶
若有供養是經者則是供養一切諸經等无有別異陀羅尼曰　南謨薄伽勃底　阿波利蜜
多　阿喻紇硯娜　須毗你悉指陀　羅佐耶　怛他羯他耶　怛姪他唵　薩婆桑悉迦羅　波利輸底
達磨底　伽伽娜　莎訶其持迦底　薩婆婆娑毗輸底　摩訶娜耶　莎訶娑利莎訶　如是
毗婆尸佛尸棄佛毗舍浮佛俱留孫佛俱那含牟尼佛迦葉佛釋迦牟尼佛　若有人以七寶供
養如是七佛其福有限書寫受持是无量壽經所有功德不可限量陀羅尼曰　南謨薄伽勃
底　阿波利蜜多　阿喻紇硯娜　須毗你悉指陀　羅佐耶　怛他羯他耶　怛姪他唵　薩婆桑悉迦
羅　波利輸底　達磨底　伽伽娜　莎訶其持迦底　薩婆婆娑毗輸底　摩訶娜耶　波利婆利莎訶
若有七寶等於須彌山用布施其福上能知其限量是无量壽經典其福不可知數陀羅尼曰
南謨薄伽勃底　阿波利蜜多　阿喻紇硯娜　須毗你悉指陀　羅佐耶　怛他羯他耶　怛姪他唵

BD07821 號　無量壽宗要經　（3–2）

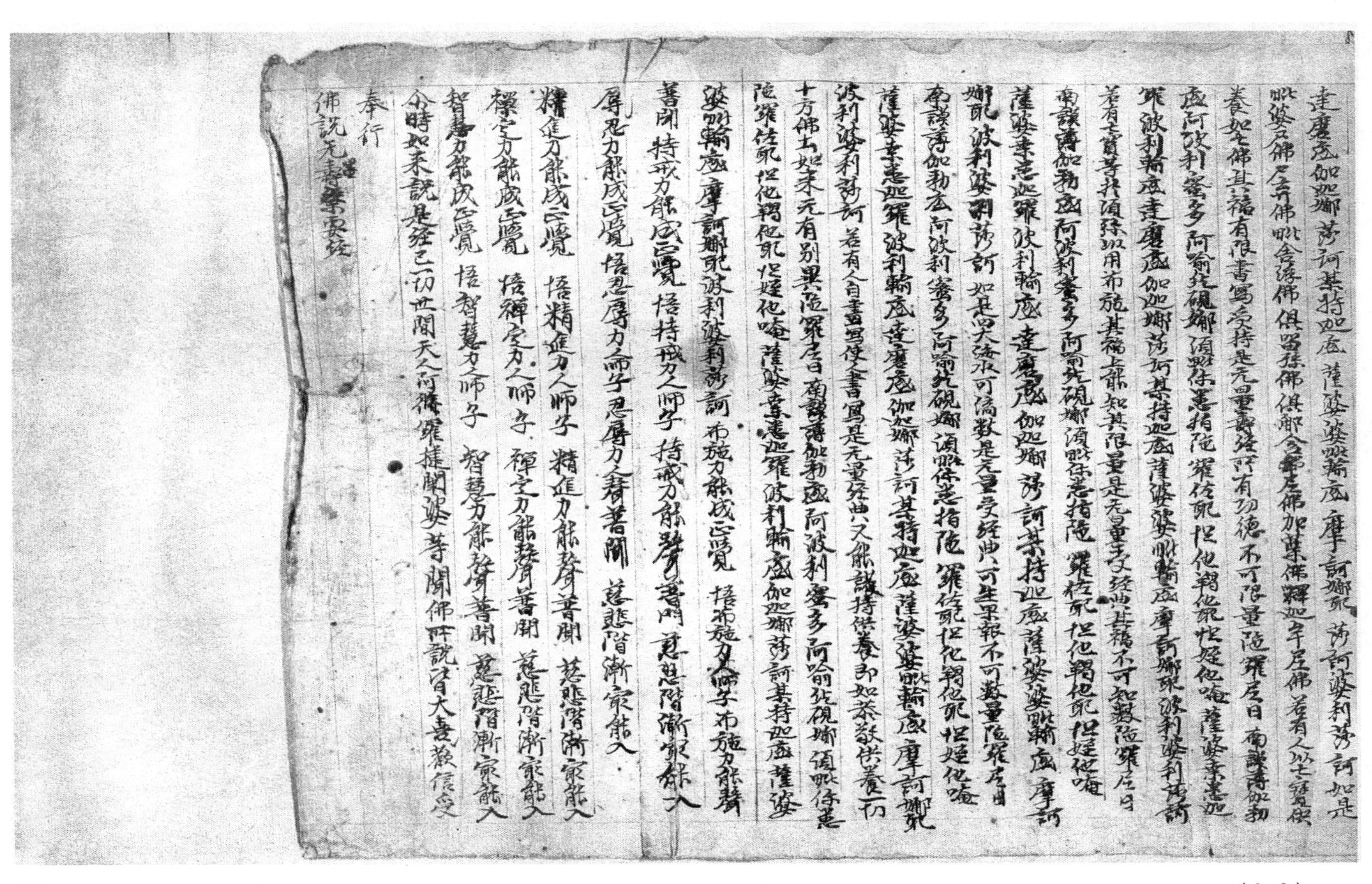

達磨底　伽伽娜　莎訶其持迦底　薩婆婆娑毗輸底　摩訶娜耶　莎訶娑利莎訶　如是
毗婆尸佛尸棄佛毗舍浮佛俱留孫佛俱那含牟尼佛迦葉佛釋迦牟尼佛　若有人以七寶供
養如是七佛其福有限書寫受持是无量壽經所有功德不可限量陀羅尼曰　南謨薄伽勃
底阿波利蜜多　阿喻紇硯娜　須毗你悉指陀　羅佐耶　怛他羯他耶　怛姪他唵　薩婆桑悉迦
羅波利輸底　達磨底　伽伽娜　莎訶其持迦底　薩婆婆娑毗輸底　摩訶娜耶　波利婆利莎訶
若有七寶等於須彌山用布施其福上能知其限量是无量壽經典其福不可知數陀羅尼曰
南謨薄伽勃底阿波利蜜多　阿喻紇硯娜　須毗你悉指陀　羅佐耶　怛他羯他耶　怛姪他唵
薩婆桑悉迦羅　波利輸底　達磨底　伽伽娜　莎訶其持迦底　薩婆婆娑毗輸底　摩訶
娜耶　波利婆利莎訶　如是四大海水可滴數是无量受經典所生果報不可數量陀羅尼曰
南謨薄伽勃底　阿波利蜜多阿喻紇硯娜　須毗你悉指陀　羅佐耶　怛他羯他耶　怛姪他唵
薩婆桑悉迦羅　波利輸底　達磨底　伽伽娜　莎訶其持迦底　薩婆婆娑毗輸底　摩訶娜耶
波利婆利莎訶　若有人自書寫使人書寫是无量經典之能護持供養即如恭敬供養一切
十方佛土如來无有別異陀羅尼曰　南謨薄伽勃底　阿波利蜜多阿喻紇硯娜　須毗你悉
陀羅佐耶　怛他羯他耶　怛姪他唵　薩婆桑悉迦羅　波利輸底　伽伽娜　莎訶其持迦底　薩婆
婆娑毗輸底　摩訶娜耶　波利婆利莎訶　布施力能成正覺　悟布施力人師子　布施力能聲
聞　持戒力能成正覺　悟持戒力人師子　持戒力能聲聞　慈悲階漸家能入
忍辱力能成正覺　悟忍辱力人師子　忍辱力人聲聞　慈悲階漸家能入
精進力能成正覺　悟精進力人師子　精進力能聲聞　慈悲階漸家能入
禪定力能成正覺　悟禪定力人師子　禪定力能聲聞　慈悲階漸家能入
智慧力能成正覺　悟智慧力人師子　智慧力能聲聞　慈悲階漸家能入
尒時如來說是經已一切世間天人阿修羅揵闥婆等聞佛所說皆大歡喜信受
奉行
佛說无壽宗要經

BD07821 號　無量壽宗要經　（3–3）

丁丑年三月十五

BD07821 號背　題記　（1–1）

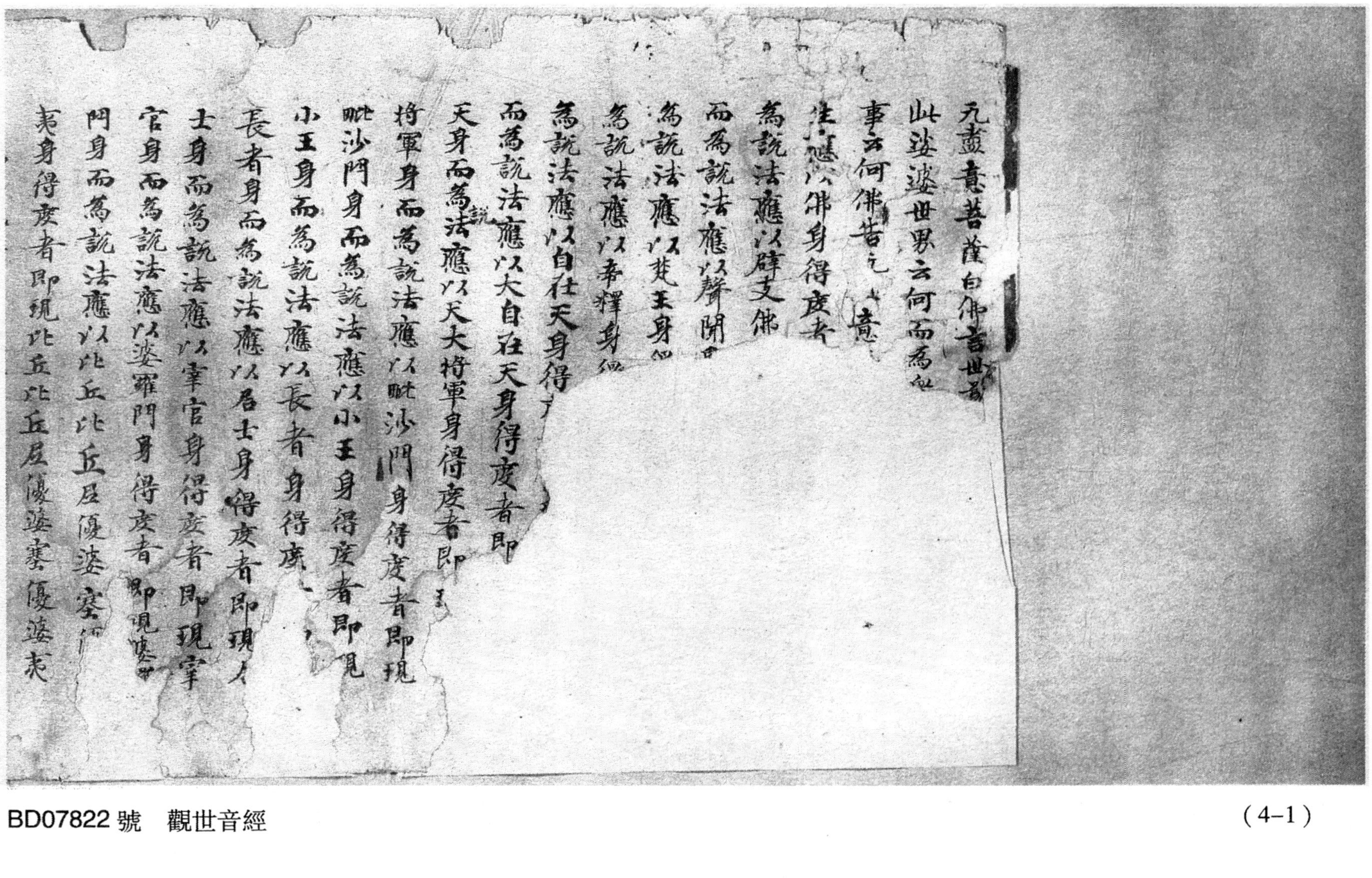

无盡意菩薩白佛言世尊
此娑婆世界云何而爲
事云何佛告无盡意
生應以佛身得度者
爲說法應以辟支佛
而爲說法應以聲聞
爲說法應以梵王身
爲說法應以帝釋身
爲說法應以自在天身得
而爲說法應以大自在天身得度者即
天身而爲說法應以天大將軍身得度者即
將軍身而爲說法應以毗沙門身得度者即現
毗沙門身而爲說法應以小王身得度者即見
小王身而爲說法應以長者身得度
長者身而爲說法應以居士身得度者即現
士身而爲說法應以宰官身得度者即現宰
官身而爲說法應以婆羅門身得度者即現婆
門身而爲說法應以比丘比丘尼優婆塞
夷身得度者即現比丘比丘尼優婆塞優婆夷

BD07822 號　觀世音經　（4–1）

說法應以宰官身得度者即現宰
官身而為說法應以婆羅門身得度者即現婆羅
門身而為說法應以比丘比丘尼優婆塞優婆
夷身得度者即現比丘比丘尼優婆塞優婆夷
身而為說法應以長者居士宰官婆羅門婦女
身得度者即現婦女身而為說法應以童男童
身得度者即現童男童女身而為說法應以天
龍夜叉乾闥婆阿脩羅迦樓羅緊那羅摩睺羅
伽人非人等身得度者即皆現之而為說法應
金剛神得度者即現執金剛神而為說法无盡意
是觀世音菩薩成就如是功德以種種形遊諸國
土度脫眾生是故汝等應當一心供養觀世音
菩薩是觀世音菩薩摩訶薩於怖畏急難之中能
施无畏是故此娑婆世界皆號之為施无畏者无
盡意菩薩白佛言世尊我今當供養觀世音
菩薩即解頸眾寶珠瓔珞價直百千兩金而
以與之作是言仁者受此法施珎寶瓔珞時
觀世音菩薩不肯受之无盡意復白觀世音菩
薩言仁者愍我等故受此瓔珞尒時佛告觀
世音菩薩當愍此无盡意菩薩及四眾天
夜叉乾闥婆阿脩羅迦樓羅緊那羅摩睺羅伽
人非人等故受是瓔珞即時觀世音菩薩愍諸
四眾及於天龍人非人等受其瓔珞分作二分
一分奉釋迦牟尼佛一分奉多寶佛塔无盡意觀
世音菩薩有如是自在神力遊於娑婆世界
尒時无盡意菩薩以偈問曰
世尊妙相具 我今重問彼 佛子何因緣 名為觀

BD07822 號　觀世音經　（4–2）

四眾及於天龍人非人等受其瓔珞分作二分
一分奉釋迦牟尼佛一分奉多寶佛塔无盡意觀
世音菩薩有如是自在神力遊於娑婆世界
尒時无盡意菩薩以偈問曰
世尊妙相具 我今重問彼 佛子何因緣 名為觀世音
具足妙相尊 偈答无盡意 汝聽觀音行 善應諸方所
弘誓深如海 歷劫不思議 侍多千億佛 發大清淨願
我為汝略說 聞名及見身 心念不空過 能滅諸有苦
假使興害意 推落大火坑 念彼觀音力 火坑變成池
或漂流巨海 龍魚諸鬼難 念彼觀音力 波浪不能沒
或在須弥峯 為人所推墮 念彼觀音力 如日虛空住
或被惡人逐 墮落金剛山 念彼觀音力 不能損一毛
或值怨賊遶 各執刀加害 念彼觀音力 咸即起慈心
或遭王難苦 臨刑欲壽終 念彼觀音力 刀尋段段壞
或囚禁枷鎖 手足被杻械 念彼觀音力 釋然得解脫
呪咀諸毒藥 所欲害身者 念彼觀音力 還著於本人
或遇惡羅剎 毒龍諸鬼等 念彼觀音力 時悉不敢害
若惡獸圍遶 利牙爪可怖 念彼觀音力 疾走无邊方
蚖蛇及蝮蝎 氣毒煙火然 念彼觀音力 尋聲自迴去
雲雷鼓掣電 降雹澍大雨 念彼觀音力 應時得消散
眾生被困厄 无量苦逼身 觀音妙智力 能救世間苦
具足神通力 廣脩智方便 十方諸國土 无剎不現身
種種諸惡趣 地獄鬼畜生 生老病死苦 以漸悉令滅
真觀清淨觀 廣大智慧觀 悲觀及慈觀 常願常瞻仰
无垢清淨光 慧日破諸闇 能伏災風火 普明照世間
悲體戒雷震 慈意妙大雲 澍甘露法雨 滅除煩惱焰
諍訟經官處 怖畏軍陣中 念彼觀音力 眾怨悉退散

BD07822 號　觀世音經　（4–3）

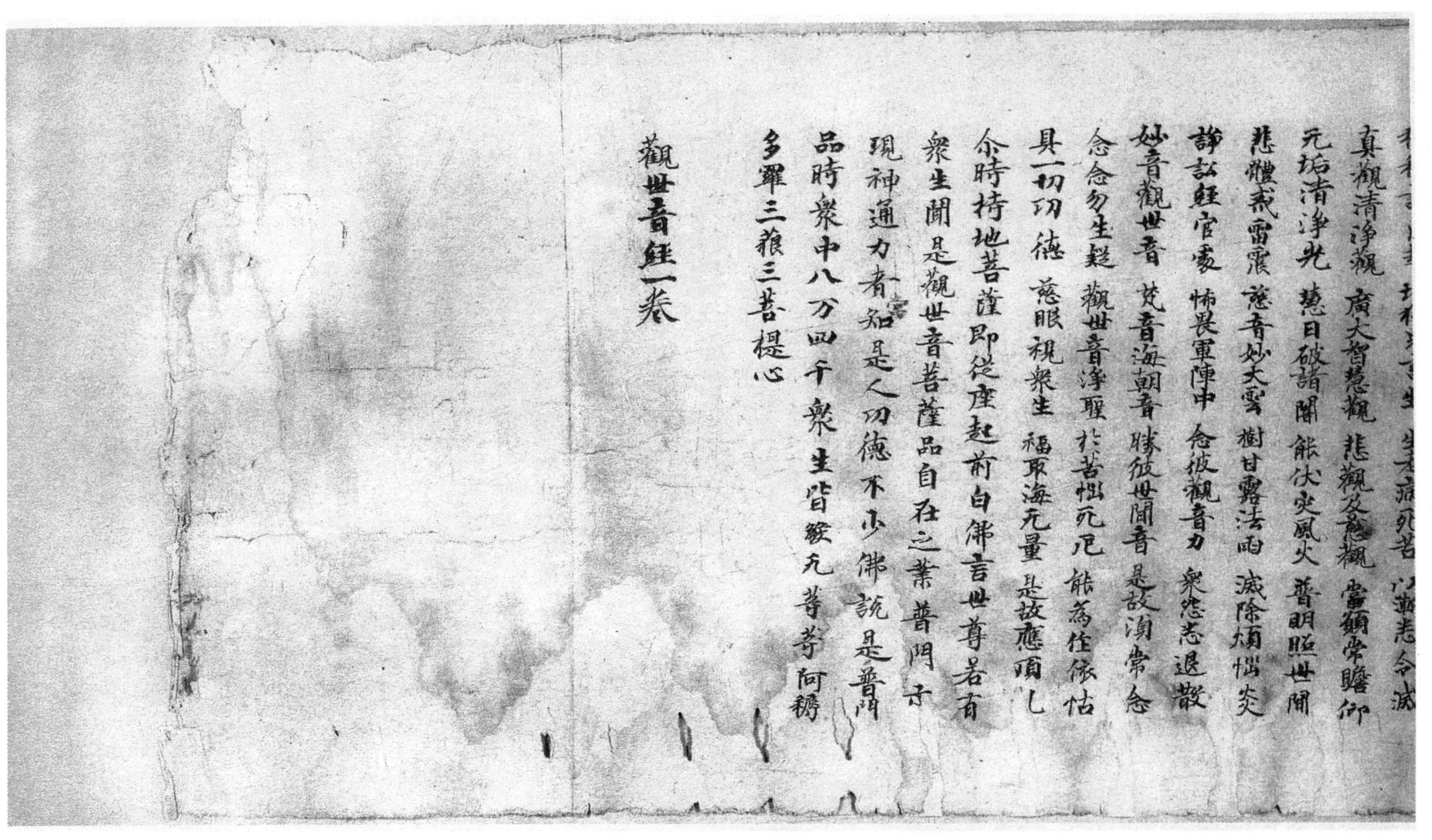
……生老病死苦 以漸悉令滅
真觀清淨觀 廣大智慧觀 悲觀及慈觀 常願常瞻仰
无垢清淨光 慧日破諸闇 能伏災風火 普明照世間
悲體戒雷震 慈意妙大雲 澍甘露法雨 滅除煩惱炎
諍訟經官處 怖畏軍陣中 念彼觀音力 衆怨悉退散
妙音觀世音 梵音海潮音 勝彼世間音 是故須常念
念念勿生疑 觀世音淨聖 於苦惱死厄 能為作依怙
具一切功德 慈眼視衆生 福聚海无量 是故應頂禮
尒時持地菩薩即從座起前白佛言 世尊 若有
衆生聞是觀世音菩薩品自在之業 普門示
現神通力者 當知是人功德不少 佛說是普門
品時 衆中八万四千衆生 皆發无等等阿耨
多羅三藐三菩提心

觀世音經一卷

BD07822 號　觀世音經　（4–4）

末底蘇末底 摩訶末底 一
跋折攞波你 惡甜叉姪哩
跋囉甜魔布麗 跋囉甜 跋囉甜摩
悉怛囉薩婆訶 怛姪他 毗你 遮喇你 畔拖磨 羅滞 磨那他
樹櫥介瞿哩 健拖哩 旃荼哩 摩登耆上 卜羯死 薩囉跋 喇鞞去
四娜末住 善麼 豎哆喇你 莫呼喇你 豈則你計 斫羯囉
婆栴 捨伐哩 捨伐哩 莎訶 怛姪他 補澀閉 蘇補澀閉 度
麼鉢呵囉 阿難耶 鉢喇設悉帝 扇帝 涅目帝 忙揭 例寧
覩帝 悉哆阜帝 莎訶 怛姪他 阿折囇 阿末麗 阿蜜
噪帝 惡叉囊 阿弊囊 奔尼 鉢剌耶法帝 薩婆波跋
鉢剌店摩尼囊莎訶 阿離囊 般尼蘇波尼囊莎訶
怛姪他 蘇訖粟帝 訖栗帝 訖栗計 劫摩怛里 繕怒羯囒
滞 郝羯喇滞 因達羅闍利臟 鑠羯囒滞 鉢設姪囇 阿
伐底羯細計 娜矩覩矩覩 脚迦鼻麗 劫鼻麗 劫鼻麗
劫毗羅末底 尸羅末底 刪底度囉末底里 波伐雉畔
雉麗 室麗 室麗 薩底悉體羝 莎訶 怛姪他 頞喇計
娜也揭去四 囇狪囇 柢麗 企企麗 莎訶 怛姪他 窣羯智
毗羯智三 毗揭荼伐底四 莎訶五 怛姪他 三謎 毗三謎 莎訶 窣
揭滞 毗揭滞 莎訶 毗揭操伐底 莎訶 娑揭羅三步多也 莎
訶 塞建陀摩多也 莎訶 尼囉建陀也 莎訶 阿鉢囉市多

BD07823 號　金光明最勝王經咒　（4–1）

稚囇室囇室囇 薩底悉儱粒莎訶 怛姪他 頞喇訐
娜也揭去四囇狗羅柢囇 企企囇莎訶 怛姪他 窣羯智 頞劒下同二
毗羯智三 毗揭恭代底五 莎訶五 怛姪他三謎毗三謎莎訶 窣
揭滯毗揭滯莎訶 毗操伐底莎訶 娑揭羅三步多也莎
褰建陀摩多也莎訶 尼㘑建陀也莎訶 阿鉢羅市多
毗㮈耶也莎訶 四摩𨿽多三步多也莎訶 阿你蜜揮薄怛
囉也莎訶 南无薄伽伐都 跋羅䝣摩寫莎訶 南謨薩囉
莎訶 怛喇觀似姪哆 跋囉䝣摩奴末觀莎訶 怛姪他
醯底 莫訶提鼻 褰莎訶 悉旬觀蕩 我某甲 暑怛囉鉢陀
莫囇只囇 阿代底 阿代恭代底 蘇𨄝遍 餘名具 餘名具囉
代底 具師 末剌只三末底 毗三末底 惡近入剌 莫近剌
怛囉只 怛囉者代底 質里 … 末難 … 末
喇只八囉 窣畢剌褰 盧迦 … 盧迦 …
盧迦畢剌褰 … 跋剌帝 毗 … 輸只折剌 阿鉢
剌帝羯底 阿鉢剌底喝 … 南毋只 南毋只 莫訶
提鼻 鉢剌底近入剌 … 南摩褰迦囉 我某甲 勒地
達里 … 勒地 阿鉢剌底喝哆 … 跋觀帝娑謎 毗輸姪
觀 … 怛囉畢 … 迦迦婢耶 … 怛姪他
莫訶鉢剌婆鼻四里 … 毗折喇觀謎勒地 我某
甲勒地 輸提 薄伽伐 … 薩囉 … 羯囉 … 滯雞
由囇 雞由囉末底 四里蜜里四里蜜里 阿娑訶耶 莫訶
提鼻 勒陀薩帝娜 達摩薩帝娜 僧伽薩帝娜 曰達囉
薩帝娜 跋嚧娜薩帝好 … 盧雞薩底勒地娜 粒釤
薩帝娜 薩底代者泥娜 阿娑訶耶 莫訶提鼻 四里

BD07823號　金光明最勝王經咒　（4–2）

甲勒地輸提 薄伽伐 …
由囇 雞由囉末底 四里蜜里四里蜜里 阿娑訶耶 莫訶
提鼻 勒陀薩帝娜 達摩薩帝娜 僧伽薩帝娜 曰達囉
薩帝娜 跋嚧娜薩帝好 … 盧雞薩底勒地娜 粒釤
薩帝娜 薩底代者泥娜 阿娑訶耶 莫訶提鼻 四里
蜜里四里蜜里 毗折喇觀 我某甲 勒地 南謨薄伽代底 莫
訶提鼻 薩囉酸底 悉旬觀 暑怛囉 鉢陀作莎訶 第八卷咒
南无室剌莫訶天女 怛姪他 鉢剌睇 … 三暑多 頞達
剌設泥 … 莫訶毗訶囉揭帝 三暑多毗曇末泥 莫訶迦
里也 鉢喇底悉佗鉢泥 薩婆頞他娑羅泥 … 鉢喇底睇
囇 痾耶娜 達摩多 莫訶毗俱比帝 莫訶迷咄嚕 烏波
僧四 粒 莫訶頞剌使 … 僧近入里四羯 三暑多頞他 阿
奴波剌泥莎 怛姪他 只里只里 主嚕主嚕 句嚕句嚕 拘
柱 輸柱 觀柱觀柱 縛訶 縛訶 伐捨伐捨 莎訶 怛姪他
頞折泥 … 室尸達哩 訶訶四 … 伐羅 莎訶 怛
… 你室里 末 … 勒地上 勒地 … 底
婢 … 佉婆只里莎訶 南謨佛陀也 南謨達
摩也 南謨僧伽也 南謨跋囉甜 … 摩也 南謨曰達囉
也 南謨折咄喃 莫曷囉闍喃 怛姪他 四里四里 頞里
… 莫訶健陀里 莫訶健陀里 達羅 頞雞
… 莎訶 … 呼呼呼呼
漢嚕曇謎 瞿曇謎 者者者者 只只只只 主主主主
旃茶 … 鉢羅 尸揭 … 莎訶 … 落伽
梵 僧慎 … 莎訶 第九卷咒 怛姪他 毗折你 毗折你 毗折你
僧褰 …

BD07823號　金光明最勝王經咒　（4–3）

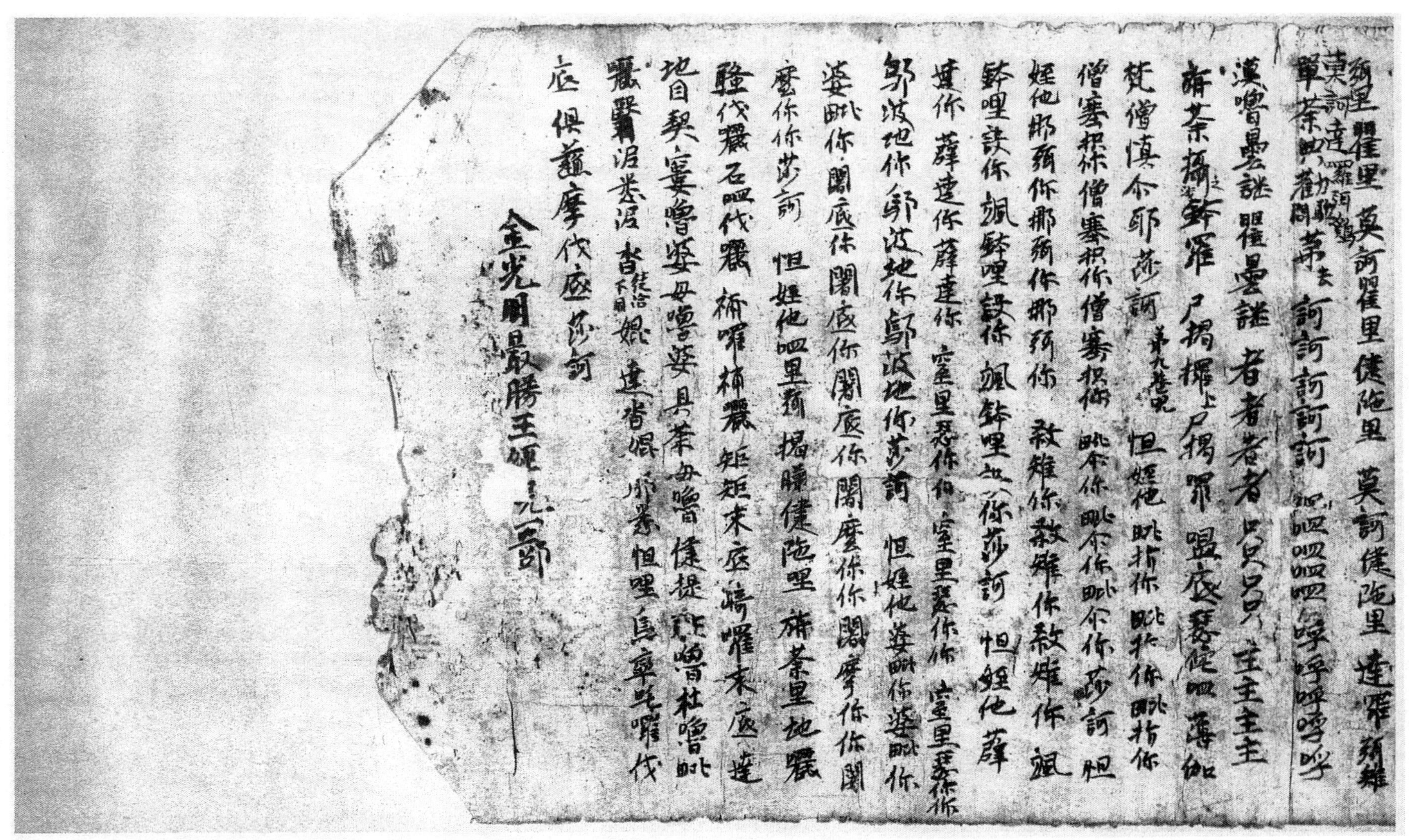

BD07823 號　金光明最勝王經咒　（4–4）

法語比……等喜樂
說我等忍可彼比丘言大德莫作是說言此
比丘是法語比丘律語比丘此比丘所說我等喜樂此比
丘所說我等忍可然此比丘非法語比丘非律語比丘
大德莫欲破壞和合僧汝等當樂欲和合僧大德
應與僧和合歡喜不諍同一師學如水乳合於佛
法中有增益安樂住是比丘如是諫時堅持不捨
彼比丘應三諫捨此事故乃至三諫捨者善不捨者
僧伽婆尸沙　若比丘依聚落若城邑住污他家行
惡行污他家亦見亦聞行惡行亦見亦聞諸比
丘當語是比丘言大德污他家行惡行污他家亦
見亦聞行惡行亦見亦聞大德汝等污他家行
惡行今可遠此聚落去不須住此是比丘語彼比丘
作如是語大德諸比丘有愛有恚有怖有癡有
如是同罪比丘有驅者有不驅者諸比丘報言大德
莫作是語有愛有恚有怖有癡有如是同罪比
丘有驅者有不驅者而諸比丘不愛不恚不怖不癡
大德污他家行惡行污他家亦見亦聞行惡行
亦見亦聞是比丘如是諫時堅持不捨彼比丘應再
三諫捨此事故乃至三諫捨者善不捨者僧伽婆尸沙
若比丘惡性不受人語於戒法中諸比丘如法諫已自
身不受諫語言諸大德莫向我說若好若惡我亦
不向諸大德說若好若惡諸大德且止莫諫我彼
比丘諫是比丘言大德莫自身不受諫語大德自身

大德汙他家行惡行汙他家亦見亦聞行惡行
亦見亦聞是比丘如是諫時堅持不捨彼比丘應再
三諫捨此事故乃至三諫捨者善不捨者僧伽婆尸沙
若比丘惡性不受人語於戒法中諸比丘如法諫已自
身不受諫語言諸大德莫向我說若好若惡我亦
不向諸大德說若好若惡諸大德且止莫諫我彼
比丘諫是比丘言大德莫自身不受諫語大德自身
當受諫語大德如法諫諸比丘諸比丘亦如法諫大德
如是佛弟子衆得增益展轉相諫展轉相教展
轉懺悔是比丘如是諫時堅持不捨彼比丘應三
諫捨此事故乃至三諫捨者善不捨者僧伽婆尸沙
諸大德我已說十三僧伽婆尸沙法九初犯四乃至三
諫若比丘犯一一法知而覆藏應彊與波利婆沙
行波利婆沙竟增上與六夜摩那埵行摩那埵
已餘有出罪法應二十僧中出是比丘罪若少一人不
滿二十衆出是比丘罪是比丘罪不得除諸比丘亦
可呵此是時今問諸大德是中清淨不如是至三諸大德
是中清淨默然故是事如是持
諸大德是二不定法半月半月說戒經中來若比
丘共女人獨在屏覆處障處可作婬處坐說
非法語有住信優婆私於三法中一一法說若波羅
若僧伽婆尸沙若波逸提是坐比丘自言我犯
是罪於三法中應一一法治若波羅夷若僧伽婆
尸沙若波逸提如住信優婆私所說應如法治是
比丘是名不定法若比丘共女人在露現處不可
作婬處坐作麤惡語有住信優婆私於二法中
一一法說若僧伽婆尸沙若波逸提是坐比丘自言
我犯是事於二法中應二法治若僧伽婆尸沙若
波逸提如住信優婆私所說應如法治是比丘是

比丘是名不定法若比丘共女人在露現處不可
作婬處坐作麁惡語有住信優婆私於三法中
二法說若僧伽婆尸沙若波逸提是坐比丘自言
我犯是事於二法中應二法治若僧伽婆尸沙若
波逸提如住信優婆私所說應如法治是比丘是
名不定法　諸大德我已說二不定法今問諸大
德是中清淨不如是（三）諸大德是中清淨默然故是事
如是持　諸大德是三十尼薩耆波逸提法半月
半月說戒經中來　若比丘衣已竟迦絺那衣
已出畜長衣經十日不淨施得畜過十日尼薩
耆波逸提　若比丘衣已竟迦絺那衣已
出於三衣中離一一衣異處宿除僧羯磨
尼薩耆波逸提　若比丘衣已竟迦絺那衣
已出若比丘得非時衣欲須便受受已疾疾成衣
若足者善若不足者得畜經一月為滿足故若
過畜者尼薩耆波逸提　若比丘從非親里比
丘尼取衣除貿易尼薩耆波逸提　若比丘令非
親里比丘尼浣故衣若染若打尼薩耆波逸提
若比丘從非親里居士若居士婦乞衣除餘時尼
薩耆波逸提餘時者若比丘奪衣失衣燒衣漂
衣是謂餘時　若比丘失衣奪衣燒衣漂衣若
非親里居士居士婦自恣請多與衣是比丘當知
足受衣若過者尼薩耆波逸提　若比丘居士
居士婦為比丘辦衣價買如是衣與某甲比丘
是比丘先不受自恣請到居士家如是說善哉居
士為我買如是如是衣與我為好故若得衣者
尼薩耆波逸提　若比丘二居士居士婦與比丘辦衣
價持如是衣價買如是衣與某甲比丘是比丘先
不受居士自恣請到二居士家作是言善哉居

士為我買如是如是衣與我為好故若得衣
尼薩耆波逸提　若比丘二居士居士婦與比丘辦衣
價持如是衣價買如是衣與某甲比丘是比丘先
不受居士自恣請到二居士家作是言善哉居
士辦如是如是衣價與我共作一衣為好故若得
衣者尼薩耆波逸提　若比丘若王若大臣若婆
羅門若居士居士婦遣使為比丘送衣價持如
是衣價與某甲比丘彼使人至比丘所語比丘言大
德今為汝故送是衣價受取是比丘應語彼使如
是言我不應受此衣價我若須衣合時清淨當
受彼使語比丘言大德有執事人不須衣比丘應
語言有若僧伽藍民若優婆塞此是比丘執事
人常為諸比丘執事時彼使往至執事人所與衣
價已還至比丘所如是言大德所示某甲執事人
我已與衣價大德知時往彼當得衣須衣比丘當
往執事人所若二反三反為作憶念應語言我須
衣若二反三反為作憶念若得衣者善若不得衣
四反五反六反在前默然立若四反五反六反在前默
然住得衣者善若不得衣過是求得衣者尼薩
耆波逸提若不得衣從所得衣價處若自往若遣
使往語言汝先遣使持衣價與某甲比丘竟不得
汝還取莫使失此是時　十一　若比丘雜野蠶綿
作新卧具尼薩耆波逸提　若比丘以新純黑羺
羊毛作新卧具尼薩耆波逸提　若比丘作新卧具
應用二分純黑羊毛三分白四分糲若比丘不用二分黑
三分白四分糲作新卧具者尼薩耆波逸提　若比丘
作新卧具持至六年若減六年不捨故更作新者
除僧羯磨尼薩耆波逸提　若比丘作新坐具當
取故者縱廣一磔手帖著新者上為壞色故若作新

應用二分純黑羊毛三分白四分尨若比丘不用二分黑
三分白四分尨作新卧具者尼薩耆波逸提　若比丘
作新卧具持至六年若減六年不捨故更作新者
除僧羯磨尼薩耆波逸提　若比丘作新坐具當
取故者縱廣一磔手帖著新者上為壞色故若作新
坐具不取故者縱廣一磔手帖著新者上用壞色故
尼薩耆波逸提　若比丘道路行得羊毛若无人
持得自持乃至三由旬若无人持過三由旬尼薩耆波逸提
若比丘使非親里比丘尼浣染擘羊毛者尼薩耆波逸提
若比丘自手捉錢若金銀若教人捉若置地受者尼薩
耆波逸提　若比丘種種賣買者尼薩耆波逸提
若比丘種種販賣者尼薩耆波逸提　若比丘畜長
鉢不淨施得齋十日過者尼薩耆波逸提　若比丘畜
鉢減五綴不漏更求新鉢為好故尼薩耆波逸提彼
比丘應往僧中捨展轉取最下鉢與之令持乃至
破應持此是時　若比丘自乞縷線使非親里織師
織作衣者尼薩耆波逸提　若比丘居士居士婦使
織師為比丘織作衣彼比丘先不受自恣請便往織
師所語言此衣為我作與我極好織令廣大堅緻我
當多少與汝價是比丘與衣價乃至一食直　得衣
尼薩耆波逸提

BD07824 號背 1　啓請文（擬）

BD07824 號背 2　社齋文

（6–1）

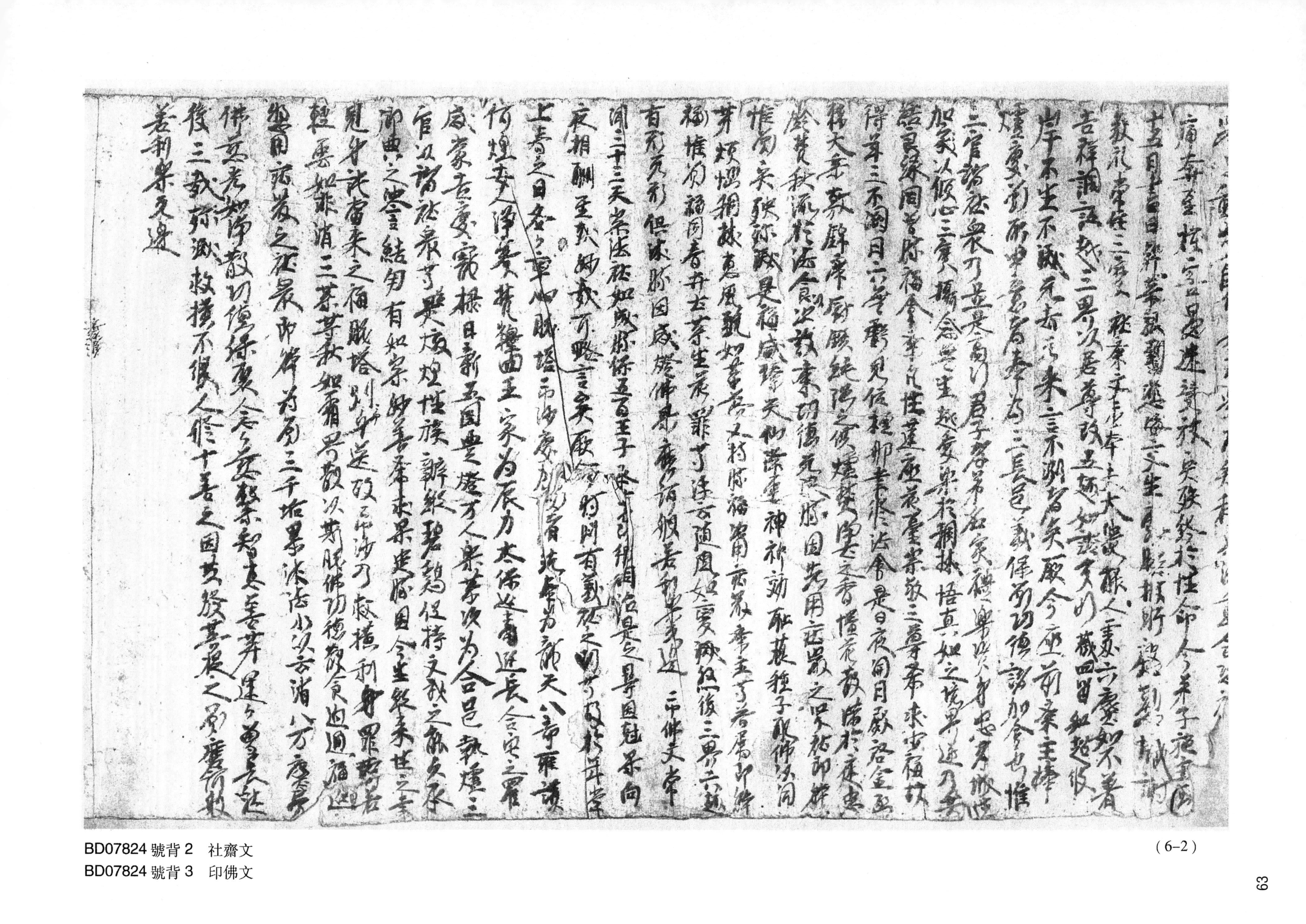

BD07824號背2　社齋文

BD07824號背3　印佛文

（6–2）

BD07824 號背 3　印佛文

BD07824 號背　勘記、題名

（6–3）

BD07824號背　題名

（6–4）

BD07824號背　題名　　（6–5）

BD07824號背4　請賓頭羅文（擬）　　（6–6）

兊

切相智清淨何以故若
忘失法清淨若一切相 無二分
無別無斷故一切智智清淨若恒住捨性清淨
恒住捨性清淨故一切相智清淨何以故若
一切智智清淨若恒住捨性清淨若一切相
智清淨無二無二分無別無斷故善現一切
智智清淨故一切智清淨一切智清淨故一
切相智清淨何以故若一切智智清淨若一
切智清淨若一切相智清淨無二無二分無
別無斷故一切智智清淨故道相智清淨道
相智清淨故一切相智清淨何以故若一切
智智清淨若道相智清淨若一切相智清淨
無二無二分無別無斷故善現一切智智清
淨故一切陁羅尼門清淨一切陁羅尼門清
淨故一切相智清淨何以故若一切智智清
淨故一切相智清淨何以故若一切智智清
淨若一切陁羅尼門清淨若一切相智清淨
無二無二分無別無斷故一切智智清淨故
一切三摩地門清淨一切三摩地門清淨故
一切相智清淨何以故若一切智智清淨若
一切三摩地門清淨若一切相智清淨無二

BD07825號 大般若波羅蜜多經（兊廢稿）卷二八〇 （2–1）

相智清淨故一切相智清淨何以故若一切
智智清淨若道相智清淨若一切相智清淨
無二無二分無別無斷故善現一切智智清
淨故一切陁羅尼門清淨一切陁羅尼門清
淨故一切相智清淨何以故若一切智智清
淨故一切相智清淨何以故若一切智智清
淨若一切陁羅尼門清淨若一切相智清淨
無二無二分無別無斷故一切智智清淨故
一切三摩地門清淨一切三摩地門清淨故
一切相智清淨何以故若一切智智清淨若
一切三摩地門清淨若一切相智清淨無二
無二分無別無斷故
善現一切智智清淨故預流果清淨預流果
清淨故一切相智清淨何以故若一切智智
清淨故一切相智清淨何以故若一切智智
清淨若預流果清淨若一切相智清淨無二
無二分無別無斷故一切智智清淨故一來

BD07825號 大般若波羅蜜多經（兊廢稿）卷二八〇 （2–2）

餓鬼天心菩薩不令於
生之心是名菩薩昔所
善男子復有異知菩薩　　知
須陀洹初心次第至十六心　義故昔所
不知而今得知是為菩薩脩大涅槃具足成
就第二功德復次善男子云何菩薩摩訶薩
大涅槃成就具足第三功德善男子菩薩
摩訶薩脩大涅槃捨慈得慈得慈之時不從
因緣云何名為捨慈得慈善男子慈名世諦
菩薩摩訶薩捨世諦　慈第一義
慈不從緣得復次云何捨慈得慈慈若可捨
名凡夫慈慈若可得即名菩薩无緣之慈捨
一闡提慈犯四重禁慈謗方等慈作五逆慈
得憐愍慈得如來慈世尊之慈无因緣慈云
何復名捨慈得慈捨黃門慈无根二根女人
之慈屠膾獵師畜養雞豬如是等慈亦捨聲
聞辟支佛慈得諸菩薩无緣之慈不見自慈
不見他慈不見持戒不見破戒雖自見悲不
見衆生雖有苦受不見受者何以故以脩第
一真實義故是名菩薩脩大涅槃成就具足
第三功德復次善男子云何菩薩摩訶薩脩
大　就具足第四功德善男子菩薩摩
可　第四功德有十事
傾拔二者自身生

BD07826號　大般涅槃經（北本）卷二四　（1–1）

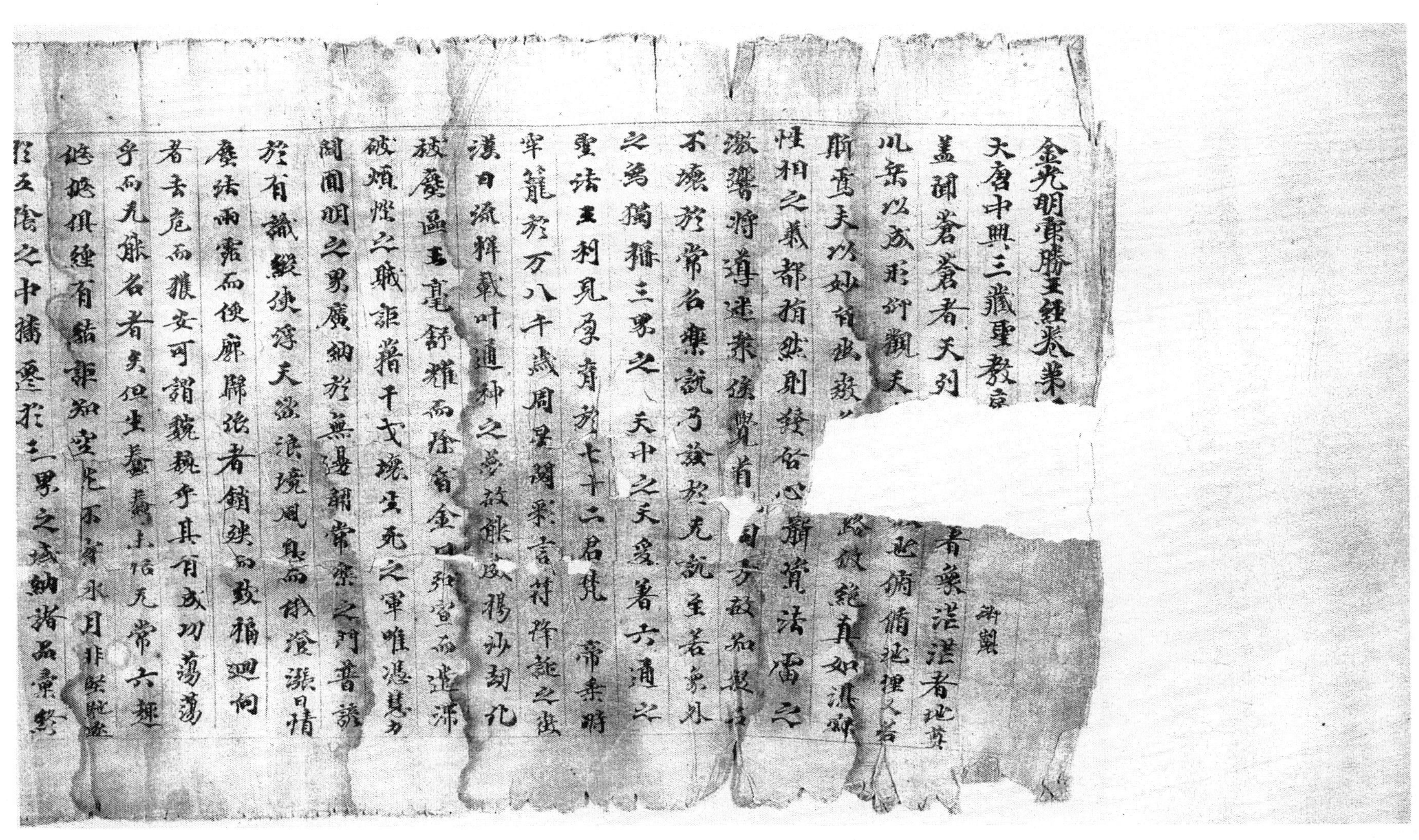
金光明最勝王經卷第一
大唐中興三藏聖教序　御製
蓋聞蒼蒼者天列……者象湛湛者地尊
卑以成形仰觀天……俯循地理又若
斯焉夫以妙有……路故絕真如……
性相之義都捐然則發皆心……覺法雷之
激響將導迷衆後覺首……日方教知根
不壞於常名樂說了義於无說至若象外
之爲獨播三界之尊天中之天愛著六通之
聖法王利見尊青於七十二君冕帝乘時
牢籠於万八千歲周星闕采言符降誕之歲
漢日流祥載叶通神之夢故能成陽妙劫九
破塵區玉毫舒耀而除昏金口宣而遣滯
破煩惱之賊……千丈塊生死之軍唯憑甚力
闡圓明之界廣納於無邊朗常樂之門普該
於有識縱使浮天巨浪境風息而波澄涉日
慶法雨霑而使廓歸依者銷殃而致福迴向
者去危而獲安可謂巍巍乎其有成功蕩蕩
乎而无能名者矣但生盡壽上皆无常六趣
……俱纏有結誰知空花不實水月非堅……
……五陰之中搊墜於三界之域納諸品彙類

BD07827號　大唐中興三藏聖教序　（3–1）

奏法雨霈而使廓廓法者銷殃而致福迴向
者去危而獲安可謂巍巍乎其有成功蕩蕩
乎而无能名者矣但生蠢蠢未悟无常六趣
悠悠俱迷百結非知空花不實水月非眞既迷
於五陰之中播遷於三界之域納諸品彙然
後法門自白馬西來玄言被世尊則藍頻數
演衆生乃逆性調達馬鳴擅美於前龍樹
騰芳於寶偈於是遠迴雲日迷布調淨米滿
之教區分大小之乘焉燈安後施接啟於
勝場琳遠高人聯蹤於法宇遂使教書善龍
飛千古而鴟奐聲垂曠流觀周十方而騰茂
實頻屬後周膺運大屬魔軍遂使天下招
提咸從毀廢棄中法侶並從編甿嗟乎蘭若
禪居空留寫寶之處叢棘慧苑无復經行之
路爰洎開皇重將修建旋逢大業又遇分崩
兇黨神呤山鳴海沸既遭達崇寧有伽藍丕
法消淪邪見增長於是人迷覺路疊迴於昔
集之區俗蔽眞宗翼軒於蓋纏之内我大唐之
有天下也上凌羣燧荷視義軒
三寶重光鷲邦一統盛加有截譯被无垠播沛胎
以逐淳垂軋雖而獻款弄懸　佛日重補梵
天龍宮將八桂齊安鷲嶺與五峯爭峻　大
知釋教諒屬
皇朝者焉大福先寺翻經三藏法師義淨者
范陽人也俗姓張氏五代祖辨之後三台仕晉之
前朱纓分輝紹蟬合彩高祖為東齊郡守仁
風遠肩甘雨隨車化闡六條政行十部曾祖及

BD07827 號　大唐中興三藏聖教序　（3–2）

有天下也上凌羣燧荷視義軒
三寶重光鷲邦一統盛加有截譯被无垠播沛胎
以逐淳垂軋雖而獻款弄懸　佛日重補梵
天龍宮將八桂齊安鷲嶺與五峯爭峻　大
知釋教諒屬
皇朝者焉大福先寺翻經三藏法師義淨者
范陽人也俗姓張氏五代祖辨之後三台仕晉之
前朱纓分輝紹蟬合彩高祖為東齊郡守仁
風遠肩甘雨隨車化闡六條政行十部曾祖及
父俱癈俗榮放曠一丘逍遥三徑含和體素養
性恬神擅芳秀於東山挹清流於南澗可謂
幽尋丹壑棲偃白雲皐鶴於是香聲場駒以
之藝業法師幼挺明晤夙彰敏緩踰髯李
談絃史學洞古今於三藏之玄極明一乘之奧
之歲心樂出家遍遊翫洛之年志尋西國業
義既而翻看習靜息慮安禪託彼山林遠離
囂塵三十有七方遂雅懷以咸亨二年行至
廣府發願結契數乃十人啟棹歸帆唯存一
己巡南溟以返迴裥西域以長驅歷歲而之千
重凌濤之万里漸届天竺次至王城
佛說法光靈峯尚在

BD07827 號　大唐中興三藏聖教序　（3–3）

若无爲法若有
提白佛言常說般若
義故名般若波羅蜜
到彼岸以是義故
提諸佛菩薩辟支
蜜得度彼岸以
須菩提分別籌量
不得堅實以是義
菩提諸法如法性實
以是義故名般若波
般若波羅蜜无有法若
色若可見若不可見若
若无漏若有爲若无爲何
蜜无色无形无對一相所
是般若波羅蜜能生一切法
切照明須菩提是故般若波
求聲聞辟支佛人及餘異道梵
不能壞菩薩行般若波羅蜜何以
般若波羅蜜中皆不可得故須菩提
訶薩應如是行般若波羅蜜義復次須

BD07828號　摩訶般若波羅蜜經（四十卷本）卷三一　（2–1）

蜜无色无形无對一相所
是般若波羅蜜能生一切法
切照明須菩提是故般若波
求聲聞辟支佛人及餘異道梵
不能壞菩薩行般若波羅蜜何以
般若波羅蜜中皆不可得故須菩提
訶薩應如是行般若波羅蜜義復次須
菩薩摩訶薩欲行般若波羅蜜義應行无常
義苦義空義无我義亦應行苦智義集智義
滅智義道智義法智義比智義世智義他心
智義盡智義无生智義如實智義如是須菩提
菩薩摩訶薩爲般若波羅蜜義故應行般若
波羅蜜須菩提白佛言世尊是深般若波羅
蜜中義與非義皆不可得云何菩薩爲深
波羅蜜義故應行般若波羅蜜佛告須
訶薩爲深般若波羅蜜義故應如
如是義不應行瞋恚愚癡非
切耶見非義如是義不
有義无有非義一
是

BD07828號　摩訶般若波羅蜜經（四十卷本）卷三一　（2–2）

大般若波羅蜜多經卷第四百廿四
第二分遠離品第廿四之二　三藏法師玄奘奉　詔譯
尒時具壽舍利子謂善現言如我解仁者所
說義我乃至見者畢竟不生色乃至識畢竟
不生如是乃至諸佛法及諸佛畢竟不生一
切有情法及一切有情畢竟不生若如是者
六趣受生應無差別不應預流得預流果不
應一來得一來果不應不還得不還果不應
阿羅漢得阿羅漢果不應獨覺得獨覺菩提
不應菩薩得一切相智不應菩薩摩訶薩見
六趣生死流生厭患為拔濟彼故得五種菩
提復次善現若一切法畢竟不生云何預流
為預流果勤脩永斷三結之道云何一來為
一來果勤脩倍斷貪瞋癡道云何不還為不
還果勤脩永斷順下結道云何阿羅漢為阿
羅漢果勤脩永斷順上結道云何獨覺為獨
覺菩提勤脩獨悟緣起法道云何菩薩摩訶

BD07829號　大般若波羅蜜多經卷四二四　（2–1）

阿羅漢得阿羅漢果不應獨覺得獨覺菩提
不應菩薩得一切相智不應菩薩摩訶薩見
六趣生死流生厭患為拔濟彼故得五種菩
提復次善現若一切法畢竟不生云何預流
為預流果勤脩永斷三結之道云何一來為
一來果勤脩倍斷貪瞋癡道云何不還為不
還果勤脩永斷順下結道云何阿羅漢為阿
羅漢果勤脩永斷順上結道云何獨覺為獨
覺菩提勤脩獨悟緣起法道云何菩薩摩訶
薩為度无量无邊有情脩多百千難行苦行
具受无量難忍重苦云何如來應正等覺證
得无上正等菩提云何諸佛為度无量有情
苦故轉妙法輪
尒時具壽善現報舍利子言非我於彼无上
法中見有六趣受生差別非我於彼无生法
中見有能入諦現觀者非我於彼无生法中
見有預流得預流果見有一來得一來果見
有不還得不還果見有阿羅漢得阿羅漢果

BD07829號　大般若波羅蜜多經卷四二四　（2–2）

切德具足者所食之餘終不可盡於是鉢飯
悉飽衆會猶故不盡其諸菩薩聲聞天人食
此飯者身安快樂譬如一切樂莊嚴國諸菩
薩也又諸毛孔皆出妙香亦如衆香國土諸
樹之香
尒時維摩詰問衆香菩薩香積如來以何說
法彼菩薩曰我土如來无文字說但以衆香
令諸天人得入律行菩薩各各坐香樹下聞斯
妙香即獲一切德藏三昧得是三昧者菩
薩所有功德皆悉具足彼諸菩薩問維摩詰
今世尊釋迦牟尼以何說法維摩詰言此土
衆生剛強難化故佛爲說剛強之語以調伏
之言是地獄是畜生是餓鬼是諸難處是愚
人生處是身邪行是身邪行報是口邪行是
口邪行報是意邪行是意邪行報是煞生是
煞生報是不與取是不與取報是邪婬是邪
婬報是妄語是妄語報是兩舌是兩舌報是
惡口是惡口報是无義語是无義語報是貪

BD07830號　維摩詰所說經卷下　（3–1）

之言是地獄是畜生是餓鬼是諸難處是愚
人生處是身邪行是身邪行報是口邪行是
口邪行報是意邪行是意邪行報是煞生是
煞生報是不與取是不與取報是邪婬是邪
婬報是妄語是妄語報是兩舌是兩舌報是
惡口是惡口報是无義語是无義語報是貪
嫉是貪嫉報是瞋惱是瞋惱報是邪見是邪
見報是慳悋是慳悋報是毀戒是毀戒報是
瞋恚是瞋恚報是懈怠是懈怠報是乱意是
乱意報是愚癡是愚癡報是結戒是持戒
是犯戒是應作是不應作是鄣㝵是不鄣㝵
是得罪是離罪是淨是垢是有漏是无漏是邪
道是正道是有爲是无爲是世間是涅槃以
難化之人心如猨猴故以若干種法制御其
心乃可調伏譬如象馬𢤱悷不調加諸楚毒
乃至徹骨然後調伏如是剛強難化衆生故
以一切苦切之言乃可入律彼諸菩薩聞說
是已皆曰未曾有也如世尊釋迦牟尼佛隱
其无量自在之力乃以貧所樂法度脫衆生
斯諸菩薩亦能勞謙以无量大悲生是佛土
維摩詰言此土菩薩於諸衆生大悲堅固誠
如所言然其一世饒益衆生多於彼國百千
劫行所以者何此娑婆世界有十事善法諸
餘淨土之所无有何等爲十以布施攝貧窮
以淨戒攝毀禁以忍辱攝瞋恚以精進攝懈
怠以禪定攝乱意以智慧攝愚癡說除難
法度八難者以大乘法度樂小乘者以諸善根

BD07830號　維摩詰所說經卷下　（3–2）

是得罪是離罪是淨是垢是有漏是无漏是耶
道是正道是有爲是无爲是世間是涅槃以
難化之人心如猨猴故以若干種法制御其
心乃可調伏譬如象馬𢤱悷不調加諸楚毒
乃至徹骨然後調伏如是剛强難化衆生故
以一切苦切之言乃可入律彼諸菩薩聞說
是已皆曰未曾有也如世尊釋迦牟尼佛隱
其无量自在之力乃以貧所樂法度脫衆生
斯諸菩薩亦能勞謙以无量大悲生是佛土
維摩詰言此土菩薩於諸衆生大悲堅固誠
如所言然其一世饒益衆生多於彼國百千
劫行所以者何此娑婆世界有十事善法諸
餘淨土之所无有何等爲十以布施攝貧窮
以淨戒攝毀禁以忍辱攝瞋恚以精進攝懈
怠以禪定攝亂意以智慧攝愚癡說除難
法度八難者以大乘法度樂小乘者以諸善根
濟无德者常以四攝成就衆生是爲十彼菩
薩曰菩薩成就幾法於此世界行无創疣生
乎淨土維摩詰言菩薩成就八法於此世界行
无創疣生于淨土何等爲八饒益衆生而
不望報代一切衆生受諸苦惱所作功德盡

BD07830 號　維摩詰所說經卷下　（3–3）

般若
菩提菩薩摩
是念貪欲非義
義如是義不應行一
應行何以故三毒如相无
切耶見如相无有義无有非義復次須菩提
菩薩摩訶薩應作是念色非義非非義乃至
識非義非非義檀波羅蜜乃至阿耨多羅三
藐三菩提非義非非義何以故須菩提佛得
阿耨多羅三藐三菩提時无有法可得若義
若非義須菩提有佛无佛諸法法相常住无
有義无有非義如是須菩提菩薩摩訶薩行
般若波羅蜜應離義及非義須菩提白佛言
世尊何以故般若波羅蜜非義非非義佛
言須菩提一切有爲法无住相以是故般若
波羅蜜非義非非義世尊一切賢聖若佛若
佛弟子皆以无爲爲義云何佛言般若波羅
蜜无有義非義佛言雖一切賢聖若佛若
佛弟子皆以无爲爲義之不以增之不以損須
菩提譬如虛空如不能益衆生不能損衆生

BD07831 號　摩訶般若波羅蜜經（四十卷本）卷三一　（2–1）

世尊何以故般若波羅蜜非義非非義佛
告須菩提一切有為法无住相以是故般若
波羅蜜非義非非義世尊一切賢聖若佛若
佛弟子皆以无為為義云何佛言般若波羅
蜜无有義非義佛言雖一切賢聖若佛若
佛弟子皆以无為為義之不以增之不以損須
菩提譬如虛空如不能益衆生不能損衆生
如是須菩提菩薩摩訶薩般若波羅蜜无有
增无有損世尊菩薩摩訶薩不學无為般若波
羅蜜得一切種智耶佛言如是如是須菩提
菩薩摩訶薩學是无為般若波羅蜜當得一
切種智不以二法故世尊不二法能得二
法耶佛言不也須菩提言二法能得不二法
耶不也須菩提世尊菩薩摩訶薩若不以二
法不以不二法云何當得一切種智須菩提
无所得即是得以是故得无所得
摩訶般若波羅蜜經種樹品第七十
須菩提白佛言世尊是般若波羅蜜甚深
尊諸菩薩摩訶薩不得衆生而為衆生求
耨多羅三藐三菩提是為甚難世尊譬
欲於虛空中種樹是為甚難世尊菩薩摩
薩亦如是為衆生故求阿耨
提衆生亦不可得佛告須

BD07831號　摩訶般若波羅蜜經（四十卷本）卷三一　（2–2）

BD07832號　淨名經集解關中疏卷上

（3–1）

BD07832號　淨名經集解關中疏卷上

（3–2）

BD07832號　淨名經集解關中疏卷上

益一切而生三界朽故火宅爲度衆生生老
病死憂悲苦惱愚癡闇蔽三毒之火教化令
得阿耨多羅三藐三菩提見諸衆生爲生老
病死憂悲苦惱之所燒煮亦以五欲財利故
受種種苦又以貪著追求故現受衆苦後受
地獄畜生餓鬼之苦若生天上及在人間貧
窮困苦愛別離苦怨憎會苦如是等種種諸
苦衆生沒在其中歡喜遊戲不覺不知不驚
不怖亦不生猒不求解脫於此三界火宅東
西馳走雖遭大苦不以爲患舍利弗佛見此
已便作是念我爲衆生之父應拔其苦難與
无量无邊佛智慧樂令其遊戲舍利弗如來
復作是念若我但以神力及智慧力捨於方
便爲諸衆生讚如來知見力无所畏者衆生
不能以是得度所以者何是諸衆生未免生
老病死憂悲苦惱而爲三界火宅所燒何由
能解佛之智慧舍利弗如彼長者雖復身手
有力而不用之但以慇懃方便免濟諸子火
宅之處然後各與珎寶大車如來亦復如是
雖有力无所畏而不用之但以智慧方便於
三界火宅拔濟衆生爲說三乘聲聞辟支佛
[illegible]

BD07833號　妙法蓮華經卷二　（2-1）

苦衆生沒在其中[illegible]
不怖亦不生猒不求解脫於此三界火宅東
西馳走雖遭大苦不以爲患舍利弗佛見此
已便作是念我爲衆生之父應拔其苦難與
无量无邊佛智慧樂令其遊戲舍利弗如來
復作是念若我但以神力及智慧力捨於方
便爲諸衆生讚如來知見力无所畏者衆生
不能以是得度所以者何是諸衆生未免生
老病死憂悲苦惱而爲三界火宅所燒何由
能解佛之智慧舍利弗如彼長者雖復身手
有力而不用之但以慇懃方便免濟諸子火
宅之處然後各與珎寶大車如來亦復如是
雖有力无所畏而不用之但以智慧方便於
三界火宅拔濟衆生爲說三乘聲聞辟支佛
佛乘而作是言汝等莫得樂住三界火宅勿
貪麁弊色聲香味觸也若貪著生愛則爲所
燒汝速出三界當得三乘聲聞辟支佛佛乘
我今爲汝保任此事終不虛也汝等但當懃
脩精進如來以是方便誘進衆生復作是言
汝等當知此三乘法皆是聖所稱歎自在无
繫无所依求乘是三乘以无漏根力覺道禪
定解脫三昧等而自娛樂便得无量安隱快

BD07833號　妙法蓮華經卷二　（2-2）

來詣佛
四天下來
又乾闥婆
摩睺羅迦等悉來
塞優婆夷俱來會
丁之衆恭敬圍遶而為
說如須弥山王顯于大海安處衆寶師
子之坐蔽於一切諸來大衆
爾時毗耶離城有長者子名曰寶積與五百長
者子俱持七寶蓋來詣佛所頭面礼足各以
其蓋共供養佛佛之威神令諸寶蓋合成
一蓋遍覆三千大千世界而此世界廣長之
相悉於中現又此三千大千世界諸須弥山
雪山目真隣陁山摩訶目真隣陁山香山寶
山金山黑山鐵圍山大鐵圍山大海江河川
流泉源及日月星辰天宮龍宮諸尊神宮
悉現於寶蓋中又十方諸佛諸佛說法亦現於
寶蓋中爾時一切大衆覩佛神力歎未曾有
合掌礼佛瞻仰尊顔目不暫捨長者子寶

BD07834號　維摩詰所說經卷上　（5–1）

雪山目真隣陁山摩訶目真隣陁山香山寶
山金山黑山鐵圍山大鐵圍山大海江河川
流泉源及日月星辰天宮龍宮諸尊神宮
悉現於寶蓋中又十方諸佛諸佛說法亦現於
寶蓋中爾時一切大衆覩佛神力歎未曾有
合掌礼佛瞻仰尊顔目不暫捨長者子寶
積即於佛前以偈頌曰
目淨脩廣如青蓮　心淨已度諸禪定
久積淨業稱无量　導衆以寂故稽首
既見大聖以神變　普現十方无量土
其中諸佛演說法　於是一切悉見聞
法王法力超羣生　常以法財施一切
能善分別諸法相　於第一義而不動
已於諸法得自在　是故稽首此法王
說法不有亦不无　以因緣故諸法生
无我无造无受者　善惡之業亦不亡
始在佛樹力降魔　得甘露滅覺道成
已无心意无受行　而悉摧伏諸外道
三轉法輪於大千　其輪本來常清淨
天人得道此為證　三寶於是現世間
以斯妙法濟羣生　一受不退常寂然
度老病死大醫王　當礼法海德无邊
毀譽不動如須弥　於善不善等以慈
心行平等如虛空　孰聞人寶不敬承
今奉世尊此微蓋　於中現我三千界
諸天龍神所居宮　乾闥婆等及夜叉
悉見世間諸所有　十力哀現是化變

BD07834號　維摩詰所說經卷上　（5–2）

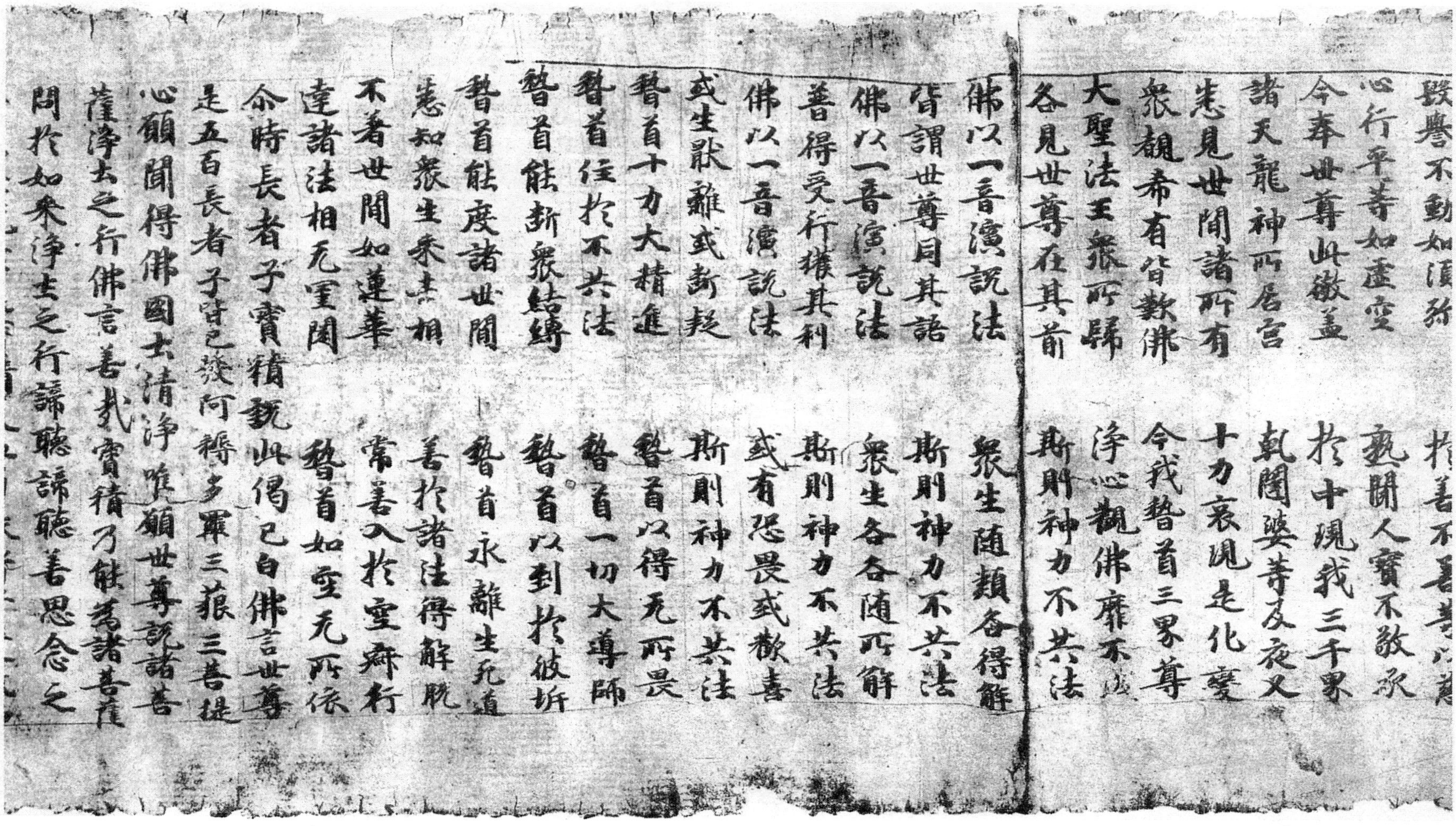

毀譽不動如須弥　於善不善等以慈
心行平等如虛空　孰聞人寶不敬承
今奉世尊此微蓋　於中現我三千界
諸天龍神所居宮　乾闥婆等及夜叉
悉見世間諸所有　十力哀現是化變
衆覩希有皆歎佛　今我稽首三界尊
大聖法王衆所歸　淨心觀佛靡不欣
各見世尊在其前　斯則神力不共法
佛以一音演說法　衆生隨類各得解
皆謂世尊同其語　斯則神力不共法
佛以一音演說法　衆生各各隨所解
普得受行獲其利　斯則神力不共法
佛以一音演說法　或有恐畏或歡喜
或生猒離或斷疑　斯則神力不共法
稽首十力大精進　稽首以得无所畏
稽首住於不共法　稽首一切大導師
稽首能斷衆結縛　稽首以到於彼岸
稽首能度諸世間　稽首永離生死道
悉知衆生來去相　善於諸法得解脫
不著世間如蓮華　常善入於空寂行
達諸法相无罣閡　稽首如空无所依
尒時長者子寶積說此偈已白佛言世尊
是五百長者子皆已發阿耨多羅三藐三菩提
心願聞得佛國土清淨唯願世尊說諸菩
薩淨土之行佛言善哉寶積乃能爲諸菩薩
問於如來淨土之行諦聽諦聽善思念之

BD07834 號　維摩詰所說經卷上　（5–3）

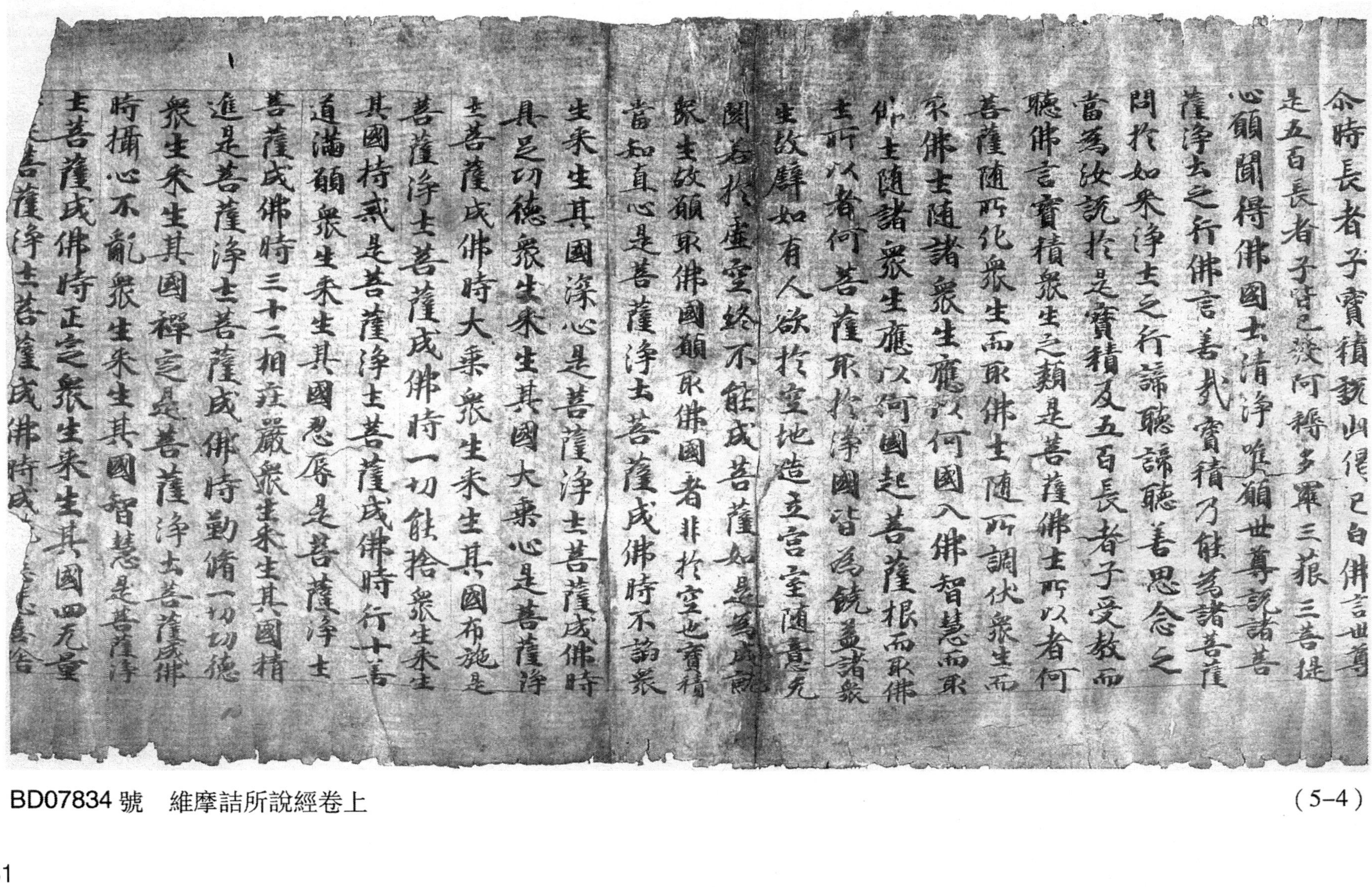

尒時長者子寶積說此偈已白佛言世尊
是五百長者子皆已發阿耨多羅三藐三菩提
心願聞得佛國土清淨唯願世尊說諸菩
薩淨土之行佛言善哉寶積乃能爲諸菩薩
問於如來淨土之行諦聽諦聽善思念之
當爲汝說於是寶積及五百長者子受教而
聽佛言寶積衆生之類是菩薩佛土所以者何
菩薩隨所化衆生而取佛土隨所調伏衆生而
取佛土隨諸衆生應以何國入佛智慧而取
佛土隨諸衆生應以何國起菩薩根而取佛
土所以者何菩薩取於淨國皆爲饒益諸衆
生故譬如有人欲於空地造立宮室隨意无
閡若於虛空終不能成菩薩如是爲成就
衆生故願取佛國願取佛國者非於空也寶積
當知直心是菩薩淨土菩薩成佛時不諂衆
生來生其國深心是菩薩淨土菩薩成佛時
具足功德衆生來生其國大乘心是菩薩淨
土菩薩成佛時大乘衆生來生其國布施是
菩薩淨土菩薩成佛時一切能捨衆生來生
其國持戒是菩薩淨土菩薩成佛時行十善
道滿願衆生來生其國忍辱是菩薩淨土
菩薩成佛時三十二相莊嚴衆生來生其國精
進是菩薩淨土菩薩成佛時勤脩一切功德
衆生來生其國禪定是菩薩淨土菩薩成佛
時攝心不亂衆生來生其國智慧是菩薩淨
土菩薩成佛時正定衆生來生其國四无量
是菩薩淨土菩薩成佛時成[illegible]

BD07834 號　維摩詰所說經卷上　（5–4）

問於如來淨土之行諦聽諦聽善思念之
當為汝說於是寶積及五百長者子受教而
聽佛言寶積衆生之類是菩薩佛土所以者何
菩薩隨所化衆生而取佛土隨所調伏衆生而
取佛土隨諸衆生應以何國入佛智慧而取
佛土隨諸衆生應以何國起菩薩根而取佛
土所以者何菩薩取於淨國皆為饒益諸衆
生故譬如有人欲於空地造立宮室隨意無
閡若於虛空終不能成菩薩如是為成就
衆生故願取佛國願取佛國者非於空也寶積
當知直心是菩薩淨土菩薩成佛時不諂衆
生來生其國深心是菩薩淨土菩薩成佛時
具足功德衆生來生其國大乘心是菩薩淨
土菩薩成佛時大乘衆生來生其國布施是
菩薩淨土菩薩成佛時一切能捨衆生來生
其國持戒是菩薩淨土菩薩成佛時行十善
道滿願衆生來生其國忍辱是菩薩淨土
菩薩成佛時三十二相莊嚴衆生來生其國精
進是菩薩淨土菩薩成佛時勤脩一切功德
衆生來生其國禪定是菩薩淨土菩薩成佛
時攝心不亂衆生來生其國智慧是菩薩淨
土菩薩成佛時正定衆生來生其國四無量
心是菩薩淨土菩薩成佛時成就慈悲喜捨

BD07834 號　維摩詰所說經卷上　（5–5）

淨若一切智智清淨無二無二分無別無斷
故知者清淨故聲香味觸法處清淨聲香
味觸法處清淨故一切智智清淨何以故若知
者清淨若聲香味觸法處清淨若一切智智
清淨無二無二分無別無斷故善現知者清
淨故眼界清淨眼界清淨故一切智智清淨
何以故若知者清淨若眼界清淨若一切智
智清淨無二無二分無別無斷故知者清淨
故色界眼識界及眼觸眼觸為緣所生諸受
清淨色界乃至眼觸為緣所生諸受清淨故
一切智智清淨何以故若知者清淨若色界
乃至眼觸為緣所生諸受清淨若一切智智
清淨無二無二分無別無斷故善現知者清
淨故耳界清淨耳界清淨故一切智智清淨
何以故若知者清淨若耳界清淨若一切智
智清淨無二無二分無別無斷故知者清淨
故聲界耳識界及耳觸耳觸為緣所生諸受
清淨聲界乃至耳觸為緣所生諸受清淨故

BD07835 號　大般若波羅蜜多經卷二〇〇　（9–1）

清淨无二无二分无別无斷故善現知者清
淨故耳界清淨耳界清淨故一切智智清淨
何以故若知者清淨若耳界清淨若一切智
智清淨无二无二分无別无斷故知者清淨
故聲界耳識界及耳觸耳觸爲緣所生諸受
清淨聲界乃至耳觸爲緣所生諸受清淨故
一切智智清淨何以故若知者清淨若聲界
乃至耳觸爲緣所生諸受清淨若一切智智
清淨无二无二分无別无斷故善現知者清
淨故鼻界清淨鼻界清淨故一切智智清淨
何以故若知者清淨若鼻界清淨若一切
智智清淨无二无二分无別无斷故知者清淨
故香界鼻識界及鼻觸鼻觸爲緣所生諸受
清淨香界乃至鼻觸爲緣所生諸受清淨故
一切智智清淨何以故若知者清淨若香界
乃至鼻觸爲緣所生諸受清淨若一切智智
清淨无二无二分无別无斷故善現知者清
淨故舌界清淨舌界清淨故一切智智清淨
何以故若知者清淨若舌界清淨若一切智
智清淨无二无二分无別无斷故知者清淨
故味界舌識界及舌觸舌觸爲緣所生諸受
清淨味界乃至舌觸爲緣所生諸受清淨故
一切智智清淨何以故若知者清淨若味界
乃至舌觸爲緣所生諸受清淨若一切智智
清淨无二无二分无別无斷故善現知者清
淨故身界清淨身界清淨故一切智智清淨
何以故若知者清淨若身界清淨若一切智

BD07835號　大般若波羅蜜多經卷二〇〇　（9–2）

乃至舌觸爲緣所生諸受清淨若一切智智
清淨无二无二分无別无斷故善現知者清
淨故身界清淨身界清淨故一切智智清淨
何以故若知者清淨若身界清淨若一切智
智清淨无二无二分无別无斷故知者清淨
故觸界身識界及身觸身觸爲緣所生諸
受清淨觸界乃至身觸爲緣所生諸受清淨故
一切智智清淨何以故若知者清淨若觸界
乃至身觸爲緣所生諸受清淨若一切智智
清淨无二无二分无別无斷故善現知者清
淨故意界清淨意界清淨故一切智智清淨
何以故若知者清淨若意界清淨若一切智
智清淨无二无二分无別无斷故知者清淨
故法界意識界及意觸意觸爲緣所生諸
受清淨法界乃至意觸爲緣所生諸受清淨
故一切智智清淨何以故若知者清淨若法界
乃至意觸爲緣所生諸受清淨若一切智智
清淨无二无二分无別无斷故善現知者清
淨故地界清淨地界清淨故一切智智清淨
何以故若知者清淨若地界清淨若一切智
智清淨无二无二分无別无斷故知者清淨
故水火風空識界清淨水火風空識界清淨
故一切智智清淨何以故若知者清淨若水
火風空識界清淨若一切智智清淨无二无
二分无別无斷故善現知者清淨故无明清
淨无明清淨故一切智智清淨何以故若知

BD07835號　大般若波羅蜜多經卷二〇〇　（9–3）

故水火風空識界清淨水火風空識界清淨
故一切智智清淨何以故若知者清淨若水
火風空識界清淨若一切智智清淨无二无
二分无別无斷故善現知者清淨故无明清
淨无明清淨故一切智智清淨何以故若知
者清淨若无明清淨若一切智智清淨无二
无二分无別无斷故知者清淨故行識名
色六處觸受愛取有生老死愁歎苦憂惱
清淨行乃至老死愁歎苦憂惱清淨故一切智智
清淨何以故若知者清淨若行乃至老死愁
歎苦憂惱清淨若一切智智清淨无二无二
分无別无斷故
善現知者清淨故布施波羅蜜多清淨布施
波羅蜜多清淨故一切智智清淨何以故若
知者清淨若布施波羅蜜多清淨若一切智
智清淨无二无二分无別无斷故知者清淨
故淨戒安忍精進靜慮般若波羅蜜多清
淨淨戒乃至般若波羅蜜多清淨故一切智
智清淨何以故若知者清淨若淨戒乃至般若
波羅蜜多清淨若一切智智清淨无二无二
分无別无斷故善現知者清淨故內空清淨
內空清淨故一切智智清淨何以故若知者
清淨若內空清淨若一切智智清淨无二无
二分无別无斷故知者清淨故外空內外空
空空大空勝義空有為空无為空畢竟空
无際空散空无變異空本性空自相空共相

BD07835號　大般若波羅蜜多經卷二〇〇　（9–4）

清淨若內空清淨若一切智智清淨无二无
二分无別无斷故知者清淨故外空內外空
空空大空勝義空有為空无為空畢竟空
无際空散空无變異空本性空自相空共相
空一切法空不可得空无性空自性空无性
自性空清淨外空乃至无性自性空清淨故一
切智智清淨何以故若知者清淨若外空
乃至无性自性空清淨若一切智智清淨无二
无二分无別无斷故善現知者清淨故真如
清淨真如清淨故一切智智清淨何以故若
知者清淨若真如清淨若一切智智清淨
无二无二分无別无斷故知者清淨故法界法
性不虛妄性不變異性平等性離生性法定
法住實際虛空界不思議界清淨法界乃
至不思議界清淨故一切智智清淨何以故若
知者清淨若法界乃至不思議界清淨若
一切智智清淨无二无二分无別无斷故善現
知者清淨故苦聖諦清淨苦聖諦清淨故一
切智智清淨何以故若知者清淨若苦聖諦
清淨若一切智智清淨无二无二分无別无
斷故知者清淨故集滅道聖諦清淨集滅
道聖諦清淨故一切智智清淨何以故若知者
清淨若集滅道聖諦清淨若一切智智清淨
无二无二分无別无斷故善現知者清淨故四
靜慮清淨四靜慮清淨故一切智智清淨
何以故若知者清淨若四靜慮清淨若一切

BD07835號　大般若波羅蜜多經卷二〇〇　（9–5）

道聖諦清淨故一切智智清淨何以故若知者
清淨若集滅道聖諦清淨若一切智智清淨
无二无二分无別无斷故善現知者清淨故四
靜慮清淨四靜慮清淨故一切智智清淨
何以故若知者清淨若四靜慮清淨若一切
智智清淨无二无二分无別无斷故知者清
淨故四无量四无色定清淨四无量四无色
定清淨故一切智智清淨何以故若知者清
淨若四无量四无色定清淨若一切智智清
淨无二无二分无別无斷故善現知者清淨
故八解脫清淨八解脫清淨故一切智智清
淨何以故若知者清淨若八解脫清淨若一
切智智清淨无二无二分无別无斷故知者
清淨故八勝處九次第定十遍處清淨八
勝處九次第定十遍處清淨故一切智智清淨
何以故若知者清淨若八勝處九次第定十
遍處清淨若一切智智清淨无二无二分无
別无斷故善現知者清淨故四念住清淨四
念住清淨故一切智智清淨何以故若知者
清淨若四念住清淨若一切智智清淨无二
无二分无別无斷故知者清淨故四正斷四
神足五根五力七等覺支八聖道支清淨
四正斷乃至八聖道支清淨故一切智智清淨
何以故若知者清淨若四正斷乃至八聖道
支清淨若一切智智清淨无二无二分无別
无斷故善現知者清淨故空解脫門清淨

BD07835號　大般若波羅蜜多經卷二〇〇　（9–6）

四正斷乃至八聖道支清淨故一切智智清淨
何以故若知者清淨若四正斷乃至八聖道
支清淨若一切智智清淨无二无二分无別
无斷故善現知者清淨故空解脫門清淨
空解脫門清淨故一切智智清淨何以故若知
者清淨若空解脫門清淨若一切智智清
淨无二无二分无別无斷故知者清淨故无相
无願解脫門清淨无相无願解脫門清淨故
一切智智清淨何以故若知者清淨若无相
无願解脫門清淨若一切智智清淨无二无
二分无別无斷故善現知者清淨故菩薩十
地清淨菩薩十地清淨故一切智智清淨何
以故若知者清淨若菩薩十地清淨若一切
智智清淨无二无二分无別无斷故
善現知者清淨故五眼清淨五眼清淨故一
切智智清淨何以故若知者清淨若五眼清
淨若一切智智清淨无二无二分无別无斷
故知者清淨故六神通清淨六神通清淨
故一切智智清淨何以故若知者清淨若六神
通清淨若一切智智清淨无二无二分无別
无斷故善現知者清淨故佛十力清淨佛十
力清淨故一切智智清淨何以故若知者清
淨若佛十力清淨若一切智智清淨无二无
二分无別无斷故知者清淨故四无所畏四
无礙解大慈大悲大喜大捨十八佛不共法

BD07835號　大般若波羅蜜多經卷二〇〇　（9–7）

淨若佛十力清淨若一切智智清淨無二無
二分無別無斷故知者清淨故四無所畏四
無礙解大慈大悲大喜大捨十八佛不共法
清淨四無所畏乃至十八佛不共法清淨故
一切智智清淨何以故若知者清淨若四無
所畏乃至十八佛不共法清淨若一切智智
清淨無二無二分無別無斷故善現知者清
淨故無忘失法清淨無忘失法清淨故一切
智智清淨何以故若知者清淨若無忘失法
清淨若一切智智清淨無二無二分無別無
斷故知者清淨故恒住捨性清淨恒住捨性
清淨故一切智智清淨何以故若知者清淨
若恒住捨性清淨若一切智智清淨無二無
二分無別無斷故善現知者清淨故一切智
清淨一切智清淨故一切智智清淨何以故
若知者清淨若一切智清淨若一切智智清
淨無二無二分無別無斷故知者清淨故道
相智一切相智清淨道相智一切相智清淨
故一切智智清淨何以故若知者清淨若道
相智一切相智清淨若一切智智清淨無
二無二分無別無斷故善現知者清淨故一切
陁羅尼門清淨一切陁羅尼門清淨故一切
智智清淨何以故若知者清淨若一切陁羅
尼門清淨若一切智智清淨無二無二分無
別無斷故知者清淨故一切三摩地門清

BD07835號　大般若波羅蜜多經卷二〇〇　（9–8）

清淨無二無二分無別無斷故善現知者清
淨故無忘失法清淨無忘失法清淨故一切
智智清淨何以故若知者清淨若無忘失法
清淨若一切智智清淨無二無二分無別無
斷故知者清淨故恒住捨性清淨恒住捨性
清淨故一切智智清淨何以故若知者清淨
若恒住捨性清淨若一切智智清淨無二無
二分無別無斷故善現知者清淨故一切智
清淨一切智清淨故一切智智清淨何以故
若知者清淨若一切智清淨若一切智智清
淨無二無二分無別無斷故知者清淨故道
相智一切相智清淨道相智一切相智清淨
故一切智智清淨何以故若知者清淨若道
相智一切相智清淨若一切智智清淨無
二無二分無別無斷故善現知者清淨故一切
陁羅尼門清淨一切陁羅尼門清淨故一切
智智清淨何以故若知者清淨若一切陁羅
尼門清淨若一切智智清淨無二無二分無
別無斷故知者清淨故一切三摩地門清

BD07835號　大般若波羅蜜多經卷二〇〇　（9–9）

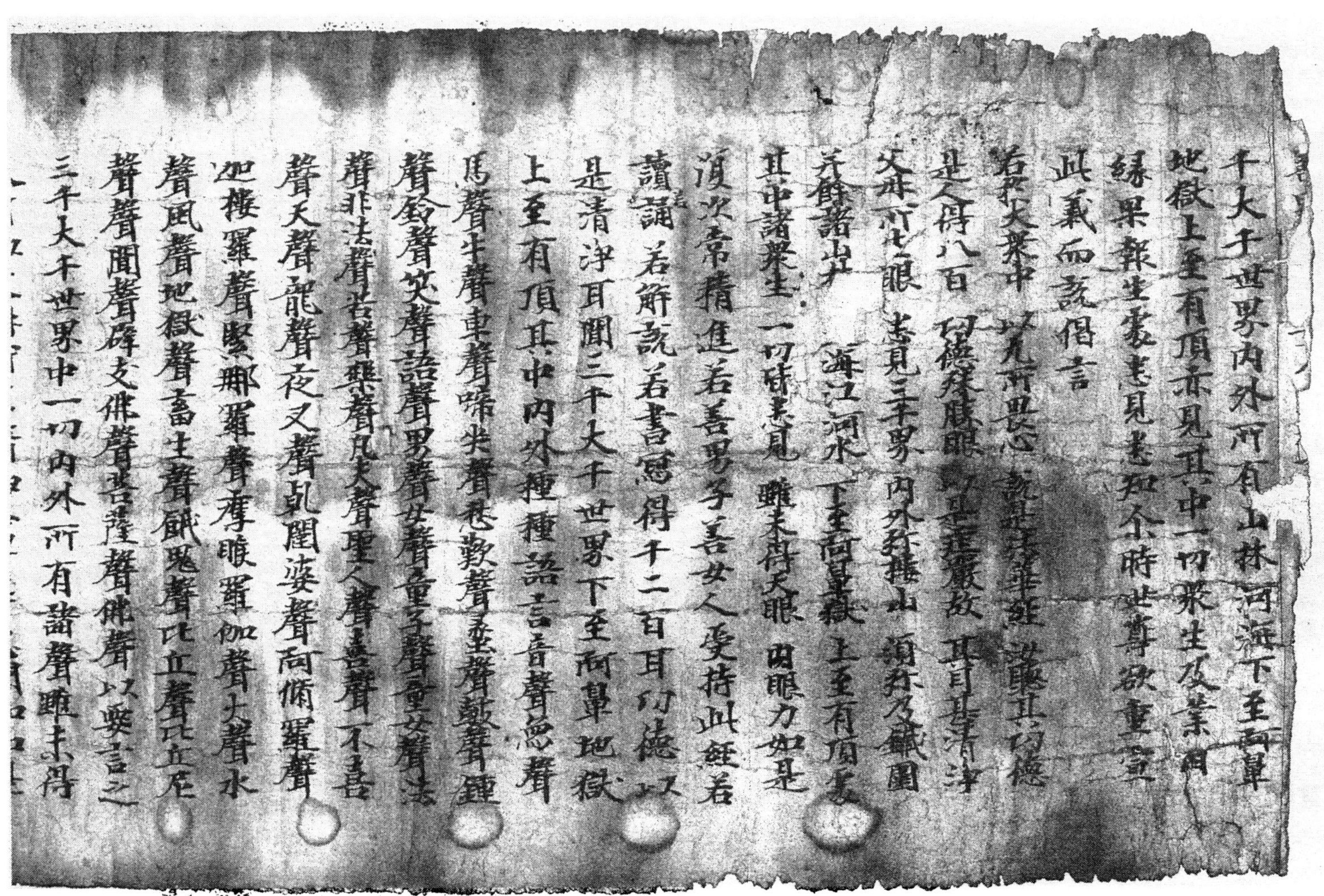

千大千世界內外所有山林河海下至阿鼻
地獄上至有頂亦見其中一切眾生及業因
緣果報生處悉見悉知尒時世尊欲重宣
此義而說偈言
若於大眾中　以無所畏心　說是法華經　汝聽其功德
是人得八百　功德殊勝眼　以是莊嚴故　其目甚清淨
父母所生眼　悉見三千界　內外彌樓山　須彌及鐵圍
并諸餘山林　大海江河水　下至阿鼻獄　上至有頂處
其中諸眾生　一切皆悉見　雖未得天眼　肉眼力如是
復次常精進若善男子善女人受持此經若
讀若誦若解說若書寫得千二百耳功德以
是清淨耳聞三千大千世界下至阿鼻地獄
上至有頂其中內外種種語言音聲象聲
馬聲牛聲車聲啼哭聲愁歎聲螺聲鼓聲鐘
聲鈴聲笑聲語聲男聲女聲童子聲童女聲法
聲非法聲苦聲樂聲凡夫聲聖人聲喜聲不喜
聲天聲龍聲夜叉聲乾闥婆聲阿修羅聲
迦樓羅聲緊那羅聲摩睺羅伽聲火聲水
聲風聲地獄聲畜生聲餓鬼聲比丘聲比丘尼
聲聲聞聲辟支佛聲菩薩聲佛聲以要言之
三千大千世界中一切內外所有諸聲雖未得

BD07836 號　妙法蓮華經卷六　（2–1）

并諸餘山林　大海江河水　下至阿鼻獄　上至有頂處
其中諸眾生　一切皆悉見　雖未得天眼　肉眼力如是
復次常精進若善男子善女人受持此經若
讀若誦若解說若書寫得千二百耳功德以
是清淨耳聞三千大千世界下至阿鼻地獄
上至有頂其中內外種種語言音聲象聲
馬聲牛聲車聲啼哭聲愁歎聲螺聲鼓聲鐘
聲鈴聲笑聲語聲男聲女聲童子聲童女聲法
聲非法聲苦聲樂聲凡夫聲聖人聲喜聲不喜
聲天聲龍聲夜叉聲乾闥婆聲阿修羅聲
迦樓羅聲緊那羅聲摩睺羅伽聲火聲水
聲風聲地獄聲畜生聲餓鬼聲比丘聲比丘尼
聲聲聞聲辟支佛聲菩薩聲佛聲以要言之
三千大千世界中一切內外所有諸聲雖未得
天耳以父母所生清淨常耳皆悉聞知如是
分別種種音聲而不壞耳根尒時世尊欲
重宣此義而說偈言
父母所生耳　清淨無濁穢　以此常耳聞　三千世界聲
象馬車牛聲　鍾鈴螺鼓聲　琴瑟箜篌聲　簫笛之音聲
清淨好歌聲　聽之而不著　無數種人聲　聞悉能解了
又聞諸天聲　微妙之歌音　及聞男女聲　童子童女聲

BD07836 號　妙法蓮華經卷六　（2–2）

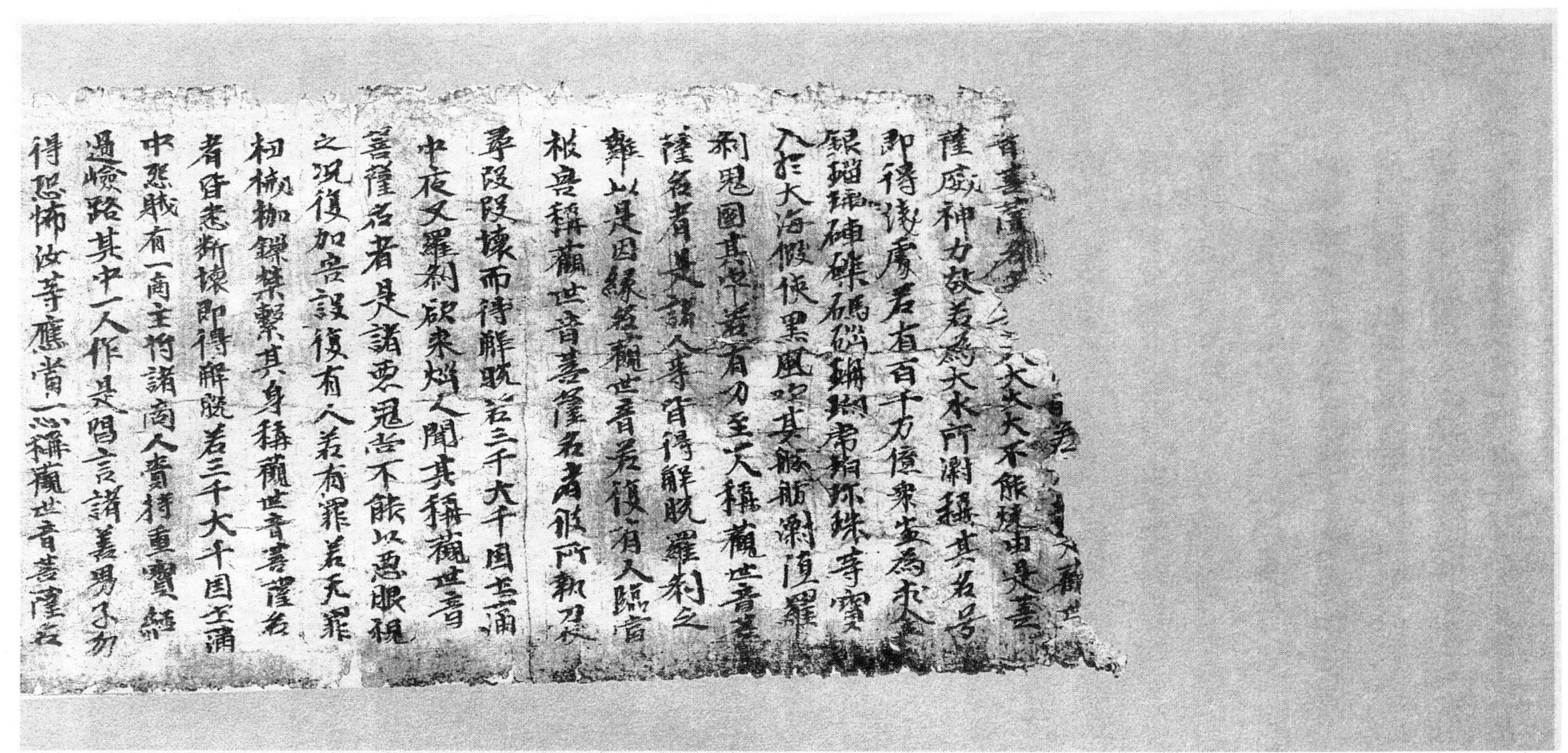

BD07837 號　觀世音經　（6–1）

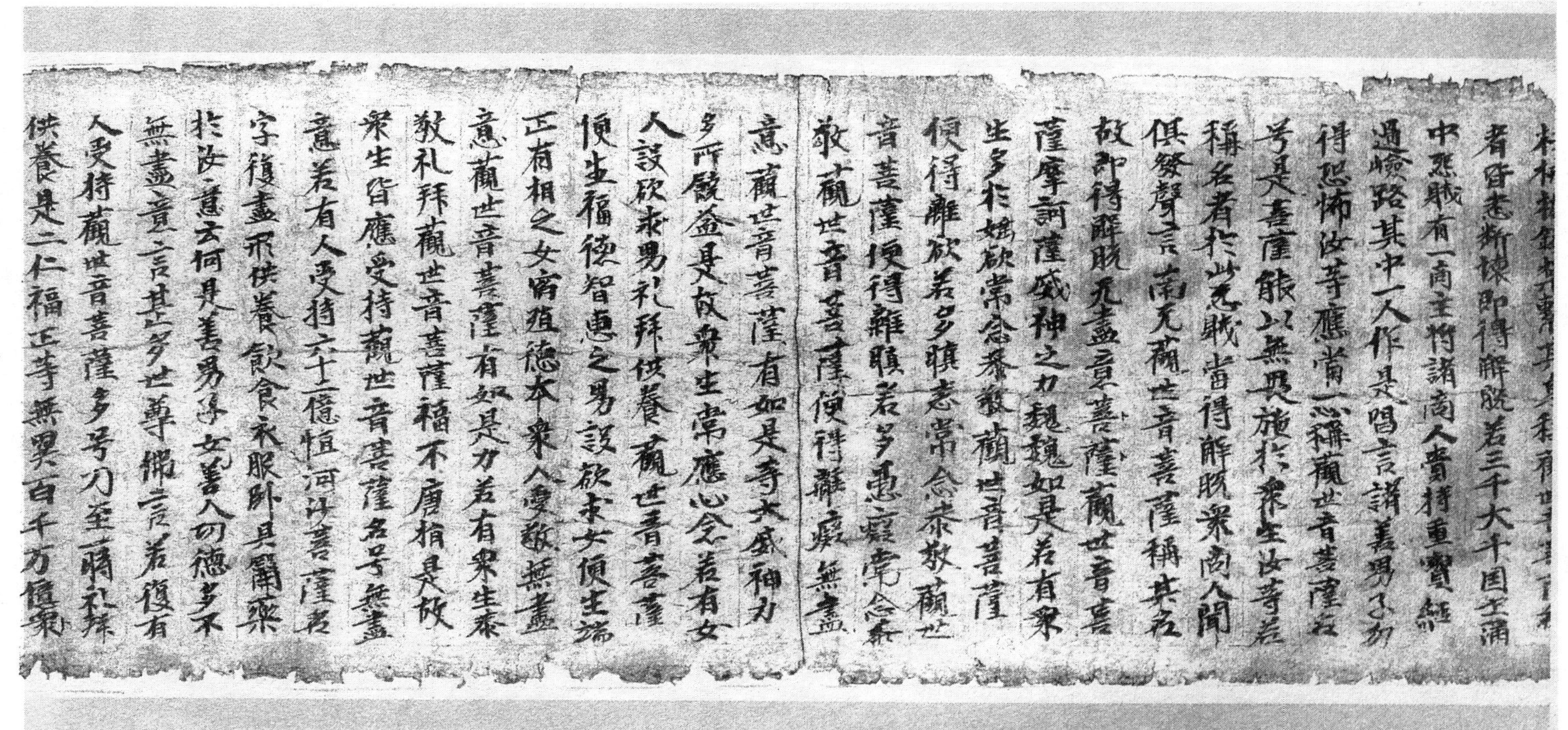

BD07837 號　觀世音經　（6–2）

於汝意云何是善男子善女人功德多不
無盡意言甚多世尊佛言若復有
人受持觀世音菩薩名号乃至一時礼拜
供養是二人福正等無異百千万億劫
劫不可窮盡无盡意受持觀世音菩
薩名号得如是无量无邊福德之利无
盡意菩薩白佛言世尊觀世音菩薩
云何遊此娑婆世界云何而為衆生說
法方便之力其事云何佛告无盡意菩
薩善男子若有國土衆生應以佛身得
度者觀世音菩薩即現佛身而為說法
應以辟支佛身得度者即現辟支佛身
而為說法應以聲聞身得度者即現聲
聞身而為說法應以梵王身得度者即
現梵王身而為說法應以帝釋身得度
者即現帝釋身而為說法應以自在天
身得度者即現自在天身而為說法應
以大自在天身得度者即現大自在天身
而為說法應以天大將軍身得度者即現
天大將軍身而為說法應以毗沙門身得度
者即現毗沙門身而為說法應以小王身
得度者即現小王身而為說法應以長者
身得度者即現長者身而為說法應
以居士身得度者即現居士身而為說
法應以宰官身得度者即現宰官
身而為說法應以婆羅門身得度者
即現婆羅門身而為說法應以比丘比丘尼

BD07837號　觀世音經　（6–3）

身得度者即現長者身而為說法應
以居士身得度者即現居士身而為說
法應以宰官身得度者即現宰官
身而為說法應以婆羅門身得度者
即現婆羅門身而為說法應以比丘比丘尼
優婆塞優婆夷身得度者即現比丘
比丘尼優婆塞優婆夷身而為說法應
以長者居士宰官婆羅門婦女
身得度者即現婦女身而為說法應
以童男童女身得度者即現童男童
女身而為說法應以天龍夜叉乾闥
婆阿脩羅迦樓羅緊那羅摩睺羅伽
人非人等身得度者即皆現之而為說
法應以執金剛神得度者即現執
金剛神而為說法無盡意是觀世音菩
薩成就如是功德以種種形遊諸國土
度脫衆生是故汝等應當一心供養觀
世音菩薩是觀世音菩薩摩訶薩於
怖畏急難之中能施無畏是故此娑
婆世界皆号之為施無畏者無盡意
菩薩白佛言世尊我今當供養
觀世音菩薩即解頸衆寶珠瓔珞價
直百千兩金而以與之作是言仁者受此法
施珎寶瓔珞時觀世音菩薩不肯受之
無盡意復白觀世音菩薩言仁者愍
我等故受此瓔珞尒時佛告觀世音
菩薩當愍此無盡意菩薩及諸四衆
天龍夜叉乾闥婆阿脩羅迦樓羅緊

BD07837號　觀世音經　（6–4）

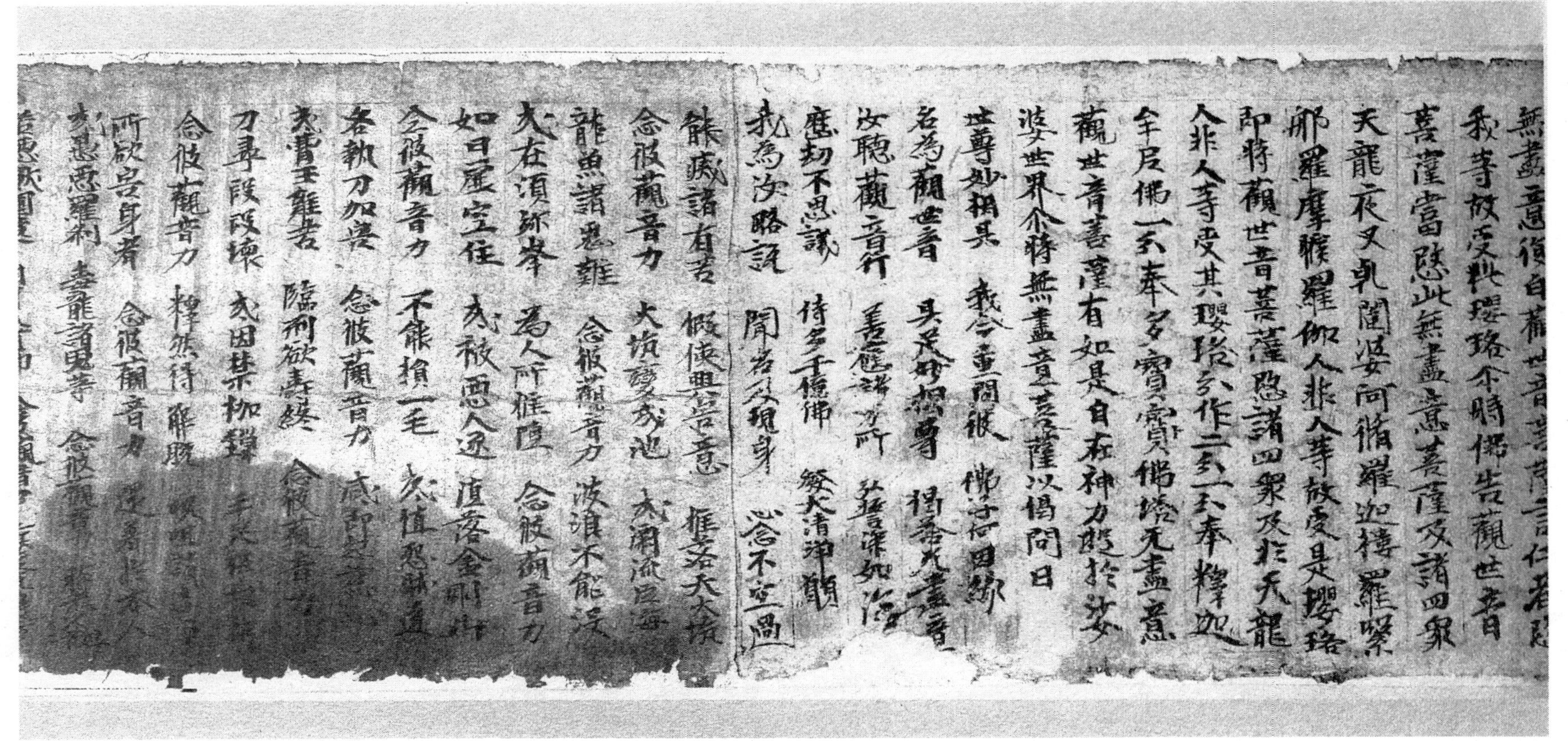

BD07837號　觀世音經　（6–5）

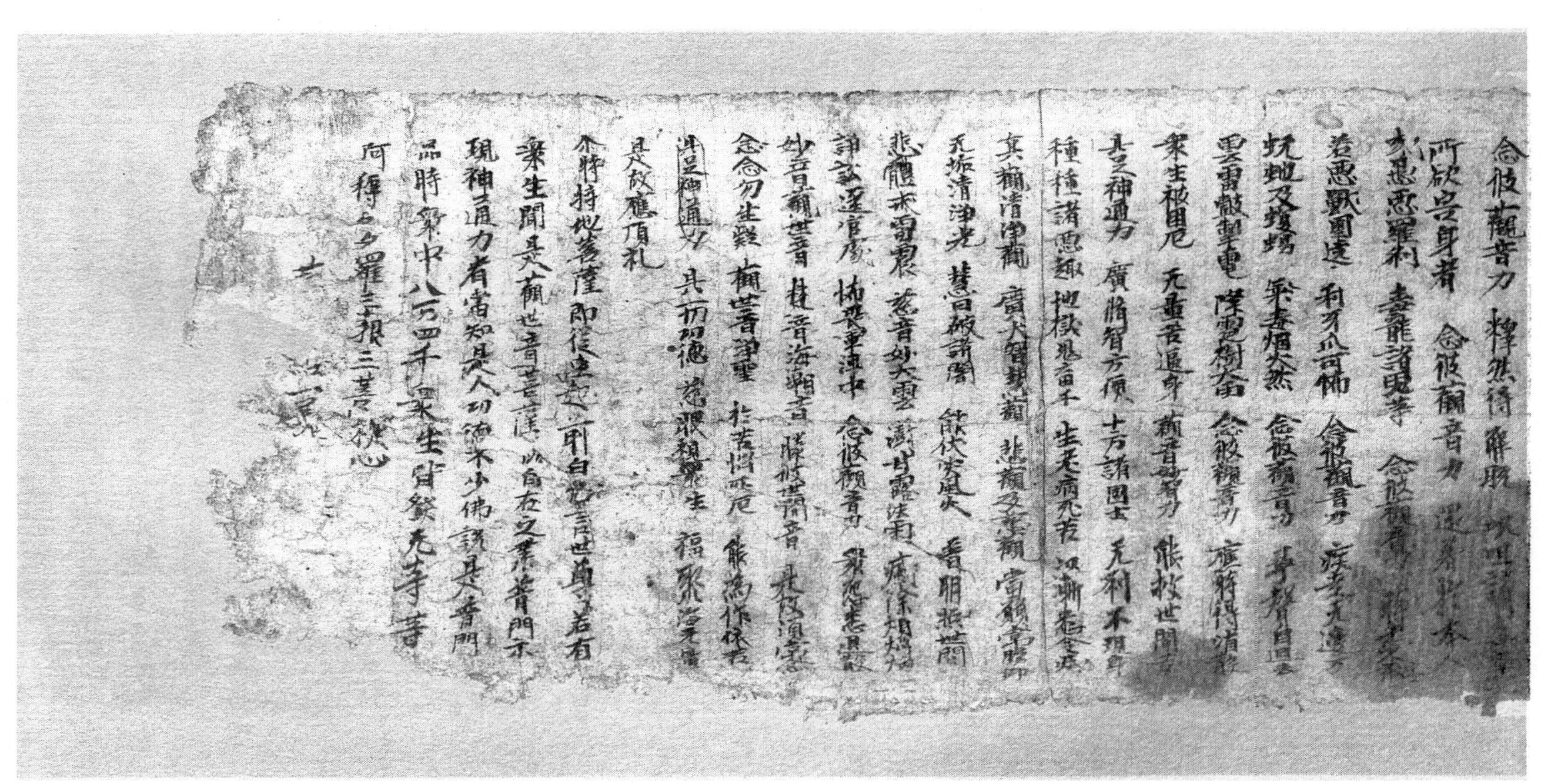

BD07837號　觀世音經　（6–6）

BD07837 號背 1　請永安寺僧狀（擬）　（1–1）

BD07837 號背 2　金光明最勝王經卷六

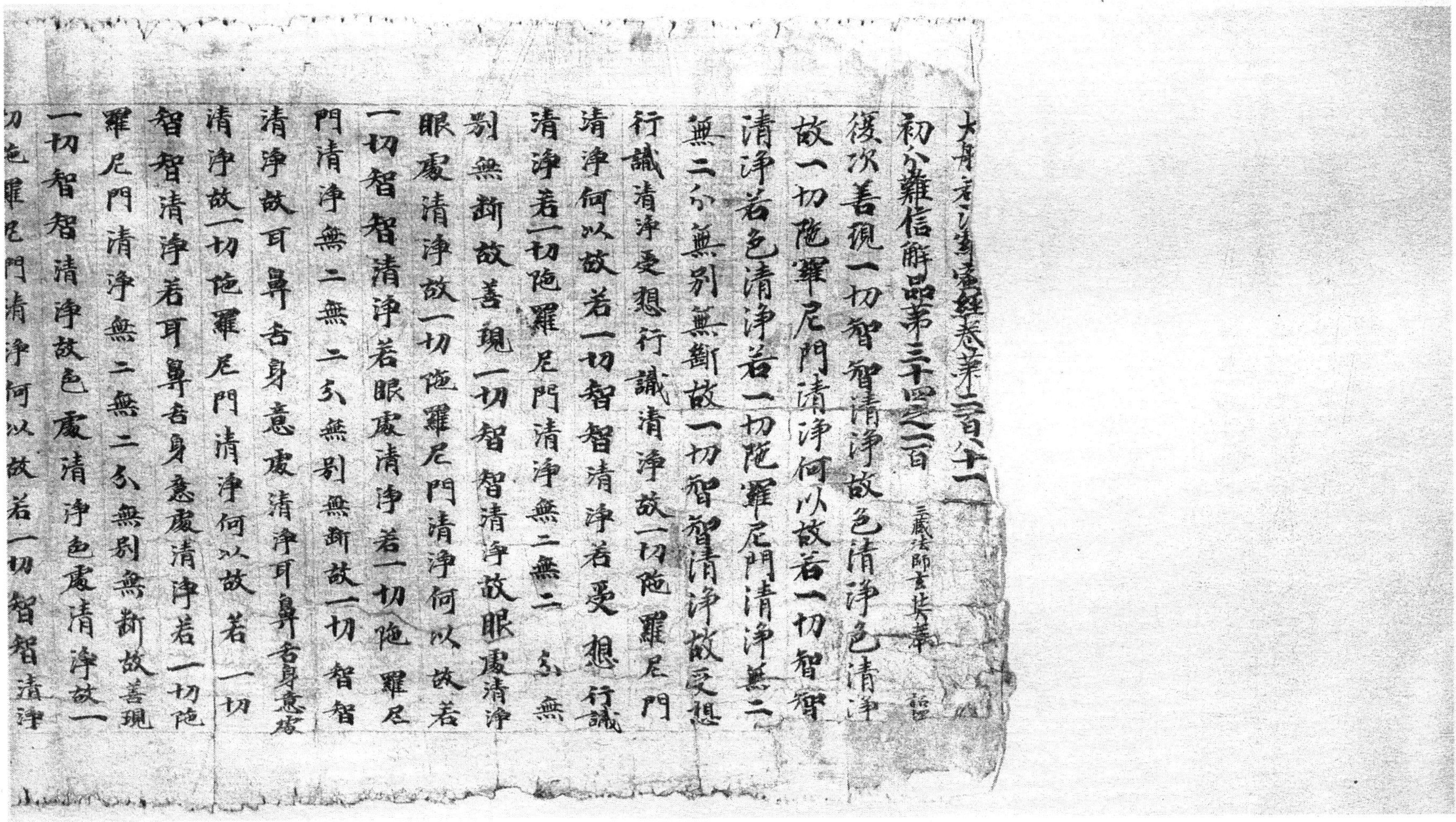

大般若波羅蜜多經卷第二百八十一

初分難信解品第三十四之一百　三藏法師玄奘奉　詔譯

復次善現一切智智清淨故色清淨色清淨
故一切陀羅尼門清淨何以故若一切智智
清淨若色清淨若一切陀羅尼門清淨無二
無二分無別無斷故一切智智清淨故受想
行識清淨受想行識清淨故一切陀羅尼門
清淨何以故若一切智智清淨若受想行識
清淨若一切陀羅尼門清淨無二無二分無
別無斷故善現一切智智清淨故眼處清淨
眼處清淨故一切陀羅尼門清淨何以故若
一切智智清淨若眼處清淨若一切陀羅尼
門清淨無二無二分無別無斷故一切智智
清淨故耳鼻舌身意處清淨耳鼻舌身意處
清淨故一切陀羅尼門清淨何以故若一切
智智清淨若耳鼻舌身意處清淨若一切陀
羅尼門清淨無二無二分無別無斷故善現
一切智智清淨故色處清淨色處清淨故一
切陀羅尼門清淨何以故若一切智智清淨

BD07838 號　大般若波羅蜜多經卷二八一　（3–1）

清淨故一切陁羅尼門清淨何以故若一切
智智清淨若耳鼻舌身意處清淨若一切陁
羅尼門清淨無二無二分無別無斷故善現
一切智智清淨故色處清淨色處清淨故一
切陁羅尼門清淨何以故若一切智智清淨
若色處清淨若一切陁羅尼門清淨無二無
二分無別無斷故一切智智清淨故聲香味
觸法處清淨聲香味觸法處清淨故一切陁
羅尼門清淨何以故若一切智智清淨若聲
香味觸法處清淨若一切陁羅尼門清淨無
二無二分無別無斷故善現一切智智清淨
故眼界清淨眼界清淨故一切陁羅尼門清
淨何以故若一切智智清淨若眼界清[illegible]
一切陁羅尼門清淨無二無二分無別[illegible]
故一切智智清淨故色界眼識界及眼觸[illegible]
觸為緣所生諸受清淨色界乃至眼觸[illegible]
所生諸受清淨故一切陁羅尼門清淨
故若一切智智清淨若色界乃至眼觸為[illegible]
所生諸受清淨若一切陁羅尼門清淨無[illegible]
無二分無別無斷故善現一切智智清淨故
耳界清淨耳界清淨故一切陁羅尼清淨
何以故若一切智智清淨若耳界清淨若一
切陁羅尼門清淨無二無二分無別無斷故
一切智智清淨故聲界耳識界及耳觸耳觸
為緣所生諸受清淨聲界乃至耳觸為緣所
生諸受清淨故一切陁羅尼門清淨何以故
若一切智智清淨若聲界乃至耳觸為緣所

BD07838號　大般若波羅蜜多經卷二八一　（3–2）

無二分無別無斷故善現一切智智清淨故
耳界清淨耳界清淨故一切陁羅尼清淨
何以故若一切智智清淨若耳界清淨若一
切陁羅尼門清淨無二無二分無別無斷故
一切智智清淨故聲界耳識界及耳觸耳觸
為緣所生諸受清淨聲界乃至耳觸為緣所
生諸受清淨故一切陁羅尼門清淨何以故
若一切智智清淨若聲界乃至耳觸為緣所
生諸受清淨若一切陁羅尼門清淨無二無
二分無別無斷故善現一切智智清淨故鼻
界清淨鼻界清淨故一切陁羅尼門清淨何
以故若一切智智清淨若鼻界清淨若一切
陁羅尼門清淨無二無二分無別無斷故一
切智智清淨故香界鼻識界及鼻觸鼻觸為
緣所生諸受清淨香界乃至鼻觸為緣所生
諸受清淨故一切陁羅尼門清淨何以故若
一切智智清淨若香界乃至鼻觸為緣[illegible]
諸受清淨若一切陁羅尼門清淨[illegible]
分無別無斷故善現一切[illegible]
清淨舌界清[illegible]
[illegible]

BD07838號　大般若波羅蜜多經卷二八一　（3–3）

BD07838 號背　勘記　（1–1）

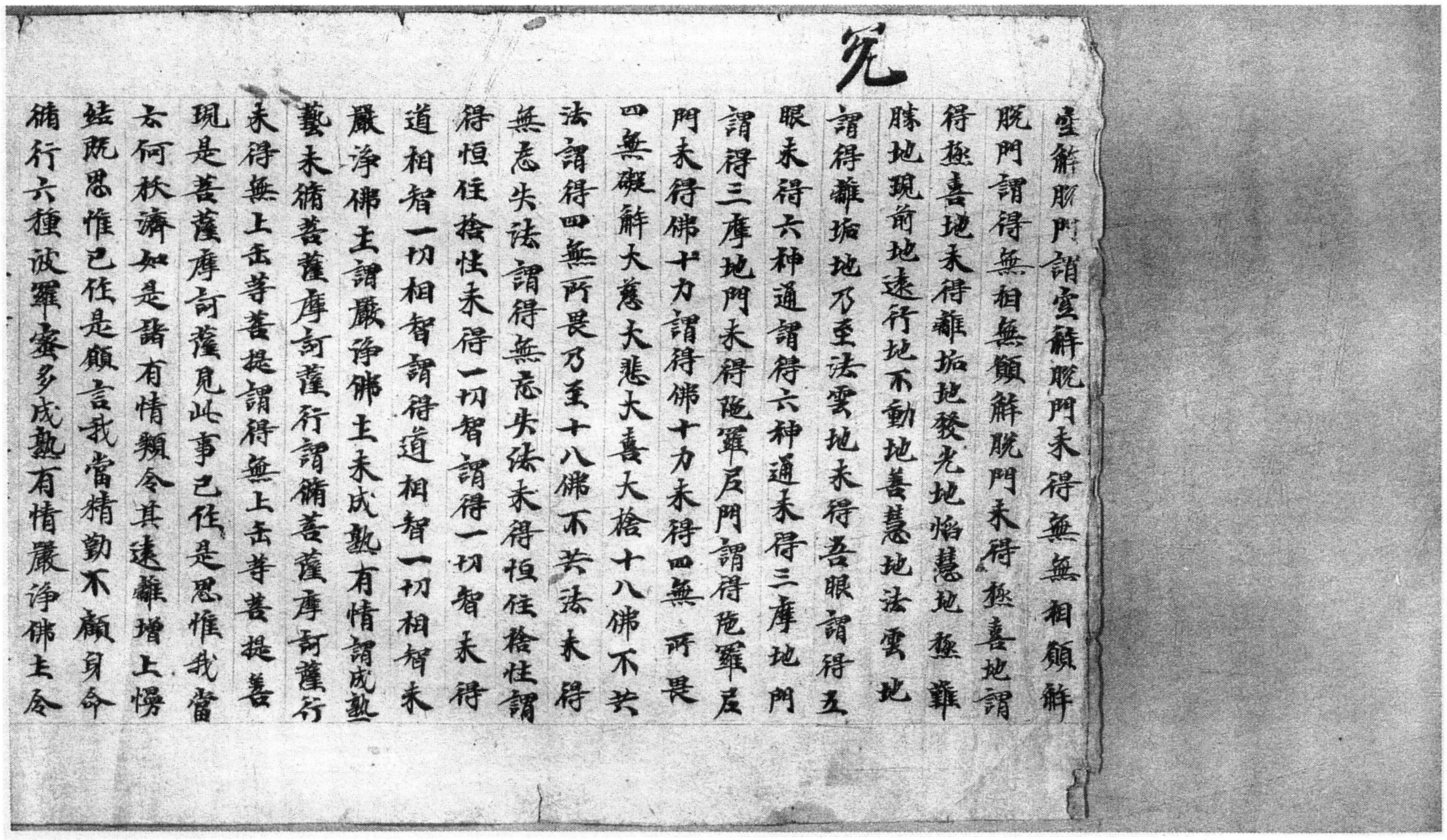

兌

空解脫門謂空解脫門未得無無相願解
脫門謂得無相無願解脫門未得極喜地謂
得極喜地未得離垢地發光地焰慧地極難
勝地現前地遠行地不動地善慧地法雲地
謂得離垢地乃至法雲地未得吾眼謂得五
眼未得六神通謂得六神通未得三摩地門
謂得三摩地門未得陁羅尼門謂得陁羅尼
門未得佛十力謂得佛十力未得四無所畏
四無礙解大慈大悲大喜大捨十八佛不共
法謂得四無所畏乃至十八佛不共法未得
無忘失法謂得無忘失法未得恒住捨性謂
得恒住捨性未得一切智謂得一切智未得
道相智一切相智謂得道相智一切相智未
嚴淨佛土謂嚴淨佛土未成熟有情謂成熟
藝未脩菩薩摩訶薩行謂脩菩薩摩訶薩行
未得無上正等菩提謂得無上正等菩提善
現是菩薩摩訶薩見此事已作是思惟我當
云何救濟如是諸有情類令其遠離增上慢
結既思惟已作是願言我當精勤不顧身命
脩行六種波羅蜜多成熟有情嚴淨佛土令

BD07839 號　大般若波羅蜜多經（兌廢稿）卷三三一　（2–1）

謂得三摩地門未得陀羅尼門謂得陀羅尼
門未得佛十力謂得佛十力未得四無所畏
四無礙解大慈大悲大喜大捨十八佛不共
法謂得四無所畏乃至十八佛不共法未得
無忘失法謂得無忘失法未得恒住捨性謂
得恒住捨性未得一切智謂得一切智未得
道相智一切相智謂得道相智一切相智未
嚴淨佛土謂嚴淨佛土未成熟有情謂成熟
熟未脩菩薩摩訶薩行謂脩菩薩摩訶薩行
未得無上正等菩提謂得無上正等菩提善
現是菩薩摩訶薩見此事已住是思惟我當
云何拔濟如是諸有情類令其遠離增上慢
結既思惟已住是願言我當精勤不顧身命
脩行六種波羅蜜多成熟有情嚴淨佛土令
速圓滿疾證無上正等菩提我佛土中得無
如是增上慢者一切有情離增上慢善現是
菩薩摩訶薩由此六種波羅蜜多速得圓滿
隣近無上正等菩提
復次善現有菩薩摩訶薩具脩六種波羅蜜
多見諸有情[女+]著諸法謂執著色執著受想

BD07839號　大般若波羅蜜多經（兑廢稿）卷三三一　（2–2）

人相
是非相人
何以故離一切
佛
佛告須菩提如是如是若復有人得聞是經
不驚不怖不畏當知是人甚為希有何以故
須菩提如來說第一波羅蜜非第一波羅蜜
是名第一波羅蜜須菩提忍辱波羅蜜如來
說非忍辱波羅蜜何以故須菩提如我昔為
歌利王割截身體我於尒時無我相無人相
無衆生相無壽者相何以故我於往昔節節
支解時若有我相人相衆生相壽者相應生
瞋恨須菩提又念過去於五百世作忍辱仙
人於尒所世無我相無人相無衆生相無壽
者相是故須菩提菩薩應離一切相發阿耨
多羅三藐三菩提心不應住色生心不應住
聲香味觸法生心應生無所住心若心有住
則為非住是故佛說菩薩心不住色布施須
菩提菩薩為利益一切衆生應如是布施如

BD07840號　金剛般若波羅蜜經　（9–1）

者相是故須菩提菩薩應離一切相發阿耨
多羅三藐三菩提心不應住色生心不應住
聲香味觸法生心應生無所住心若心有住
則為非住是故佛說菩薩心不住色布施須
菩提菩薩為利益一切衆生應如是布施如
来說一切諸相即是非相又說一切衆生則
非衆生須菩提如来是真語者實語者如
語者不誑語者不異語者須菩提如来所得
法此法無實無虛須菩提菩薩心住於法而行
布施如人入闇則無所見若菩薩心不住法
而行布施如人有目日光明照見種種色須
菩提當来之世若有善男子善女人能於
此經受持讀誦則為如来以佛智慧悉知是
人悉見是人皆得成就無量無邊功德
須菩提若有善男子善女人初日分以恒河
沙等身布施中日分復以恒河沙等身布施
後日分亦以恒河沙等身布施如是無量百
千萬億劫以身布施若復有人聞此經典信
心不逆其福勝彼何況書寫受持讀誦為人
解說須菩提以要言之是經有不可思議不
可稱量無邊功德如来為發大乘者說為發
最上乘者說若有人能受持讀誦廣為人說
如来悉知是人悉見是人皆成就不可量不
可稱無有邊不可思議功德如是人等則為
荷擔如来阿耨多羅三藐三菩提何以故須
菩提若樂小法者著我見人見衆生見壽者
見則於此經不能聽受讀誦為人解說須菩

BD07840 號　金剛般若波羅蜜經　（9–2）

可稱無有邊不可思議功德如是人等則為
荷擔如来阿耨多羅三藐三菩提何以故須
菩提若樂小法者著我見人見衆生見壽者
見則於此經不能聽受讀誦為人解說須菩
提在在處處若有此經一切世間天人阿脩
羅所應供養當知此處則為是塔皆應恭敬作
禮圍繞以諸花香而散其處
復次須菩提善男子善女人受持讀誦此經
若為人輕賤是人先世罪業應墮惡道以今
世人輕賤故先世罪業則為消滅當得阿耨
多羅三藐三菩提須菩提我念過去無量阿
僧祇劫於然燈佛前得值八百四千萬億那
由他諸佛悉皆供養承事無空過者若復有
人於後末世能受持讀誦此經所得功德於
我所供養諸佛功德百分不及一千萬億分
乃至筭數譬喻所不能及須菩提若善男子
善女人於後末世有受持讀誦此經所得功
德我若具說者或有人聞心則狂亂狐疑不
信須菩提當知是經義不可思議果報亦不
可思議
尒時須菩提白佛言世尊善男子善女人發
阿耨多羅三藐三菩提心云何應住云何降
伏其心佛告須菩提善男子善女人發阿耨
多羅三藐三菩提者當生如是心我應滅度
一切衆生滅度一切衆生已而無有一切衆生
實滅度者何以故若菩薩有我相人相衆生

BD07840 號　金剛般若波羅蜜經　（9–3）

阿耨多羅三藐三菩提心云何應住云何降
伏其心佛告須菩提善男子善女人發阿耨
多羅三藐三菩提者當生如是心我應滅度
一切衆生滅度一切衆生已而無有一切衆生
實滅度者何以故若菩薩有我相人相衆生
相壽者相則非菩薩所以者来河須菩提實
無有法發阿耨多羅三藐三菩提者須菩提於
意云何如来於然燈佛所有法得阿耨多羅
三藐三菩提不不也世尊如我解佛所說義
佛於然燈佛所無有法得阿耨多羅三藐三
菩提佛言如是如是須菩提實無有法如来
得阿耨多羅三藐三菩提須菩提若有法如
来得阿耨多羅三藐三菩提然燈佛則不與
我受記汝於来世當得作佛号釋迦牟尼以
實無有法得阿耨多羅三藐三菩提是故然
燈佛與我受記作是言汝於来世當得作佛
号釋迦牟尼何以故如来者即諸法如義若
有人言如来得阿耨多羅三藐三菩提須菩
提實無有法佛得阿耨多羅三藐三菩提須
菩提如来所得阿耨多羅三藐三菩提於是
中無實無虛是故如来說一切法皆是佛法
須菩提所言一切法者即非一切法是故名
一切法須菩提譬如人身長大須菩提言世
尊如来說人身長大則為非大身是名大身
須菩提菩薩亦如是若作是言我當滅度無
量衆生則不名菩薩何以故須菩提實無有
法名為菩薩是故佛說一切法無我無人無

一切法須菩提譬如人身長大須菩提言世
尊如来說人身長大則為非大身是名大身
須菩提菩薩亦如是若作是言我當滅度無
量衆生則不名菩薩何以故須菩提實無有
法名為菩薩是故佛說一切法無我無人無
衆生無壽者須菩提若菩薩作是言我當莊
嚴佛土是不名菩薩何以故如来說莊嚴佛
土者即非莊嚴是名莊嚴須菩提若菩薩通
達無我法者如来說名真是菩薩
須菩提於意云何如来有肉眼不如是世尊
如来有肉眼須菩提於意云何如来有天眼
不如是世尊如来有天眼須菩提於意云何
如来有慧眼不如是世尊如来有慧眼須菩
提於意云何如来有法眼不如是世尊如来
有法眼須菩提於意云何如来有佛眼不如
是世尊如来有佛眼須菩提於意云何恒河
中所有沙佛說是沙不如是世尊如来說是
沙須菩提於意云何如一恒河中所有沙有
如是等恒河是諸恒河所有沙數佛世界如
是寧為多不甚多世尊佛告須菩提尒所國
土中所有衆生若干種心如来悉知何以故
如来說諸心皆為非心是名為心所以者何須
菩提過去心不可得現在心不可得未来心
不得可須菩提於意云何若有人滿三千
大千世界七寶以用布施是人以是因緣得
福多不如是世尊此人以是因緣得福甚多
須菩提若福德有實如来不說得福德多以

菩提過去心不可得現在心不可得未來心
不得可須菩提於意云何若有人滿三千
大千世界七寶以用布施是人以是因緣得
福多不如是世尊此人以是因緣得福甚多
須菩提若福德有實如來不說得福德多以
福德無故如來說得福德多
須菩提於意云何佛可以具足色身見不不
也世尊如來不應以色身見何以故如來說
具足色身即非具足色身是名具足色身須
菩提於意云何如來可以具足諸相見不不
也世尊如來不應以具足諸相見何以故如
來說諸相具足即非具足是名諸相具足須
菩提汝勿謂如來作是念我當有所說法莫
作是念何以故若人言如來有所說法即為
謗佛不能解我所說故須菩提說法者無法
可說是名說法須菩提白佛言世尊佛得阿
耨多羅三藐三菩提為無所得耶如是如是
須菩提我於阿耨多羅三藐三菩提乃至無
有少法可得是名阿耨多羅三藐三菩提復
次須菩提是法平等無有高下是名阿耨多
羅三藐三菩提以無我無人無眾生無壽者
脩一切善法則得阿耨多羅三藐三菩提須
菩提所言善法者如來說非善法是名善法
須菩提若三千大千世界中所有諸須彌山
王如是等七寶聚有人持用布施若人以此
般若波羅蜜經乃至四句偈等受持讀誦為
他人說於前福德百分不及一百千萬億分

BD07840號　金剛般若波羅蜜經　（9–6）

須菩提若三千大千世界中所有諸須彌山
王如是等七寶聚有人持用布施若人以此
般若波羅蜜經乃至四句偈等受持讀誦為
他人說於前福德百分不及一百千萬億分
乃至筭數譬喻所不能及
須菩提於意云何汝等勿謂如來作是念我
當度眾生須菩提莫作是念何以故實無有
眾生如來度者若有眾生如來度者如來則
有我人眾生壽者須菩提如來說有我者則
非有我而凡夫之人以為有我須菩提凡夫
者如來說則非凡夫須菩提於意云何可以
三十二相觀如來不須菩提言如是如是以
三十二相觀如來佛言須菩提若以三十二相
觀如來者轉輪聖王則是如來須菩提白
佛言世尊如我解佛所說義不應以三十二
相觀如來尒時世尊而說偈言
若以色見我　以音聲求我　是人行邪道　不能見如來
須菩提汝若作是念如來不以具足相故得
阿耨多羅三藐三菩提須菩提莫作是念如
來不以具足相故得阿耨多羅三藐三菩提
須菩提汝若作是念發阿耨多羅三藐三菩
提者說諸法斷滅莫作是念何以故發阿耨
多羅三藐三菩提者於法不說斷滅相須菩
提若菩薩以滿恒河沙等世界七寶布施若
復有人知一切法無我得成於忍此菩薩勝
前菩薩所得功德須菩提以諸菩薩不受福
德故須菩提白佛言世尊云何菩薩不受福

BD07840號　金剛般若波羅蜜經　（9–7）

多羅三藐三菩提者於法不說斷滅相須菩
提若菩薩以滿恒河沙等世界七寶布施若
復有人知一切法無我得成於忍此菩薩勝
前菩薩所得功德須菩提以諸菩薩不受福
德故須菩提白佛言世尊云何菩薩不受福
德須菩提菩薩所作福德不應貪著是故說
不受福德須菩提若有人言如來若來若去
若坐若臥是人不解我所說義何以故如來
者無所從來亦無所去故名如來須菩提若
善男子善女人以三千大千世界碎為微塵
於意云何是微塵衆寧為多不甚多世尊何
以故若是微塵衆實有者佛則不說是微塵
衆所以者何佛說微塵衆則非微塵衆是名
微塵衆世尊如來所說三千大千世界則非
世界是名世界何以故若世界實有者則是
一合相如來說一合相則非一合相是名一
合相須菩提一合相者則是不可說但凡夫
之人貪著其事須菩提若人言佛說我見人
見衆生見壽者見須菩提於意云何是人解
我所說義不世尊是人不解如來所說義何
以故世尊說我見人見衆生見壽者見即非
我見人見衆生見壽者見是名我見人見衆
生見壽者見須菩提發阿耨多羅三藐三菩
提心者於一切法應如是知如是見如是信
解不生法相須菩提所言法相如來說即非
法相是名法相須菩提若有人以滿無量阿
僧祇世界七寶持用布施若有善男子善女

BD07840號　金剛般若波羅蜜經　（9–8）

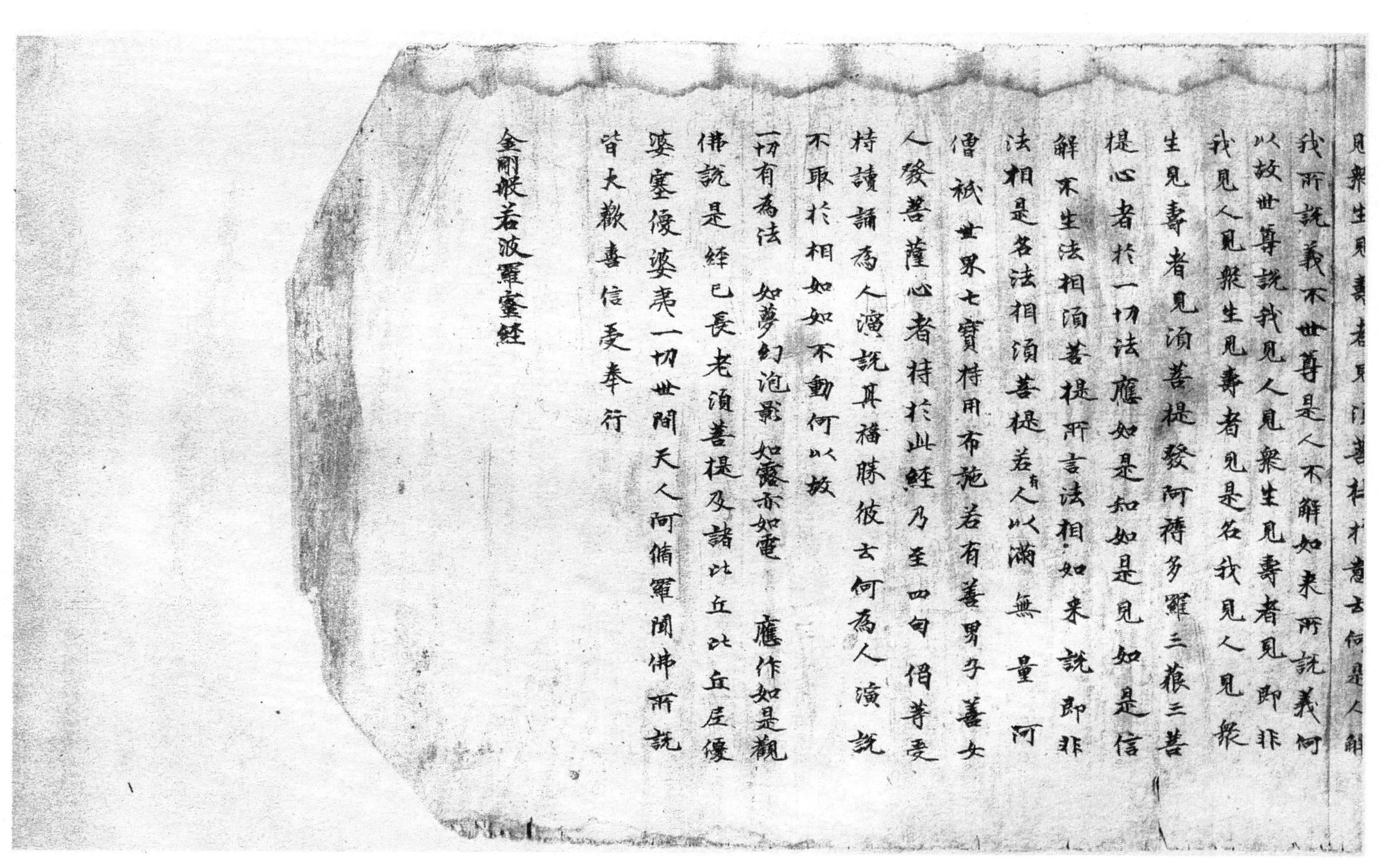
見衆生見壽者見須菩提於意云何是人解
我所說義不世尊是人不解如來所說義何
以故世尊說我見人見衆生見壽者見即非
我見人見衆生見壽者見是名我見人見衆
生見壽者見須菩提發阿耨多羅三藐三菩
提心者於一切法應如是知如是見如是信
解不生法相須菩提所言法相如來說即非
法相是名法相須菩提若有人以滿無量阿
僧祇世界七寶持用布施若有善男子善女
人發菩薩心者持於此經乃至四句偈等受
持讀誦為人演說其福勝彼云何為人演說
不取於相如如不動何以故
一切有為法　如夢幻泡影　如露亦如電　應作如是觀
佛說是經已長老須菩提及諸比丘比丘尼優
婆塞優婆夷一切世間天人阿脩羅聞佛所說
皆大歡喜信受奉行
金剛般若波羅蜜經

BD07840號　金剛般若波羅蜜經　（9–9）

二者法施能令衆生出於三界財施之福不
出欲界三者法施能淨法身財施但唯增長
於色四者法施無窮財施有盡五者法施能
斷無明財施唯伏貪愛是故善男子勸請功
德無量無邊難可譬喻如我昔行菩薩道時
勸請諸佛轉大法輪由彼善根是故今日一
切帝釋諸梵王等勸請於我轉大法輪善
男子請轉法輪爲欲度脫安樂諸衆生故我
於往昔爲菩提行勸請如來久住於世莫般
涅槃依此善根我得十力四無所畏四無礙辯
大慈大悲證得無數不共之法我當入於無
餘涅槃我之正法久住於世我法身者清淨
無比種種妙相無量智慧無量自在無量
功德難可思議一切衆生皆蒙利益百千萬
劫說不能盡法身攝藏一切諸法一切諸法不
攝法身法身常住不墮常見雖復斷滅亦非
斷見能破衆生種種異見能生衆生種種真
見能解一切衆生之縛無縛可解能植衆生
諸善根本未成熟者令成熟已成熟者令

BD07841 號　金光明最勝王經卷三　（6–1）

功德難可思議一切衆生皆蒙利益百千萬
劫說不能盡法身攝藏一切諸法一切諸法不
攝法身法身常住不墮常見雖復斷滅亦非
斷見能破衆生種種異見能生衆生種種真
見能解一切衆生之縛無縛可解能植衆生
諸善根本未成熟者令成熟已成熟者令
解脫無作無動遠離闠閙寂靜無爲自在安樂
過於三世能現三世出於聲聞獨覺之境諸
大菩薩之所修行一切如來體無有異此等
皆由勸請功德善根力故如是法身我今已
得是故若有欲得阿耨多羅三藐三菩提者
於諸經中一句一頌爲人解說功德善根尚
無限量何況勸請如來轉大法輪久住於
世莫般涅槃
時天帝釋復白佛言世尊若善男子善女
人爲求阿耨多羅三藐三菩提故於三乘道所
有善根云何迴向一切智智佛告天帝善男
子若有衆生欲求菩提修三乘道所有善根
願迴向者當於晝夜六時慇重至心作如是
說我從無始生死以來於三寶所修行成就
所有善根乃至施與傍生一摶之食或以善
言和解諍訟或受三歸及諸學處或復懺悔
勸請隨喜所有善根我今作意悉皆攝取迴
施一切衆生無悔悋心是解脫分善根所攝
如佛世尊之所知見不可稱量無礙清淨如
是所有功德善根悉以迴向施一切衆生不住
相心不捨相心我亦如是功德善根悉以迴

BD07841 號　金光明最勝王經卷三　（6–2）

於諸隨喜所有善根我今悉皆攝取迴
施一切衆生無悋惜心是解脫分善根所攝
如佛世尊之所知見不可稱量無礙清淨如
是所有功德善根悉以迴向施一切衆生不住
相心不捨相心我亦如是功德善根悉以迴
施一切衆生願皆獲得如意之手擊空出寶
滿衆生願富樂無盡智慧無窮妙法辯才
悉皆無滯共諸衆生同證阿耨多羅三藐三
菩提得一切智因此善根更復出生無量善法
亦皆迴向無上菩提又如過去諸大菩薩修行
之時功德善根悉皆迴向一切種智現在
未來亦復如是然我所有功德善根亦皆迴
向阿耨多羅三藐三菩提是諸善根願共一
切衆生俱成正覺如餘諸佛坐於道場菩提
樹下不可思議無礙清淨住於無盡法藏陀
羅尼首楞嚴定破魔波旬無量兵衆應見
覺知應可通達如是一切一剎那中悉皆照了
於後夜中獲甘露法證甘露義我及衆生願
皆同證如是妙覺猶如
無量壽佛　勝光佛　妙光佛　阿閦佛
功德善光佛　師子光明佛　百光明佛　網光明佛
寶相佛　寶焰佛　焰明佛　焰盛光明佛
吉祥上王佛　微妙聲佛　妙莊嚴佛　法幢佛
上勝身佛　可愛色身佛　光明遍照佛　梵淨王佛
上性佛
如是等如來應正遍知過去未來及以現在
亦現應化得阿耨多羅三藐三菩提轉無

BD07841號　金光明最勝王經卷三　（6–3）

吉祥上王佛　微妙聲佛　妙莊嚴佛　法幢佛
上勝身佛　可愛色身佛　光明遍照佛　梵淨王佛
上性佛
如是等如來應正遍知過去未來及以現在
亦現應化得阿耨多羅三藐三菩提轉無
上法輪為度衆生我亦如是廣說如上
善男子若有淨信男子女人於此金光明最
勝經王滅業障品受持讀誦憶念不忘為他
廣說得無量無邊大功德聚譬如三千大千
世界所有衆生一時皆得成就人身得人身
已成獨覺道若有男子女人盡其形壽恭敬
尊重四事供養一一獨覺各施七寶如須彌
山此諸獨覺入涅槃後皆以珎寶起塔供養
其塔高廣十二踰繕那以諸花香寶幢幡蓋
常為供養善男子於意云何是人所獲功德
寧為多不天帝釋言甚多世尊善男子若復
有人於此金光明微妙經典衆經之王滅業
障品受持讀誦憶念不忘為他廣說所獲功
德於前所說供養功德百分不及一百千萬
億分乃至校量譬喻所不能及何以故是善
男子善女人住正行中勸請十方一切諸佛
轉無上法輪皆為諸佛歡喜讚歎善男子如
我所說一切施中法施為勝是故善男子於
三寶所設諸供養不可為比勸受三歸持一
切戒無有毀犯三業不空不可為比一切世
界一切衆生隨力隨能隨所願樂於三乘中
勸發菩提心不可為比於三世中一切世界

BD07841號　金光明最勝王經卷三　（6–4）

我所說一切施中法施爲勝是故善男子於
三寶所設諸供養不可爲比勸受三歸持一
切戒無有毀犯三業不空不可爲比一切世
界一切衆生隨力隨能隨所願樂於三乘中
勸發菩提心不可爲比於三世中一切世界
所有衆生皆得無礙速令成就無量功德
不可爲比三世刹土一切衆生令無障礙得三
菩提不可爲比三世刹土一切衆生勸令速
出四惡道苦不可爲比三世刹土一切衆生
勸令除滅極重惡業不可爲比一切苦惱勸
令解脫不可爲比一切怖畏苦惱逼切皆令
得解不可爲比三世佛前一切衆生所有功
德勸令隨喜發菩提願不可爲比勸除惡行
罵辱之業一切功德皆願成就所在生中勸
請供養尊重讚歎一切三寶勸請衆生淨
修福行成滿菩提不可爲比是故當知勸請
一切世界三世三寶勸請滿足六波羅蜜勸請
轉於無上法輪勸請住世經無量劫演說
無量甚深妙法功德甚深無能比者
爾時天帝釋及恒河女神無量梵王四大天衆
從座而起偏袒右肩右膝著地合掌頂禮
白佛言世尊我等皆得聞是金光明最勝王
經今悉受持讀誦通利爲他廣說依此法住
何以故世尊我等欲求阿耨多羅三藐三菩
提隨順此義種種勝相如法行故爾時梵
王及帝釋等於說法處皆以種種曼陀羅
花而散佛上三千大千世界地皆大動一切天

BD07841號　金光明最勝王經卷三　（6–5）

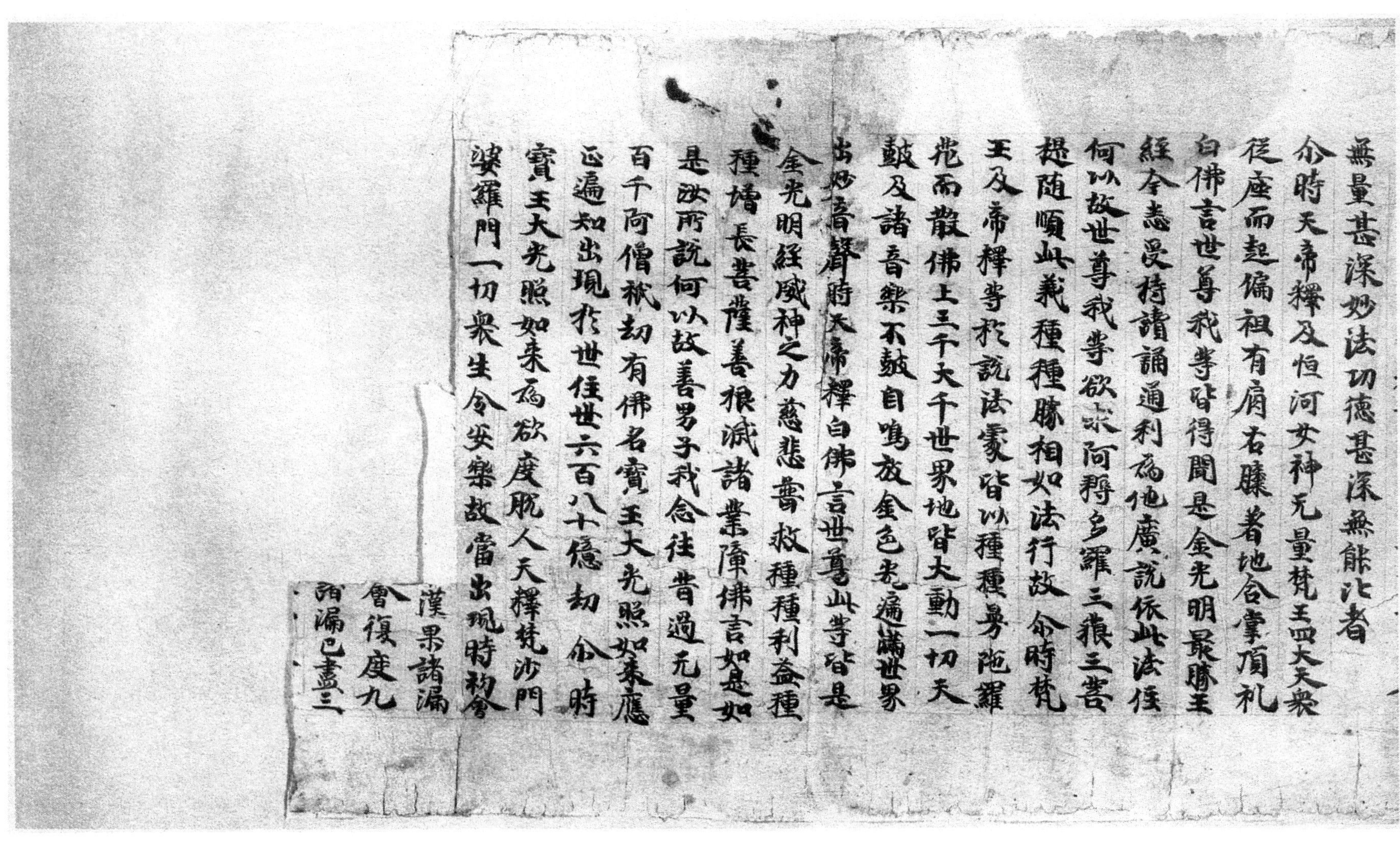

無量甚深妙法功德甚深無能比者
爾時天帝釋及恒河女神無量梵王四大天衆
從座而起偏袒右肩右膝著地合掌頂禮
白佛言世尊我等皆得聞是金光明最勝王
經今悉受持讀誦通利爲他廣說依此法住
何以故世尊我等欲求阿耨多羅三藐三菩
提隨順此義種種勝相如法行故爾時梵
王及帝釋等於說法處皆以種種曼陀羅
花而散佛上三千大千世界地皆大動一切天
鼓及諸音樂不鼓自鳴放金色光遍滿世界
出妙音聲時天帝釋白佛言世尊此等皆是
金光明經威神之力慈悲普救種種利益種
種增長菩薩善根滅諸業障佛言如是如
是如汝所說何以故善男子我念往昔過無量
百千阿僧祇劫有佛名寶王大光照如來應
正遍知出現於世住世六百八十億劫爾時
寶王大光照如來爲欲度脫人天釋梵沙門
婆羅門一切衆生令安樂故當出現時初會
漢果諸漏
會復度九
諸漏已盡三

BD07841號　金光明最勝王經卷三　（6–6）

BD07842 號背　護首

(1–1)

大般若波羅蜜多經卷第四百卌六

第二分初業品第五十之二　三藏法師玄奘奉　詔譯

所以者何善現一切法皆以空無相無願為

趣諸菩薩摩訶薩於如是趣不可超越何以

故空無相無願中趣與非趣不可得故善現

一切法皆以無起無作為趣諸菩薩摩訶薩

BD07842 號　大般若波羅蜜多經卷四四六

(2–1)

第二分初業品第五十之二　三藏法師玄奘奉　詔譯
所以者何善現一切法皆以空無相無願為
趣諸菩薩摩訶薩於如是趣不可超越何以
故空無相無願中趣與非趣不可得故善現
一切法皆以無起無作為趣諸菩薩摩訶薩
於如是趣不可超越何以故無起無作中趣
與非趣不可得故善現一切法皆以無生無
滅為趣諸菩薩摩訶薩於如是趣不可超越
何以故無生無滅中趣與非趣不可得故善
現一切法皆以無染無淨為趣諸菩薩摩訶
薩於如是趣不可超越何以故無染無淨中
趣與非趣不可得故善現一切法皆以無所
有為趣諸菩薩摩訶薩於如是趣不可超越
何以故無所有中趣與非趣不可得故善現
一切法皆以幻夢響像光影陽焰變化事尋
香城為趣諸菩薩摩訶薩於如是趣不可超
越何以故幻夢響像光影陽焰變化事尋香
城中趣與非趣不可得故善現一切法皆以
無量無邊為趣諸菩薩摩訶薩於如是趣不
可超越何以故無量無邊中趣與非趣不可
得故善現一切法皆以不與不取為趣諸菩
薩摩訶薩於如是趣不可超越何以故不與
不取中趣與非趣不可得故善現一切法皆
以不舉不下為趣諸菩薩摩訶薩於如是趣
不可超越何以故不舉不下中趣與非趣不

BD07842 號　大般若波羅蜜多經卷四四六　（2–2）

說法度百千億万衆皆得阿羅
已盡三明六通自在無礙於第二
十千億億万衆皆得阿羅漢果
明六通自在無礙於第三會復度九十八千
億億万衆皆得阿羅漢果圓滿如上
善男子我於尒時作女人身名福寶光明於
第三會親近世尊受持讀誦是金光明經爲
他廣說求阿耨多羅三藐三菩提故時彼世
尊爲我授記此福寶光明女於未來世當得
作佛号釋迦牟尼如來應正遍知明行足
善逝世間解无上士調御丈夫天人師佛世尊
捨女身後從是以來越四惡道生人天中受
上妙樂八十四百千生作輪轉王至于今日
得成正覺名稱普聞遍滿世界時會大衆
忽然皆見寶王大光照如來轉无上法輪說微
妙法善男子去此索訶世界東方過百千恒
河沙數佛土有世界名寶莊嚴其寶王大光
照如來今現在彼未般涅槃說微妙法廣
化羣生汝等見者即是彼佛
善男子

BD07843 號　金光明最勝王經卷三　（4–1）

得內遊觀名稱普聞遍滿世界時會大衆
忽然皆見寶王大光照如來轉无上法輪說微
妙法善男子去此索訶世界東方過百千恒
河沙數佛土有世界名寶莊嚴其寶王大光
照如來今現在彼未般涅槃說微妙法廣
化群生汝等見者即是彼佛
善男子若有善男子善女人聞是寶王大
光照如來名号者於菩薩地得不退轉至大
涅槃若有女人聞是佛名者臨命終時得見彼
佛來至其所既見佛已究竟不復更受女身
善男子是金光明微妙經典種種利益種種
增長菩薩善根滅諸業障善男子若有苾
芻苾芻尼鄔波索迦鄔波斯迦隨在何處爲
人講說是金光明微妙經典於其國土皆獲四
種福利善根云何爲四一者國王无病離諸
灾厄二者壽命長遠无有障礙三者无諸
怨敵兵衆勇健四者安隱豐樂正法流通何
以故如是人王常爲釋梵四王藥叉之衆共守
護故
尒時世尊告天衆曰善男子是事實不是時
无量釋梵四王及藥叉衆俱時同聲荅世尊
言如是如是若有國土講宣讀誦此妙經王
是諸國主我等四王常來擁護行住共俱其
王若有一切灾障及諸怨敵我等四王皆使消
殄憂愁疾疫亦令除差增益壽命感應
禎祥所願遂心恒生歡喜我等亦能令其國
中所有軍兵悉皆勇健佛言善哉善男子

BD07843號　金光明最勝王經卷三　（4–2）

王若有一切灾障及諸怨敵我等四王皆使消
殄憂愁疾疫亦令除差增益壽命感應
禎祥所願遂心恒生歡喜我等亦能令其國
中所有軍兵悉皆勇健佛言善哉善男子
如汝所說汝當修行何以故是諸國主如法行
時一切人民隨王修習如法行者汝等皆蒙
色力勝利宮殿光明眷屬強盛時釋梵
王等白佛言如是世尊佛言若有講讀此
妙經典流通之處於其國中大臣輔相有四
種益云何爲四一者更相親穆尊重愛念二者
常爲人王心所愛重亦爲沙門婆羅門大國
小國之所遵敬三者輕財重法不求世利嘉
名普暨衆所欽仰四者壽命延長安隱快
樂是名四益若有國土宣說是經沙門婆羅門
得四種勝利云何爲四一者衣服飲食臥具醫藥
無所乏少二者皆得安心思惟讀誦三者依於
山林得安樂住四者隨心所願皆得滿足是名
四衆勝利若有國土宣說是經一切人民皆得
豐樂無諸疾疫商估往還多獲寶貨
具足勝福是名種種功德利益
尒時梵釋四天王及諸大衆白佛言世尊如是
經典甚深之義若現在者當知如來世七種
助菩提法住世未滅若是經典滅盡之時正法
亦滅佛言如是如是善男子是故汝等

BD07843號　金光明最勝王經卷三　（4–3）

妙經典流通之處於其國中大臣輔相有四
種益云何為四一者更相親穆尊重愛念二者
常為人王心所愛重亦為沙門婆羅門大國
小國之所遵敬三者輕財重法不求世利嘉
名普壹衆所欽仰四者壽命延長安隱快
樂是名四益若有國土宣說是經沙門婆羅門
得四種勝利云何為四一者衣服飲食卧具醫藥
無所乏少二者皆得安心思惟讀誦三者依於
山林得安樂住四者隨心所願皆得滿足是名
四衆勝利若有國土宣說是經一切人民皆得
豐樂無諸疾疫商估往還多獲寶貨
具足勝福是名種種功德利益
尒時梵釋四天王及諸大衆白佛言世尊如是
經典甚深之義若現在者當知如來世七種
助菩提法住世未滅若是經典滅盡之時正法
亦滅佛言如是如是善男子是故汝等

BD07843號　金光明最勝王經卷三　（4–4）

企　又曷咯叉
住處一切怨惱所有苦惱乃至
一離願我莫見罪惡之事常蒙聖
觀自在菩薩大悲威光之所護念莎訶
尒時執金剛秘密主菩薩即從座起合掌恭
敬白佛言世尊我今亦說陁羅尼呪名曰无
勝於諸人天為大利益哀愍世間擁護一切
有大威力所求如願即說呪曰
怛姪他　毋你　毋你　毋尼囉　末底　末底
蘇末底　莫訶末底　呵呵呵　麼　婆以
耶　恙底帝引　波跛　䟦析攞　波你
惡鉗火含　姪嘌荼上　莎訶
世尊我此神呪名曰无勝擁護若有男女一
心受持書寫讀誦憶念不忘我於晝夜常
護是人於一切怨怖乃至枉死悉皆遠離
尒時索訶世界主梵天王即從座起合掌恭
敬白佛言世尊我亦有陁羅尼微妙法門於
諸人天為大利益哀愍世間擁護一切有大
威力所求如願即說呪曰

BD07844號　金光明最勝王經卷七　（14–1）

尒時索訶世界主梵天王即從座起合掌恭
敬白佛言世尊我亦有陁羅尼微妙法門於
諸人天為大利益哀愍世間擁護一切有大
威力所求如願即說呪曰
怛　姪　他　嘔里弭里地里莎訶
跋囉甜魔布㘕　跋囉甜末泥
跋囉甜麼揭鞞　補澀跛僧悉怛㘕莎訶
世尊我此神呪名曰梵治悉能擁護持是呪
者令離憂惱及諸罪業乃至枉死悉皆遠離
尒時帝釋天主即從座起合掌恭敬白佛
言世尊我亦有陁羅尼名跋折羅扇你是大
明呪能除一切恐怖厄難乃至枉死悉皆遠離
拔苦與樂利益人天即說呪曰
怛姪他毗你婆喇你　畔柂麼攞滯
麼膩你撥撥尒矔哩　健陁哩旃荼哩
摩登耆上卜羯死　薩羅跋喇鞞去
唎娜末住呑麼䜭喇你　莫呼剌你達剌你計
斫羯囉　婆　抧　捨代哩奢代哩莎訶
尒時多聞天王持國天王增長天王廣目天
王俱從座起合掌恭敬白言世尊我今亦
有神呪名施一切衆生无畏於諸苦惱常為
擁護令得安樂增益壽命無諸患苦乃至
枉死皆遠離即說呪曰
怛姪他補澀閉　蘇　補　澀　閉
度麼鉢喇訶㘕　阿㘓耶鉢喇設悉帝
扇帝涅目帝　忙揭例窣覩帝

枉死皆遠離即說呪曰
怛姪他補澀閉　蘇　補　澀　閉
度麼鉢喇訶㘕　阿㘓耶鉢喇設悉帝
扇帝涅目帝　忙揭例窣覩帝
悉　哆　鼻　帝　莎　訶
尒時復有諸大龍王所謂末那斯龍王電
光龍王无熱池龍王電舌龍王妙光龍王俱
從座起合掌恭敬白佛言世尊我亦有如
意寶珠陁羅尼能遮惡電除諸恐怖能於人
天為大利益哀愍世間擁護一切有大威力所
求如願乃至枉死悉皆遠離一切毒藥皆令止
息一切造作蠱道呪術不吉祥事悉令除
滅我今以此神呪奉獻世尊唯願哀愍慈悲
納受當令我等離此龍趣永捨慳貪何以故
由此慳貪於生死中受諸苦惱我等願斷慳
貪種子即說呪曰
怛姪他何折㘕　阿末㘕阿蜜㗚帝
惡叉褭向靽褭　奔尼鉢唎耶法帝
薩　婆　波　跛　鉢喇苫摩尼褭莎訶
阿　離　褭　般豆蘇波尼褭莎訶
世尊若有善男子善女人口中說此陁羅尼
明呪或書經卷受持讀誦恭敬供養者終无
雷電霹靂及諸恐怖苦惱憂患乃至枉死悉
皆遠離所有毒藥蠱魅厭禱害人虎狼師
子毒蛇之類乃至蚊虻悉不為害
尒時世尊普告大衆善哉善哉此等神呪皆

雷電霹靂及諸恐怖若惱憂患乃至枉死悉
皆遠離所有毒藥蠱魅厭禱害人虎狼師
子毒虵之類乃至蚊虻悉不為害
尒時世尊普告大衆善哉善哉此等神呪皆
有大力能隨衆生心所求事悉令圓滿為大
利益除不至心汝等勿疑時諸大衆聞佛語
已歡喜信受

金光明㝡勝王經大辯才天女品第十五

尒時大辯才天女於大衆中即從座起頂礼
佛足白佛言世尊若有法師說是金光明㝡
勝王經者我當益其智慧具足莊嚴言說之
辯若彼法師於此經中文字句義所有忘失
皆令憶持能善開悟復與陁羅尼捴持无
礙又此金光明㝡勝王經為彼有情已於百千
佛所種諸善根當受持者於贍部洲廣行
流布不速隱沒復令无量有情聞是經典
皆得不可思議捷利辯才无盡大慧善解衆
論及諸伎術能出生死速趣无上正等菩提於
現世中增益壽命資身之具悉令圓滿世尊
當為彼持經法師及餘有情於此經典樂聽
聞者說其呪藥洗浴之法彼人所有惡星災
變與初生時星屬相違疫病之苦鬪諍戰
陣惡夢鬼神蠱毒厭魅呪術起屍如是諸
惡為陣難者悉令除滅諸有智者應作如
是洗浴之法當取香藥三十二味所謂

BD07844號　金光明最勝王經卷七　（14–4）

變與初生時星屬相違疫病之苦鬪諍戰
陣惡夢鬼神蠱毒厭魅呪術起屍如是諸
惡為陣難者悉令除滅諸有智者應作如
是洗浴之法當取香藥三十二味所謂
昌蒲 跋者 牛黃 瞿盧折娜 苜蓿香 塞畢力迦
麝香 莫訶婆伽 雄黃 末捺眵羅 合昏樹 尸利灑
白及 因達羅喝悉哆 芎藭 闍莫迦 茍杞根 苫弭
松脂 室利薜瑟得迦 桂皮 咄者 香附子 目窣哆
沉香 惡揭嚕 栴檀 栴檀娜 零淩香 多揭羅
丁子 索瞿者 欝金 茶矩么 婆律膏 曷羅娑
䓇香 捺剌柂 竹黃 鷀路戰娜 細豆蔲 蘇泣迷羅
甘松 苫弭哆 藿香 缽怛羅 茅根香 嗢尸囉
叱脂 薩洛計 艾納 世黎也 安息香 窶具攞
芥子 薩利教跛 馬芹 葉婆儞 龍花鬚 那伽雞薩羅
白膠 薩折羅娑 青木 矩瑟侘 皆等分
以布灑星日一處擣篩取其香末當以此呪
呪一百八遍呪曰
怛姪他蘇訖栗帝　訖栗帝訖栗帝
劫摩怛里　繕怒羯囒滯
郝羯喇滯　因達囉闍利膩
鑠羯囒滯　鉢設姪囇
阿伐底羯細　計娜矩覩矩覩
脚迦鼻䶩　劫鼻䶩劫鼻䶩
劫毗羅末底　尸羅末底
那底度囉末底里　波伐雉畔稚囇
室囇室囇　薩底悉體羝莎訶

BD07844號　金光明最勝王經卷七　（14–5）

脚迦鼻　齲　劫鼻齲劫鼻齲
劫毗羅未底丁里　尸羅未底
那底度囉未底里　波伐雉畔稚囉
室　囉　室　囉　薩底悉體羝莎訶
若樂如法洗浴時　應作壇場六八肘
可於寂靜安隱處　念所求事不離心
應塗牛糞作其壇　於上普散諸花彩
當以淨潔金銀器　盛滿美味并乳蜜
於彼壇場四門所　四人守護法如常
令四童子好嚴身　各於一角持瓶水
於此常燒安息香　五音之樂聲不絕
幡蓋莊嚴懸繒綵　安在壇場之四邊
復於場內置明鏡　利刀兼箭各四枚
於壇中心埋大盆　應以漏版安其上
用前香秣以和湯　亦復安在於壇內
既作如斯布置已　然後誦呪結其壇
結界呪曰
怛姪他　頞喇計　娜也泥去　呬釄
頞釄　祇、釄　企企釄　莎訶
如是結界已　方入於壇內　呪水三七遍　散灑於四方
次可呪香湯　滿一百八遍　四邊安幔障　然後洗浴身
呪水呪湯呪曰
怛姪他一　索揭智貞勵反下同二　毗揭智三　毗揭
茶伐底四　莎訶五
若洗浴訖其洗浴湯及壇場中供養飲食棄

次可呪香湯　滿一百八遍　四邊安幔障　然後洗浴身
呪水呪湯呪曰
怛姪他一　索揭智貞勵反下同二　毗揭智三　毗揭
茶伐底四　莎訶五
若洗浴訖其洗浴湯及壇場中供養飲食棄
河池內餘皆收攝如是浴已方著淨衣既出
壇場入淨室內呪師教其發弘誓願永斷
衆惡常脩諸善於諸有情興大悲心以是因緣
當獲无量隨心福報復說頌曰
若有病苦諸衆生　種種方藥治不差
若依如是洗浴法　并復讀誦斯經典
常於日夜念不散　專想慇懃生信心
所有患苦盡消除　解脫貧窮足財寶
四方星辰及日月　威神擁護得延年
吉祥安隱福德增　灾變厄難皆除遣
次誦護身呪三七遍呪曰
怛姪他三謎　毗三謎　莎訶
索揭滯　毗揭滯　莎訶
毗揭荼亭耶反伐底　莎訶
娑揭囉　三步多也　莎訶
塞建陁　摩多也　莎訶
尼攞建佗也　莎訶
阿鉢囉市哆　毗喫耶也　莎訶
呬摩槃哆　三步多也　莎訶
阿你蜜攞　薄怛囉也　莎訶
南謨薄伽伐都　跋囉甜大麼寫莎訶

阿鉢囉帝哆　毗嗓耶也莎訶
呬摩槃哆　三步多也莎訶
阿你蜜攞　薄怛囉也莎訶
南謨薄伽伐都　跋囉甜（火）摩寫莎訶
南謨薩囉酸（蘇活）底　莫訶提鼻囊莎訶
悉甸覩漫（此云成就我某甲）　曷怛囉鉢拖莎訶
怛喇覩毗姪哆　跋囉甜（火）摩奴末覩（莎訶）
尒時大辯才天女說洗浴法壇場呪已前礼
佛足白佛言世尊若有苾芻苾芻尼鄔波索
迦鄔波斯迦受持讀誦書寫流布是妙經王
如說行者若在城邑聚落曠野山林僧尼住
處我為是人將諸眷屬作天伎樂來詣其所
而為擁護除諸病苦流星變怪疫疾鬪諍王
法所拘惡夢惡神為障礙者蠱道厭術悉
皆除殄饒益是等持經之人苾芻等衆及諸
聽者皆令速渡生死大海不退菩提
尒時世尊聞是說已讚辯才天女言善哉善
哉天女汝能安樂利益无量无邊有情說此
神呪及以香水壇場法式果報難思汝當擁
護最勝經王勿令隱沒常得流通尒時大辯
才天女礼佛足已還復本座
尒時法師授記憍陳如婆羅門承佛威力於
大衆前讚請辯才天女曰
聰明勇進辯才天　人天供養悉應受
名聞世間遍充滿　能與一切衆生願

BD07844號　金光明最勝王經卷七　（14–8）

才天女礼佛足已還復本座
尒時法師授記憍陳如婆羅門承佛威力於
大衆前讚請辯才天女曰
聰明勇進辯才天　人天供養悉應受
名聞世間遍充滿　能與一切衆生願
依高山頂勝住處　葺茅為室在中居
恒結耎草以為衣　在處常翹於一足
諸天大衆皆來集　咸同一心申讚請
唯願智慧辯才天　以妙言詞施一切
尒時辯才天女即便受請為說呪曰
怛姪他慕囉只囉　阿伐帝（勵貞）阿伐吒伐底（丁里下同）
馨遏黎名具黎　名具羅伐底
鴦具師末唎只（三）末底　毗三末底惡近（入）唎
莫近唎怛囉只　怛囉者伐底
質哩室里蜜里　末難地曇（去）
末唎只　八囉拏畢唎囊
盧迦逝瑟甜（丑世反）　盧迦失囉瑟恥
盧迦畢唎衰　悉馱跋唎帝
毗麼目企（輕利反）　輸只折唎
阿鉢唎底喝帝　阿鉢唎底喝哆勃地
喃毋只喃毋只　莫訶提鼻
鉢喇底近（入）唎底（火）捉拏（上）　南摩塞迦囉
我某甲勃地　達哩奢呬
勃地阿鉢唎底喝哆　婆（上）跋　觀
帝婆謎毗輸姪覩　舍悉怛囉輸路迦
曷怛囉畢楞伽　迦婢耶地數

佛

BD07844號　金光明最勝王經卷七　（14–9）

我某甲勃地　達哩奢呬
佛
勃地阿鉢喇底喝哆　婆上跋覩
帝婆誐毗輸姪覩　含悉怛囉輸路迦
㬪怛囉畢㨶迦　迦婢耶地數
怛姪他　莫訶鉢喇婆鼻
呬哩蜜里呬里蜜里　毗折喇覩誐勃地
我某甲勃地輸提　薄伽伐點提毗談
薩羅酸蘇活點丁鎈引　羯囉魯家滯雞由㩳
雞由囉末底　呬里蜜里呬里蜜里
阿婆阿耶須　莫訶提鼻
勃陁薩帝娜　達摩薩帝娜
僧伽薩帝娜　因達囉薩帝娜
跋嘍拏薩帝娜　褱盧雞薩底婆地娜
羝釳引薩帝娜　薩底伐者泥娜
阿婆訶耶須　莫訶提鼻
呬里蜜里呬里蜜里　毗折喇覩
我某甲勃地　南謨薄伽伐底利丁
莫訶提鼻薩囉酸底　悉甸覩
㬪怛囉鉢陁弥　莎訶
尒時辯才天女說是呪已告婆羅門言善哉
大士能為衆生求妙辯才及諸珎寶神通
智慧廣利一切速證菩提如是應知受持
法式即說頌曰
先可誦此陁羅尼　令使純熟无謬失
歸敬三寶諸天衆　請求加護願隨心

大士能為衆生求妙辯才及諸珎寶神通
智慧廣利一切速證菩提如是應知受持
法式即說頌曰
先可誦此陁羅尼　令使純熟无謬失
歸敬三寶諸天衆　請求加護願隨心
敬礼諸佛及法寶　菩薩獨覺聲聞衆
次礼梵王并帝釋　及護世者四天王
一切常脩梵行人　悉可至誠慇重敬
可於寂靜閑若處　大聲誦前呪讚法
應在佛像天龍前　隨其所有脩供養
於彼一切衆生類　發起慈悲哀愍心
世尊妙相紫金身　繫想正念心无亂
世尊讃念說教法　隨彼根機令習定
於其句義善思惟　復依空性而脩習
應在世尊形像前　一心正念而安坐
即得妙智三摩地　并獲最勝陁羅尼
如来金口演說法　妙響調伏諸人天
舌相隨緣現希有　廣長能覆三千界
如是諸佛妙音聲　至誠憶念心无畏
諸佛皆由發弘願　得此舌相不思議
宣說諸法皆非有　譬如虛空无所着
諸佛音聲及舌相　繫念思量願圓滿
若見供養辯才天　或見弟子隨師教
授此秘法令脩學　尊重隨心皆得成
若人欲得最上智　應當一心持此法
增長福智諸功德　必定成就勿生疑

若見供養辯才天　或見弟子隨師教
授此秘法令脩學　尊重隨心皆得成
若人欲得㝡上智　應當一心持此法
增長福智諸功德　必定成就勿生疑
若求財者得多財　求名稱者獲名稱
求出離者得解脫　必定成就勿生疑
无量无邊諸功德　隨其內心之所願
若能如是依行者　必得成就勿生疑
當於淨處著淨衣　應作壇場隨大小
以四淨瓶成美味　香花供養可隨時
懸諸繒綵幷幡蓋　塗香抹香遍嚴飾
供養佛及辯才天　求見天身皆遂願
應三七日誦前呪　可對大辯天神前
若其不見此天神　應更用心經九日
於後夜中猶不見　更求清淨勝妙處
如法應畫辯才天　供養誦持心无捨
晝夜不生於懈怠　自利利他无窮盡
所獲果報施羣生　於所求願皆成就
若不遂意經三月　六月九月或一年
慇懃求請心不移　天眼他心皆悉得
尒時憍陳如婆羅門聞是說已歡喜踊躍
歎未曾有告諸大衆作如是言汝等人天一切
大衆如是當知皆一心聽我今更欲依世諦
法讚彼勝妙辯才天女即說頌曰
敬礼天女那羅延　於世界中得自在
我今讚歎彼尊者　皆如往昔仙人說

歎未曾有告諸大衆作如是言汝等人天一切
大衆如是當知皆一心聽我今更欲依世諦
法讚彼勝妙辯才天女即說頌曰
敬礼天女那羅延　於世界中得自在
我今讚歎彼尊者　皆如往昔仙人說
吉祥成就心安隱　聰明慚愧有名聞
為母能生於世間　勇猛常行大精進
於軍陣處戰恒勝　長養調伏心慈忍
現為閻羅之長姊　常著青色野蠶衣
好醜容儀皆具有　眼目能令見者怖
无量勝行超世間　歸信之人咸攝受
或在山巖深險處　或居坎窟及河邊
或在大樹諸叢林　天女多依此中住
假使山林野人輩　亦常供養於天女
以孔雀羽作幢旗　於一切時常護世
師子虎狼恒圍繞　牛羊雞等亦相依
振大鈴鐸出音聲　頻陁山衆皆聞響
或執三戟頭圓髻　左右恒持日月旗
黑月九日十一日　於此時中當供養
或現婆蘇大天妹　見有鬪戰心常愍
觀察一切有情中　天女最勝无過者
權現牧牛歡喜女　與天戰時常得勝
能久安住於世間　亦為和忍及暴惡
大婆羅門四明法　幻化呪等悉皆通
於天仙中得自在　能為種子及大地
諸天女等集會時　如大海潮必來集

[illegible]現婆[illegible]大天女　身不隨[illegible]心[illegible]

觀察一切有情中　天女最勝无過者

權現牧牛歡喜女　與天戰時常得勝

能久安住於世間　亦為和忍及暴惡

大婆羅門四明法　幻化呪等悉皆通

於天仙中得自在　能為種子及大地

諸天女等集會時　如大海潮必來集

於諸龍神藥叉衆　咸為上首能調伏

於諸女中最梵行　出言猶如世間主

於王住處如蓮花　若在河津喻橋栰

面貌猶如盛滿月　具足多聞作依處

辯才勝出若高峯　念者皆與為洲渚

阿蘇羅等諸天衆　咸共稱讚其功德

乃至千眼帝釋王　以慇重心而觀察

衆生若有希求事　悉能令彼速得成

亦令聰辯具聞持　於大地中為第一

於此十方世界中　如大燈明常普照

乃至神鬼諸禽獸　咸皆遂彼所求心

於諸女中若山峯　同昔仙人久住世

[illegible]女人常離欲　實語猶如大世主

BD07844號　金光明最勝王經卷七　（14–14）

言以有迷理迷事別者即愚㵱也利鈍麁細見修不同故
迷事別故有惑所以地〻前之八品惑麁相以正解二
斷除迷理煩惱麁而擁所斷數事於見道斷其
麁相全未盡細迷理是障有散下忻上之心即此忻厭
能障导心〻存存齐位能斷有相之理未能妄相
言迷事者鈍細難斷故如截周斷事謂事相此五位
一百八法是相又事即理也事是麁相理即細相所以修道
位中漸次如斷次細之惑至金剛玉座上假後得智
住持其定以正解智乘入重玄門始能斷三界九地中
地〻前之八品細微難惑皆盡 次第九品惑以根本智
斷何故如是次第九品惑不用後得智斷何也地〻取第
九品下〻細微煩惱細難斷故後得智帶相不能斷也
故云以唯迷理唯獨也 迷即是執煩惱真理未能一如
迷无相无生真如之理所以前於等覺地位假根本智
頓斷三界內下細微惑盡後念得妙覺位當分之時无
煩可斷无理可脩无情可化故云根本智斷 言根本智
者即是正解智此智寂而常湛无所施為更不說後
得智故云第九品下〻惑以根本智斷也

受壞滅故學善現何緣菩薩摩訶薩如是學
時不為地界攝受壞滅故學不為水火風空識
界攝受壞滅故學善現何緣菩薩摩訶薩
如是學時不為苦聖諦攝受壞滅故學不為
集滅道聖諦攝受壞滅故學善現何緣菩薩
摩訶薩如是學時不為無明攝受壞滅故學
不為行識名色六處觸受愛取有生老死愁
歎苦憂惱攝受壞滅故學善現何緣菩薩摩
訶薩如是學時不為內空攝受壞滅故學不
為外空內外空空空大空勝義空有為空无
為空畢竟空無際空散空無變異空本性空
自相空共相空一切法空不可得空無性空自
性空無性自性空攝受壞滅故學善現何
緣菩薩摩訶薩如是學時不為真如攝受壞
滅故學不為法界法性不虛妄性不變異性
平等性離生性法定法住實際虛空界不思
議界攝受壞滅故學
善現何緣菩薩摩訶薩如是學時不為布施

BD07846號　大般若波羅蜜多經卷八八　（2–1）

歎苦憂惱攝受壞滅故學善現何緣菩薩摩
訶薩如是學時不為內空攝受壞滅故學不
為外空內外空空空大空勝義空有為空无
為空畢竟空無際空散空無變異空本性空
自相空共相空一切法空不可得空無性空自
性空無性自性空攝受壞滅故學善現何
緣菩薩摩訶薩如是學時不為真如攝受壞
滅故學不為法界法性不虛妄性不變異性
平等性離生性法定法住實際虛空界不思
議界攝受壞滅故學
善現何緣菩薩摩訶薩如是學時不為布施
波羅蜜多攝受壞滅故學不為淨戒安忍精
進靜慮般若波羅蜜多攝受壞滅故學善
現何緣菩薩摩訶薩如是學時不為四靜慮攝
受壞滅故學不為四無量四無色定攝受壞
滅故學善現何緣菩薩摩訶薩如是學時不
為八解脫攝受壞滅故學不為八勝處九次
第定十遍處攝受壞滅故學善現何緣菩薩
摩訶薩如是學時不為四念住攝受壞滅故
學不為四正斷四神足五根五力七等覺支
八聖道支攝受壞滅故學善現何緣菩薩摩

BD07846號　大般若波羅蜜多經卷八八　（2–2）

廣為宣說此陁羅
善持守護勿令忘
陁尼千劫已來
轉生死地獄餓鬼
羅剎鬼神布單
蚊蛸龜狗蟒虵一
一切蠢動含靈乃至蟻子
即得轉生諸佛如來一生補
后會處生或得大姓婆羅門家生或
剎利種家生或得豪貴最勝家生天帝
得如上貴處生者皆由聞此陁羅尼故
轉所生處皆得清淨天帝乃至得到菩提道
勿最勝之處皆由讚美此陁羅尼功德如是
人帝此陁羅尼名善吉祥能淨一切惡道此
佛頂尊勝陁羅尼猶如日藏摩尼之寶淨无
瑕穢淨等虛空光焰照徹无不周遍若諸衆
生持此陁羅尼亦復如是亦如閻浮檀金明淨

BD07847 號　佛頂尊勝陀羅尼經（佛陀波利本）　（3–1）

勿最勝之處皆由讚美此陁羅尼功德如是
人帝此陁羅尼名善吉祥能淨一切惡道此
佛頂尊勝陁羅尼猶如日藏摩尼之寶淨无
瑕穢淨等虛空光焰照徹无不周遍若諸衆
生持此陁羅尼亦復如是亦如閻浮檀金明淨
柔耎令人喜見不為穢惡之所染著天帝若
有衆生持此陁羅尼亦復如是乘斯善淨得
生善道天帝此陁羅尼所在之處若能書寫
流通受持讀誦聽聞供養能如是者一切惡
道皆得清淨一切地獄苦惱皆消滅
佛告天帝若人能書寫此陁羅尼安高幢上
或安高山或安樓上乃至安置窣堵波中天
帝若有苾芻苾芻尼優婆塞優婆夷族姓男
族姓女於幢等上或見或聞或與相近其影
映身或風吹陁羅尼上幢等上塵落在身上
天帝彼諸衆生所有罪業應墮惡道地獄畜
生閻羅王界餓鬼阿脩羅身惡道之苦皆悉
不受亦不為罪垢染汙天帝此等衆生為一
切諸佛之所授記皆得不退轉於阿耨多羅
三藐三菩提天帝何況更以多諸供具華鬘
塗香末香幢幡蓋等衣服瓔珞作諸莊嚴於
四衢道造窣堵波安置陁羅尼合掌恭敬旋
繞行道歸依禮拜天帝彼人能如是供養者
名摩訶薩埵真是佛子持法棟梁又是如來
全身舍利窣堵波塔
尒時閻摩羅法王於時夜分來詣佛所到已

BD07847 號　佛頂尊勝陀羅尼經（佛陀波利本）　（3–2）

或安高山或安樓上乃至安置窣堵波中天
帝若有苾芻苾芻尼優婆塞優婆夷族姓男
族姓女於幢等上或見或聞或與相近其影
映身或風吹陀羅尼上幢等上塵落在身上
天帝彼諸衆生所有罪業應墮惡道地獄畜
生閻羅王界餓鬼阿脩羅身惡道之苦皆悉
不受亦不為罪垢染汙天帝此等衆生為一
切諸佛之所授記皆得不退轉於阿耨多羅
三藐三菩提天帝何況更以多諸供具華鬘
塗香末香幢幡蓋等衣服瓔珞莊嚴於
四衢道造窣堵波安置陀羅尼合掌恭敬旋
繞行道歸依礼拜天帝彼人能如是供養者
名摩訶薩埵真是佛子持法棟梁又是如來
全身舍利窣堵波塔
尒時閻摩羅法王於時夜分來詣佛所到已
以種種天衣妙華塗香莊嚴供養佛已繞佛七
帀頂礼佛足而住是言我聞如來演說讚持
大力陀羅尼者我常隨逐守護不令持者墮
於地獄以彼隨順如來言教而護念之
尒時護世四天大王繞佛三帀白佛言世尊
唯願如來為我廣說持法尒時佛告

BD07847 號　佛頂尊勝陀羅尼經（佛陀波利本）　（3–3）

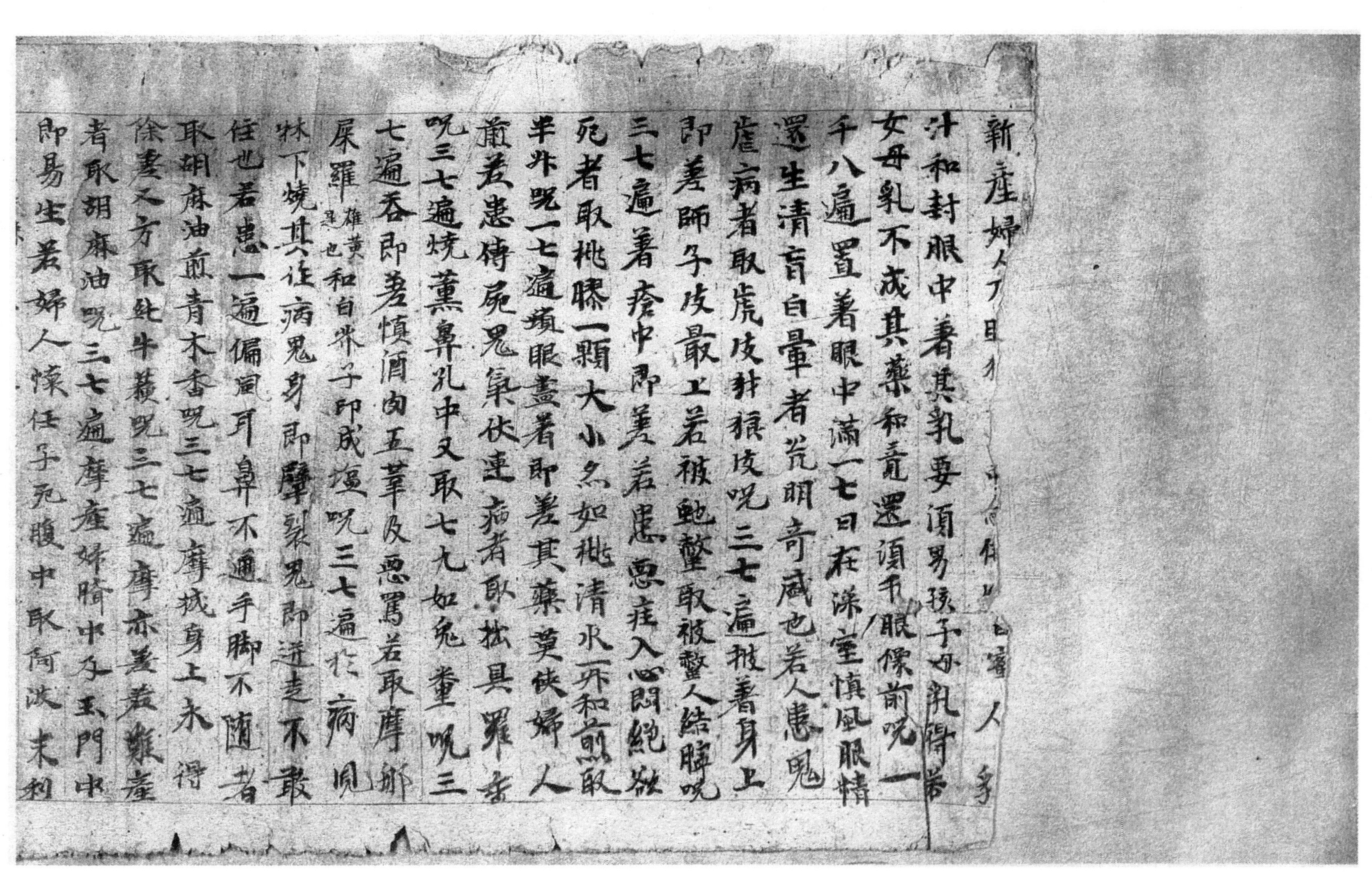

新產婦人[illegible]
汁和封眼中著其乳要須男孩子母乳得者
女母乳不成其藥和竟還須千眼像前呪一
千八遍置著眼中滿一七日在深室慎風眼精
還生清盲白暈者荒明奇感也若人患鬼
瘧病者取虎皮豺狼皮呪三七遍披著身上
即差師子皮最上若被蚰蜒取被螫人結睇呪
三七遍著瘡中即差若患惡疰入心悶絕欲
死者取桃膠一顆大小亦如桃清水一升和煎取
半升呪一七遍頓服盡著即差其藥莫使婦人
煎若患傳屍鬼氣伏連病者取拙具羅香
呪三七遍燒薰鼻孔中又取七丸如兔糞呪三
七遍吞即差慎酒肉五葷及惡罵若取摩那
屎羅（雄黃是也）和白芥子印成塩呪三七遍於病兒
牀下燒其作病鬼身即擘裂兒即逆走不敢
住也若患一遍偏風耳鼻不通手腳不隨者
取胡麻油煎青木香呪三七遍摩拭身上永得
除差又方取純牛蘇呪三七遍摩亦差若難產
者取胡麻油呪三七遍摩產婦臍中及玉門中
即易生若婦人懷任子死腹中取阿波末利

BD07848 號　千手千眼觀世音菩薩廣大圓滿無礙大悲心陀羅尼經　（3–1）

任也若患一遍偏風耳鼻不通手脚不隨者
取胡麻油煎青木香呪三七遍摩拭身上永得
除差之方取純牛蘇呪三七遍摩亦差若難產
者取胡麻油呪三七遍摩產婦臍中及玉門中
即易生若婦人懷任子死腹中取阿波末利
伽草牛膝是也一大兩以水二升和煎取一升呪三
七遍服即出來一无痛苦胎衣不出者亦
服此藥即差若卒患心痛不可忍者名遁屍疰
取君柱魯香薰陸香也乳頭成者一顆呪三七遍口中
嚼咽不限多小令變吐即差慎酒肉五辛若
被火燒瘡取瞿摩夷烏牛屎是呪三七遍塗瘡上
著即差若患蛔虫齩心取骨嚕末遮白馬屎半升
呪三七遍服即差重者一升虫如綟索出來
若患丁瘡者取凌霄葉擣取汁呪三七遍瀝
著瘡上即差根出立差若患蠅螫眼者取骨嚕
怛佉新驢屎是也濾汁取三七遍夜臥著眼中即差若患
腹中痛取井華水和印成鹽三七顆呪三七遍
服半升即差若患赤眼者及眼中有努肉及有
翳者取奢弥葉苟杞葉是擣濾取汁呪七遍浸青銅
錢一宿更呪七遍著眼中即差若患畏也不安
恐怖出入驚怕者取白線作索呪三七遍作二
十一結繫項恐怖即除非但除怖亦得福滅罪
若家內橫起災難者取石榴枝寸截一千八段兩
頭塗蘇蜜酪各一呪一燒盡一千八遍一切災難悉皆
除滅要須佛前作之若取白昌蒲呪一百八遍繫
著右臂上一切鬪處論議處得勝若取奢弥

BD07848號　千手千眼觀世音菩薩廣大圓滿無礙大悲心陀羅尼經　（3–2）

恐怖出入驚怕者取白線作索呪三七遍作二
十一結繫項恐怖即除非但除怖亦得福滅罪
若家內橫起災難者取石榴枝寸截一千八段兩
頭塗蘇蜜酪各一呪一燒盡一千八遍一切災難悉皆
除滅要須佛前作之若取白昌蒲呪一百八遍繫
著右臂上一切鬪處論議處得勝若取奢弥
葉若枝柯寸截兩頭塗真牛蘇白蜜牛酪一呪
一燒盡一千八段日別三時時別一千八遍滿七日
呪師自悟通智也若欲降伏大力鬼神者取
阿利瑟迦柴木患子是呪七七遍火燒還須蘇蘇酪
蜜要須於大悲心像前作之若取胡嚧遮那
牛黃是也大兩著琉璃瓶中置大悲心像前呪一千八遍
塗身點額一切天龍鬼神人及非人皆悉歡喜
若有人身被枷鎖者取白鴿糞呪一百八遍塗於
手上用摩枷鎖枷鎖自脫若有夫婦不和狀
如水火者取鴛鴦尾於大悲像前呪一千八遍身
上帶彼終身歡喜相愛敬若有被虫食田苗
及五菓子者取淨灰淨沙呪一千八遍散田四
邊即退散菓樹兼呪淨水灑著樹上虫不敢
食菓也

千臂千眼大悲陀羅尼經　西天竺伽梵達摩沙門於于闐譯

BD07848號　千手千眼觀世音菩薩廣大圓滿無礙大悲心陀羅尼經　（3–3）

BD07849號　妙法蓮華經押座文（擬）

（3–1）

BD07849號　妙法蓮華經押座文（擬）

（3–2）

次此開讚中道大乘所生功德盡將迴施無上菩提唯願釋
迦大聖悲願無邊妙法蓮華經云 餘經亦得長流沙界
文殊師利灌金色以來儀長者普賢控六牙而赴會觀
音慈氏詢殊眼以無邊九類諸天散香風而滿會證
講嘆蓮花教句：啓令吾心唯願堯雲從霞際日高
照玉兔常明金輪永御諸王王子盡趯前皇公公主貴居上
坊花院夫人重臣居社稷台座哥持奉帝心南北官寮
並御庭忠孝兩全助明主願天下師僧無災障難有緣
諸處說蓮經 到處將綠廣宣說發願將當度有緣
更願毫光常照河鼻地獄惡業眾生苦惱催刀山劍樹變香
林鑊湯爐炭化池沼餓鬼形骸飽渴逼九品蓮臺願受生
拔毛帶甲變鐵身負重馳經鞍早休息挽弓莫射抓
飛鷹箭鐵休穿狐兔身但是蠢動及含靈常起慈悲心
莫傷煞懷胎難月身平善男女端嚴似花葉阿獄因緣
昫萬沙枷鎖離其身讚大捨多生惡業身長病唯願萬王
法眾清盲聾音啞盡端嚴見色聞聲罪消滅如斯
不恪共爲願承此經力因緣普開諸相共見悲從歲
地平

BD07849號　妙法蓮華經押座文（擬）

（3–3）

南无下方盧舍那光明世界寶憂波羅勝佛
南无上方莊嚴世界稱名聲佛
南无无垢劫无垢世界无垢光如来初成佛
南无无垢廣世界名成就善就劫勝護如来
初成佛彼世界塵沙諸佛出世
南无東方阿閦佛　南无大不迷佛
南无香手佛　南无香上佛
南无南方寶幢佛　南无寶作佛
南无寶成佛　南无寶藏佛
南无寶月佛　南无金剛堅佛
南无金剛仙佛　南无金剛幢佛
南无東南方大弥留佛　南无弥留山佛
南无弥留王佛　南无弥留幢佛
南无日藏佛　南无前後上佛
南无淨王佛　南无雞中幢王佛
南无大雞中佛　南无西方阿弥陁佛
南无阿弥幢佛　南无阿弥陁聲佛
南无阿弥稱佛　南无阿弥陁吼佛

BD07850號　佛名經（十二卷本）卷六　（2–1）

南无淨王佛　南无雞中幢王佛
南无大雞中佛　南无西方阿弥陁佛
南无阿弥幢佛　南无阿弥陁聲佛
南无阿弥稱佛　南无阿弥陁吼佛
南无阿弥積佛　南无阿弥陁勝上佛
南无阿弥陁師子佛　南无阿弥住持佛
南无阿弥陁勝佛　南无西南方日藏佛
南无日光明佛　南无无憂佛
南无離一切憂佛　南无佛智清淨業佛
南无盡作佛　南无華佛
南无大華佛　南无華王佛
南无華聲佛　南无盧舍那佛
南无北方妙鼓聲佛　南无妙鼓王佛
南无妙吼聲佛　南无離諸畏佛
南无无畏佛　南无无畏憂佛
南无日舌光明作佛　南无旃陁香佛
南无幢蓋佛　南无西北方上首積佛
南无山勝積佛　南无　佛
南无日上佛　南无清淨王佛
南无淨勝佛　南无日面佛
南无智幢王佛　南无光明佛
南无光明王佛　南无光明光佛
……方師子佛　……師子王佛

BD07850號　佛名經（十二卷本）卷六　（2–2）

波唎婆嚩莎訶十五
若有自書寫教人書寫是无量壽宗要經受
持讀誦若魔魔之眷屬夜叉羅剎不得其
便終无狂死陀羅尼曰
南謨薄伽勃底一阿波唎蜜哆二阿喻紇硯那三
須毗你悉指陀四囉佐耶五怛他羯他耶六怛姪他唵七
薩婆桑悉迦囉八波唎輸底九達磨底十伽伽那十一
莎訶桑特迦底十二莎婆婆毗輸底十三摩訶娜耶十四
波唎婆嚩莎訶十五
若有自書寫教人書寫是无量壽宗要經受持
讀誦當命終時有九十九姟佛現其人前蒙
千佛授手能遊一切佛剎莫於此經生於疑惑
陀羅尼曰
南謨薄伽勃底一阿波唎蜜哆二阿喻紇硯那三
須毗你悉指陀四囉佐耶五怛他羯他耶六怛姪他唵七
薩婆桑悉迦囉八波唎輸底九達磨底十伽伽那十一
莎訶桑特迦底十二莎婆婆毗輸底十三摩訶娜耶十四
波唎婆嚩莎訶十五
若有自書寫教人書寫是无量壽宗要經受持
讀誦常得四天大王隨其衛護陀羅尼曰
南謨薄伽勃底一阿波唎蜜哆二阿喻紇硯那三
須毗你悉指陀四囉佐耶五怛他羯他耶六怛姪他七唵薩婆桑悉迦

BD07851號　無量壽宗要經（兌廢稿）　（2–1）

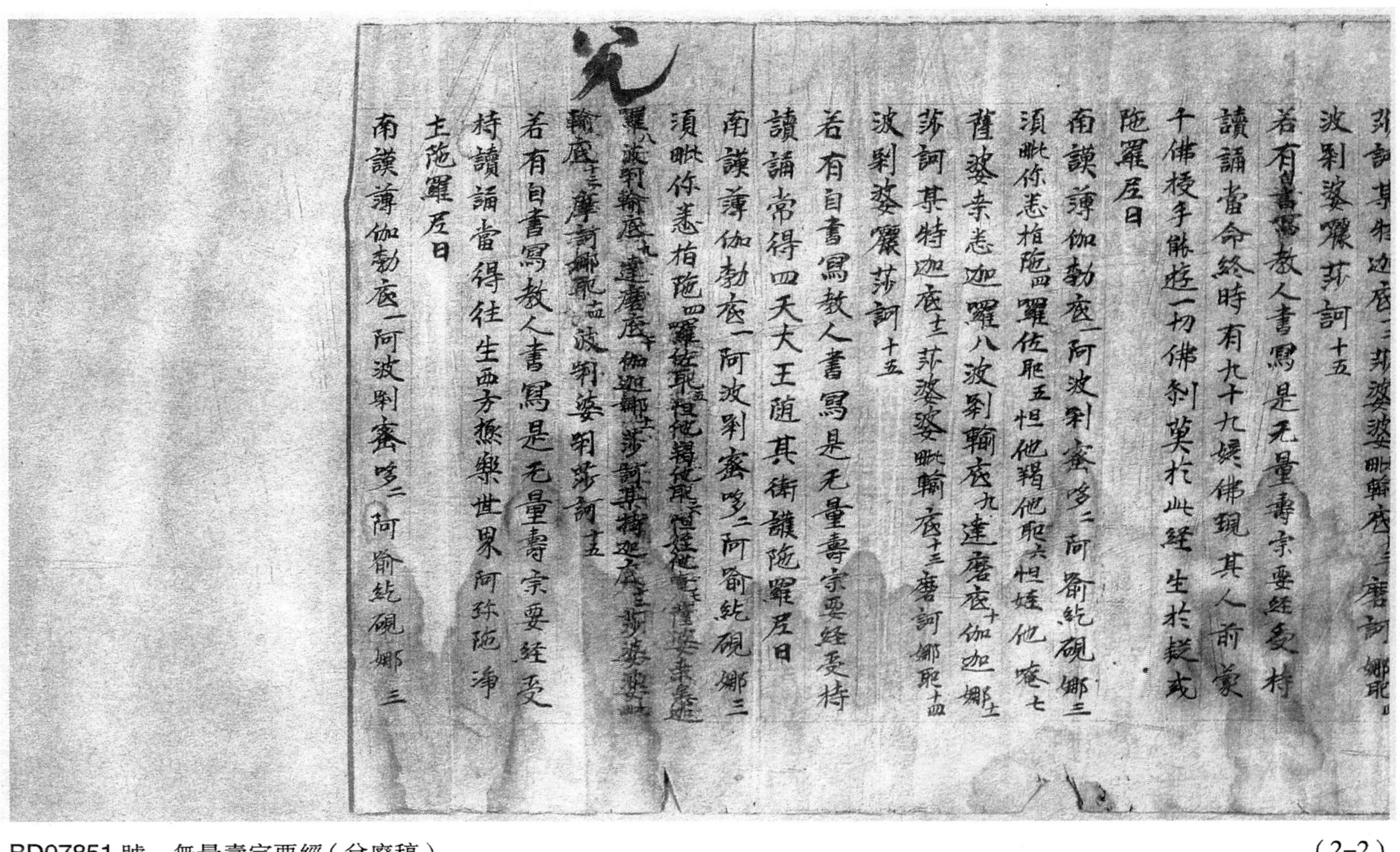
莎訶桑特迦底十二莎婆婆毗輸底十三摩訶娜耶十四
波唎婆嚩莎訶十五
若有自書寫教人書寫是无量壽宗要經受持
讀誦當命終時有九十九姟佛現其人前蒙
千佛授手能遊一切佛剎莫於此經生於疑惑
陀羅尼曰
南謨薄伽勃底一阿波唎蜜哆二阿喻紇硯那三
須毗你悉指陀四囉佐耶五怛他羯他耶六怛姪他唵七
薩婆桑悉迦囉八波唎輸底九達磨底十伽伽那十一
莎訶桑特迦底十二莎婆婆毗輸底十三摩訶娜耶十四
波唎婆嚩莎訶十五
若有自書寫教人書寫是无量壽宗要經受持
讀誦常得四天大王隨其衛護陀羅尼曰
南謨薄伽勃底一阿波唎蜜哆二阿喻紇硯那三
須毗你悉指陀四囉佐耶五怛他羯他耶六怛姪他七唵薩婆桑悉迦
囉八波唎輸底九達磨底十伽伽那十一莎訶桑特迦底十二莎婆婆毗
輸底十三摩訶娜耶十四波唎婆嚩莎訶十五
若有自書寫教人書寫是无量壽宗要經受
持讀誦當得往生西方極樂世界阿彌陀淨
土陀羅尼曰
南謨薄伽勃底一阿波唎蜜哆二阿喻紇硯那三

BD07851號　無量壽宗要經（兌廢稿）　（2–2）

與大比丘衆千二百五十人俱皆是大阿羅
漢衆所知識長老舍利弗摩訶目揵連摩訶
迦葉摩訶迦旃延摩訶俱絺羅離波多周利
槃陀伽難陀阿難陀羅睺羅憍梵波提賓頭
盧頗羅墮迦留陀夷摩訶劫賓那薄拘羅阿
㝹樓䭾如是等諸大弟子并諸菩薩摩訶薩
文殊師利法王子阿逸多菩薩乾陀訶提菩薩
常精進菩薩與如是等諸大菩薩及釋提桓
因等无量諸天大衆俱
尒時佛告長老舍利弗從是西方過十万億
佛土有世界名曰極樂其土有佛号阿弥陁
今現在說法舍利弗彼土何故名為極樂其
國衆生无有衆苦但受諸樂故名極樂又舍
利弗極樂國土七重欄楯七重羅網七重行
樹皆是四寶周帀圍遶是故彼國名曰極樂
又舍利弗極樂國土有七寶池八功德水充
滿其中池底純以金沙布地四邊階道金銀
瑠璃頗梨合成上有樓閣亦以金銀瑠璃頗梨
車𤦲赤珠馬瑙而嚴飾之池中蓮華大如車輪
青色青光黃色黃光赤色赤光白色白光微

BD07852號　阿彌陀經　（2–1）

因等无量諸天大衆俱
尒時佛告長老舍利弗從是西方過十万億
佛土有世界名曰極樂其土有佛号阿弥陁
今現在說法舍利弗彼土何故名為極樂其
國衆生无有衆苦但受諸樂故名極樂又舍
利弗極樂國土七重欄楯七重羅網七重行
樹皆是四寶周帀圍遶是故彼國名曰極樂
又舍利弗極樂國土有七寶池八功德水充
滿其中池底純以金沙布地四邊階道金銀
瑠璃頗梨合成上有樓閣亦以金銀瑠璃頗梨
車𤦲赤珠馬瑙而嚴飾之池中蓮華大如車輪
青色青光黃色黃光赤色赤光白色白光微
妙香潔舍利弗極樂國土成就如是功德荘
嚴又舍利弗彼佛國土常作天樂黃金為地
晝夜六時而雨曼陁羅華其國衆生常以清
旦各以衣裓盛衆妙華供養他方十万億佛
即以食時還到本國飯食經行舍利弗極樂
國土成就如是功德荘嚴

BD07852號　阿彌陀經　（2–2）

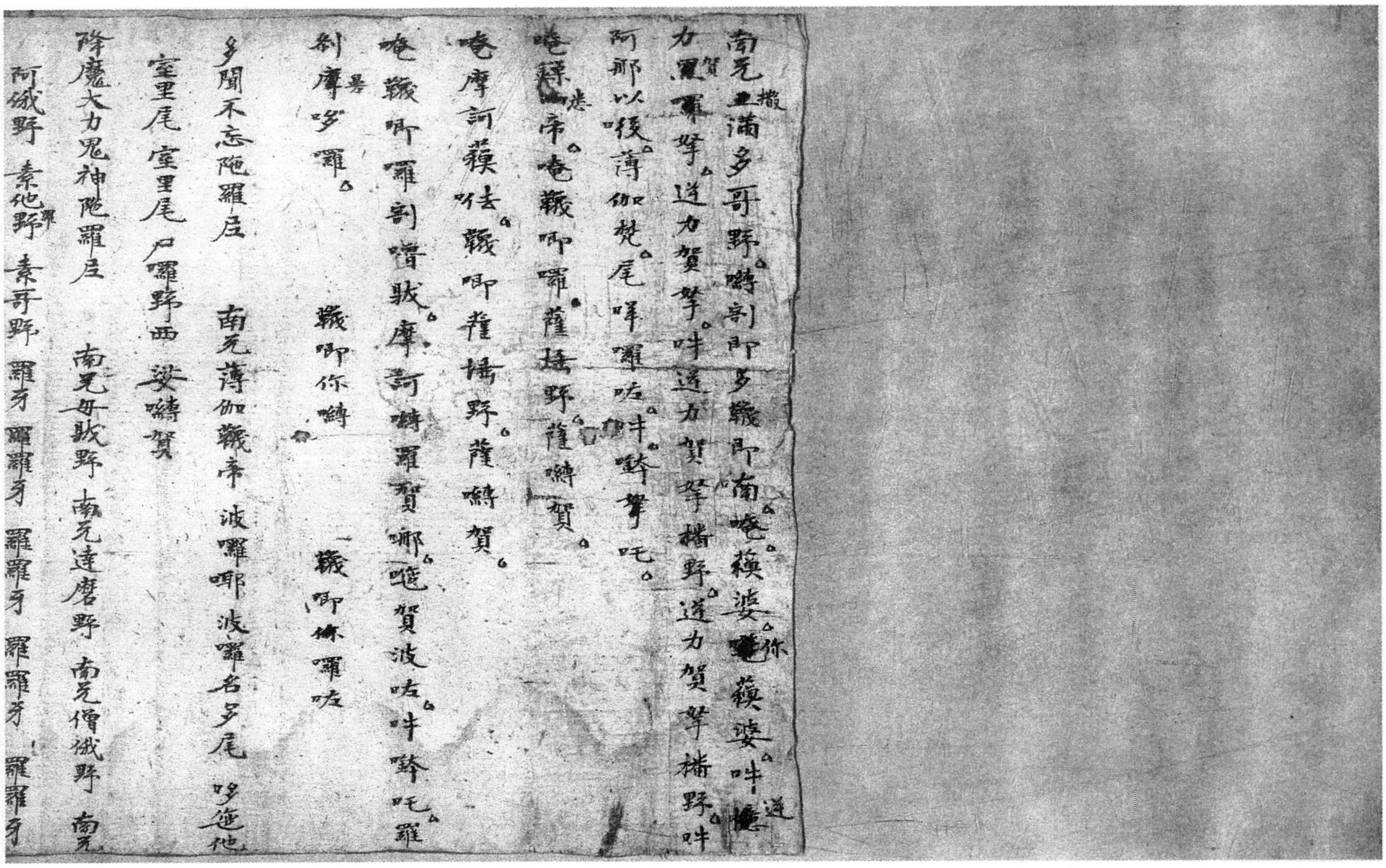

南无滿多哥野嚩剆即多皤即南唵蘖婆你蘖婆吽遶
力罽賀曬拏遶力賀拏吽遶力賀拏播野遶力賀拏播野吽
阿那以喉筏薄伽梵尾咩囉咗吽嚩拏吒
唵韈悉帝唵皤唧囉薩埵野薩嚩賀
唵摩訶蘖以怯皤唧薩播野薩嚩賀
唵皤唧囉剆噌馱摩訶嚩羅賀唧噠賀波咗吽嚩吒羅
剎摩婁哆羅 皤唧你嚩 皤唧𠲜囉咗
多聞不忘陁羅尼 南无薄伽皤帝波囉唧波囉名多尾 哆迤他
室里尾 室里尾 尸囉野西 娑嚩賀
降魔大力鬼神陁羅尼 南无毋䭾野 南无達磨野 南无僧伽野 南无
阿伽野 素他野 素哥野 羅牙 羅羅牙 羅羅牙 羅羅牙 羅羅牙

BD07853 號　陀羅尼鈔（擬）　（2–1）

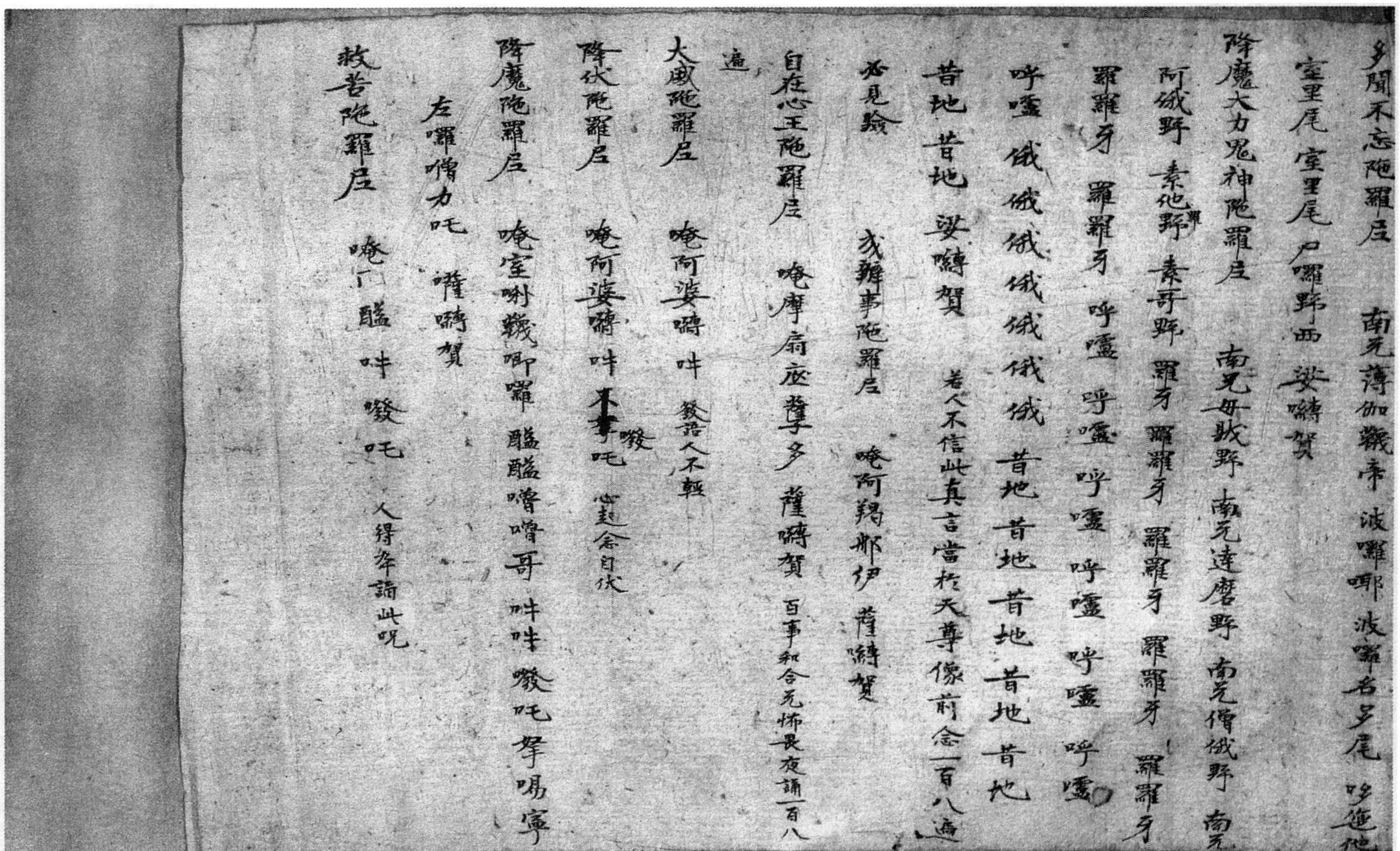

多聞不忘陁羅尼 南无薄伽皤帝波囉唧波囉名多尾 哆迤他
室里尾 室里尾 尸囉野西 娑嚩賀
降魔大力鬼神陁羅尼 南无毋䭾野 南无達磨野 南无僧伽野 南无
阿伽野 素他野 素哥野 羅牙 羅羅牙 羅羅牙 羅羅牙
羅羅牙 羅羅牙 呼嚧 呼嚧 呼嚧 呼嚧 呼嚧 呼嚧
呼嚧 伽伽伽伽伽伽伽伽伽 昔地 昔地 昔地 昔地 昔地
昔地 昔地 娑嚩賀 若人不信此真言當於天尊像前念一百八遍
必見驗 我辦事陁羅尼 唵阿羯那伊 薩嚩賀
自在心王陁羅尼 唵摩扇底孽多 薩嚩賀 百事和合无怖畏夜誦一百八遍
大威陁羅尼 唵阿婆嚩吽 鬭語人不輕
降伏陁羅尼 唵阿婆嚩吽發吒 心起念自伏
降魔陁羅尼 唵室唎皤唧囉臨臨嚕嚕哥吽吽發吒拏喝寧
左囉嚕力吒 薩嚩賀
救苦陁羅尼 唵匚臨吽發吒 人得本誦此呪

BD07853 號　陀羅尼鈔（擬）　（2–2）

贍部洲於其中路復作是念我欲還上三十
天不舍利子言不也世尊不也善逝佛告舍
利子是鳥中路或作是願至贍部洲當令我
身無損無惱舍利子於汝意云何是鳥所願
可得遂不舍利子言不也世尊不也善逝是
鳥至此贍部洲時其身決定有損有惱或致
命終或隣死苦何以故是鳥身大從遠而墮
無有翅故佛言舍利子如是如是如汝所說
舍利子有菩薩乘補特伽羅亦復如是雖經
無量無數大劫勤修布施淨戒安忍精進靜
慮亦修般若求趣無上正等菩提而不攝受
般若波羅蜜多遠離方便善巧修空無相無
願之法便證實際墮於聲聞或獨覺地何
故舍利子是菩薩乘補特伽羅遠離一切智
智心雖經無量無數大劫勤修布施淨戒安
忍精進靜慮亦修般若而不攝受般若波羅
蜜多遠離方便善巧遂墮聲聞或獨覺地舍
利子是菩薩乘補特伽羅雖念過去未來現

BD07854 號　大般若波羅蜜多經（兌廢稿）卷四四七　（2–1）

舍利子有菩薩乘補特伽羅亦復如是雖經
無量無數大劫勤修布施淨戒安忍精進靜
慮亦修般若求趣無上正等菩提而不攝受
般若波羅蜜多遠離方便善巧修空無相無
願之法便證實際墮於聲聞或獨覺地何
故舍利子是菩薩乘補特伽羅遠離一切智
智心雖經無量無數大劫勤修布施淨戒安
忍精進靜慮亦修般若而不攝受般若波羅
蜜多遠離方便善巧遂墮聲聞或獨覺地舍
利子是菩薩乘補特伽羅雖念過去未來現
在諸佛世尊所有戒蘊定蘊慧蘊解脫蘊
解脫知見蘊恭敬供養隨順修行而於其中執
取相故不能正解是諸如來應正等覺所有
戒蘊定蘊慧蘊解脫蘊解脫智見蘊圓滿功
德是諸菩薩不能正解佛功德故雖聞無上
正等覺道及空無相無願法聲而依此聲執

BD07854 號　大般若波羅蜜多經（兌廢稿）卷四四七　（2–2）

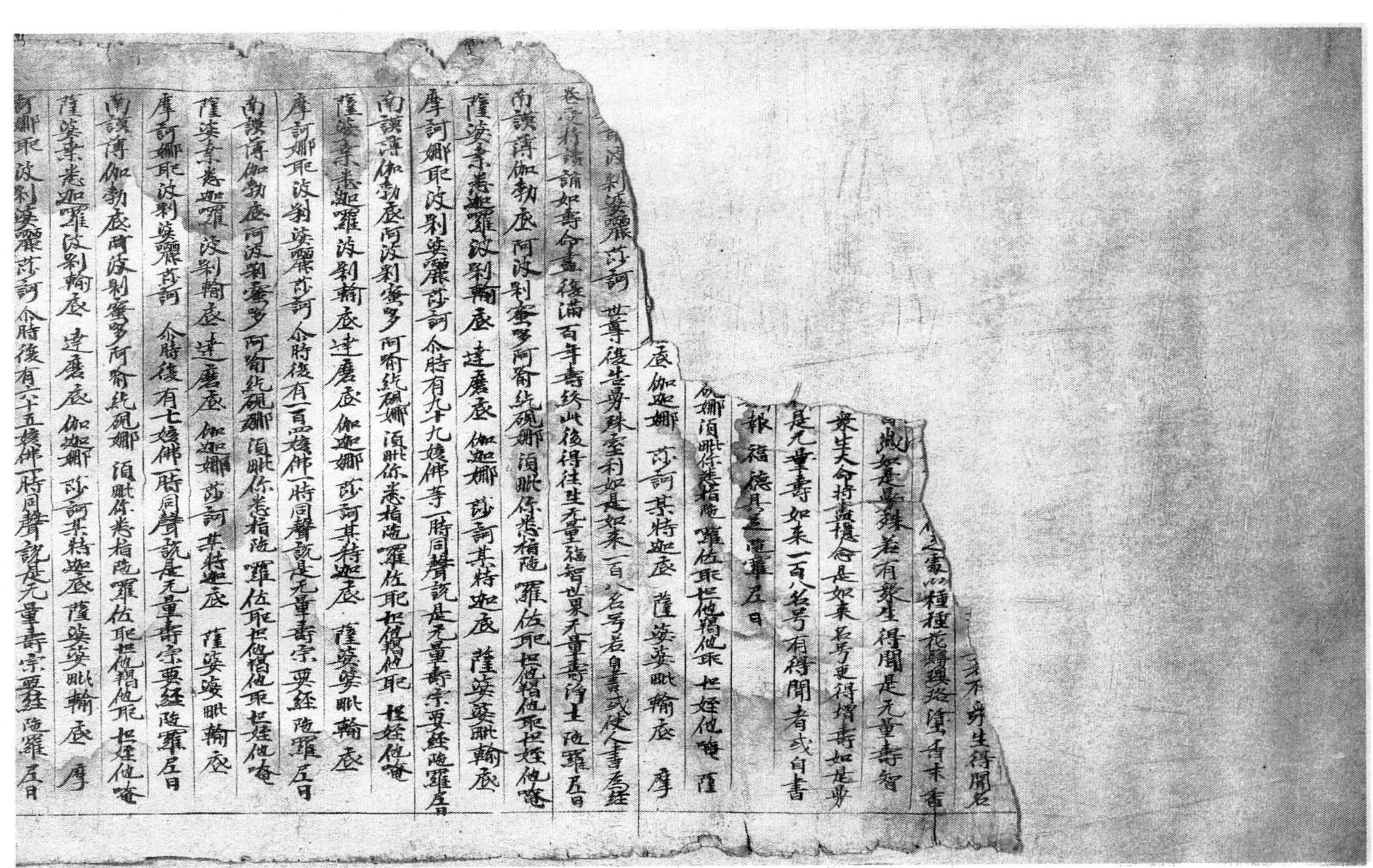

BD07855 號　無量壽宗要經　　（6–1）

BD07855 號　無量壽宗要經　　（6–2）

摩訶娜耶 波唎婆囉 莎訶
善男子若有自書寫教人書寫是无量壽宗要經如其命盡復得長壽而滿年陁羅尼曰
南謨薄伽勃底 阿波唎蜜多 阿喻紇硯那 須毗你悉指陀 囉佐耶 怛他羯他耶 怛姪他唵
薩婆桑悉迦囉 波唎輸底 達摩底 伽伽那 莎訶 其特迦底 薩婆婆毗輸底
摩訶娜耶 波唎婆囉 莎訶 若有自書寫教人書是无量壽宗要經讀誦受持畢
竟不墮地獄 在在所生得宿命智 陁羅尼曰 南謨薄伽勃底 阿波唎蜜多 阿喻紇硯那 須
毗你悉指陀 囉佐耶 怛他羯他耶 怛姪他唵 薩婆桑悉迦囉 波唎輸底 達摩底 伽伽那 莎
訶 其特迦底 薩婆婆毗輸底 摩訶娜耶 波唎婆囉 莎訶 若自書寫教人書寫是无量
壽宗要經受持讀誦如同書寫八万四千一切經典 陁羅尼曰 南謨薄伽勃底 阿波唎蜜多
阿喻紇硯那 須毗你悉指陀 囉佐耶 怛他羯他耶 怛姪他唵 薩婆桑悉迦囉 波唎輸底
達摩底 伽伽那 莎訶 其特迦底 薩婆婆毗輸底 摩訶娜耶 波唎婆囉 莎訶
若有自書寫教人書寫是无量壽宗要經即是書寫八万四千部建立塔廟 陁羅尼曰
南謨薄伽勃底 阿波唎蜜多 阿喻紇硯那 須毗你悉指陀 囉佐耶 怛他羯他耶 怛姪他唵
薩婆桑悉迦囉 波唎輸底 達摩底 伽伽那 莎訶 其特迦底 薩婆婆毗輸底 摩
訶娜耶 波唎婆囉 莎訶 若有自書寫教人書是无量壽宗要經能消五无間等一切重
罪 陁羅尼曰 南謨薄伽勃底 阿波唎蜜多 阿喻紇硯那 須毗你悉指陀 囉佐耶 怛他
羯他耶 怛姪他唵 薩婆桑悉迦囉 波唎輸底 達摩底 伽伽那 莎訶 其特迦底 薩
婆婆毗輸底 摩訶娜耶 波唎婆囉 莎訶
若有自書寫教人書寫是无量壽宗要經受持讀誦設有重罪猶如須彌盡能除滅 陁羅
南謨薄伽勃底 阿波唎蜜多 阿喻紇硯那 須毗你悉指陀 囉佐耶 怛他羯他耶 怛姪他唵
薩婆桑悉迦囉 波唎輸底 達摩底 伽伽那 莎訶 其特迦底 薩婆婆毗輸底
摩訶娜耶 波唎婆囉 莎訶 若有自書寫教人書寫是无量壽宗要受持讀誦若魔魔
之眷屬夜叉羅刹不得其便終无枉死 陁羅尼曰 南謨薄伽勃底 阿波唎蜜多 阿喻紇
硯那 須毗你悉指陀 囉佐耶 怛他羯他耶 怛姪他唵 薩婆桑悉迦囉 波唎輸底 達摩底
伽伽那 莎訶 其特迦底 薩婆婆毗輸底 摩訶娜耶 波唎婆囉 莎訶
若有自書寫教人書寫是无量壽宗要經受持讀誦當命終時有九十九姟佛現其人前
一千佛授手 能遊一切佛剎 莫於此經生於疑惑 陁羅尼曰
南謨薄伽勃底 阿波唎蜜多 阿喻紇硯那 須毗你悉指陀 囉佐耶 怛他羯他耶 怛
姪他唵 薩婆桑悉迦囉 波唎輸底 達摩底 伽伽那 莎訶 其特迦底 薩婆婆毗輸底
摩訶娜耶 波唎婆囉 莎訶 若有自書寫教人書寫是无量壽宗要經受持讀誦常得

BD07855 號　無量壽宗要經　（6–3）

伽伽那 莎訶 其特迦底 薩婆婆毗輸底 摩訶娜耶 波唎婆囉 莎訶
若有自書寫教人書寫是无量壽宗要經受持讀誦當命終時有九十九姟佛現其人前
一千佛授手 能遊一切佛剎 莫於此經生於疑惑 陁羅尼曰
南謨薄伽勃底 阿波唎蜜多 阿喻紇硯那 須毗你悉指陀 囉佐耶 怛他羯他耶 怛
姪他唵 薩婆桑悉迦囉 波唎輸底 達摩底 伽伽那 莎訶 其特迦底 薩婆婆毗輸底
摩訶娜耶 波唎婆囉 莎訶 若有自書寫教人書寫是无量壽宗要經受持讀誦常得
四天大王隨其衛護 陁羅尼曰 南謨薄伽勃底 阿波唎蜜多 阿喻紇硯那 須毗你悉指
陀囉佐耶 怛他羯他耶 怛姪他唵 薩婆桑悉迦囉 波唎輸底 達摩底 伽伽那 莎
訶 其特迦底 薩婆婆毗輸底 摩訶娜耶 波唎婆囉 莎訶
若有自書寫教人書寫是无量壽宗要經受持讀誦當得往生西方極樂世界阿彌陀淨
陁羅尼曰 南謨薄伽勃底 阿波唎蜜多 阿喻紇硯那 須毗你悉指陀 囉佐耶 怛他羯他耶 怛
姪他唵 薩婆桑悉迦囉 波唎輸底 達摩底 伽伽那 莎訶 其特迦底 薩婆婆毗輸底
摩訶娜耶 波唎婆囉 莎訶 若有方所自書寫使人書是无量壽經典之處則為是
是塔皆應恭敬作礼 若是畜生或為鳥獸得聞是經如是等類皆當不久得成一切種智
陁羅尼曰 南謨薄伽勃底 阿波唎蜜多 阿喻紇硯那 須毗你悉指陀 囉佐耶 怛他羯他耶 怛姪他
唵 薩婆桑悉迦囉 波唎輸底 達摩底 伽伽那 莎訶 其特迦底 薩婆婆毗輸底
摩訶娜耶 波唎婆囉 莎訶 若有於是无量壽經自書寫若使人書畢竟不受
女人之身 陁羅尼曰 南謨薄伽勃底 阿波唎蜜多 阿喻紇硯那 須毗你悉指陀 囉佐耶
怛他羯他耶 怛姪他唵 薩婆桑悉迦囉 波唎輸底 達摩底 伽伽那 莎訶 其特迦底 薩
婆婆毗輸底 摩訶娜耶 波唎婆囉 莎訶 若有能於是經少分布施者等於三千大千
世界滿中七寶布施 陁羅尼曰 南謨薄伽勃底 阿波唎蜜多 阿喻紇硯那 須毗你悉指陀
囉佐耶 怛他羯他耶 怛姪他唵 薩婆桑悉迦囉 波唎輸底 達摩底 伽伽那 莎訶 其特
迦底 薩婆婆毗輸底 摩訶娜耶 波唎婆囉 莎訶 若有能供養是經者則是供
養一切諸經等无有別異 陁羅尼曰 南謨薄伽勃底 阿波唎蜜多 阿喻紇硯那 須毗你
悉指陀 囉佐耶 怛他羯他耶 怛姪他唵 薩婆桑悉迦囉 波唎輸底 達摩底 伽伽那 莎訶
其特迦底 薩婆婆毗輸底 摩訶娜耶 波唎婆囉 莎訶
如毗婆尸佛 尸棄佛 毗舍浮佛 俱留孫佛 俱那含牟尼佛 迦葉佛 釋迦牟尼佛
若有人以七寶供養如是七佛其福有限書寫受持是无量壽經典所有功德不可限量 陁
羅尼曰 南謨薄伽勃底 阿波唎蜜多 阿喻紇硯那 須毗你悉指陀 囉佐耶 怛他羯他耶 怛姪他唵

BD07855 號　無量壽宗要經　（6–4）

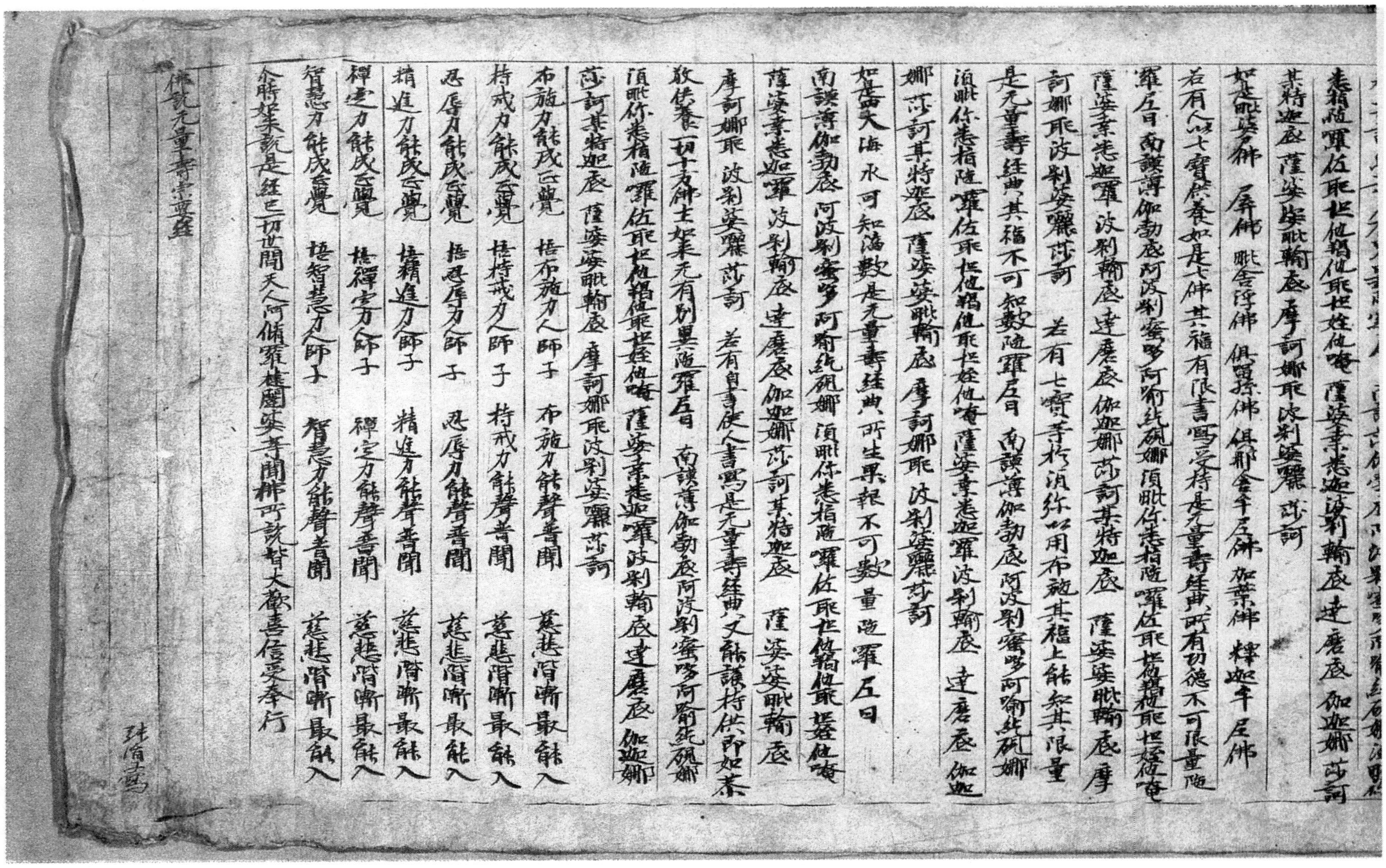

悉指陁囉佐耶怛他羯他耶怛姪他唵 薩婆桒悉迦波唎輸底 達磨底 伽迦娜 莎訶
其特迦底 薩婆娑毗輸底 摩訶娜耶 波唎婆囉 莎訶
如是毗婆尸佛 尸棄佛 毗舍浮佛 俱留孫佛 俱那含牟尼佛 迦葉佛 釋迦牟尼佛
若有人以七寶供養如是七佛其福有限書寫受持是无量壽經典所有功德不可限量陁
羅尼曰 南謨薄伽勃底阿波唎蜜哆阿喻紇硯娜須毗你悉指陁囉佐耶怛他羯他耶怛姪他唵
薩婆桒悉迦囉 波唎輸底 達磨底 伽迦娜 莎訶 其特迦底 薩婆娑毗輸底 摩
訶娜耶 波唎婆囉 莎訶 若有七寶等於須弥以用布施其福上能知其限量
是无量壽經典其福不可知數陁羅尼曰 南謨薄伽勃底阿波唎蜜哆阿喻紇硯娜
須毗你悉指陁囉佐耶怛他羯他耶怛姪他唵 薩婆桒悉迦囉 波唎輸底 達磨底 伽迦
娜 莎訶 其特迦底 薩婆娑毗輸底 摩訶娜耶 波唎婆囉 莎訶
如四大海水可知滴數是无量壽經典所生果報不可數量陁羅尼曰
南謨薄伽勃底 阿波唎蜜哆 阿喻紇硯娜 須毗你悉指陁囉佐耶怛他羯他耶怛姪他唵
薩婆桒悉迦囉 波唎輸底 達磨底 伽迦娜 莎訶 其特迦底 薩婆娑毗輸底
摩訶娜耶 波唎婆囉 莎訶 若有自書使人書寫是无量壽經典又能讀持供養如恭
敬供養一切十方佛土如來无有別異陁羅尼曰 南謨薄伽勃底阿波唎蜜哆阿喻紇硯娜
須毗你悉指陁囉佐耶怛他羯他耶怛姪他唵 薩婆桒悉迦囉 波唎輸底 達磨底 伽迦娜
莎訶 其特迦底 薩婆娑毗輸底 摩訶娜耶 波唎婆囉 莎訶
布施力能成正覺 悟布施力人師子 布施力能聲普聞 慈悲城中最能入
持戒力能成正覺 悟持戒力人師子 持戒力能聲普聞 慈悲城中最能入
忍辱力能成正覺 悟忍辱力人師子 忍辱力能聲普聞 慈悲城中最能入
精進力能成正覺 悟精進力人師子 精進力能聲普聞 慈悲城中最能入
禪定力能成正覺 悟禪定力人師子 禪定力能聲普聞 慈悲城中最能入
智慧力能成正覺 悟智慧力人師子 智慧力能聲普聞 慈悲城中最能入
尒時如來說是經已一切世間天人阿脩羅揵闥婆等聞佛所說皆大歡喜信受奉行
佛說无量壽宗要經
張涓子寫

BD07855號　無量壽宗要經　（6–5）

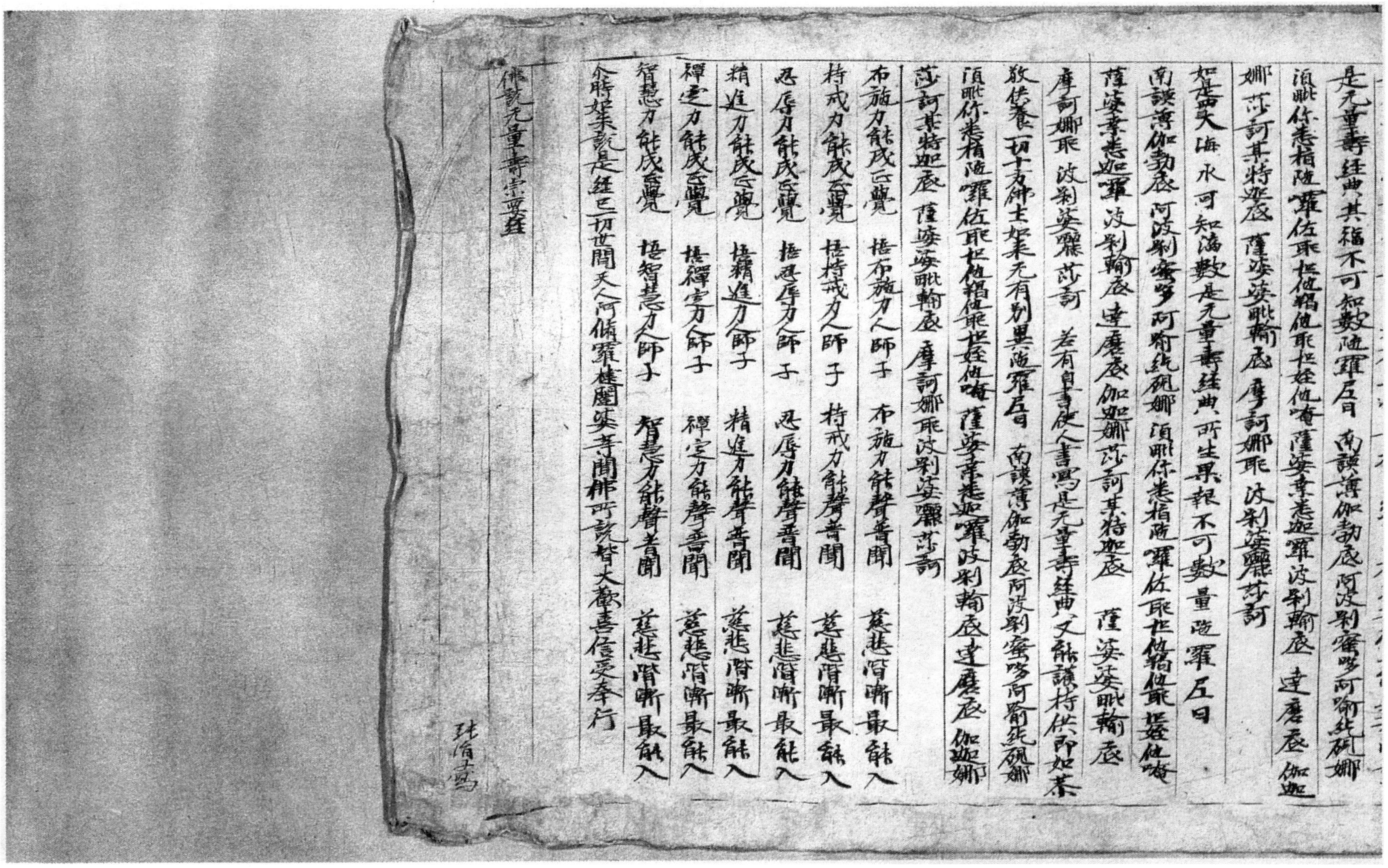

是无量壽經典其福不可知數陁羅尼曰 南謨薄伽勃底阿波唎蜜哆阿喻紇硯娜
須毗你悉指陁囉佐耶怛他羯他耶怛姪他唵 薩婆桒悉迦囉 波唎輸底 達磨底 伽迦
娜 莎訶 其特迦底 薩婆娑毗輸底 摩訶娜耶 波唎婆囉 莎訶
如四大海水可知滴數是无量壽經典所生果報不可數量陁羅尼曰
南謨薄伽勃底 阿波唎蜜哆 阿喻紇硯娜 須毗你悉指陁囉佐耶怛他羯他耶怛姪他唵
薩婆桒悉迦囉 波唎輸底 達磨底 伽迦娜 莎訶 其特迦底 薩婆娑毗輸底
摩訶娜耶 波唎婆囉 莎訶 若有自書使人書寫是无量壽經典又能讀持供養如恭
敬供養一切十方佛土如來无有別異陁羅尼曰 南謨薄伽勃底阿波唎蜜哆阿喻紇硯娜
須毗你悉指陁囉佐耶怛他羯他耶怛姪他唵 薩婆桒悉迦囉 波唎輸底 達磨底 伽迦娜
莎訶 其特迦底 薩婆娑毗輸底 摩訶娜耶 波唎婆囉 莎訶
布施力能成正覺 悟布施力人師子 布施力能聲普聞 慈悲城中最能入
持戒力能成正覺 悟持戒力人師子 持戒力能聲普聞 慈悲城中最能入
忍辱力能成正覺 悟忍辱力人師子 忍辱力能聲普聞 慈悲城中最能入
精進力能成正覺 悟精進力人師子 精進力能聲普聞 慈悲城中最能入
禪定力能成正覺 悟禪定力人師子 禪定力能聲普聞 慈悲城中最能入
智慧力能成正覺 悟智慧力人師子 智慧力能聲普聞 慈悲城中最能入
尒時如來說是經已一切世間天人阿脩羅揵闥婆等聞佛所說皆大歡喜信受奉行
佛說无量壽宗要經
張涓子寫

BD07855號　無量壽宗要經　（6–6）

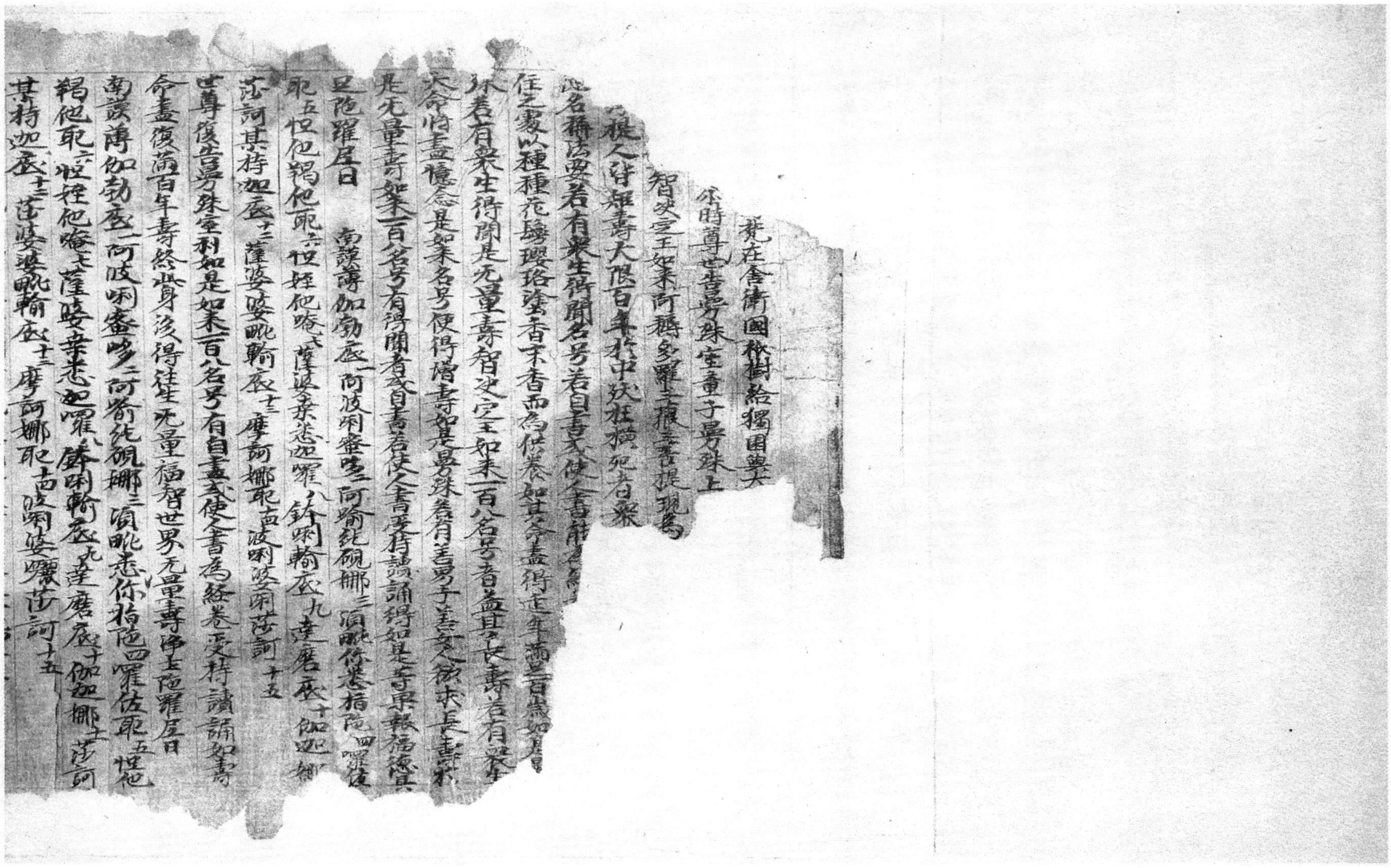

佛在舍衛國祇樹給孤獨園與大
尒時世尊告曼殊室利童子曼殊上
智決定王如來阿耨多羅三藐三菩提現為
衆人得短壽大限百年於中夭枉橫死者衆
名稱法要若有衆生得聞名號若自書或使人書能
住之處以種種花鬘瓔珞塗香末香而為供養如其命盡得延年滿足百歲
尒若有衆生得聞是无量壽智決定王如來一百八名號者益其長壽若有衆生
大命將盡憶念是如來名號便得增壽如是曼殊室利若有善男子善女人欲求長壽者
是无量壽智決定如來一百八名號有得聞者或自書若使人書受持讀誦得如是等果報福德具
足陁羅尼曰
南謨薄伽勃底一阿波唎蜜哆二阿喻紇硯娜三須毗你悉指陁四囉佐
耶五怛他羯他耶六怛姪他唵七薩婆桑悉迦囉八鉢唎輸底九達磨底十伽迦娜
莎訶其特伽底十二薩婆婆毗輸底十三摩訶娜耶十四波唎婆唎莎訶十五
世尊復告曼殊室利如是如來一百八名號有自書或使人書為經卷受持讀誦如壽
命盡復滿百年壽終此身後得往生无量福智世界无量壽淨土陁羅尼曰
南謨薄伽勃底一阿波唎蜜哆二阿喻紇硯娜三須毗你悉指陁四囉佐耶五怛他
羯他耶六怛姪他唵七薩婆桑悉迦囉八鉢唎輸底九達磨底十伽迦娜十一莎訶
其特伽底十二莎婆婆毗輸底十三摩訶娜耶十四波唎婆囉莎訶十五

BD07856號　無量壽宗要經 （6–1）

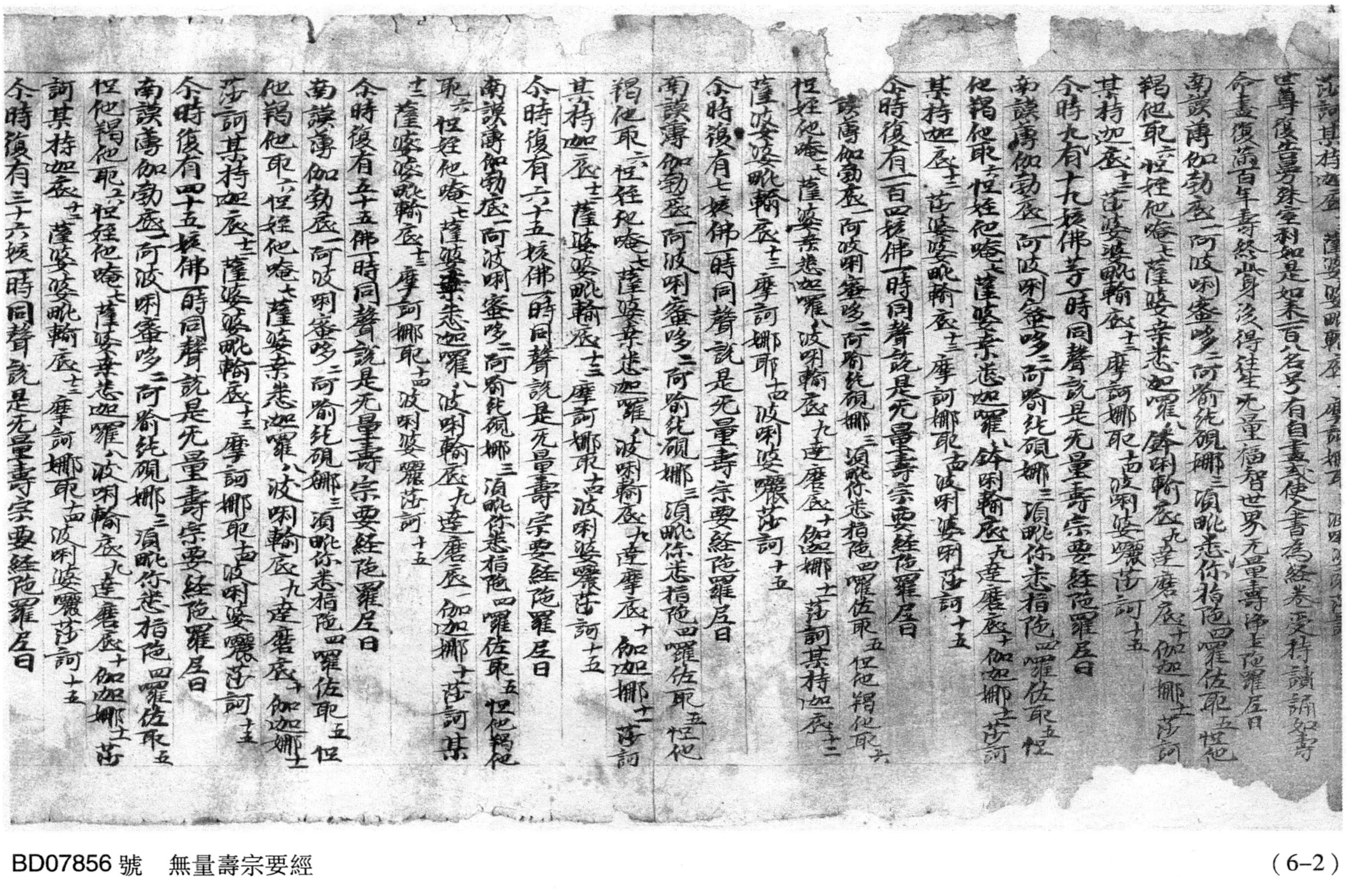

莎訶其特伽底 薩婆婆毗輸底 摩訶娜耶 波唎婆
世尊復告曼殊室利如是如來一百八名號有自書或使人書為經卷受持讀誦如壽
命盡復滿百年壽終此身後得往生无量福智世界无量壽淨土陁羅尼曰
南謨薄伽勃底一阿波唎蜜哆二阿喻紇硯娜三須毗你悉指陁四囉佐耶五怛他
羯他耶六怛姪他唵七薩婆桑悉迦囉八鉢唎輸底九達磨底十伽迦娜十一莎訶
其特伽底十二莎婆婆毗輸底十三摩訶娜耶十四波唎婆囉莎訶十五
尒時九十九拘胝佛一時同聲說是无量壽宗要經陁羅尼曰
南謨薄伽勃底一阿波唎蜜哆二阿喻紇硯娜三須毗你悉指陁四囉佐耶五怛
他羯他耶六怛姪他唵七薩婆桑悉迦囉八鉢唎輸底九達磨底十伽迦娜十一莎訶
其特伽底十二莎婆婆毗輸底十三摩訶娜耶十四波唎婆唎莎訶十五
尒時復有一百四拘胝佛一時同聲說是无量壽宗要經陁羅尼曰
南謨薄伽勃底一阿波唎蜜哆二阿喻紇硯娜三須毗你悉指陁四囉佐耶五怛他羯他耶六
怛姪他唵七薩婆桑悉迦囉八波唎輸底九達磨底十伽迦娜十一莎訶其特伽底十二
薩婆婆毗輸底十三摩訶娜耶十四波唎婆囉莎訶十五
尒時復有七拘胝佛一時同聲說是无量壽宗要經陁羅尼曰
南謨薄伽勃底一阿波唎蜜哆二阿喻紇硯娜三須毗你悉指陁四囉佐耶五怛他
羯他耶六怛姪他唵七薩婆桑悉迦囉八波唎輸底九達磨底十伽迦娜十一莎訶
其特伽底十二薩婆婆毗輸底十三摩訶娜耶十四波唎婆囉莎訶十五
尒時復有六十五拘胝佛一時同聲說是无量壽宗要經陁羅尼曰
南謨薄伽勃底一阿波唎蜜哆二阿喻紇硯娜三須毗你悉指陁四囉佐耶五怛他羯他
耶六怛姪他唵七薩婆桑悉迦囉八波唎輸底九達磨底十伽迦娜十一莎訶其
十二薩婆婆毗輸底十三摩訶娜耶十四波唎婆囉莎訶十五
尒時復有五十五拘胝佛一時同聲說是无量壽宗要經陁羅尼曰
南謨薄伽勃底一阿波唎蜜哆二阿喻紇硯娜三須毗你悉指陁四囉佐耶五怛
他羯他耶六怛姪他唵七薩婆桑悉迦囉八波唎輸底九達磨底十伽迦娜十一
莎訶其特伽底十二薩婆婆毗輸底十三摩訶娜耶十四波唎婆囉莎訶十五
尒時復有四十五拘胝佛一時同聲說是无量壽宗要經陁羅尼曰
南謨薄伽勃底一阿波唎蜜哆二阿喻紇硯娜三須毗你悉指陁四囉佐耶五
怛他羯他耶六怛姪他唵七薩婆桑悉迦囉八波唎輸底九達磨底十伽迦娜十一莎
訶其特伽底十二薩婆婆毗輸底十三摩訶娜耶十四波唎婆囉莎訶十五
尒時復有三十六拘胝佛一時同聲說是无量壽宗要經陁羅尼曰

BD07856號　無量壽宗要經 （6–2）

莎訶其持伽底十二薩婆婆毗輸底十三摩訶娜耶十四波唎婆囉莎訶
尒時復有四十五姟佛一時同聲說是无量壽宗要經陀羅尼曰
南謨薄伽勃底一阿波唎蜜哆二阿喻紇硯娜三須毗你悉指陀四囉佐耶五
怛他羯他耶六怛姪他唵七薩婆桑悉迦囉八波唎輸底九達磨底十伽伽娜十一莎
訶其持伽底十二薩婆婆毗輸底十三摩訶娜耶十四波唎婆囉莎訶十五
尒時復有三十六姟一時同聲說是无量壽宗要經陀羅尼曰
南謨伽薄勃底一阿波唎蜜哆二阿喻紇硯娜三須毗你悉指陀四囉佐耶五怛他
羯他耶六怛姪他唵七薩婆桑悉迦囉八波唎輸底九達磨底十伽伽娜十一莎訶其
持伽底十二薩婆婆毗輸底十三摩訶娜耶十四波唎婆囉莎訶
尒時復有二十五姟佛一時同聲說是无量壽宗要經陀羅尼曰
南謨薄伽勃底一阿波唎蜜哆二阿喻紇硯娜三須毗你悉指陀四囉佐耶五怛他羯
他耶六怛姪他唵七薩婆桑悉迦囉八波唎輸底九達磨底十伽伽娜十一莎訶其
持伽底十二薩婆婆毗輸底十三摩訶娜耶十四波唎婆囉莎訶十五
尒時復有恒河沙姟佛一時同聲說是无量壽宗要經陀羅尼曰
南謨薄伽勃底一阿波唎蜜哆二阿喻紇硯娜三須毗你悉指陀四囉佐耶五
怛他羯他耶六怛姪他唵七薩婆桑悉迦囉八波唎輸底九達磨底十伽伽娜十一
莎訶其持伽底十二薩婆婆毗輸底十三摩訶娜耶十四波唎婆囉莎訶
善男子若有自書寫教人書寫是无量壽宗要經如其命盡復得長壽而
滿年陀羅尼曰　南謨薄伽勃底一阿波唎蜜哆二阿喻紇硯娜三須毗你悉
指陀四囉佐耶五怛他羯他耶六怛姪他唵七薩婆桑悉迦囉八波唎輸底九達
磨底十伽伽娜十一莎訶其持伽底十二薩婆婆毗輸底十三摩訶娜耶十四波唎婆囉莎訶
若有自書寫教人書寫是无量壽宗要經受持讀誦畢竟不墮地獄在在所生得宿命智陀羅
尼曰　南謨薄伽勃底一阿波唎蜜哆二阿喻紇硯娜三須毗你悉指陀四囉佐耶五怛
他羯他耶六怛姪他唵七薩婆桑悉迦囉八波唎輸底九達磨底十伽伽娜十一莎訶
其持伽底十二薩婆婆毗輸底十三摩訶娜耶十四波唎婆囉莎訶十五
若有自書寫教人書寫是无量壽宗要經受持讀誦如同書寫八万四千一切經典陀羅
尼曰　南謨薄伽勃底一阿波唎蜜哆二阿喻紇硯娜三須毗你悉指陀四囉佐耶五
怛他羯他耶六怛姪唵他七薩婆桑悉迦囉八波唎輸底九達磨底十伽伽娜十一莎訶
其持伽底十二薩婆婆毗輸底十三摩訶娜耶十四波唎婆囉莎訶十五
若有自書寫教人書寫是无量壽宗要經即是書寫八万四千部建立塔廟陀羅尼曰

BD07856 號　無量壽宗要經　（6–3）

若有自書寫教人書寫是无量壽宗要經受持讀誦如同書寫八万四千一切經典陀羅
尼曰　南謨薄伽勃底一阿波唎蜜哆二阿喻紇硯娜三須毗你悉指陀四囉佐耶五
怛他羯他耶六怛姪唵他七薩婆桑悉迦囉八波唎輸底九達磨底十伽伽娜十一莎訶
其持伽底十二薩婆婆毗輸底十三摩訶娜耶十四波唎婆囉莎訶十五
若有自書寫教人書寫是无量壽宗要經即是書寫八万四千部建立塔廟陀羅尼曰
南謨薄伽勃底一阿波唎蜜哆二阿喻紇硯娜三須毗你悉指陀四囉佐耶五怛他羯他耶
怛姪他唵七薩婆桑悉迦囉八波唎輸底九達磨底十伽伽娜十一莎訶其持伽底十二
薩婆婆毗輸底十三摩訶娜耶十四波唎婆囉莎訶十五
若有自書寫教人書寫是无量壽宗要經能消五无間等一切重罪陀羅尼曰
南謨薄伽勃底一阿波唎蜜哆二阿喻紇硯娜三須毗你悉指陀四囉佐耶五怛他羯他
耶六怛姪他唵七薩婆桑悉迦囉八波唎輸底九達磨底十伽伽娜十一莎訶其持伽底
薩婆婆毗輸底十三摩訶娜耶十四波唎婆囉莎訶　若有自書寫教人書寫
是无量壽宗要經受持讀誦設有罪猶如須弥盡能除滅陀羅尼曰
南謨薄伽勃底一阿波唎蜜哆二阿喻紇硯娜三須毗你悉指陀四囉佐耶五怛他羯他
耶六怛姪他唵七薩婆桑悉迦囉八波唎輸底九達磨底十伽伽娜十一莎訶其持
伽底十二薩婆婆毗輸底十三摩訶娜耶十四波唎婆囉莎訶十五　若有自書寫教人
書寫是无量壽宗要經受持讀誦若魔魔之眷屬夜叉羅剎不得其便終无枉死陀
羅尼曰　南謨薄伽勃底一阿波唎蜜哆二阿喻紇硯娜三須毗你悉指陀四囉佐耶
怛他羯他耶六怛姪他唵七薩婆桑悉迦囉八波唎輸底九達磨底十伽伽娜十一莎訶其
持伽底十二薩婆婆毗輸底十三摩訶娜耶十四波唎婆囉莎訶十五
若有自書寫教人書寫是无量壽宗要經受持讀誦當命終時有九十姟佛現其人
前劣佛授手能遊一切佛剎莫於此經生於疑惑陀羅尼曰
南謨薄伽勃底一阿波唎蜜哆二阿喻紇硯娜三須毗你悉指陀四囉佐耶五怛他羯他耶
怛姪他唵七薩婆桑悉迦囉八波唎輸底九達磨底十伽伽娜十一莎訶其持伽底十二
薩婆婆毗輸底十三摩訶娜耶十四波唎婆囉莎訶　若有自書寫教人書寫
是无量壽宗要經受持讀誦常得四天大王隨其衛護陀羅尼曰
南謨薄伽勃底一阿波唎蜜哆二阿喻紇硯娜三須毗你悉指陀四囉佐耶五怛他羯他耶
怛姪他唵七薩婆桑悉迦囉八波唎輸底九達磨底十伽伽娜十一莎訶其持伽底十二
薩婆婆毗輸底十三摩訶娜耶十四波唎婆囉莎訶　若有自書教人書寫是
无量壽宗要經受持讀誦當得往生西方極樂世界阿弥陀淨土陀羅尼曰
南謨薄伽勃底一

BD07856 號　無量壽宗要經　（6–4）

南謨薄伽勃底一阿波唎蜜哆二阿喻紇硯娜三須毗你悲指陁四囉佐耶五怛他羯他耶六
怛姪他唵七薩婆桑悉迦囉八波唎輸底九達磨底十伽迦娜十一莎訶某持迦底十二
薩婆婆毗輸底十三摩訶娜耶十四波唎婆嚩莎訶　若有自書教人書寫是
无量壽宗要經受持讀誦當得往生西方極樂世界阿弥陁淨土陁羅尼曰
南謨薄伽勃底一阿波唎蜜哆二阿喻紇硯娜三須毗你悲指陁四囉佐耶五怛他羯他耶六
怛姪他唵七薩婆桑悉迦囉八波唎輸底九達磨底十伽迦娜十一莎訶某持迦底十二薩
婆婆毗輸底十三摩訶娜耶十四波唎婆嚩莎訶　若有方所自書寫使人
書寫是无量壽宗要經典之處則為是塔皆應恭敬作礼若是畜生禽是
鳥獸得聞是經如是等類皆當不久得成一切種智陁羅尼曰　南謨薄伽勃底
阿波唎蜜哆二阿喻紇硯娜三須毗你悲指陁四囉佐耶五怛他羯他耶六怛姪他唵
薩婆桑悉迦囉八波唎輸底九達磨底十伽迦娜十一莎訶某持迦底十二薩婆婆毗
輸底十三摩訶娜耶十四波唎婆嚩莎訶　若有於是无量壽經自書寫若
使人書寫畢竟不受女人之身陁羅尼曰　南謨薄伽勃底一阿波唎蜜哆二
阿喻紇硯娜三須毗你悲指陁四囉佐耶五怛他羯他耶六怛姪他唵七薩婆桑悉迦
囉八波唎輸底九達磨底十伽迦娜十一莎訶某持迦底十二薩婆婆毗輸底十三摩
訶娜耶十四波唎婆唎莎訶　若有能於是經少分能壽施者等於三千大千世界
滿中七寶布施陁羅尼曰　南謨薄伽勃底一阿波唎蜜哆二阿喻紇硯娜
須毗你悲指陁四囉佐耶五怛他羯他耶六怛姪他唵七薩婆桑悉迦囉八波唎輸底九
達磨底十伽迦娜十一莎訶某持迦底十二莎婆婆毗輸底十三摩訶娜耶十四波唎婆嚩莎訶
若有能供養是經者則是供養一切諸經等无有異陁羅尼曰
南謨薄伽勃底一阿波唎蜜哆二阿喻紇硯娜三須毗你悲指陁四囉佐耶五怛他
羯他耶六怛姪他唵七薩婆桑悉迦囉八波唎輸底九達磨底十伽迦娜十一莎訶某
持迦底十二薩婆婆毗輸底十三摩訶娜耶十四波唎婆嚩莎訶
如是毗婆尸佛　尸棄佛　毗舍浮佛　俱留孫佛　俱那含牟尼佛　迦葉佛　釋迦牟尼佛
若有人七寶供養如是七佛其福有限書寫受持是无量壽經所有功德不可限量陁羅尼曰
南謨伽薄勃底一阿波唎蜜哆二阿喻紇硯娜三須毗你悲指陁四囉佐耶五怛他羯他耶六怛姪
他唵七薩婆桑悉迦囉八波唎輸底九達磨底十伽迦娜十一莎訶某持迦底十二薩婆婆毗輸
底十三摩訶娜耶十四波唎婆嚩莎訶
若有七寶等於須弥以用布施其福上能知其限量是无量壽經典其福不可

BD07856號　無量壽宗要經　（6–5）

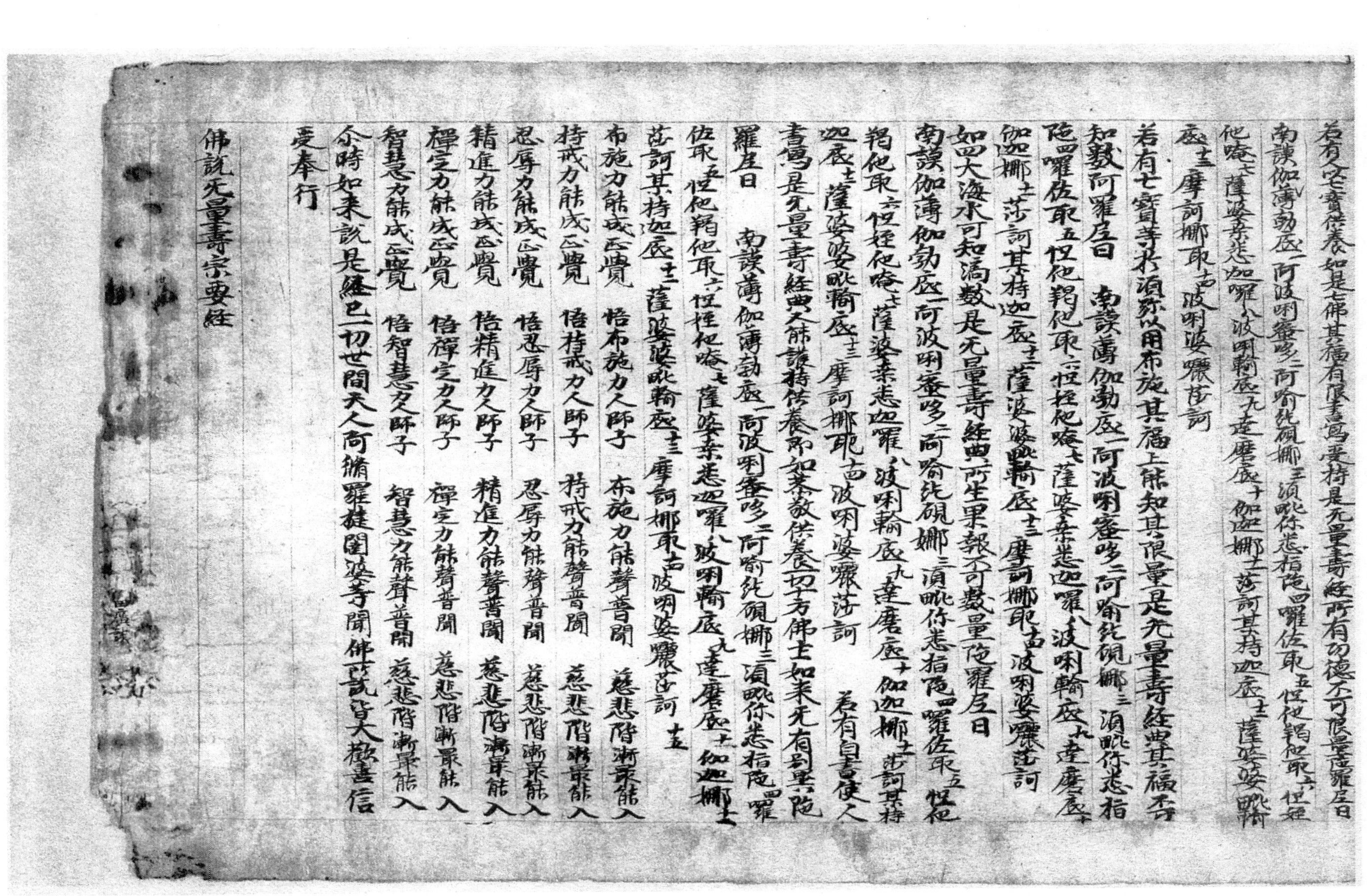
若有人七寶供養如是七佛其福有限書寫受持是无量壽經所有功德不可限量陁羅尼曰
南謨伽薄勃底一阿波唎蜜哆二阿喻紇硯娜三須毗你悲指陁四囉佐耶五怛他羯他耶六怛姪
他唵七薩婆桑悉迦囉八波唎輸底九達磨底十伽迦娜十一莎訶某持迦底十二薩婆婆毗輸
底十三摩訶娜耶十四波唎婆嚩莎訶
若有七寶等於須弥以用布施其福上能知其限量是无量壽經典其福不可
知數阿羅尼曰　南謨薄伽勃底一阿波唎蜜哆二阿喻紇硯娜三須毗你悲指
陁四囉佐耶五怛他羯他耶六怛姪他唵七薩婆桑悉迦囉八波唎輸底九達磨底十
伽迦娜十一莎訶某持迦底十二薩婆婆毗輸底十三摩訶娜耶十四波唎婆嚩莎訶
如四大海水可知滴數是无量壽經典所生果報不可數量陁羅尼曰
南謨伽薄伽勃底一阿波唎蜜哆二阿喻紇硯娜三須毗你悲指陁四囉佐耶五怛他
羯他耶六怛姪他唵七薩婆桑悉迦囉八波唎輸底九達磨底十伽迦娜十一莎訶某持
迦底十二薩婆婆毗輸底十三摩訶娜耶十四波唎婆嚩莎訶　若有自書使人
書寫是无量壽經典大能護持供養即如恭敬供養一切十方佛土如来无有别異陁
羅尼曰　南謨薄伽勃底一阿波唎蜜哆二阿喻紇硯娜三須毗你悲指陁四囉
佐耶五怛他羯他耶六怛姪他唵七薩婆桑悉迦囉八波唎輸底九達磨底十伽迦娜十一
莎訶某持迦底十二薩婆婆毗輸底十三摩訶娜耶十四波唎婆嚩莎訶　十五
布施力能成正覺　悟布施力人師子　布施力能聲普聞　慈悲階漸眾能入
持戒力能成正覺　悟持戒力人師子　持戒力能聲普聞　慈悲階漸眾能入
忍辱力能成正覺　悟忍辱力人師子　忍辱力能聲普聞　慈悲階漸眾能入
精進力能成正覺　悟精進力人師子　精進力能聲普聞　慈悲階漸眾能入
禪定力能成正覺　悟禪定力人師子　禪定力能聲普聞　慈悲階漸眾能入
智慧力能成正覺　悟智慧力人師子　智慧力能聲普聞　慈悲階漸眾能入
尒時如来說是經已一切世間天人阿脩羅揵闥婆等聞佛所說皆大歡喜信
受奉行
佛說无量壽宗要經

BD07856號　無量壽宗要經　（6–6）

劫章誦

劫名次第及數量　成住壞空并始終　餘三无定不可准　故約住劫論多少
先從有情生壞部　成劫終時住劫初　尒時人命壽无量　八万四千為一匝
乃後百歲減一歲　至十歲時滅劫終　從此子年倍又增　還登八万四千歲
一減一增為一劫　數有廿住劫終　即此住劫稱賢劫　廿數中第九劫
六万四万時方　拘留那含迦葉興　百歲釋迦牟尼出　人壽三千方飢饉
七年七月七日菜　聚骨額骨交滅亡　廿歲時疫病後　七月七日要方畢
至十歲時刀兵起　七日七夜相殺相傷　餘少人民滅不盡　佛說造初增延壽
子年倍又增分方　從此滅劫慈氏興　從第十五滅劫中　九百九十四佛出
究從住劫欲終時　樓至如來方出興　住終究從准滅劫　人多厭世樂修善
无間有情死不生　劫壞尒時初漸起　地獄鬼畜三惡盡　俱盧勝身平貨州
贍部四王刀利空　六欲諸天次第捨　始從无間終他化　時經十九增減同
下界既空无有情　日加四倍於常熱　溝池乾涸草木燋　三日出江河竭
四五日出海渌盡　六七興時山石融　尒時大地並火燃　三千世界猛火聚
燈燭工勝交梵衆　諸天奔赴於二禪　梵輔梵王次第昇　世界三千並灰燼
從此火起梵王天　傷住不增[illegible]時　十九從多壞有情　一劫約少唯論器
從是虛空如黑穴　還同廿增減時　過此空時成劫興　大梵天王宗初建
獨住時經一增減　從念人民轉衆生　欲界四空情氣俱　從上次第皆成立
[illegible]

BD07857 號　劫章誦　（3–1）

四日出海渌盡　六七興時上石融　尒時大地並灾熛　三千世界猛火聚
焰燔上騰交梵衆　諸天奔赴於二禪　梵輔梵王次第昇　世界三千並灾燼
從地火起梵王天　傷住不增減時　十九從多壞有情　一劫約少唯論器
從是虛空如黑穴　還同廿增減時　過此空時成劫興　大梵天王宮初建
獨住時逕一增減　從念人民轉衆生　欲界器情氣俱　從上次第皆成立
下隆山嶽風方漸起　堅若金光不可壞　傍廣算數計不及　邊際由如盤樣形
深厚十六洛叉數　此下風世論界齊　光音天布金藏雲　遍霔復風論大千界
洪雨滴渧如車輪　注水滂流並界中　下八洛叉水餘凝　金光厚三億二万
廣闊四部多增量　十二三千四百半　皆踰繕那量應知　水論深廣量如是
從漸雨水增廣深　空居次弟從上城　大風鼓激成山地　妙高七金請水成
諸餘山地渾淄水　七山内水悲甘美　四洲外水悲醎　鐵山地處妙有空殊
器界尒時成立訖　二禪壽盡生贍部　身長千丈二千丈　光明勝潔能飛騰
所食地肥及地殊　香味界足資諸天　漸漸生貪競多取　地味失沒林藤生
傍覺還沒粳米生　時積傷天香稀生　食漸麤觸便利　男女尒時差別形
由兹染情身光滅　世界黑闇无光明　菩薩慈悲與日月　覓取香稀貪地殊
於是竊盜乃初行　共立田主設彊障　合知界畔均分布　田主擒慮諸弱
致有君王形罰生　煞盜婬妄語增多　十惡因慈皆具足　死墮鬼畜并无間
販鄙惡聚善不生　北東西貨等三世　四王切利及空居　從因漸次門生彼
尒時成劫乃為終　始從梵王終切利　有情及器皆成立　成壞空三等住劫
還同廿增減劫　无間有情一增減　龍王壽報亦同然　梵衆廿增減劫
梵輔四十增減劫　梵王六十增減劫　先生後捨故應知　日月歲數少劫收
增減二四六中攝　八十方名大劫時　水火風災漸次行　七火後盡一水灾
八水中間有七水　七水灾處風灾　初二淨靈梵風訖　風灾能壞第三禪
第四淨靈无能壞　積此風灾以為數　不能數及僧祇重　即此大劫三无數
菩薩將登正奔時　賢劫中有千佛出　世唯識頌

世親菩薩造　奘

深厚十六洛叉數　山下風世論界府　光音天布金藏雲　遍滿復風論大千界
洪雨滴滴如車軸　注水滂流梵界中　下八洛叉水餘凝　金光厚三億二万
廣闊四部多增量　十二三千四百半　皆瑜繕那量應知　水論深廣量如是
從漸雨水增廣深　空居次弟從上成　大風數激成山地　妙高七金請水成
諸餘山地渾濁水　七山內水悉甘美　四洲外水悉鹹鹵　山地廣妙有差殊
器界尒時成立訖　二禪壽盡生贍部　身長千丈二千丈　光明肢潔能飛騰
所食地肥及地殊　香味界足資諸天　漸漸生貪競多取　地味失沒林藤生
復覺還沒粳米生　貯積傷失香稻生　食漸麁觸便利　男女尒時差別形
由此染情身光滅　世界黑闇元光明　菩薩慈悲與日月　覓取香稻貪地殊
於是竊盜乃初行　共立田主設禮障　金知界畔均分布　田主擒獲虜諸弱
致有君王刑罰生　殺盜嫉妬語增多　十惡因慈皆具足　死墮鬼畜并无間
取都惡聚善不生　北東西貸等三世　四王忉利及空居　終因漸次門生族
尒時成劫乃為終　始從梵王終忉利　有情及器皆成立　成壞空三等住劫
還同廿增減劫　无間有情一增減　龍王壽報亦同然　梵眾廿增減劫
梵輔卅增減劫　梵王六十增減劫　先生後捨故應知　日月歲數少劫次
增減二四六中攝　八十方名大劫時　水大風災漸次行　七火後盡一水災
八水中間有七水　七水災後風災　初二淨慮焚風訖　風災能壞第三禪
第四淨慮无能壞　積此風災以為數　不能數及僧祇重　即此大劫三无數
菩薩將登正覺時　賢劫中有千佛出　世唯識頌

世親菩薩造　[illegible]

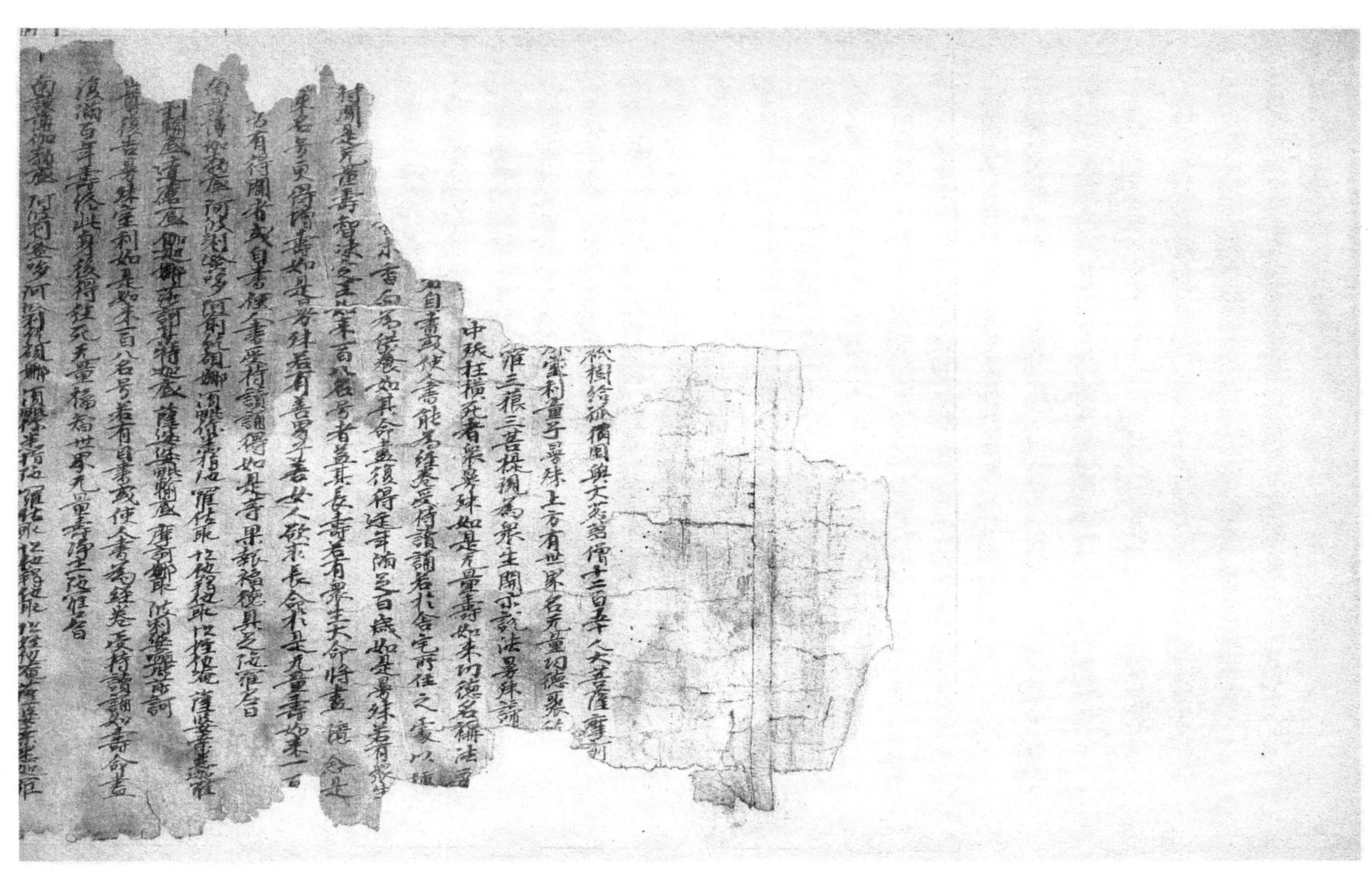

BD07858 號　無量壽宗要經　（6–1）

BD07858 號　無量壽宗要經　（6–2）

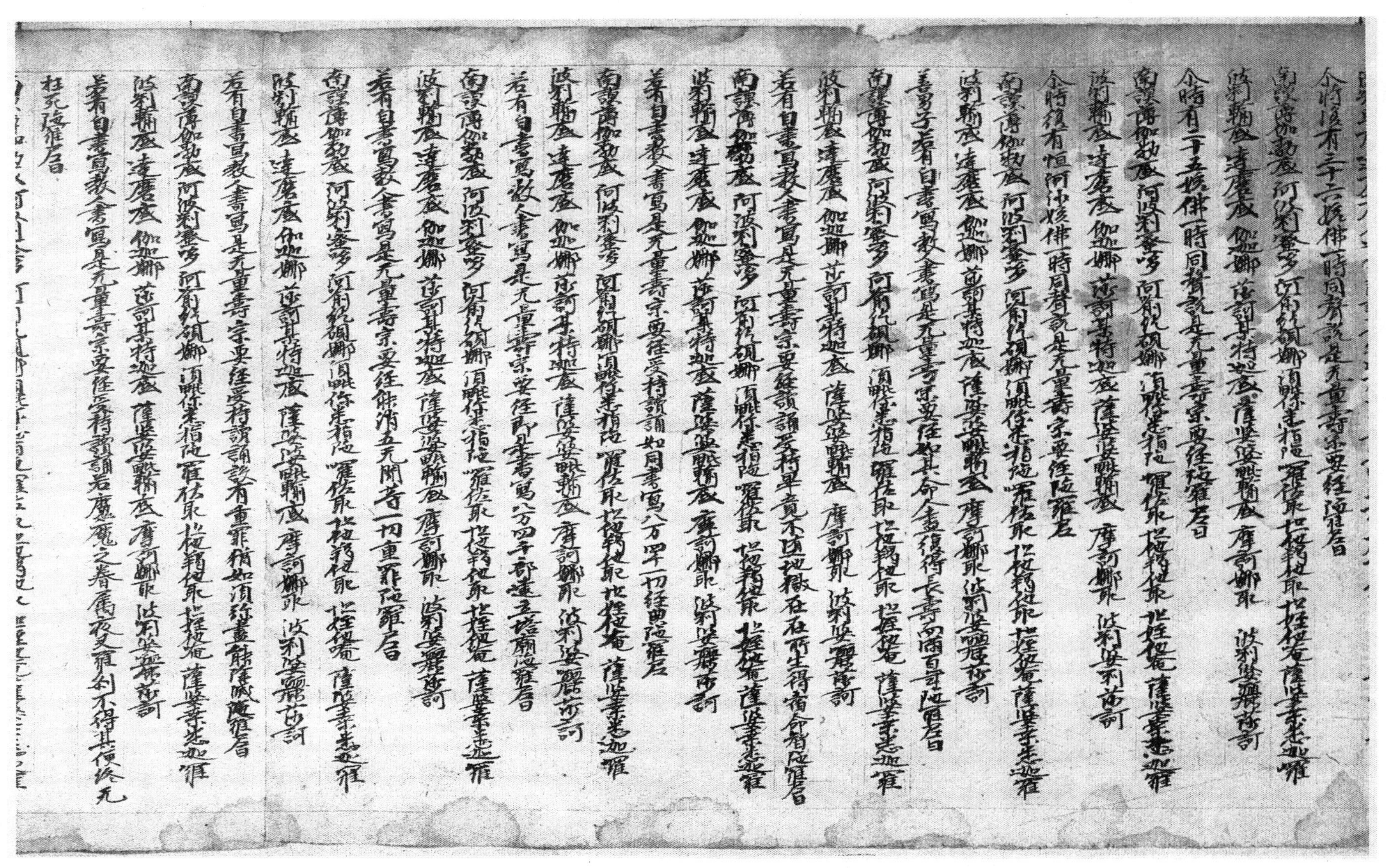

BD07858號　無量壽宗要經　（6–3）

BD07858號　無量壽宗要經　（6–4）

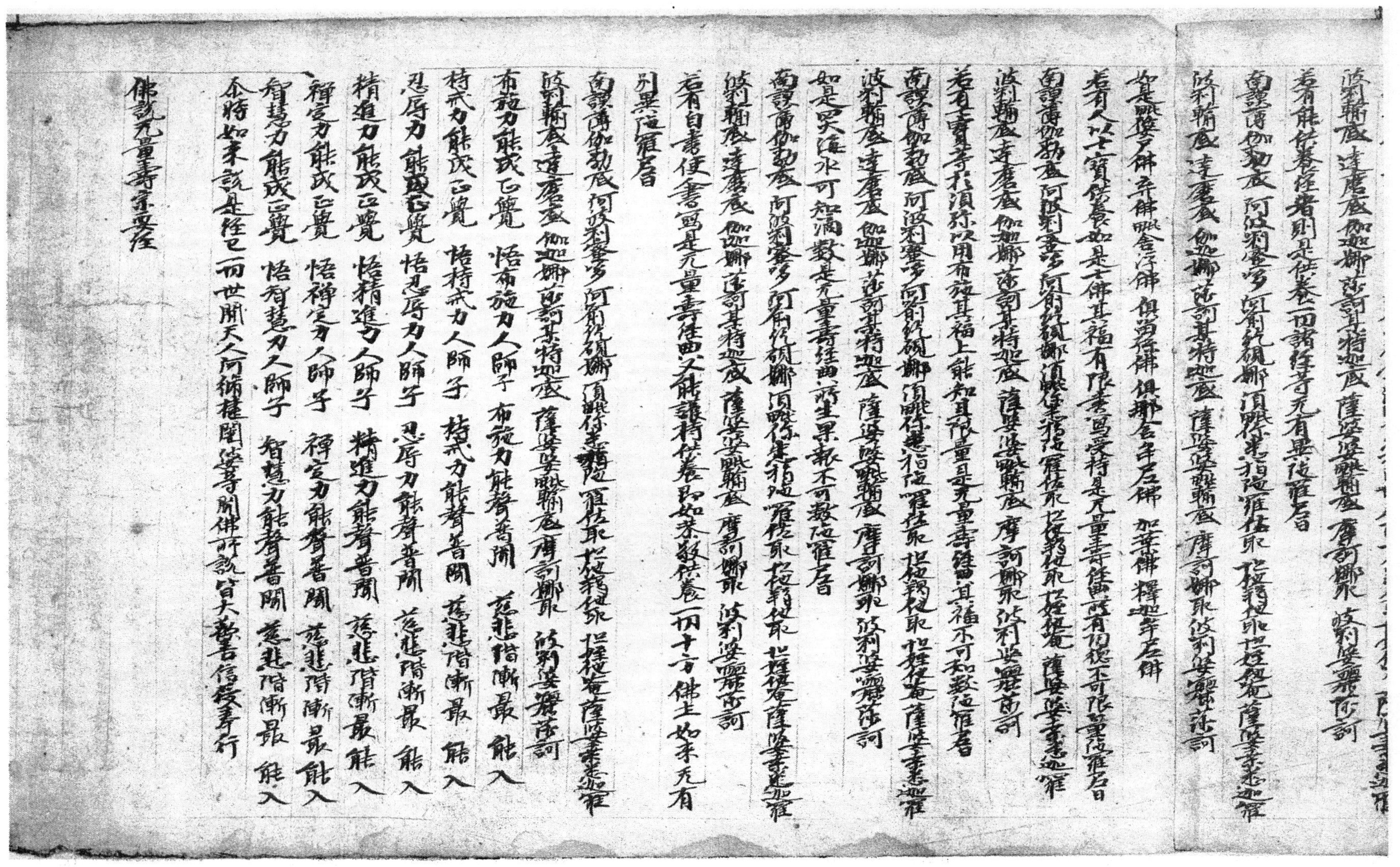

若有能供養是經則是供養一切諸經等无有異陁羅尼曰
南謨薄伽勃底 阿波唎蜜多 阿喻紇硯那 須毗你悉指陀 囉佐耶 怛他羯他耶 怛姪他 唵 薩婆桑悉迦囉
跛唎輸底 達磨底 伽伽那 莎訶摩 特迦底 薩婆婆毗輸底 摩訶娜耶 跛唎婆唎莎訶
如是毗婆尸佛 尸棄佛 毗舍浮佛 拘留孫佛 拘那含牟尼佛 迦葉佛 釋迦牟尼佛
若有人以七寶供養如是等佛其福有限 書寫受持是无量壽經典所有功德不可限量陁羅尼曰
南謨薄伽勃底 阿波唎蜜多 阿喻紇硯那 須毗你悉指陀 囉佐耶 怛他羯他耶 怛姪他 唵 薩婆桑悉迦囉
跛唎輸底 達磨底 伽伽那 莎訶摩 特迦底 薩婆婆毗輸底 摩訶娜耶 跛唎婆唎莎訶
若有七寶等於須彌以用布施其福上能知其限量是无量壽經典其福不可知數陁羅尼曰
南謨薄伽勃底 阿波唎蜜多 阿喻紇硯那 須毗你悉指陀 囉佐耶 怛他羯他耶 怛姪他 唵 薩婆桑悉迦囉
跛唎輸底 達磨底 伽伽那 莎訶摩 特迦底 薩婆婆毗輸底 摩訶娜耶 跛唎婆唎莎訶
如是四大海水可知滴數 是无量壽經典所生果報不可數陁羅尼曰
南謨薄伽勃底 阿波唎蜜多 阿喻紇硯那 須毗你悉指陀 囉佐耶 怛他羯他耶 怛姪他 唵 薩婆桑悉迦囉
跛唎輸底 達磨底 伽伽那 莎訶摩 特迦底 薩婆婆毗輸底 摩訶娜耶 跛唎婆唎莎訶
若有自書使書寫是无量壽經典又能護持供養即如來敬供養一切十方佛土如來无有
別異陁羅尼曰
南謨薄伽勃底 阿波唎蜜多 阿喻紇硯那 須毗你悉指陀 囉佐耶 怛他羯他耶 怛姪他 唵 薩婆桑悉迦囉
跛唎輸底 達磨底 伽伽那 莎訶摩 特迦底 薩婆婆毗輸底 摩訶娜耶 跛唎婆唎莎訶
布施力能成正覺 悟布施力人師子 布施力能聲普聞 慈悲階漸最能入
持戒力能成正覺 悟持戒力人師子 持戒力能聲普聞 慈悲階漸最能入
忍辱力能成正覺 悟忍辱力人師子 忍辱力能聲普聞 慈悲階漸最能入
精進力能成正覺 悟精進力人師子 精進力能聲普聞 慈悲階漸最能入
禪定力能成正覺 悟禪定力人師子 禪定力能聲普聞 慈悲階漸最能入
智慧力能成正覺 悟智慧力人師子 智慧力能聲普聞 慈悲階漸最能入
佘時如來說是經已 一切世間天人阿脩羅乾闥婆等聞佛所說皆大歡喜信受奉行
佛說无量壽宗要經

BD07858號　無量壽宗要經　（6–5）

如是四大海水可知滴數 是无量壽經典所生果報不可數陁羅尼曰
南謨薄伽勃底 阿波唎蜜多 阿喻紇硯那 須毗你悉指陀 囉佐耶 怛他羯他耶 怛姪他 唵 薩婆桑悉迦囉
跛唎輸底 達磨底 伽伽那 莎訶摩 特迦底 薩婆婆毗輸底 摩訶娜耶 跛唎婆唎莎訶
若有自書使書寫是无量壽經典又能護持供養即如來敬供養一切十方佛土如來无有
別異陁羅尼曰
南謨薄伽勃底 阿波唎蜜多 阿喻紇硯那 須毗你悉指陀 囉佐耶 怛他羯他耶 怛姪他 唵 薩婆桑悉迦囉
跛唎輸底 達磨底 伽伽那 莎訶摩 特迦底 薩婆婆毗輸底 摩訶娜耶 跛唎婆唎莎訶
布施力能成正覺 悟布施力人師子 布施力能聲普聞 慈悲階漸最能入
持戒力能成正覺 悟持戒力人師子 持戒力能聲普聞 慈悲階漸最能入
忍辱力能成正覺 悟忍辱力人師子 忍辱力能聲普聞 慈悲階漸最能入
精進力能成正覺 悟精進力人師子 精進力能聲普聞 慈悲階漸最能入
禪定力能成正覺 悟禪定力人師子 禪定力能聲普聞 慈悲階漸最能入
智慧力能成正覺 悟智慧力人師子 智慧力能聲普聞 慈悲階漸最能入
佘時如來說是經已 一切世間天人阿脩羅乾闥婆等聞佛所說皆大歡喜信受奉行
佛說无量壽宗要經

張瀛寫

BD07858號　無量壽宗要經　（6–6）

BD07859號　無量壽宗要經　　　　（5–1）

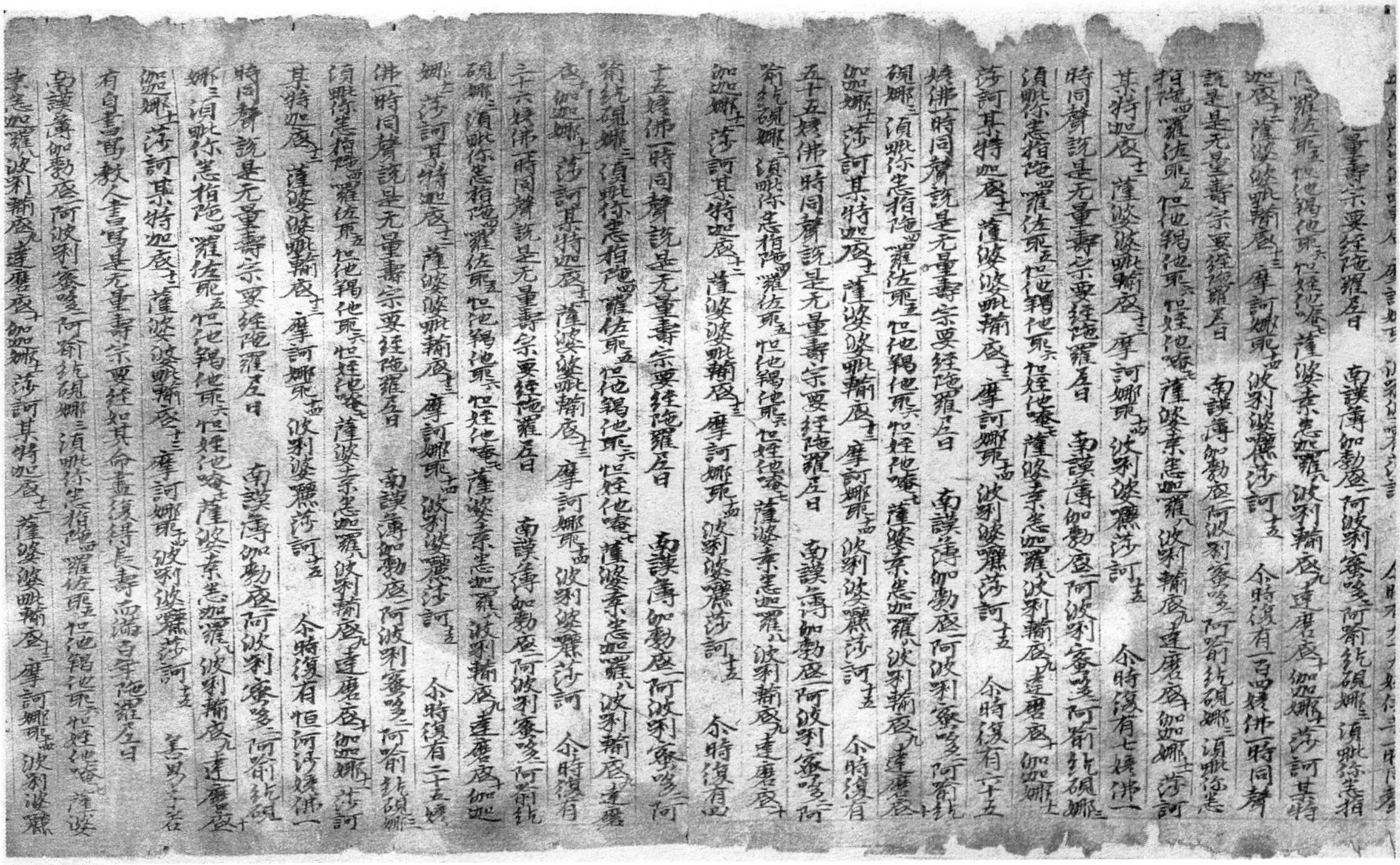

BD07859號　無量壽宗要經　　　　（5–2）

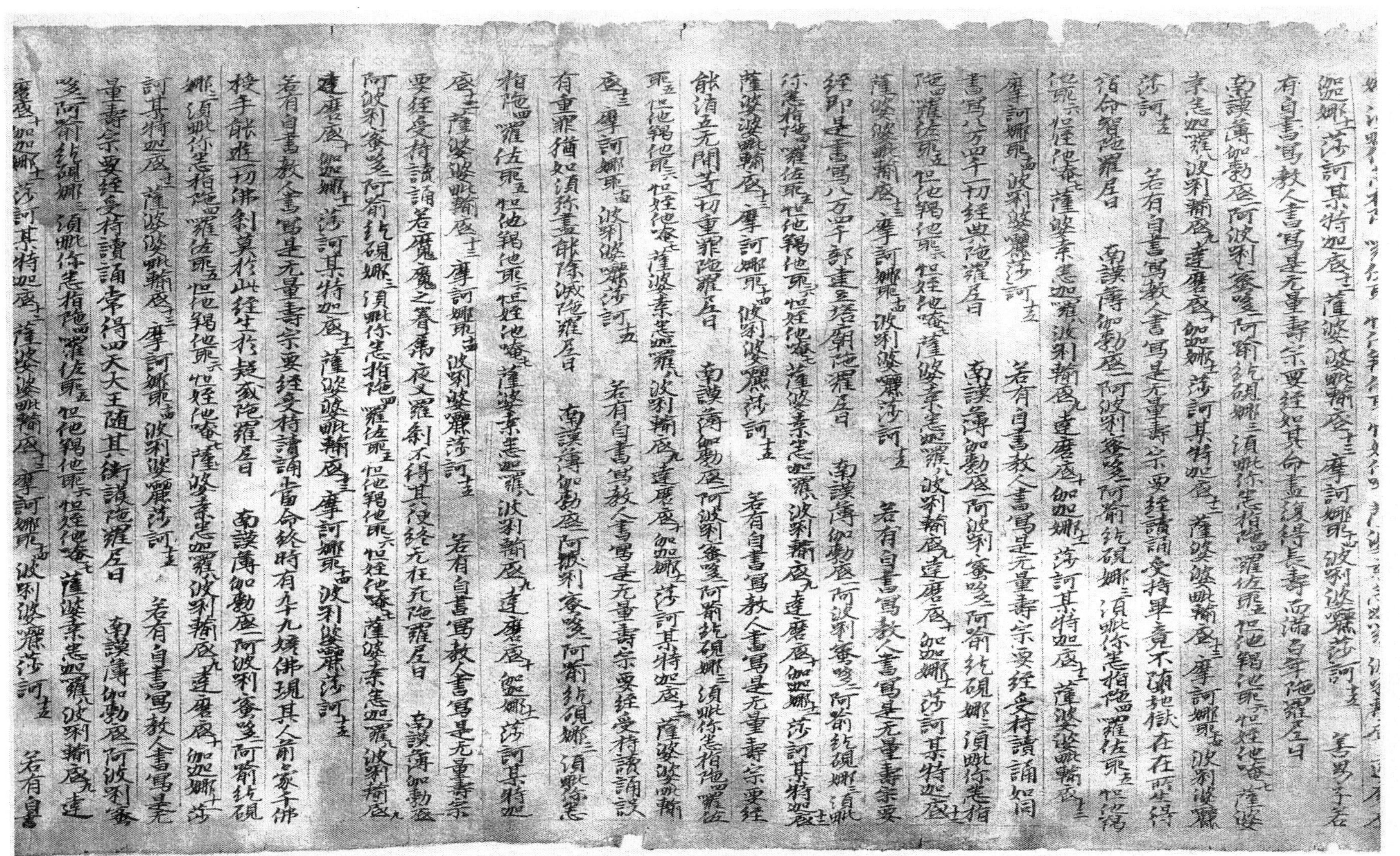

迦娜十一 莎訶某特迦底十二 薩婆婆毗輸底十三 摩訶娜耶十四 波唎婆囉莎訶十五 善男子若
有自書寫教人書寫是无量壽宗要經如其命盡復得長壽滿百年陀羅尼曰
南謨薄伽勃底一 阿波唎蜜㗚二 阿喻紇硯娜三 須毗你悉指陀四 囉佐耶五 怛他羯他耶六 怛姪他唵七 薩婆
桑悉迦羅八 波唎輸底九 達磨底十 伽迦娜十一 莎訶某特迦底十二 薩婆婆毗輸底十三 摩訶娜耶十四 波唎婆囉
莎訶十五 若有自書寫教人書寫是无量壽宗要經讀誦受持畢竟不墮地獄在在所得
宿命智陀羅尼曰 南謨薄伽勃底一 阿波唎蜜㗚二 阿喻紇硯娜三 須毗你悉指陀四 囉佐耶五 怛他羯
他耶六 怛姪他唵七 薩婆桑悉迦羅八 波唎輸底九 達磨底十 伽迦娜十一 莎訶某特迦底十二 薩婆婆毗輸底十三
摩訶娜耶十四 波唎婆囉莎訶十五 若有自書教人書寫是无量壽宗要經受持讀誦如同
書寫八万四千一切經典陀羅尼曰 南謨薄伽勃底一 阿波唎蜜㗚二 阿喻紇硯娜三 須毗你悉指
陀四 囉佐耶五 怛他羯他耶六 怛姪他唵七 薩婆桑悉迦羅八 波唎輸底九 達磨底十 伽迦娜十一 莎訶某特迦底十二
薩婆婆毗輸底十三 摩訶娜耶十四 波唎婆囉莎訶十五 若有自書寫教人書寫是无量壽宗要
經即是書寫八万四千部建立塔廟陀羅尼曰 南謨薄伽勃底一 阿波唎蜜㗚二 阿喻紇硯娜三 須毗
你悉指陀四 囉佐耶五 怛他羯他耶六 怛姪他唵七 薩婆桑悉迦羅八 波唎輸底九 達磨底十 伽迦娜十一 莎訶某特迦底十二
薩婆婆毗輸底十三 摩訶娜耶十四 波唎婆囉莎訶十五 若有自書寫教人書寫是无量壽宗要經
能消五无間等一切重罪陀羅尼曰 南謨薄伽勃底一 阿波唎蜜㗚二 阿喻紇硯娜三 須毗你悉指陀四 囉佐
耶五 怛他羯他耶六 怛姪他唵七 薩婆桑悉迦羅八 波唎輸底九 達磨底十 伽迦娜十一 莎訶某特迦底十二 薩婆婆毗輸
底十三 摩訶娜耶十四 波唎婆囉莎訶十五 若有自書寫教人書寫是无量壽宗要經受持讀誦設
有重罪猶如須弥盡能除滅陀羅尼曰 南謨薄伽勃底一 阿波唎蜜㗚二 阿喻紇硯娜三 須毗你悉
指陀四 囉佐耶五 怛他羯他耶六 怛姪他唵七 薩婆桑悉迦羅八 波唎輸底九 達磨底十 伽迦娜十一 莎訶某特迦
底十二 薩婆婆毗輸底十三 摩訶娜耶十四 波唎婆囉莎訶十五 若有自書寫教人書寫是无量壽宗
要經受持讀誦若魔魔之眷屬夜叉羅剎不得其便終无枉死陀羅尼曰 南謨薄伽勃底
阿波唎蜜㗚二 阿喻紇硯娜三 須毗你悉指陀四 囉佐耶五 怛他羯他耶六 怛姪他唵七 薩婆桑悉迦羅八 波唎輸底九
達磨底十 伽迦娜十一 莎訶某特迦底十二 薩婆婆毗輸底十三 摩訶娜耶十四 波唎婆囉莎訶十五
若有自書教人書寫是无量壽宗要經受持讀誦當命終時有九十九姟佛現其人前來千佛
授手能遊一切佛剎莫於此經生於疑惑陀羅尼曰 南謨薄伽勃底一 阿波唎蜜㗚二 阿喻紇硯
娜三 須毗你悉指陀四 囉佐耶五 怛他羯他耶六 怛姪他唵七 薩婆桑悉迦羅八 波唎輸底九 達磨底十 伽迦娜十一 莎
訶某特迦底十二 薩婆婆毗輸底十三 摩訶娜耶十四 波唎婆囉莎訶十五 若有自書寫教人書寫是无
量壽宗要經受持讀誦常得四天大王隨其衛護陀羅尼曰 南謨薄伽勃底一 阿波唎蜜
㗚二 阿喻紇硯娜三 須毗你悉指陀四 囉佐耶五 怛他羯他耶六 怛姪他唵七 薩婆桑悉迦羅八 波唎輸底九 達
磨底十 伽迦娜十一 莎訶某特迦底十二 薩婆婆毗輸底十三 摩訶娜耶十四 波唎婆囉莎訶十五 若有自書

BD07859號　無量壽宗要經　（5–3）

授手能遊一切佛剎莫於此經生於疑惑陀羅尼曰 南謨薄伽勃底一 阿波唎蜜㗚二 阿喻紇硯
娜三 須毗你悉指陀四 囉佐耶五 怛他羯他耶六 怛姪他唵七 薩婆桑悉迦羅八 波唎輸底九 達磨底十 伽迦娜十一 莎
訶某特迦底十二 薩婆婆毗輸底十三 摩訶娜耶十四 波唎婆囉莎訶十五 若有自書寫教人書寫是无
量壽宗要經受持讀誦常得四天大王隨其衛護陀羅尼曰 南謨薄伽勃底一 阿波唎蜜
㗚二 阿喻紇硯娜三 須毗你悉指陀四 囉佐耶五 怛他羯他耶六 怛姪他唵七 薩婆桑悉迦羅八 波唎輸底九 達
磨底十 伽迦娜十一 莎訶某特迦底十二 薩婆婆毗輸底十三 摩訶娜耶十四 波唎婆囉莎訶十五 若有自書
教人書寫是无量壽宗要經受持讀誦當得往生西方極樂世界阿弥陀淨土陀羅尼曰
南謨薄伽勃底一 阿波唎蜜㗚二 阿喻紇硯娜三 須毗你悉指陀四 囉佐耶五 怛他羯他耶六 怛姪他唵七 薩
婆桑悉迦羅八 波唎輸底九 達磨底十 伽迦娜十一 莎訶某特迦底十二 薩婆婆毗輸底十三 摩訶娜耶十四 波唎
婆囉莎訶十五 若有方所自書寫使人書寫是无量壽經典之處則為是塔皆應恭敬作
礼若是畜生禽鳥獸得聞是經如是等類皆當不久得成一切種智陀羅尼曰 南謨薄
伽勃底一 阿波唎蜜㗚二 阿喻紇硯娜三 須毗你悉指陀四 囉佐耶五 怛他羯他耶六 怛姪他唵七 薩婆桑悉迦羅八
波唎輸底九 達磨底十 伽迦娜十一 莎訶某特迦底十二 薩婆婆毗輸底十三 摩訶娜耶十四 波唎婆囉莎訶十五
若有於是无量壽經自書寫若使人書畢竟不受女人之身陀羅尼曰 南謨薄
伽勃底一 阿波唎蜜㗚二 阿喻紇硯娜三 須毗你悉指陀四 囉佐耶五 怛他羯他耶六 怛姪他唵七 薩婆
桑悉迦羅八 波唎輸底九 達磨底十 伽迦娜十一 莎訶某特迦底十二 薩婆婆毗輸底十三 摩訶娜耶十四 波
唎婆囉莎訶十五 若有能於是經少分能惠施者其於三千大千世界滿中七寶布施陀
羅尼曰 南謨薄伽勃底一 阿波唎蜜㗚二 阿喻紇硯娜三 須毗你悉指陀四 囉佐耶五 怛他羯他耶六
怛姪他唵七 薩婆桑悉迦羅八 波唎輸底九 達磨底十 伽迦娜十一 莎訶某特迦底十二 薩婆婆毗輸底十三
摩訶娜耶十四 波唎婆囉莎訶十五 若有能供養是經者則是供養一切諸經等无有異陀
羅尼曰 南謨薄伽勃底一 阿波唎蜜㗚二 阿喻紇硯娜三 須毗你悉指陀四 囉佐耶五 怛他羯他耶六 怛
姪他唵七 薩婆桑悉迦羅八 波唎輸底九 達磨底十 伽迦娜十一 莎訶某特迦底十二 薩婆婆毗輸底十三 摩訶
娜耶十四 波唎婆囉莎訶十五 若有人以 如是毗婆尸佛尸弃佛毗舍浮佛俱留孫佛俱那含
牟尼佛 迦葉佛 釋迦牟尼佛 若有人以七寶供養如是七佛其福有限書寫受
持是无量壽經典所有功德不可限量陀羅尼曰 南謨薄伽勃底一 阿波唎蜜㗚二 阿喻
紇硯娜三 須毗你悉指陀四 囉佐耶五 怛他羯他耶六 怛姪他唵七 薩婆桑悉迦羅八 波唎輸底九 達磨底十
伽迦娜十一 莎訶某特迦底十二 薩婆婆毗輸底十三 摩訶娜耶十四 波唎婆囉莎訶十五 若有七寶
等同須弥山而布施其福上能知其限量是无量壽經典其福不可知數陀羅尼曰
南謨薄伽勃底一 阿波唎蜜㗚二 阿喻紇硯娜三 須毗你悉指陀四 囉佐耶五 怛他羯他耶六 怛姪他唵七 薩婆
桑悉迦羅八 波唎輸底九 達磨底十 伽迦娜十一 莎訶某特迦底十二 薩婆婆毗輸底十三 摩訶娜耶十四 波

BD07859號　無量壽宗要經　（5–4）

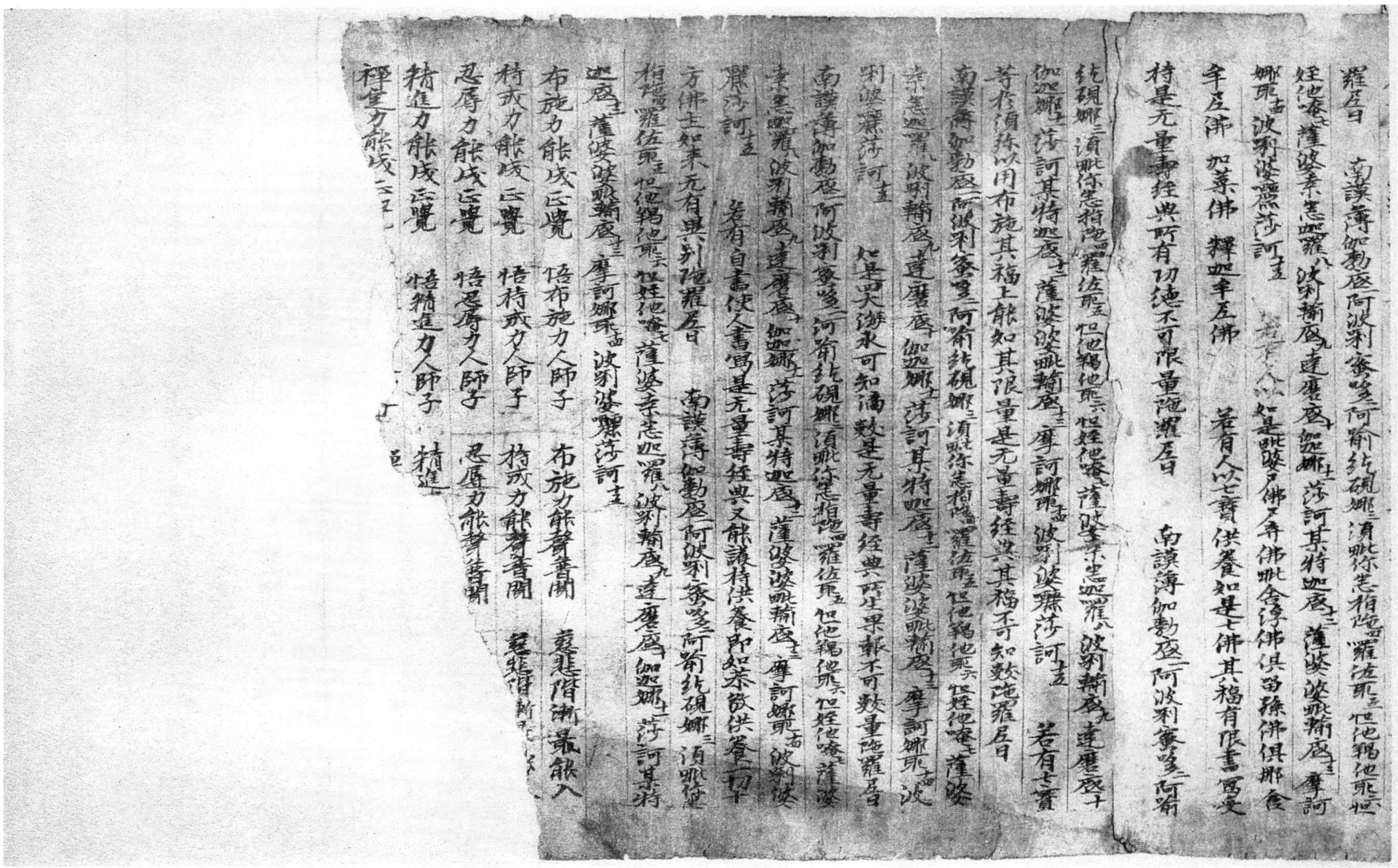

BD07859號　無量壽宗要經　（5–5）

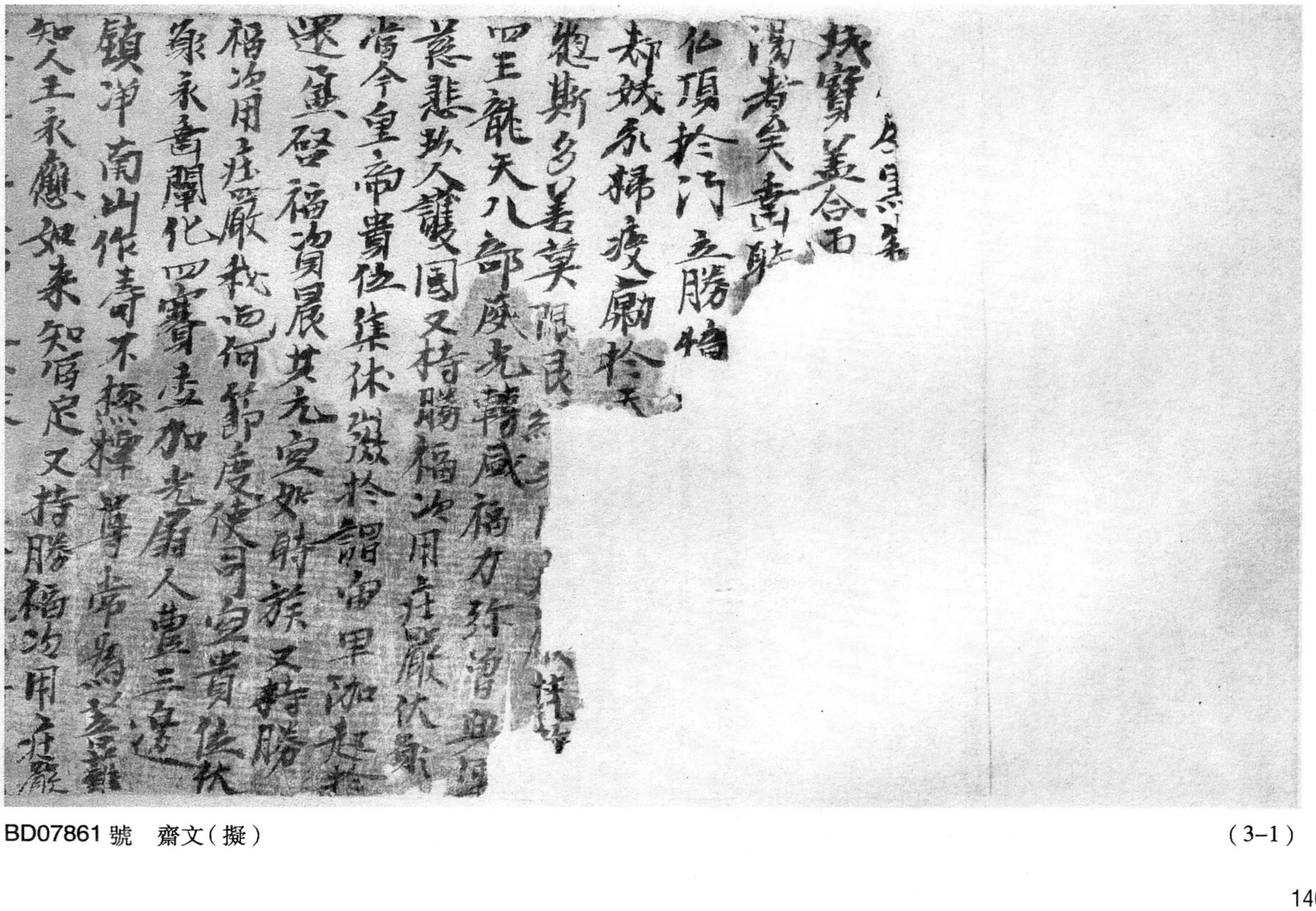

BD07861號　齋文（擬）　（3–1）

BD07861號　齋文（擬）　　　　（3–2）

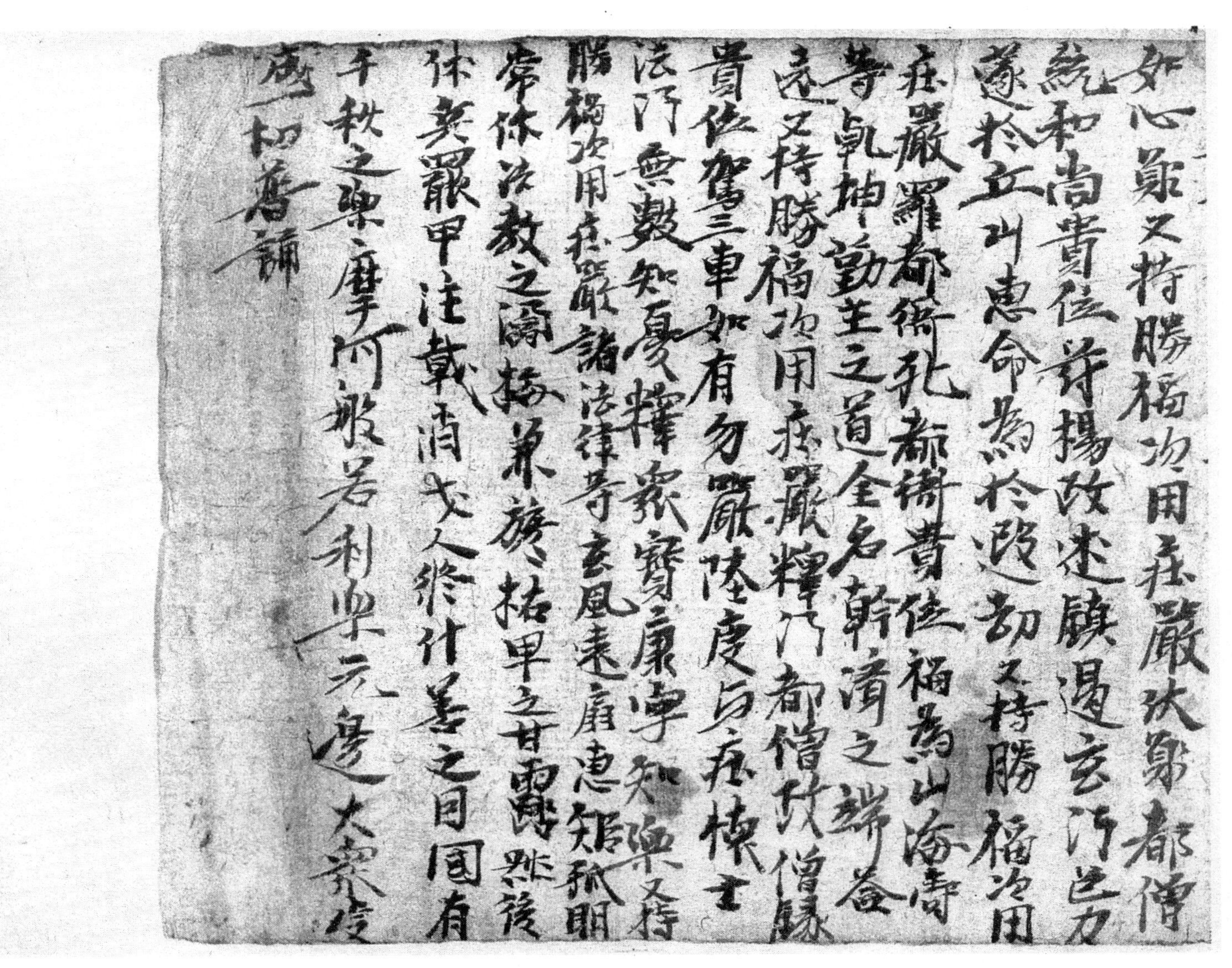

BD07861號　齋文（擬）　　　　（3–3）

佛　南无寶火佛　右
南无无垢佛　南无離垢
南无清淨施佛　南无娑留那佛
南无勇施
南无水天佛　南无堅德佛　南无旃檀功德佛　南无无量掬光佛
南无无德佛　南无无憂德佛　南无那羅延佛　南无功德華佛
南无蓮華光遊戲神通佛　南无財功德佛　南无德念佛　南无善名稱功德佛
南无紅炎幢王佛　南无善遊步功德佛　南无鬬戰勝佛　南无善遊步佛
南无周匝莊嚴功德佛　南无寶華遊步佛　南无寶蓮華善住娑羅樹王佛
藥王藥上經雖有其目而无名
等此三十五佛名出決定毗尼經
巳上七階佛依藥王藥上經文
次第立下別依餘部經等疏出
南无東方阿閦如來十方无量佛等一切諸佛
南无寶集如來二十五佛等一切諸佛
南无寶集佛　南无寶勝佛　南无成就盧舍那佛　南无盧舍那鏡像佛
南无盧舍那光明佛　南无不動佛　南无大光明佛　南无无量聲佛
南无无量聲如來三禮　南无阿彌陀劒光佛　南无大稱　南无寶光明佛
南无得大无畏　南无然燈火　南无寶聲佛　南无无邊无垢佛
南无无邊離垢佛　南无月聲佛　南无无邊稱佛　南无日月光明佛
南无无垢光明佛　南无清淨光明佛　南无日光明佛　南无无邊寶佛
南无華勝佛　南无妙身佛　南无該光明清淨開敷蓮花佛

南无得大无畏 南无然燈火 南无寶聲佛 南无无邊无垢佛
南无无邊離垢佛 南无月聲佛 南无无邊稱佛 南无日月光明聖尊佛
南无无垢光明佛 南无清淨光明佛 南无日光明佛 南无无邊寶佛
南无華勝佛 南无妙身佛 南无法光明清淨開敷蓮花佛
此廿五佛名出佛名經第十二卷 南无虛空功德清淨微塵等目端政功德相光明華
波頭摩瑠璃光寶體香最上香供養訖種種莊嚴頂髻无量
无邊日月光明願力莊嚴變化莊嚴法界出生无障㝵
王如来 若善男子善女人犯四重五逆謗三寶及四波羅夷是人罪重假使如閻浮提
䧪地變爲微塵一一微塵成作一劫是人有爾許劫罪稱是一佛名号礼一拜
而悉得除滅況復晝夜受持讀誦憶念不忘者是人功德不可思議
南无豪相日月光明華寶蓮花堅如金剛身毗盧遮那无障
礙眼圓滿十方放光照一切佛剎相王如来
南无過現未来十方三世一切諸佛歸命懺悔 南无佛 南无法 南无
賢聖化五僧如是等一切世界諸佛世尊常住在世是諸世尊當慈
念我當憶念證我諸我若我前生從无始已来所作衆罪若自作
若從隨喜若塔若僧若取四方僧物若自取若教他人取或作隨喜
无間重罪若自作若教他作見作隨喜或作教他見作隨喜
所作罪障或有覆藏或无覆藏應墮地獄餓鬼畜生及
諸惡趣邊地下賤及彌戾車所作罪障今皆懺悔 如是言善我此生
若我餘生曾行布施或修淨戒乃至施與畜生一摶之食
或修淨行所有善根成就衆生所有善根
脩行菩提所有善根及无上智所有善根一切合集計校籌
量悉皆迴向阿耨多羅三藐三菩提如過去未来現在諸佛
所作迴向我亦如是迴向 衆罪皆懺悔 諸福盡隨喜

（4–3）

如來色無盡　智慧亦復然　一切法常住　是故我歸依　清淨梵
處世界　如虛空　如蓮華　不著水　心清淨　超於彼
稽首禮　无上尊　說偈發願　願以此功德普及於一切
我等與衆生　皆共成佛道　一切敬恭
自歸依佛　當願衆生　體解大道　發无上意
自歸依法　當願衆生　深入經藏　智惠如海
自歸依僧　當願衆生　統理大衆　一切无㝵
願諸衆生　諸惡莫作　諸善奉行　自淨其意　和南一切賢聖　是諸佛教
諸行无常　是生滅法　生滅滅已　寂滅為樂　上來礼懺所生功
德先將奉上釋梵四王龍天八部帝主人王師僧父母十方施
主法界衆生　願未離苦者願令離苦　未得樂者願令得樂
未發菩提心者願發菩提心　未成佛者普願成佛　亦願盲者
得見　啞者能言　聾者聽聞　跛者能行　獄囚繫閉　枷鏁解
脫　貧窮　露　豊衣足　懷胎難月　母子平安　遠行征戍　早得
迴還　病患之流　速離床枕　惡家債主　解怨釋結　三塗息苦
地獄得遠　法界衆生　一時作佛　衆等自為　為化及為
遍法界有情　一時成佛

BD07862號背　雜寫　（2–1）

BD07862號背　雜寫　（2–2）

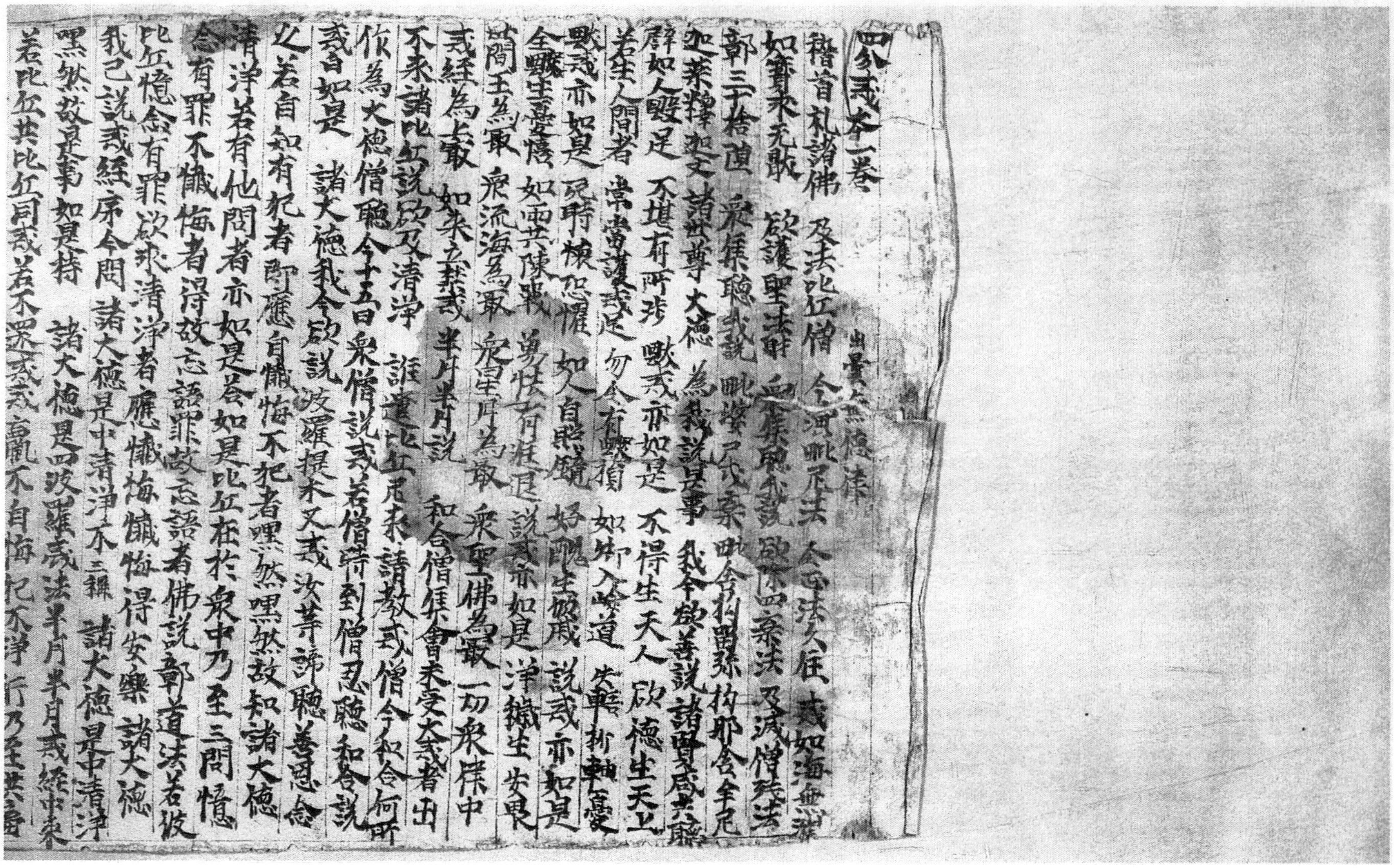

四分戒本一卷　出曇無德律
稽首礼諸佛　及法比丘僧　今演毗尼法　令正法久住　戒如海無涯
如寶求無猒　欲護聖法財　衆集聽我說　欲除四棄法　及滅僧殘法
鄣三十捨墮　衆集聽我說　毗婆尸式棄　毗舍拘留孫　拘那含牟尼
迦葉釋迦文　諸世尊大德　為我說是事　我今欲善說　諸賢咸共聽
辟如人毀足　不堪有所涉　毀戒亦如是　不得生天人　欲得生天上
若生人間者　常當護戒足　勿令有毀損　如御入嶮道　失轄折軸憂
毀戒亦如是　死時懷恐懼　如人自照鏡　好醜生欣慼　說戒亦如是
全毀生憂憙　如兩陣共戰　勇怯有進退　說戒亦如是　淨穢生安畏
世間王為最　衆流海為最　衆星月為最　衆聖佛為最　一切衆律中
戒經為上最　如來立禁戒　半月半月說　和合僧集會　未受大戒者出
不來諸比丘說欲及清淨　誰遣比丘來說戒　僧今和合何所
作為　大德僧聽　今十五日衆僧說戒　若僧時到僧忍聽　和合說
戒白如是　諸大德我今欲說波羅提木叉戒　汝等諦聽　善思念
之　若自知有犯者即應自懺悔　不犯者默然　默然故知諸大德
清淨　若有他問者亦如是答　如是比丘在於衆中乃至三問憶
念有罪不懺悔者得故妄語罪　故妄語者佛說鄣道法　若彼
比丘憶念有罪　欲求清淨者應懺悔　懺悔得安樂　諸大德
我已說戒經序　今問諸大德是中清淨不三說　諸大德是中清淨
默然故是事如是持　諸大德是四波羅夷法　半月半月戒經中來
若比丘共比丘同戒　若不還戒　戒羸不自悔　犯不淨行　乃至共畜

BD07863號　四分律比丘戒本　（3–1）

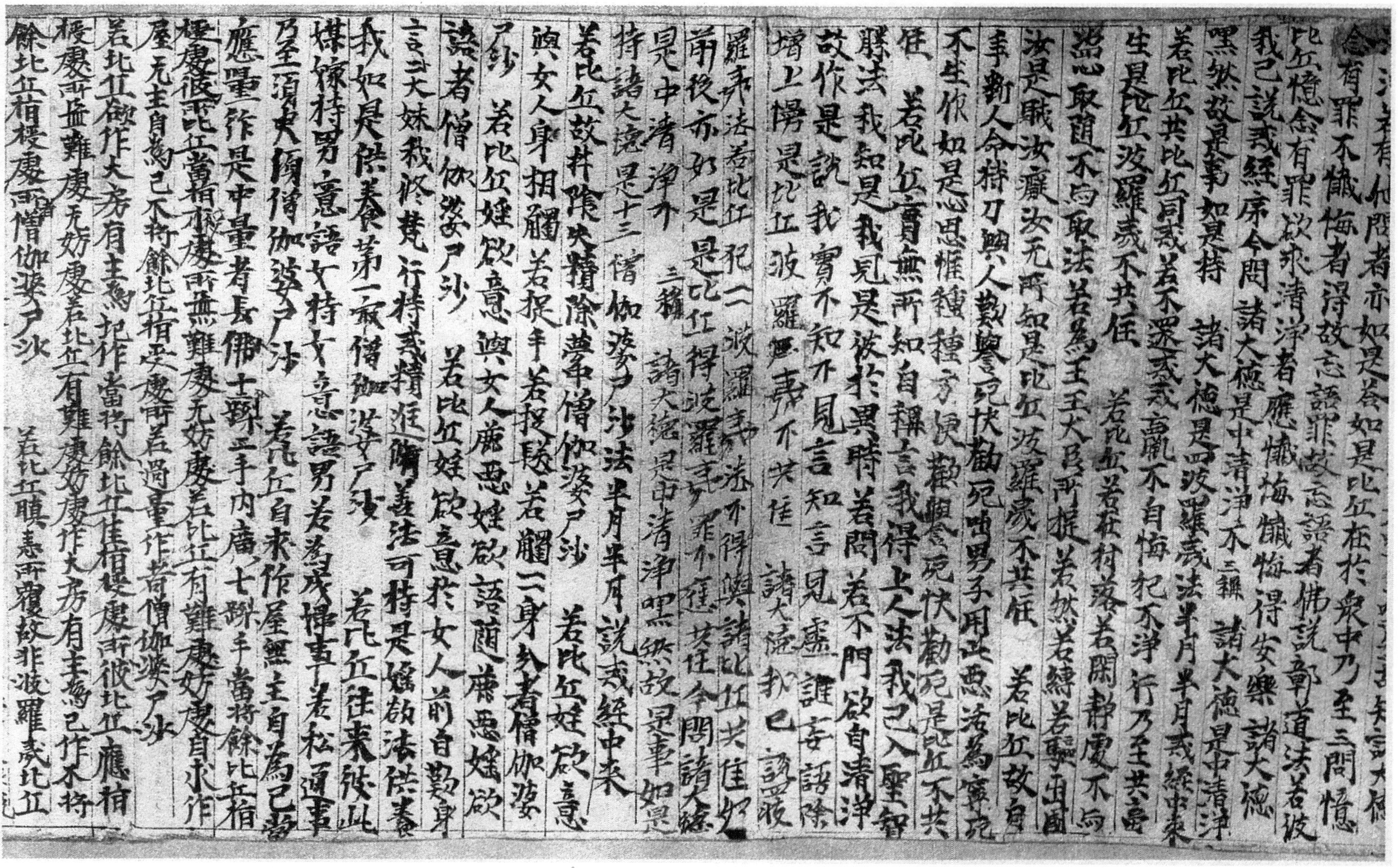

若有他問者亦如是答如是比丘在於衆中乃至三問憶
念有罪不懺悔者得故妄語罪故妄語者佛說鄣道法若彼
比丘憶念有罪欲求清淨者應懺悔懺悔得安樂　諸大德
我已說戒經序今問諸大德是中清淨不三說　諸大德是中清淨
默然故是事如是持　諸大德是四波羅夷法半月半月戒經中來
若比丘共比丘同戒若不還戒戒羸不自悔犯不淨行乃至共畜
生是比丘波羅夷不共住　若比丘若在村落若閑靜處不與
盜心取隨不與取法若為王王大臣所捉若殺若縛若驅出國
汝是賊汝癡汝無所知是比丘波羅夷不共住　若比丘故自
手斷人命持刀與人歎譽死快勸死咄男子用此惡活為寧死
不生作如是心思惟種種方便歎譽死快勸死是比丘不共
住　若比丘實無所知自稱言我得上人法我已入聖智
勝法我知是我見是彼於異時若問若不問欲自清淨
故作是說我實不知不見言知言見虛誑妄語除
增上慢是比丘波羅夷不共住　諸大德我已說
四波羅夷法若比丘犯一一波羅夷法不得與諸比丘共住如
前後亦如是是比丘得波羅夷不應共住今問諸大德
是中清淨不三說　諸大德是中清淨默然故是事如是
持　諸大德是十三僧伽婆尸沙法半月半月說戒經中來
若比丘故弄陰失精除夢中僧伽婆尸沙　若比丘婬欲意
與女人身相觸若捉手若捉髮若觸一一身分者僧伽婆
尸沙　若比丘婬欲意與女人麤惡婬欲語隨麤惡婬欲
語者僧伽婆尸沙　若比丘婬欲意於女人前自歎身
言大妹我修梵行持戒精進修善法可持是婬欲法供養
我如是供養第一最僧伽婆尸沙　若比丘往來彼此
媒嫁持男意語女持女意語男若為成婦事若為私通事
乃至須臾頃僧伽婆尸沙　若比丘自求作屋無主自為己當
應量作是中量者長佛十二搩手內廣七搩手當將餘比丘指
授處所彼比丘當指授處所無難處無妨處若比丘有難處妨處自求作
屋無主自為己不將餘比丘指授處所若過量作者僧伽婆尸沙
若比丘欲作大房有主為己作當將餘比丘往看指授處所彼比丘應指
授處所無難處無妨處若比丘有難處妨處作大房有主為己作不將
餘比丘往看指授處所僧伽婆尸沙　若比丘瞋恚所覆故非波羅夷比丘

BD07863號　四分律比丘戒本　（3–2）

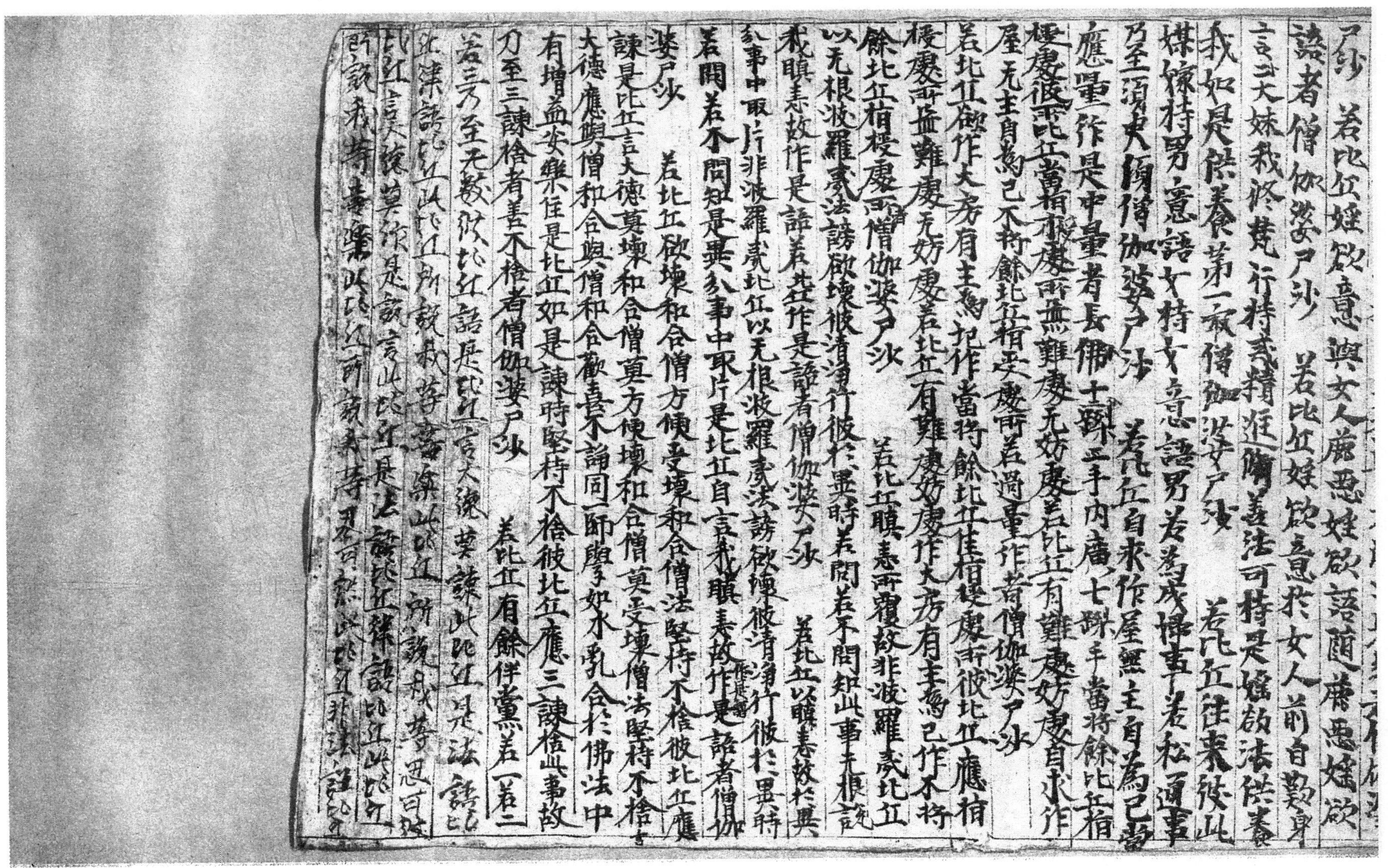

尸沙　若比丘婬欲意與女人麤惡婬欲語隨麤惡婬欲
語者僧伽婆尸沙　若比丘婬欲意於女人前自歎身
言：大妹我修梵行持戒精進修善法可持是婬欲法供養
我如是供養第一最僧伽婆尸沙　若比丘往來彼此
媒嫁持男意語女持女意語男若為成婦事若為私通事
乃至須臾頃僧伽婆尸沙　若比丘自求作屋無主自為己當
應量作是中量者長佛十二磔手內廣七磔手當將餘比丘指
授處彼應比丘當指示處無難處無妨處若比丘有難處妨處自求作
屋無主自為己不將餘比丘指授處若過量作者僧伽婆尸沙
若比丘欲作大房有主為己作當將餘比丘往看指授處彼比丘應指
授處無難處無妨處若比丘有難處妨處作大房有主為己作不將
餘比丘指授處者僧伽婆尸沙　若比丘瞋恚所覆故非波羅夷比丘
以無根波羅夷法謗欲壞彼清淨行彼於異時若問若不問知此事無根說
我瞋恚故作是語若作是語者僧伽婆尸沙　若比丘以瞋恚故於異
分事中取片非波羅夷比丘以無根波羅夷法謗欲壞彼清淨行彼於異時
若問若不問知是異分事中取片是比丘自言我瞋恚故作是語者僧伽
婆尸沙　若比丘欲壞和合僧方便受壞和合僧法堅持不捨彼比丘應
諫是比丘言大德莫壞和合僧莫方便壞和合僧莫受壞僧法堅持不捨
大德應與僧和合與僧和合歡喜不諍同一師學如水乳合於佛法中
有增益安樂住是比丘如是諫時堅持不捨彼比丘應三諫捨此事故
乃至三諫捨者善不捨者僧伽婆尸沙　若比丘有餘伴黨若一若二
若三乃至無數彼比丘語是比丘言大德莫諫此比丘是比丘法語
比丘律語比丘此比丘所說我等喜樂此比丘所說我等忍可彼
比丘言大德莫作是說言此比丘是法語比丘律語比丘此比丘所
說我等喜樂此比丘所說我等忍可然此比丘非法語……

BD07863 號　四分律比丘戒本　（3–3）

善清淨心離於放逸何等十四一者知足二
者精進三者寂靜四者親近善師五者離惡
知識六者脩習佛法七者善觀脩習八者捨
於憍慢九者信於因果法及非法十者念於
善欲十一者不觀女色十二者不近親族十
三者正住一切境界十四者畏於生死是名
十四法善脩其心以此因緣調伏其心臨命
終時不畏惡道閻羅獄卒不閉惡道門不斷
正法不為閻羅使者之所繫縛隨意將去不
作惡業能得一切善法者所謂善調伏心令
脩善業能將衆生至人天中開涅槃門後得
涅槃是故諸天子汝等應善調伏其心心調
伏故尚不見於閻羅使者何況將去時天帝
釋為諸天衆說惡道畏見閻羅王使者怖畏
我已如是一一漸增次第為汝說十四法當
今為汝說十五法如我往昔從佛所聞我今
當說何等十五若出家沙門毀於法式亦令

BD07864 號　正法念處經（兑廢稿）卷三三　（2–1）

十四法善脩其心以此因緣調伏其心臨命
終時不畏惡道閻羅獄卒不開惡道門不斷
正法不爲閻羅使者之所繫縛隨意將去不
作惡業能得一切善法者所謂善調伏心令
脩善業能將衆生至人天中開涅槃門後得
涅槃是故諸天子汝等應善調伏其心心調
伏故尚不見於閻羅使者何況將去時天帝
釋爲諸天衆說惡道畏見閻羅王使者怖畏
我已如是一一漸增次第爲汝說十四法當
令爲汝說十五法如我往昔從佛所聞我今
當說何等十五若出家沙門毀於法式亦令
他作被袈裟法所著袈裟令他愛欲樂好袈
裟以自莊嚴其音麁惡猶如驢聲細步徐步
端嚴威儀爲愛欲故莊嚴其身如是沙門不
懃精進樂見女人憍慢自大其心輕躁欲心
放逸是故所著衣服爲遮寒熱纔得覆身不
生貪者不爲愛著放逸所誑臨命終時不生
悔心是名初法
復次諸天子云何沙門知第二法知於知足
持何等式出家脩行戒脩智慧既自知已於
施主所施卧具醫藥知足受畜相應受施如
法受施如是受施不妨出家沙門之法是名
知於第二法也

BD07864號　正法念處經（兌廢稿）卷三三　（2–2）

其諸梵天上 光音及遍淨 乃至有頂天 言語之音
法師住於此 悉皆得聞之 一切比丘衆 及諸比丘
若讀誦經典 若爲他人說 法師住於此 悉皆得聞
復有諸菩薩 讀誦於經法 若爲他人說 撰集解其
如是諸音聲 悉皆得聞之 諸佛大聖尊 教化衆生
於諸大會中 演說微妙法 持此法華者 悉皆得聞
三千大千界 內外諸音聲 下至阿鼻獄 上至有頂
皆聞其音聲 而不壞耳根 其耳聰利故 悉能分別
持是法華者 雖未得天耳 但用所生耳 功德已如
復次常精進若善男子善女人受持是經
讀若誦若解說若書寫成就八百鼻功德
是清淨鼻根聞於三千大千世界上下內
種種諸香須曼那華香闍提華香末利華
瞻蔔華香波羅華香赤蓮華香青蓮華香
蓮華香華樹香菓樹香栴檀香沈水香多
羅跋香多伽羅香及千万種和香若末若
若塗香持是經者於此間住悉能分別又

BD07865號　妙法蓮華經卷六　（2–1）

皆聞其音聲　而不壞耳根　其耳聰利故　悉能分別知
持是法華者　雖未得天耳　但用所生耳　功德已如是
復次常精進若善男子善女人受持是經若
讀若誦若解說若書寫成就八百鼻功德以
是清淨鼻根聞於三千大千世界上下內外
種種諸香須曼那華香闍提華香末利華香
瞻蔔華香波羅羅華香赤蓮華香青蓮華香白
蓮華香華樹香菓樹香栴檀香沉水香多摩
羅跋香多伽羅香及千万種和香若末若丸
若塗香持是經者於此閒住悉能分別又復
別知衆生之香象香馬香牛羊等香男香女
香童子香童女香及草木叢林香若近若
所有諸香悉皆得聞分別不錯持是經者
住於此亦聞天上諸天之香波利質多羅
鞞陀羅樹香及曼陀羅華香摩訶曼陀羅
香曼殊沙華香摩訶曼殊沙華香栴檀沉
種種末香諸雜華香如是等天香和合所
之香无不聞知又聞諸天身香釋提桓因
勝殿上五欲娛樂嬉戲時香若在妙法堂
[illegible]諸天說法時香若於諸園遊戲時
悉遙聞如是展轉

BD07865號　妙法蓮華經卷六　（2–2）

恒怡暢功德成滿善根具足、
益衆生心常不匱獲最勝智成金剛藏[illegible]
佛淨諸佛剎常勤供養一切如來菩薩尒時
以諸善根如是迴向所謂願一切衆生皆得
圓滿最勝之身一切諸佛之所攝受願一切
衆生常近諸佛依諸佛住恒得覲仰未曾遠
離願一切衆生皆得清淨不壞之身具足一
切功德智慧願一切衆生常勤供養一切諸
佛行无所得究竟梵行願一切衆生得无我
身離我我所願一切衆生悉能分身遍十方
剎猶如影現而无來往願一切衆生得自在
身普往十方无我无受願一切衆生從佛身
生處在如來无上身家願一切衆生得法力
身忍辱大力无能壞者願一切衆生得无比
身成就如來清淨法身願一切衆生成就出
世功德之身生无所得清淨法界是爲菩薩
摩訶薩以身供佛善根迴向爲令衆生永住
三世諸佛家故佛子菩薩摩訶薩以身布施

BD07866號　大方廣佛華嚴經（唐譯八十卷本）卷二八　（4–1）

生處在如来无上身家願一切衆生得法力
身忍辱大力无能壊者願一切衆生得无比
身成就如来清淨法身願一切衆生成就出
世功德之身生无所得清淨法界是為菩薩
摩訶薩以身供佛善根迴向為令衆生永住
三世諸佛家故佛子菩薩摩訶薩以身布施
一切衆生為欲普令成就善根憶念善根菩
薩摩訶薩自願具身為大明燈普能照
曜一切衆生為衆樂具普能攝受一切衆生
為妙法藏普能任持一切衆生為淨光明普
能開曉一切衆生為世光景普令衆生常得
覩見為善根因緣普令衆生常得值遇為真
善知識令一切衆生悉蒙教誨為平坦道令
一切衆生皆得履踐為无有上具足安樂令
一切衆生離苦清淨為明淨日普住世間平
等利益菩薩尒時以諸善根如是迴向所謂
願一切衆生常親近佛入佛智地願一切衆
生得随順智住无上覺願一切衆生常處佛
會意善調伏願一切衆生所行有則具佛
威儀願一切衆生悉得涅槃深解法義願一
切衆生具知足行生如来家願一切衆生捨
无明欲住佛志樂願一切衆生生勝善根坐
菩提樹願一切衆生殺煩惱賊離怨害心願
一切衆生具足護持一切佛法是為菩薩摩
訶薩以身布施一切衆生善根迴向為欲利
益一切衆生令得无上安隱處故佛子菩薩

BD07866號　大方廣佛華嚴經（唐譯八十卷本）卷二八　（4–2）

菩提樹願一切衆生殺煩惱賊離怨害心願
一切衆生具足護持一切佛法是為菩薩摩
訶薩以身布施一切衆生善根迴向為欲利
益一切衆生令得无上安隱處故佛子菩薩
摩訶薩自以其身給侍諸佛於諸佛所念報
重恩如父母想於諸如来起深信樂以清淨
心護佛菩提住諸佛法離世間想生如来家
随順諸佛離魔境界了達一切諸佛所行成
就一切諸佛法器菩薩尒時以此善根如是
迴向所謂願一切衆生得清淨心一切智寶
而自莊嚴願一切衆生住善調伏遠離一切
諸不善業願一切衆生得不可壊堅固眷屬
普能攝受諸佛正法願一切衆生為佛弟子
到於菩薩灌頂之地願一切衆生常為諸佛
之所攝受永離一切不善之法願一切衆生
随順諸佛修行菩薩最勝之法願一切衆
生入佛境界悉皆得授一切智記願一切
衆生與諸如来皆悉平等一切佛法无不自
在願一切衆生悉為諸佛之所攝受常能修
行无取著業願一切衆生常為諸佛第一侍
者一切佛所修智慧行是為菩薩摩訶薩
給侍諸佛善根迴向為欲證得諸佛菩提
為欲救護一切衆生為欲出離一切三界為欲成
就无損惱心為得无量廣大菩提為欲成就
照佛法智為欲常蒙諸佛攝受為得諸佛之
所護持為欲信解一切佛法為欲成就與三

BD07866號　大方廣佛華嚴經（唐譯八十卷本）卷二八　（4–3）

為欲救護一切衆生為欲出離一切三界為欲成
就无損惱心為得无量廣大菩提為欲成就
照佛法智為欲常冢諸佛稱受為得諸佛之
所護持為欲信解一切佛法為欲成就與三
世佛平等善根為欲圓滿无悔恨心證得一
切諸佛法故佛子菩薩摩訶薩布施國土
一切諸物乃至王位悉亦能捨於諸世事心
得自在无繫无縛无所戀着遠離惡業饒
益衆生不著業果不樂世法不復貪染諸
生處雖住世間非此處生心不執着蘊界處
法於内外法心无依住常不忘失諸菩薩行
未曾遠離諸善知識持諸菩薩廣大行願常
樂承事一切善友菩薩尒時以此善根如是
迴向所謂願一切衆生為大法王於法自在
到於彼岸願一切衆生成佛法王摧滅一切
煩惱怨賊願一切衆生住佛王位得如来智
開演佛法願一切衆生住佛境界能轉无上自
在法輪願一切衆生生如来家於法自在護
持佛種永使不絶願一切衆生開示无量法
王正法成就无邊諸大菩薩願一切衆生住
淨法界為大法王現佛出興相繼不斷願一
王化導群生无時
空界等諸世

BD07866號　大方廣佛華嚴經（唐譯八十卷本）卷二八　（4–4）

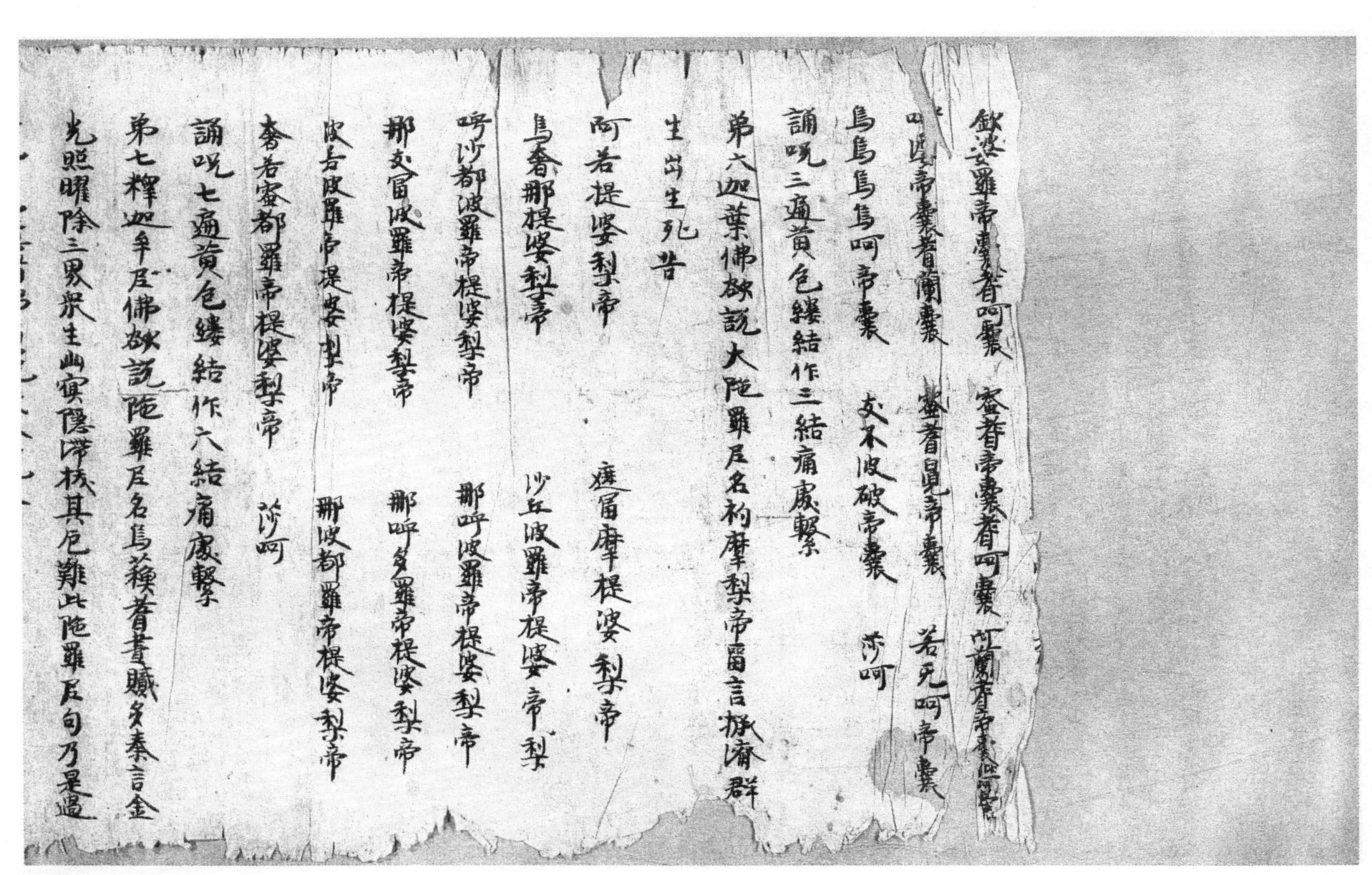
欲婆羅帝囊者呵囊　審者帝囊者呵囊　阿蘭者帝囊[illegible]
呵跋帝囊者蘭囊　鍳者員帝囊　若无呵帝囊
烏烏烏烏呵帝囊　支木波破帝囊　莎呵
誦呪三遍黄色縷結作三結痛處繫
第六迦葉佛欲說大陀羅尼名枸摩梨帝留言拯濟群
生出生死苦
阿若提婆梨帝　遮冨摩提婆梨帝
烏耆那提婆梨帝　沙丘波羅帝提婆帝梨
呼沙都波羅帝提婆梨帝　那呼波羅帝提婆梨帝
那支冨波羅帝提婆梨帝　那呼多羅帝提婆梨帝
波若波羅帝提婆梨帝　那波都羅帝提婆梨帝
耆若蜜都羅帝提婆梨帝　莎呵
誦呪七遍黄色縷結作六結痛處繫
第七釋迦牟尼佛欲說陀羅尼名烏蘇者耆賦多秦言金
光照曜除三界衆生幽冥隱滯拔其厄難此陀羅尼句乃是過

BD07867號　七佛八菩薩所說大陀羅尼神咒經卷一　（10–1）

奢若蜜都羅帝提婆利拏帝　莎呵
誦呪七遍黄色縷結作六結痛處繫
第七釋迦牟尼佛欲說陁羅尼名烏蘇耆晝賦多秦言金
光照曜除三界衆生幽冥隱滯拔其厄難此陁羅尼句乃是過
去九十九億諸佛所說我今說之
耆路不帝那置　畢耆帝那置　烏蘇呼帝那置
耆牟多帝那置　若不都帝那置　阿耆波若覓帝那置
若波都帝那置　耆牟波若帝那置　烏耆副帝那置
蜜耆蘇帝那置　耶蜜耆帝那置　破如孫帝那置
畢利拏帝吒帝那置　莎呵
誦呪十四遍黄色縷結作十四結痛處繫
第一文殊師利菩薩所說陁羅尼名闍摩覓留言解衆
生縛現在病苦悉得消除拔三毒箭九十八使漸漸消滅
及三有流現身得道
留多椋帝　闍浮支椋帝　蘇卑不支椋帝
耆不支椋帝　烏蘇多支椋帝　婆遮不支椋帝
闍摩賴長支椋帝　阿知波賴長支椋帝　知波帝支椋帝　莎呵
呪三遍五色縷結作二結繫頸
第二虛空藏菩薩欲說大陁羅尼名阿那耆晝寄秦言拔衆
生苦三界時筵无比若有衆生迴波六趣无能救者我必救

BD07867號　七佛八菩薩所說大陁羅尼神咒經卷一　（10–2）

闍摩賴長支椋帝　阿知波賴長支椋帝　知波帝支椋帝　莎呵
呪三遍五色縷結作二結繫頸
第二虛空藏菩薩欲說大陁羅尼名阿那耆晝寄秦言拔衆
生苦三界時筵无比若有衆生迴波六趣无能救者我必救
之令得脫難
阿那耆晝蘇　一不梨帝那耆晝蘇　若波晝耆晝蘇
畢利拏帝那耆晝蘇　知波晃耆晝蘇　烏耆帝那耆晝蘇
若波晝耆晝蘇　阿耆浮婆耆晝蘇　莎呵
誦呪五遍五色縷結作十四結繫兩手
第三我觀世音菩薩欲說大陁羅尼名阿那耆不知究
梨知留言大救濟普及十方无邊衆生
烏耆帝那　耆那知帝那　不迦覓帝那
那殊不梨帝那　阿摩殊不梨帝那　烏耆那呼吒帝那
耆浮浮帝那　耆都晝帝那　耆浮婆那賴帝那
漚究那賴帝那　支波留那賴帝那　闍浮遙賴帝那　莎呵
誦呪五遍五色縷結作廿四結繫頸
第四我救脫菩薩欲說大陁羅尼名阿那耆知羅留言
救諸病苦消衆毒藥拔濟衆生出於生死未度者度未安者
安未得涅槃者令得涅槃此陁羅尼名句乃是過去七十
七億諸佛所說我欲說之

BD07867號　七佛八菩薩所說大陁羅尼神咒經卷一　（10–3）

救諸病苦消衆毒藥拔濟衆生出於生死未度者度未安者
安未得涅槃者令得涅槃此陀羅尼名句乃是過去七十
七億諸佛所說我欲說之
陀摩賴帝 阿那婆賴帝 究支那帝
耆摩那帝 究吒婆賴多帝 阿耆摩梨難帝
婆若不梨那烏耆欽帝 婆吒羅耆帝
烏穰那波賴帝 陀摩賴帝 莎呵
誦呪三遍五色縷結作六結繫兩髀
第五我䟦陀和菩薩欲說大陀羅尼句乃是過去七十七億
諸佛所說我有陀羅尼名阿那耆置盧留言度脫衆生
生老病苦及三塗苦衆生現在病苦悉皆拔濟
阿那支波晝 朱守羅波晝 支留盧波晝
阿那穰呵覓波晝 烏耆欽婆羅加波晝 耆復那波晝
阿若呼帝婆波晝 耆摩浮梨帝那婆晝 烏穰帝樓波晝
耆摩梨帝波晝 阿婆婆羅帝那婆晝 呼婆都波晝
耆摩梨帝波晝 莎呵
誦呪五遍六色縷結作五結痛處繫
第六我大勢至菩薩欲說大陀羅尼名阿那耆置盧留言
救諸病苦遊殺細枝四毒箭令出三界
耆留吒那帝 阿輸波羅帝 耆晝盧波羅帝

BD07867 號　七佛八菩薩所說大陀羅尼神咒經卷一　（10–4）

誦呪五遍六色縷結作五結痛處繫
第六我大勢至菩薩欲說大陀羅尼名阿那耆置盧留言
救諸病苦遊殺細枝四毒箭令出三界
耆留吒那帝 阿輸波羅帝 耆晝盧波羅帝
阿輸多波羅帝 烏那呼波羅帝 若牟耶波羅帝
耆故晝波羅帝 若牟耶波羅帝 莎呵
誦呪三遍三色縷結作三結繫頸
第七我得大勢菩薩欲說大陀羅尼名烏穰波置樓留言
救諸病苦拔濟群生出於三界令諸行人德成万行
阿那耆置樓 波羅帝那耆置樓 若摩陀羅置耆置樓
阿輸陀羅尼耆置樓 烏穰波置那耆置樓 故盧波置那波置樓
㝵波訇波置樓 若无梨置波置樓 清淨淨梨耆[illegible]置樓
若无阿㝵不梨帝那置樓 莎呵
誦呪五遍三色縷結作三結繫咽
第八我跋陀菩薩欲說大陀羅尼名阿那耆置樓留言救濟
衆生出生死苦拯濟三界貧窮衆生如寶掌菩薩亦如國王解
結中明珠施与貧窮猶如慈父示子寶藏此陀羅尼力亦復如是
若无呼波置樓 烏穰多置樓 若无耆置樓
烏穰呼那波置樓 若物殊置樓 毗梨帝那置樓
烏耆欽置樓 㝵不呼穰多置樓 若无蜜多置樓
阿支不置樓 毗梨帝那置樓 莎呵

BD07867 號　七佛八菩薩所說大陀羅尼神咒經卷一　（10–5）

若无呼波置樓　烏蘇多置樓　若无耆置樓
烏蘇呼那波置樓　若物殊置樓　毗梨帝那置樓
烏耆欽置樓　遮不呼蘇多置樓　若无蜜多置樓
阿支不置樓　毗梨帝那置樓　莎呵
誦呪三遍三色縷結作七結痛處繫
此陁羅尼句乃是過去七十七億諸佛所說我今說之有諸國王
其國土境水旱不調禾米不登尒時應當誦此陁羅尼七十七
遍三稱我名跋陀羅菩薩我時當勅阿耨大王婆伽羅龍使諸小龍
給足其水令國豐實若其國内疫病流行有諸衆生病苦殃身
我時當往是人所隨其偏數療治救濟有諸衆生乏於財物
我當給施令无所乏若諸國王欲求所願應當備行此陁羅
尼若在塔中空閑地淨潔洗浴著新淨衣七日七夜受持八戒
六時行道於六時中七遍誦此陁羅尼若國王心存摩者三百三
夜即得如願極至七日无不尅果燒黑沉水白栴檀香散五色華
然胡麻油燈月八日十四日十五日是時三稱我名跋陀羅菩薩我
時當與天龍八部往是人所與其願是人若於夢中若惺悟
心或得珍寶或見白馬或得果實手時當知即得所願
我釋摩男菩薩今欲說大神呪擁護諸衆生國土災弱事
刀兵及寇賊疫病悉皆消滅所說大神呪功德力如是
曇无呼蘇皃流　曇蜜耆皃流　曇蜜畢梨皃流

BD07867 號　七佛八菩薩所說大陀羅尼神咒經卷一　（10–6）

刀兵及寇賊疫病悉皆消滅所說大神呪功德力如是
曇无呼蘇皃流　曇蜜耆皃流　曇蜜畢梨皃流
耆副都皃流　莎呵
誦呪三遍八色縷結作四結繫兩脚
普賢菩薩所說大陁羅尼神呪經名支波喙留言決定融
尼波喙留言勅結烏蘇波喙留言生盡此呪能令衆生心得
解脫滅三毒病部鄣道眾他方怨賊悉皆摧滅境内所有
怨家盜賊悉能讓之若行曠野惡獸毒虫聞此陁羅尼神
呪口則閉塞不能為害此陁羅尼呪乃是過去卌億諸佛所說
我今說之其有備行此陁羅尼者願大悲觀世音菩薩摩訶
薩說大陁羅尼呪
南无勒囊利䰾䰾　南无阿利䰾　婆駱吉枝舍伏羅䰾
菩提薩埵䰾　摩訶薩埵䰾
摩訶薩埵䰾　伊睇多崩　婆羅婆叉殄
佛婆禪磨　毗至究䟽薩埵
南无勒囊利䰾䰾　南无阿利䰾　婆駱吉枝舍伏羅䰾
菩提薩埵䰾　摩訶薩埵䰾　多欐哆備目侌毗瞢侌
伏流伏流備目流毗備目流　輸鄉濟　毗輸鄉濟
摩訶思多婆皃　摩首羅皃　摩富埏婆婆極
多婆首沙皃　莎呵

BD07867 號　七佛八菩薩所說大陀羅尼神咒經卷一　（10–7）

伏流伏流備目流𣲘備目流　輸鄉𡅏　吡輸鄉𡅏
摩訶思多婆覓　摩首羅覓　摩富坻婆婆極
多婆首沙覓　莎呵
此陁羅尼若人癩病若白癩病若赤癩若黃癩病若狂苟喏
若身惡創若被箭射刀創傷破以此陁羅尼呪呪七三七廿一
遍以塗創上即得差愈真實如是十五　觀世音菩薩顛果
南无勒囊利𧿹𧿹　南无阿利𧿹　婆路吉坻舍伏羅𧿹
菩提薩埵𧿹　摩訶薩埵𧿹　多欗𠯈
南无摩訶迦留尼迦　南无薩婆薩埵
希多毚劒畢𡅏　南无薩婆薩埵囊　弥多羅曾多多𧿹
南无薩婆脾𧿹　散那木叉迦羅陁　南无薩婆娑伹
沙陁迦羅𧿹迦羅𧿹　南无薩婆婆𧿹　脒摩囊迦羅𧿹
南无薩婆比𧿹　耶木叉迦羅𧿹　南无薩婆薩埵
湦槃婆羅耶含迦羅陁　南无摩訶菩提薩埵　摩吉埵囊伊睇
呵利陁　婆路吉梭舍伏羅𧿹　希力提𧿹　摩梜提霜弥薩婆
羯磨　力陁莎陁羅尼　薩婆比𧿹𧿹　波羅慕羼尼
多欗𠯈秀留秀留秀留　覓流覓流覓流　希利希利弥利弥思利
思利提利提利　闍利闍利闍利闍利　𡅏郁勒勒利目勒利
摩訶迦斯具利　乹陁犁陁羅竡𧿹　摩登祈檑迦羅斯

BD07867 號　七佛八菩薩所說大陀羅尼神咒經卷一　（10–8）

思利提利提利　闍利闍利闍利闍利　𡅏郁勒勒利目勒利
摩訶迦斯具利　乹陁犁陁羅竡𧿹　摩登祈檑迦羅斯
豆雛豆豆雛　曇弥曇弥曇弥𡅏　䪥坻䪥多摩那斯目佛
吡目佛祈移肥祈移肥倁利　佫歖力弥希弥富旦𡅏　蕿慕極備
賴斯闍弥侓極闍弥侓多婆多婆但埞難提目㑹
栴陁雛栴陁羅目㑹　鉢陁㗅羊陁㭘目㑹　脩陁迦絺脩利𧿹
婆羅沙脾脩利𧿹賴世弥沙迦婆侓極沙羅　吟㗅婆羅槓
曰陁羅曰極羅伽羅名婆移賴秖闍弥極
摩訶波臈脾乇豆蒱莎雛摩于豆沙雛摩于豆沙雛
薩婆薩埵　阿毚劒婆陁𧿹　婆陁𧿹婆陁𧿹
馱佛摩毚沬羅脩曇摩䅷沬羅希　僧伽摩䅷沬羅希
佛陁𧿹佛陁𧿹　希曌提𧿹　摩䅷沬羅希
菩提𧿹　菩提薩埵　薩婆羯　莎呵　阿婆羅陁𧿹　莎呵
迦留尼迦𧿹莎呵　羯磨㗅莎呵　莎陁𧿹莎呵　南无阿利𧿹
婆路吉梭舍伏羅𧿹　恭鍾覓慕陁羅鉢陁莎呵
行此呪法於二月十五日以牛屎塗地以凡器新好者感香
十二凡器感乳須一燈須燒好香花費長三日斷食一日三時洗
浴應布草於地七日中誦呪八百遍應觀世音像前應著新
淨衣燒黑堅沉水香三時誦此呪必得吉祥隨心所願必得不虛
若呪水若呪土若結縷若呪芥子燒之若呪草隨意所便用治

BD07867 號　七佛八菩薩所說大陀羅尼神咒經卷一　（10–9）

十一凡噐國乳頂一燈頂燒好香花貫長三日斷食一日三時淋
浴應布草於地七日中誦呪八百遍應觀世音像前應著新
淨衣燒黑堅沉水香三時誦此呪必得吉祥隨心所願必得不虛
若呪水若呪土若結縷若呪芥子燒之若呪草隨意所便用治
身病要於食前呪之衆病除愈
此呪隨心所願應七日七夜中行之然便上來所說能得行之吉是
呪是隨心自在呪是觀世音菩薩摩訶薩大悲故說諸欲所
求悉得如願是呪能滅一切怖畏能除一切病痛能解一切繫縛
能除一切怨害能除一切蠱道毒藥能滅一切熱病能除伏一切
魔鬼能除一切顛狂鬼病若欲遠行當誦此呪若自結衣角
能除一切衆惡若結縈危縷繫著病人身无不除愈若以水漬灑
若以黑縷結之能自護身并護他人能令至隨地獄者紫解
脫此觀世音菩薩摩訶薩本所誓願拔度一切廣救衆生真
實如是誠諦不虛
七佛八菩薩所說陁羅尼呪經

BD07867號　七佛八菩薩所說大陀羅尼神咒經卷一　（10–10）

佛說五无返復經一卷
聞如是一時佛至舍衛國与千二百五十比丘俱時有一梵志從羅槐
岐國來仁慈孝順奉經脩道敬事三尊便到舍衛國見父
子二人耕地毒蛇嚙殺其子父故耕如固不看其子亦不涕哭
梵志問曰死者誰兒耕者答言是我之子梵志語曰是卿
子何不啼哭故耕如固耕者答言人生有死物成有敗善者有
報惡者有對愁憂啼哭何益死者卿今入城我家某處願
過語之吾子以死但持一人食來梵志自念此是何人復无返復
兒死在地情无憂愁而返索食此人不慈无有比比梵志入城
詣耕者家所見死兒母即便語之卿兒以死其夫寄信持一人
來何以不念子也兒母即為梵志說辟喻言兒來託生我亦不喚
兒今自去非我能留辟如行客來過主人客今自去何能得留我
時母子辟若如是我兒命盡无常對至隨其本行不能救護
愁憂啼哭何益死者復語其姊卿弟以死何不啼哭姊向梵志
說辟喻言我之兄弟辟如巧師入山斫木縛作大栰安置水中
迅逢大風吹破栰散隨水流去前後分張不相顧望我弟
亦回緣集會共一家生各隨受命其短生死无常合會有離我
弟命盡隨其本行不能救護愁憂啼哭何益死者復語其婦卿
夫以死何不啼哭婦向梵志說辟喻言我之夫婦辟如飛鳥暮栖高
樹同共止宿須臾之間向明早起各自飛去行求飲食有緣則

BD07868號A　五無反復經　（2–1）

遭逢大風吹破舩散隨水流去前後分張不相顧望我弟
亦因緣集會共一家生各隨受命其有生死无常合會有離我
弟命盡隨其本行不能救護愁憂啼哭何益死者復語其婦兒
夫死何不啼哭婦向梵志說譬喻言我之夫婦譬如飛鳥暮栖高
樹同其止宿須臾之間向明早起各自飛去行求飲食有緣則
會无緣則離我之夫婦譬若如是我夫命盡隨其本行不能救
愁憂啼哭何益死者復語其奴大家以死何不啼哭奴向梵志說
喻言我之大家因緣合會我如犢子隨逐大牛人煞大牛犢子在邊
不能救護大家命盡愁憂啼哭何益死者梵志見之心意目瞑
不識東西我聞此國孝慎奉脩恭敬三寶故從遠來欲得學問
既來到此聊无所益各問行人佛在何許欲往問之行人答言
近在祇洹精舍梵志即到佛所稽首作礼退坐一面愁憂低頭嘿
所說佛知其意謂梵志曰何以低頭愁憂不樂梵志答言所願
不果違我本心是故不樂佛言有何所失愁憂不樂梵志答
言我從羅悅祇國來欲得學問既來到此見五无返復佛言不
然不如卿語梵志答言我見父子二人耕地下種兒死在地父之
不愁而返索食室家大小都无愁憂此是大逆佛言不如
如卿語此等五人最爲返復知身无常身非己有往故喔
人不能斯患況於凡夫愁憂啼哭何益死者梵志聞之心開
意解我聞佛說如病得愈如盲得視如闇得明於是梵志即
得道跡世間俗人无量劫來流轉生死精神不滅死而復生
如車輪轉无有休息向死背生无所復益死者老歸於土
生者種殖生業欲爲亡者請佛及僧燒香供養讀誦尊
經能日日作礼復能至心布施三寶最是爲要梵志
爲佛稽首作礼却住叉手受教而去
五无返復經一卷

BD07868號A　五無反復經　（2–2）

面愛之
政女人身中有十惡事不自　何等十惡一
難養育二者懷任憂愁三者初生父母不喜四者養育
味五者父母隨逐不離時宜六者處處畏人七者出
嫁時八者生与父母離別九者常畏夫壻十者不得自在
名十惡玉耶煌怖白佛言世尊願佛教我婦人之礼佛
玉耶婦事夫壻公姑大長有五善三惡何等五善
卧早起美食先進二者檛罵不得懷恚三者一心向夫不
得邪婬四者願夫長壽以身奉使五者夫壻遠行整頓
家中无有二心是爲五善何等三惡一者輕慢夫壻不
大長美食自噉未瞑早卧日出不起夫壻教呵瞋目怒
應二者見夫不歡心常敗壞念他男子好三者願夫早
死更嫁是爲三惡玉耶嘿然无以言答　佛語玉耶世間
有七輩婦爲汝說之一心善聽一者母婦二者妹婦三者
知識婦四者婢婦五者婦婦六者怨家婦七者奪命婦汝
解不玉耶答言不及此議佛言善聽吾今解之何等母
婦愛念夫主如母愛子晝夜長養不失時宜心常憐愍无有
厭患念夫如子是爲母婦何等妹婦承事夫壻盡心敬

BD07868號B　玉耶經　（3–1）

有七輩婦為汝說之一心善聽一者母婦二者妹婦三者
知識婦四者婢婦五者婦婦六者怨家婦七者奪命婦汝
解不玉耶荅言不及此議佛言善聽吾今解之何等母
愛念夫主如母愛子晝夜長養不失時宜心常憐愍无有
猒患念夫如子是為母婦何等妹婦承事夫聓盡心敬
志如兄如弟同氣分形骨血至親无有二情尊之重之如妹
事兄是為妹婦何等知識婦奉事夫聓敬順報至依依
戀戀不能相棄和密之事常相告示行无違失善事相
教使益朋惠相親相愛欲令度世如善知識是為知識
婦何等婦婦供養大人竭情盡行无有二淨脩婦礼終
不廢闕進不犯義退不失礼常和為貴是名婦婦何等
婢婦心常畏忌不敢自慢中敬盡節口不麁語身不放
溢以礼自防如民奉王夫聓敬律不得驕慢若得杖捶敬
承奉受及見罵辱嘿然无辞甘心樂皆无有二心務脩婦道不
衣食如事大家是名婢婦何等怨家婦見夫不歡恒懷瞋恚
晝夜求願欲得遠離雖為夫婦心常如寄亂頭對卧无所畏
避不作生活養育兒子身行婬蕩不知羞恥狗入罪法毀辱親
里夫聓相憎呪欲令死是名怨家婦何等奪命婦晝夜不
寐毒心伺之作何方便得遠離之欲与毒藥恐人覺之心外情
通傾人客之復遣傍人伺而賊之夫死更嫁適我願之是之
命婦佛語玉耶其有五善婦者當有顯名宗親九族并
蒙其榮天龍鬼神擁護其形使不橫枉財寶日生万分之
後願願不違上生天上宫殿浴池在所自然天人樂之天上壽
盡還生世間當為富貴侯王子孫端政殊好人所奉尊其
惡婦者當得惡名今見在身不得安寧數為鬼神在於
家庭起病殃禍求及神明會當歸死不得生長惡夢恐怖
願不成多逢央橫水火日敬万分之後魂神壽形死入地獄餓

BD07868 號 B　玉耶經　（3–2）

蒙其榮天龍鬼神擁護其形使不橫枉財寶日生万分之
後願願不違上生天上宫殿浴池在所自然天人樂之天上壽
盡還生世間當為富貴侯王子孫端政殊好人所奉尊其
惡婦者當得惡名今見在身不得安寧數為鬼神在於
家庭起病殃禍求及神明會當歸死不得生長惡夢恐怖
願不成多逢央橫水火日敬万分之後魂神壽形死入地獄餓
鬼畜生其身坐抱咽如針釘身卧鐵牀數千万劫受罪畢
訖還生惡家貧窮卯路无衣无麻茲茲急急共相鞭撾從
生至死无有榮華作善得善作惡自這善惡如此非是
虛耶佛語玉耶是七輩婦汝欲何行玉耶流涕前白佛言
我本愚癡不順夫尊自今以後當如婢婦盡我壽命不
驕慢即前長跪求受十戒三自歸歸命佛歸命法歸命
比丘僧一不煞生二不偷盜三不耶婬四不妄語五不飲酒六
者不得惡口七者不得綺語八者不得嫉姤九者不得
瞋恚十者信善得善是名十戒此憂婆夷所行道佛說
經竟及諸弟子皆各欲還給孤獨長者眷屬歡喜
佛人退玉耶長跪重白佛言我本愚癡驕慢夫聓
一蒙世尊化導我等今心開解佛語玉耶自今以後擁護
汝家玉耶言諾受佛重教不敢有違稽首礼足受退還歸

BD07868 號 B　玉耶經　（3–3）

生　教有情脩善法
等　羅剎旃荼羅
善　諸天共護持
諸天共護持　示其善惡報
國人造惡業　王捨不禁制　斯非脩正理　治擯當如法
若見惡不遮　非法便滋長　遂令王國內　姦詐日增多
王見國中人　造惡不遮正　三十三天眾　咸生忿怒心
因此損國政　諂偽行世間　被他怨敵侵　破壞其國土
居家及資具　積財皆散失　種種諂誑生　更爭相侵奪
由正法得王　而不行其法　國人皆破散　如為踏蓮池
惡風起無恒　暴雨非時下　妖星多變怪　日月蝕無光
五穀眾花菓　苗實皆不成　國土遭飢饉　由王捨正法
若王捨正法　以惡法化人　諸天處本宮　見已生憂惱
彼諸天王眾　共作如是言　此王作非法　惡黨相親附
王位不久安　諸天皆忿恨　由彼懷忿故　其國當敗亡
以非法教人　流行於國內　鬪諍多姦偽　疾疫生眾苦
天主不護念　餘天咸捨棄　國土當滅亡　王身受苦厄
父母及妻子　兄弟并姊妹　俱遭愛別離　乃至身亡歿
變怪流星墮　二日俱時出　他方怨賊來　國人遭喪亂
國所重大臣　枉橫而身死　所愛象馬等　亦復皆散失
處處有兵戈　人多非法死　惡鬼來入國　疾疫遍流行

BD07869 號　金光明最勝王經卷八　（4–1）

若王捨正法　以惡法化人　諸天處本宮　見已生憂惱
彼諸天王眾　共作如是言　此王作非法　惡黨相親附
王位不久安　諸天皆忿恨　由彼懷忿故　其國當敗亡
以非法教人　流行於國內　鬪諍多姦偽　疾疫生眾苦
天主不護念　餘天咸捨棄　國土當滅亡　王身受苦厄
父母及妻子　兄弟并姊妹　俱遭愛別離　乃至身亡歿
變怪流星墮　二日俱時出　他方怨賊來　國人遭喪亂
國所重大臣　枉橫而身死　所愛象馬等　亦復皆散失
處處有兵戈　人多非法死　惡鬼來入國　疾疫遍流行
國中最大臣　及以諸輔相　其心懷諂佞　並悉行非法
見行非法者　而生於愛敬　於行善法人　苦楚而治罰
由愛敬惡人　治罰善人故　星宿及風雨　皆不以時行
有三種過人　正法當隱沒　眾生無光色　地肥皆下沉
由敬惡輕善　復有三種過　非時降霜雹　飢疫苦流行
穀稼諸果實　滋味皆損減　於其國土中　眾生多疾病
國中諸樹林　先生甘美果　由斯皆損減　苦澀無滋味
先有妙園林　可愛遊戲處　忽然皆枯悴　見者生憂惱
稻麥諸果實　美味漸消亡　食時心不喜　何能長諸大
眾生光色滅　勢力盡衰微　食噉雖復多　不能令飽足
於其國界中　所有眾生類　少力無勇勢　所作不堪能
國人多疾患　眾苦逼其身　鬼魅遍流行　隨處生羅剎
若王作非法　親近於惡人　令三種世間　因斯受衰損
如是無邊過　出在於國中　皆由見惡人　棄捨不治擯
由諸天加護　得作於國王　而不以正法　守護於國界
若人脩善行　當得生天上　若造惡業者　死必墮三塗
若王見國人　縱其造過失　三十三天眾　皆生熱惱心

BD07869 號　金光明最勝王經卷八　（4–2）

若王作非法　親近於惡人　令三種世間　因斯受衰損
如是無邊過　出在於國中　皆由見惡人　棄捨不治擯
由諸天加護　得作於國王　而不以正法　守護於國界
若人脩善行　當得生天上　若造惡業者　死必墮三塗
若王見國人　縱其造過失　三十三天衆　皆生熱惱心
不順諸天教　及以父母言　此是非法人　非王非孝子
若於自國中　見行非法者　如法當治罰　不應生捨棄
是故諸天衆　皆護持此王　以滅諸惡法　能脩善根故
王於此世中　必招於現報　由於善惡業　行捨勸衆生
為示善惡報　故得作人王　諸天共護持　一切咸隨喜
由自利利他　治國以正法　見有諂佞者　應當如法治
假使失王位　及以害命緣　終不行惡法　見惡而捨棄
害中極重者　無過失國位　皆因諂佞人　為此當治罰
若有諂誑人　當失於國位　由斯損王政　如象入花園
天主皆瞋恨　阿蘇羅亦然　以彼為人王　不以法治國
是故應如法　治罰於惡人　以善化衆生　不順於非法
寧捨於身命　不隨非法友　於親及非親　平等觀一切
若為正法王　國內無偏黨　法王有名稱　普聞三界中
三十三天衆　歡喜作是言　贍部洲法王　彼即是我子
以善化衆生　正法治於國　勸行於正法　當令生我宮
天及諸天子　及以蘇羅衆　因王正法化　常得心歡喜
天衆皆歡喜　共護於人王　衆星依位行　日月無乖度
和風常應節　甘雨順時行　苗實皆善成　人無飢饉者
一切諸天衆　充滿於自宮　是故汝人王　忘身弘正法
應尊重法寶　由斯衆安樂　常當親正法　功德自莊嚴
眷屬常歡喜　能遠離諸惡　以法化衆生　恒令得安隱
令彼一切人　脩行於十善　率土常豐樂　國土得安寧

BD07869 號　金光明最勝王經卷八　（4–3）

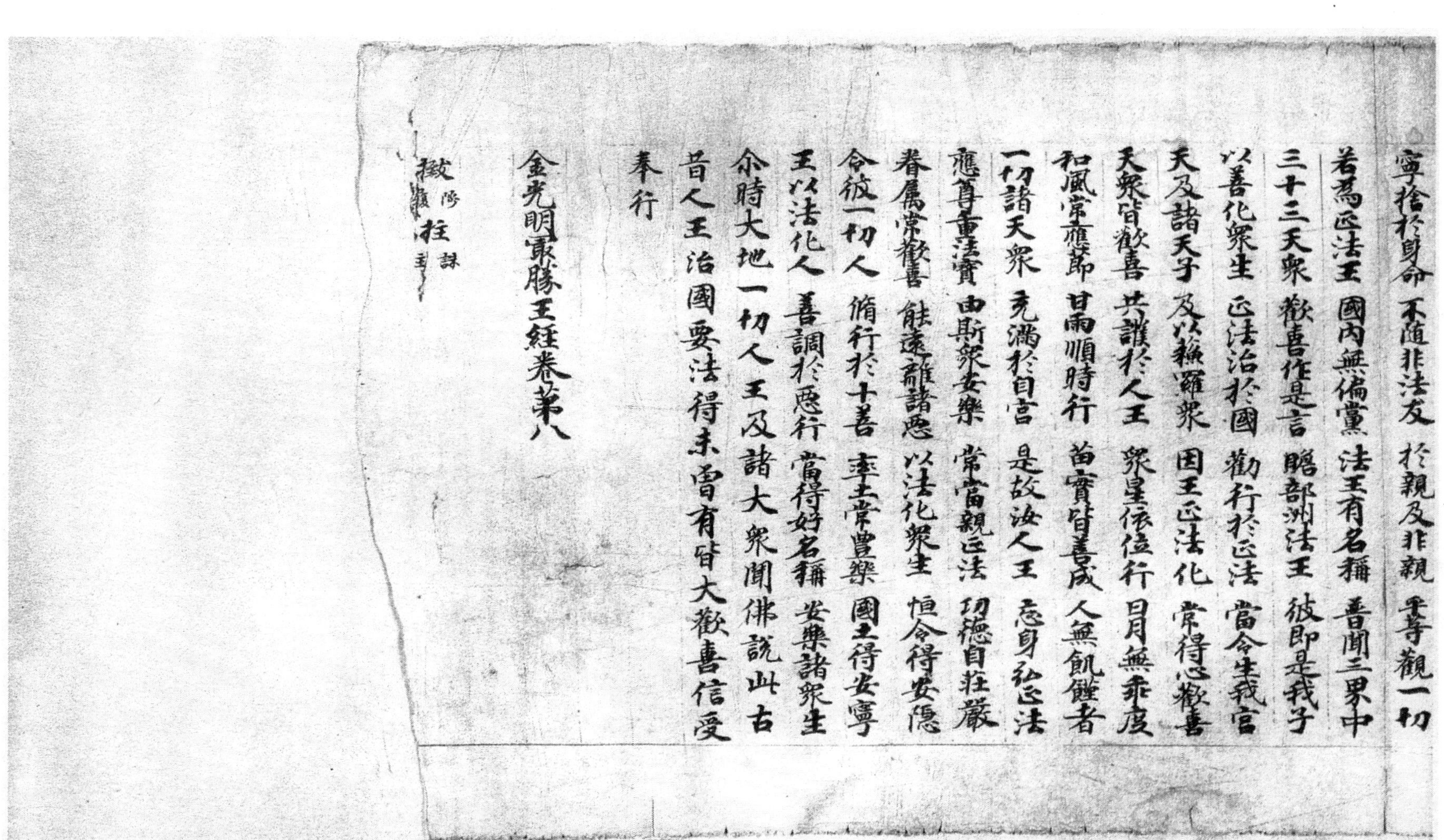
寧捨於身命　不隨非法友　於親及非親　平等觀一切
若為正法王　國內無偏黨　法王有名稱　普聞三界中
三十三天衆　歡喜作是言　贍部洲法王　彼即是我子
以善化衆生　正法治於國　勸行於正法　當令生我宮
天及諸天子　及以蘇羅衆　因王正法化　常得心歡喜
天衆皆歡喜　共護於人王　衆星依位行　日月無乖度
和風常應節　甘雨順時行　苗實皆善成　人無飢饉者
一切諸天衆　充滿於自宮　是故汝人王　忘身弘正法
應尊重法寶　由斯衆安樂　常當親正法　功德自莊嚴
眷屬常歡喜　能遠離諸惡　以法化衆生　恒令得安隱
命彼一切人　脩行於十善　率土常豐樂　國土得安寧
王以法化人　善調於惡行　當得好名稱　安樂諸衆生
尒時大地一切人王及諸大衆聞佛說此古
昔人王治國要法得未曾有皆大歡喜信受
奉行

金光明最勝王經卷第八

撽陟　拄訣

BD07869 號　金光明最勝王經卷八　（4–4）

憂悲苦惱而為三界火
之智慧舍利弗如長者
用之但以慇懃方便勉濟
後各與珎寶大車如来亦復如是雖有力无
所畏而不用之但以智慧方便於三界火宅
拔濟衆生為說三乘聲聞辟支佛佛乘而作
是言汝等莫得樂住三界火宅勿貪麁弊色
聲香味觸也若貪著生愛則為所燒汝速出
三界當得三乘聲聞辟支佛佛乘我今為汝
保任此事終不虛也汝等但當懃脩精進如
来以是方便誘進衆生復作是言汝等當知
此三乘法皆是聖所稱嘆自在无繫无所依
求乘是三乘以无漏根力覺道禪定解脫三
昧等而自娛樂便得无量安隱快樂舍利弗
若有衆生內有智性從佛世尊聞法信受慇
懃精進欲速出三界自求涅槃是名聲聞乘
如彼諸子為求羊車出於火宅若有衆生從

BD07870號　妙法蓮華經卷二　（3–1）

此三乘法皆是聖所稱嘆自在无繫无所依
求乘是三乘以无漏根力覺道禪定解脫三
昧等而自娛樂便得无量安隱快樂舍利弗
若有衆生內有智性從佛世尊聞法信受慇
懃精進欲速出三界自求涅槃是名聲聞乘
如彼諸子為求羊車出於火宅若有衆生從
佛世尊聞法信受慇懃精進求自然慧樂獨
善寂深知諸法因緣是名辟支佛乘如彼諸
子為求鹿車出於火宅若有衆生從佛世尊
聞法信受懃脩精進求一切智佛智自然智无師
智如来知見力无所畏愍念安樂无量衆生
利益天人度脫一切是名大乘菩薩求此乘
故名為摩訶薩如彼諸子為求牛車出於火
宅舍利弗如彼長者見諸子等安隱得出火
宅到无畏處自惟財富无量等以大車而賜
諸子如来亦復如是為一切衆生之父若見
无量億千衆生以佛教門出三界苦怖畏險
道得涅槃樂如来尒時便作是念我有无量
无邊智慧力无畏等諸佛法藏是諸衆生皆
是我子等與大乘不令有人獨得滅度皆以
如来滅度而滅度之是諸衆生脫三界者悉
與諸佛禪定解脫等娛樂之具皆是一相一
種聖所稱嘆能生淨妙第一之樂舍利弗如
彼長者初以三車誘引諸子然後但與大車寶
物莊嚴安隱第一然彼長者无虛妄之咎如
来亦復如是无有虛妄初說三乘引導衆生
然後但以大乘而度脫之何以故如来有无
量智慧力无所畏諸法之藏能與一切衆生

BD07870號　妙法蓮華經卷二　（3–2）

種聖所稱歎能生淨妙第一之樂舍利弗如
彼長者初以三車誘引諸子然後但與大車寶
物莊嚴安隱第一然彼長者无虛妄之咎如
來亦復如是无有虛妄初說三乘引導衆生
然後但以大乘而度脫之何以故如來有无
量智慧力无所畏諸法之藏能與一切衆生
大乘之法但不能盡受舍利弗以是因緣當
知諸佛方便力故於一佛乘分別說三佛欲
重宣此義而說偈言
譬如長者　有一大宅　其宅久故　而復頓弊
堂舍高危　柱根摧朽　梁棟傾斜　基陛頹毀
墻壁地坼　埿塗褫落　覆苫亂墜　椽梠差脫
周鄣屈曲　雜穢充遍　有五百人　止住其中
鴟梟鵰鷲　烏鵲鳩鴿　蚖蛇蝮蠍　蜈蚣蚰蜒
守宮百足　狖狸鼷鼠　諸惡蟲輩　交橫馳走
屎尿臭處　不淨流溢　蜣蜋諸蟲　而集其上
狐狼野干　咀嚼踐蹋　嚌齧死屍　骨肉狼藉
由是群狗　競來搏撮　飢羸慞惶　處處求食
鬪諍摣掣　啀喍嘷吠　其舍恐怖　變狀如是
處處皆有　魑魅魍魎　夜叉惡鬼　食噉人肉
毒蟲之屬　諸惡禽獸　孚乳產生　各自藏護
夜叉競來　爭取食之　食之既飽　惡心轉熾
鬪諍之聲　甚可怖畏　鳩槃荼鬼　蹲踞土埵
[illegible]返遊行　縱逸嬉戲
[illegible]

十方无量无邊恒河沙等諸佛世界現在諸
佛異口同聲作如是言善男子汝於未世畢
定當得坐於道場菩提樹下於三界最尊最
勝出過一切衆生之上勤修力故受諸苦行
善能莊嚴菩提道場能壞三千大千世界
外道邪論摧伏諸魔怨賊異形覺了諸法第
一寂滅清淨无垢甚深无上菩提之道善男子
汝已能坐金剛坐處轉於无上諸佛所讚十
二種行甚深法輪能擊无上最大法鼓能吹
无上極妙法蠡能竪无上最勝法幢能然无
上極明法炬能雨无上甘露法雨能斷无量
煩惱怨結能令无量百千万億那由他衆度
於无為岸可畏大海能脫生死无際輪轉復
過无量百千万億那由他佛
尒時四天王復白佛言世尊是金光明微妙
經典能得未來現在種種无量功德是故人
王若得聞是微妙經典則為已於百千万億
无量佛所種諸善根我以敬念是人王故復
見无量福德利故我等四王及餘眷屬无量
百千万億鬼神於自宮殿見是種種香烟雲
蓋瑞應之時或當隱蔽不現其身為聽法故

无量佛所種諸善根我以欽念是人王故復
見无量福德利故我等四王及餘眷屬无量
百千万億鬼神於自宮殿見是種種香烟雲
蓋瑞應之時或當隱蔽不現其身為聽法故
當至是王所止宮殿講法之處大梵天王釋
提桓因大辯天神功德天神堅牢地神散脂
鬼神大將軍等二十八部鬼神大將摩醯首
羅金剛密迹摩尼跋陀鬼神大將鬼子母及
五百鬼子周迊圍繞阿耨達龍王娑竭羅龍
王无量百千万億那由他鬼神諸天如是等衆
為聽法故悉自隱蔽不現其身至是人王
所止宮殿講法之處世尊我等四王及餘眷屬
无量鬼神悉當同心以是人王為善知識同
共一行善相應行能為无上大法施主以甘
露味充足我等應當擁護是王除其衰
患令得安隱及其宮宅國土城邑諸惡災患
悉令消滅世尊若有人於此經典心生捨離
不樂聽聞其心不欲恭敬供養尊重讚嘆若
四部衆有受持讀誦說之者亦復不能恭
敬供養尊重讚嘆我等四王及餘眷屬无量
鬼神即使不得聞此正法背甘露味失大法
利无有勢力及以威德減損天衆增長惡趣
世尊我等四王及无量鬼神捨其國土不但
我等亦有无量守護國土諸舊善神皆悉
捨去我等諸天及諸鬼神既捨離已其國當

BD07871 號　金光明經卷二　（2–2）

是人曾供養　無量百千佛　由彼諸善根　得聞此經典
如是諸天主　天女大辯才　并彼吉祥天　及以四王衆
無數藥叉衆　勇猛有神通　於其四方　常來相擁護
日月天帝釋　風水火諸神　吠率怒大肩　閻羅辯才等
一切諸護世　勇猛具威神　擁護持經者　晝夜常不離
大力藥叉王　那羅延自在　正了知為首　二十八藥叉
餘藥叉百千　神通有大力　恒於恐怖處　常來護此人
金剛藥叉王　并五百眷屬　諸大菩薩衆　常來護此人
寶王藥叉主　及以滿賢王　曠野金毗羅　賓度羅黃色
此等藥叉王　各五百眷屬　見聽此經者　皆來共擁護
彩軍乾闥婆　華王常戰勝　珠頸及青頸　并勃里沙王
大最勝大黑　蘇跋拏雞舍　半之迦羊足　及以大婆伽
小渠并護法　及以獼猴王　針毛及日友　寶聖皆來護
大渠諸拘羅　旃檀欲中勝　舍羅及雪山　及以娑多山
皆有大神通　雄猛具大力　見持此經者　皆來相擁護
阿那婆答多　及以娑揭羅　目真鄰羅葉　難陀小難陀
於百千龍中　神通具威德　共護持經人　晝夜常不離
婆稚羅睺羅　毗摩質多羅　母旨苦跋羅　大肩及歡喜

BD07872 號　金光明最勝王經卷九　（3–1）

大渠諸拘羅　旃擅欲中勝　舍羅及雪山　及以娑多山
皆有大神通　雄猛具大力　見持此經者　皆来相擁護
阿那婆答多　及以娑揭羅　目真鄰羅葉　難陁小難陁
於百千龍中　神通具威德　共護持經人　晝夜常不離
婆稚羅睺羅　毗摩質多羅　母首苫跋羅　大肩及歡喜
及餘蘇羅王　并無數天衆　大力有勇健　皆来護是人
訶利底母神　五百藥叉衆　於彼人睡覺　常来相擁護
旃荼旃荼利　藥叉旃稚女　昆帝拘吒齒　吸衆生精氣
如是諸神衆　大力有神通　常護持經者　晝夜恒不離
上首辯才天　無量諸天女　吉祥天為首　并餘諸眷屬
此大地神女　果實園林神　樹神江海神　制底諸神等
如是諸天神　心生大歡喜　彼皆来擁護　讀誦此經人
見有持經者　增壽命色力　威光及福德　妙相以莊嚴
星宿現灾變　困厄當此人　夢見惡徵祥　皆悉令除滅
此大地神女　堅固有威勢　由此經力故　法味常充足
地肥若流下　過百踰繕那　地神令味上　滋潤於大地
此地厚六十　八億踰繕那　乃至金剛際　地味皆令上
由聽此經王　獲大功德蘊　能使諸天衆　悉蒙其利益
復令諸天衆　威力有光明　歡喜常安樂　捨離於衰相
於此南洲內　林果苗稼神　由此經威力　心常得歡喜
苗實皆成就　處處有妙花　果實並滋繁　充滿於大地
所有諸果樹　及以衆園林　悉皆生妙花　香氣常芬馥
衆草諸樹木　咸出微妙花　及生甘美果　隨處皆充遍
於此贍部洲　无量諸龍女　心生大歡喜　皆共入池中
種植鉢頭摩　及以分陁利　青白二蓮花　池中皆遍滿
由此經威力　虛空淨無翳　雲霧皆除遣　冥闇悉光明

BD07872號　金光明最勝王經卷九　（3–2）

苗實皆成就　處處有妙花　果實並滋繁　充滿於大地
所有諸果樹　及以衆園林　悉皆生妙花　香氣常芬馥
衆草諸樹木　咸出微妙花　及生甘美果　隨處皆充遍
於此贍部洲　无量諸龍女　心生大歡喜　皆共入池中
種植鉢頭摩　及以分陁利　青白二蓮花　池中皆遍滿
由此經威力　虛空淨無翳　雲霧皆除遣　冥闇悉光明
日出放千光　無垢鉄清淨　由此經王力　流暉遶四天
此經威德力　資助於天子　皆用贍部金　而作於宮殿
日天子初出　見此洲歡喜　常以大光明　周遍皆照耀
於斯大地內　所有蓮花池　日光照及時　無不盡開發
於此贍部洲　田疇諸果藥　悉皆令善熟　充滿於大地
由此經威力　日月所照處　星辰不失度　風雨皆順時
遍此贍部洲　國土咸豊樂　隨有此經處　殊勝倍餘方
若此金光明　經典流布處　有能講誦者　悉得如上福
尒時大吉祥天女及諸天等聞佛所說皆大
歡喜於此經王及受持者一心擁護令無憂
惱常得安樂

金光明最勝王經授記品第廿三

尒時如来於大衆中廣說法已欲為妙幢菩
薩及其二子銀幢銀光授阿耨多羅三藐三
菩提記時有十千天子最勝光明而為上首
俱從三十三天来至佛所頂礼佛足却坐一
面聽佛說法尒時佛告妙幢菩薩言汝於来世

BD07872號　金光明最勝王經卷九　（3–3）

刹簡然後解釋
宗三解歸宗四顯歸於
親菩薩而造其論釋此經耶
為令諸有情類於佛聖教
二量煩惱而行不現在前
為饒益他故於黑闇處
三菩薩亦爲饒益他故於佛滅後制造
此論令智者入深法性 又如諸佛爲饒益他開示演說十二分教 所以
者何 諸有情類雖有因力若无緣力而无覺發者終不能發勝進之
行 要遇緣力乃能發行 譬如池中雖有種種鉢頭摩羅等衆妙蓮花
若日月光不照觸者則不開發出種香 要日月光之所照觸及得隨
類開發出香 又如闇中有種種物若无燈照終不可見 要假燈照乃得
見之 有六情亦雖有因力若无緣力應說如前 如有頌云 譬如闇室
中 雖有種種物 无燈闇所隱 有目不能見 如是雖有智 不從他聞法
是人終不能 分別善惡義 多聞能知法 多聞離不善 多聞捨无義
多聞得菩提 又如經說有二因緣能生正見 一外聞他法音 二如理作意
又契經說有四法人多有所作 一親近善友 二從他聞法 三如理作意 四法

BD07873號　大乘四法經論廣釋開決記

（3–1）

見久有六情亦雖有目力若无外力亦說如前如有頌言[illegible]
中　雖有種ゝ物　无燈闇所隱　有目不能見　如是雖有智　不從他聞法
是人終不能　分別善惡義　多聞能知法　多聞離不善　多聞捨无義
多聞得𣿅　又如經說有二因緣能生正見一外聞他法音　二如理作意
又契經說有四法人多有所作一親近善友　二從他聞法　三如理作意　四法
隨法行故如諸佛為饒益他說十二分教如是菩薩為饒益他制造此論復
次為破无明闇故如燈破闇能發光明阿毗達磨亦復如是破无明闇
發智恵明故彼菩薩制造此論復次為顯无我像故譬如鏡面極善磨
瑩種ゝ色像皆於中現阿毗達磨亦復如是分別諸法自相共相令无
我像分明顯現故彼菩薩制造此論復次為度生死河故如牢舩筏百
千衆人依之无畏從河此岸度至彼岸阿毗達磨亦復如是无數諸佛
及諸有情依之无畏從生死此岸度至𣿅彼岸故彼菩薩制造此論
復次為顯阿毗達磨諸大論師不傾動故如妙高山踞金輪上一切猛
風推擊不能傾動阿毗達磨諸大論師亦復如是任淨尸羅諸
惡見者難擊邪論不能摧伏故彼菩薩制造此論　二言所宗者世間
宗見揔有其二一外二內彼外宗見雖有衆多不出二種謂斷及常亦
說如論　內宗見者大師在世同一師學无有差殊佛滅度後大小乘
宗亦成多部小乘宗見有廿二如宗輪論一ゝ亦明　大乘宗見分為三別
一庶義皆空二唯識中觀三法性圓融此三宗見ゝゝ廣說如中亦百卌論
等今此經者厥有菩名為世親位階加行造論釋故是故當知唯識
中觀宗之攝也　三言明歸分者如來大悲引接群迷隨機設教說有三
五言說三者一聲聞二緣覺亦三菩薩亦言有五者更加天亦及人亦也
如是五亦所有行儀廣如餘處經論分別今此經者一ゝ唯明菩薩行故是
大非小是故當大亦宗收　四言明歸分者諸佛菩薩及以聲聞所說言
教雖有衆多以類相從有十二分謂契經等一ゝ行相如餘處明今此
經者无請說故自說分攝不捨无獲心等是其菩薩大行故方亦分攝
有彼他故應分攝是了義故論議分攝具譬喻故譬喻分攝是故當
知五分攝也　五言辨歸藏者如上所說十二分教揔而言之歸其三藏
[illegible]

BD07873號　大乘四法經論廣釋開決記

（3–2）

大非小是故皆大[illegible]

教雖有衆多以類相從有十二分謂契經等一一行相如餘處明今此
經者無請說故自說分攝不捨無護心等是其菩薩大行故方廣分攝
有伽陀故應頌分攝是了義故論議分攝具譬喻故譬喻分攝是故當
知五分攝也　五言辯歸藏者如上所說十二分教總而言之歸其三藏
一素怛攬藏此云契經貫穿連綴所詮定學契理契機攝益他故
藏者攝也　二毗柰耶此云調伏所攝成學調和三業制伏惡行而攝益
故　三阿毗達磨藏此云對法所詮惠學對向涅槃對觀四諦而攝益故
契經等分云何三藏而相攝耶對法集云契經應頌記別諷頌自說
此是聲聞素怛攬藏緣起譬喻本事本生并加眷屬名毗柰耶藏
方廣希法此是菩薩素怛攬藏論議經者即是彼阿毗達磨藏今此
經者即是菩薩素怛攬藏之所攝也若唯了義亦阿毗達磨藏攝如
理應思　次當解釋經之正文門分為二　一釋經題　二釋正經　初言
釋題一切聖教夫立名者皆約四種而立其名謂人法喻今此經
約法立也言大者有七大義一所緣大般若等經所明一切難行苦
行廣大境界是其菩薩所緣境故　二發行大廣發自行及他行故
三智大能了人法二無我故　四精進大三無數劫難行行故　五方便大
不住生死及涅槃故　六業大盡生死際能作諸佛一切業故　七成就大
而能成就十力無畏不共法等大功德故

毀犯五戒八戒及具足戒如此愚人偷僧祇
物盜現前僧物不淨説法无有慚愧以諸
業而自莊嚴如此罪人以惡業故應墮地
命欲終時地獄衆火一時俱至遇善知識
大慈悲爲説阿彌陁佛十力威德廣説彼
光明神力亦讚戒定慧解脱解脱知見此
聞已除八十億劫生死之罪地獄猛火化爲
清涼風吹諸天華華上皆有化佛菩薩
此人如一念頃即得往生七寶池中蓮華
内經於六劫蓮華乃敷觀世音大勢至
音聲安慰彼人爲説大乘甚深經典聞此
已應時即發无上道心是名下品中生者
佛告阿難及韋提希下品下生者或有
作不善業五逆十惡具諸不善如此愚
惡業故應墮惡道經歷多劫受苦无窮如
愚人臨命終時遇善知識種種安慰爲
法教令念佛彼人苦逼不遑念佛善友告
汝若不能念者應稱无量壽佛如是至
聲不絶具足十念稱南无佛稱佛名故於
念中除八十億劫生死之罪命終之後見

BD07874號　觀無量壽佛經　（3–1）

愚人臨命終時遇善知識種種安慰爲
法教令念佛彼人苦逼不遑念佛善友告
汝若不能念者應稱无量壽佛如是至
聲不絶具足十念稱南无佛稱佛名故於
念中除八十億劫生死之罪命終之後見
蓮華猶如日輪住其人前如一念頃即
生極樂世界於蓮華中滿十二大劫蓮華
開觀世音大勢至以大悲音聲爲其廣
法實相除滅罪法聞已歡喜應時即發菩
提之心是名下品下生者是名下輩生想
第十六觀
説是語時韋提希與五百侍女聞佛所
應時即見極樂世界廣長之相得見佛身
二菩薩心生歡喜歎未曾有廓然大悟逮无
生忍五百侍女發阿耨多羅三藐三菩提心願
生彼國世尊悉記皆當往生生彼國已得諸
佛現前三昧无量諸天發无上道心
介時阿難即從坐起前白佛言世尊當何名
此經此法之要當云何受持佛告阿難此經
名觀極樂國土无量壽佛觀世音菩薩大
勢至菩薩亦名淨除業鄣生諸佛前汝當受
持无令忘失行此三昧者現身得見无量壽
佛及二大士若善男子善女人但聞佛名二菩
薩名除无量劫生死之罪何況憶念若念佛
者當知此人是人中分陁利華觀世音菩薩大
勢至菩薩爲其勝友當坐道場生諸佛家
佛告阿難汝好持是語持是語者即是持无
量壽佛名佛説此語時尊者目揵連阿難

BD07874號　觀無量壽佛經　（3–2）

佛及二大士若善男子善女人但聞佛名二菩
薩名除无量劫生死之罪何況憶念若念佛
者當知此人是中分陁利華觀世音菩薩大
勢至菩薩為其勝友當坐道場生諸佛家
佛告阿難汝好持是語持是語者即是持无
量壽佛名佛說此語時尊者目揵連阿難
及韋提希等聞佛所說皆大歡喜
尒時世尊足步虛空還耆闍崛山尒時阿難
廣為大衆說如上事无量諸天龍夜叉聞佛
所說皆大歡喜礼佛而退

佛說无量壽觀經

BD07874 號　觀無量壽佛經　（3–3）

為度衆生生老
病死憂悲苦惱愚癡闇蔽三毒之火教化令
得阿耨多羅三藐三菩提見諸衆生為生老
病死憂悲苦惱之所燒煑亦以五欲財利故受
種種苦又以貪著追求故現受衆苦後受地獄
畜生餓鬼之苦若生天上及在人間貧窮困
苦愛別離苦怨憎會苦如是等種種諸苦衆
生沒在其中歡喜遊戲不覺不知不驚不
怖亦不生猒不求解脫於此三界火宅東西
馳走雖遭大苦不以為患舍利弗佛見此已便
作是念我為衆生之父應拔其苦難與無
量無邊佛智慧樂令其遊戲舍利弗如來
復作是念若我但以神力及智慧力捨於方
便為諸衆生讚如來知見力無所畏者衆生
不能以是得度所以者何是諸衆生未免生
老病死憂悲苦惱而為三界火宅所燒何由
能解佛之智慧舍利弗如彼長者雖復身手
有力而不用之但以慇勤方便免濟諸子火
宅之難然後各與珎寶大車如來亦復如是
雖有力無所畏而不用之但以智慧方便於三

BD07875 號　妙法蓮華經卷二　（2–1）

佛亦不生猒不求解脫於此三界火宅東西
馳走雖遭大苦不以為患舍利弗佛見此已便
作是念我為衆生之父應拔其苦難與無
量無邊佛智慧樂令其遊戲舍利弗如來
復作是念若我但以神力及智慧力捨於方
便為諸衆生讚如來知見力無所畏者衆生
不能以是得度所以者何是諸衆生未免生
老病死憂悲苦惱而為三界火宅所燒何由
能解佛之智慧舍利弗如彼長者雖復身手
有力而不用之但以慇懃方便勉濟諸子火
宅之難然後各與珍寶大車如來亦復如是
雖有力無所畏而不用之但以智慧方便於三
界火宅拔濟衆生為說三乘聲聞辟支佛
佛乘而作是言汝等莫得樂住三界火宅勿
貪麤弊色聲香味觸也若貪著生愛則為所
燒汝速出三界當得三乘聲聞辟支佛乘
我今為汝保任此事終不
修精進如來以

BD07875 號　妙法蓮華經卷二　（2–2）

衣那[illegible]我等今日聞佛世
尊演說過此東方十恒河沙世界有佛号
藥瑠璃光一切衆會靡不歡喜救脫菩薩
又白佛言若族姓男女其有危厄著床痛
惱无救護者我今當勸請諸衆僧七日七夜齋
戒一心受持八禁六時行道卌九遍讀是經
典勸然七層之燈亦勸懸五色續命神幡阿難
問救脫菩薩言續命幡燈法則云何救脫菩
薩語阿難言神幡五色卌九尺燈亦復今七
層之燈一層七燈燈如車輪若遭厄難閉在
牢獄枷鎖著身亦應造立五色神幡然卌九
燈應放雜類衆生至卌九可得過度危厄之
難不為諸横惡鬼所持
救脫菩薩語阿難言若天王大臣及諸輔相
王子妃主宮中綵女若為病苦所惱亦應造立
五色續命神幡然燈續明救諸生[illegible]散雜[illegible]

BD07876 號　灌頂章句拔除過罪生死得度經　（4–1）

燈應放雜類衆生至卌九可得過度厄厄之
難不為諸横惡鬼所持
救脫菩薩語阿難言若天王大臣及諸輔相
王子妃主宮中綵女若為病苦所惱亦應造立
五色續命神幡然燈續明放諸生命散雜色
華燒衆名香王當放赦厄厄之人枷鎖
脫王得其福天下太平雨澤以時人民歡樂
惡龍攝毒无病苦者四方夷狄不生逆害
國土通同慈心相向无諸[illegible] 歌詠稱王
之德乘此福祿在意所生見佛聞法信受
教誨從此福報至无上道
阿難又問救脫菩薩言命可贖不 救脫菩薩
答阿難言我聞世尊說有諸横勸造幡蓋令
其脩福又言阿難昔沙弥救蟻以脩福故盡
其壽命不更苦患身體安寧福德力強使之
然也阿難因復問救脫菩薩言横有幾種世
尊說言横乃无數略而說之大横有九一者横
病二者横有口舌三者横遭縣官四者身
羸无福又持戒不完横為鬼神之所得便五
者横為劫賊所剝脫六者横為水火焚溺七
者横為雜類禽獸所噉八者横為怨讎符書
厭禱邪神牽引未得其福但受其殃先亡之責
引亦名横死九者有病不治又不脩福湯藥不
順針灸失度不值良醫為病所困於是滅
亡又信世間妖孽之師為作恐動寒熱言語妄
發禍福所犯者多心不自正不能自定卜問
覓禍煞猪狗牛羊種種衆生解奏神明呼諸

BD07876 號　灌頂章句拔除過罪生死得度經　（4–2）

引亦名横死九者有病不治又不脩福湯藥不
順針灸失度不值良醫為病所困於是滅
亡又信世間妖孽之師為作恐動寒熱言語妄
發禍福所犯者多心不自正不能自定卜問
覓禍煞猪狗牛羊種種衆生解奏神明呼諸
邪妖魍魎鬼神請乞福祚欲望長生終不能
得愚癡迷惑信邪倒見死入地獄展轉其中
无解脫時是名九横
救脫菩薩語阿難言世間人瘦黃之病困篤
著床求生不得求死不得考楚万端此病人
者或其前世造作惡業罪過所招殃咎所引
故使然也救脫菩薩語阿難言閻羅王者王
領世間名籍之記若人為惡作諸非法无孝
順心造作五逆破滅三寶无君臣法又
生不持五戒不信正法設有受者多所毀犯
於是地下鬼神及伺候者奏上五官五官料
簡除死定生或驗錄精神未判是非若已
者奏上閻羅閻羅監察隨罪輕重考而治
世間人瘦黃之病困篤不死一絕一生猶其
罪福未得料簡錄其精神在彼王所或七日
二七日三七日乃至七七日名籍定者放其
神還其身中如從夢中見其善惡其人若
明了者信驗罪福是故我今勸諸四輩造續命
神幡然卌九燈放諸生命以此幡燈放生功
德拔彼精神令得度苦今世後世不遭厄難
救脫菩薩語阿難言如來世尊說是經典威
神功德利益不少坐中諸鬼神有十二王從

BD07876 號　灌頂章句拔除過罪生死得度經　（4–3）

神還其身中如從夢中見其善惡其人若
明了者信驗罪福是故我今勸諸四輩造續命
神幡然卌九燈放諸生命以此幡燈放生功
德救彼精神令得度苦今世後世不遭厄難
救脫菩薩語阿難言如來世尊說是經典威
神功德利益不少坐中諸鬼神有十二王從
坐而起往到佛所胡跪合掌白佛言我等十
二鬼神在所作護若城邑聚落空閑林中若
四輩弟子誦持此經令所乞願无求不得阿
難問言其名云何為我說之救脫菩薩言灌
頂章句其名如是
神名金毗羅　神名和耆羅　神名弥佉羅　神名安陀羅
神名摩尼羅　神名宋林羅　神名因持羅　神名波耶羅
神名摩休羅　神名照頭羅　神名真陀羅　神名毗伽羅
救脫菩薩語阿難言此諸鬼神別有七千以
為眷皆悉叉手低頭聽佛世尊說是藥師
瑠璃光如來本願功德莫不一時捨鬼神形
得受人身長得度脫无衆惱悲若人疾急厄
難之日當以五色縷　結其名字得如願已然
後解結令人得福灌頂章句其名如是
南无毗舍闍勿留　毗瑠璃耶　鉢頭阿難闍耶　多經陀
毗舍是　毗舍闍　娑摩竭帝　娑婆呵
佛說是經時比丘僧八千人諸
千人俱諸天龍鬼神八部大王无不歡喜
難從坐而起前白佛言世尊演說此法當

BD07876 號　灌頂章句拔除過罪生死得度經　（4–4）

言是经所以者
提人病之良藥若人有病
経病即消滅不老不死宿王華汝若
持是経者應以青蓮華盛滿末香供
上散已作是念言此人不久必當取草
道場破諸魔軍當吹法螺擊大法鼓度
衆生老病死海是故求佛道者見有
是经典人應當如是生恭敬心說是藥
薩本事品時八万四千菩薩得解一切
語言陀羅尼多寶如來於寶塔中讚宿
菩薩言善哉善哉宿王華汝成就不可
功德乃能問釋迦牟尼佛如此之事利
量一切衆生
經妙音菩薩品第廿四
釋迦牟尼佛放大人相肉髻光明及放
白豪相光遍照東方八百万億那由他

BD07877 號　妙法蓮華經（八卷本）卷七　（4–1）

[illegible]
量一切衆生
經妙音菩薩品第廿四
釋迦牟尼佛放大人相肉髻光明及放
白豪相光遍照東方八百万億那由他
等諸佛世界過是數已有世界名淨
其國有佛号淨華宿王智如来應供
知明行足善逝世間解无上士調御丈
師佛世尊為无量无邊菩薩大衆恭
而演說法釋迦牟尼佛白豪光明遍
國尒時一切淨光莊嚴國中有一菩薩
音久已殖衆德本供養親近无量百
諸佛而悉成就甚深智慧得妙幢相
法華三昧淨德三昧宿王戲三昧无緣
智印三昧解一切衆生語言三昧集一
三昧清淨三昧神通遊戲三昧慧炬
莊嚴王三昧淨光明三昧淨藏三昧不
昧日旋三昧得如是等百千万億恒河沙
大三昧釋迦牟尼佛光照其身即白淨
王智佛言世尊我當往詣娑婆世界礼
近供養釋迦牟尼佛及見文殊師利法
菩薩藥王菩薩勇施菩薩宿王華菩薩
菩薩莊嚴王菩薩藥上菩薩尒時淨
王智佛告妙音菩薩汝莫輕彼國生下
善男子彼娑婆世界高下不平土石諸
充滿佛身卑小諸菩薩衆其形亦小

BD07877號　妙法蓮華經（八卷本）卷七　（4–2）

菩薩藥王菩薩勇施菩薩宿王華菩薩
菩薩莊嚴王菩薩藥上菩薩尒時淨
王智佛告妙音菩薩汝莫輕彼國生下
善男子彼娑婆世界高下不平土石諸
充滿佛身卑小諸菩薩衆其形亦小
身四万二千由旬我身六百八十万由
身第一端正百千万福光明殊妙是故
輕彼國若佛菩薩及國土生下劣想
菩薩白其佛言世尊我今詣娑婆世界
如来之力如来神通遊戲如来功德智
嚴於是妙音菩薩不起于座身不動搖
昧以三昧力於耆闍崛山去法座不
作八万四千衆寶蓮華閻浮檀金為莖
為葉金剛為鬚甄叔迦寶以為其臺尒
師利法王子見是蓮華而白佛言世
何因緣先現此瑞有若千千万蓮華閻
為莖白銀為葉金剛為鬚甄叔迦寶
臺尒時釋迦牟尼佛告文殊師利是
菩薩摩訶薩欲從淨華宿王智佛國與
四千菩薩圍遶而来至此娑婆世界供
近礼拜於我亦欲供養聽法華經文殊
白佛言世尊是菩薩種何善本脩何功
有是大神通力行何三昧願為我等
昧名字我等亦欲勤脩行之行此三
能見是菩薩色相大小威儀進止唯願
[illegible]

BD07877號　妙法蓮華經（八卷本）卷七　（4–3）

白佛言世尊是菩薩種何善本脩何功
徳有是大神通力行何三昧願為我等
說是三昧名字我等亦欲勤脩行之行此三
昧能見是菩薩色相大小威儀進止唯願
以神通力彼菩薩来令我得見尒時釋
尼佛告文殊師利此久滅度多寶如来
汝等而現其相時多寶佛告彼菩薩善
子文殊師利法王子欲見汝身于時妙
音於彼國没與八万四千菩薩俱共發
經諸國六種震動皆悉雨於七寶蓮華
樂不鼓自鳴是菩薩目如廣大青蓮
正使和合百千万月其面貌端政復過
身真金色无量百千功徳莊嚴威徳熾
明照耀諸相具足如那羅延堅固之身
寶臺上昇虛空去地七多羅樹諸菩薩
敬圍遶而来至此娑婆世界耆闍崛山
下七寶臺以價直百千瓔珞持至釋迦
佛所頭面礼足奉上瓔珞而白佛言世
淨華宿王智佛問訊世尊少病少惱起居
安樂行不四大調和不世事可忍不衆
度不无多貪欲瞋恚愚癡嫉妬慳慢不
孝父母不敬沙門耶見不善心不攝五
世尊衆生能降伏諸魔怨不久滅度多
来在七寶塔中来聽法不又問訊多寶
世尊我今欲見

BD07877 號　妙法蓮華經（八卷本）卷七　（4–4）

維摩詰所說經一名不可思議解脫佛國品第一
如是我聞一時佛在毗耶離菴羅樹園與大
比丘衆八千人俱菩薩三万二千衆所知識
大智本行皆悉成就諸佛威神之所建立為
護法城受持正法能師子吼名聞十方衆人
不請交而安之紹隆三寶能使不絶降伏魔

BD07878 號　維摩詰所說經卷上　（3–1）

維摩詰所說經一名不可思議解脫佛國品第一
如是我聞一時佛在毗耶離菴羅樹園與大
比丘衆八千人俱菩薩三万二千衆所知識
大智本行皆悉成就諸佛威神之所建立為
護法城受持正法能師子吼名聞十方衆人
不請友而安之紹隆三寶能使不絕降伏魔
怨制諸外道悉已清淨永離蓋纏心常安住
无礙解脫念定總持辯才不斷布施持戒忍
辱精進禪定智慧及方便力无不具足逮无
所得不起法忍已能隨順轉不退輪善解法
相知衆生根蓋諸大衆得无所畏功德智慧
以脩其心相好嚴身色像第一捨諸世間所
有餝好名稱高遠踰於須弥深信堅固猶若
金剛法寶普照而雨甘露於衆言音微妙第
一深入緣起斷諸邪見有无二邊无復餘習
演法无畏猶師子吼其所講說乃如雷震无
有量已過量集衆法寶如海導師了達諸法
深妙之義善知衆生往來所趣及心所行近
无等等佛自在慧十力无畏十八不共關閉
一切諸惡趣門而生五道以現其身為大醫
王善療衆病應病與藥令得服行无量功德
皆成就无量佛土皆嚴淨其見聞者无不蒙
益諸有所作亦不唐捐如是一切功德皆悉
具足
其名曰等觀菩薩不等觀菩薩等不等觀菩
薩定自在王菩薩法自在王菩薩法相菩薩光
相菩薩光嚴菩薩大嚴菩薩寶積菩薩辯

BD07878號　維摩詰所說經卷上　（3–2）

一切諸惡趣門而生五道以現其身為大醫
王善療衆病應病與藥令得服行无量功德
皆成就无量佛土皆嚴淨其見聞者无不蒙
益諸有所作亦不唐捐如是一切功德皆悉
具足
其名曰等觀菩薩不等觀菩薩等不等觀菩
薩定自在王菩薩法自在王菩薩法相菩薩光
相菩薩光嚴菩薩大嚴菩薩寶積菩薩辯
積菩薩寶手菩薩寶印手菩薩常舉手菩薩常
下手菩薩常慘菩薩喜根菩薩喜王菩薩辯
音菩薩虛空藏菩薩執寶炬菩薩寶勇菩
薩寶見菩薩帝網菩薩明網菩薩无緣觀菩薩
慧積菩薩寶勝菩薩天王菩薩壞魔菩薩電
得菩薩自在王菩薩功德相嚴菩薩師子吼
菩薩雷音菩薩山相擊音菩薩香象菩薩白
香象菩薩常精進菩薩不休息菩薩妙音菩
薩華嚴菩薩觀世音菩薩得大勢菩薩梵網
菩薩寶杖菩薩无勝菩薩嚴土菩薩金髻菩
薩珠髻菩薩弥勒菩薩文殊師利法王子菩
薩如是等三万二千人
[illegible]之餘四

BD07878號　維摩詰所說經卷上　（3–3）

末之秋生无教主之辰罔无決疑之曰是以我見俱破若如諸剎生牛楨愡是非
其癡益大(所以)如來拱手諸仏不治大聖寂於涅槃廿廿分形異類(而以)來乘
流浪只為不遇仏性傳囊不慎羅新索求相境河漂流生死是以十方諸仏不救
故知是空死難度之人今於釋迦遺法之中忽然逢遇法如因得命者依仏性者
婆无始迷狂類值真如妙藥而期无明大夜忽遇眼燈三毒林中乃生仏子會
嗔境裹悉有真如凡聖人中乃有法身之仏如來藏躰与腥靈功果得菩提
无生不増故大聖嫌言如來藏仏若悟滌而聖仏是眾生(以因/攝果)復不悟濤而則滌眾生
是仏(以果/攝因)斯則水中見水誰道此人而言妄語(斯則仏水亦水猶木火中/元有人能識謹得失)斯則會嗔不起
癡即不生三毒既无名為解脫既出會嗔三界生老病死何曾之可頓境[illegible]增愛
可會是則名為無生(故作摩三口不於三界/見身口意是名無生)智斷惡修善道人之道數陳息道人
不善不輕悔罪伪法性而陳懺生死危亡觀藏躰而除謝斯則修善[illegible]醒
凡人之際斷惡理及因果真如名超声之門階行越三乘之位以(人天)收相則是
淨土之人以果收因是則名為正見仏道以相收躰是邊地之人靡躰從緣
故名流轉生流昔三世諸仏回時修善悉入仏性道場凡欲陳懺則對真如
識謝盡則尊行若致夜則明炷心燈閑則行道遶眼空則坐視如來藏仏
諦視法性則无始罪業自亡目視真如則如則未來生死永息(論斯舊罪如秋葉討/林修過善根復似)
(春花/芳樹)一時一念空勝千劫若相修禪一念一時過越恒沙文字持戒教生中道是
寺度因緣貴聖教凡是則名為淨身口意而修仏本學大丈夫之調御菩提
婆之菩薩音視而獨存入聖藪而老伏非如來即而不語非見仏不出頭非得眼不
人師非識根而不授業　次已後明解學相飯倍顛倒(引此示人以為軌則業攝果/而相學是解脫是正用斯)
(復益眾)令以方三戒[illegible]羅[illegible]戒道因[illegible]首觀今[illegible]蒙於論者以立為

BD07879號　佛性觀修善法

（12–2）

BD07879號　佛性觀修善法

（12–3）

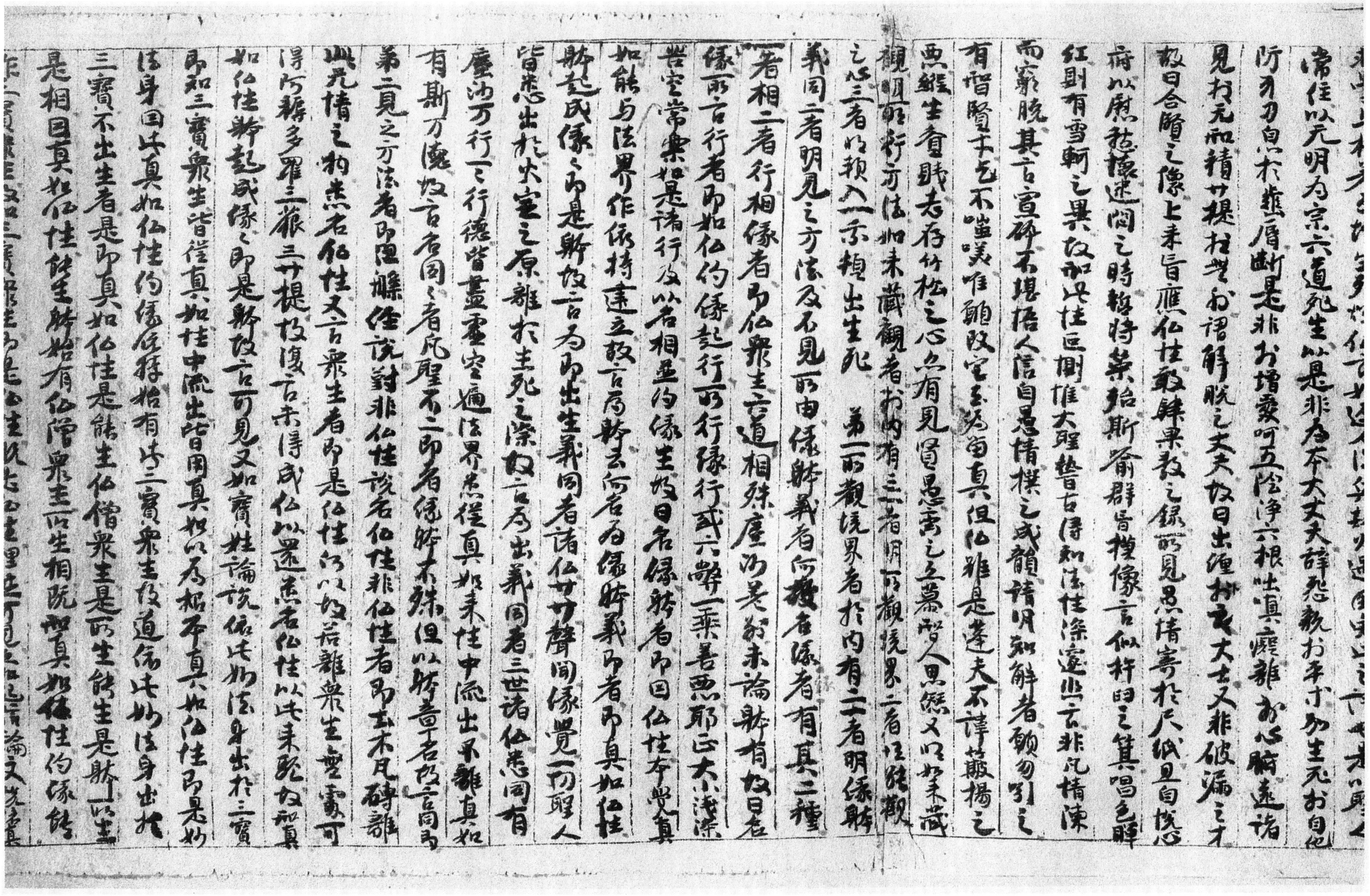

BD07879 號　佛性觀修善法　　　　（12–4）

即知三寶眾生皆從真如佛性中流出皆因真如以為根本真如佛性即是妙
法身因此真如佛性約緣住持始有住持三寶眾生故道(?)依此妙法身出於
三寶不出生者是即真如佛性是能生佛僧眾生是所生能生是體所生
是相因真如佛性能生體始有佛僧眾生所生相既無真如佛性約緣能
作三寶兼生故知三寶眾生即是佛性既是佛性理並可見又如起信論文說依真
如有生滅覺不覺真如者即是六道者相真如既是佛性之體之中合通一切万法既
合万法即能約緣依持染淨真如既也依持染淨染淨是塵沙差別差即六道
六道即是名相即是生滅既知依於真如有斯生滅故知生滅即是真如既是真
如何以故不見覺不覺者覺有三種一者本覺二者始覺三者了覺言本
覺者即是真如佛性自性清淨本識之中覺性分明在纏未出故言本覺
始覺者即行也覺惡能斷覺善能脩斷惡脩善故名為覺初發心故
名始覺又始覺者覺有二種一覺理二者覺量言理者正覺真如佛性於染淨
二業力能雙持善法所纏體不毀壞淨法從(?)動亦不增異故體性如不毀壞
故性常空既曉真境照理不虧見性常恒故言覺理　言覺量者於內有三
明覺能成因即若空常樂是三明覺所成果即三身果德是所以因果雙照理
量俱明闇闇初開故言始覺　言了覺者即是因感果四德俱圓諸或皆妄
三祇德滿於所行法曉達无窮照理明徹故言了覺言不覺者即是无明翳
覆真如約緣起妄染諸倒或迷情塵厚滯隱纏濛瞎識未明故言不覺
者即是元明　本覺者即名自性住　始覺者即是引出　了覺者即名至德
自性住即名本性　引出者即名行性　至德者即名果性始了二德即名佛僧體
与无明即是眾生以此理推即知真如佛性約緣依持善惡二業善惡即名覺不
覺若覺即名佛僧不覺即是眾生以是義故知佛僧眾生即是佛性既是佛性
故云可見又如涅槃經廿二卷過半後說五陰者即佛性故知色受想行識等行傳(?)
轉動所造旋為迷者佛性故言可見復六識者即是佛性以此文証知所真如
佛性轉起成緣依持染淨果體皆是故言可見又如楞伽經說識及心法智
不離眾生非涅槃因即是癡緣證體故德道非離有如來藏法即是性體
種眾生即是惡陰及惡六識體戲苦樂求涅槃即是善法識等及六度
一乘三乘皆空常樂如是諸行俱名戲皆善性故言唯有如來藏法種眾皆及

東重所造説不思者仏性於六可見復六諸者亦是仏性以文殊於亦真如
仏性將起戒縁依持染浄畢竟皆是自言可見又如殊勝經説識及心法智
不種衆苦非涅槃因即是癡縁證將故徳道非雖有如来蔵法即是性將
種衆苦即是悪陰及悪六識強猒苦楽求涅槃即是善法識等及六度
一乗三乗苦空常楽如是諸行俱名猒苦善性故言唯有如来蔵法種衆苦及
能猒苦楽求涅槃以此理推故知真如仏性能起戒縁於除浄二業力能變持
滋潤生長六道果報凡聖二衆亦復如是既知前境仏僧衆生盡是仏性不離
真如有斯名相不離名相即更真如即是名相即妄是真如亦回相真如俱因俱
果所以真如仏性顕現分明内境對縁六亦客蔵随由不随故性相常恒以常恒
故云言可見如涅槃經説是人雖信仏法僧宝不信三宝同一性相是名不信
不具足又言三宝性相常恒亦同是例如殊勝經復道生死者依如来蔵故
説生死本際不可知所以得知離生死外無別真如離真如外無別生死故
知生死真如即是一体既同一体理然可見行者若悟斯理無妄不真
開識拠験何耶不正性習起相見推之无始傾迷一時解散引文證者如曰
察經下巻内説初發心凡夫学大乗者作一実常観復道善根微少凡夫理心
真如離見息心不学地蔵廿ア勧進学人称名能令得見法身即是真如
即是一実常観以此推證即知凡夫得見真如仏性如起信論文道凡夫
得真如於後復見十種利益故知凡夫得見真如又涅槃中直心内證若
見衆生有少善事即讃歎之以此文驗故知真如仏性能起戒縁之還即
勝故言可見不見所由者不知真如仏性能起戒縁之而勝故所以不見又癡
縁談將名為不見以果對因名名不見又言不見者唯有戒仏果性金剛後心
非仏不了凡夫絶不理無不見者對將以章名可見者仍縁而之稱見与不見
俱有道理不得於間辨相違文　弟二辨觀之心者亦有二種明入觀方法
二明照性起行寛狹長短　入觀方法者於内有二明攝念方法　二明善境界
了了分明知入不入相　攝念方法者須知若不攝念学諸觀行無由可成云何
攝念初始学觀先須攝諸妄念令心停住復知妄念本来无実性浄心
中本无虚妄動情既謝息妄歸真縁妄不生自去攝念妄情既滅唯有真
心復須引此真心入於真境若入境界分明了了知入不入觀前境界唯是真

[illegible]七大　入觀方法[illegible]三明攝念方法　二明善境界
了了分明知入不入相　攝念方便者須知若不攝念學諸觀行無由可成云何
攝念初始學觀先須攝諸妄念令心停住後知妄念本來無實性淨心
中本無塵妄動情既謝息妄歸真須妄不生故云攝念妄情既滅唯有真
心復須引使真心入於真境善入境界分明了了知入不入觀前境界唯是真
知引使真心常令入觀觀智一起相境雖亡真心不返故言善住行立坐臥心境相
隨剎那生滅後念不移所以者相不起妄相不生真心一故塵境不行恆定不亂
故言了了分明一晝夜分為十分明時檢校自心為當在觀若心在即自知入若不在
觀即知不入如是校量即自知已當若心不在觀檢神妄境十分一不相應若
逢違順還復貪嫌以此量之明知觀心不立心不立故言不入若也不入即知
是佛性外浪行人即自知是佛性不殺眾生佛道如是之人雖存日夜無是偷
地而行雖受飲食恆為盜食行住坐臥是非儀運手動足皆名是賊法若
若食信施一口飯食百生萬劫割切身肉償其施主上來雖復文多不同但
以文勢相連其不皆明入觀方法　第二明照性起行究竟長短者於
中有二　一者起心究竟　二者明引心令深起心究竟者謂行者等但見前境不
身真即見前際微塵身悉是佛性何以觀故若見不身真即見真如佛
性佛橫遍十方豎通凡聖以此理推即知性行兩心是寬非狹　二明引心知佛性
橫遍十方豎通凡聖以此理推即知性行兩心是寬非狹所明引心令深
者諸行者等自思量形像佛表真身作見即不敢生輕況復真如佛
性塵沙功德體性滿足不少一分一毫云何於上生輕也引事比校如其淺深如似
象王後邊箭射由後見者乃至畢竟終心不改如來藏觀亦復如是被打被罵
以死為期不退者始名為深初時雖復布心入觀後逢違順復起心貪嫌明知
觀心不立又與六相雜者是名為淺　第三明入一乘頓出生死者但見真如佛性境
了了分明觀智一起倒惑不行前後通用不假觀邊塵沙萬境理體同一以同故之
言一乘性智一起更無後心退或不退故言頓入如上來經說地藏菩薩言若能
作真觀者速疾得入菩薩種性既入種性名頓入一乘初發心時便成正覺
即雖聞解然同是創出生死者三業起心照達真源斷除情頓謝諸惡雖
倒惑偏心永息不行即名頓出生死如蒜餘經說捨身命盡生死後際等
身但知真佛性起心照境身命不惜所為所作悉是出生死業所觀之境

作真觀者速疾得入廿種性既入種性名煩入一乘初發心時便成正覺
即能開解無間是例出生死者三惡起心照達真緣證悟煩謝諸惡雖
倒識偏心永息不行即名煩出生死知稱歸依說捨身命財盡生死後際等
身但知真佛性起心照境身命不惜所為所作悉是出生死業所觀之境
雖見真知能學之心三業俱盡境真如故即名煩入一乘俱盡故復名煩
出生死上來所制未敢指南若有智者願知[illegible]之又明法身觀　第一法身
觀略有二種第一就勝以明法身第二法身觀者約緣以明法身勝法身者
即是真如佛性勝湛然自性清淨非緣脩作在因不少至果不多在染
不減處淨不增本識淨心從本已來勝無有二無去無來非生非滅動静
常恒不增不減淨處圓滿十方究竟一相自性清淨本來性不諸感客塵所
不能染摩訶清淨自性湛然性勝常恒非緣情異恒沙諸德自勝落
是故名勝法　第二約緣辨法身復有二種一凡一聖一法身者即真如佛性
約緣隨轉恒沙品類方得成立行因報緣無自勝依正真如既法身以勝
收緣故以勝起是緣緣即是勝所名為法身者勝處是妄何故佛性是真非妄
佛者是果俱真性則是因果俱讀故名佛性舉因讀果果非妄以果俱真故
因真故果真不見真因生妄果以勝攝於緣凡聖同一相勝外見相緣名殊本
外見未勝不相勝相即約緣因果即緣而受稱動動衆而立名因果別論出勝
如寶性論云一切衆生界不離諸佛智以彼淨無垢性勝不二故依一切諸佛平等
性法身知一切衆生皆有如來藏以此文證故知法界衆生即是法身佛何以故因果
雖殊勝無別故真如佛性既是法身能成勝用用起成緣所行緣相生滅不生
滅覺了諸行等悉是法身所成用以勝收緣真同名之與相[illegible]與行等法界
[illegible]俱名一法諸行者等居悟此理見一真如身即見法身橫遍十方豎通
三世但見現在身真即見前際攝廣數劫二劫中微塵數身悉是法身雖可
約緣流轉不住法身之勝離生滅故但見現在身真即見後際佛地以[illegible]悉
是法勝所以故自性法身約業持業流轉不住例於後際所以得知六根聚[illegible]
第二卷說明真如佛性法身為煩惱動染隨緣起妄經文通但從元始世來與

BD07879號　佛性觀修善法　　（12–8）

三世但見現在身真即見前際微塵數劫二劫中微塵數身恚是法身雖可
約緣流轉不住法身之體離生滅故但見現在身真即見後際佛地以還恚
是法體所以故自性法身約業持業流轉不住例於後際所以得知六根羅維
第二卷說明真如佛性法身為煩惱動染隨緣起妄經文道但從无始世來與
无明心俱癡闇因緣動習力故現妄境界以依妄境界動習緣故起於妄想
應心計我我所造集諸業受生死苦說彼法身名為衆生若是衆生中法身
動習而有力者煩惱漸薄能猒世間求涅槃道信一實備六波羅蜜等
一切菩提分法名為菩薩乃至備行一切滿足究竟得離无明睡者轉名為佛當知如
是衆生菩薩佛等但依世間假名言說故有差殊而法身之體畢竟平等無
有異相如此文既故知前際塵沙品類悉是法身報身者二身上行因感異
故名報身又報法兩身同異義者同則緣體不二異則各有差殊不異者
報身即是法身何以故體起成緣緣即是體本來无別未有體外無明別
即起信論云始覺之義還同本覺故知報即法法即報報者即本識淨心約緣
依持染淨等業故知性非獨立本緣成報即起信論云以有本覺說名於
覺然知緣勝經說以有如來藏故說生死本際不可知然同是例以有自性法
身乃至或三身然同一種以此來既故知外無別緣即緣法外於報法即報
即法非一以成法即非二以成二報即法非一故緣體恒不同非二故法无兩別不同得
之法報名不異故復得成一義
第二就體以明報應法身者道云諸佛
行因對果名之為報體窮然者之為法對生就用之名為應即此應身名為
報身何以故體无不應即報身故知諸佛於彼衆生於一念中多身
百億橫遍法界豎通凡聖作一切身盡何以故得知如寶雲經說如來九種
无窮无盡功德一切德皆遍盡虛空遍法界故知法身遍圓法界二如涅
槃經說諸佛度衆生隨類化之衆生之類有形無形大地虛空悉皆充滿
明知諸佛法身遍滿虛空盡衆生界一佛既爾一切同名異名皆如是經文道
佛身者即法身是也故知諸佛法身无量无邊不可窮盡一 報身者佛亦遍

无窮无盡功德，一切德皆道，盡虛空遍法界，故知法身遍周法界。二如涅
槃經說：諸佛度衆生，隨類化之，衆生之類有形無形、天地虛空悉皆充滿，
明知諸佛法身遍滿虛空，盡衆生界。一佛既尔，一切同名異名皆如是。經文道：
佛身者即法身是也，故知諸佛法身无量无邊，不可窮盡。報身者，佛於過
去三大阿僧祇行法界因，今還得感法界果，訓先所求，故名為報。諸行者等始
自思量，從无始已來恒在一切諸佛境界，不覺不知，心不知故，於今許諸佛法身所
於佛身上佛心中佛眼裏具造一切十惡五逆，誹謗毀呰，呵嘖打罵，剝皮割宍，飲
血啖髓，一一惡法悉皆具造，由如虛空大地等生，於今日未曾一悟。次論生
死沒覆，恒河如斯惡業，識並更造，不休不息，思尋是已，切應悲傷，更造諸
惡，不可具說。諸行者等，將須作意，共當來甚當可畏，由今以去，既得悟斯
真境，斯等諸惡，即須頓息，三慧照熏，稱境循行，累劫三祇，於斯頓
療，身口意業與死為期，不證菩提，終无退轉。命同雪山之士，揩顛等波
論懃循遍四句，始是報是佛者恩。　又明法身同異義，若得果竪時談
應報俱名法，若特就因，就長因法，應俱名報；若以長因就短因，因報俱名應，同
則三身躰，何以故？躰无分，故異，則各有差殊。何以故？對生就用，因果不同，故躰
一，故應報法中生各別，故因果緣中出因緣出果，故法界得成，應成不二，故法身
義復立同者，就躰以章，名異者，對座而受稱，故名為異。又明三種法身同異
義，性法身就躰明緣法身約報論果，法身出緣說明，躰故因果非約緣法
報即論果，故出凡識，躰一，故論並分法報，即同而異，躰真非始了法報果
非因，因果躰全，分是故名為異，同者躰真，即緣果所以故即起信論文云：道
以有本覺，覺圓時轉名為佛，緣報即是二德，所以故是假論文道始覺之
義是同本覺及了覺，故於果法即躰，所以故即寶性論文說真如性躰遍
通三處，乃至究竟，三時不變，立同是例，緣行躰之有異，果躰則因果
所以持稱理而談，則原來不異，故名為同，立如六根聚經說平等法身義
經文道：真如佛性自性清淨，約躰不少入緣，不多不少，於衆生躰不異法

義還同本覺及乃覺故於果法即捷行以故即寶性論文說真如性體遍
遍三處乃至究竟三時不變亦同是例係行雖之有異果體則因果
堅持稱理而談則原來不異故名為同亦如六根聚經說平等法身義
經文道真如佛性自性清淨約體不少入緣不多不少故眾生體不異法
身即眾生復道如是眾生菩提佛等但依世間假名言說故有差殊而佛
身之體畢竟平等以此文證故知佛僧眾生体相因果俱同一體故因法
身諸佛法身遍三界如聖眼觀虛空恒在佛心佛眼裏眾生造罪幾千里
又明心緣觀其體緣者即真如佛性自性清淨體無塵識本來靈寂
非居識不以識能識雜處淨緣不假淨而能淨故以真如佛性體性如如自
性寂然常恒不變雖復至於三處其體湛然在凡聖四六之中性無增
減在淨則名離垢處識則名性淨性淨故染非能染離垢處識則名
性淨性淨故染非染離垢故識非無能識染非染故性常恒識非識故
體恒淨體恒淨故知在眾生不少至諸佛不多但以體收六趣四生即恒不
變故理無塵以塵無故言體緣所以知之不染復緣性體之中空無妄
業性非染業故曰無塵舉理妄緣故云體寂其心寂者則內與三慧外
違真緣照理除迷真妄興謝觀智一起妄相推亡倒識不行故言心緣
體緣者即是其可心緣者即是其能由體緣故則外有真緣由心緣故則
內與正智外淨故塵境推亡內靜故妄心謝滅妄心謝故言心寂塵境滅故
故言體緣體緣者無屬惠也心緣者即無屬定也

觀脩善法一卷

一校

又明心寂觀其體寂者即真如佛性自性清淨體無塵穢本來靈寂
雖居惑不以惑能惑雖處淨緣不假淨而能淨所以真如佛性體性如如自
性寂然常恒不變雖復至於三處其體湛然在凡聖四六之中性無增
減在淨則名離垢處穢則名性淨性淨故染非能染離垢處穢則名
性淨性淨故染非染離垢故穢非無能穢染非染故性常恒穢非穢故
體恒淨體恒淨故知在衆生不少至諸佛不多但以體收六趣四生即恒不
衰故理無虧以塵無故言體寂所以知之不染浪緣性體之中空無妄
業性非染業故曰無塵舉理妄緣故云體寂其心寂者則內与三慧外
達真緣照理除迷真妄與謝觀智一起妄相推亡倒識不行故言心寂
體寂者即是其可心寂者即是其能由體寂故則外有真緣由心寂故則
內興正智外淨故塵境推亡內靜故妄心謝滅妄心謝故言心寂塵境滅故
故言體寂體寂者無屬惠也心寂者即無屬定也

觀脩善法一卷

一校

BD07879號背　五言詩二首（擬）

（1-1）

佛土有世界名曰極樂其土有佛号阿弥陀今
現在說法舍利弗彼土何故名為極樂其國
衆生无有衆苦但受諸樂故名極樂又舍
利弗極樂国土七重欄楯七重羅網七重行
樹皆是四寶周迊圍繞是故彼國名曰極樂
又舍利弗極樂國土有七寶池八功德水充
滿其中池底純以金沙布地四邊階道金銀
琉璃頗梨合成上有樓閣亦以金銀瑠璃頗
梨車𤦲赤珠馬瑙而嚴飾之池中蓮華大如
車輪青色青光黃色黃光赤色赤光白色白
光微妙香潔舍利弗極樂国土成就如是功德莊嚴
又舍利弗彼國土常作天樂黃金為地晝
夜六時而雨曼陀羅華其國衆生常以清　四工
復次舍利弗彼國常有種種奇妙雜色之鳥
白鵠孔雀鸚鵡舍利迦陵頻伽共命之鳥是諸
衆鳥晝夜六時出和雅音其音演暢五根五
力七菩提分八聖道分如是等法其土衆生
聞是音已皆悉念佛念法念僧舍利弗汝勿

BD07880 號 1　阿彌陀經　（6–1）

復次舍利弗彼國常有種種奇妙雜色之鳥
白鵠孔雀鸚鵡舍利迦陵頻伽共命之鳥是諸
衆鳥晝夜六時出和雅音其音演暢五根五
力七菩提分八聖道分如是等法其土衆生
聞是音已皆悉念佛念法念僧舍利弗汝勿
謂此鳥實是罪報所生所以者何彼佛國土
无三惡趣舍利弗其佛国土尚无三惡道之名
何況有實是諸衆鳥皆是阿弥陀佛欲令法
音宣流變化所作舍利弗彼佛國土微風吹動
諸寶行樹及寶羅網出微妙音譬如百千種
樂同時俱作聞是音者皆自然生念佛念法
念僧之心舍利弗其佛国土成就如是功德
莊嚴舍利弗於汝意云何彼佛何故号阿弥
陀舍利弗彼佛光明无量照十方國无所鄣㝵
是故号為阿弥陀又舍利弗彼佛壽命及其
人民无量无邊阿僧祇劫故名阿弥陀舍利弗
阿弥陀佛成佛已來於今十劫又舍利弗彼佛
有无量无邊聲聞弟子皆阿羅漢非是筭數
之所能知諸菩薩亦如是舍利弗彼佛国土成
就如是功德莊嚴
又舍利弗極樂國土衆生生者皆是阿鞞跋
致其中多有一生補處其數甚多非是筭數
所能知之但可以无量无邊阿僧祇劫說舍利
弗衆生聞者應當發願願生彼國所以者何
得與如是諸上善人俱會一處舍利弗不可
以少善根福德因緣得生彼国舍利弗若有
善男子善女人聞說阿弥陀佛執持名号若

BD07880 號 1　阿彌陀經　（6–2）

弗衆生聞者應當發願願生彼國所以者何
得與如是諸上善人俱會一處舍利弗不可
以少善根福德因緣得生彼國舍利弗若有
善男子善女人聞說阿弥陀佛執持名号若
一日若二日若三日若四日若五日若六日若
七日一心不亂其人臨命終時阿弥陀佛與
諸聖衆現在其前是人終時心不顛倒即得
往生阿弥陀佛極樂國土舍利弗我見是
利故說此言若有衆生聞是說者應當發
願生彼國土
舍利弗如我今者讚嘆阿弥陀佛不可思議功
德東方亦有阿閦鞞佛須弥相佛大須弥佛
須弥光佛妙音佛如是等恒河沙數諸佛各
於其國出廣長舌相遍覆三千大千世界說
誠實言汝等衆生當信是稱讚不可思議
功德一切諸佛所護念經
舍利弗南方世界有日月燈佛名聞光佛大
焰肩佛須弥燈佛无量精進佛如是等恒河
沙數諸佛各於其國出廣長舌相遍覆三千
大千世界說誠實言汝等衆生當信是稱讚
不可思議功德一切諸佛所護念經
舍利弗西方世界有无量壽佛无量相佛无
量幢佛大光佛大明佛寶相佛淨光佛如是
等恒河沙數諸佛各於其國出廣長舌相遍
覆三千大千世界說誠實言汝等衆生當信
是稱讚不可思議功德一切諸佛所護念經
舍利弗北方世界有焰肩佛最勝音佛難沮佛

BD07880號1　阿彌陀經　（6–3）

量幢佛大光佛大明佛寶相佛淨光佛如是
等恒河沙數諸佛各於其國出廣長舌相遍
覆三千大千世界說誠實言汝等衆生當信
是稱讚不可思議功德一切諸佛所護念經
舍利弗北方世界有焰肩佛最勝音佛難沮佛
日生佛網明佛如是等恒河沙數諸佛各於其
國出廣長舌相遍覆三千大千世界說誠實
言汝等衆生當信是稱讚不可思議功德一
切諸佛所護念經
舍利弗下方世界有師子佛名聞佛名光佛
達摩佛法幢佛持法佛如是等恒河沙數諸
佛各於其國出廣長舌相遍覆三千大千世
界說誠實言汝等衆生當信是稱讚不可思
議功德一切諸佛所護念經
舍利弗上方世界有梵音佛宿王佛香上佛
香光佛大焰肩佛雜色寶華嚴身佛娑羅樹
王佛寶華德佛見一切義佛如須弥山佛如
是等恒河沙數諸佛各於其國出廣長舌相
遍覆三千大千世界說誠實言汝等衆生當
信是稱讚不可思議功德一切諸佛所護念經
舍利弗於汝意云何何故名一切諸佛所護念
經舍利弗若有善男子善女人聞是諸佛所
說名及經名者是諸善男子善女人皆為一切
諸佛共所護念皆得不退轉於阿耨多羅三
藐三菩提是故舍利弗汝等皆當信受我語
及諸佛所說舍利弗若有人已發願今發願

BD07880號1　阿彌陀經　（6–4）

說名及經名者是諸善男子善女人皆爲一切
諸佛共所護念皆得不退轉於阿耨多羅三
藐三菩提是故舍利弗汝等皆當信受我語
及諸佛所說舍利弗若有人已發願今發願
當發願欲生阿弥陁佛國者是諸人等皆得
不退轉於阿耨多羅三藐三菩提於彼國土
若已生若今生若當生是故舍利弗諸善
男子善女人若有信者應當發願生彼國土
舍利弗如我今者稱讚諸佛不可思議功德
彼諸佛等亦稱說我不可思議功德而作是
言釋迦牟尼佛能爲甚難希有之事能於娑
婆國土五濁惡世劫濁見濁煩惱濁衆生濁命
濁中得阿耨多羅三藐三菩提爲諸衆生說
是一切世間難信之法舍利弗當知我於五
濁惡世行此難事得阿耨多羅三藐三菩
提爲一切世間說此難信之法是爲甚難佛
說此經已舍利弗及諸比丘一切世間天人阿
脩羅等聞佛所說歡喜信受
阿弥陁佛說呪曰
那上謨上菩上陁夜藥可反下同那謨馱囉摩夜那
謨僧伽夜那摩阿弭多婆上夜跢丁可反下同他伽多
夜阿上囉上訶上羝三藐三菩陁夜跢姪他
阿上弭唎上羝阿弭唎都婆鞞菩迷反下同阿弭唎
跢三婆鞞上阿弭唎跢鞞迦蘭羝伽弭你伽伽
那枳居移反唎底迦上䋈婆上囉皤彼跛叉楚我反
焰迦䋈一切惡業盡娑婆訶

BD07880號 1　阿彌陀經　（6–5）

婆國土五濁惡世劫濁見濁煩惱濁衆生濁命
濁中得阿耨多羅三藐三菩提爲諸衆生說
是一切世間難信之法舍利弗當知我於五
濁惡世行此難事得阿耨多羅三藐三菩
提爲一切世間說此難信之法是爲甚難佛
說此經已舍利弗及諸比丘一切世間天人阿
脩羅等聞佛所說歡喜信受
阿弥陁佛說呪曰
那上謨上菩上陁夜藥可反下同那謨馱囉摩夜那
謨僧伽夜那摩阿弭多婆上夜跢丁可反下同他伽多
夜阿上囉上訶上羝三藐三菩陁夜跢姪他
阿上弭唎上羝阿弭唎都婆鞞菩迷反下同阿弭唎
跢三婆鞞上阿弭唎跢鞞迦蘭羝伽弭你伽伽
那枳居移反唎底迦上䋈婆上囉皤彼跛叉楚我反
焰迦䋈一切惡業盡娑婆訶
呪中諸口傍字皆依本音轉舌言之无口者
依字讀

BD07880號 2　阿彌陀佛說咒　（6–6）

為非无為非无　相受非盡法非壞法非滅
法從无始已来如暴流水而无斷絶有其四支能攝十二因
緣之法云何為四所謂无明愛業識識者以種子性為因
業者以田性為因无明及愛以煩惱性為因此中業及煩惱
能生種子之識業則能作種子識田愛則能潤種子之識
无明能殖種子之識若无此衆緣種子之識而不能成彼
業亦不作念我今能作種子識田愛亦不作念我能潤於
種子之識无明亦不作念我今能殖種子之識彼種子識亦不作
念我今從此衆緣而生雖然種子之識依彼業田及愛所潤
无明糞壤所生之處入於母胎能生名色之芽彼名色芽亦非
自作亦非他作非自俱他作非自在化亦非時變非自性生
非假作者亦非无因而生雖然父母和合時及餘緣和合之時
无我之法无我我所猶如虛空彼諸幻法因及衆緣无不具足
故依彼生處入於母胎則能成就執受種子之識名色之芽
如眼識生時若具五緣而則得生云何為五所謂依眼色明空
依作意故眼識得生此中眼則能作眼識所依色則能作眼識
之境明則能為[illegible]

念我今從此衆緣而生雖然種子之識依彼業田及愛所潤
无明糞壤所生之處入於母胎能生名色之芽彼名色芽亦非
自作亦非他作非自俱他作非自在化亦非時變非自性生
非假作者亦非无因而生雖然父母和合時及餘緣和合之時
无我之法无我我所猶如虛空彼諸幻法因及衆緣无不具足
故依彼生處入於母胎則能成就執受種子之識名色之芽
如眼識生時若具五緣而則得生云何為五所謂依眼色明空
依作意故眼識得生此中眼則能作眼識所依色則能作眼識
之境明則能為顯現之事空則能為不鄣之事作意能為思
想之事若無此衆緣眼識不生若內入眼无不具足如是乃至色
明空作意無不具足一切和合之時眼識得生彼眼亦不作是念我
今能為眼識所依色亦不念我今能作眼識之境明亦不作念我
今能作眼識顯現之事空亦不作念我今能為眼識不障之事作
意亦不作念我今能為眼識所思彼眼識亦不作念我是從此衆緣
而有雖然有此衆緣眼識得生乃至諸餘根等隨類知之如
是無有少法而從此世移至他世雖然因及衆緣無不具足故業
果亦現　譬如明鏡之中現其面像雖彼面像不移鏡中因
及衆緣无不具足故面像亦現如是無有少許從於此滅生其
餘處因及衆緣无不具足故業果亦現譬如月輪從此四万二千由
旬而行彼月輪形像現其有水小器中者彼月輪亦不從彼移
至於有水之器雖然因及衆緣無不具足故月輪亦現如是無有
少許從於此滅而生餘處因及衆緣無不具足故業果亦現

餘深法中示教利喜汝等若能如是則為已
報諸佛之恩時諸菩薩摩訶薩聞佛作是說
已皆大歡喜遍滿其身益加恭敬曲躬低頭
合掌向佛俱發聲言如世尊勅當具奉行唯
然世尊願不有慮諸菩薩摩訶薩衆如是三
反俱發聲言如世尊勅當具奉行唯然世尊
願不有慮尒時釋迦牟尼佛令十方來諸分
身佛各還本土而作是言諸佛各隨所安多
寶佛塔還可如故說是語時十方无量分身
諸佛坐寶樹下師子座上者及多寶佛并上
行等无邊阿僧祇菩薩大衆舍利弗等聲聞
四衆及一切世間天人阿脩羅等聞佛所說
皆大歡喜
妙法蓮華經藥王菩薩本事品第二十三
尒時宿王華菩薩白佛言世尊藥王菩薩云
何遊於娑婆世界世尊是藥王菩薩有若干

BD07882號　妙法蓮華經卷六　（2–1）

寶佛塔還可如故說是語時十方无量分身
諸佛坐寶樹下師子座上者及多寶佛并上
行等无邊阿僧祇菩薩大衆舍利弗等聲聞
四衆及一切世間天人阿脩羅等聞佛所說
皆大歡喜
妙法蓮華經藥王菩薩本事品第二十三
尒時宿王華菩薩白佛言世尊藥王菩薩云
何遊於娑婆世界世尊是藥王菩薩有若干
百千万億那由他難行苦行善哉世尊願少
解說諸天龍神夜叉乾闥婆阿脩羅迦樓羅
緊那羅摩睺羅伽人非人等又他國土諸來
菩薩及此聲聞衆聞皆歡喜尒時佛告宿王
華菩薩乃往過去无量恒河沙劫有佛號日
月淨明德如來應供正遍知明行足善逝世
間解无上士調御丈夫天人師佛世尊其佛有
八十億大菩薩摩訶薩七十二恒河沙大聲
聞衆佛壽四万二千劫菩薩壽命亦等彼國
无有女人地獄餓鬼畜生阿脩羅等及以諸
難地平如掌琉璃所成寶樹莊嚴寶帳覆
上垂寶華幡寶瓶香爐周遍國界七寶為

BD07882號　妙法蓮華經卷六　（2–2）

空裏擎拽羅衣来入會伏躬我今　聖皇帝
寶位常安万〻年海晏河清樂泰平四海
八方長奉國六條寶階堯風扇舜日光輝照
帝城東宮内苑彩頻妃太子諸王金枼茂
公主永奉天壽禄郡主將爲松比年朝庭卿
相保忠貞州縣官寮順家國又躬遠行千里者
各隨本意稱求心早到家鄉拜尊堂莫遣
慈親倚門望 三病苦連綿枕席者觀音
勢至賜醍醐更有懷胎難月人躬誕聪
朋孝養子若有三途受苦者鑊床釘體數
千般刀山劍樹悉摧殘地獄鑊湯化蓮

BD07883號　押座文（擬）　（3–1）

數至暖醒醐更有懷胎難月人數誕聡

明孝養子若有三塗受苦者鑊床釘體數

千般刀山劍樹悉摧殘地獄鑊湯化蓮

沼鐵犁耕舌洋銅灌磨摩碓擣作微塵

如斯苦痛滿其中愍是多生諺三寶善

彰今朝聞妙法永捨三塗六道身佛前坐待

待寶蓮花齊證如來無漏體遍

野飛禽走之獸莫遭羅網罾繳[illegible]比

於雄軍甲迴戈羅遊城頭烽火靜三邊

魂靈生淨土寶池岸側弄金沙常將衣

裓散天花即到食時歸本國從此永爲不退

轉證取如來金色身卅二相悉周圓八十種

因從此得普勸門徒依真行無學佛依行

能不能

化生童子佛宮生　便得真珠網裏行

耳裏唯聞念三寶　時時更聽樹搊撐

化生童子上金橋　五色雲(?)寶蓋搖

合掌唯稱无量壽　八十億劫罪根消

BD07883號　押座文（擬）

（3–2）

野飛禽兼走獸莫盡羅網亡徵臨比
於雄軍早迴戈邏涉城頭烽火靜三邊
魂靈生淨土寶池岸側弄金沙常將衣
裓散天花即到食時歸本國從此永爲不退
轉證取如來金色身卅二相悉周圓八十種
因從此得普勸門徒依真行學佛依行
能不能
化生童子佛宮生　便得真珠網裏行
耳裏唯聞念三寶　時時更聽樹捎撐
化生童子上金橋　五色雲擎寶輦搖
合掌唯稱無量壽　八十億劫罪根消
化生童子坐金床　天雨天花動地香
更有諸方[illegible]伎樂　委花毯被鳥銜將
自各向蘇

慮中脩治善法招天王果報果報精微世望絶侔衣
則寶飾食則百味宮殿佳甖罄馨餘振遠香似炎近
若飛来雖受此樂樂中有苦何以然者其中亦有[illegible]
怖驚怯衆懐死難藉此雜毒善資𢿙天王果既居上
位自在處寛不依理路横加煞戮煞戮[illegible]多造過无量
因此過起墜落三塗苦惱脩受衆苦无暫時息豈不
依因心意縁慮雜毒善中如招重劇故[illegible]貪法愛道
毒乳相和非不得樂縁樂自在樂盡苦至无量苦逼
故知三毒中脩善故名毒脩善毒脩善法還受毒
善之果因毒善果中起自在業煞戮无道縱意造作
无所畏憚墜落三塗受苦万端故知此苦善毒中苦何
以故有貪瞋癡故貪佛一毒憎惡二毒不識惡與佛
體一名異名為三毒云何名為真行故知真行无行无
行无不行以此驗知脩道要期斷惡從善背三塗苦
歸佛果樂如此之徒名為脩道作佛病聲聞二乘
小行菩薩都不能斷何以故非不能斷但以封是心強
偏粘著淨去惡情重歸善處甚継結成病不能得捨
是故保病為是謂以為真无内覺力故不識病是病
愛病如不捨自有覺力識病是病即病解脱
无导菩薩摩訶薩白佛言世尊雖聞此説大衆迷悶
殞絶不甦猶如病人欲趣死門精神倒錯无方取濟
唯願大聖垂慈重為分明解説令此大衆還得惺悟
尒時世尊一一毛端出大音聲皆師子吼其聲遍滿
无量世界為王遊央從衆生一一毛孔直入佛性山

BD07884號　究竟大悲經卷二

（3–1）

行无不行以此驗知脩道要期斷惡從善背三塗苦
歸佛果樂如此之徒名為脩道作佛病聲聞二乘
小行菩薩都不能斷何以故非不能斷但以封是心強
偏粘著淨去惡情重歸善處甚継結成病不能得捨
是故保病為是謂以為真无内覺力故不識病是病
愛病如不捨自有覺力識病是病即病解脱
无导菩薩摩訶薩白佛言世尊雖聞此説大衆迷悶
殞絶不甦猶如病人欲趣死門精神倒錯无方取濟
唯願大聖垂慈重為分明解説令此大衆還得惺悟
尒時世尊一一毛端出大音聲皆師子吼其聲遍滿
无量世界為王遊央從衆生一一毛孔直入佛性山
中本際无生大寂道場天真聖種如如子上[illegible][illegible]垂
雲降注法藥本願鼓擊一時惺悟
於時衆中有一大士名曰靈真歡喜无量涌身佛前
舉目一眄四方所有丘墟塚埌山陵堆阜皆作微塵
一一塵中各有化佛異口同音如説偈言
同塵隨物轉　事用常不惑　寧神泯是非　現居安樂國
无导菩薩摩訶薩白佛言世尊令此大衆蒙[illegible]
力皆得惺悟雖得惺悟於深法中不能具
故不識乳蜜及與毒合願大悲尊重為
衆及未来世一切諸衆生具細解了
佛告无导菩薩摩訶薩曰心存真處
聖果是名一毒既貪佛果即便棄
瞋毒貪瞋交覺不觀夋本不知
照名為癡毒如此三毒置於[illegible]
何以故貪瞋癡三毒不云[illegible]
銷融生滅所攝名為毒[illegible]
説是法時一切大衆生希

BD07884號　究竟大悲經卷二

（3–2）

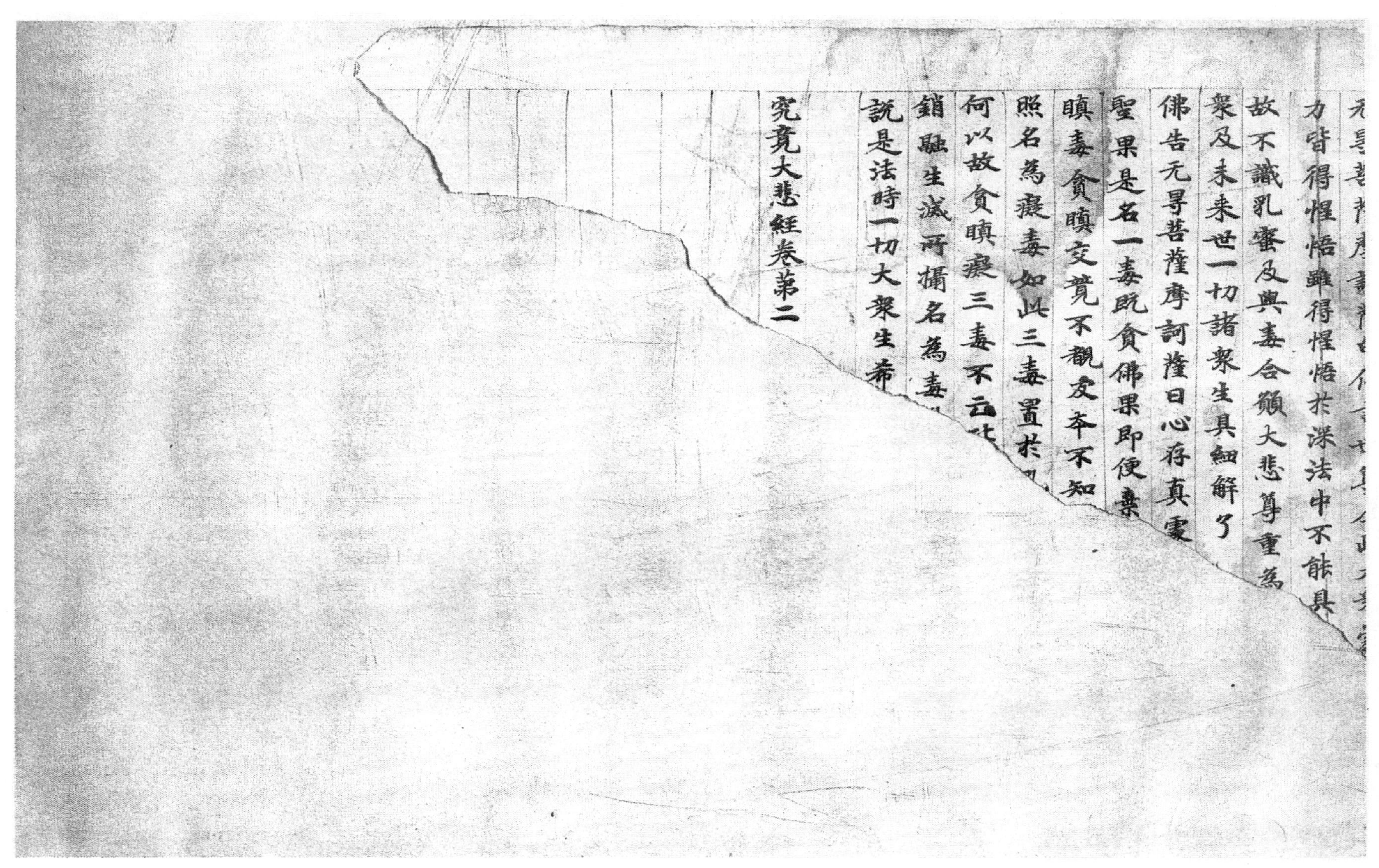

力皆得惺悟雖得惺悟於深法中不能具
故不識乳蜜及與毒合顯大悲尊重為
衆及未來世一切諸衆生具細解了
佛告无㝵菩薩摩訶薩曰心存真實
聖果是名一毒既貪佛果即便棄
瞋毒貪瞋交覺不覩交本不知
照名為癡毒如此三毒置於
何以故貪瞋癡三毒不
銷融生滅所攝名為毒
說是法時一切大衆生希
究竟大悲經卷第二

BD07884 號　究竟大悲經卷二　（3–3）

眉間白毫相　　　　　　那由他
恒河沙等諸佛世界過是數已有世界名淨
光莊嚴其國有佛号淨華宿王智如來應供
正遍知明行足善逝世間解无上士調御丈
夫天人師佛世尊為无量无邊菩薩大衆恭
敬圍繞而為說法釋迦牟尼佛白毫光明遍
照其國尒時一切淨光莊嚴國中有一菩薩
名曰妙音久已植衆德本供養親近无量百
千万億諸佛而悉成就甚深智慧得妙幢相
三昧法華三昧淨德三昧宿王戲三昧无緣
三昧智印三昧解一切衆生語言三昧集一
切功德三昧清淨三昧神通遊戲三昧慧炬
三昧莊嚴王三昧淨光明三昧淨藏三昧不
共三昧日旋三昧得如是百千万億恒河沙
等諸大三昧釋迦牟尼佛光照其身即白淨

BD07885 號　妙法蓮華經卷七　（6–1）

切功德三昧清淨三昧神通遊戲三昧慧炬
三昧莊嚴王三昧淨光明三昧淨藏三昧不
共三昧日旋三昧得如是百千万億恒河沙
等諸大三昧釋迦牟尼佛光照其身即白淨
華宿王智佛言世尊我當往詣娑婆世界礼
拜親近供養釋迦牟尼佛及見文殊師利法
王子菩薩藥王菩薩勇施菩薩宿王華菩薩
上行意菩薩莊嚴王菩薩藥上菩薩尒時淨
華宿王智佛告妙音菩薩汝莫輕彼國生下
劣想善男子彼娑婆世界高下不平土石諸
山穢惡充滿佛身卑小諸菩薩衆其形亦小
而汝身四万二千由旬我身六百八十万由
旬汝身第一端正百千万福光明殊妙是故
汝往莫輕彼國若佛菩薩及國土生下劣想
妙音菩薩白其佛言世尊我今詣娑婆世界
皆是如來之力如來神通遊戲如來功德智
慧莊嚴於是妙音菩薩不起于座身不動搖
而入三昧以三昧力於耆闍崛山去法座不
遠化作八万四千衆寶蓮華閻浮檀金為莖
白銀為葉金剛為鬚甄叔迦寶以為其臺尒
時文殊師利法王子見是蓮華而白佛言世
尊是何因緣先現此瑞有若干千万蓮華閻

BD07885號　妙法蓮華經卷七　（6–2）

遠化作八万四千衆寶蓮華閻浮檀金為莖
白銀為葉金剛為鬚甄叔迦寶以為其臺尒
時文殊師利法王子見是蓮華而白佛言世
尊是何因緣先現此瑞有若干千万蓮華閻
浮檀金為莖白銀為葉金剛為鬚甄叔迦寶
以為其臺尒時釋迦牟尼佛告文殊師利是
妙音菩薩摩訶薩欲從淨華宿王智佛國與
八万四千菩薩圍繞而來至此娑婆世界供
養親近礼拜於我亦欲供養聽法華經文殊
師利白佛言世尊是菩薩種何善本脩何功
德而能有是大神通力行何三昧願為我等
說是三昧名字我等亦欲勤脩行之行此三
昧乃能見是菩薩色相大小威儀進止唯願
世尊以神通力彼菩薩來令我得見尒時釋
迦牟尼佛告文殊師利此久滅度多寶如來
當為汝等而現其相時多寶佛告彼菩薩善
男子來文殊師利法王子欲見汝身于時妙
音菩薩於彼國沒與八万四千菩薩俱共發
來所經諸國六種震動皆悉雨於七寶蓮華
百千天樂不鼓自鳴是菩薩目如廣大青蓮
華葉正使和合百千万月其面貌端正復過
於此身真金色无量百千功德莊嚴威德熾
盛光明照曜諸相具足如那羅延堅固之身

BD07885號　妙法蓮華經卷七　（6–3）

華葉正使和合百千万月其面貌端正復過
於此身真金色无量百千功德莊嚴威德熾
盛光明照曜諸相具足如那羅延堅固之身
入七寶臺上昇虛空去地七多羅樹諸菩薩
眾恭敬圍繞而來詣此娑婆世界耆闍崛山
到已下七寶臺以價直百千瓔珞持至釋迦
牟尼佛所頭面礼足奉上瓔珞而白佛言世
尊淨華宿王智佛問訊世尊少病少惱起居
輕利安樂行不四大調和不世事可忍不眾
生易度不无多貪欲瞋恚愚癡嫉妬慳慢不
无不孝父母不敬沙門邪見不善心不攝五
情不世尊眾生能降伏諸魔怨不久滅度多
寶如來在七寶塔中來聽法不又問訊多寶
如來安隱少惱堪忍久住不世尊我今欲見
多寶佛身唯願世尊示我令見尒時釋迦牟
尼佛語多寶佛是妙音菩薩欲得相見時多
寶佛告妙音言善哉善哉汝能為供養釋迦
牟尼佛及聽法華經并見文殊師利等故來
至此尒時華德菩薩白佛言世尊是妙音菩
薩種何善根脩何功德有是神力佛告華德
菩薩過去有佛名雲雷音王多陀阿伽度阿
羅呵三藐三佛陀國名現一切世間劫名憙

BD07885號　妙法蓮華經卷七　（6–4）

薩種何善根脩何功德有是神力佛告華德
菩薩過去有佛名雲雷音王多陀阿伽度阿
羅呵三藐三佛陀國名現一切世間劫名憙
見妙音菩薩於万二千歲以十万種伎樂供
養雲雷音王佛并奉上八万四千七寶鉢以
是因緣果報今生淨華宿王智佛國有是神
力華德於汝意云何尒時雲雷音王佛所妙
音菩薩伎樂供養奉上寶器者豈異人乎今
此妙音菩薩摩訶薩是華德是妙音菩薩已
曾供養親近无量諸佛久植德本又值恒河
沙等百千万億那由他佛華德汝但見妙音
菩薩其身在此而是菩薩現種種身處處為
諸眾生說是經典或現梵王身或現帝釋身
或現自在天身或現大自在天身或現天大將
軍身或現毗沙門天王身或現轉輪聖王身或
現諸小王身或現長者身或現居士身或現
宰官身或現婆羅門身或現比丘比丘尼優
婆塞優婆夷身或現長者居士婦女身或現
宰官婦女身或現婆羅門婦女身或現童男
童女身或現天龍夜叉乾闥婆阿脩羅迦樓
羅緊那羅摩睺羅伽人非人等身而說是經
諸有地獄餓鬼畜生及眾難處皆能救濟乃

BD07885號　妙法蓮華經卷七　（6–5）

現諸小王身或現長者身或現居士身或現
宰官身或現婆羅門身或現比丘比丘尼優
婆塞優婆夷身或現長者居士婦女身或現
宰官婦女身或現婆羅門婦女身或現童男
童女身或現天龍夜叉乾闥婆阿脩羅迦樓
羅緊那羅摩睺羅伽人非人等身而說是經
諸有地獄餓鬼畜生及眾難處皆能救濟乃
至於王後宮變為女身而說是經華德是妙
音菩薩能救護娑婆世界諸眾生者是妙音
菩薩如是種種變化現身在此娑婆國土為
諸眾生說是經典於神通變化智慧无所損
減是菩薩以若干智慧明照娑婆世界令一
切眾生各得所知於十方恒河沙世界中亦
復如是若應以聲聞形得度者現聲聞形而
為說法應以辟支佛形得度者現辟支佛形
而為說法應以菩薩形得度者現菩薩形而
為說法應以佛形得度者即現佛形而為說
法如是種種隨所應度而為現形乃至應以

BD07885號　妙法蓮華經卷七　（6–6）

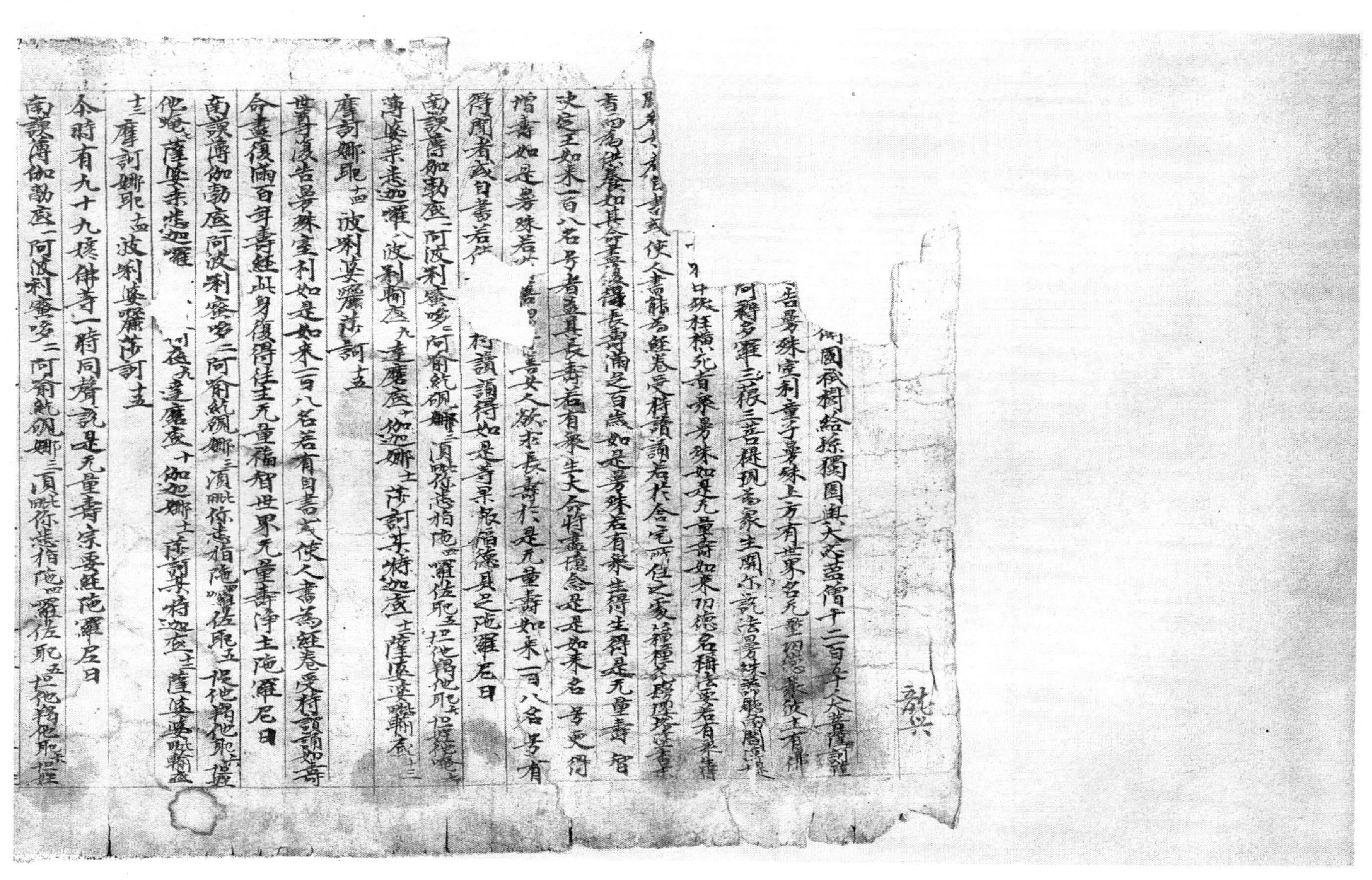

衛國祇樹給孤獨園與大比丘僧千二百五十人大菩薩摩訶薩
告曼殊室利童子曼殊上方有世界名无量功德聚彼土有佛
阿耨多羅三藐三菩提現爲衆生開示說法曼殊諦聽閻浮提
人中夭枉橫死者衆曼殊如是无量壽如來功德名稱法要若有衆生
聞名若自書或使人書能爲經卷受持讀誦若於舍宅所住之處種種莊嚴
香而爲供養如其命盡復得長壽滿足百歲如是曼殊若有衆生得是无量壽智
決定王如來一百八名號者益其長壽若有衆生大命將盡憶念是如來名號更得
增壽如是曼殊若有善男子善女人欲求長壽於是无量壽如來一百八名號有
得聞者或自書若使人書受持讀誦得如是等果報福德具足陀羅尼曰
南謨薄伽勃底一阿波唎蜜哆二阿喻紇硯娜三須毗你悉指陀四囉佐耶五怛他揭他耶六怛姪他七
薩婆桑悉迦囉八波唎輸底九達磨底十伽伽娜十一莎訶娑特迦底十二薩婆婆毗輸底十三
摩訶娜耶十四波唎婆囉莎訶十五
世尊復告曼殊室利如是如來一百八名若有自書或使人書為經卷受持讀誦如其
命盡復滿百年壽經此身復得往生无量福智世界无量壽淨土陀羅尼曰
南謨薄伽勃底一阿波唎蜜哆二阿喻紇硯娜三須毗你悉指陀四囉佐耶五怛他揭他耶六怛
姪他七薩婆桑悉迦囉八波唎輸底九達磨底十伽伽娜十一莎訶娑特迦底十二薩婆婆毗輸底十三
摩訶娜耶十四波唎婆囉莎訶十五
爾時有九十九俱胝佛一時同聲說是无量壽宗要經陀羅尼曰
南謨薄伽勃底一阿波唎蜜哆二阿喻紇硯娜三須毗你悉指陀四囉佐耶五怛他揭他耶六怛

BD07886號　無量壽宗要經　（6–1）

南謨薄伽勃底一阿波唎蜜多二阿脩紇硯娜三須毗你悉指陁四囉佐耶五怛他羯他耶六怛
他唵七薩婆桒悉迦囉[illegible]底九達磨底十伽迦娜十一莎訶莫特迦底十二薩婆婆毗輸底
十三摩訶娜耶十四波唎婆羅莎訶十五
尒時有九十九姟佛等一時同聲說是无量壽宗要經陁羅尼曰
南謨薄伽勃底一阿波唎蜜哆二阿脩紇硯娜三須毗你悉指陁四囉佐耶五怛他羯他耶六怛
他唵七薩婆桒悉迦囉八波唎輸底九達磨底十伽迦娜十一莎訶莫特迦底十二薩婆婆毗輸底十三
摩訶娜耶十四波唎婆羅莎訶十五
尒時復有百四姟佛一時同聲說是无量壽宗要經陁羅尼曰
南謨薄伽勃底一阿波唎[illegible]多二阿脩紇硯娜三須毗你悉指陁四囉佐耶五怛他羯他耶六怛
姪他唵七薩婆桒悉迦囉八波唎輸底九達磨底十伽迦娜十一莎訶莫特迦底十二薩婆婆毗輸底十三
摩訶娜耶十四波唎婆羅莎訶十五
尒時復有七姟佛一時同聲說是无量无量壽宗要經陁羅尼曰
南謨薄伽勃底一阿波唎蜜多二阿脩紇硯娜三須毗你悉指陁四囉佐耶五怛他羯他耶六怛姪他唵
薩婆桒悉迦囉八波唎輸底九達磨底十伽迦娜十一莎訶莫特迦底十二薩婆婆毗輸底十三
摩訶娜耶十四波唎婆羅莎訶十五
尒時復有六十五姟佛一時同聲說是无量壽宗要經陁羅尼曰
南謨薄伽勃底一阿波唎蜜多二阿脩紇硯娜三須毗你悉指陁四囉佐耶五怛羯他耶六怛姪他唵七
薩婆桒悉迦囉八波唎輸底九達磨底十伽迦娜十一莎訶莫特迦底十二薩婆婆毗輸底十三
波唎娜耶十四波唎婆羅莎訶十五
尒時復有五十五姟佛一時同聲說是无量壽宗要經陁羅尼曰
南謨薄伽勃底一阿波唎蜜哆二阿脩紇硯娜三須毗你悉指陁四囉佐耶五怛他羯他耶六
怛姪他唵七薩婆桒悉迦囉八波唎輸底九達磨底十伽迦娜十一莎訶莫特迦底十二薩婆婆毗
輸底十三摩訶娜耶十四波唎婆羅莎訶十五
尒時復有四十五姟佛一時同聲說是无量壽宗要經陁羅尼曰
南謨薄伽勃底一阿波唎蜜哆二阿脩紇硯娜三須毗你悉指陁四囉佐耶五怛他羯他耶六怛姪他唵七
薩婆桒悉迦囉八波唎輸底九達磨底十伽迦娜十一莎訶莫特迦底十二薩婆毗輸底　十三
摩訶娜耶十四波唎婆羅莎訶十五
尒時復有三十六姟佛一時同聲說是无量壽宗要經陁羅尼曰
南謨薄伽勃底一阿波唎蜜哆二阿脩紇硯娜三須毗你悉指陁四囉佐耶五怛他羯他耶六怛姪他唵

BD07886號　無量壽宗要經　（6–2）

薩婆桒悉迦囉八波唎輸底九達磨底十伽迦娜十一莎訶莫特迦底十二薩婆毗輸底　十三
摩訶娜耶十四波唎婆羅莎訶十五
尒時復有三十六姟佛一時同聲說是无量壽宗要經陁羅尼曰
南謨薄伽勃底一阿波唎蜜哆二阿脩紇硯娜三須毗你悉指陁四囉佐耶五怛他羯他耶六怛姪他唵七
薩婆桒悉迦囉八波唎輸底九達磨底十伽迦娜十一莎訶莫特迦底十二薩婆婆毗輸底十三
摩訶娜耶十四波唎婆羅莎訶十五
尒時復有二十五姟佛一時同聲說是无量壽宗要經陁羅尼曰
南謨薄伽勃底一阿波唎蜜多二阿脩紇硯娜三須毗你悉指陁四囉佐耶五怛他羯他耶六怛姪他唵七
薩婆桒悉迦囉八波唎輸底九達磨底十伽迦娜十一莎訶莫特迦底十二薩婆婆毗輸底十三
摩訶娜耶十四波唎婆羅莎訶
尒時復有恒河沙姟佛一時同聲說是无量壽宗要經陁羅尼曰
南謨薄伽勃底一阿波唎蜜哆二阿脩紇硯娜三須毗你悉指陁四囉佐耶五怛他羯他耶六怛姪他唵七
薩婆桒悉迦囉八波唎輸底九達磨底十伽迦娜十一莎訶莫特迦底十二薩婆婆毗輸底十三
摩訶娜耶十四波唎婆羅莎訶十五
善男子若有自書寫教人書寫是无量壽宗要經如其命盡復得長壽而滿年
陁羅尼曰　南謨薄伽勃底一阿波唎蜜哆二阿脩紇硯娜三須毗你悉指陁四囉佐耶五怛他羯
他耶六怛姪他唵七薩婆桒悉迦囉八波唎輸底九達磨底十伽迦娜十一莎訶莫特迦底十二
薩婆婆毗輸底十三摩訶娜耶十四波唎婆羅莎訶十五
若有自書寫教人書寫是无量壽宗要經讀受持畢竟不墮地獄在在所生得宿命
智陁羅尼曰　南謨薄伽勃底一阿波唎蜜哆二阿脩紇硯娜三須毗你悉指陁四囉佐耶五怛他羯
他耶六怛姪他唵七薩婆桒悉迦囉八波唎輸底九達磨底十伽迦娜十一莎訶莫特迦底十二薩婆
婆毗輸底十三摩訶娜耶十四波唎婆羅莎訶十五
若有自書寫教人書寫是无量壽宗要經受持讀誦如同書寫八万四千一切經典所獲
尼曰　南謨薄伽勃底一阿波唎蜜哆二阿脩紇硯娜三須毗你悉指陁四囉佐耶五怛他羯他
耶六怛姪他唵七薩婆桒悉迦囉八波唎輸底九達磨底十伽迦娜十一莎訶莫特迦底十二薩
婆婆毗輸底十三摩訶娜耶十四波唎婆羅莎訶十五
若有自書寫教人書寫是无量宗要經即是書寫八万四千部建立塔廟陁羅尼
曰　南謨薄伽勃底一阿波唎蜜哆二阿脩紇硯娜三須毗你悉指陁四囉佐耶五怛他羯他耶六
怛姪他唵七薩婆桒悉迦囉八波唎輸底九達磨底十伽迦娜十一莎訶莫特迦底十二薩婆婆毗

BD07886號　無量壽宗要經　（6–3）

娑婆毗輸底十三摩訶娜耶十四波唎婆羅莎訶十五
若有自書寫教人書寫是无量宗要經即是書寫八万四千部建立塔廟陀羅尼
日南謨薄伽勃底一阿波唎蜜多二阿喻紇硯娜三須毗你悉指陀四囉佐耶五怛他羯他耶六
怛姪他唵七薩婆桑悉迦囉八波唎輸底九達磨底十伽迦娜十一莎訶某持迦底十二薩婆婆毗
輸底十三摩訶娜耶十四波婆羅莎訶十五 [illegible]
南謨薄伽勃底一阿波唎蜜多二阿喻紇硯娜三須毗你悉指陀四囉佐耶五怛他羯他耶六怛姪
他唵七薩婆桑悉迦囉八波唎輸底九達磨底十伽迦娜十一莎訶某持迦底十二薩婆婆毗
輸底十三摩訶娜耶十四波唎婆羅莎訶十五
若有自書寫教人書寫是无量壽宗要經受持讀誦設有重罪猶如須弥盡能除滅陀
羅尼曰南謨薄伽勃底一阿波唎蜜多二阿喻紇硯娜三須毗你悉指陀四囉佐耶五怛他羯他
耶六怛姪他唵七薩婆桑悉迦囉八波唎輸底九達磨底十伽迦娜十一莎訶某持迦底十二薩
婆婆毗輸底十三摩訶娜耶十四波唎婆羅莎訶十五
若有自書寫教人書寫是无量壽宗要經受持讀誦若魔魔之眷屬夜叉羅剎不得
其便終无枉死陀羅尼曰南謨薄伽勃底一阿波唎蜜多二阿喻紇硯娜三須毗你悉指
陀四囉佐耶五怛他羯他耶六怛姪他唵七薩婆桑悉迦囉八波唎輸底九達磨底十伽迦娜十一莎訶
某持迦底十二薩婆婆毗輸底十三摩訶娜耶十四波唎婆羅莎訶十五
若有自書寫教人書寫是无量壽宗要經受持讀誦當命終時有九十九姟佛現其
人前象千佛授手能遊一切佛剎莫於此經生於疑惑陀羅尼曰
南謨薄伽勃底一阿波唎蜜多二阿喻紇硯娜三須毗你悉指陀四囉佐耶五怛他羯他耶六怛姪
他唵七薩婆桑悉迦囉八波唎輸底九達磨底十伽迦娜十一莎訶某持迦底十二薩婆婆毗輸底十三
摩訶娜耶十四波唎婆羅莎訶十五
若有自書寫教人書寫是无量壽宗要經受持讀誦常得四天大王隨其衛護陀羅尼
日南謨薄伽勃底一阿波唎蜜多二阿喻紇硯娜三須毗你悉指陀囉佐耶五怛他羯他耶六怛
姪他唵七薩婆桑悉迦囉八波唎輸底九達磨底十伽迦娜十一莎訶某持迦底十二薩婆婆毗輸底
十三摩訶娜耶十四波唎婆羅莎訶十五
若有自書寫教人書寫是无量壽宗要經受持讀誦當得往生西方極樂世界阿
弥陀淨土陀羅尼曰南謨薄伽勃底一阿波唎蜜多二阿喻紇硯娜三須毗你悉指陀四囉佐耶五
怛他羯他耶六怛姪他唵七薩婆桑悉迦囉八波唎輸底九達磨底十伽迦娜十一莎訶某持迦底十二
薩婆婆毗輸底十三摩訶娜耶十四波唎婆羅莎訶十五

BD07886 號　無量壽宗要經　（6–4）

若有自書寫教人書寫是无量壽宗要經受持讀誦當得往生西方極樂世界阿
弥陀淨土陀羅尼曰南謨薄伽勃底一阿波唎蜜多二阿喻紇硯娜三須毗你悉指陀四囉佐耶五
怛他羯他耶六怛姪他唵七薩婆桑悉迦囉八波唎輸底九達磨底十伽迦娜十一莎訶某持迦底十二
薩婆婆毗輸底十三摩訶娜耶十四波唎婆羅莎訶十五
若有方所自書寫使人書寫是无量壽經典之處則為是塔皆應恭敬作礼若是
畜生或為鳥獸得聞是經如是等類皆當不久得成一切種智陀羅尼曰
南謨薄伽勃底一阿波唎蜜多二阿喻紇硯娜三須毗你悉指陀四囉佐耶五怛他羯他耶六怛姪
唵薩婆桑悉迦囉八波唎輸底九達磨底十伽迦娜十一莎訶某持迦底十二薩婆婆毗輸底十三
摩訶娜耶十四波唎婆羅莎訶十五
若有於是无量壽經自書寫若使人書畢竟不受女人之身陀羅尼曰
南謨薄伽勃底一阿波唎蜜多二阿喻紇硯娜三須毗你悉指陀四囉佐耶五怛他羯他耶六怛姪他
薩婆桑悉迦囉八波唎輸底九達磨底十伽迦娜十一莎訶某持迦底十二薩婆婆毗輸底十三
摩訶娜耶十四波唎婆羅莎訶十五
若有能於是經少分能惠施者等於三千大千世界滿中七寶布施陀羅尼曰
南謨薄伽勃底一阿波唎蜜多二阿喻紇硯娜三須毗你悉指陀四囉佐耶五怛他羯他耶六怛
姪他唵七薩婆桑悉迦囉八波唎輸底九達磨底十伽迦娜十一莎訶某持迦底十二薩婆婆毗輸
底十三摩訶娜耶十四波唎婆羅莎訶十五
若有能供養是經者則是供養一切諸經等无有異陀羅尼曰
南謨薄伽勃底一阿波唎蜜多二阿喻紇硯娜三須毗你悉指陀四囉佐耶五怛他羯他耶六
怛姪他唵七薩婆桑悉迦囉八波唎輸底九達磨底十伽迦娜十一莎訶某持迦底十二薩婆婆
毗輸底十三摩訶娜耶十四波唎婆羅莎訶十五
如是毗婆尸佛尸棄佛毗舍浮佛俱留孫佛俱那含牟尼佛迦葉佛釋迦牟尼佛若
有人以七寶供養如是七佛其福有限書寫受持是无量壽經典所有功德不可限量
羅尼曰南謨薄伽勃底一阿波唎蜜多二阿喻紇硯娜三須毗你悉指陀四囉佐耶五怛他羯他耶六
怛姪他唵七薩婆桑悉迦囉八波唎輸底九達磨底十伽迦娜十一莎訶某持迦底十二薩婆婆
毗輸底十三摩訶娜耶十四波唎婆羅莎訶十五
若有七寶等於須弥以用布施其福上能知其限量是无量壽經典其福不可知數
陀羅尼曰南謨薄伽勃底一阿波唎蜜多二阿喻紇硯娜三須毗你悉指陀四囉佐耶五怛他
羯他耶六怛姪他唵七薩婆桑悉迦囉八波唎輸底九達磨底十伽迦娜十一莎訶某持迦底十二
薩婆婆毗輸底十三摩訶娜耶十四波唎婆羅莎訶十五

BD07886 號　無量壽宗要經　（6–5）

怛姪他唵七 薩婆桑悉迦囉八 波唎輸底九 達摩底十 伽迦娜十一 莎訶某特迦底十二 薩婆婆
毗輸底十三 摩訶娜耶十四 波唎婆羅莎訶十五
若有七寶等於須弥以用布施其福上能知其限量是无量壽經典其福不可知數
陁羅尼曰 南謨薄伽勃底一 阿波唎蜜多二 阿喻紇硯娜三 須毗你悉指陁四 囉佐耶五 怛他
羯他耶六 怛姪他唵七 薩婆桑悉迦囉八 波唎輸底九 達磨底十 伽迦娜十一 莎訶某特迦底十二
薩婆婆毗輸底十三 摩訶娜耶十四 波唎婆羅莎訶十五
如是四大海水可知滴數是无量壽經典所生果報不可數量陁羅尼曰
南謨薄伽勃底一 阿波唎蜜多二 阿喻紇硯娜三 須毗你悉指陁四 囉佐耶五 怛他羯他耶六 怛姪
他唵七 薩婆桑悉迦囉八 波唎輸底九 達磨底十 伽迦娜十一 莎訶某特迦底十二 薩婆婆毗輸
底十三 摩訶娜耶十四 波唎婆羅莎訶十五
若有人自書寫使人書寫是无量壽經典又能護持供養所如恭敬供養一切十方佛土
如來无有別異陁羅尼曰 南謨薄伽勃底一 阿波唎蜜多二 阿喻紇硯娜三 須毗你悉指陁四
囉佐耶五 怛他羯他耶六 怛姪他唵七 薩婆桑悉迦囉八 波唎輸底九 達磨底十 伽迦娜十一 莎訶
某特迦底十二 薩婆婆毗輸底十三 摩訶娜耶十四 波唎婆羅莎訶十五
布施力能成正覺 悟布施力人師子 布施力能聲普聞 慈悲階漸家能入
持戒力能成正覺 悟持戒力人師子 持戒力能聲普聞 慈悲階漸家能入
忍辱力能成正覺 悟忍辱力人師子 忍辱力能聲普聞 慈悲階漸家能入
精進力能成正覺 悟精進力人師子 精進力能聲普聞 慈悲階漸家能入
禪定力能成正覺 悟禪定力人師子 禪定力能聲普聞 慈悲階漸家能入
智慧力能成正覺 悟智慧力人師子 智慧力能聲普聞 慈悲階漸家能入
尒時如來說是經已一切世間天人阿脩羅揵闥婆等聞佛所說皆大
歡喜信受奉行

佛說无量壽宗要經

BD07886號　無量壽宗要經　（6–6）

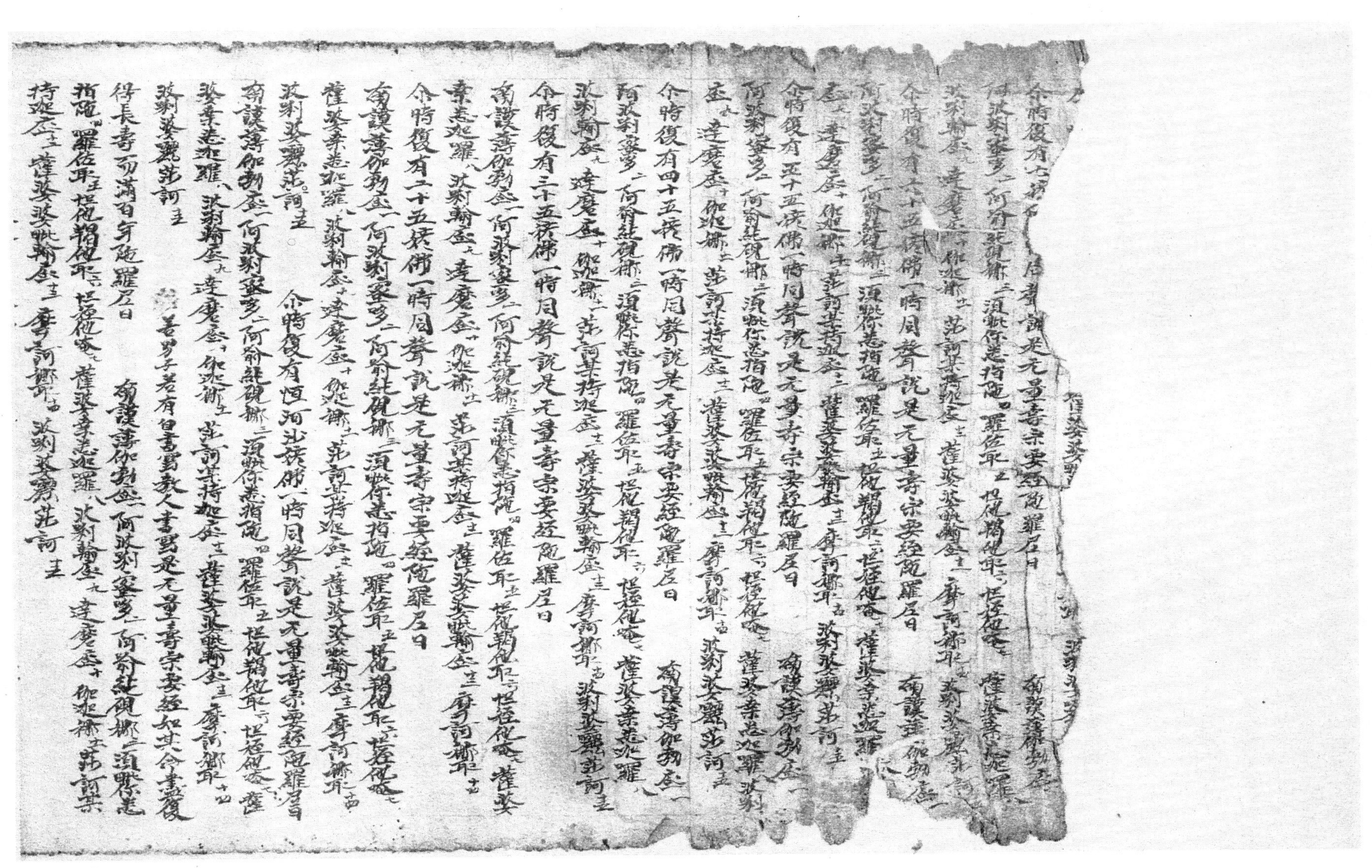

尒時復有六十五[illegible]佛一時同聲說是无量壽宗要經陁羅尼曰 南謨薄伽勃底一
阿波唎蜜多二 阿喻紇硯娜三 須毗你悉指陁四 囉佐耶五 怛他羯他耶六 怛姪他唵七 薩婆桑悉迦羅八
波唎輸底九 達磨底十 伽迦娜十一 莎訶某特迦底十二 薩婆婆毗輸底十三 摩訶娜耶十四 波唎婆羅莎訶十五
尒時復有六十五殑伽佛一時同聲說是无量壽宗要經陁羅尼曰 南謨薄伽勃底一
阿波唎蜜多二 阿喻紇硯娜三 須毗你悉指陁四 囉佐耶五 怛他羯他耶六 怛姪他唵七 薩婆桑悉迦羅八
波唎輸底九 達磨底十 伽迦娜十一 莎訶某特迦底十二 薩婆婆毗輸底十三 摩訶娜耶十四 波唎婆羅莎訶十五
尒時復有五十五殑伽佛一時同聲說是无量壽宗要經陁羅尼曰 南謨薄伽勃底一
阿波唎蜜多二 阿喻紇硯娜三 須毗你悉指陁四 囉佐耶五 怛他羯他耶六 怛姪他唵七 薩婆桑悉迦羅八 波唎
輸底九 達磨底十 伽迦娜十一 莎訶某特迦底十二 薩婆婆毗輸底十三 摩訶娜耶十四 波唎婆羅莎訶十五
尒時復有四十五殑伽佛一時同聲說是无量壽宗要經陁羅尼曰 南謨薄伽勃底一
阿波唎蜜多二 阿喻紇硯娜三 須毗你悉指陁四 囉佐耶五 怛他羯他耶六 怛姪他唵七 薩婆桑悉迦羅八
波唎輸底九 達磨底十 伽迦娜十一 莎訶某特迦底十二 薩婆婆毗輸底十三 摩訶娜耶十四 波唎婆羅莎訶十五
尒時復有三十五殑伽佛一時同聲說是无量壽宗要經陁羅尼曰
南謨薄伽勃底一 阿波唎蜜多二 阿喻紇硯娜三 須毗你悉指陁四 囉佐耶五 怛他羯他耶六 怛姪他唵七 薩婆
桑悉迦羅八 波唎輸底九 達磨底十 伽迦娜十一 莎訶某特迦底十二 薩婆婆毗輸底十三 摩訶娜耶十四 波唎婆羅莎訶十五
尒時復有二十五殑伽佛一時同聲說是无量壽宗要經陁羅尼曰
南謨薄伽勃底一 阿波唎蜜多二 阿喻紇硯娜三 須毗你悉指陁四 囉佐耶五 怛他羯他耶六 怛姪他唵七
薩婆桑悉迦羅八 波唎輸底九 達磨底十 伽迦娜十一 莎訶某特迦底十二 薩婆婆毗輸底十三 摩訶娜耶十四
波唎婆羅莎訶十五　尒時復有恒河沙俱胝佛一時同聲說是无量壽宗要經陁羅尼曰
南謨薄伽勃底一 阿波唎蜜多二 阿喻紇硯娜三 須毗你悉指陁四 囉佐耶五 怛他羯他耶六 怛姪他唵七 薩
婆桑悉迦羅八 波唎輸底九 達磨底十 伽迦娜十一 莎訶某特迦底十二 薩婆婆毗輸底十三 摩訶娜耶十四
波唎婆羅莎訶十五　若善男子善女人自書寫教人書寫是无量壽宗要經如其命盡復
得長壽而滿百年陁羅尼曰　南謨薄伽勃底一 阿波唎蜜多二 阿喻紇硯娜三 須毗你悉
指陁四 囉佐耶五 怛他羯他耶六 怛姪他唵七 薩婆桑悉迦羅八 波唎輸底九 達磨底十 伽迦娜十一 莎訶某
特迦底十二 薩婆婆毗輸底十三 摩訶娜耶十四 波唎婆羅莎訶十五

BD07887號　無量壽宗要經　（5–1）

南謨薄伽勃底一阿波唎蜜多二阿喻紇硯那三須毗你悉指陀四囉佐耶五怛他羯他耶六怛姪他七薩
婆桑悉迦囉八波唎輸底九達磨底十伽迦那十一莎訶娑持迦底十二薩婆婆毗輸底十三摩訶那耶十四
波唎婆嚟莎訶十五　若男子若有自書寫教人書寫是無量壽宗要經如其命盡復
得長壽而滿百年陀羅尼曰　南謨薄伽勃底一阿波唎蜜多二阿喻紇硯那三須毗你悉志
指陀四囉佐耶五怛他羯他耶六怛姪他七薩婆桑悉迦囉八波唎輸底九達磨底十伽迦那十一莎訶娑
持迦底十二薩婆婆毗輸底十三摩訶那耶十四波唎婆嚟莎訶十五
若有自書寫教人書寫是無量壽宗要經受持讀誦畢竟不墮地獄在在所生得宿命
智陀羅尼曰　南謨薄伽勃底一阿波唎蜜多二阿喻紇硯那三須毗你悉指陀四囉佐耶五怛他羯他耶六
怛姪他七薩婆桑悉迦囉八波唎輸底九達磨底十伽迦那十一莎訶娑持迦底十二薩婆婆毗輸底十三
摩訶那耶十四波唎婆嚟莎訶十五　若有自書教人書寫是無量壽宗要經受
持讀誦如同書寫八万四千一切經典陀羅尼曰　南謨薄伽勃底一阿波唎蜜多二阿喻
紇硯那三須毗你悉指陀四囉佐耶五怛他羯他耶六怛姪他七薩婆桑悉迦囉八波唎輸底九達磨底十
伽迦那十一莎訶娑持迦底十二薩婆婆毗輸底十三摩訶那耶十四波唎婆嚟莎訶十五
若有自書寫教人書寫是無量壽宗要經即是書寫八万四千部建立塔廟陀羅尼曰
南謨薄伽勃底一阿波唎蜜多二阿喻紇硯那三須毗你悉指陀四囉佐耶五怛他羯他耶六怛姪他七薩婆
桑悉迦囉八波唎輸底九達磨底十伽迦那十一莎訶娑持迦底十二薩婆婆毗輸底十三摩訶那耶十四波唎
若有自書寫教人書寫能消五無間等一切重罪陀羅尼曰
南謨薄伽勃底一阿波唎蜜多二阿喻紇硯那三須毗你悉指陀四囉佐耶五怛他羯他耶六怛姪他七薩
婆桑悉迦囉八波唎輸底九達磨底十伽迦那十一莎訶娑持迦底十二薩婆婆毗輸底十三摩訶那耶十四波唎
婆嚟莎訶十五　若有自書寫教人書寫是無量壽宗要經受持讀誦設有重罪
猶如須彌盡能除滅陀羅尼曰　南謨薄伽勃底一阿波唎蜜多二阿喻紇硯那三
須毗你悉指陀四囉佐耶五怛他羯他耶六怛姪他七薩婆桑悉迦囉八波唎輸底九達磨底十伽迦那十一
莎訶娑持迦底十二薩婆婆毗輸底十三摩訶那耶十四波唎婆嚟莎訶十五
若有自書寫教人書寫是無量壽宗要經受持讀誦若魔之眷屬夜叉羅剎不得其便
終無枉死陀羅尼曰　南謨薄伽勃底一阿波唎蜜多二阿喻紇硯那三須毗你悉指陀四
囉佐耶五怛他羯他耶六怛姪他七薩婆桑悉迦囉八波唎輸底九達磨底十伽迦那十一莎訶娑持迦底十二
薩婆婆毗輸底十三摩訶那耶十四波唎婆嚟莎訶十五
若有自書寫教人書寫是無量壽宗要經受持讀誦當得命終時有九十九拘胝佛現其人前
來千佛授手遊一切佛剎莫於此經生疑惑陀羅尼曰
南謨薄伽勃底一阿波唎蜜多二阿喻紇硯那三須毗你悉指陀四囉佐耶五怛他羯他耶六怛姪他七薩婆
桑悉迦囉八波唎輸底九達磨底十伽迦那十一莎訶娑持迦底十二薩婆婆毗輸底十三摩訶那耶十四波唎婆
嚟莎訶十五

BD07887號　無量壽宗要經　（5-2）

若有自書寫教人書寫是無量壽宗要經受持讀誦若魔之眷屬夜叉羅剎不得其便
終無枉死陀羅尼曰　南謨薄伽勃底一阿波唎蜜多二阿喻紇硯那三須毗你悉指陀四
囉佐耶五怛他羯他耶六怛姪他七薩婆桑悉迦囉八波唎輸底九達磨底十伽迦那十一莎訶娑持迦底十二
薩婆婆毗輸底十三摩訶那耶十四波唎婆嚟莎訶十五
若有自書寫教人書寫是無量壽宗要經受持讀誦當得命終時有九十九拘胝佛現其人前
來千佛授手遊一切佛剎莫於此經生疑惑陀羅尼曰
南謨薄伽勃底一阿波唎蜜多二阿喻紇硯那三須毗你悉指陀四囉佐耶五怛他羯他耶六怛姪他七薩婆
桑悉迦囉八波唎輸底九達磨底十伽迦那十一莎訶娑持迦底十二薩婆婆毗輸底十三摩訶那耶十四波唎婆
嚟莎訶十五　若有自書寫教人書寫是無量壽宗要經受持讀誦常得四天大王
隨其衛護陀羅尼曰　南謨薄伽勃底一阿波唎蜜多二阿喻紇硯那三須毗你悉指陀四囉佐耶五
怛他羯他耶六怛姪他七薩婆桑悉迦囉八波唎輸底九達磨底十伽迦那十一莎訶娑持迦底十二薩婆婆
毗輸底十三摩訶那耶十四波唎婆嚟莎訶十五
若有自書寫是無量壽宗要經受持讀誦當得往生西方極樂世界阿彌陀淨土陀羅尼曰
南謨薄伽勃底一阿波唎蜜多二阿喻紇硯那三須毗你悉指陀四囉佐耶五怛他羯他耶六怛姪他七薩婆
桑悉迦囉八波唎輸底九達磨底十伽迦那十一莎訶娑持迦底十二薩婆婆毗輸底十三摩訶那耶十四
波唎婆嚟莎訶十五　若有方所自書寫使人書寫是無量壽經典之處則為是
塔皆應恭敬作禮若是畜生或為鳥獸得聞是經知是等類皆當不久得成一切種智
陀羅尼曰　南謨薄伽勃底一阿波唎蜜多二阿喻紇硯那三須毗你悉指陀四囉佐耶五怛
他羯他耶六怛姪他七薩婆桑悉迦囉八波唎輸底九達磨底十伽迦那十一莎訶娑持迦底十二薩婆婆毗輸底十三
摩訶那耶十四波唎婆嚟莎訶十五
若有於是無量壽經自書寫教人書寫畢竟不受女人之身陀羅尼曰
南謨薄伽勃底一阿波唎蜜多二阿喻紇硯那三須毗你悉指陀四囉佐耶五怛他羯他耶六怛姪他七
薩婆桑悉迦囉八波唎輸底九達磨底十伽迦那十一莎訶娑持迦底十二薩婆婆毗輸底十三摩訶那耶十四
波唎婆嚟莎訶十五　若有能於是經少分能惠施者若於三千大千世界滿中七寶布施
羅尼曰　南謨薄伽勃底一阿波唎蜜多二阿喻紇硯那三須毗你悉指陀四囉佐耶五怛他羯他耶六
怛姪他七薩婆桑悉迦囉八波唎輸底九達磨底十伽迦那十一莎訶娑持迦底十二薩婆婆毗輸底十三
摩訶那耶十四波唎婆嚟莎訶十五
若有能供養是經者則是供養一切諸經等無有別異陀羅尼曰
南謨薄伽勃底一阿波唎蜜多二阿喻紇硯那三須毗你悉指陀四囉佐耶五怛他羯他耶六怛姪他七薩婆桑悉
迦囉八波唎輸底九達磨底十伽迦那十一莎訶娑持迦底十二薩婆婆毗輸底十三摩訶那耶十四波唎婆嚟莎訶十五
如是毗婆尸佛尸棄佛毗舍浮佛俱留孫佛拘那含牟尼佛迦葉佛釋迦牟尼佛若
有人以七寶供養如是七佛其福有限書寫受持是無量壽經典所有功德不可限量

BD07887號　無量壽宗要經　（5-3）

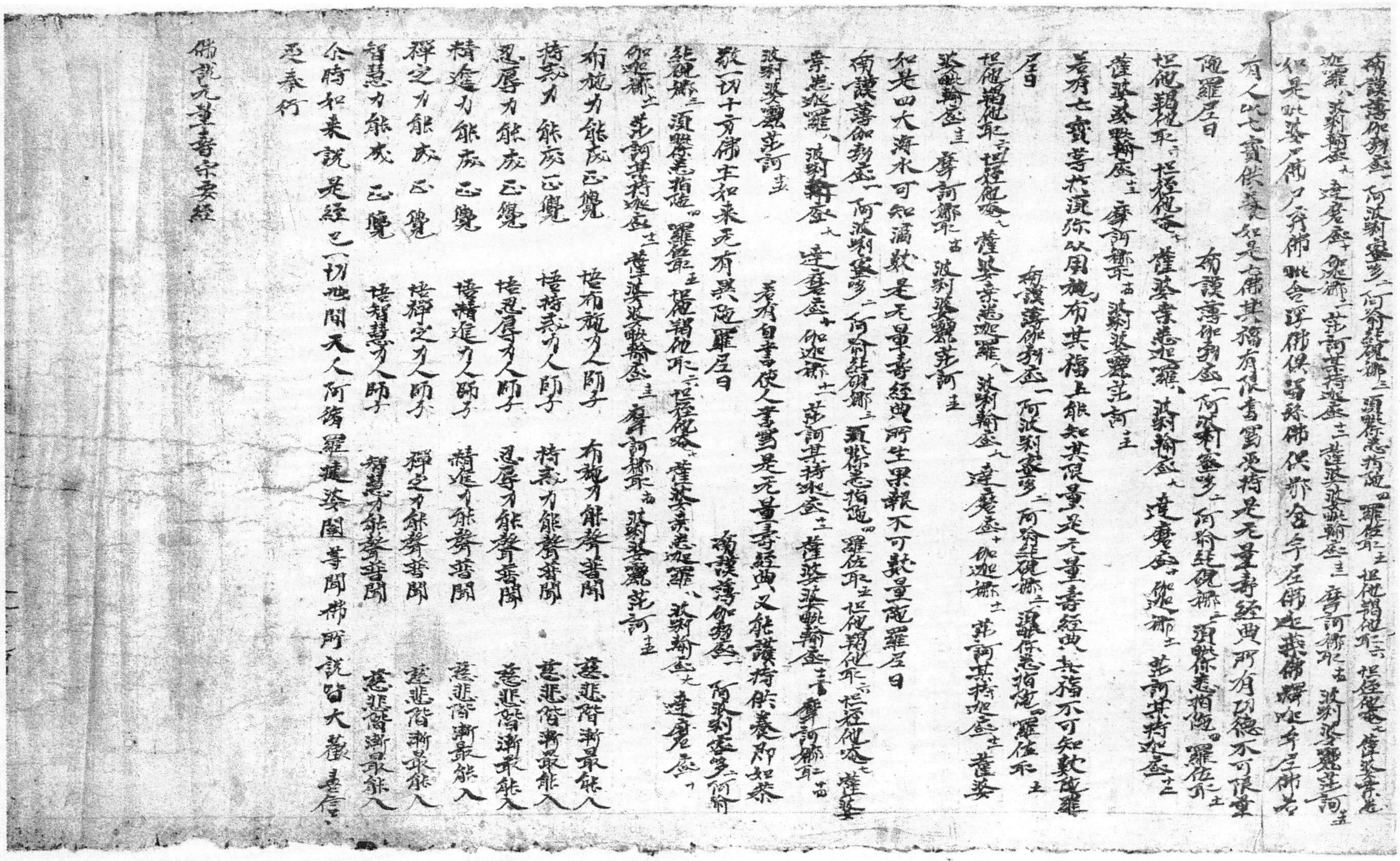

南謨薄伽勃底一 阿波唎蜜多二 阿喻紇硯娜三 須毗你悉指陀四 囉佐耶五 怛他羯他耶六 怛姪他唵七 薩婆桑悉
迦羅八 波唎輸底九 達磨底十 伽伽娜十一 娑訶娑特迦底十二 薩婆婆毗輸底十三 摩訶娜耶十四 波唎婆羅莎訶十五
如是毗婆尸佛 尸棄佛 毗舍浮佛 俱留孫佛 拘那含牟尼佛 迦葉佛 釋迦牟尼佛 若
有人以七寶供養如是七佛 其福有限 書寫受持是無量壽經典 所有功德不可限量
陀羅尼曰 南謨薄伽勃底一 阿波唎蜜多二 阿喻紇硯娜三 須毗你悉指陀四 囉佐耶五
怛他羯他耶六 怛姪他唵七 薩婆桑悉迦羅八 波唎輸底九 達磨底十 伽伽娜十一 娑訶娑特迦底十二
薩婆婆毗輸底十三 摩訶娜耶十四 波唎婆羅莎訶十五
若有七寶等於須彌山王用施布 其福上能知其限量 是無量壽經典 其福不可知數 陀羅
尼曰 南謨薄伽勃底一 阿波唎蜜多二 阿喻紇硯娜三 須毗你悉指陀四 囉佐耶五
怛他羯他耶六 怛姪他唵七 薩婆桑悉迦羅八 波唎輸底九 達磨底十 伽伽娜十一 娑訶娑特迦底十二 薩婆
婆毗輸底十三 摩訶娜耶十四 波唎婆羅莎訶十五
如是四大海水可知滴數 是無量壽經典所生果報不可數量 陀羅尼曰
南謨薄伽勃底一 阿波唎蜜多二 阿喻紇硯娜三 須毗你悉指陀四 囉佐耶五 怛他羯他耶六 怛姪他唵七 薩婆
桑悉迦羅八 波唎輸底九 達磨底十 伽伽娜十一 娑訶娑特迦底十二 薩婆婆毗輸底十三 摩訶娜耶十四
波唎婆羅莎訶十五 若有自書使人書寫是無量壽經典 又能讚持供養 即如恭
敬一切十方佛土如來 無有異 陀羅尼曰 南謨薄伽勃底一 阿波唎蜜多二 阿喻
紇硯娜三 須毗你悉指陀四 囉佐耶五 怛他羯他耶六 怛姪他唵七 薩婆桑悉迦羅八 波唎輸底九 達磨底十
伽伽娜十一 娑訶娑特迦底十二 薩婆婆毗輸底十三 摩訶娜耶十四 波唎婆羅莎訶十五
布施力能成正覺 悟布施力人師子 布施力能聲普聞 慈悲階漸最能入
持戒力能成正覺 悟持戒力人師子 持戒力能聲普聞 慈悲階漸最能入
忍辱力能成正覺 悟忍辱力人師子 忍辱力能聲普聞 慈悲階漸最能入
精進力能成正覺 悟精進力人師子 精進力能聲普聞 慈悲階漸最能入
禪定力能成正覺 悟禪定力人師子 禪定力能聲普聞 慈悲階漸最能入
智慧力能成正覺 悟智慧力人師子 智慧力能聲普聞 慈悲階漸最能入
爾時如來說是經已 一切世間天人阿修羅揵闥婆等聞佛所說 皆大歡喜 信
受奉行
佛說無量壽宗要經

BD07887號　無量壽宗要經　（5–4）

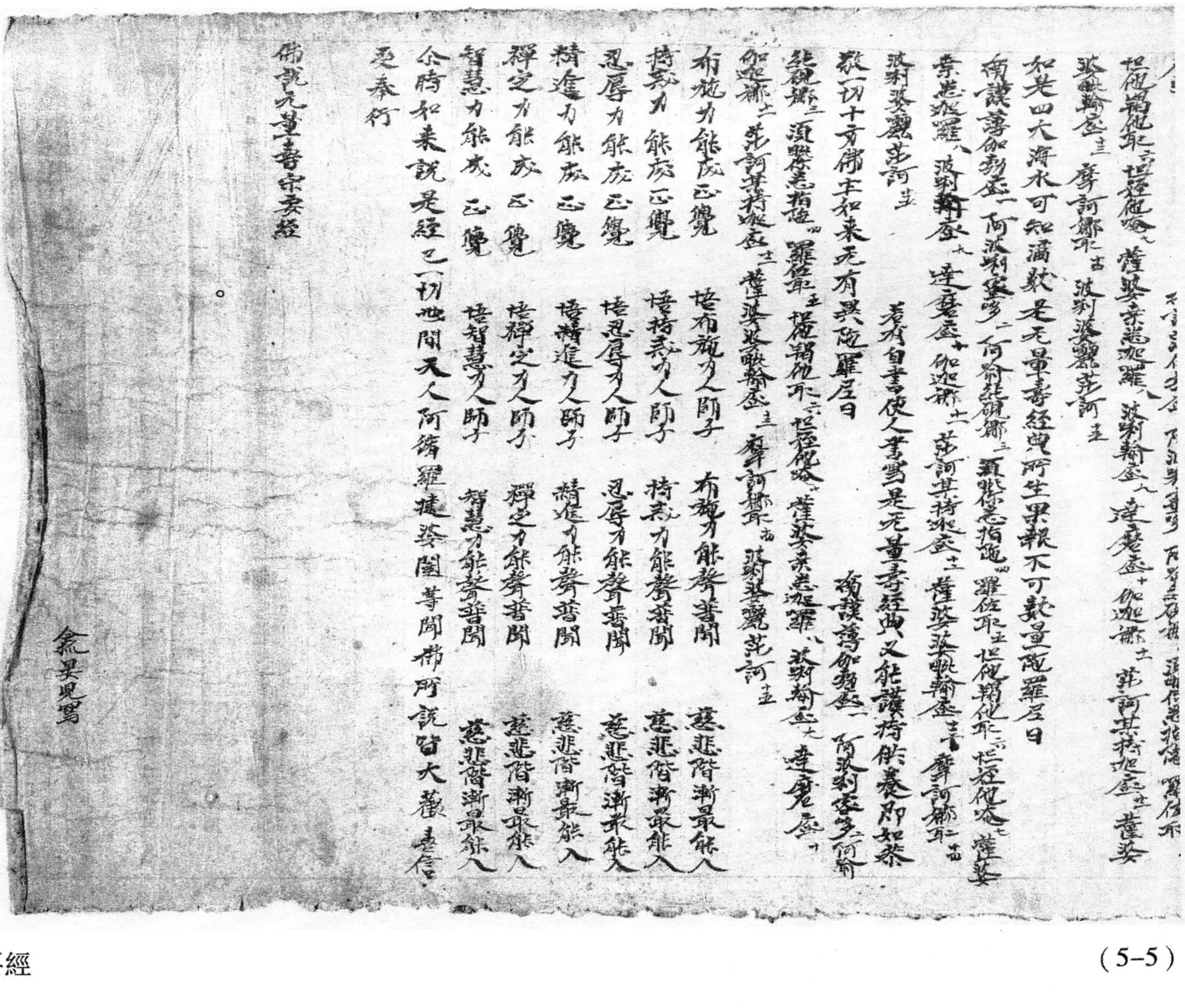

怛他羯他耶六 怛姪他唵七 薩婆桑悉迦羅八 波唎輸底九 達磨底十 伽伽娜十一 娑訶娑特迦底十二 薩婆
婆毗輸底十三 摩訶娜耶十四 波唎婆羅莎訶十五
如是四大海水可知滴數 是無量壽經典所生果報不可數量 陀羅尼曰
南謨薄伽勃底一 阿波唎蜜多二 阿喻紇硯娜三 須毗你悉指陀四 囉佐耶五 怛他羯他耶六 怛姪他唵七 薩婆
桑悉迦羅八 波唎輸底九 達磨底十 伽伽娜十一 娑訶娑特迦底十二 薩婆婆毗輸底十三 摩訶娜耶十四
波唎婆羅莎訶十五 若有自書使人書寫是無量壽經典 又能讚持供養 即如恭
敬一切十方佛土如來 無有異 陀羅尼曰 南謨薄伽勃底一 阿波唎蜜多二 阿喻
紇硯娜三 須毗你悉指陀四 囉佐耶五 怛他羯他耶六 怛姪他唵七 薩婆桑悉迦羅八 波唎輸底九 達磨底十
伽伽娜十一 娑訶娑特迦底十二 薩婆婆毗輸底十三 摩訶娜耶十四 波唎婆羅莎訶十五
布施力能成正覺 悟布施力人師子 布施力能聲普聞 慈悲階漸最能入
持戒力能成正覺 悟持戒力人師子 持戒力能聲普聞 慈悲階漸最能入
忍辱力能成正覺 悟忍辱力人師子 忍辱力能聲普聞 慈悲階漸最能入
精進力能成正覺 悟精進力人師子 精進力能聲普聞 慈悲階漸最能入
禪定力能成正覺 悟禪定力人師子 禪定力能聲普聞 慈悲階漸最能入
智慧力能成正覺 悟智慧力人師子 智慧力能聲普聞 慈悲階漸最能入
爾時如來說是經已 一切世間天人阿修羅揵闥婆等聞佛所說 皆大歡喜 信
受奉行
佛說無量壽宗要經

[illegible]昊兒寫

BD07887號　無量壽宗要經　（5–5）

觀世音菩薩普門品第二十五
爾時無盡意菩薩即從座起偏袒右肩合掌
而白佛言世尊觀世音菩薩以何因緣
名觀世音佛告無盡意菩薩善男子若有無
量百千萬億衆生受諸苦惱聞是觀世音菩
薩一心稱名觀世音菩薩即時觀其音聲
皆得解脫若有持是觀世音菩薩名者設入
大火火不能燒由是菩薩威神力故若為大
水所漂稱其名号即得淺處若有百千萬億
衆生為求金銀瑠璃車𤦲馬瑙珊瑚虎珀
真珠等寶入於大海假使黑風吹其船舫
漂墮羅剎鬼國其中若有乃至一人稱觀世
音菩薩名者是諸人等皆得解脫羅剎之
難以是因緣名觀世音若復有人臨當被害稱
觀世音菩薩名者彼所執刀杖尋段段壞而得
解脫若三千大千國土滿中夜叉羅剎欲來惱
人聞其稱觀世音菩薩名者是諸惡鬼尚不能
以惡眼視之況復加害設復有人若有罪若
無罪杻械枷鎖檢繫其身稱觀世音菩薩名
者皆悉斷壞即得解脫若三千大千國土滿

BD07888號　妙法蓮華經卷七　（3–1）

漂墮羅剎鬼國其中若有乃至一人稱觀世
音菩薩名者是諸人等皆得解脫羅剎之
難以是因緣名觀世音若復有人臨當被害稱
觀世音菩薩名者彼所執刀杖尋段段壞而得
解脫若三千大千國土滿中夜叉羅剎欲來惱
人聞其稱觀世音菩薩名者是諸惡鬼尚不能
以惡眼視之況復加害設復有人若有罪若
無罪杻械枷鎖檢繫其身稱觀世音菩薩名
者皆悉斷壞即得解脫若三千大千國土滿
中怨賊有一商主將諸商人賫持重寶經過
險路其中一人作是唱言諸善男子勿得恐
怖汝等應當一心稱觀世音菩薩名号是菩
薩能以無畏施於衆生汝等若稱名者於
此怨賊當得解脫衆商人聞俱發聲言南无
觀世音菩薩稱其名故即得解脫無盡意觀世
音菩薩摩訶薩威神之力巍巍如是若有衆
生多於婬欲常念恭敬觀世音菩薩便得離
欲若多瞋恚常念恭敬觀世音菩薩便得離
瞋若多愚癡常念恭敬觀世音菩薩便得離
癡無盡意觀世音菩薩有如是等大威神力
多所饒益是故衆生常應心念若有女人設
欲求男禮拜供養觀世音菩薩便生福德智
慧之男設欲求女便生端正有相之女宿殖
德本衆人愛敬無盡意觀世音菩薩有如是

BD07888號　妙法蓮華經卷七　（3–2）

者皆悉斷壞即得解脫若三千大千國土滿
中怨賊有一商主將諸商人賫持重寶經過
嶮路其中一人作是唱言諸善男子勿得恐
怖汝等應當一心稱觀世音菩薩名号是菩
薩能以無畏施於衆生汝等若稱名者於
此怨賊當得解脫衆商人聞俱發聲言南无
觀世音菩薩稱其名故即得解脫無盡意觀世
音菩薩摩訶薩威神之力巍巍如是若有衆
生多於婬欲常念恭敬觀世音菩薩便得離
欲若多瞋恚常念恭敬觀世音菩薩便得離
瞋若多愚癡常念恭敬觀世音菩薩便得離
癡無盡意觀世音菩薩有如是等大威神力
多所饒益是故衆生常應心念若有女人設
欲求男礼拜供養觀世音菩薩便生福德智
慧之男設欲求女便生端正有相之女宿殖
德本衆人愛敬無盡意觀世音菩薩有如是

BD07888號　妙法蓮華經卷七　　（3–3）

BD07889號　大般涅槃經疏（擬）

（3–1）

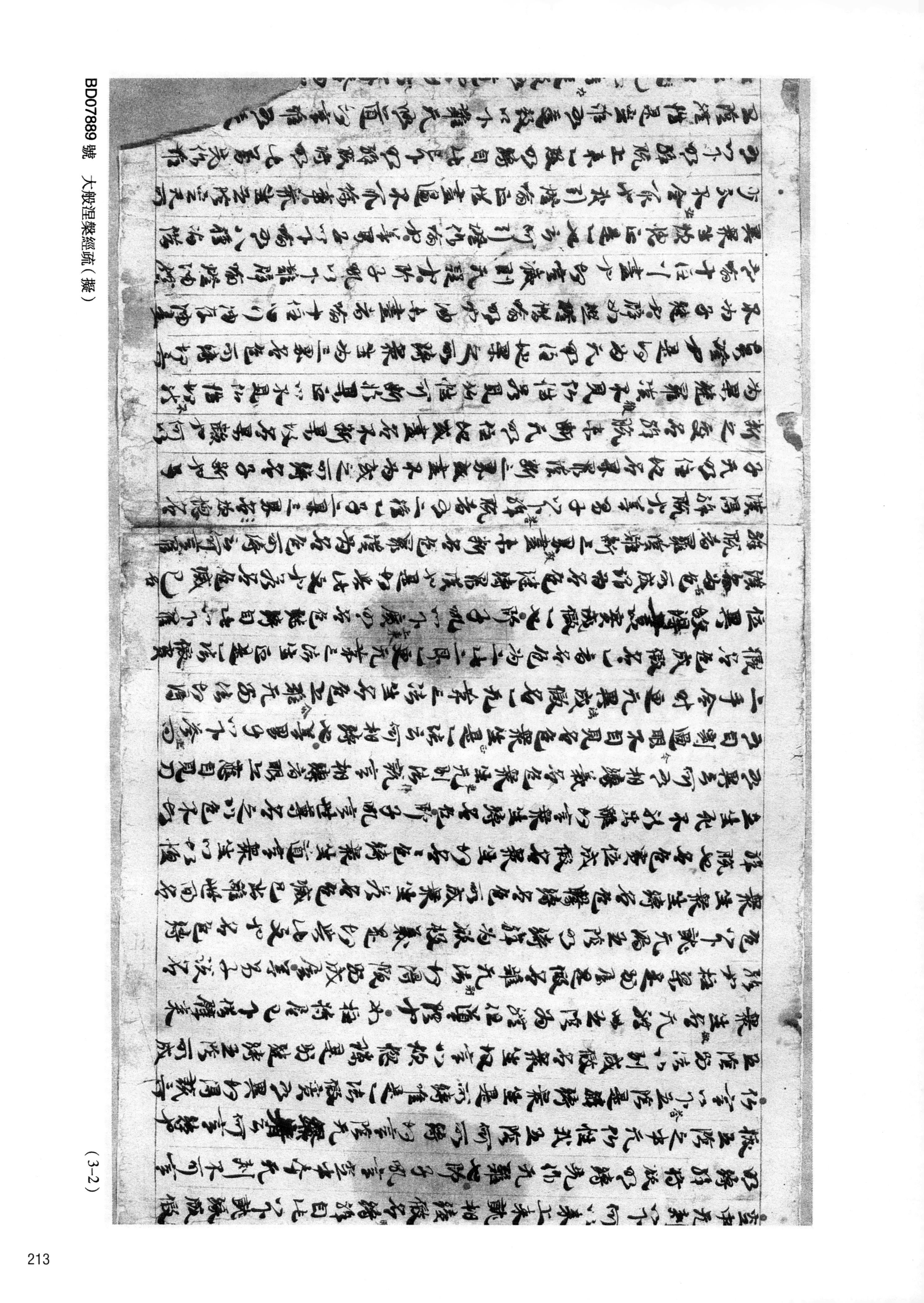

BD07889號　大般涅槃經疏（擬）

（3–2）

BD07889號　大般涅槃經疏（擬）

（3–3）

BD07889號背　雜寫

（1-1）

復次善男子諸行无我善男子搖一切法謂
色非色色非我也何以故可破可壞可裂可
打生增長故我者不可破壞裂打生長以是
義故知色非我非色之法亦復非我何以故
因緣生故善男子若諸外道以專念故知有
者專念之性實非我也若以專念為我性
過去之事則有忘失有忘失故定知无我
善男子若諸外道以憶想故知有我者无憶
心故定知无我如諷見人手有六指即復問
言我先何處共相見耶若有我者不應復問
以相問故定知无我善男子若諸外道以遮
故知有我者善男子以有遮故定知无我如
言調達終不發言非調達也我亦如是若定
是我終不遮我以遮我故定知无我若以遮
故知有我者汝今不遮定應无我善男子若
諸外道以伴非伴知有我者以无伴故應无

BD07890號　大般涅槃經（北本）卷一四　　（5–1）

言調達終不發言非調達也我亦如是若定
是我終不遮我以遮我故定知无我若以遮
故知有我者汝今不遮定應无我善男子若
諸外道以伴非伴知有我者以无伴故應无
有我有法无伴所謂如來虛空佛性我亦如
是實无有伴以是義故定知无我復次善男
子若諸外道以名字故知有我者无我法中
亦有我名如貧賤人名字富貴如言我死若
我死者我則殺我而我實不可殺殺名殺我亦
如癡人名為長者以是義故定知无我復次
善男子若諸外道以生已求乳知有我者善
男子若有我者一切嬰兒不應執持糞穢火
虵毒藥以是義故定知无我復次善男子一
切衆生於三法中悉有等智所謂婬欲瞋
恐怖是故无我復次善男子若諸外道以相
貌故知有我者善男子相故无我无相故亦
无我若人睡時不能進止俯仰視眴不覺苦
樂不應有我若以進止俯仰視眴知有我者
機關木人亦應有我善男子如來亦不進
不止不俯不仰不視不眴不苦不樂不貪不
恚不癡不行如來如是真實有我復次善男
子若諸外道以見他食菓口中生涎知有我
者善男子以憶念故見則生涎涎非我也我
亦非涎非喜非悲非哭非笑非臥非起非飢
非飽以是義故定知无我善男子是諸外道
癡如小兒无慧方便不能了達常與无常苦
樂淨不淨我无我壽命非壽命衆生非衆生
實非實有非有於佛法中取少許分虛妄計

BD07890號　大般涅槃經（北本）卷一四　　（5–2）

然非延非喜非悲非哭非咲非隂非起非飢
非飽以是義故定知无我善男子是諸外道
癡如小兒无慧方便不能了達常與无常苦
樂淨不淨我无我壽命非壽命衆生非衆生
實非實有非有於佛法中取少許分虛妄計
有常樂淨我而實不知常樂淨我如生盲人
不識乳色便問他言乳色何似他人荅言色
白如貝盲人復問是乳色者如貝聲耶荅言
不也復問貝色為何似也荅言猶稻米末盲
復問乳色柔濡如稻米末耶稻米末者復
何所似荅言猶如雨雪盲人復言彼稻米末
冷如雪耶雪復何似荅言猶如白鶴是生盲
人雖聞如是四種譬喻終不能得識乳真色
是諸外道亦復如是終不能識常樂我淨善
男子以是義故我佛法中有真實諦非於外道
文殊師利白佛言世尊如來於今臨般
涅槃方更轉於无上法輪乃作如是分別真
諦佛告文殊師利汝今云何於如來生涅
槃想善男子如來實是常住不變不般涅槃
善男子若有計我是佛我成阿耨多羅三藐
三菩提我即是法法是我所我即是道道是
我所我即世尊世尊即是我所我即聲聞聲
聞即是我所我能說法令他聽受我轉法輪
餘人不能如來終不作如是計是故如來不
轉法輪善男子若有人作如是妄計我即是眼
眼即是我所耳鼻舌身意亦復如是我即是
色色是我所乃至法亦如是我即是地地即
我所水火風亦如是善男子若有人言我即

BD07890號　大般涅槃經（北本）卷一四　（5-3）

餘人不能如來終不作如是計是故如來不
轉法輪善男子若有人作如是妄計我即是眼
眼即是我所耳鼻舌身意亦復如是我即是
色色是我所乃至法亦如是我即是地地即
我所水火風亦如是善男子若有人言我即
是信信是我所我是多聞多聞即是我所我
是檀波羅蜜檀波羅蜜即是我所我是尸波
羅蜜尸波羅蜜即是我所我是羼提波羅蜜
羼提波羅蜜即是我所我是毗梨耶波羅蜜
毗梨耶波羅蜜即是我所我是禪波羅蜜禪
波羅蜜即是我所我是般若波羅蜜般若波
羅蜜即是我所我是四念處四念處即是我
所四正懃四如意足五根五力七覺分八聖
道分亦復如是善男子如來終不作如是計
是故如來不轉法輪善男子若言常住无有
變易云何說言佛轉法輪是故汝今不應說
言如來方更轉於法輪善男子譬如因眼緣
色緣明緣思惟因緣和合得生眼識善男子
眼不念言我能生識色乃至思惟終不念言
我生眼識眼識亦復不作是言我能自生善
男子如是等法因緣和合得名為見善男子
如來亦爾因六波羅蜜卅七助菩提之法覺
了諸法復因咽喉舌齒脣口言語音聲為憍
陳如初始說法名轉法輪以是義故如來不
名轉法輪也善男子若不轉者即名為法法
即如來善男子譬如因燧因鑽因手因乾牛
糞而得生火燧亦不言我能生火鑽手牛糞
各不念言我能生火火亦不言我能自生如

BD07890號　大般涅槃經（北本）卷一四　（5-4）

毗梨耶波羅蜜即是我所我是禪波羅蜜禪
波羅蜜即是我所我是般若波羅蜜般若波
羅蜜即是我所我是四念處四念處即是我
所四正懃四如意足五根五力七覺分八聖
道分然復如是善男子如來終不作如是計
是故如來不轉法輪善男子若言常住无有
變易云何說言佛轉法輪是故汝今不應說
言如來方便轉於法輪善男子譬如因眼緣
色緣明緣思惟因緣和因淂生眼識善男子
眼不念言我能生識色乃至思惟終不念言
我生眼識眼識然復不作是言我能自生善
男子如是等法因緣和合淂名爲見善男子
如來然介因六波羅蜜卅七助菩提之法覺
了諸法復因咽喉舌齒脣口言語音聲爲憍
陳如初始說法名轉法輪以是義故如來不
名轉法輪也善男子若不轉者即名爲法法
即如來善男子譬如因燧因鑽因手因乾牛
糞而淂生火燧然不言我能生火鑽手牛糞
各不念言我能生火火然不言我能自生如
來然介因六波羅蜜乃至憍陳如名轉法輪
如來然復不生念言我轉法輪善男子若不
生者是則名爲轉正法輪是轉法輪即名如
來善男子譬如因酪因水因攢因瓶因繩因
人手捉而淂出蘇酪不念言我能出蘇乃至

BD07890號　大般涅槃經（北本）卷一四　（5-5）

非苦苦非
隱老壯生死繫縛解脫
衆生見已即便生疑當有畢竟遠離如是苦
惱事不是故衆生於涅槃中而生疑也汝意
若謂是人先來未見濁水云何疑者是義不
然何以故是人先於餘處見已是故於此未
曾到處而復生疑世尊是人先見深淺處時
已不生疑於今何故而復生疑佛言善男子
本未行故所以生疑是故我言不了故疑
迦葉菩薩白佛言世尊如佛所說疑即是著
著即是疑爲是誰耶善男子斷善根者迦葉
言世尊何等人輩能斷善根善男子若有聰
明黠慧利根能善分別遠離善友不聽正法
不善思惟不如法住如是之人能斷善根離
是四事心自思惟无有施物何以故施者即
是捨於財物若施有報當知施主常應貧窮
何以故子果相似故是故說言无因无果若
如是說无因无果是則名爲斷善根也復作
是念施主受者及以財物三事无常无有停
住若无停住云何說言此是施主受者財物
若无　　　　果以是義故无因无果若

BD07891號　大般涅槃經（北本）卷三五　（1-1）

[illegible]
覺不能廣緣无量衆生亦非自在善男子以
是義故名四无量非諸聲聞緣覺所知乃是
諸佛如來境界善男子如是四事聲聞緣覺
雖名无量少不足言諸佛菩薩則得名為无
量无邊迦葉菩薩白佛言世尊如是如是實
如聖教諸佛如來所有境界非諸聲聞緣覺
所及世尊頗有菩薩住於大乘大般涅槃得
慈悲心非是大慈大悲心不佛言有善男子
菩薩若於諸衆生中三品分別一者親人二
者怨憎三者中人於親人中復作三品謂上
中下怨憎亦尒是菩薩摩訶薩於上親中与
增上樂於中下親亦復平等与增上樂於上
怨中与少分樂於中怨所与中品樂於下怨
中与增上樂菩薩如是轉增脩習於上怨中
与中品樂於下中怨等与增上樂轉復脩集
於上中下等与上樂若上怨中与上樂者尒
時得名慈心成就菩薩尒時於父母所及上
怨中得平等心无有差別善男子是名得慈
非大慈也世尊何緣菩薩得如是慈猶故不
得名為大慈善男子以難成故不名大慈何
以故久於過去无量劫中多集煩惱未脩善
法是故不能於一日中調伏其心善男子辟

BD07892號　大般涅槃經（北本）卷一五　（2–1）

量无邊迦葉菩薩白佛言世尊如是如是實
如聖教諸佛如來所有境界非諸聲聞緣覺
所及世尊頗有菩薩住於大乘大般涅槃得
慈悲心非是大慈大悲心不佛言有善男子
菩薩若於諸衆生中三品分別一者親人二
者怨憎三者中人於親人中復作三品謂上
中下怨憎亦尒是菩薩摩訶薩於上親中与
增上樂於中下親亦復平等与增上樂於上
怨中与少分樂於中怨所与中品樂於下怨
中与增上樂菩薩如是轉增脩習於上怨中
与中品樂於下中怨等与增上樂轉復脩集
於上中下等与上樂若上怨中与上樂者尒
時得名慈心成就菩薩尒時於父母所及上
怨中得平等心无有差別善男子是名得慈
非大慈也世尊何緣菩薩得如是慈猶故不
得名為大慈善男子以難成故不名大慈何
以故久於過去无量劫中多集煩惱未脩善
法是故不能於一日中調伏其心善男子辟
如宛豆乾時雖剌終不可著煩惱堅鞕亦復
如是雖一日夜繫心不散難可調伏又如家
犬不畏於人山林野鹿見人怖走瞋恚難去
如守家狗慈心[illegible]
調之[illegible]

BD07892號　大般涅槃經（北本）卷一五　（2–2）

尼佛南无文殊師[illegible]
觀世音法王子毗沙法王子虛空法王子破
闍法王子普聞法王子妙形法王子大空法
王子真如法王子如是等諸菩薩摩訶薩應
念其名如是諸王必往彼人所擁護此人令
此人普身得安樂无諸患惱是諸行者若値
諸難應如是念諸王名字尒時阿難白佛言
世尊行者如是為諸波旬如是惡論諸王大慈
能救彼人當以何供々養是王尒時佛告阿
難波旬去已應作種々香華塗香末香供養
諸王作種々香塗塗其室內綵色畫之與口
同音讚諸法王尒時觀世音即入其室若作
道人若作沙彌式叉沙彌尼若作優婆塞若
作乞士若作鍼狗來入其室若作客儒來入
其室至於此宿若作國王々子來入其室若
作常見之人來入其室尒時阿難白佛言世
尊行此法時得衆多人不佛告阿難十人已
還尒時阿難白佛言復得言不佛告阿難但
念摩訶袒持陀羅尼勾用語何為佛告阿難
若有善男子善女人脩行此經者若眼見阿

BD07893號　大方等陀羅尼經卷二　（2–1）

作乞士若作鍼狗來入其室若作客儒來入
其室至於此宿若作國王々子來入其室若
作常見之人來入其室尒時阿難白佛言世
尊行此法時得衆多人不佛告阿難十人已
還尒時阿難白佛言復得言不佛告阿難但
念摩訶袒持陀羅尼勾用語何為佛告阿難
若有善男子善女人脩行此經者若眼見阿
彌陀佛釋迦牟尼佛維衛佛式佛隨葉佛拘
樓秦佛拘那含牟尼佛迦葉佛過去雲雷音
王佛祕法藏佛是諸佛前至心懺悔當滅九
十二億生死之罪此人於三途永无有分生
死漏盡即時得見現前諸佛復更懺悔以種
々香華幡蓋而供養之塗香末香々用供養如
是供養已即見十方妙樂世界慎莫語人若
言見者當不得福沉出生死還墮三途此人
現身得白癩病又狂聾瘖瘂不別醎酸不別
好醜欲求聴明又得愚鈍尒時阿難白佛言
世尊此行人者歸家出時當出何言佛告阿
難此人出時應如是言我欲循行陀羅尼典
父母聴不若謂聴者我當出去如是語已心
中每自念言我久欲捨婦兒妻子脩行陀羅
羅尼典趣向道場應如比丘法脩淨行具於
三衣楊枝澡水食器坐具行者如是[illegible]
於道場中[illegible]

BD07893號　大方等陀羅尼經卷二　（2–2）

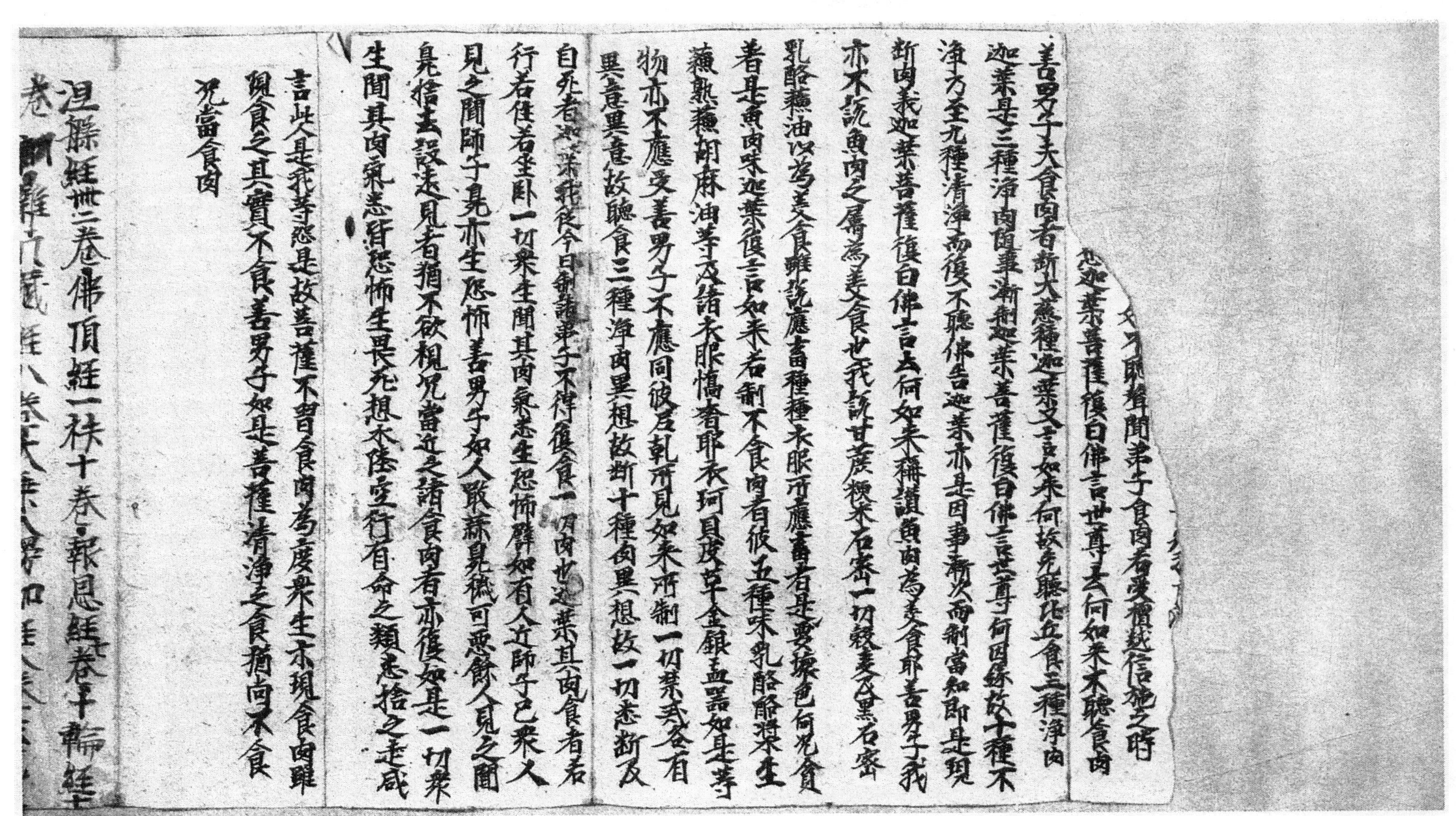

BD07894號1　大般涅槃經（北本）卷四　　（2-1）

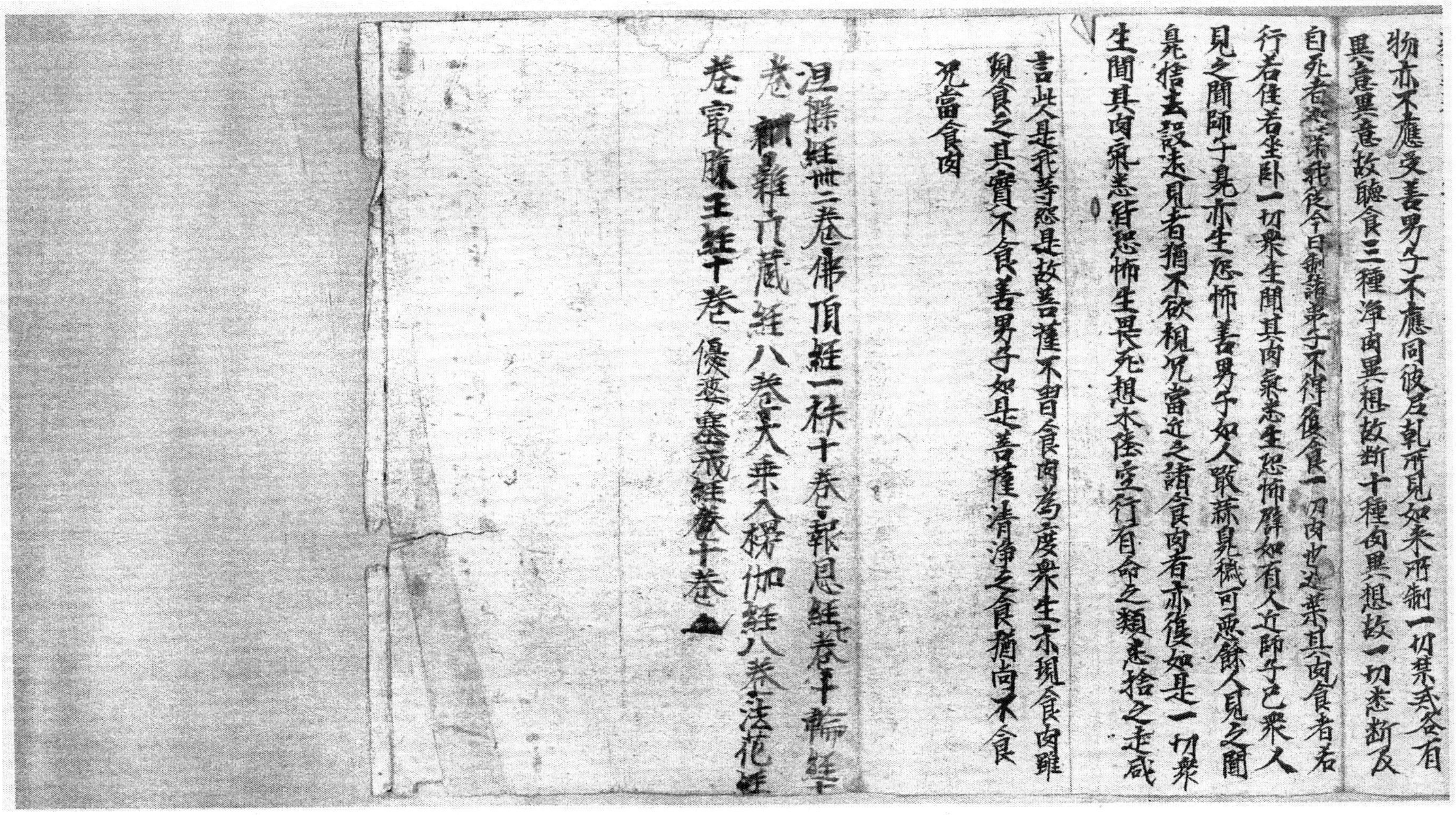

BD07894號2　佛經目錄（擬）　　（2-2）

之之畫意海識
南无不動佛　南无釋迦牟尼佛身
化化化作阿耨多羅三佛　佛身身衣
之之之之之　之之

涅槃經云
涅槃經第四卷云　善男子我涅槃後无量百歲
四道聖人悉復涅槃正法滅後於像法中當有比丘似像
持律少讀誦經貪嗜飲食長養其身身所被服麁醜惡
形容憔悴无有威德放畜牛羊擔負薪草頭鬚髮爪悉皆長
利雖服袈裟猶如獵師細視徐行如猫伺鼠常唱是言我得羅
漢多諸病苦眠卧糞穢外現賢善內懷貪嫉如受啞法婆羅門
等實非沙門現沙門像邪見熾盛誹謗正法如是等人破壞如來
所制戒律正行威儀說解脫果離不淨法及壞甚深秘密之教各自隨
意反說經律而作是言如來皆聽我等食肉自生此論言是佛說互
共諍訟各自稱是沙門釋子　又云善男子尒時復有諸沙門等貯聚
生穀受取魚肉手自作食執持油瓶寶蓋革屣親近國王大臣長者
占相星宿勤修醫道畜養奴婢金銀瑠璃車𤦲馬瑙頗梨真珠珊瑚
虎珀璧玉珂貝種種菓蓏學諸伎藝畫師泥作造書教學種植根

BD07894號背　大般涅槃經節鈔(擬)　(2–1)

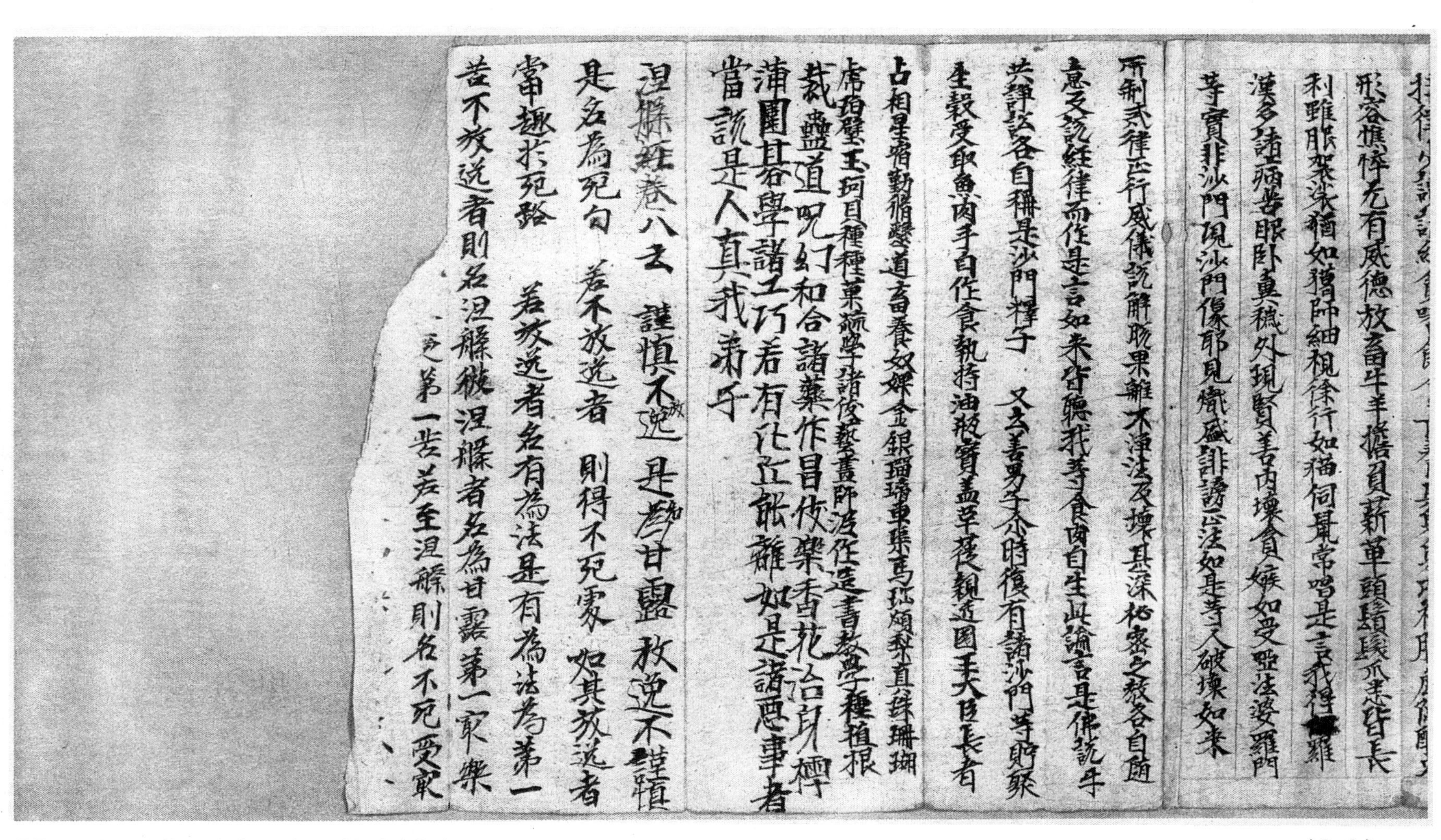
形容憔悴无有威德放畜牛羊擔負薪草頭鬚髮爪悉皆長
利雖服袈裟猶如獵師細視徐行如猫伺鼠常唱是言我得羅
漢多諸病苦眠卧糞穢外現賢善內懷貪嫉如受啞法婆羅門
等實非沙門現沙門像邪見熾盛誹謗正法如是等人破壞如來
所制戒律正行威儀說解脫果離不淨法及壞甚深秘密之教各自隨
意反說經律而作是言如來皆聽我等食肉自生此論言是佛說互
共諍訟各自稱是沙門釋子　又云善男子尒時復有諸沙門等貯聚
生穀受取魚肉手自作食執持油瓶寶蓋革屣親近國王大臣長者
占相星宿勤修醫道畜養奴婢金銀瑠璃車𤦲馬瑙頗梨真珠珊瑚
虎珀璧玉珂貝種種菓蓏學諸伎藝畫師泥作造書教學種植根
栽蠱道呪幻和合諸藥作倡伎樂香花治身樗
蒱圍碁學諸工巧若有比丘能離如是諸惡事者
當說是人真我弟子
涅槃經卷八云　謹慎不逸是爲甘露放逸不謹慎
是名爲死句　若不放逸者　則得不死處　如其放逸者
常趣於死路　若放逸者名有爲法是有爲法爲第一
苦不放逸者則名涅槃彼涅槃者名爲甘露第一最樂
又第一苦若至涅槃則名不死受取

BD07894號背　大般涅槃經節鈔(擬)　(2–2)

淨色
菩薩摩訶
智清淨无二无二
摩訶薩行清淨故
識清淨故一切智
摩訶薩行清淨若
智清淨无二无二
菩薩摩訶薩行
淨故一切智智清
薩行清淨若眼處
无二分无別无斷
淨故耳鼻舌身意
淨故一切智智清
薩行清淨若耳鼻舌
智智清淨无二无二
切菩薩摩訶薩行清
清淨故一切智智清

BD07895號　大般若波羅蜜多經卷二四三　（3–1）

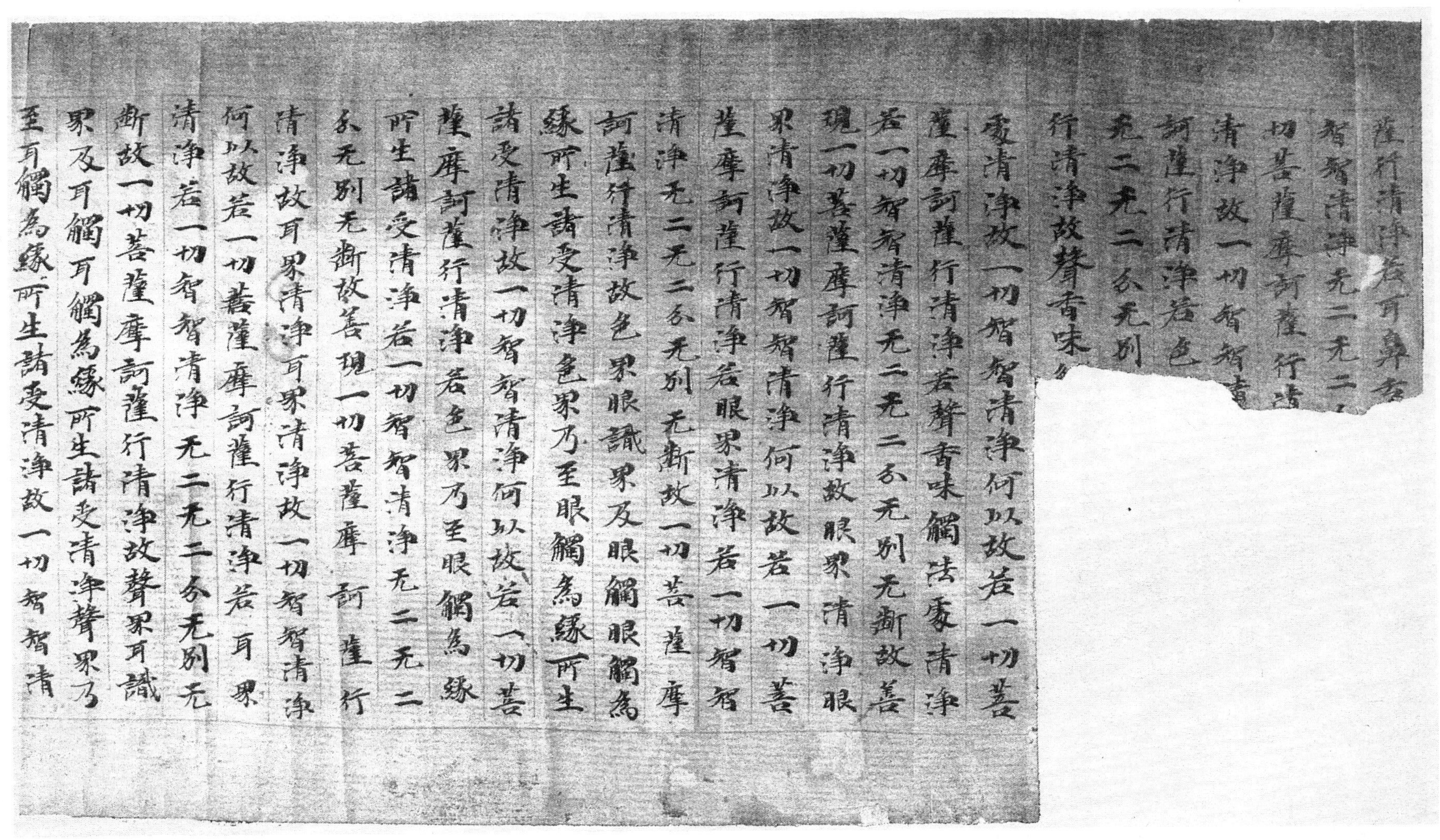
薩行清淨若耳鼻舌
智智清淨无二无二分
切菩薩摩訶薩行清
清淨故一切智智清
訶薩行清淨若色
无二无二分无別
行清淨故聲香味
處清淨故一切智智清淨何以故若一切菩
薩摩訶薩行清淨若聲香味觸法處清淨
若一切智智清淨无二无二分无別无斷故善
現一切菩薩摩訶薩行清淨故眼界清淨眼
界清淨故一切智智清淨何以故若一切菩
薩摩訶薩行清淨若眼界清淨若一切智智
清淨无二无二分无別无斷故一切菩薩摩
訶薩行清淨故色界眼識界及眼觸眼觸為
緣所生諸受清淨色界乃至眼觸為緣所生
諸受清淨故一切智智清淨何以故若一切菩
薩摩訶薩行清淨若色界乃至眼觸為緣
所生諸受清淨若一切智智清淨无二无二
分无別无斷故善現一切菩薩摩訶薩行
清淨故耳界清淨耳界清淨故一切智智清淨
何以故若一切菩薩摩訶薩行清淨若耳界
清淨若一切智智清淨无二无二分无別无
斷故一切菩薩摩訶薩行清淨故聲界耳識
界及耳觸耳觸為緣所生諸受清淨聲界乃
至耳觸為緣所生諸受清淨故一切智智清

BD07895號　大般若波羅蜜多經卷二四三　（3–2）

清淨若一切智智清淨无二无二分无別无
斷故一切菩薩摩訶薩行清淨故聲界耳識
界及耳觸耳觸為緣所生諸受清淨聲界乃
至耳觸為緣所生諸受清淨故一切智智清
淨何以故若一切菩薩摩訶薩行清淨若聲
界乃至耳觸為緣所生諸受清淨若一切智
智清淨无二无二分无別无斷故善現一切
菩薩摩訶薩行清淨故鼻界清淨鼻界清淨
故一切智智清淨何以故若一切菩薩摩訶薩
行清淨若鼻界清淨若一切智智清淨无
二无二分无別无斷故一切菩薩摩訶薩行
清淨故香界鼻識界及鼻觸鼻觸為緣所生
諸受清淨香界乃至鼻觸為緣所生諸受清
淨故一切智智清淨何以故若一切菩薩摩
訶薩行清淨若香界乃至鼻觸為緣所生
諸受清淨若一切智智清淨无二无二分无別
无斷故

大般若波羅蜜多經卷第二百卌三

BD07895號　大般若波羅蜜多經卷二四三　（3–3）

稱觀世
惡眼視之况復加
設復有人若有罪若无罪杻械枷鎖檢
世音菩薩名者皆悉斷壞即得解
國土滿中怨賊有一商主將諸商人賫
過嶮路其中一人作是唱言諸善男子勿得恐
汝等應當一心稱觀世音菩薩名号是菩薩
能以无畏施於衆生汝等若稱名者於此怨賊當
解脫衆商人聞俱發聲言南无觀世音菩薩
稱其名故即得解脫无盡意觀世音菩薩
摩訶薩威神之力巍巍如是
若有衆生多於婬欲常念恭敬觀世音菩薩
便得離欲若多瞋恚常念恭敬觀世音菩
薩便得離瞋若多愚癡常念恭敬觀世音
菩薩便得離癡无盡意觀世音菩薩有如是
等大威神力多所饒益是故衆生常應心念
若有女人設欲求男礼拜供養觀世音菩薩
便生福得智慧之男設欲求女便生端政有相

BD07896號　觀世音經　（5–1）

薩便得離瞋若多愚癡常念恭敬觀世音
菩薩便得離癡无盡意觀世音菩薩有如是
等大威神力多所饒益是故衆生常應心念
若有女人設欲求男礼拜供養觀世音菩薩
便生福德智慧之男設欲求女便生端政有相
之女宿殖德本衆人愛敬无盡意觀世音菩薩
有如是力若有衆生恭敬礼拜觀世音菩薩
福不唐捐是故衆生皆應受持觀世音菩薩
名号无盡意若有人受持六十二億恒河沙菩薩
名字復盡形供養飲食衣服臥具醫藥於
汝意云何是善男子善女人功德多不无盡意
言甚多世尊佛言若復有人受持觀世音菩薩
名号乃至一時礼拜供養是二人福正等无異於
百千万億劫不可窮盡无盡意受持觀世音
菩薩名号得如是无量无邊福德之利
无盡意菩薩白佛言世尊觀世音菩薩云何而為衆生
說法方便之力其事云何佛告无盡意菩薩善男子若
有國土衆生應以佛身得度者觀世音菩薩即現
佛身而為說法應以辟支佛身得度者即
支佛身而為說法應以聲聞身得
聞身而為說法應以梵王身得度
身而為說法應以帝釋身得度
而為說法應以自在天身得度
而為說法應以大自在天身得度
天身得度者即現大自在天身而為說法應
將軍身得度者即現天大將軍身而為說
以毗沙門身得度者即現毗沙門身而為說法

BD07896號　觀世音經

(5-2)

而為說法應以自在天身得度
而為說法應以大自在天身得度
天身得度者即現大自在天身而為說法應
將軍身得度者即現天大將軍身而為說
以毗沙門身得度者即現毗沙門身而為說法應
以小王身得度者即現小王身而為說法應以長者
身得度者即現長者身而為說法應以居士身得
度者即現居士身而為說法應以宰官身得度
者即現宰官身而為說法應以婆羅門身得
度者即現婆羅門身而為說法應以比丘比丘
尼優婆塞優婆夷身得度者即現比丘比丘尼
優婆塞優婆夷身而為說法應以長者居士宰
官婆羅門婦女身得度者即現婦女身而為說
法應以童男童女身得度者即現童男童女身
而為說法應以天龍夜叉乾闥婆阿脩羅迦樓羅
緊那羅摩睺羅伽人非人等身得度者即皆現之
而為說法應以執金剛神得度者即現執金剛神
而為說法无盡意是觀世音菩薩成就如是功德
以種種形遊諸國土度脫衆生是故汝等應當一心
供養觀世音菩薩是觀世音菩薩摩訶薩於
怖畏急難之中能施无畏是故此娑婆世界皆
号之為施无畏者尒時无盡意菩薩白佛言世尊
我今當供養觀世音菩薩即解頸衆寶珠瓔
珞價直百千兩金而以與之作是言仁者受此法施
珍寶瓔珞時觀世音菩薩不肯受之无盡意復白
觀世音菩薩言仁者愍我等故受此瓔珞尒時佛告

BD07896號　觀世音經

(5-3)

号之為施无畏者[illegible]
我今當供養觀世音菩薩即解頸衆寶珠瓔
珞價直百千兩金而以與之作是言仁者受此法施
珎寶瓔珞時觀世音菩薩不肯受之无盡意復白
觀世音菩薩言仁者愍我等故受此瓔珞介時佛告
觀世音菩薩當愍此无盡意菩薩及四衆天龍夜
叉乾闥婆阿脩羅迦樓羅緊那羅摩睺羅
伽人非人等故受是瓔珞即時觀世音菩薩愍
諸四衆及於天龍人非人等受其瓔珞分作二分一
分奉釋迦牟尼佛一分奉多寶佛塔无盡意
觀世音菩薩有如是自在神力遊於娑婆世界
介時无盡意菩薩以偈問曰
世尊妙相具　我今重問彼　佛子何因緣　名為觀世音
具足妙相尊　偈答无盡意　汝聽觀音行　善應諸方所
弘誓深如海　歷劫不思議　侍多千億佛　發大清淨願
我為汝略說　聞名及見身　心念不空過　能滅諸有苦
假使興害意　推落大火坑　念彼觀音力　火坑變成池
或漂流巨海　龍魚諸鬼難　念彼觀音力　波浪不能沒
或在須弥峯　為人所推墮　念彼觀音力　如日虛空住
或被惡人逐　墮落金剛山　念彼觀音力　不能損一毛
或值怨賊遶　各執刀加害　念彼觀音力　咸即起慈心
或遭王難苦　臨刑欲壽終　念彼觀音力　刀尋段段壞
或因禁枷鏁　手足被杻械　念彼觀音力　釋然得解脫
呪咀諸毒藥　所欲害身者　念彼觀音力　還著於本人
或遇惡羅剎　毒龍諸鬼等　念彼觀音力　時悉不敢害

BD07896 號　觀世音經　（5–4）

或被惡人逐　墮落金剛山　念彼觀音力　不能損一毛
或值怨賊遶　各執刀加害　念彼觀音力　咸即起慈心
或遭王難苦　臨刑欲壽終　念彼觀音力　刀尋段段壞
或因禁枷鏁　手足被杻械　念彼觀音力　釋然得解脫
呪咀諸毒藥　所欲害身者　念彼觀音力　還著於本人
或遇惡羅剎　毒龍諸鬼等　念彼觀音力　時悉不敢害
若惡獸圍遶　利牙爪可怖　念彼觀音力　疾走无邊方
蚖虵及蝮蝎　氣毒烟火然　念彼觀音力　尋聲自迴去
雲雷鼓掣電　降雹澍大雨　念彼觀音力　應時得消散
衆生被困厄　无量苦逼身　觀音妙智力　能救世間苦
具足神通力　廣脩智方便　十方諸國土　无剎不現身
種種諸惡趣　地獄鬼畜生　生老病死苦　以漸悉令滅
真觀清淨觀　廣大智慧觀　悲觀及慈觀　常願常瞻仰
无垢清淨光　慧日破諸闇　能伏災風火　普明照世間
悲體戒雷震　慈意妙大雲　澍甘露法雨　滅除煩惱燄
諍訟經官處　怖畏軍陣中　念彼觀音力　衆怨悉退散
妙音觀世音　梵音海潮音　勝彼世間音　是故須常念
念念勿生疑　觀世音淨聖　於苦惱死厄　能為作依怙
具一切功德　慈眼視衆生　福聚海无量　是故應頂禮
介時持地菩薩即從座起前白佛言世尊若有衆
生聞是觀世音菩薩品自在之業普門示現神通
力者當知是人功德不少佛說是普門品時衆中八万四千
衆生皆發无等等阿耨多羅三藐三菩提心

BD07896 號　觀世音經　（5–5）

惡口无義語是
所謂遠離貪婬
非口而是遠離差
法是身是業及無
不可思議口亦如是善男子
口從慧遠離非身非口善男子實有此慧然
不能令菩薩遠離何以故善男子无有一法
能壞能作有為法性異生異滅是故此慧不
能遠離善男子慧不能破火不能燒水不能
爛風不能動地不能持生不能生老不能老
住不能住壞不能壞貪不能貪瞋不能瞋癡
不能癡以有為性異滅故菩薩摩訶薩終
不生念我以此慧破諸煩惱而自說言我
破煩惱雖作是說非是虛妄是故復名不可
思議迦葉復言世尊我今始知菩薩摩訶薩
不可思議佛法眾僧大涅槃經及受持者善
提涅槃不可思議世尊无上佛法當久近住
幾時而滅善男子若大涅槃經乃至有是五
行所謂聖行梵行天行病行嬰兒行若我弟

BD07897號　大般涅槃經（北本）卷一八　（4–1）

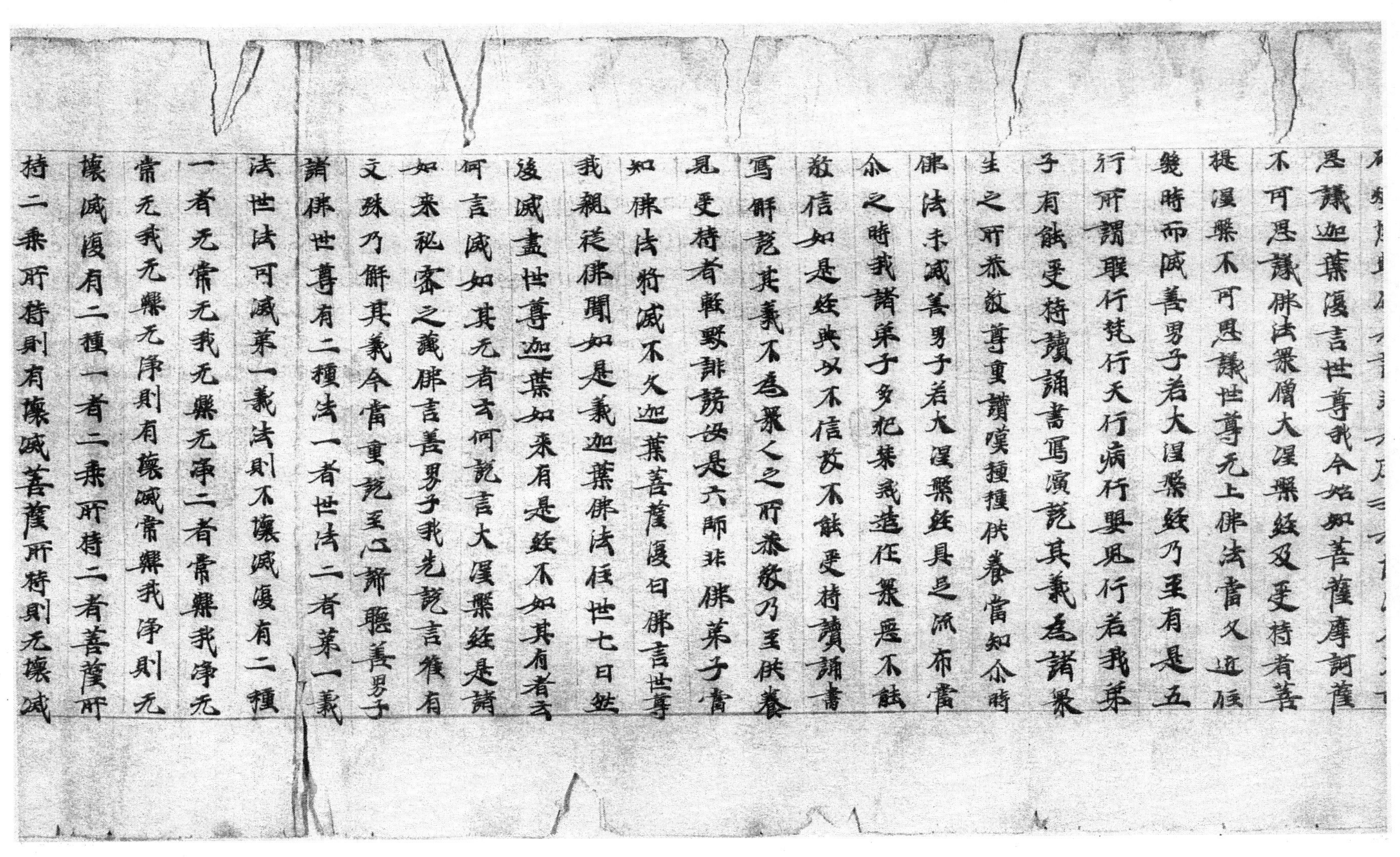
思議迦葉復言世尊我今始知菩薩摩訶薩
不可思議佛法眾僧大涅槃經及受持者善
提涅槃不可思議世尊无上佛法當久近住
幾時而滅善男子若大涅槃經乃至有是五
行所謂聖行梵行天行病行嬰兒行若我弟
子有能受持讀誦書寫廣說其義為諸眾
生之所恭敬尊重讚嘆種種供養當知尒時
佛法未滅善男子若大涅槃經具足流布當
尒之時我諸弟子多犯禁戒造作眾惡不能
敬信如是經典以不信故不能受持讀誦書
寫解說其義不為眾人之所恭敬乃至供養
見受持者輕賤誹謗汝是六師非佛弟子當
知佛法將滅不久迦葉菩薩復白佛言世尊
我親從佛聞如是義迦葉佛法住世七日然
後滅盡世尊迦葉如來有是經不如其有者云
何言滅如其无者云何說言大涅槃經是諸
如來秘密之藏佛言善男子我先說言唯有
文殊乃解其義今當重說至心諦聽善男子
諸佛世尊有二種法一者世法二者第一義
法世法可滅第一義法則不壞滅復有二種
一者无常无我无樂无淨二者常樂我淨无
常无我无樂无淨則有壞滅常樂我淨則无
壞滅復有二種一者二乘所持二者菩薩所
持二乘所持則有壞滅菩薩所持則无壞滅

BD07897號　大般涅槃經（北本）卷一八　（4–2）

法世法可滅第一義法則不壞滅復有二種
一者无常无我无樂无淨二者常樂我淨无
常无我无樂无淨則有壞滅常樂我淨則无
壞滅復有二種一者二乘所持二者菩薩所
持二乘所持則有壞滅菩薩所持則无壞滅
復有二種一者外二者內外法者則有壞滅
內法者則无壞滅復有二種一者有為二者
无為有為之法則有壞滅无為之法无有壞
滅復有二種一者可得二不可得可得之法則
有壞滅不可得者无有壞滅復有二種一者
共法二者不共〻法壞滅不共之法无有壞
滅復有二種一者人中二者天中人中壞滅
天无壞滅復有二種一者十一部經二者方
等經十一部經則有壞滅方等經典无有壞
滅善男子若我弟子受持讀誦書寫解說方
等經典恭敬供養尊重讚嘆當知尒時佛
法不滅善男子汝向所問迦葉如來有是經
不善男子大涅槃經悉是一切諸佛祕藏何以
故諸佛雖有十一部經不說佛性不說如來
常樂我淨諸佛世尊不畢竟涅槃是故此經
名為如來祕密之藏十一部經所不說故故
名為藏如人七寶不出外用名之為藏善男
子是人所以藏積此物為未來事故何等未
來事所謂穀貴賊來侵國值遇惡王為用贖
命道路忽難財難得時乃當出用善男子諸

BD07897 號　大般涅槃經（北本）卷一八　（4–3）

等經典恭敬供養尊重讚嘆當知尒時佛
法不滅善男子汝向所問迦葉如來有是經
不善男子大涅槃經悉是一切諸佛祕藏何以
故諸佛雖有十一部經不說佛性不說如來
常樂我淨諸佛世尊不畢竟涅槃是故此經
名為如來祕密之藏十一部經所不說故故
名為藏如人七寶不出外用名之為藏善男
子是人所以藏積此物為未來事故何等未
來事所謂穀貴賊來侵國值遇惡王為用贖
命道路忽難財難得時乃當出用善男子諸
佛如來祕密之藏亦復如是為未來世諸惡
比丘畜不淨物為四衆說如來畢竟入於涅
槃讀誦世典不敬佛經如是等惡現於世時
如來為欲滅是諸惡令得遠離耶命利養如
則為演說是經若是經典祕密之藏滅不
當知尒時佛法則滅善男子大涅槃經
云何難言迦葉佛時有是經不善
所有衆生貪欲微薄智慧滋
擾

BD07897 號　大般涅槃經（北本）卷一八　（4–4）

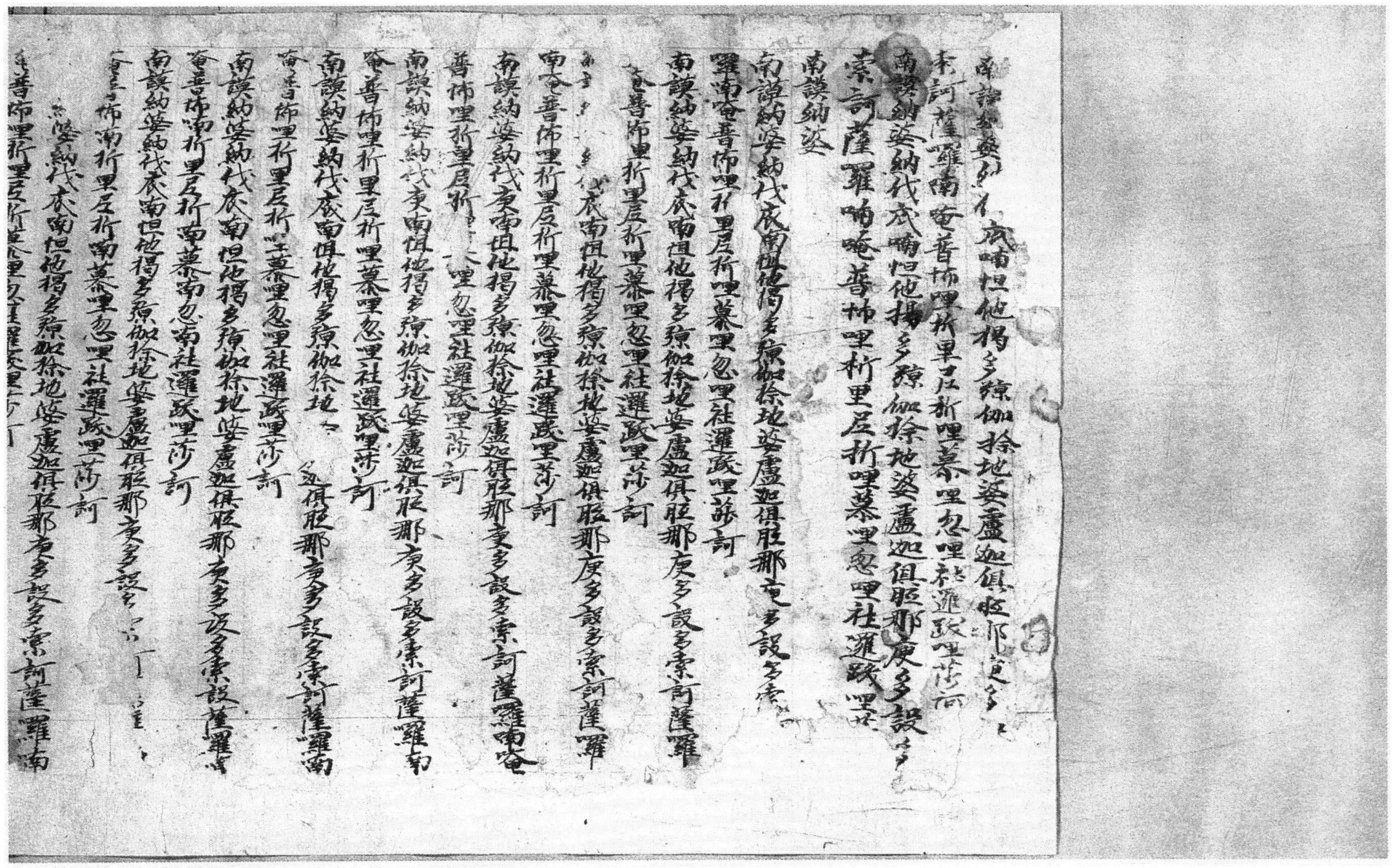

BD07898 號　無垢淨光大陀羅尼經六波羅蜜咒鈔（擬）　（3–1）

BD07898 號　無垢淨光大陀羅尼經六波羅蜜咒鈔（擬）　（3–2）

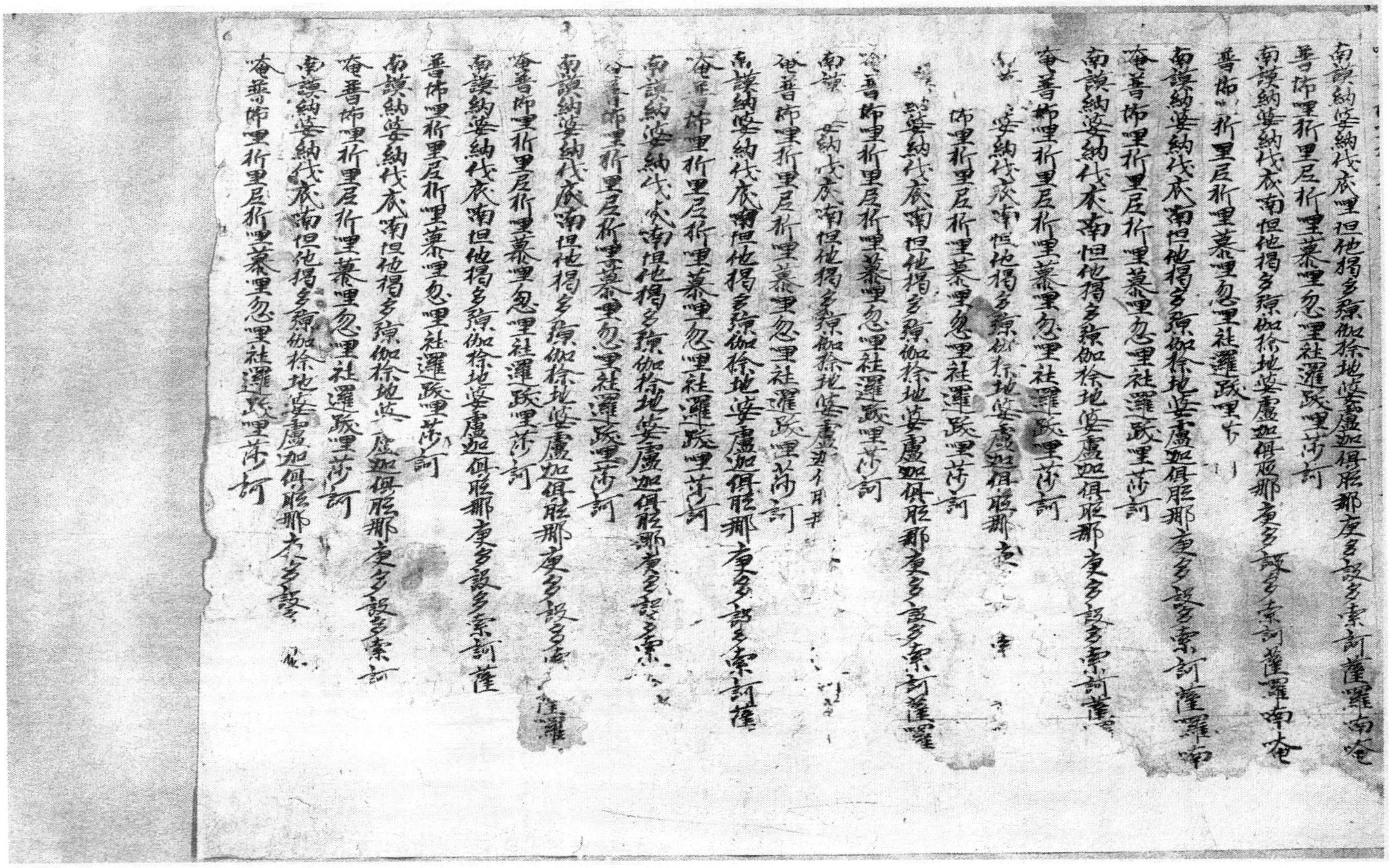

南謨納婆納伐底里怛他揭多殑伽絺地婆盧迦俱胝那庾多設多索訶薩羅南唵
菩佈里祈里尼祈里慕里忽里社邏跋里莎訶
南謨納婆納伐底南怛他揭多殑伽絺地婆盧迦俱胝那庾多設多索訶薩羅南唵
菩佈里祈里尼祈里慕里忽里社邏跋里莎
南謨納婆納伐底南怛他揭多殑伽絺地婆盧迦俱胝那庾多設多索訶薩羅南
唵菩佈里祈里尼祈里慕里忽里社邏跋里莎訶
南謨納婆納伐底南怛他揭多殑伽絺地婆盧迦俱胝那庾多設多索訶薩
唵菩佈里祈里尼祈里慕里忽里社邏跋里莎訶
婆納伐底南怛他揭多殑伽絺地婆盧迦俱胝那庾
佈里祈里尼祈里慕里忽里社邏跋里莎訶
婆納伐底南怛他揭多殑伽絺地婆盧迦俱胝那庾多設多索訶薩羅
唵菩佈里祈里尼祈里慕里忽里社邏跋里莎訶
南謨 婆納伐底南怛他揭多殑伽絺地婆盧
唵菩佈里祈里尼祈里慕里忽里社邏跋里莎訶
南謨納婆納伐底南怛他揭多殑伽絺地婆盧迦俱胝那庾多設多索訶薩
唵菩佈里祈里尼祈里慕里忽里社邏跋里莎訶
南謨納婆納伐底南怛他揭多殑伽絺地婆盧迦俱胝那庾多設多索
唵菩佈里祈里尼祈里慕里忽里社邏跋里莎訶
南謨納婆納伐底南怛他揭多殑伽絺地婆盧迦俱胝那庾多設多索 薩羅
唵菩佈里祈里尼祈里慕里忽里社邏跋里莎訶
南謨納婆納伐底南怛他揭多殑伽絺地婆盧迦俱胝那庾多設多索訶薩
菩佈里祈里尼祈里慕里忽里社邏跋里莎訶
南謨納婆納伐底南怛他揭多殑伽絺地婆盧迦俱胝那庾多設多索訶
唵菩佈里祈里尼祈里慕里忽里社邏跋里莎訶
南謨納婆納伐底南怛他揭多殑伽絺地婆盧迦俱胝那庾多設多索訶
唵菩佈里祈里尼祈里慕里忽里社邏跋里莎訶
南謨納婆納伐底南怛他揭多殑伽絺地婆盧迦俱胝那庾多薩
唵菩佈里祈里尼祈里慕里忽里社邏跋里莎訶

BD07898 號　無垢淨光大陀羅尼經六波羅蜜咒鈔（擬）　（3–3）

六波羅呪更

BD07898 號背　勘記　（1–1）

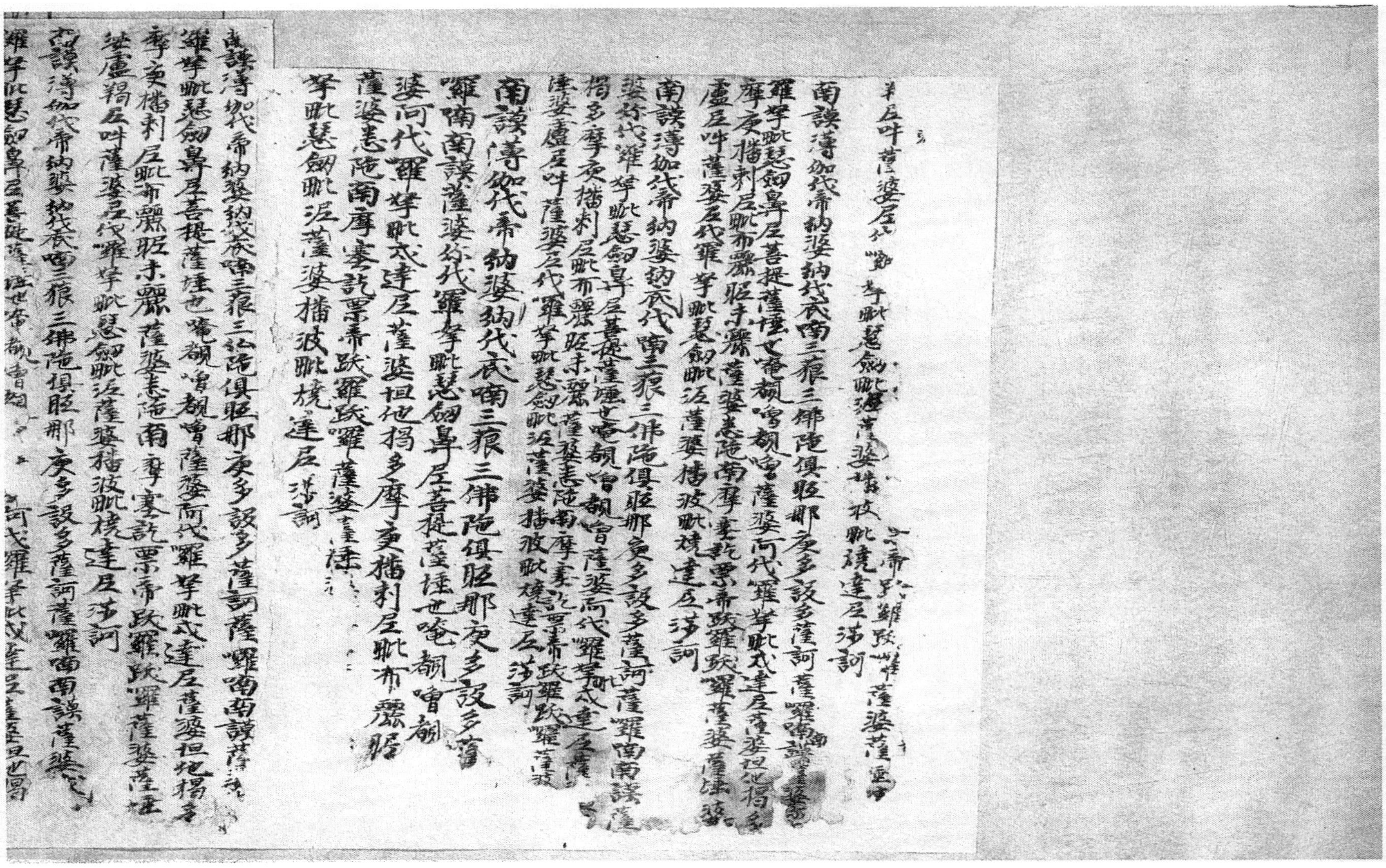

BD07899號　無垢淨光大陀羅尼經自心印陀羅尼鈔（擬）　（3–1）

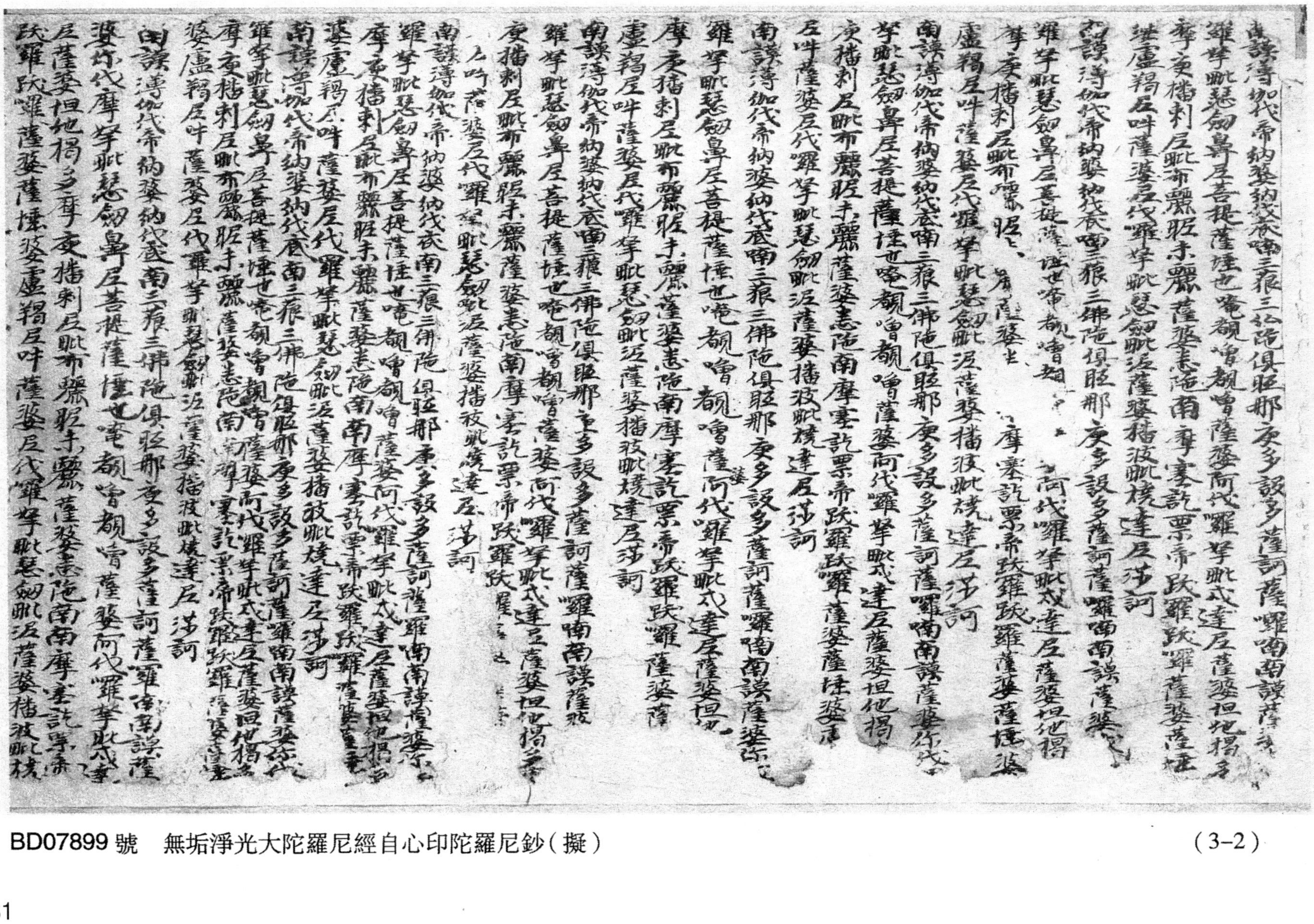

BD07899號　無垢淨光大陀羅尼經自心印陀羅尼鈔（擬）　（3–2）

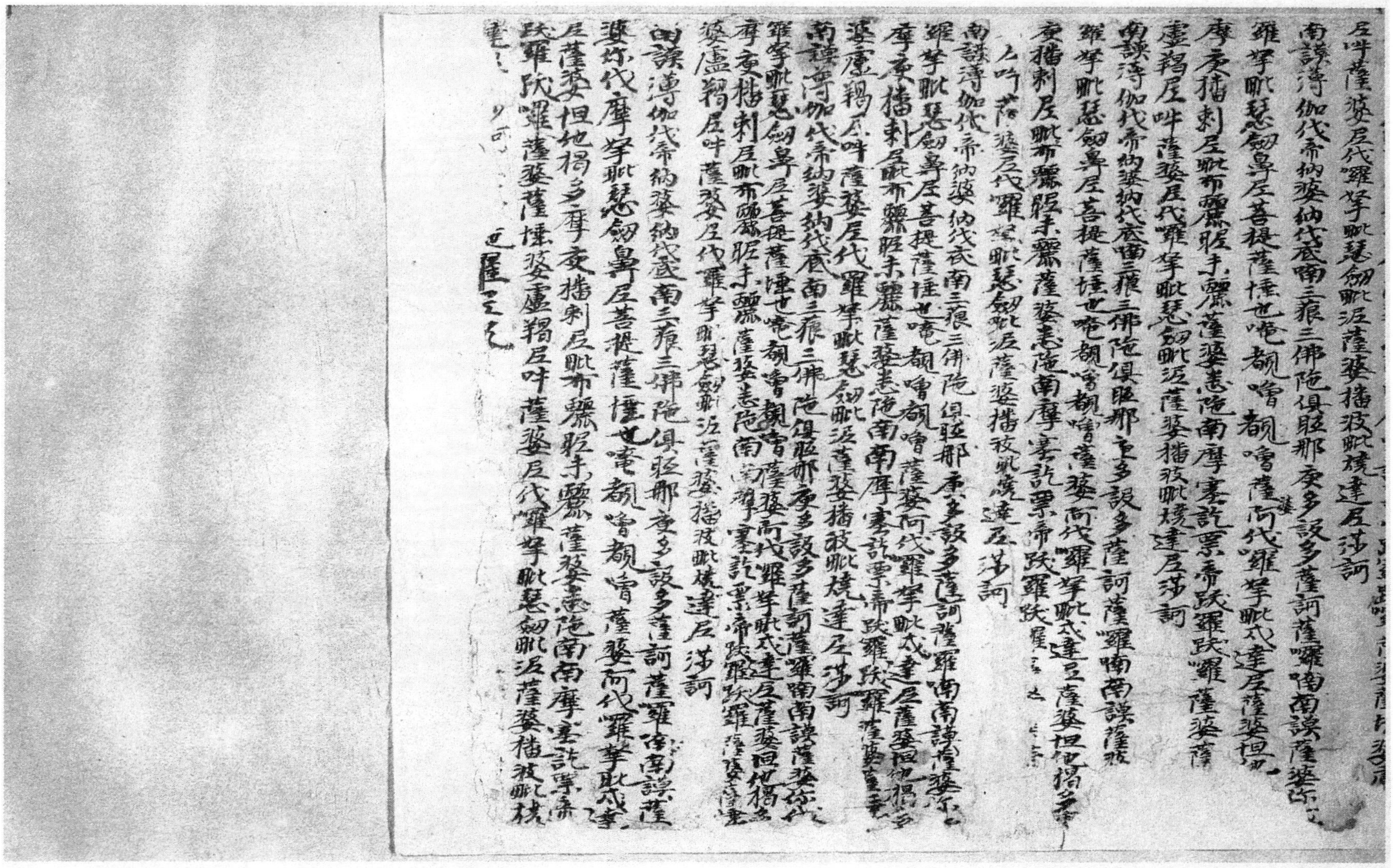

BD07899 號　無垢淨光大陀羅尼經自心印陀羅尼鈔（擬）　（3–3）

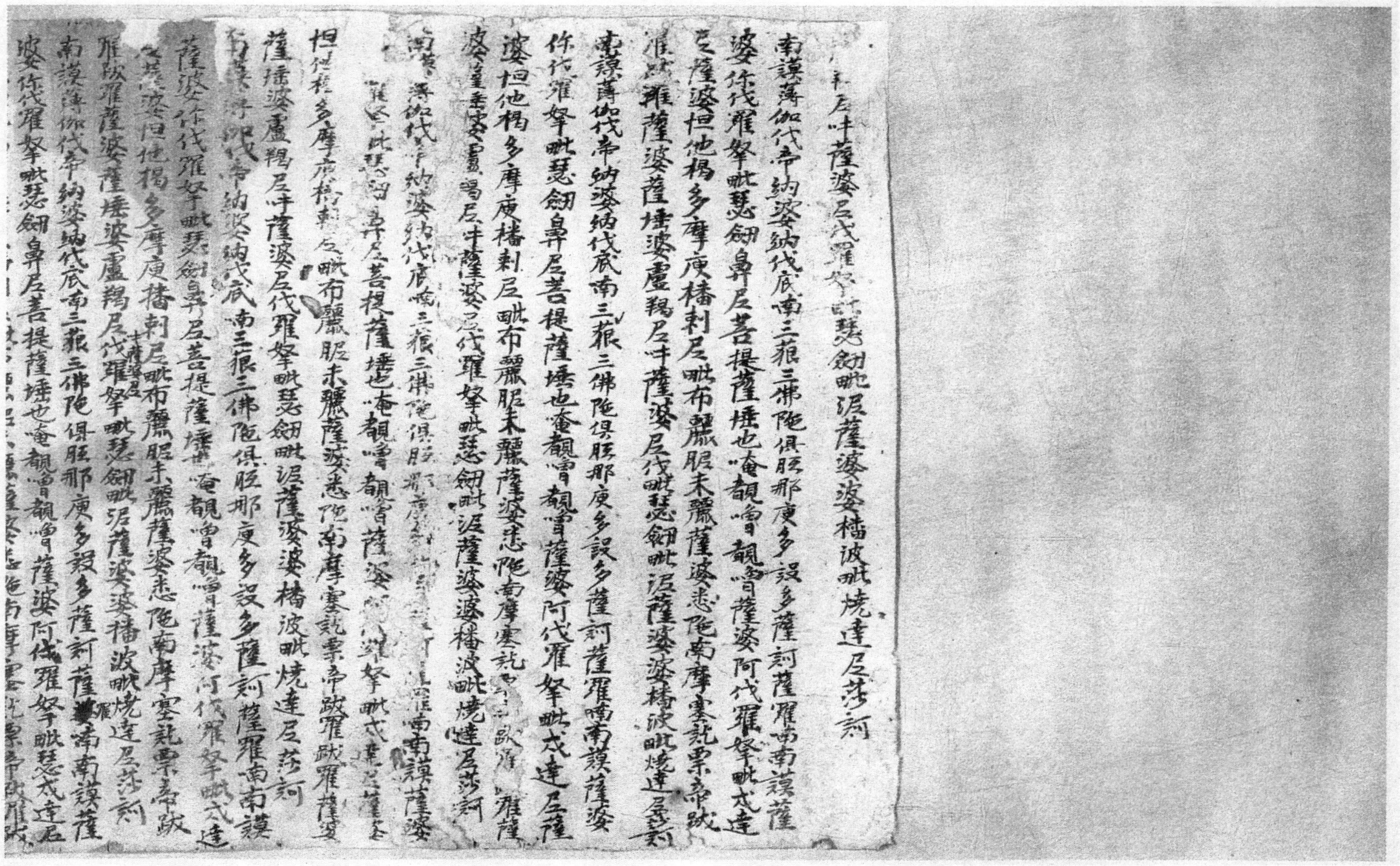

BD07900 號　無垢淨光大陀羅尼經自心印陀羅尼鈔（擬）　（2–1）

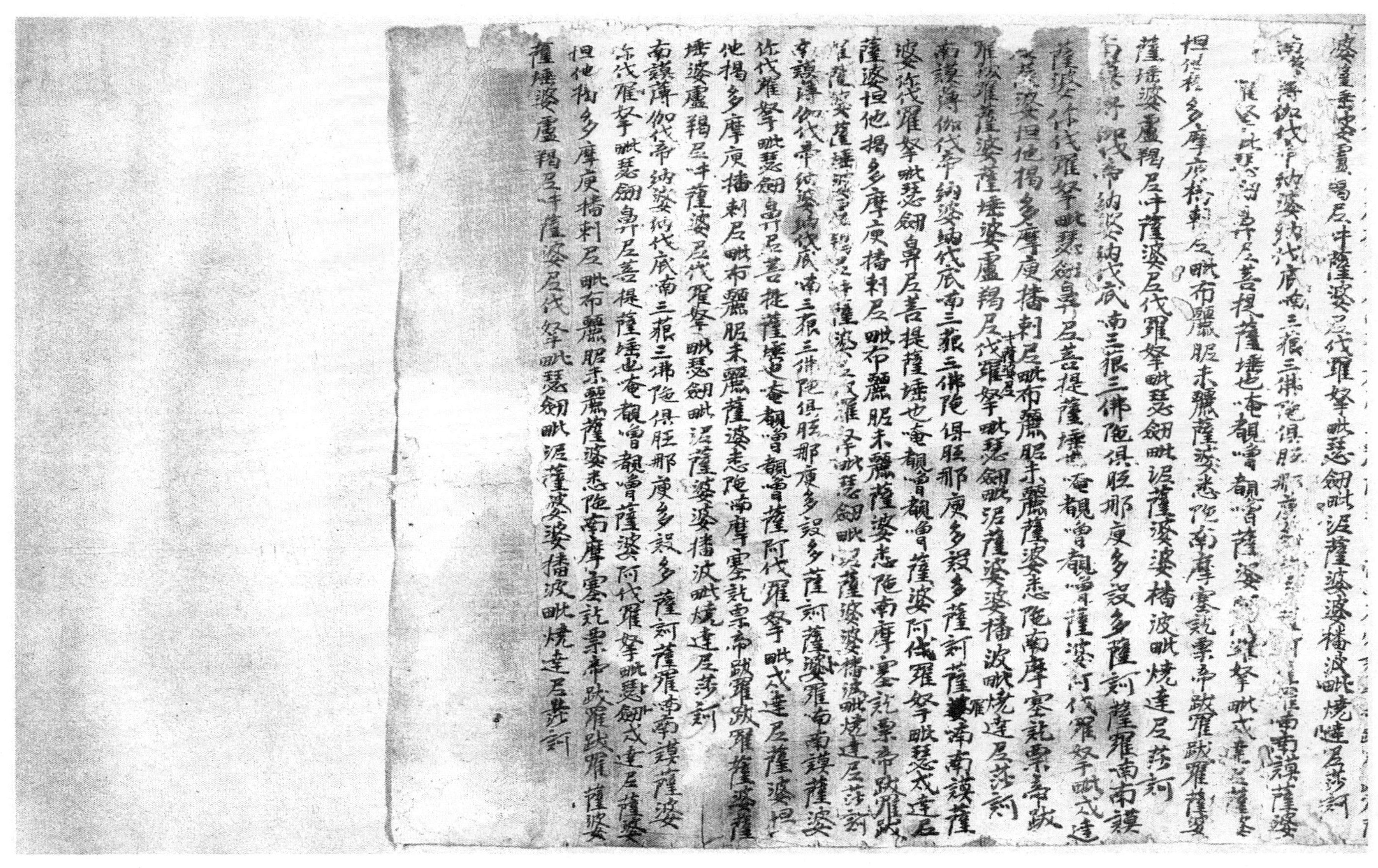

BD07900 號　無垢淨光大陀羅尼經自心印陀羅尼鈔（擬）　（2–2）

BD07901號　沙彌護戒偈（擬）　（3–1）

本處滿五錢　隨方依王法　若偷一[illegible]者　是則犯根本
作時得小罪　子葉及根莖　皮葉枝條等　花果[illegible][illegible]
田地苗稼所　船筏及關津　并餘渡水等　隨價所[illegible][illegible]
故心而不盜　有情無足者　二足及多足　沙彌持戒人
若盜無價寶　數滿非沙彌　衣鉢被人棄　善化而乞取
亦應價直贖　如此不修行　是名犯戒處　第三婬欲戒
持戒心不亂　三處而不壞　貪欲而行婬　受樂犯根本
男子女黃門　及與畜生等　勢力而逼迫　從覺行婬[illegible]
是名非沙彌　男形起愛心　譬如毒蛇口　不壞此身戒
是名諸佛教　若滅諸苦毒　持戒常安隱　犯戒是苦因
能障涅槃道　第四妄語戒　妄說上人法　言得見神
我與鬼神語　乾闥婆金剛　無見不教通　而言妄稱者
藥叉天龍神　教通而來往　實無作是言　是名犯根本
是名非沙彌　四禪及八定　四量六神通　沙門四聖果
及與四果位　妄說而言得　不名為沙彌　餘除增上慢
實言得義利　是名犯根本　若說輕妄語　乃至闘諍言
讒他說道惡　是犯突吉羅　沙彌四惡議　戲論及兩舌
亦非毀呰語　被真住意受　被罵不返言　乃至[illegible][illegible]
亦須莫加報　被嫌自莫嫌　樂學持戒人　若能諳此事
即是護業人　若不行此法　即犯突吉羅　第五飲酒戒
麴與五穀等　搆合以和藥　飲者有義利　醉時即犯罪
子葉根枝花　同和而為酒　若飲即昏沉　持戒不應飲
飲已心亂者　是名破戒因　為念諸佛教　須慎破戒心
昏醉增益罪　草時不應嘗　若飲醉亂心　是故不應飲
第六歌儛戒　一切衆樂音　持戒不得作　若貪歌儛者
善心即間斷　嬌逸而作者　是則名破戒　第七香鬘戒
旃檀諸餘香　欝金花及油　為塗膝等故　如是不應塗
花鬘及瓔珞　持戒不嚴身　及與八大色　亦須不應著
七寶衆莊嚴　自身不應帶　眼藥梅油等　除病不應塗

BD07902號　沙彌護戒偈（擬）

（3–2）

[illegible]
亦非毀呰語　彼真任意受　被罵不返言　乃至數示等
亦復莫加報　被嫌自莫嫌　常學持戒人　若能諳此事
即是護業人　若不行此法　即犯突吉羅　第五飲酒戒
趣与五穀等　擣合以和藥　飲者有差別　醉時即犯罪
子藥根枝花　同和而為酒　若飲即昏沉　持戒不應飲
飲已心亂者　是名破戒因　為念諸佛教　須慎破戒心
昏醉增益罪　草時不應嘗　若飲醉亂心　是戒不應飲
第六歌舞戒　一切衆樂音　持戒不得作　若會歌舞者
善心即間斷　嬌逸而作者　是則名破戒　第七香鬘戒
旃檀諸餘香　鬱金花及油　為塗飾莊故　如是不應塗
花鬘及瓔珞　持戒不嚴身　及与八大色　亦復不應著
七寶衆莊嚴　自身不應帶　眼藥梅油等　除病不應塗
第八高床戒　木床過一肘　及与諸牙床　非量及妙好
不應而坐卧　親近諸音聲　我慢貢高生　能招[illegible]
是名持戒人　第九非時戒　非時日午後　乃至明想時
法王言非時　持戒不應食　明想至午時　中間而遮故
具戒即應知　依時乃合食　了知非食時　不可作時食
鑒人善教囑　為福而許食　如此不從行　是名非沙彌
第十捉寶戒　生像是為金　銀及諸餘寶　施主施与時
持戒不應受　為非沙彌財　作相如是觀　若有應用時

BD07902 號　沙彌護戒偈（擬）　（3–3）

BD07902號1　唯識名數雜釋（擬）

（6–1）

BD07902 號 1　唯識名數雜釋（擬）　　（6–2）

BD07902 號 2　三獸渡河

BD07902 號 3　四弘誓願附頌（擬）

BD07902 號 4　三科法門

（6–3）

絕……

觸意亦不攀緣去來是心不去是住心性一二不一不二

甚不一不二說个心說个性名別故不異因甚名別故不異

了心性不可得躰同故不異躰同故有不異无不異治有治无

共甚利自性治甚自性共甚利本來共甚利必敬

不說有无歸不取法不自去耆明自聞取者甚法心性法記有

心性也了合有心境法須是甚心所見須甚是境心生境

境生心々也能生境々也能生心々也不能生境々也不能

生心三界虛義爲心所造心生境念不狐去於境方生

境生心有心則有境无心亦无境被如光奉瞕有光則

有瞕无光亦无瞕衆生改勿成身九句成身有識衆

有二衆於外取內於內取外於外取內何名九句地水火風

色受相行識地因甚得大名大地廣闊无有邊地得大

名風能遶動山河石磧變一切處無分別風得大

名水因甚得大無高下變一切處無分別水得大名

火因甚得大名分了山河石磧變一切處火得大名

外四大內四大者是外四大何名內四大骨肉堅硬爲如地

大血髓津潤爲如水大變熱溫暖爲如火大出息入息爲

如風大　四大了　何名五蘊　色蘊形叏而爲識蘊須納而爲受

蘊思相念相々蘊造作而爲行蘊分別而識蘊昔

如水上末石如水上擲想如磧陽炎行如芭蕉堅識

如幻惡師必物昔蘊若受樂受々復思相明相

々蘊造作必爲行蘊分別而爲識蘊　五蘊了

合有六根六識何名六根眼根耳根鼻根舌根身

根意根眼塵耳塵鼻塵舌塵身塵意塵眼識

耳識鼻識舌識身識意識根者何義蘊聚之義

塵者何義益行之義識者何義了別之義六根了何名

十二入外有塵內有六根中間有六塵能相受者名之十二

BD07902 號 4　三科法門

合名六根六識 何名六根 眼根耳根鼻根舌根身根
根意根 眼塵耳塵鼻塵舌塵身塵意塵 眼識
耳識鼻識舌識身識意識 根者何義 蘊聚之義
塵者何義 盈污之義 識者何義 了別之義 六根何名
十二入 外有塵 內有六根 中間有六塵 能相集受 名之十二
入 眼入色 色入眼 耳入聲 聲入耳 鼻入香 香入鼻 舌入味 味
入舌 身入觸 觸入身 意入法 法入意 眼界 色界 眼色界 耳
界 聲界 耳識界 鼻界 香界 鼻識界 舌界 味界 舌
識界 身界 觸界 身識界 意界 法界 意識界 非行人
合善識三課 何名三課 四大五蘊 十二入 十八界 是名三課
四大五蘊 甚人義 利根人語 十二入 甚人語 中根人語 十八界
甚人語 鈍根人語 五蘊之中 色个清身 色个清心 一个清身
四个清心 十二入 已个清身 已个清心 五个清身 七个清心
十八界 已个清身 已个清心 十一个清身 七个清心 六根門前
說六个 曰甚說七个 從緣兩處 名之七个 四大五蘊 甚
人語 言下悟悟得 四大五蘊 利根人語 十二入 甚人語
能生万法 中根人聞十八界 甚人悟六塵盈污 行人身心
不會悟 鈍根人悟 三課法門竟
賢者 四大安樂 法體安樂 四大安樂 五蘊阿彌禪
定 遠出入關 頓至門 甚是賢 甚是者 識法名為
禪 會法名為者 淨裏真心 是名賢者 賢者南
阿彌中阿彌 眼見 甚眼見 五界光現 耳聞甚
耳聞經聲 佛聲法聲 合聲 鼻裏 甚 得百味
香燒 任南法 阿來 牛頭山 阿 牛頭山 阿來
修經 論 阿羅 甚是三名之通 慧明至德 他心名
甚是樓至名 樓得佛法 樓至明 甚甚是所至明具

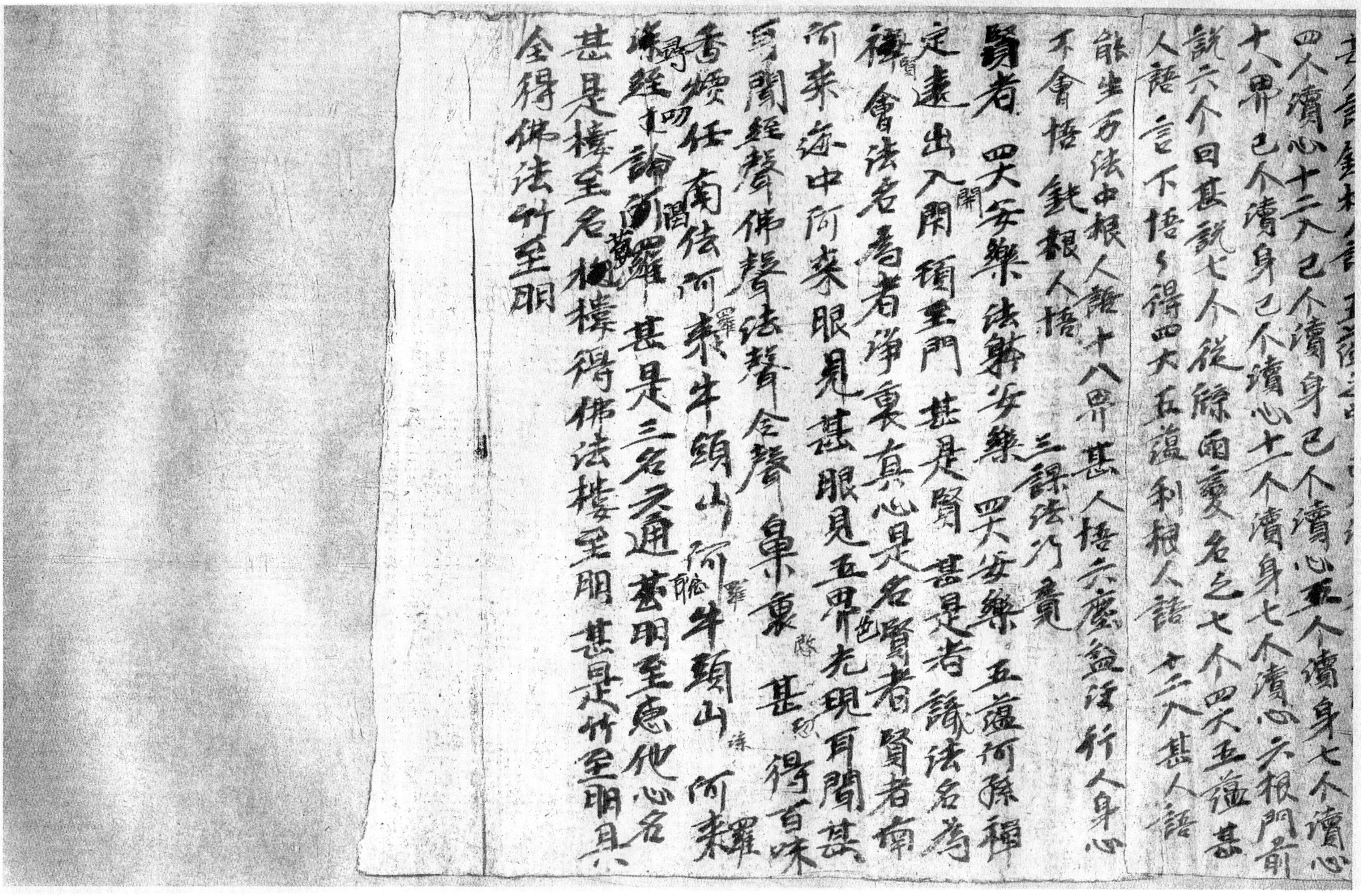

BD07902 號 4　三科法門

BD07902 號 5　賢者等雜釋義（擬）

（6–6）

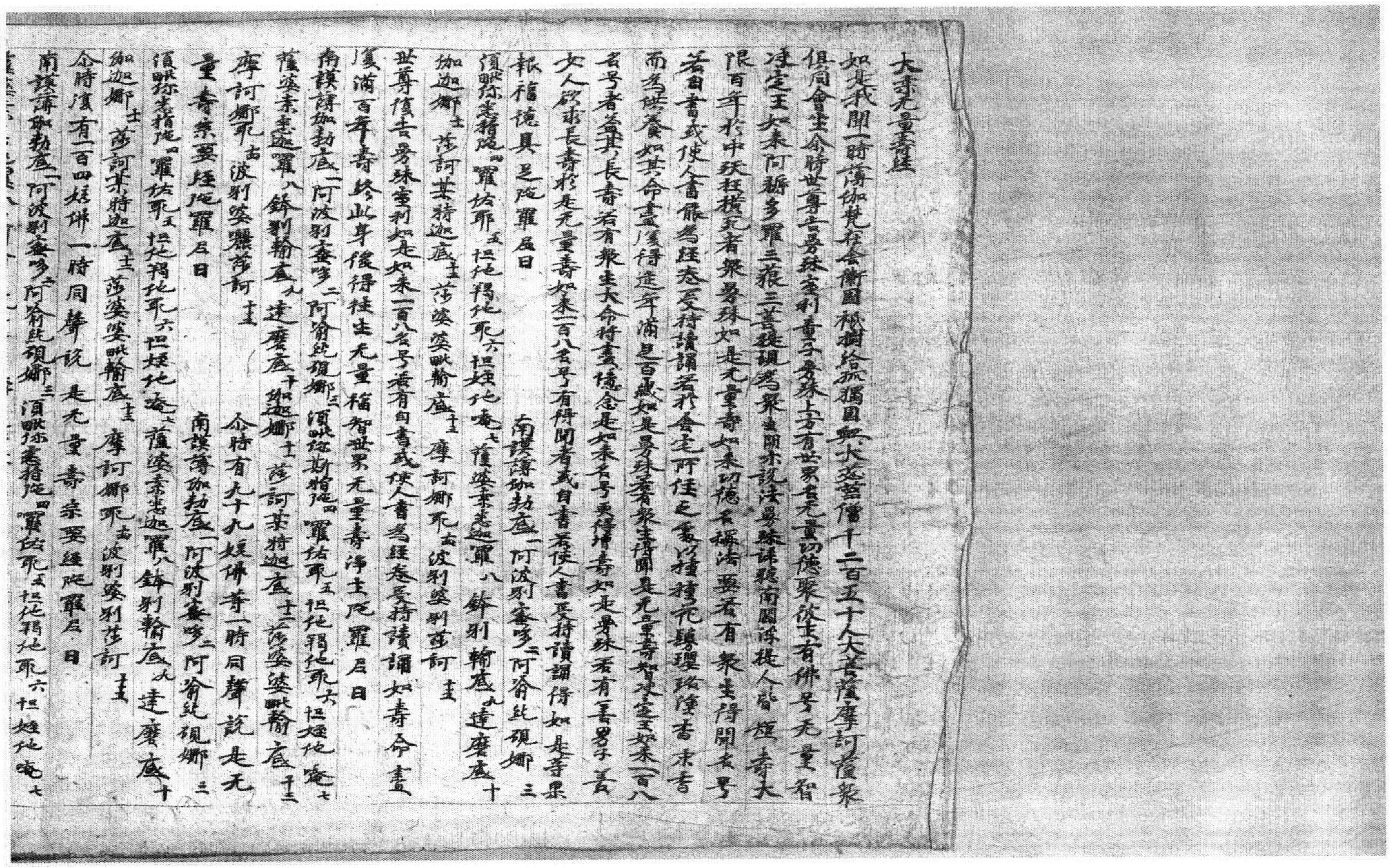

大乘无量壽經
如是我聞一時薄伽梵在舍衛國祇樹給孤獨園與大苾芻僧千二百五十人大菩薩摩訶薩衆
俱爾時世尊告曼殊室利童子曼殊室利上方有世界名无量功德聚彼土有佛号无量智
決定王如來阿耨多羅三藐三菩提現爲衆生開示說法曼殊室利諦聽南閻浮提人皆短壽大
限百年於中夭枉橫死者衆曼殊室利是无量壽如來功德名稱法要若有衆生得聞名号
若自書或使人書寫爲經卷受持讀誦若於舍宅所住之處以種種花鬘瓔珞塗香末香
而爲供養如其命盡復得延年滿足百歲如是曼殊室利若有衆生得聞是无量壽智決定王如來一百八
名号者益其長壽若有衆生大命將盡憶念是如來名号更得增壽如是曼殊室利若有善男子善
女人欲求長壽於是无量壽如來一百八名号有得聞者或自書若使人書受持讀誦得如是等果
報福德具足陁羅尼曰
南謨薄伽勃底一阿波唎蜜多二阿喻紇硯娜三
須毗你悉指陁四囉佐耶五怛他羯他耶六怛姪他唵七薩婆桑悉迦囉八鉢唎輸底九達磨底十
伽迦娜十一莎訶萁特迦底十二莎婆婆毗輸底十三摩訶娜耶十四波唎婆唎莎訶十五
世尊復告曼殊室利如是如來一百八名号若有自書或使人書爲經卷受持讀誦如壽命盡
復滿百年壽終此身後得往生无量福智世界无量壽淨土陁羅尼曰
南謨薄伽勃底一阿波唎蜜多二阿喻紇硯娜三須毗你斯指陁四囉佐耶五怛他羯他耶六怛姪他唵七
薩婆桑悉迦囉八鉢唎輸底九達磨底十伽迦娜十一莎訶萁特迦底十二莎婆婆毗輸底十三
摩訶娜耶十四波唎婆囉莎訶十五　爾時有九十九姟佛等一時同聲說是无
量壽宗要經陁羅尼曰　南謨薄伽勃底一阿波唎蜜多二阿喻紇硯娜三
須毗你悉指陁四囉佐耶五怛他羯他耶六怛姪他唵七薩婆桑悉迦囉八鉢唎輸底九達磨底十
伽迦娜十一莎訶萁特迦底十二莎婆婆毗輸底十三摩訶娜耶十四波唎婆唎莎訶十五
爾時復有一百四姟佛一時同聲說是无量壽宗要經陁羅尼曰
南謨薄伽勃底一阿波唎蜜多二阿喻紇硯娜三須毗你悉指陁四囉佐耶五怛他羯他耶六怛姪他唵七

BD07903 號　無量壽宗要經　（5–1）

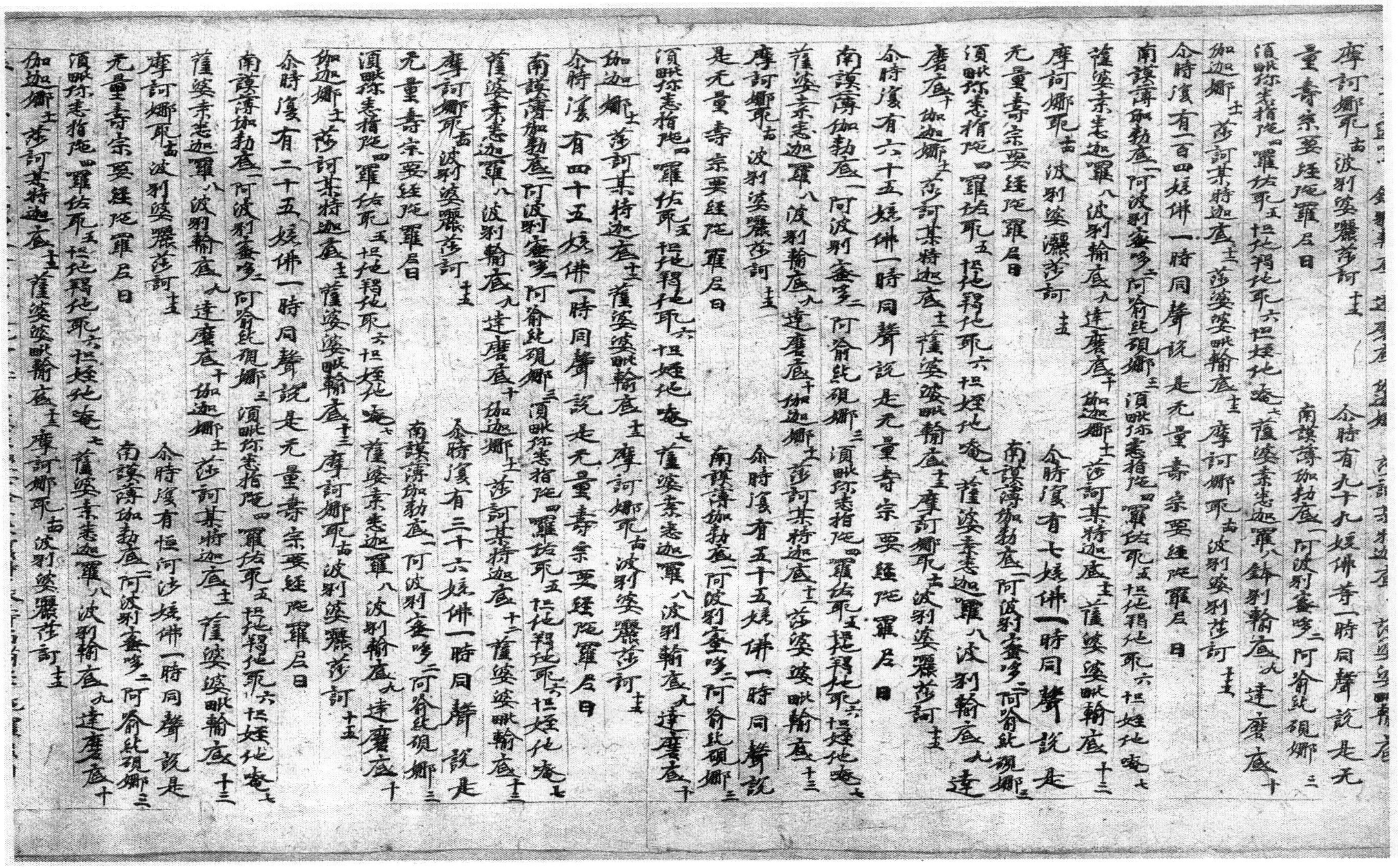

摩訶娜耶十四波唎婆囉莎訶十五　爾時有九十九姟佛等一時同聲說是无
量壽宗要經陁羅尼曰　南謨薄伽勃底一阿波唎蜜多二阿喻紇硯娜三
須毗你悉指陁四囉佐耶五怛他羯他耶六怛姪他唵七薩婆桑悉迦囉八鉢唎輸底九達磨底十
伽迦娜十一莎訶萁特迦底十二莎婆婆毗輸底十三摩訶娜耶十四波唎婆唎莎訶十五
爾時復有一百四姟佛一時同聲說是无量壽宗要經陁羅尼曰
南謨薄伽勃底一阿波唎蜜多二阿喻紇硯娜三須毗你悉指陁四囉佐耶五怛他羯他耶六怛姪他唵七
薩婆桑悉迦囉八波唎輸底九達磨底十伽迦娜十一莎訶萁特迦底十二薩婆婆毗輸底十三
摩訶娜耶十四波唎婆囉莎訶十五　爾時復有七姟佛一時同聲說是
无量壽宗要經陁羅尼曰　南謨薄伽勃底一阿波唎蜜多二阿喻紇硯娜三
須毗你悉指陁四囉佐耶五怛他羯他耶六怛姪他唵七薩婆桑悉迦囉八波唎輸底九達
磨底十伽迦娜十一莎訶萁特迦底十二薩婆婆毗輸底十三摩訶娜耶十四波唎婆囉莎訶十五
爾時復有六十五姟佛一時同聲說是无量壽宗要經陁羅尼曰
南謨薄伽勃底一阿波唎蜜多二阿喻紇硯娜三須毗你悉指陁四囉佐耶五怛他羯他耶六怛姪他唵七
薩婆桑悉迦囉八波唎輸底九達磨底十伽迦娜十一莎訶萁特迦底十二莎婆婆毗輸底十三
摩訶娜耶十四波唎婆囉莎訶十五　爾時復有五十五姟佛一時同聲說
是无量壽宗要經陁羅尼曰　南謨薄伽勃底一阿波唎蜜多二阿喻紇硯娜三
須毗你悉指陁四囉佐耶五怛他羯他耶六怛姪他唵七薩婆桑悉迦囉八波唎輸底九達磨底十
伽迦娜十一莎訶萁特迦底十二薩婆婆毗輸底十三摩訶娜耶十四波唎婆囉莎訶十五
爾時復有四十五姟佛一時同聲說是无量壽宗要經陁羅尼曰
南謨薄伽勃底一阿波唎蜜多二阿喻紇硯娜三須毗你悉指陁四囉佐耶五怛他羯他耶六怛姪他唵七
薩婆桑悉迦囉八波唎輸底九達磨底十伽迦娜十一莎訶萁特迦底十二薩婆婆毗輸底十三
摩訶娜耶十四波唎婆囉莎訶十五　爾時復有三十六姟佛一時同聲說是
无量壽宗要經陁羅尼曰　南謨薄伽勃底一阿波唎蜜多二阿喻紇硯娜三
須毗你悉指陁四囉佐耶五怛他羯他耶六怛姪他唵七薩婆桑悉迦囉八波唎輸底九達磨底十
伽迦娜十一莎訶萁特迦底十二薩婆婆毗輸底十三摩訶娜耶十四波唎婆囉莎訶十五
爾時復有二十五姟佛一時同聲說是无量壽宗要經陁羅尼曰
南謨薄伽勃底一阿波唎蜜多二阿喻紇硯娜三須毗你悉指陁四囉佐耶五怛他羯他耶六怛姪他唵七
薩婆桑悉迦囉八波唎輸底九達磨底十伽迦娜十一莎訶萁特迦底十二薩婆婆毗輸底十三
摩訶娜耶十四波唎婆囉莎訶十五　爾時復有恒河沙姟佛一時同聲說是
无量壽宗要經陁羅尼曰　南謨薄伽勃底一阿波唎蜜多二阿喻紇硯娜三
須毗你悉指陁四囉佐耶五怛他羯他耶六怛姪他唵七薩婆桑悉迦囉八波唎輸底九達磨底十
伽迦娜十一莎訶萁特迦底十二薩婆婆毗輸底十三摩訶娜耶十四波唎婆囉莎訶十五

BD07903 號　無量壽宗要經　（5–2）

摩訶娜耶十四波刷婆羅莎訶十五 尒時復有恒河沙殑佛一時同聲說是
无量壽宗要經陁羅尼曰 南謨薄伽勃底一阿波刷蜜哆二阿喻紇硯娜三
須眦你悉指陁四羅佐耶五怛他羯他耶六怛姪他唵七 薩婆桑悉迦羅八波刷輸底九達摩底十
伽迦娜十一莎訶莽特迦底十二薩婆婆眦輸底十三摩訶娜耶十四 波刷婆羅莎訶十五
善男子若有自書寫教人書寫是无量壽宗要經如其命盡復得長壽而滿年陁羅尼曰
南謨薄伽勃底一阿波刷蜜哆二阿喻紇硯娜三須眦你悉指陁四羅佐耶五怛他羯他耶六怛姪他唵七
薩婆桑悉迦羅八波刷輸底九達摩底十伽迦娜十一莎訶莽特迦底十二薩婆婆眦輸底十三摩
訶娜耶十四波刷婆羅莎訶十五 若有自書教人書寫是无量壽宗要經讀誦受
持畢竟不墮地獄在在所生得宿命智陁羅尼曰 南謨薄伽勃底一阿波刷蜜哆二阿喻紇硯
娜三須眦你悉指陁四羅佐耶五怛他羯他耶六怛姪他唵七薩婆桑悉迦羅八波刷輸底九達摩底十
伽迦娜十一莎訶莽特迦底十二薩婆婆眦輸底十三摩訶娜耶十四波刷婆羅莎訶十五
若有自書教人書寫是无量壽宗要經讀誦如同書寫八万四千一切經典陁羅尼曰
南謨薄伽勃底一阿波刷蜜哆二阿喻紇硯娜三須眦你悉指陁四羅佐耶五怛他羯他耶六怛姪他唵七
薩婆桑悉迦羅八波刷輸底九達摩底十伽迦娜十一莎訶莽特迦底十二薩婆婆眦輸底十三
摩訶娜耶十四波刷婆羅莎訶十五 若有自書寫教人書寫是无量壽宗要經即是書
寫八万四千部建立塔廟陁羅尼曰 南謨薄伽勃底一阿波刷蜜哆二阿喻紇硯娜三
須眦你悉指陁四羅佐耶五怛他羯他耶六怛姪他唵七 薩婆桑悉迦羅八波刷輸底九達摩底十
伽迦娜十一莎訶莽特迦底十二薩婆婆眦輸底十三摩訶娜耶十四波刷婆羅莎訶十五
若有自書寫教人書寫是无量壽宗要經能消五无間等一切重罪陁羅尼曰
南謨薄伽勃底一阿波刷蜜哆二阿喻紇硯娜三須眦你悉指陁四羅佐耶五怛他羯他耶六怛姪他
唵七薩婆桑悉迦羅八波刷輸底九達摩底十伽迦娜十一莎訶莽特迦底十二薩婆婆眦
輸底十三摩訶娜耶十四波刷婆羅莎訶十五 若有自書寫教人書寫
是无量壽宗要經受持讀誦設有重罪猶如須彌盡能除滅陁羅尼曰
南謨薄伽勃底一阿波刷蜜哆二阿喻紇硯娜三須眦你悉指陁四羅佐耶五怛他羯他耶六怛姪他唵七
薩婆桑悉迦羅八波刷輸底九達摩底十伽迦娜十一莎訶莽特迦底十二薩婆婆眦輸底十三
摩訶娜耶十四波刷婆羅莎訶十五 若有自書寫教人書寫是无量壽宗要
經受持讀誦若魔魔之眷屬夜叉羅刹不得其便終无枉死陁羅尼曰
南謨薄伽勃底一阿波刷蜜哆二阿喻紇硯娜三須眦你悉指陁四羅佐耶五怛他羯他耶六怛姪他唵七
薩婆桑悉迦羅八波刷輸底九達摩底十伽迦娜十一莎訶莽特迦底十二薩婆婆眦輸底十三摩訶
娜耶十四波刷婆羅莎訶十五 若有自書教人書寫是无量壽宗要經受持讀誦
命終時有九十九殑佛現其人前爺千佛授手能遊一切佛刹莫於此經生於疑惑陁羅尼曰
南謨薄伽勃底一阿波刷蜜哆二阿喻紇硯娜三須眦你悉指陁四羅佐耶五怛他羯他耶六怛姪他唵七

BD07903 號　無量壽宗要經　（5–3）

南謨薄伽勃底一阿波刷蜜哆二阿喻紇硯娜三須眦你悉指陁四羅佐耶五怛他羯他耶六怛姪他唵七
薩婆桑悉迦羅八波刷輸底九達摩底十伽迦娜十一莎訶莽特迦底十二薩婆婆眦輸底十三摩訶
娜耶十四波刷婆羅莎訶十五 若有自書教人書寫是无量壽宗要經受持讀誦
命終時有九十九殑佛現其人前爺千佛授手能遊一切佛刹莫於此經生於疑惑陁羅尼曰
南謨薄伽勃底一阿波刷蜜哆二阿喻紇硯娜三須眦你悉指陁四羅佐耶五怛他羯他耶六怛姪他唵七
薩婆桑悉迦羅八波刷輸底九達摩底十伽迦娜十一莎訶莽特迦底十二薩婆婆眦輸底十三
摩訶娜耶十四波刷婆羅莎訶十五 若有自書寫教人書寫是无量
壽宗要經受持讀誦常得四天大王隨其衛護陁羅尼曰 南謨薄伽勃底一
阿波刷蜜哆二阿喻紇硯娜三須眦你悉指陁四羅佐耶五怛他羯他耶六怛姪他唵七薩婆
桑悉迦羅八波刷輸底九達摩底十伽迦娜十一莎訶莽特迦底十二薩婆婆眦輸底十三
摩訶娜耶十四波刷婆羅莎訶十五 若有自書教人書寫是无量壽
宗要經受持讀誦當得往生西方極樂世界阿彌陁淨土陁羅尼曰
南謨薄伽勃底一阿波刷蜜哆二阿喻紇硯娜三須眦你悉指陁四羅佐耶五怛他羯他耶六怛姪
他唵七薩婆桑悉迦羅八波刷輸底九達摩底十伽迦娜十一莎訶莽特迦底十二薩婆
婆眦輸底十三摩訶娜耶十四波刷婆羅莎訶十五
若有方所自書寫使人書寫是无量壽經典之處則為是塔皆應恭敬作礼若是畜
生或為鳥獸得聞是經如是等類皆當不久得成一切種智陁羅尼曰
南謨薄伽勃底一阿波刷蜜哆二阿喻紇硯娜三須眦你悉指陁四羅佐耶五怛他羯他耶六
怛姪他唵七薩婆桑悉迦羅八波刷輸底九達摩底十伽迦娜十一莎訶莽特迦底
十二薩婆婆眦輸底十三摩訶娜耶十四波刷婆羅莎訶十五
若有於是无量壽經自書寫若使人書畢竟不受女人之身陁羅尼曰
南謨薄伽勃底一阿波刷蜜哆二阿喻紇硯娜三須眦你悉指陁四羅佐耶五怛他羯他耶六
怛姪他唵七薩婆桑悉迦羅八波刷輸底九達摩底十伽迦娜十一莎訶莽特迦
底十二薩婆婆眦輸底十三摩訶娜耶十四波刷婆羅莎訶十五
若有能於是經少分能惠施者等於三千大千世界滿中七寶布施陁羅尼曰
南謨薄伽勃底一阿波刷蜜哆二阿喻紇硯娜三須眦你悉指陁四羅佐耶五怛他羯他
耶六怛姪他唵七薩婆桑悉迦羅八波刷輸底九達摩底十伽迦娜十一莎訶莽特迦
底十二莎婆婆眦輸底十三摩訶娜耶十四波刷婆羅莎訶十五
若有能供養是經者則是供養一切諸經等无有異陁羅尼曰
南謨薄伽勃底一阿波刷蜜哆二阿喻紇硯娜三須眦你悉指陁四羅佐耶五怛他羯他耶六
怛姪他唵七薩婆桑悉迦羅八波刷輸底九達摩底十伽迦娜十一莎訶莽特迦
底十二薩婆婆眦輸底十三摩訶娜耶十四波刷婆羅莎訶十五
如是毗婆尸佛 尸棄佛 毗舍浮佛 俱留孫佛 俱那含牟尼佛 迦葉佛 釋迦牟尼佛
若有人以七寶供養

BD07903 號　無量壽宗要經　（5–4）

南謨薄伽勃底一阿波唎蜜哆二阿喻紇硯那三須毗你志指陀四囉佐耶五怛他羯他耶六
怛姪他唵七薩婆桑志迦囉八波唎輸底九達磨底十伽迦娜十一莎訶某特迦
底十二薩婆婆毗輸底十三摩訶娜耶十四波唎婆羅莎訶十五
如是毗婆尸佛　尸弃佛　毗舍浮佛　俱留孫佛　俱那含牟尼佛　迦葉佛　釋迦牟尼佛
若有人以七寶供養如是七佛其福有限書寫受持是无量壽經典所有功德不可限
量陀羅尼曰　南謨薄伽勃底一阿波唎蜜哆二阿喻紇硯那三須毗你志
指陀四囉佐耶五怛他羯他耶六怛姪他唵七薩婆桑志迦囉八波唎輸底九達磨底十
伽迦娜十一莎訶某特迦底十二薩婆婆毗輸底十三摩訶娜耶十四波唎婆羅莎訶十五
若有七寶等於須弥以用布施其福上能知其限量是无量壽經典其福不可知
數陀羅尼曰　南謨薄伽勃底一阿波唎蜜哆二阿喻紇硯那三須毗你
志指陀四囉佐耶五怛他羯他耶六怛姪他唵七薩婆桑志迦囉八波唎輸底九達磨底十
伽迦娜十一莎訶某特迦底十二薩婆婆毗輸底十三摩訶娜耶十四波唎婆羅莎訶十五
如是四大海水可知滴數是无量壽經典所生果報不可數量陀羅尼曰
南謨薄伽勃底一阿波唎蜜哆二阿喻紇硯那三須毗你志指陀四囉佐耶五怛他羯他耶六
怛姪他唵七薩婆桑志迦囉八波唎輸底九達磨底十伽迦娜十一莎訶某特迦底十二
薩婆婆毗輸底十三摩訶娜耶十四波唎婆羅莎訶十五
若有自書使人書寫是无量壽經典人能護持供養尊師如恭敬供養一切
十方佛土如来无有別異陀羅尼曰
南謨薄伽勃底一阿波唎蜜哆二阿喻紇硯那三須毗你志指陀四囉佐耶五怛他
羯他耶六怛姪他唵七薩婆桑志迦囉八波唎輸底九達磨底十伽迦娜十一
莎訶某特迦底十二薩婆婆毗輸底十三摩訶娜耶十四波唎婆羅莎訶十五
布施力能成正覺　悟布施力人師子　布施力能聲聞　慈悲階漸最能入
持戒力能成正覺　悟持戒力人師子　持戒力能聲聞　慈悲階漸最能入
忍辱力能成正覺　悟忍辱力人師子　忍辱力能聲聞　慈悲階漸最能入
精進力能成正覺　悟精進力人師子　精進力能聲聞　慈悲階漸最能入
禪定力能成正覺　悟禪定力人師子　禪定力能聲聞　慈悲階漸最能入
智慧力能成正覺　悟智慧力人師子　智慧力能聲聞　慈悲階漸最能入
尒時　是經已一切世間天人阿脩羅揵闥婆等聞佛所說皆大歡喜信受奉行
佛說无量壽宗要經

[illegible]寫

BD07903號　無量壽宗要經　（5–5）

有相若即見者等相者為即於見等假立見者等相為離於見等別立
見者等相若即於見等假立見者等相者則應見等是見者等而汝立我為見者
等不應道理以見者等與見等相无差別故若離於見等別立見者等相者彼見
等法為是我所成業為是我所執具若是我所成業者若如種子應是无常不應
道理若言陶師等假立丈夫與我應是无常是假立而汝言是常是實不應道
理若言如具神通假立丈夫與我亦應无常假立於諸所作隨意自在此亦如
前不應道理若言如地應是无常又所計我无如地大顯了作業故不應理何以
故世間地大所作業用顯了可得謂持万物令不墜下我无是業顯了可得若如虛
空應非實有唯於色无假立空故不應道理虛空雖是假有而有業用分
明可得非所計我故不應理世間虛空所作業用分明可得者謂由虛空故得起
往來屈申等業是故見等是我所成業不應道理若是我所執具者若言
如鎌離鎌外餘物亦有能斷作用如是離見等外於餘物上見等業用不可
得故不應道理若言如火則彼計於我不應道理何以故如世間火離能燒者
自能燒故若言離見者等相別有我者則所計我相都一切量不應而有染淨
若與染淨相應而有染淨者於諸行中有疾疫災橫及彼止息順益可得即
彼諸行雖无有我而說有染淨相應如外物內身亦尒雖无有我染淨義成故汝計
我不應道理若言不與染淨相應而有染淨者離染淨相我有染淨不應道理又我
今問汝隨汝意答汝所計我為與流轉相相應而有流轉為不與流轉相相應而有
流轉及止息耶若與流轉相相應而有流轉及止息者於諸行中有五種流轉相可得
一有因二可生三可滅四展轉相續生起五有變異若諸行中與轉相可得如於身中何
煩乘等流轉作用中雖无有我即彼諸行得有流轉及止息何須計我若不與彼相相
應而有流轉及止息者則所計我无流轉止息不應道理又我今問汝隨汝意答

BD07904號　瑜伽師地論卷六　（4–1）

我不應道理若言不與染淨相應而有染淨者離染淨相我有染淨不應道理又我
今問汝隨汝意荅汝所計我為與流轉相相應而有流轉為不與流轉相相應而有
流轉及止息邪若與流轉相相應而有流轉及止息者於諸行中有五種流轉相可得
一有因二可生三可滅四展轉相續生起五有變異若諸行中與轉相可得如於身者何
煖等流轉作用中雖无有我即彼諸行得有流轉及止息何須計我若不與彼相相
應而有流轉及止息者則所計我无流轉止息不應道理又我今問汝隨汝意荅汝
所計我為由境界所生若苦若樂及由思業并由煩惱隨煩惱等之所變異說為受者
作者及解脫者為不由彼變異說為受者等邪若由彼變異者是即諸行是受者作
者及解脫者何須計我設是我者我應无常不應道理若不由彼變異者我无變
異而是受者作者及解脫者不應道理又汝今應說自所欲為唯於我說為作者
為亦於餘法說為作者若唯於我世間不應說火為燒者光為照者若亦於餘
法即於見等諸根說為作者徒分別我不應道理又汝應說自意所欲為唯於我建立
於我為亦於餘法建立於我若唯於我者世間不應於假說士夫身呼為德友佛授
等若於餘法者是則唯於諸行假說名我何須更執別有我邪何以故諸世間人唯於
假設士夫之身起有情想立有情名及說自他有差別故又汝何所欲計我之見為
善為不善邪若是善何為極愚癡人深起我見不由方便率介而起能令眾生
怖畏解脫又能增長諸惡過失不應道理若不善者不應說正及非顛倒若是邪
倒所計之我體是實有不應道理又汝何所欲无我之見為善為不善邪若言是
善於彼常住實有我上見无有我而是善性非顛倒計不應道理若言不善而
一切智者之所宣說精勤方便之所生起令諸眾生不怖解脫能速證得自淨之
果諸惡過失如實對治不應道理又汝意云何為即我性自計有我為由我見邪
若即我性計有我者應一切時无我覺若由我見者雖无實我由我見力故於諸
行中妄謂有我是故汝計定實有我不應道理如是不覺為先而起彼覺故應
覺為先見有所作故於諸蘊中假施設故由於彼相安立為有故建立雜染及清淨故
建立流轉及止息故假立受者作者解脫者故施設有作者故施設見故計有實我皆
不應理又我今當說第一義我相而言我者唯於諸法假立為有非實有我然此假我
不說言與彼諸法異不異性勿謂此我是實有體或彼諸法即我性相又此假我是
无常相是非恒相非安保相是變壞相生起法相老死法相唯諸法相唯苦惱相故薄
伽梵說苾芻當知於諸法中假立有我无常无恒不可安保是變壞法如是廣說由
四因故於諸行中假設有我一為令世間言說易故二為欲隨順諸世間故三為
欲斷除謂定无我諸怖畏故四為宣說自他成就功德成就過失令起決定信
解心故是執有我論非如理說計常論者謂如有一若沙門若婆羅門起如是論見如
是論及世間皆實常住非所作非化所化不可損害積聚而住如伊師迦謂計前
際說一切常者及計後際說有想者說无想者說非想非非想者後有計諸極
微是常住者作如是計問何故彼

BD07904 號　瑜伽師地論卷六　（4–2）

欲斷除謂定无我諸怖畏故四為宣說自他成就功德成就過失令起決定信
解心故是執有我論非如理說計常論者謂如有一若沙門若婆羅門起如是論見如
是論及世間皆實常住非所作非化所化不可損害積聚而住如伊師迦謂計前
際說一切常者及計後際說有想者說无想者說非想非非想者後有計諸極
微是常住者作如是計問何故彼諸外道起如是見立如是論我及世間是常邪荅
彼計因緣如經廣說隨其所應盡當知此中計前際者謂或依下中上靜慮起宿
住隨念不善緣起於過去諸行但唯憶念不如實知計過去世以為前際於起常
見或依天眼計現在世以為前際於諸行剎那生滅流轉不如實知又見諸識流轉
相續從此世間至彼世間无斷絕故起常見或見梵王隨意成立見或四大種變異
計後際者於想地及受離見差別然不見自相差別是故發常見謂我及世間皆
悉常住又計極微是常住者以依世間靜慮起如是見由不如實知緣起故計有為
先有果集起離散為先有果壞滅由此因緣彼謂從麁微住麁物果生漸析麁物
乃至微住是麁物无常極微是常此中計前際後際常住論者是我執論差別相
應攝故我論已破當知此論亦已破訖又我今問汝隨汝意荅宿住之念為
取諸蘊為取我邪若取蘊者執我及世間是常不應道理若取我者憶念過去
如是名等諸有情類我曾於彼如是姓乃至廣說不應道理又汝意云何緣彼現
前和合色境眼識起時於餘不現不和合境所餘諸識為滅為轉若言滅者
滅壞之識而計為常不應道理若言轉者由一境界依一切時一切識起不應道
理又汝何所欲所執之我由想所作及受所作為有變異為无變異若有者計
彼世間及我常住不應道理若言无者有一想已復種種想及无量想不
應道理又若有樂已後純有苦有樂不苦不樂不應道理又若計命即是
身者彼我是色若計命異於身者彼計我非色若計我俱遍无二數者彼計
我亦是色亦非色若為對此故即此義中由異句異文而起執者彼計我非色非
非色又若見少色者計有邊若見彼无量者彼計有計无邊若後遍見而色
分少非色分无量或色分无量非色分少者彼計亦有邊亦无邊若為對治此故但
由文異不由義異而起執者彼計非有邊非无邊或計解脫之我　遠離二種又計
極微常住論者我今問汝隨汝意荅汝為觀察計極微常為不觀察計彼常邪若
不觀察而定計常不應道理若言已觀察者違諸量故不應道理又汝何所欲諸微
塵住為由與麁果物其相異故計彼常邪若由細者離散積滅轉復
麁物而言是常不應道理若言由相異故者是則極微越過地水火風之相不同類相故而
言能生彼麁果不應道理又彼極微更无異相可得故不中理又汝何所欲從諸極微所
起麁物為不異相為異相邪若言不異相者由與彼因无差別故亦應是常是則應
无因果決定不應道理若異相者汝意云何為從離散極微麁物得生為從聚集邪若言從
離散者應一切因果生是則應无因果決定不應道理若從聚集者汝意云何彼麁果物從極

BD07904 號　瑜伽師地論卷六　（4–3）

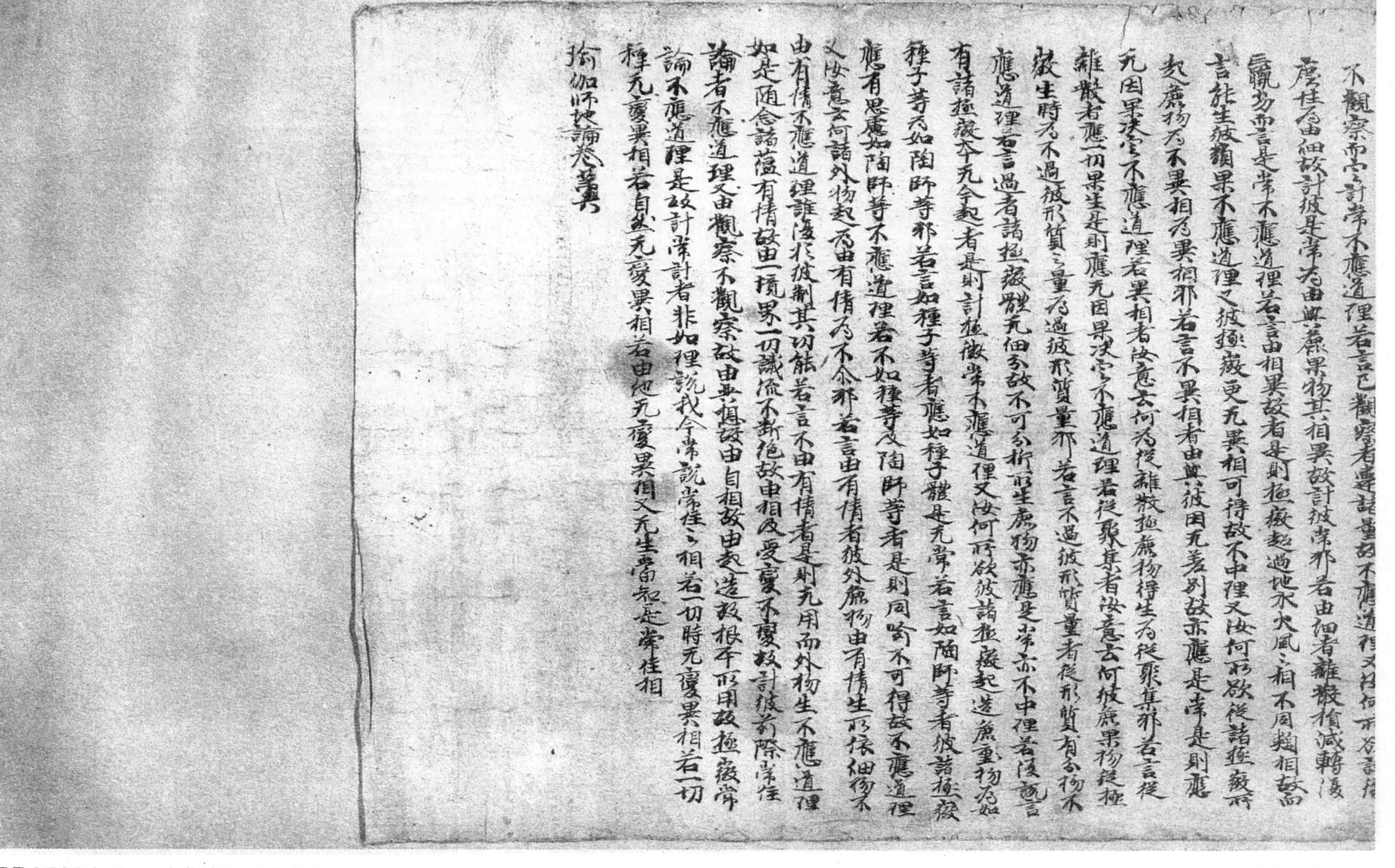
不觀察而言計常不應道理若言已觀察者爲諸量故不應道理又汝何所欲諸
應住為由細故計彼是常為由與麁果物其相異故計彼常耶若由細者離散損減轉復
極微常而言是常不應道理若言由相異故者是則極微越過地水火風之相不同類相故當
言能生彼類果不應道理又彼極微更无異相可得故不中理又汝何所欲從諸極微所
成麁物為不異相為異相耶若言不異相者由與彼因无差別故亦應是常是則應
无因果決定不應道理若異相者汝意云何為從離散極微麁物得生為從聚集耶若言從
離散者應一切果生是則應无因果決定不應道理若從聚集者汝意云何彼麁果物從極
微生時為不過彼形質之量為過彼形質量耶若言不過彼形質量者從彼形質有分物不
應道理若言過者諸極微體无細分故不可分析所生麁物亦應是常亦不中理若復說言
有諸極微本无今起者是則計極微常不應道理又汝何所欲彼諸極微起造麁重物為如
種子等為如陶師等耶若言如種子等者應如種子體是无常若言如陶師等者彼諸極微
應有思慮如陶師等不應道理若不如種等及陶師等者是則同喻不可得故不應道理
又汝意云何諸外物起為由有情為不尒耶若言由有情者彼外麁物由有情生所依細物不
由有情不應道理誰復於彼制其功能若言不由有情者是則无用而外物生不應道理
如是隨念諸蘊有情故由一境界一切識流不斷絕故由相及受變不變故計彼前際常住
論者不應道理又由觀察不觀察故由要因故由自相故由越造故根本所用故極微常
論不應道理是故計常計者非如理說我今當說常住之相若一切時无變異相若一切
種无變異相若自然无變異相若由他无變異相又无生當知是常住相
瑜伽師地論卷第六

BD07904 號　瑜伽師地論卷六　（4–4）

佛說大乘稻芉經一卷
如是我聞一時薄伽梵住王舍城耆闍崛山與大比丘眾千二百
五十人及諸菩薩摩訶薩俱　尒時具壽舍利子往弥勒菩薩
摩訶薩經行之處到已共相慰問俱坐盤陁石上　是時具
壽舍利子向弥勒菩薩摩訶薩作如是言弥勒今日世尊觀
見稻芉告諸比丘作如是說諸比丘若見因緣彼即見法若於
法即能見佛作是語已默然无言弥勒善逝何故作如是說其
事云何何者是因緣何者是法何者是佛云何見因緣即能見法
云何見法即能見佛作是語已弥勒菩薩摩訶薩答具壽舍
子言今佛法王正遍知告諸比丘若見因緣即能見法若
見於法即能見佛者此中何者是因緣言因緣者此有故
彼有此生故彼生所謂无明緣行行緣識識緣名色名色
緣六入六入緣觸觸緣受受緣愛愛緣取取緣有有緣生
生緣老死愁歎苦憂惱而得生起如是唯生純極大苦之聚
此中无明滅故行滅行滅故識滅識滅故名色滅名色滅故六
入滅六入滅故觸滅觸滅故受滅受滅故愛滅愛滅故取滅取
故滅有滅有滅故生滅生滅故老死愁歎苦憂惱得滅如是
唯滅純極大苦之聚此是世尊所說因緣之法　何者是法所

云何見法即能見佛作是語已彌勒菩薩摩訶薩告具壽舍
利子言今佛法王正遍知告諸比丘若見因緣即能見法若
見於法即能見佛者此中何者是因緣言因緣者此有故
彼有此生故彼生所謂无明緣行行緣識識緣名色名色
緣六入六入緣觸觸緣受受緣愛愛緣取取緣有有緣生
生緣老死愁歎苦憂惱而得生起如是唯生純極大苦之聚
此中无明滅故行滅行滅故識滅識滅故名色滅名色滅故六
入滅六入滅故觸滅觸滅故受滅受滅故愛滅愛滅故取滅取
故滅有滅有滅故生滅生滅故老死愁歎苦憂惱得滅如是
唯滅純極大苦之聚此是世尊所說因緣之法　何者是法所
謂八聖道支正見正思惟正語正業正命正精進正念正定此是八
聖道果及涅槃世尊所說名為法何者是佛所謂知一切法者
名之為佛以彼慧眼及法身能見作菩提學无學法故云何
見因緣如佛所說若能見因緣之法常无壽離壽如實性无
錯謬性无生无起无作无為无障礙无境界寂靜无畏
无侵奪不寂靜者相是也　若能如是於亦見常无壽
離壽如實性无錯謬性无生无起无作无為无障
礙无境界寂靜无畏无侵奪不寂靜相者得正智故能
悟勝法以无上法身而見於佛　問曰何故名因緣　答曰有因

BD07905 號背　勘記

（1–1）

淨真如清淨故諸佛无上正等菩提
以故若一切智智清淨若真如清淨若諸佛
无上正等菩提清淨无二无二分无別无斷
故一切智智清淨故法界法性不虚妄性不
變異性平等性離生性法定法住實際虛空
界不思議界清淨法界乃至不思議界清淨
故諸佛无上正等菩提清淨何以故若一切
智智清淨若法界乃至不思議界清淨若諸
佛无上正等菩提清淨无二无二分无別无
斷故善現一切智智清淨故苦聖諦清淨苦
聖諦清淨故諸佛无上正等菩提清淨何以
故若一切智智清淨若苦聖諦清淨若諸佛
无上正等菩提清淨无二无二分无別无斷
故一切智智清淨故集滅道聖諦清淨集滅
道聖諦清淨故諸佛无上正等菩提清淨何
以故若一切智智清淨若集滅道聖諦清淨
若諸佛无上正等菩提清淨无二无二分无
別无斷故
善現一切智智清淨故四靜慮清淨四靜慮
清淨故諸佛无上正等菩提清淨何以故若
一切智智清淨若四靜慮清淨若諸佛无上
正等菩提清淨无二无二分无別无斷故一
切智智清淨故四无量四无色定清淨四无
量四无色定清淨故諸佛无上正等菩提清

BD07906號　大般若波羅蜜多經卷二八四　（4–1）

故一切智智清淨故集滅道聖諦清淨集滅
道聖諦清淨故諸佛无上正等菩提清淨何
以故若一切智智清淨若集滅道聖諦清淨
若諸佛无上正等菩提清淨无二无二分无
別无斷故
善現一切智智清淨故四靜慮清淨四靜慮
清淨故諸佛无上正等菩提清淨何以故若
一切智智清淨若四靜慮清淨若諸佛无上
正等菩提清淨无二无二分无別无斷故一
切智智清淨故四无量四无色定清淨四无
量四无色定清淨故諸佛无上正等菩提清
淨何以故若一切智智清淨若四无量四无
色定清淨若諸佛无上正等菩提清淨无二
无二分无別无斷故善現一切智智清淨故
八解脫清淨八解脫清淨故諸佛无上正等
菩提清淨何以故若一切智智清淨若八解
脫清淨若諸佛无上正等菩提清淨无二无
二分无別无斷故一切智智清淨故八勝處
九次第定十遍處清淨八勝處九次第定十
遍處清淨故諸佛无上正等菩提清淨何以
故若一切智智清淨若八勝處九次第定十遍
處清淨若諸佛无上正等菩提清淨无二无
二分无別无斷故善現一切智智清淨故四
念住清淨四念住清淨故諸佛无上正等菩
提清淨何以故若一切智智清淨若四念住
清淨若諸佛无上正等菩提清淨无二无二
分无別无斷故一切智智清淨故四正斷四

BD07906號　大般若波羅蜜多經卷二八四　（4–2）

二分无別无斷故善現一切
念住清淨四念住清淨故諸佛无上正等菩
提清淨何以故若一切智智清淨若四念住
清淨若諸佛无上正等菩提清淨无二无二
分无別无斷故一切智智清淨故四正斷四
神足五根五力七等覺支八聖道支清淨四
正斷乃至八聖道支清淨故諸佛无上正等
菩提清淨何以故若一切智智清淨若四正
斷乃至八聖道支清淨若諸佛无上正等菩
提清淨无二无二分无別无斷故善現一切
智智清淨故空解脫門清淨空解脫門清淨
故諸佛无上正等菩提清淨何以故若一切
智智清淨若空解脫門清淨若諸佛无上正
等菩提清淨无二无二分无別无斷故一切
智智清淨故无相无願解脫門清淨无相无
願解脫門清淨故諸佛无上正等菩提清淨
何以故若一切智智清淨若无相无願解脫
門清淨若諸佛无上正等菩提清淨无二无
二分无別无斷故善現一切智智清淨故菩
薩十地清淨菩薩十地清淨故諸佛无上正
等菩提清淨何以故若一切智智清淨若菩
薩十地清淨若諸佛无上正等菩提清淨无
二无二分无別无斷故
善現一切智智清淨故五眼清淨五眼清淨
故諸佛无上正等菩提清淨何以故若一切
智智清淨若五眼清淨若諸佛无上正等菩
提清淨无二无二分无別无斷故一切智智

BD07906號　大般若波羅蜜多經卷二八四　（4–3）

等菩提清淨何以故若一切智智清淨若菩
薩十地清淨若諸佛无上正等菩提清淨无
二无二分无別无斷故
善現一切智智清淨故五眼清淨五眼清淨
故諸佛无上正等菩提清淨何以故若一切
智智清淨若五眼清淨若諸佛无上正等菩
提清淨无二无二分无別无斷故一切智智
清淨故六神通清淨六神通清淨故諸佛无
上正等菩提清淨何以故若一切智智清淨若
六神通清淨若諸佛无上正等菩提清淨
无二无二分无別无斷故善現一切智智清
淨故佛十力清淨佛十力清淨故諸佛无上
正等菩提清淨何以故若一切智智清淨若
佛十力清淨若諸佛无上正等菩提清淨无
二无二分无別无斷故一切智智清淨故四
无所畏四无礙解大慈大悲大喜大捨十八
佛不共法清淨四无所畏乃至十八佛不共
法清淨故諸佛无上正等菩提清淨何以故
若一切智智清淨若四无所畏乃至十八佛
不共法清淨若諸佛无上正等菩提清淨无

BD07906號　大般若波羅蜜多經卷二八四　（4–4）

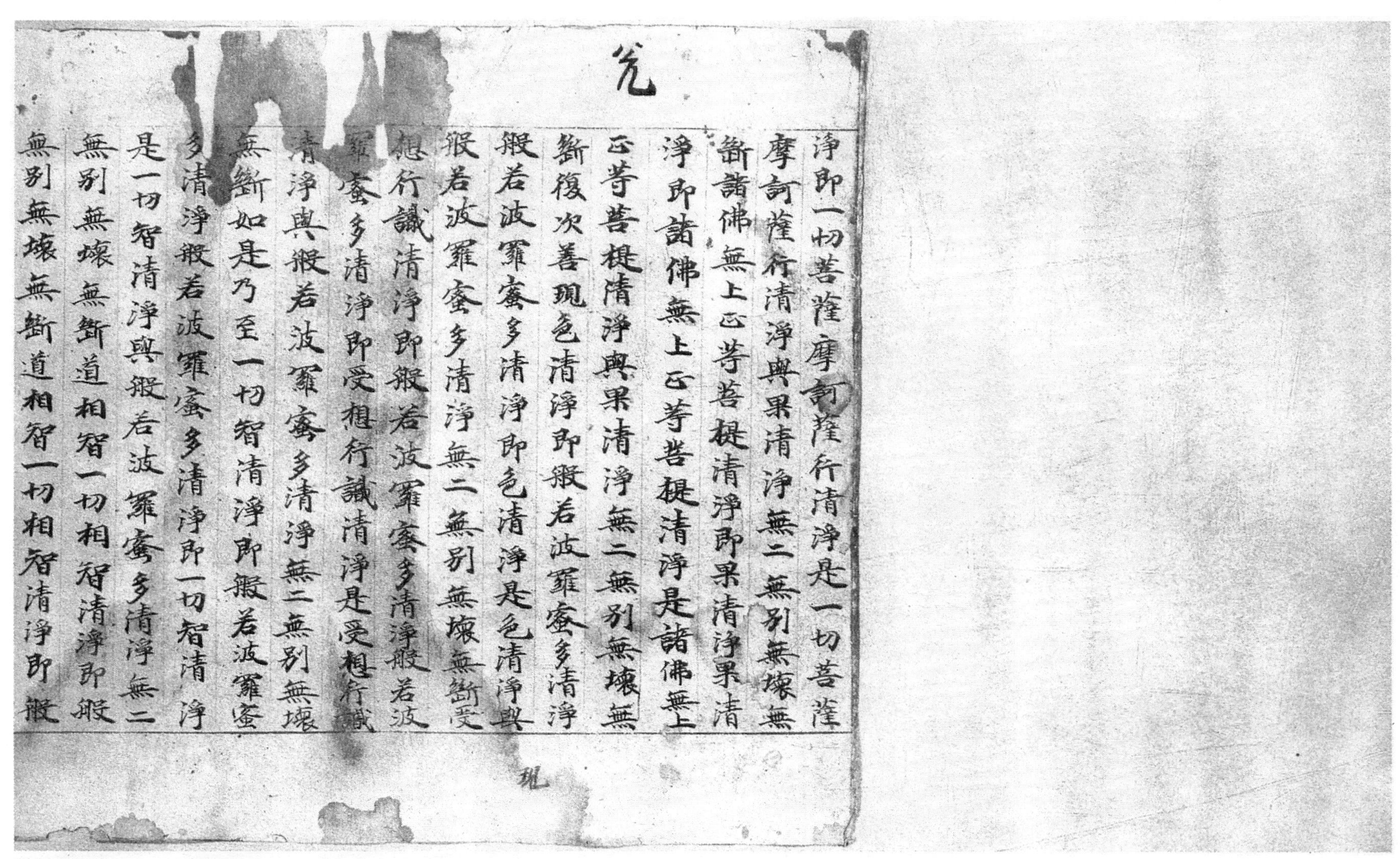
兑

淨即一切菩薩摩訶薩行清淨是一切菩薩
摩訶薩行清淨與果清淨無二無別無壞無
斷諸佛無上正等菩提清淨即果清淨果清
淨即諸佛無上正等菩提清淨是諸佛無上
正等菩提清淨與果清淨無二無別無壞無
斷復次善現色清淨即般若波羅蜜多清淨
般若波羅蜜多清淨即色清淨是色清淨與
般若波羅蜜多清淨無二無別無壞無斷受
想行識清淨即般若波羅蜜多清淨般若波
羅蜜多清淨即受想行識清淨是受想行識
清淨與般若波羅蜜多清淨無二無別無壞
無斷如是乃至一切智清淨即般若波羅蜜
多清淨般若波羅蜜多清淨即一切智清淨
是一切智清淨與般若波羅蜜多清淨無二
無別無壞無斷道相智一切相智清淨即般
無別無壞無斷道相智一切相智清淨即般

BD07907 號　大般若波羅蜜多經（兑廢稿）卷四三五　（2–1）

無斷如是乃至一切智清淨即般若波羅蜜
多清淨般若波羅蜜多清淨即一切智清淨
是一切智清淨與般若波羅蜜多清淨無二
無別無壞無斷道相智一切相智清淨即般
無別無壞無斷道相智一切相智清淨即般
若波羅蜜多清淨般若波羅蜜多清淨即道
相智一切相智清淨是道相智一切相智清
淨與般若波羅蜜多清淨無二無別無壞無
斷復次善現色清淨即一切智智清淨一切
智智清淨即色清淨是色清淨與一切智智
清淨無二無別無壞無斷受想行識清淨即
一切智智清淨一切智智清淨即受想行識
清淨是受想行識清淨與一切智智清淨無
二無別無壞無斷如是乃至一切智清淨即
一切智智清淨一切智智清淨即一切智清

BD07907 號　大般若波羅蜜多經（兑廢稿）卷四三五　（2–2）

性離生性法定法住實際虛空界不思議界
是菩薩摩訶薩亦不得苦聖諦不得集滅道
聖諦是菩薩摩訶薩亦不得四靜慮不得四
無量四無色定是菩薩摩訶薩亦不得八解
脫不得八勝處九次第定十遍處是菩薩摩
訶薩亦不得四念住不得四正斷四神足五
根五力七等覺支八聖道支是菩薩摩訶薩
亦不得空解脫門不得無相無願解脫門是
菩薩摩訶薩亦不得五眼不得六神通是
薩摩訶薩亦不得佛十力不得四無所
無礙解大慈大悲大喜大捨十八佛不共法
菩薩摩訶薩亦不得無忘失法不得恒住捨
性是菩薩摩訶薩亦不得一切智不得道相
智一切相智是菩薩摩訶薩亦不得一切陁
羅尼門不得一切三摩地門是菩薩摩訶薩
亦不得預流不得一來不還阿羅漢是菩薩
摩訶薩亦不得預流向預流果不得一來向

BD07908 號　大般若波羅蜜多經（兌廢稿）卷一二九　（2–1）

薩摩訶薩亦不得佛十力不得四無所
無礙解大慈大悲大喜大捨十八佛不共法
菩薩摩訶薩亦不得無忘失法不得恒住捨
性是菩薩摩訶薩亦不得一切智不得道相
智一切相智是菩薩摩訶薩亦不得一切陁
羅尼門不得一切三摩地門是菩薩摩訶薩
亦不得預流不得一來不還阿羅漢是菩薩
摩訶薩亦不得預流向預流果不得一來向
是菩薩摩訶薩亦不得獨覺不得獨覺菩提
是菩薩摩訶薩亦不得菩薩摩訶薩不得
薩摩訶薩法是菩薩摩訶薩亦不得三藐三
佛陁不得三藐三佛陁法何以故非此般若
波羅蜜多因有所得而現前故所以者何甚
深般若波羅蜜多都無自性亦不可得能得
所得及二依處性相皆空不可得故尒時佛
告天帝釋言如是如是如汝所說何以故憍
尸迦菩薩摩訶薩以無所得為方便長養

BD07908 號　大般若波羅蜜多經（兌廢稿）卷一二九　（2–2）

詰經香積品第十

於是舍利弗心念曰時欲至此諸菩薩當於

何食時維摩詰知其意而語言佛說八解脫

仁者受行豈雜欲食而聞法乎若欲食者且

待須臾當令汝得未曾有食時維摩詰即

入三昧以神通力示諸大衆上方界分過卌二恒

河沙佛土有國名衆香佛号香積今現在

其國香氣比於十方諸佛世界人天之香最

為第一彼土无有聲聞辟支佛名唯有清淨

大菩薩衆佛為說法其界一切皆以香作樓

閣經行香地苑園皆香其食香氣周流十方

无量世界時彼佛與諸菩薩方共坐食有諸

天子皆号香嚴悉發阿耨多羅三藐三菩

提心供養彼佛及諸菩薩此諸大衆莫不目見

時維摩詰問衆菩薩諸仁者誰能致彼佛飯

以文殊師利威神力故咸皆嘿然維摩詰言仁

者此諸大衆无乃可耻文殊師利曰如佛所言

BD07909號　維摩詰所說經卷下　（5–1）

天子皆号香嚴悉發阿耨多羅三藐三菩

提心供養彼佛及諸菩薩此諸大衆莫不目見

時維摩詰問衆菩薩諸仁者誰能致彼佛飯

以文殊師利威神力故咸皆嘿然維摩詰言仁

者此諸大衆无乃可耻文殊師利曰如佛所言

勿輕未學於是維摩詰不起于坐居衆會

前化作菩薩相好光明威德殊勝蔽於衆

會而告之曰汝往上方界分度如卌二恒河沙

佛土有國名衆香佛号香積與諸菩薩方共

坐食汝往到彼如我辭曰維摩詰稽首世尊

足下致敬无量問訊起居少病少惱氣力安

不願得世尊所食之餘當於娑婆世界施作

佛事令此樂小法者得弘大道亦使如來名

聲普聞時化菩薩即於會前昇于上方舉

衆皆見其去到衆香界礼彼佛足又聞其言

維摩詰稽首世尊足下致敬无量問訊起居

少病少惱氣力安不願得世尊所食之餘欲

於娑婆世界施作佛事使此樂小法者得弘大

道亦使如來名聲普聞彼諸大士見化菩

薩歎未曾有今此上人從何所來娑婆世界為

在何許云何名為樂小法者即以問佛佛告

之曰下方度如卌二恒河沙佛土有世界名娑

婆佛号釋迦牟尼今現在於五濁惡世為樂

小法衆生敷演道教彼有菩薩名維摩詰

住不可思議解脫為諸菩薩說法故遣化來

稱揚我名并讚此土令彼菩薩增益功德彼

菩薩言其人何如乃作是化德力无畏神足若

BD07909號　維摩詰所說經卷下　（5–2）

娑婆佛号釋迦牟尼今現在於五濁惡世為樂
小法衆生敷演道教彼有菩薩名維摩詰
住不可思議解脫為諸菩薩說法故遣化來
稱揚我名并讚此土令彼菩薩增益功德彼
菩薩言其人何如乃作是化德力无畏神足若
斯佛言甚大一切十方皆遣化往施作佛
事饒益衆生於是香積如來以衆香鉢盛
滿香飯與化菩薩時彼九百万菩薩俱發聲
言我欲詣娑婆世界供養釋迦牟尼佛并欲
見維摩詰等諸菩薩衆佛言可往攝汝身香
无令彼諸衆生起惑著心又當捨汝本形勿使
彼國求菩薩者而自鄙耻又汝於彼莫懷輕賤
而作礙想所以者何十方國土皆如虛空又諸
佛為欲化諸樂小法者不盡現其清淨土
耳時化菩薩既受鉢飯與彼九百万菩薩
俱承佛威神及維摩詰力於彼世界忽然不
現須臾之間至維摩詰舍維摩詰即化作九
百万師子之座嚴好如前諸菩薩皆坐其上
化菩薩以滿鉢香飯與維摩詰飯香普薰
毗耶離城及三千大千世界時毗耶離婆羅門
居士等聞是香氣身意快然歎未曾有於
長者主月蓋從八万四千人來入維摩詰舍
見其室中菩薩甚多諸師子座高廣嚴好皆
大歡喜礼衆菩薩及大弟子却住一面諸地
神虛空神及欲色界諸天聞此香氣亦皆來
入維摩詰舍時維摩詰語舍利弗等諸大聲
聞仁者可食如來甘露味飯大悲所薰无以

見其室中菩薩甚多諸師子座高廣嚴好
大歡喜礼衆菩薩及大弟子却住一面諸地
神虛空神及欲色界諸天聞此香氣亦皆來
入維摩詰舍時維摩詰語舍利弗等諸大聲
聞仁者可食如來甘露味飯大悲所薰无以
限意食之使不消也有異聲聞念是飯少而
此大衆人民當食化菩薩曰勿以聲聞小德
小智稱量如來无量福慧四海有竭此飯无
盡使一切人食揣若須弥乃至一劫猶不能盡
所以者何无盡戒定智慧解脫解脫知見功
德具足者所食之餘終不可盡於是鉢飯悉
飽衆會猶故不賜其諸菩薩聲聞天人食
此飯者身安快樂譬如一切樂莊嚴國諸菩薩
也又諸毛孔皆出妙香亦如衆香國土諸樹之
香尒時維摩詰問衆香菩薩香積如來以何
說法彼菩薩曰我土如來无文字說但以衆香
令諸天人得入律行菩薩各各坐香樹下聞
斯妙香即獲一切德藏三昧得是三昧者菩
薩所有功德皆悉具足彼諸菩薩問維摩詰
今世尊釋迦牟尼以何說法維摩詰言此土
衆生剛强難化故佛為說剛强之語以調伏
之言是地獄是畜生是餓鬼是諸難處是愚
人生處是身邪行是身邪行報是口邪行是
口邪行報是意邪行是意邪行報是煞生是
煞生報是不與取是不與取報是邪婬是邪
婬報是妄語是妄語報是兩舌是兩舌報是
惡口是惡口報是无義語是無義語報是貪

此飯者身安快樂譬如一切樂莊嚴國諸菩薩
也又諸毛孔皆出妙香亦如衆香國土諸樹之
香尒時維摩詰問衆香菩薩香積如來以何
說法彼菩薩曰我土如來无文字說但以衆香
令諸天人得入律行菩薩各各坐香樹下聞
斯妙香即獲一切德藏三昧得是三昧者菩
薩所有功德皆悉具足彼諸菩薩問維摩詰
今世尊釋迦牟尼以何說法維摩詰言此土
衆生剛強難化故佛為說剛強之語以調伏
之言是地獄是畜生是餓鬼是諸難處是愚
人生處是身邪行是身邪行報是口邪行是
口邪行報是意邪行是意邪行報是煞生是
煞生報是不與取是不與取報是邪婬是邪
婬報是妄語是妄語報是兩舌是兩舌報是
惡口是惡口報是无義語是無義語報是貪
嫉是貪嫉報是瞋惱是瞋惱報是邪見是邪
見報是慳悋是慳悋報是毀戒是毀戒報是
瞋恚是瞋恚報是懈怠是懈怠報是亂意是
亂意報是愚癡是愚癡報是結戒是持戒是

BD07909 號　維摩詰所說經卷下　（5–5）

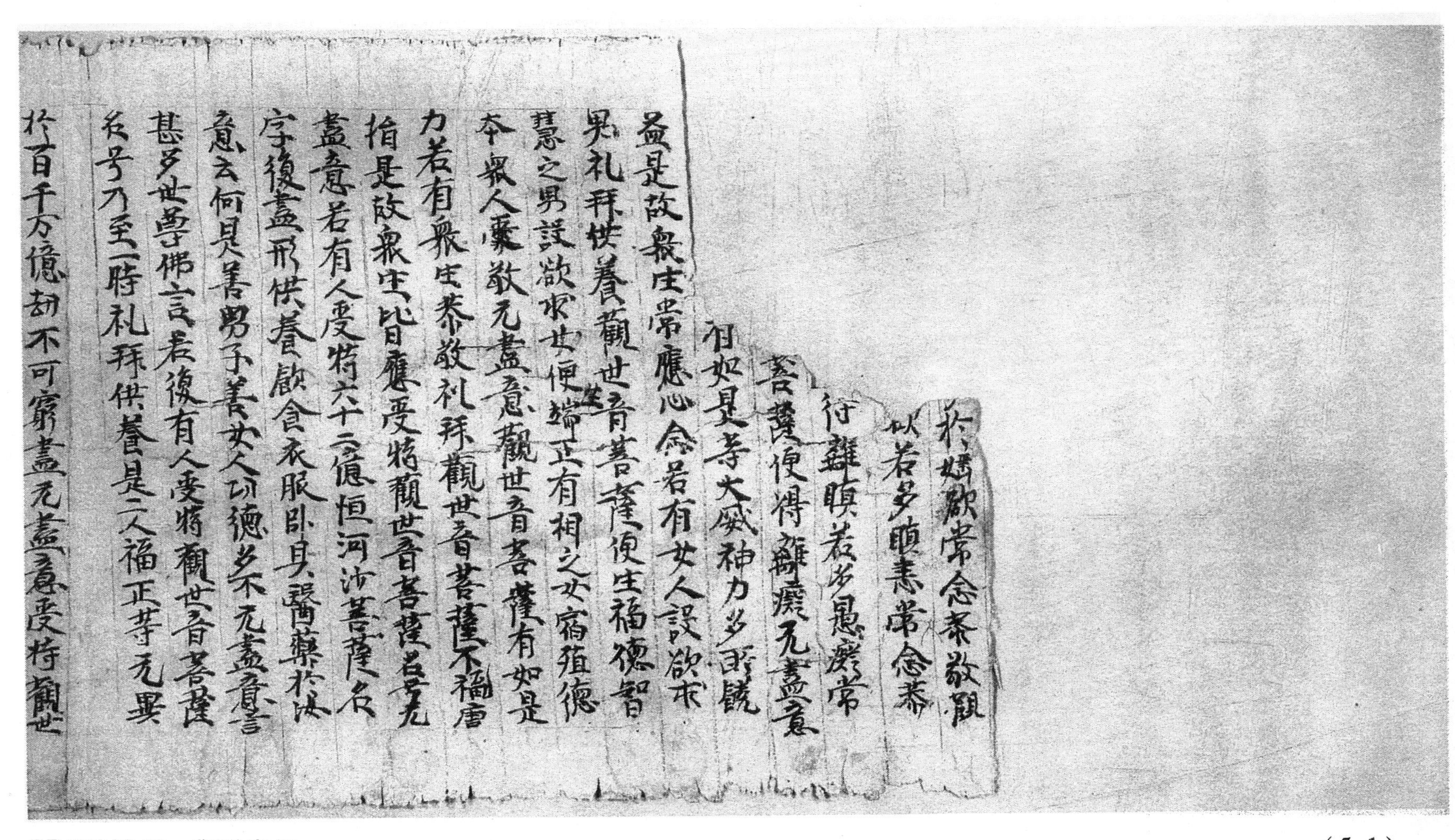
於婬欲常念恭敬觀
以若多瞋恚常念恭
得離瞋若多愚癡常
菩薩便得離癡无盡意
有如是等大威神力多所饒
益是故衆生常應心念若有女人設欲求
男礼拜供養觀世音菩薩便生福德智
慧之男設欲求女便生端正有相之女宿殖德
本衆人愛敬无盡意觀世音菩薩有如是
力若有衆生恭敬礼拜觀世音菩薩不福唐
捐是故衆生皆應受持觀世音菩薩名号无
盡意若有人受持六十二億恒河沙菩薩名
字復盡形供養飲食衣服卧具醫藥於汝
意云何是善男子善女人功德多不无盡意言
甚多世尊佛言若復有人受持觀世音菩薩
名号乃至一時礼拜供養是二人福正等无異
於百千万億劫不可窮盡无盡意受持觀世

BD07910 號　觀世音經　（5–1）

字復盡形供養飲食衣服卧具醫藥於汝
意云何是善男子善女人功德多不无盡意言
甚多世尊佛言若復有人受持觀世音菩薩
名号乃至一時礼拜供養是二人福正等无異
於百千万億劫不可窮盡无盡意受持觀世
音菩薩名号得如是无量无邊福德之利
无盡意菩薩白佛言世尊觀世音菩薩云何
遊此娑婆世界云何而為衆生說法方便之力
其事云何佛告无盡意菩薩善男子若有
國土衆生應以佛身得度者觀世音菩薩即現
佛身而為說法應以辟支佛身得度者即
現辟支佛身而為說法應以声聞身得度者
即現声聞身而為說法應以梵王身得度者
即現梵王身而為說法應以帝釋身得度者
即現帝釋身而為說法應以自在天身得度者
即現自在天身而為說法應以大自在天身得度
者即現大自在天身而為說法應以天大將軍
身得度者即現天大將軍身而為說法應
以毗沙門身得度者即現毗沙門身而為說法
應以小王身得度者即現小王身而為說法
應以長者身得度者即現長者身而為說法
官身得度者即現宰官身而為說法
婆羅門身得度者即現婆羅門身而為
說法應以比丘比丘尼優婆塞優婆夷身得
得度者即現比丘比丘尼優婆塞優婆夷身
而為說法應以長者居士宰官婆羅門婦女

BD07910號　觀世音經　（5–2）

婆羅門身得度者即現婆羅門身而為
說法應以比丘比丘尼優婆塞優婆夷身得
得度者即現比丘比丘尼優婆塞優婆夷身
而為說法應以長者居士宰官婆羅門婦女
身得度者即現婦女身而為說法應以童
男童女身得度者即現童男童女身而
說法應以天龍夜叉乾闥婆阿脩羅迦樓
羅緊那羅摩睺羅伽人非人等身得度者
即皆現之而為說法應以執金剛身得度
者即現執金剛身而為說法无盡意觀世
音菩薩成就如是功德以種種形遊諸國
土度脫衆生是故汝等應當一心供養觀世音
菩薩是觀世音菩薩摩訶薩於怖畏急
難之中能施无畏是故此娑婆世界皆号之為施
无畏者无盡意菩薩白佛言世尊我今當供
養觀世音菩薩即解頸衆寶珠瓔珞價直百
千兩金而以與之作是言仁者受此法施珎寶瓔
珞時觀世音菩薩不肯受之无盡意復白
觀世音菩薩言仁者愍我等故受此瓔珞
尒時佛告觀世音菩薩當愍此无盡意菩
薩及四衆天龍夜叉乾闥婆阿脩羅迦樓羅
緊那羅摩睺羅伽人非人等故受是瓔珞即
時觀世音菩薩愍諸四衆及於天龍人非人等
受其瓔珞分作二分一分奉釋迦牟尼佛一分奉
多寶佛塔无盡意觀世音菩薩有如是自

BD07910號　觀世音經　（5–3）

時觀世音菩薩愍諸四衆及於天龍人非人等
受其瓔珞分作二分一分奉釋迦牟尼佛一分奉
多寶佛塔 无盡意觀世音菩薩有如是自
在神力遊於娑婆世界 尒時无盡意菩薩以偈
問曰
世尊妙相具 我今重問彼 佛子何因緣 名為觀世音
具足妙相尊 偈荅无盡意 汝聽觀音行 善應諸方所
弘誓深如海 歷劫不思議 侍多千億佛 發大清淨願
我為汝略說 聞名及見身 心念不空過 能滅諸有苦
假使興害意 推落大火坑 念彼觀音力 火坑變成池
或漂流巨海 龍魚諸鬼難 念彼觀音力 波浪不能沒
或在須彌峯 為人所推墮 念彼觀音力 如日虛空住
或被惡人逐 墮落金剛山 念彼觀音力 不能損一毛
或值怨賊遶 各執刀加害 念彼觀音力 咸即起慈心
或遭王難苦 臨刑欲壽終 念彼觀音力 刀尋段段壞
或囚禁枷鎖 手足被杻械 念彼觀音力 釋然得解脫
呪詛諸毒藥 所欲害身者 念彼觀音力 還著於本人
或遇惡羅刹 毒龍諸鬼等 念彼觀音力 時悉不敢害
若惡獸圍遶 利牙爪可怖 念彼觀音力 疾走无邊方
蚖蛇及蝮蝎 氣毒煙火然 念彼觀音力 尋聲自迴去
雲雷鼓掣電 降雹澍大雨 念彼觀音力 應時得消散
衆生被困厄 无量苦逼身 觀音妙智力 能救世間苦
具足神通力 廣修智方便 十方諸國土 无刹不現身
種種諸惡趣 地獄鬼畜生 生老病死苦 以漸悉令滅
真觀清淨觀 廣大智慧觀 悲觀及慈觀 常願常瞻仰
无垢清淨光 慧日破諸闇 能伏灾風火 普明照世間
悲體戒雷震 慈意妙大雲 澍甘露法雨 滅除煩惱焰

BD07910 號　觀世音經　（5–4）

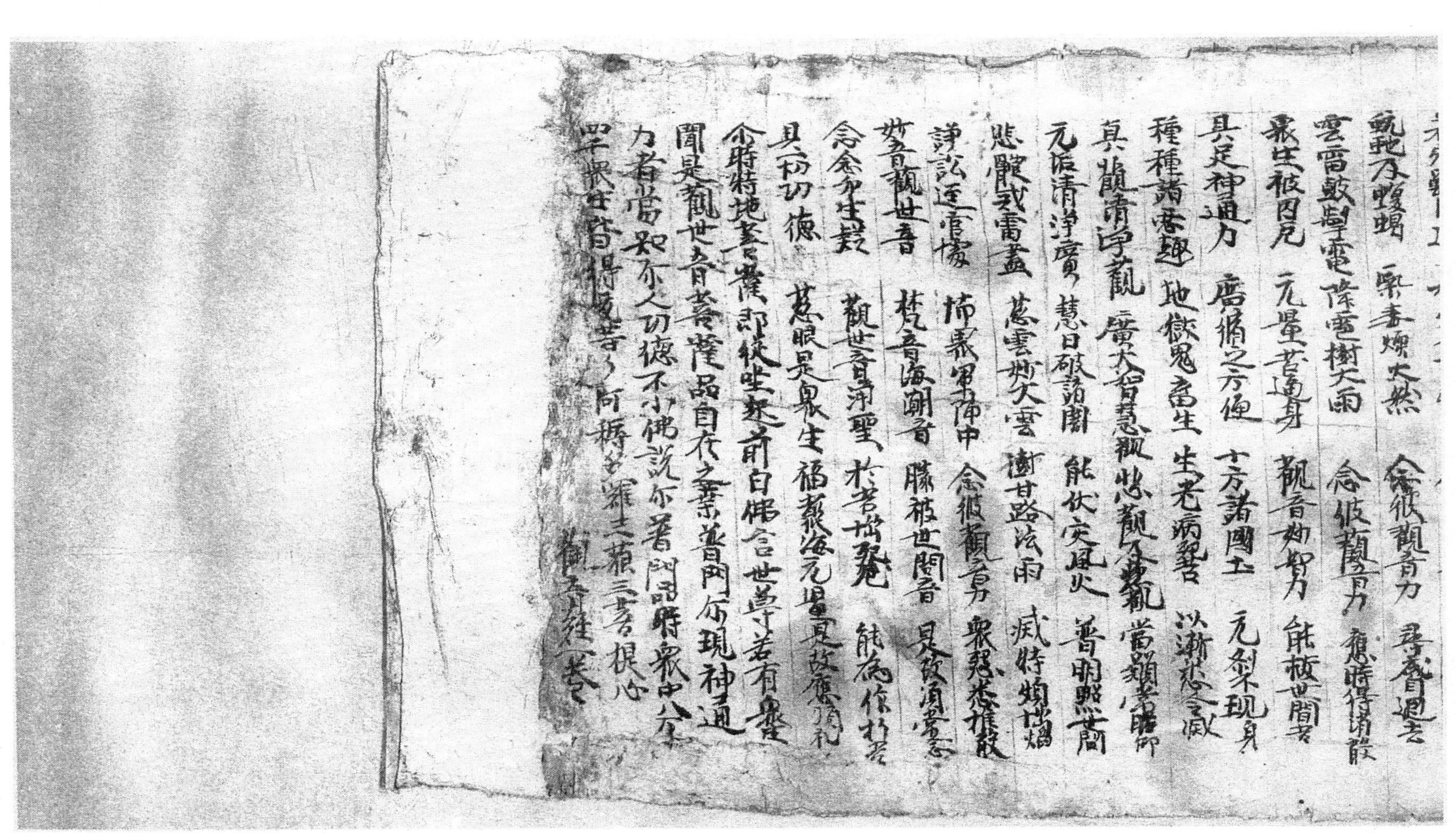

若惡
蚖蛇及蝮蝎 氣毒煙火然 念彼觀音力 尋聲自迴去
雲雷鼓掣電 降雹澍大雨 念彼觀音力 應時得消散
衆生被困厄 无量苦逼身 觀音妙智力 能救世間苦
具足神通力 廣修智方便 十方諸國土 无刹不現身
種種諸惡趣 地獄鬼畜生 生老病死苦 以漸悉令滅
真觀清淨觀 廣大智慧觀 悲觀及慈觀 常願常瞻仰
无垢清淨光 慧日破諸闇 能伏灾風火 普明照世間
悲體戒雷震 慈意妙大雲 澍甘露法雨 滅除煩惱焰
諍訟經官處 怖畏軍陣中 念彼觀音力 衆怨悉退散
妙音觀世音 梵音海潮音 勝彼世間音 是故須常念
念念勿生疑 觀世音淨聖 於苦惱死厄 能為作依怙
具一切功德 慈眼視衆生 福聚海无量 是故應頂禮
尒時持地菩薩即從座起前白佛言世尊若有衆生
聞是觀世音菩薩品自在之業普門示現神通
力者當知是人功德不少佛說是普門品時衆中八万
四千衆生皆得无等等阿耨多羅三藐三菩提心
觀音經一卷

BD07910 號　觀世音經　（5–5）

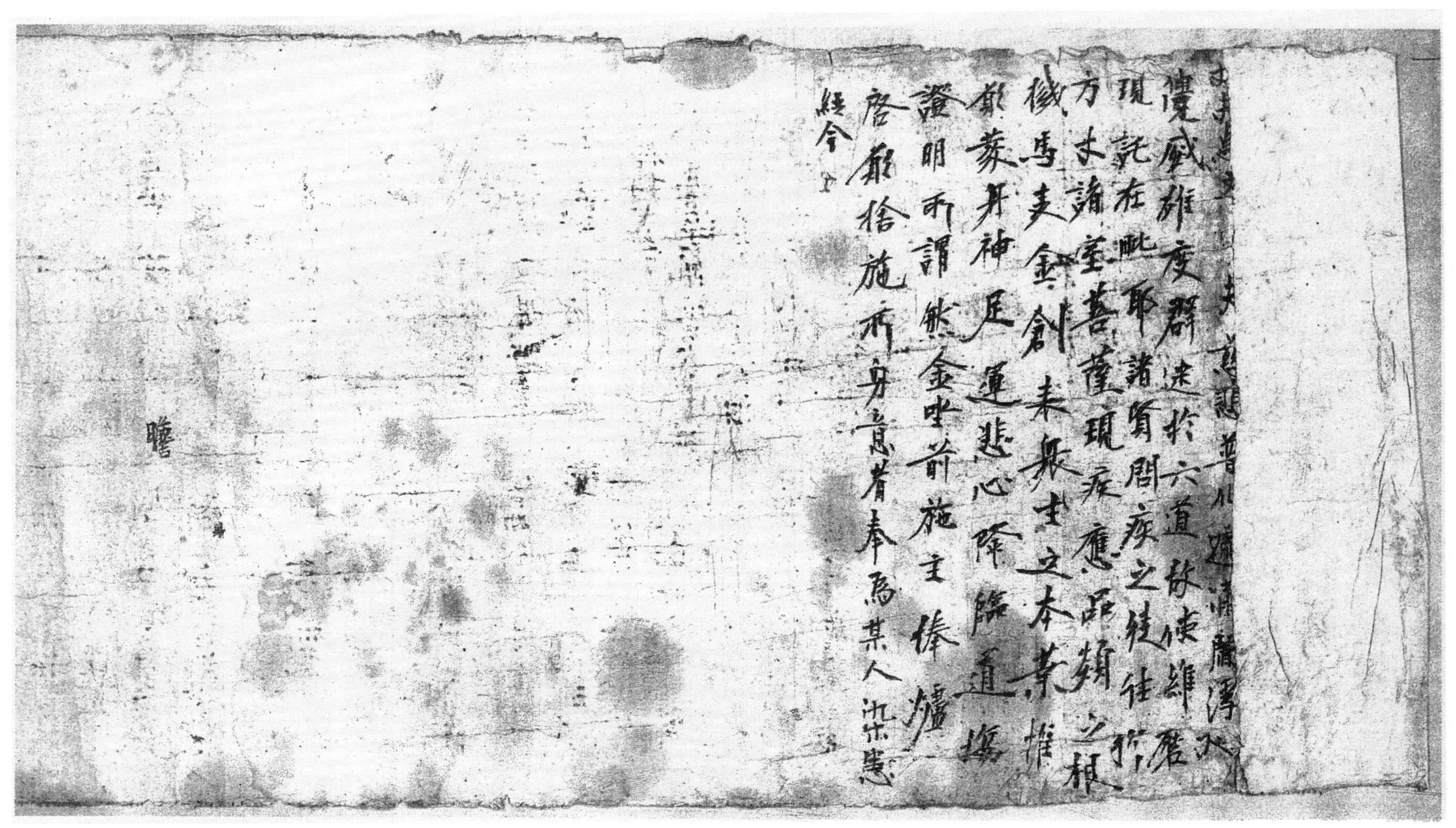

[illegible]
覺威雄度群迷於六道故使維摩
現託在毗耶諸賢問疾之徒往於
方丈諸聖菩薩現疾應病類之根
機焉夫金剛未衆生之本業推
鄣蔽身神足運悲心降臨道場
證明所謂然金堂前施主傷嗟
啓願捨施所身意者奉為某人染患
經今已

BD07910 號背　丈夫患文　（1–1）

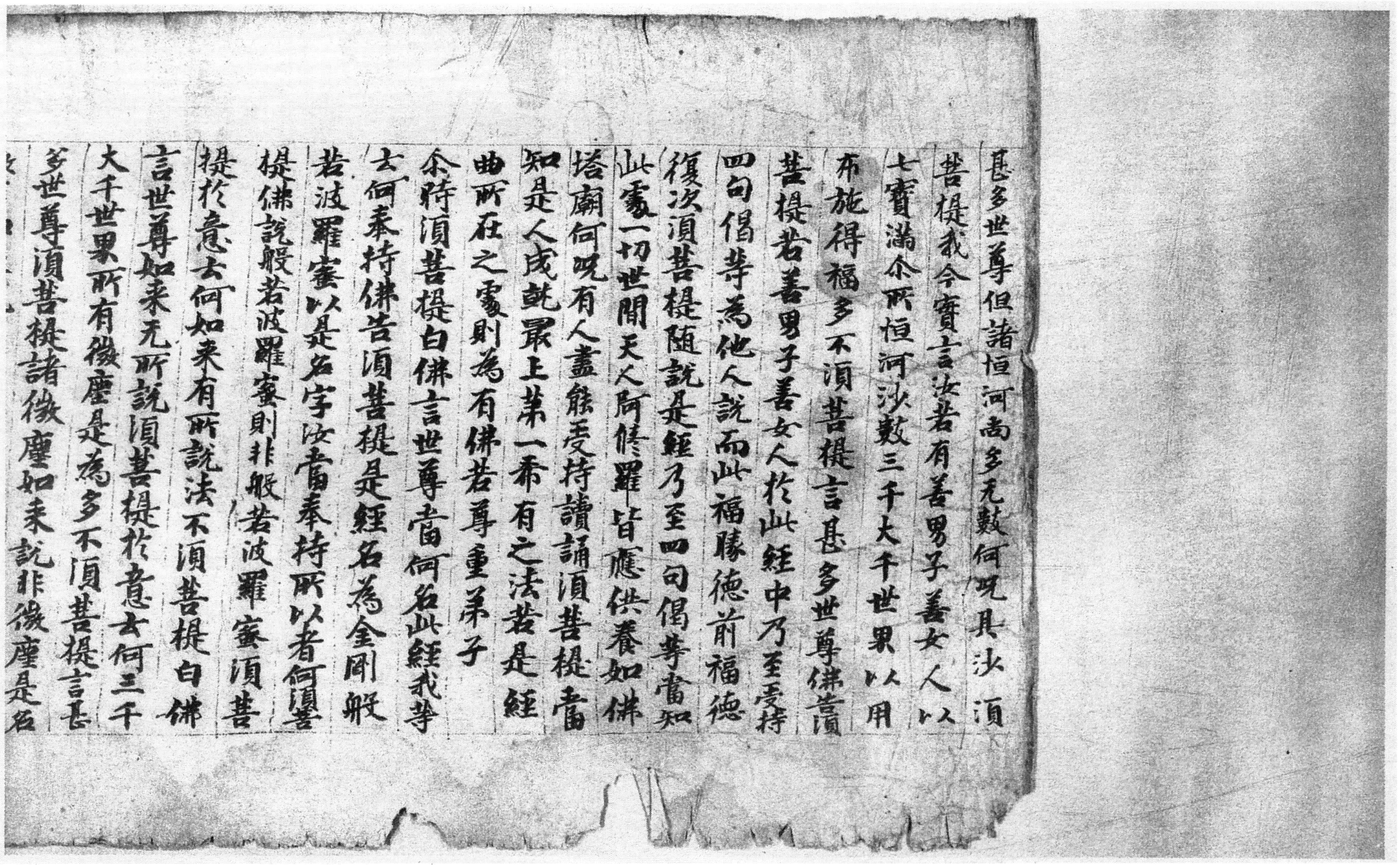

甚多世尊但諸恒河尚多无數何況其沙須
菩提我今實言汝若有善男子善女人以
七寶滿尒所恒河沙數三千大千世界以用
布施得福多不須菩提言甚多世尊佛告須
菩提若善男子善女人於此經中乃至受持
四句偈等為他人說而此福勝前福德
復次須菩提隨說是經乃至四句偈等當知
此處一切世間天人阿修羅皆應供養如佛
塔廟何況有人盡能受持讀誦須菩提當
知是人成就最上第一希有之法若是經
典所在之處則為有佛若尊重弟子
尒時須菩提白佛言世尊當何名此經我等
云何奉持佛告須菩提是經名為金剛般
若波羅蜜以是名字汝當奉持所以者何須菩
提佛說般若波羅蜜則非般若波羅蜜須菩
提於意云何如來有所說法不須菩提白佛
言世尊如來无所說須菩提於意云何三千
大千世界所有微塵是為多不須菩提言甚
多世尊須菩提諸微塵如來說非微塵是名

BD07911 號　金剛般若波羅蜜經　（3–1）

提佛說般若波羅蜜則非般若波羅蜜須菩
提於意云何如來有所說法不須菩提白佛
言世尊如來无所說須菩提於意云何三千
大千世界所有微塵是為多不須菩提言甚
多世尊須菩提諸微塵如來說非微塵是名
微塵如來說世界非世界是名世界須菩提
於意云何可以三十二相見如來不不也世
尊不可以三十二相得見如來何以故如來
說卅二相即是非相是名三十相
須菩提若有善男子善女人以恒河沙等身
命布施若復有人於此經中乃至受持四
句偈等為他人說其福甚多
尒時須菩提聞說是經深解義趣涕淚悲泣
而白佛言希有世尊佛說如是甚深經典我
從昔來所得慧眼未曾得聞如是之經世尊
若復有人得聞是經信心清淨則生實相當
知是人成就第一希有功德世尊是實相者
則是非相是故如來說名實相世尊我今得
聞如是經典信解受持不足為難若當來世
後五百歲其有眾生得聞是經信解受持是
人則為第一希有何以故此人无我相人相
眾生相壽者相所以者何我相即是非相人
相眾生相壽者相即是非相何以故離一切
諸相則名諸佛
佛告須菩提如是若復有人得聞是經

BD07911 號　金剛般若波羅蜜經　（3–2）

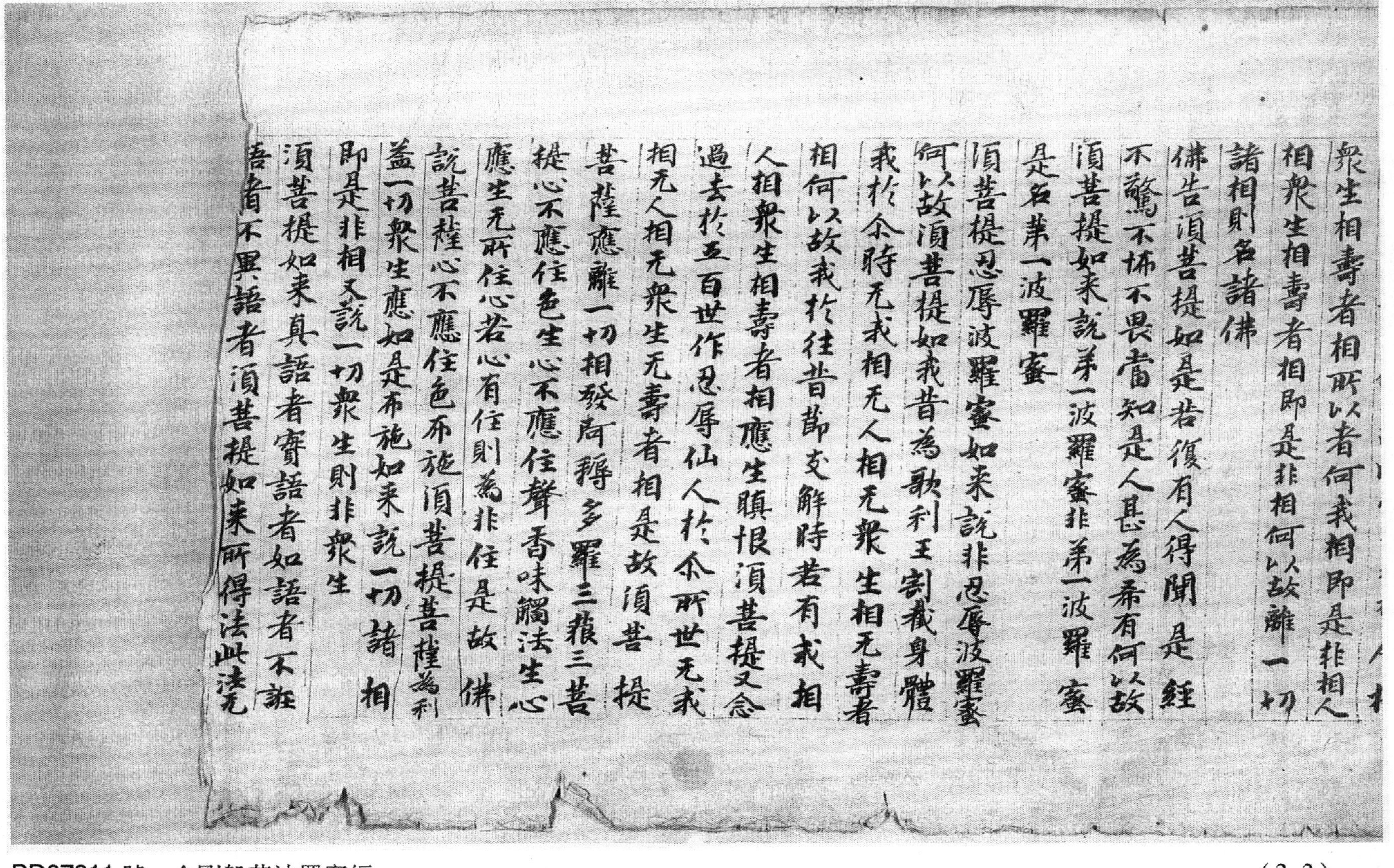

眾生相壽者相所以者何我相即是非相人
相眾生相壽者相即是非相何以故離一切
諸相則名諸佛
佛告須菩提如是若復有人得聞是經
不驚不怖不畏當知是人甚為希有何以故
須菩提如來說第一波羅蜜非第一波羅蜜
是名第一波羅蜜
須菩提忍辱波羅蜜如來說非忍辱波羅蜜
何以故須菩提如我昔為歌利王割截身體
我於尒時无我相无人相无眾生相无壽者
相何以故我於往昔節節支解時若有我相
人相眾生相壽者相應生瞋恨須菩提又念
過去於五百世作忍辱仙人於尒所世无我
相无人相无眾生无壽者相是故須菩提
菩薩應離一切相發阿耨多羅三藐三菩
提心不應住色生心不應住聲香味觸法生心
應生无所住心若心有住則為非住是故佛
說菩薩心不應住色布施須菩提菩薩為利
益一切眾生應如是布施如來說一切諸相
即是非相又說一切眾生則非眾生
須菩提如來是真語者實語者如語者不誑
語者不異語者須菩提如來所得法此法无

BD07911 號　金剛般若波羅蜜經　（3–3）

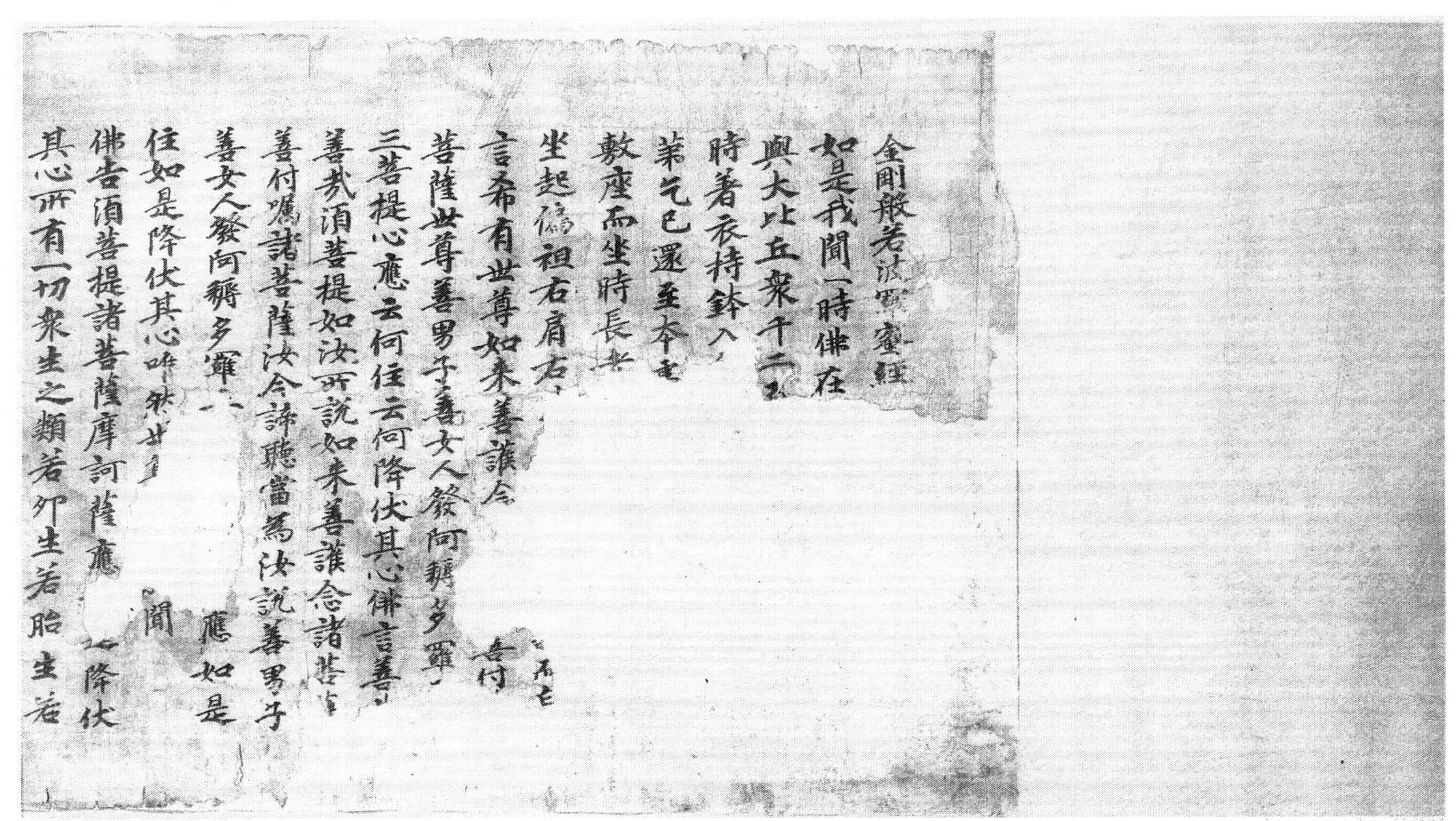

金剛般若波羅蜜經
如是我聞一時佛在
與大比丘衆千二百
時著衣持鉢入
第乞已還至本處
敷座而坐時長老
坐起偏袒右肩右
言希有世尊如來善護念
菩薩世尊善男子善女人發阿耨多羅
三菩提心應云何住云何降伏其心佛言善
善哉須菩提如汝所說如來善護念諸菩
善付囑諸菩薩汝今諦聽當為汝說善男子
善女人發阿耨多羅　應如是
住如是降伏其心唯然世尊　聞
佛告須菩提諸菩薩摩訶薩應　降伏
其心所有一切衆生之類若卵生若胎生若

BD07912 號　金剛般若波羅蜜經　（6–1）

善付囑諸菩薩汝今諦聽當為汝說善男子
善女人發阿耨多羅　應如是
住如是降伏其心唯然世尊　聞
佛告須菩提諸菩薩摩訶薩應　降伏
其心所有一切衆生之類若卵生若胎生若
濕生若化生若有色若无色若有想若无想
若非有想非无想我皆令入无餘涅槃而滅
度之如是滅度无量无數无邊衆生實无衆
生得滅度者何以故須　有我相
人相衆生相壽者相即非菩薩
復次須菩提菩薩於法應无所住行於布
施所謂不住色布施不住聲香味觸法布施
須菩提菩薩應如是布施不住於相何以故
若菩薩不住相布施其福德不可思量須菩
提於意云何東方虛空可思量不不也世尊
須菩提南西北方四維上下虛空可思量不
不也世尊須菩提菩薩无住相布施福德亦
復如是不可思量須菩提菩薩但應如所教
住須菩提於意云何可以身相見如來不不
也世尊不可以身相得見如來何以故如來
所說身相即非身相佛告須菩提凡所有
相皆是虛妄若見諸相非相則見如來須
菩提白佛言世尊頗有衆生得聞如是言
說章句生實信不佛告須菩提莫作是說如
來滅後後五百歲有持戒脩福者於此章句

BD07912 號　金剛般若波羅蜜經　（6–2）

所說身相即非身相佛告須菩提凡所有
相皆是虛妄若見諸相非相則見如來須
菩提白佛言世尊頗有衆生得聞如是言
說章句生實信不佛告須菩提莫作是說如
來滅後後五百歲有持戒脩福者於此章句
能生信心以此為實當知是人不於一佛二
佛三四五佛而種善根已於无量千万佛所
種諸善根聞是章句乃至一念生淨信者須
菩提如是悉知悉見是諸衆生得如是无量
福德何以故是諸衆生无復我相人相衆生
相壽者相无法相亦无非法相何以故是諸
衆生若心取相則為著我人衆生壽者若取
法相即著我人衆生壽者何以故若取非法
相即著我人衆生壽者是故不應取法不應
取非法以是義故如來常說汝等比丘知我說
法如栰喻者法尚應捨何況非法
須菩提於意云何如來得阿耨多羅三藐三
菩提耶如來有所說法耶須菩提言如我解
佛所說義无有定法名阿耨多羅三藐三菩
提亦无有定法如來可說何以故如來所說
法皆不可取不可說非法非非法所以者何
一切賢聖皆以无為法而有差別須菩提於
意云何若人滿三千大千世界七寶以用布
施是人所得福德寧為多不須菩提言甚多
世尊何以故是福德即非福德性是故如來

BD07912號　金剛般若波羅蜜經　（6–3）

一切賢聖皆以无為法而有差別須菩提於
意云何若人滿三千大千世界七寶以用布
施是人所得福德寧為多不須菩提言甚多
世尊何以故是福德即非福德性是故如來
說福德多若復有人於此經中受持乃至四
句偈等為他人說其福勝彼何以故須菩提
一切諸佛及諸佛阿耨多羅三藐三菩提法
皆從此經出須菩提所謂佛法者即非佛法
須菩提於意云何須陁洹能作是念我得須
陁洹果不須菩提言不也世尊何以故須陁
洹名為入流而无所入不入色聲香味觸法
是名須陁洹須菩提於意云何斯陁含能作
是念我得斯陁含果不須菩提言不也世尊
何以故斯陁含名一往來而實无往來是名
斯陁含須菩提於意云何阿那含能作是念
我得阿那含果不須菩提言不也世尊何以
故阿那含名為不來而實无來是故名阿那
含須菩提於意云何阿羅漢能作是念我得
阿羅漢道不須菩提言不也世尊何以故實
无有法名阿羅漢世尊若阿羅漢作是念我
得阿羅漢道即為著我人衆生壽者世尊佛
說我得无諍三昧人中最為第一是第一離
欲阿羅漢我不作是念我是離欲阿羅漢世
尊我若作是念我得阿羅漢道世尊則不說
須菩提是樂阿蘭那行者以須菩提實无所

BD07912號　金剛般若波羅蜜經　（6–4）

欲阿羅漢我不住是念我是離欲阿羅漢世
尊我若住是念我得阿羅漢道世尊則不說
須菩提是樂阿蘭那行者以須菩提實无所
行而名須菩提是樂阿蘭那行
佛告須菩提於意云何如来昔在燃燈佛
所於法有所得不世尊如来在燃燈佛所於
法實无所得須菩提於意云何菩薩莊嚴佛
土不不也世尊何以故莊嚴佛土者則非莊嚴
是名莊嚴是故須菩提諸菩薩摩訶薩應如
是生清淨心不應住色生心不應住聲香味
觸法生心應无所住而生其心須菩提譬如
有人身如須弥山王於意云何是身為大不
須菩提言甚大世尊何以故佛說非身是名
大身
須菩提如恒河中所有沙數如是沙等恒河
於意云何是諸恒河沙寧為多不須菩提言
甚多世尊但諸恒河尚多无數何況其沙須
菩提我今實言告汝若有善男子善女人以
七寶滿尒所恒河沙數三千大千世界以用
布施得福多不須菩提言甚多世尊佛告須
菩提若善男子善女人於此經中乃至受持
四句偈等為他人說而此福德勝前福德復
次須菩提隨說是經乃至四句偈等當知此
處一切世間天人阿脩羅皆應供養如佛塔
[illegible]

BD07912號　金剛般若波羅蜜經

（6–5）

甚多世尊但諸恒河尚多无數何況其沙須
菩提我今實言告汝若有善男子善女人以
七寶滿尒所恒河沙數三千大千世界以用
布施得福多不須菩提言甚多世尊佛告須
菩提若善男子善女人於此經中乃至受持
四句偈等為他人說而此福德勝前福德復
次須菩提隨說是經乃至四句偈等當知此
處一切世間天人阿脩羅皆應供養如佛塔
廟何況有人盡能受持讀誦須菩提當知是
人成就冣上第一希有之法若是經典所在
之處則為有佛若尊重弟子
尒時須菩提白佛言世尊當何名此經我等
云何奉持佛告須菩提是經名為金剛般若
波羅蜜以是名字汝當奉持所以者何須菩
提佛說般若波羅蜜則非般若波羅蜜須菩
提於意云何如来有所說法不須菩提白佛
言世尊如来无所說須菩提於意云何三千
大千世界所有微塵是為多不須菩提言甚
多世尊須菩提諸微塵如来說非微塵是名
微塵如来說世界非世界是名世界須菩提
於意云何可以三十二相見如来不不也世

BD07912號　金剛般若波羅蜜經

（6–6）

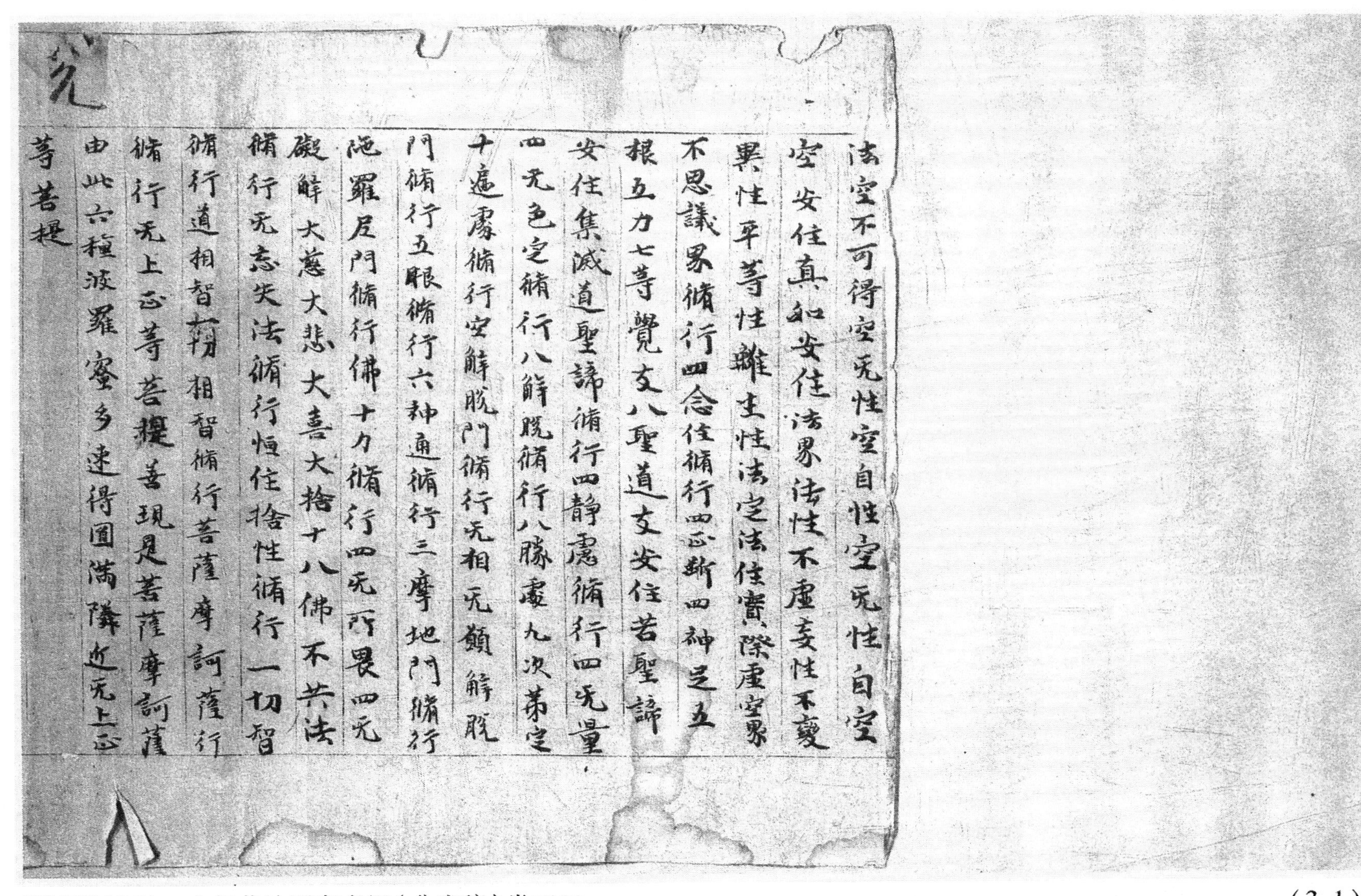
法空不可得空无性空自性空无性自空
安住真如安住法界法性不虚妄性不變
異性平等性離生性法定法住實際虚空界
不思議界脩行四念住脩行四正斷四神足五
根五力七等覺支八聖道支安住苦聖諦
安住集滅道聖諦脩行四静慮脩行四无量
四无色定脩行八解脱脩行八勝處九次第定
十遍處脩行空解脱門脩行无相无願解脱
門脩行五眼脩行六神通脩行三摩地門脩行
陁羅尼門脩行佛十力脩行四无所畏四无
礙解大慈大悲大喜大捨十八佛不共法
脩行无忘失法脩行恒住捨性脩行一切智
脩行道相智一切相智脩行菩薩摩訶薩行
脩行无上正等菩提善現是菩薩摩訶薩
由此六種波羅蜜多速得圓滿隣近无上正
等菩提

BD07913號　大般若波羅蜜多經（兑廢稿）卷三三一　（3–1）

脩行道相智一切相智脩行菩薩摩訶薩行
脩行无上正等菩提善現是菩薩摩訶薩
由此六種波羅蜜多速得圓滿隣近无上正
等菩提
復次善現有菩薩摩訶薩具脩六種波羅蜜
多見諸有情四生差别一者卵生二者胎生
三者濕生四者化生善現是菩薩摩訶薩見
此事已作是思惟我當云何方便拔濟諸有
類情令无如是四生差别既思惟已作是願
言我當精勤不顧身命脩行六種波羅蜜多
成熟有情嚴淨佛土令速圓滿疾證无上正
等菩提我佛土中諸有情類得无如是四生
差别諸有情類皆同化生善現是菩薩摩訶
薩由此六種波羅蜜多速得圓滿隣近无上
正等菩提
復次善現有菩薩摩訶薩具脩六種波羅蜜
多見諸有情无五神通於所作事不得自在
善現是菩薩摩訶薩見此事已作是思惟我
當云何方便拔濟諸有情類皆令獲得五神
通慧既思惟已作是願言我當精勤不顧身
命脩行六種波羅蜜多成熟有情嚴淨佛土
令速圓滿疾證无上正等菩提我佛土中諸
有情類五神通慧皆得自在善現是菩薩摩
訶薩由此六種波羅蜜多速得圓滿隣近无
上正等菩提

BD07913號　大般若波羅蜜多經（兑廢稿）卷三三一　（3–2）

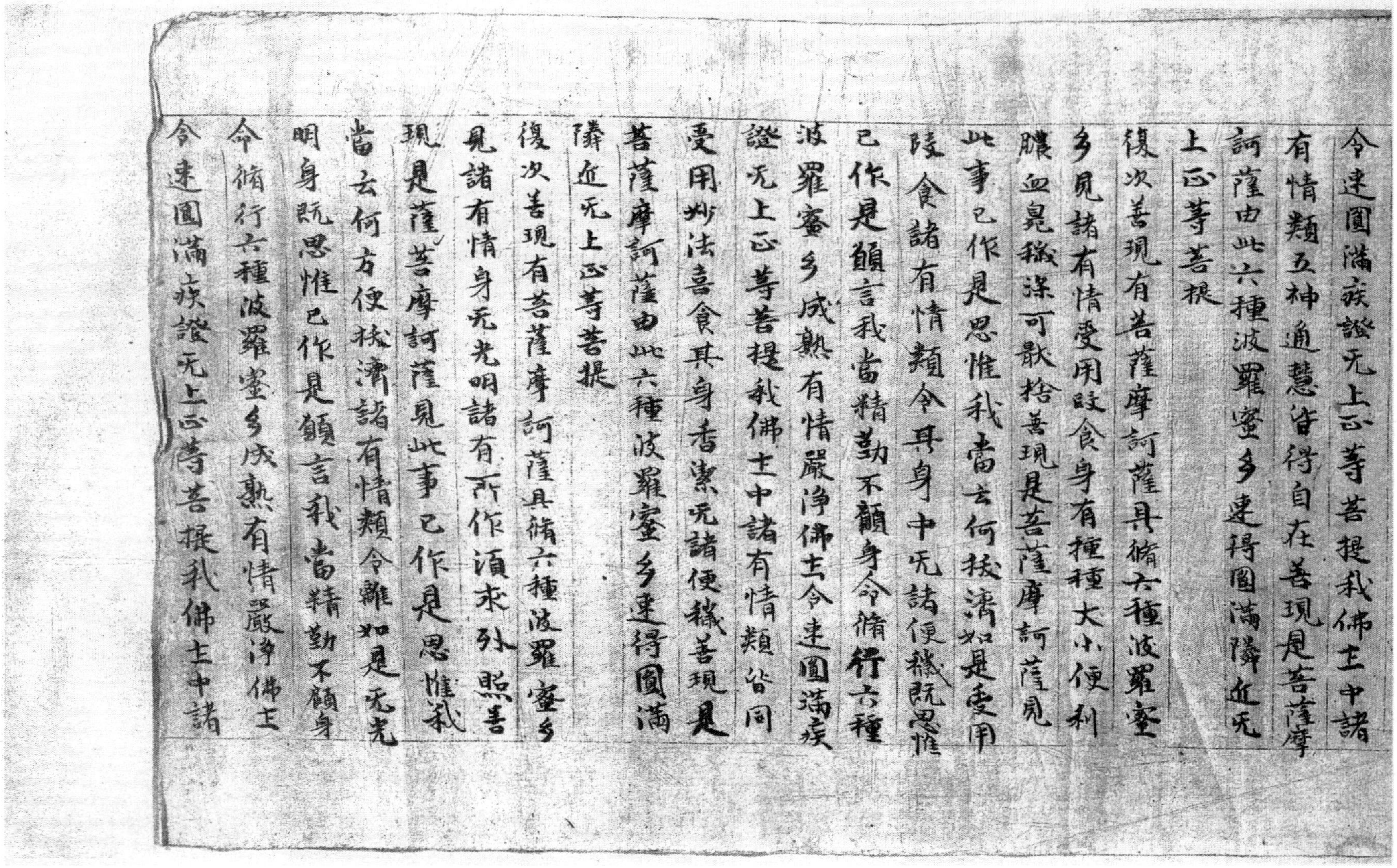

令速圓滿疾證无上正等菩提我佛土中諸
有情類五神通慧皆得自在善現是菩薩摩
訶薩由此六種波羅蜜多速得圓滿隣近无
上正等菩提
復次善現有菩薩摩訶薩具脩六種波羅蜜
多見諸有情受用段食身有種種大小便利
膿血臭穢深可猒捨善現是菩薩摩訶薩見
此事已作是思惟我當云何拔濟如是受用
段食諸有情類令其身中无諸便穢既思惟
已作是願言我當精勤不顧身命脩行六種
波羅蜜多成熟有情嚴淨佛土令速圓滿疾
證无上正等菩提我佛土中諸有情類皆同
受用妙法喜食其身香潔无諸便穢善現是
菩薩摩訶薩由此六種波羅蜜多速得圓滿
隣近无上正等菩提
復次善現有菩薩摩訶薩具脩六種波羅蜜多
見諸有情身无光明諸有所作須求外照善
現是菩薩摩訶薩見此事已作是思惟我
當云何方便拔濟諸有情類令離如是无光
明身既思惟已作是願言我當精勤不顧身
命脩行六種波羅蜜多成熟有情嚴淨佛土
令速圓滿疾證无上正等菩提我佛土中諸

BD07913號　大般若波羅蜜多經（兑廢稿）卷三三一　（3–3）

廿七紙

BD07913號背　勘記　（2–1）

BD07913 號背　勘記　　（2–2）

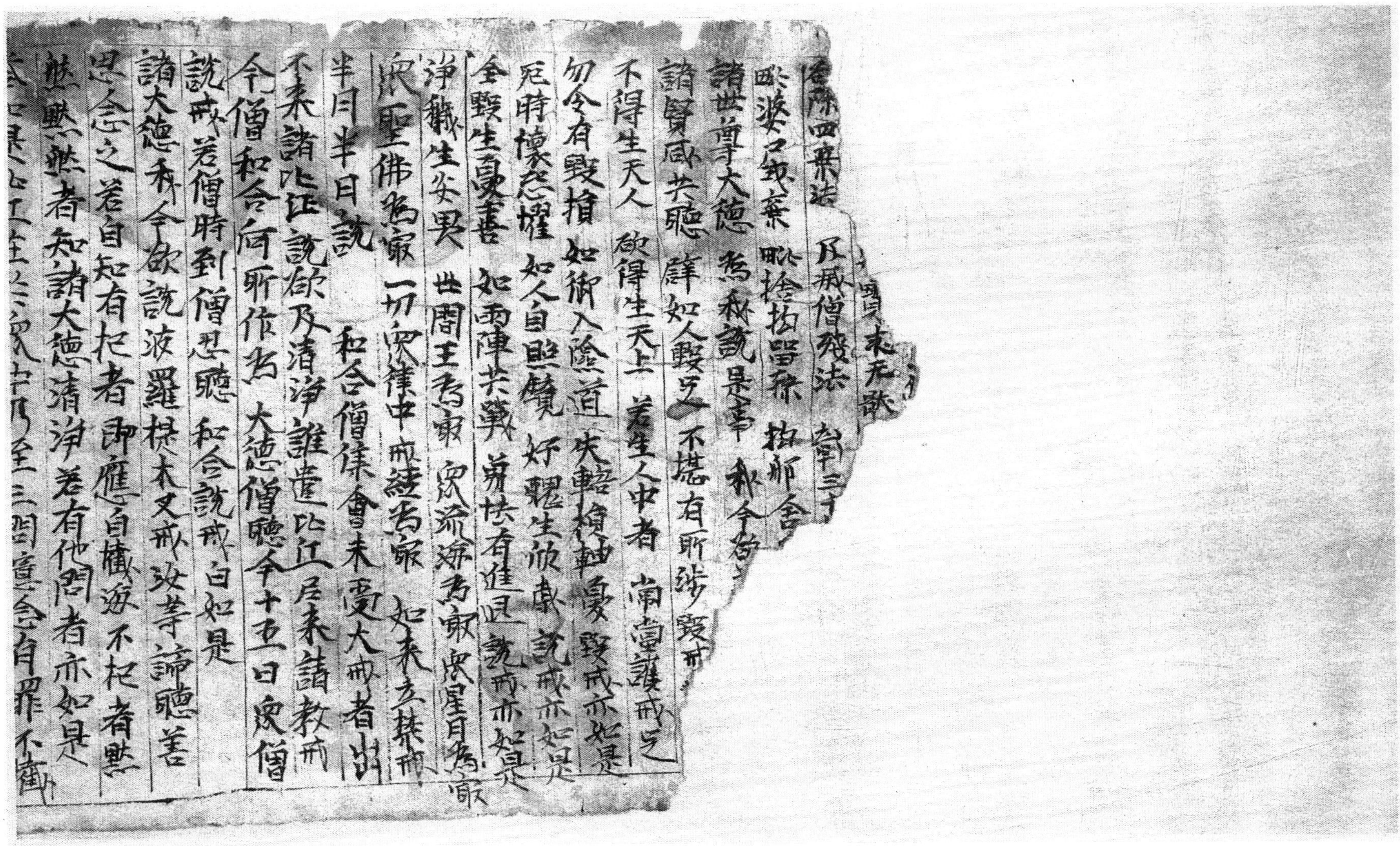

BD07914 號　四分律比丘戒本　　（5–1）

說戒若僧時到僧忍聽和合說戒白如是
諸大德我今欲說波羅提木叉戒汝等諦聽善
思念之若自知有犯者即應自懺悔不犯者默
然默然者知諸大德清淨若有他問者亦如是
答如是比丘在於衆中乃至三問憶念有罪不懺
悔者得故妄語罪故妄語者佛說障道法
若彼比丘憶念有罪欲求清淨者應懺悔懺
悔得安樂 諸大德我已說戒經序今問諸大德
是中清淨不如是三說 諸大德是中清淨默然
故是事如是持 諸大德是四波羅夷法半月
半月說戒經中來 若比丘共比丘同戒若不還
戒戒羸不自悔犯不淨行乃至共畜生是比丘
波羅夷不共住 若比丘若在村落若閑靜處不與
盜心取隨不與取法若為王王大臣所捉若殺若
縛若驅出國汝是賊汝癡汝無所知是比丘
波羅夷不共住 若比丘故自手斷人命持刀
與人歎譽死快勸死咄男子用此惡活為
寧死不生作如是心思惟種種方便歎譽死快勸
死是比丘波羅夷不共住 若比丘實无所知自
稱言我得上人法我已入聖智勝法我知是我
見是彼於異時若問若不問欲自清淨故作是說
我實不知不見見言不見虛誑妄語除增上慢
是比丘波羅夷不共住 諸大德我已說四波羅
夷法若比丘犯一一波羅夷法不得與諸比丘共住如
前後亦如是是比丘得波羅夷罪不應共住今
問諸大德是中清淨不 如是三說
大諸德是中清淨默然故是事如是持 諸大德十
三僧伽婆尸沙法半月半月說戒經中來
若比丘故弄陰出精除夢中僧伽婆尸沙

BD07914號 四分律比丘戒本 （5–2）

前後亦如是是比丘得波羅夷罪不應共住今
問諸大德是中清淨不 如是三說
大諸德是中清淨默然故是事如是持 諸大德十
三僧伽婆尸沙法半月半月說戒經中來
若比丘故弄陰出精除夢中僧伽婆尸沙
若比丘婬欲意與女人身相觸若捉手若
捉髮若觸一一身分者僧伽婆尸沙
若比丘婬欲意與女人麤惡婬欲語隨所說麤
婬欲語者僧伽婆尸沙 若比丘婬欲
意於女人前自歎身言大姊我修梵行
持戒精進修善法可持是婬欲法供養
我如是供養第一最僧伽婆尸沙
若比丘往來彼此媒嫁持男意語女持女意
語男若為成婦事若為私通事乃至須
臾頃僧伽婆尸沙
若比丘自求作屋无主自為己當應量作是
中量者長佛十二磔手內廣七磔手當將餘
比丘指授處所彼比丘當指示處所无難
處无妨處若比丘有難處妨處自求作
屋无主自為己不將餘比丘指授處所若
過量作者僧伽婆尸沙
若比丘欲作大房有主為己作當將餘比丘
往指授處所彼比丘應指授處所无難
處无妨處若比丘有難處妨處作大房
有主為己作不將餘比丘指授處所僧伽
婆尸沙 若比丘瞋恚所覆故非波羅
夷比丘以無根波羅夷法謗欲壞彼清
淨行彼於異時若問若不問知此事无
根說我瞋恚故作是語 若比丘作是

BD07914號 四分律比丘戒本 （5–3）

有主為己作不將餘比丘指授處所僧伽
婆尸沙　若比丘瞋恚所覆故非波羅
夷比丘以無根波羅夷法謗欲壞彼清
淨行彼於異時若問若不問知此事無
根說我瞋恚故作是語若比丘作是
語者僧伽婆尸沙
若比丘以瞋恚故於異分事中取片非波
羅夷比丘以无根波羅夷法謗欲壞彼清
淨行彼於異時若問若不問知是異分
事中取片是比丘自言我瞋恚故作是
語作事語者僧伽婆尸沙
若比丘欲壞和合僧方便受壞和合僧法
堅持不捨彼比丘應諫是比丘言大德
莫壞和合僧莫方便壞和合僧莫受
壞僧法堅持不捨大德應与僧和合与僧
歡喜不諍同一師學如水乳合於佛法
中有增益安樂住是比丘如是諫時堅持
不捨彼比丘應三諫捨者善不捨者僧伽
婆尸沙　若比丘有餘伴黨若一若二若三
乃至無數彼比丘語是比丘言大德莫諫此
比丘是法語比丘律語比丘此比丘所說我等
喜樂此比丘所說我等忍可彼比丘言大
德莫作是說言此比丘是法語比丘律語比丘此
比丘所說我等喜樂此比丘所說我等忍可
然此比丘非法語比丘非律語比丘大德莫欲
破壞和合僧汝等當樂欲和合僧大德与
僧和合歡喜不諍同一師學如水乳合於
佛法中有增益安樂住是比丘如是諫時
堅持[illegible]

BD07914號　四分律比丘戒本　（5–4）

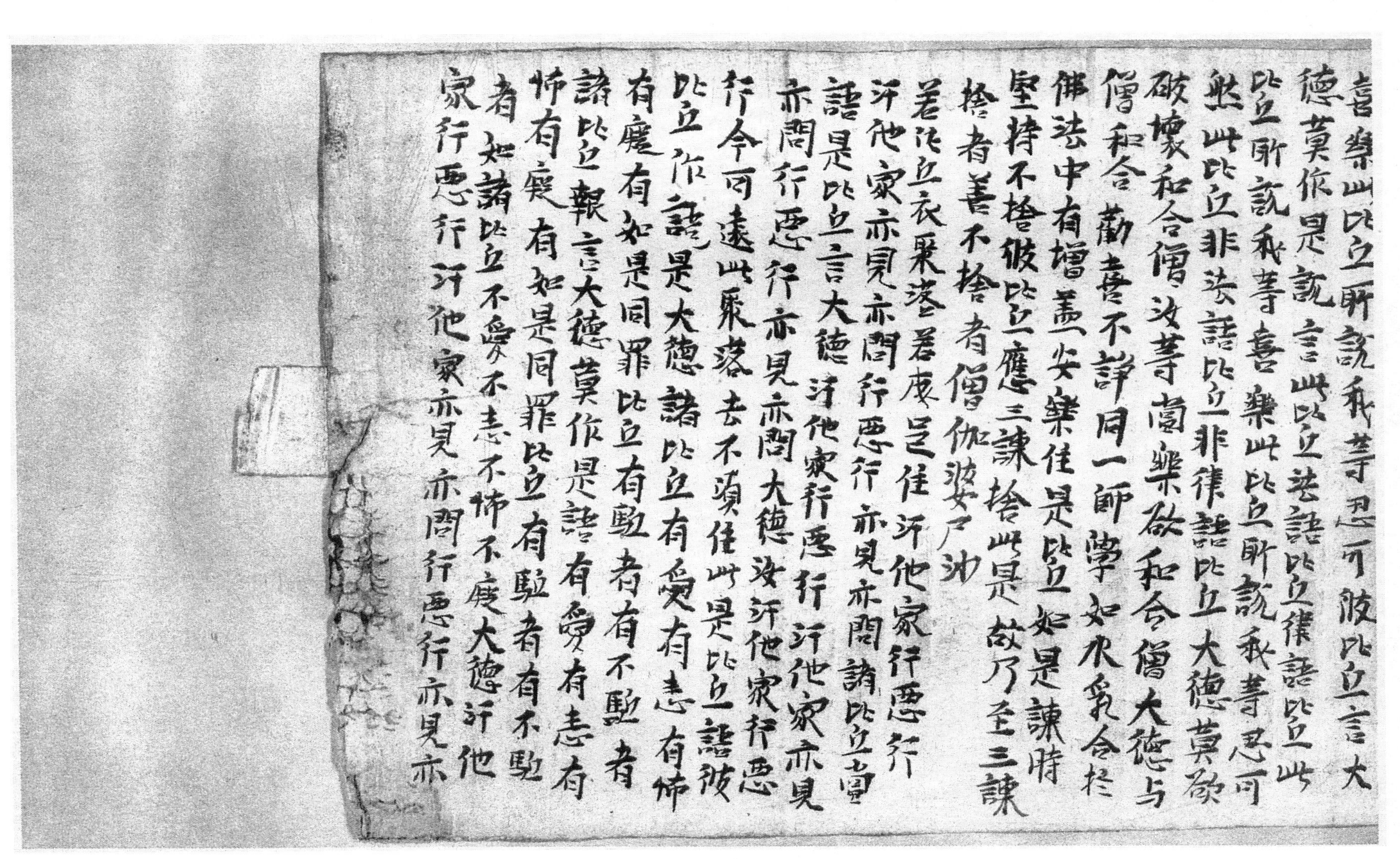

喜樂此比丘所說我等忍可彼比丘言大
德莫作是說言此比丘是法語比丘律語比丘此
比丘所說我等喜樂此比丘所說我等忍可
然此比丘非法語比丘非律語比丘大德莫欲
破壞和合僧汝等當樂欲和合僧大德与
僧和合歡喜不諍同一師學如水乳合於
佛法中有增益安樂住是比丘如是諫時
堅持不捨彼比丘應三諫捨此是故乃至三諫
捨者善不捨者僧伽婆尸沙
若比丘依聚落若城邑住汙他家行惡行
汙他家亦見亦聞行惡行亦見亦聞諸比丘當
語是比丘言大德汙他家行惡行亦見亦
亦聞行惡行亦見亦聞大德汝汙他家行惡
行今可遠此聚落去不須住此是比丘語彼
比丘作是語大德諸比丘有愛有恚有怖
有癡有如是同罪比丘有驅者有不驅者
諸比丘報言大德莫作是語有愛有恚有
怖有癡有如是同罪比丘有驅者有不驅
者如諸比丘不愛不恚不怖不癡大德汙他
家行惡行汙他家亦見亦聞行惡行亦見亦

BD07914號　四分律比丘戒本　（5–5）

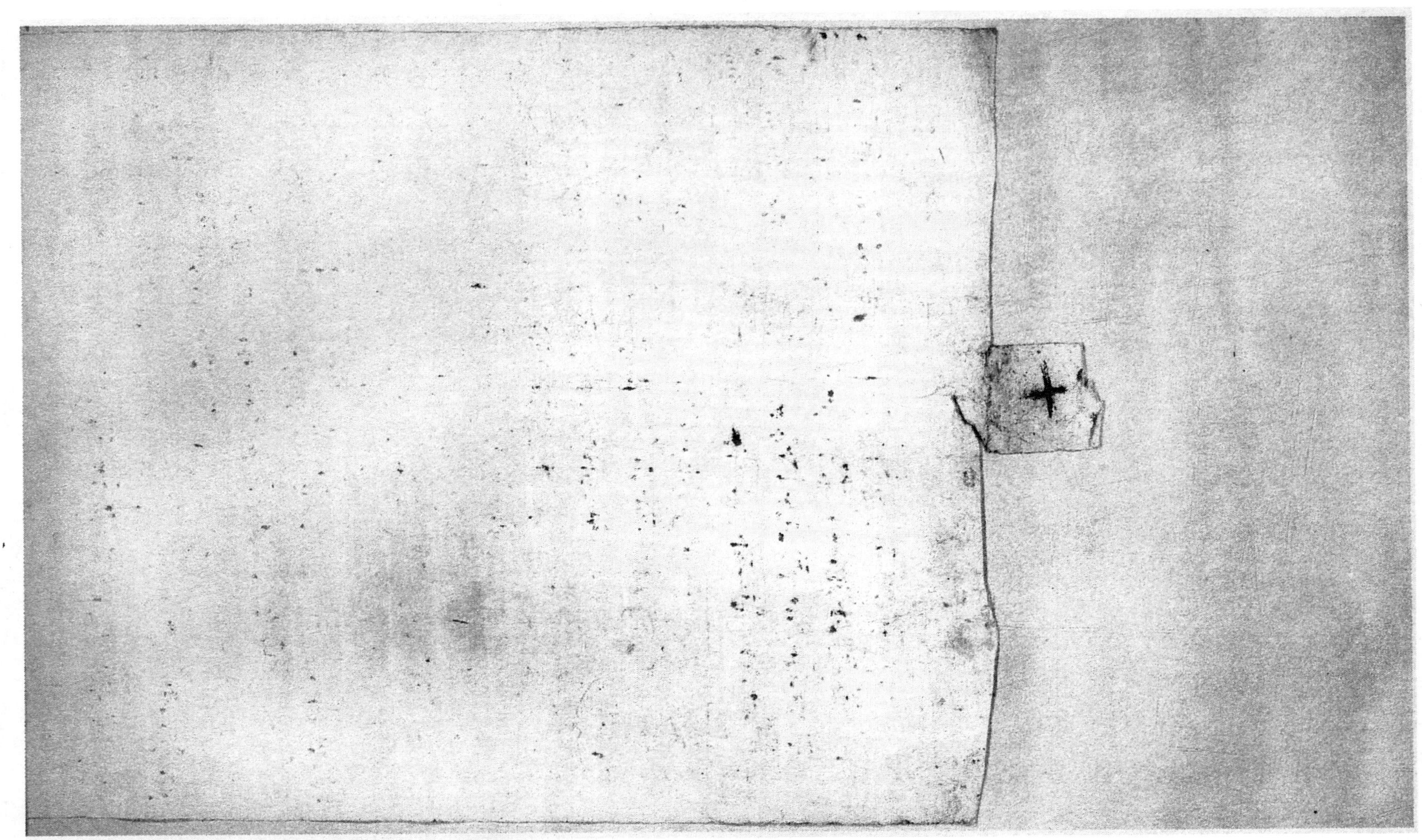

BD07914 號背　勘記　　（1–1）

有各各思念爲是如來放此光明我等應當疾至佛所礼
拜親近恭敬如來
佛於中夜時　放大白毫光　五色如十重　明耀甚奇特
普遍无量衆　被觸諸群生　八部及四衆　咸遇光歡喜
大衆雲集分第四
是時文殊師利及諸菩薩摩訶薩衆遇此光者歡喜踊
躍光遍身心各從住處到祇洹門尒時舍利弗大目揵連富
樓那弥多羅尼子摩訶迦葉摩訶迦旃延摩訶拘絺羅皆從
住處到祇洹門帝釋四天王上至阿迦膩吒天亦覩光明嘆未曾
有與其眷屬賫妙天華天香天樂天寶衣一切皆悉到祇
洹門其餘比丘比丘尼優婆塞優婆夷天龍八部遇光歡
喜皆來到門
彼時一切衆　菩薩及聲聞　帝釋四天王　有頂諸眷屬
各賫其妙寶　來至祇洹門　四衆及天龍　一切皆雲集
佛問來意分第五
尒時世尊一切種智知諸大衆悉已在門從住處起出至
門外自鋪法座結跏趺坐告舍利弗汝今晨朝來門外乎
舍利弗白佛言世尊文殊師利等菩薩摩訶薩皆悉先
至尒時世尊告文殊師利汝於晨朝先至門乎文殊師利白

BD07915號　文殊師利所說般若波羅蜜經（異本）　（2–1）

住處到祇洹門帝釋四天王上至阿迦膩吒天亦覩光明嘆未曾
有與其眷屬賷妙天華天香天樂天寶衣一切皆悉到祇
洹門其餘比丘比丘尼優婆塞優婆夷天龍八部遇光歡
喜皆來到門
彼時一切衆　菩薩及聲聞　帝釋四天王　有頂諸眷屬
各賷其妙寶　來至祇洹門　四衆及天龍　一切皆雲集
佛問來意分第五
尒時世尊一切種智知諸大衆悉已在門從住處起出至
門外自鋪法座結跏趺坐告舍利弗汝今晨朝來門外乎
舍利弗白佛言世尊文殊師利等菩薩摩訶薩皆悉先
至尒時世尊告文殊師利汝於晨朝先至門乎文殊師利白
佛言如是世尊我於中夜見大光明十重照曜得未曾有心
懷歡喜踊躍得未曾有心懷歡喜踊躍無量故來礼拜
親近如來并欲願聞甘露妙法
佛以真淨智　圓照境分明　知諸大衆來　即從禪住出
因告舍利弗　次須命文殊　皆云中夜光　蒙照故來此
文殊寶見分第六
尒時世尊告文殊師利汝今真實見如來乎文殊師利白
佛言世尊如來法身本不可見我為衆生故來見佛佛
法身者不可思議無相無形無來無去非有非非有非

南无
南无寶闍
南无普佛國土一蓋佛　南无善住王佛
南无妙香佛　南无无過智境界佛
南无不空發佛　南无不空見佛
南无无鄣目佛　南无不動佛
南无發生菩提心佛　南无无量眼佛
南无有燈佛　南无普照佛
南无光明佛　南无一切佛國土佛
南无不斷惡一切衆生樂說佛　南无无垢步佛
南无无跡步佛　南无離一切憂佛
南无能離一切衆生有佛　南无樂循行勝佛
南无无畏王佛　南无勝山佛
南无香面佛　南无俱隣佛

BD07916號　佛名經（十六卷本）卷一五　（5–1）

南无无跡步佛　南无離一切憂佛
南无能離一切衆生有佛　南无樂循行勝佛
南无无畏王佛　南无勝山佛
南无香面佛　南无俱隣佛
南无大力勝佛　南无寶憂波羅勝佛
南无拘牟頭成佛　南无高聲眼佛
南无上首佛　南无華成佛
南无无邊光明佛　南无月出光佛
南无十方稱佛　南无多羅歌王增上佛
南无无邊光明佛　南无寂勝香山佛
南无无畏佛　南无成就无畏德佛
南无成就見邊願功德佛　南无一切功德莊嚴佛
南无華王佛　南无不可降伏幢佛
南无增上讃光佛　南无驚怖波頭摩勝王佛
南无不異心成就勝佛　南无一切上佛
南无虛空輪清淨王佛　南无无相聲吼佛
南无寶起功德佛　南无梵勝佛
南无无鄣㝵香手佛　南无弥留山光明佛
南无波頭摩光佛　南无能作稱名佛
南无稱親佛　南无堅固自在王佛
南无過去如是等无量无邊佛
南无現在積聚无畏佛　南无寶功德光明佛

BD07916號　佛名經（十六卷本）卷一五　（5–2）

南无波頭摩光佛　南无能作稱名佛
南无稱親佛　南无堅固自在王佛
南无過去如是等无量无邊佛
南无現在積聚无畏佛　南无寶功德光明佛
南无普護佛　南无寶光照佛
南无月莊嚴寶光明智威德聲王佛
南无拘穌摩樹提不謀王通佛
南无阿僧祇住功德精進勝佛
南无因陁羅雞皃幢星宿王佛
南无清淨月輪佛　南无寂靜月聲佛
南无善稱名勝佛　南无普光明莊嚴勝佛
南无降伏歒對步佛　南无藥王樹勝佛
南无普功德光明莊嚴勝佛
南无寶波頭摩善住娑羅王佛
南无波頭摩步佛　南无師子佛
南无日光佛　南无火光佛
南无无邊光佛　南无波頭摩王佛
南无阿隅多羅佛　南无波頭摩勝佛
南无善華佛　南无寶心佛
南无无寻光佛　南无山幢佛
南无寶幢佛　南无寶炎佛
南无大炎聚佛　南无旃檀香佛

南无善華佛　南无寶心佛
南无无寻光佛　南无山幢佛
南无寶幢佛　南无寶炎佛
南无大炎聚佛　南无旃檀香佛
南无善利光佛　南无波頭摩敷身佛
南无依止无邊功德佛　南无寶勝法決定聲王佛
南无阿僧精進聚集勝佛　南无智通佛
南无弥留山積佛　南无然燈佛
南无大威德力佛　南无日月佛
南无旃檀佛　南无須弥劫佛
南无月色佛　南无不染佛
南无降伏龍佛　南无龍天佛
南无金色鏡像佛　南无山聲自在王佛
南无山積佛　南无須弥藏佛
南无供養光佛　南无勝覺佛
南无地山佛　南无琉璃華佛
南无妙琉璃金形像佛　南无降伏月佛
南无日聲佛　南无散華莊嚴佛
南无海山智奮迅通佛　南无水光佛
南无大香鏡像佛　南无不動山佛
南无寶集佛　南无勝山佛
南无勇猛山佛　南无日月琉璃光佛

南无降伏龍佛　南无龍天佛
南无金色鏡像佛　南无山聲自在王佛
南无山積佛　南无須弥藏佛
南无供養光佛　南无勝覺佛
南无地山佛　南无琉璃華佛
南无妙琉璃金形像佛　南无降伏月佛
南无日聲佛　南无散華莊嚴佛
南无海山智奮迅通佛　南无水光佛
南无大香鏡像佛　南无不動山佛
南无寶集佛　南无勝山佛
南无勇猛山佛　南无日月琉璃光佛
南无勝琉璃光佛　南无月光佛
南无多功德法住持得通佛
南无心聞智多拘蘇摩勝佛
南无日光佛　南无散華王拘蘇摩通佛
南无旃檀月光佛　南无破无明闇佛
南无善蓋波婆羅佛　南无星宿佛

BD07916號　佛名經（十六卷本）卷一五　（5–5）

BD07917號　維摩詰所說經卷上　（4–1）

子逮諸法深妙之義善知衆生往來所趣及心所行近无等等佛
自在慧十力无畏十八不共關閉一切諸惡趣門而生五道以現其
身為大醫王善療衆病應病與藥令得服行无量功德
皆成就无量佛土皆嚴淨其見聞者无不蒙益諸有所作亦
不唐捐如是一切功德皆悉具足其名曰等觀菩薩不等觀菩
薩等不等觀菩薩定自在王菩薩法自在王菩薩法相菩薩
光相菩薩光嚴菩薩大嚴菩薩寶積菩薩辯積菩薩
寶手菩薩寶印手菩薩常舉手菩薩常下手菩薩常慘
菩薩喜根菩薩喜王菩薩辯音菩薩虛空藏菩薩執寶
炬菩薩寶勇菩薩寶見菩薩帝網菩薩明網菩薩
无緣觀菩薩慧積菩薩寶勝菩薩天王菩薩壞魔菩
薩電得菩薩自在王菩薩功德相嚴菩薩師子吼菩薩
雷音菩薩山相擊音菩薩香象菩薩白香象菩薩常
精進菩薩不休息菩薩妙生菩薩華嚴菩薩觀世音菩
薩得大勢菩薩梵網菩薩寶杖菩薩无勝菩薩嚴土菩
薩金髻菩薩珠髻菩薩彌勒菩薩文殊師利法王子菩薩如
是等三萬二千人俱
復有萬梵天王尸棄等從餘四天下來詣佛所而聽法復有萬
二千天帝亦從餘四天下來在會坐并餘大威力諸天龍神夜
叉乾闥婆阿脩羅迦樓羅緊那羅摩睺羅伽等悉來會
坐諸比丘比丘尼優婆塞優婆夷俱來會坐彼時佛與无量百
千之衆恭敬圍繞而為說法譬如須弥山王顯于大海安處衆
寶師子之座蔽於一切諸來大衆
尒時毗耶離城有長者子名曰寶積與五百長者子俱持七寶
蓋來詣佛所頭面礼足各以其蓋共供養佛佛之威神令諸
寶蓋合成一蓋遍覆三千大千世界而此世界廣長之相悉於中現又

BD07917號　維摩詰所說經卷上　（4–2）

千之衆恭敬圍繞而為說法譬如須弥山王顯于大海安處衆
寶師子之座蔽於一切諸來大衆
尒時毗耶離城有長者子名曰寶積與五百長者子俱持七寶
蓋來詣佛所頭面礼足各以其蓋共供養佛佛之威神令諸
寶蓋合成一蓋遍覆三千大千世界而此世界廣長之相悉於中現又
此三千大千世界諸須弥山雪山目真隣陀山摩訶目真隣
陀山香山寶山金山黑山鐵圍山大鐵圍山大海江河川流
泉源及日月星辰天宮龍宮諸尊神宮悉現於寶蓋
中又十方諸佛諸佛說法亦現於寶蓋中尒時一切大衆
覩佛神力歎未曾有合掌礼佛瞻仰尊顏目不暫捨
長者子寶積即於佛前以偈頌曰
目淨脩廣如青蓮　心淨已度諸禪定　久積淨業稱无
量　導衆以寂故稽首　既見大聖以神變　普現十方
无量土　其中諸佛演說法　於是一切悉見聞　法王法力超
群生　常以法財施一切　能善分別諸法相　於第一義而
不動　已於諸法得自在　是故稽首此法王　說法不有亦
不无　以因緣故諸法生　无我无造无受者　善惡之業亦
不亡　始在佛樹力降魔　得甘露滅覺道成　已无
心意无受行　而悉摧伏諸外道　三轉法輪於大千
其輪本來常清淨　天人得道此為證　三寶於
是現世間　以斯妙法濟群生　一受不退常寂然　度
老病死大醫王　當礼法海德无邊　毀譽不動如
須弥　於善不善等以慈　心行平等如虛空
孰聞人寶不敬承　今奉世尊此微蓋　於中現我三千
界　諸天龍神所居宮　揵闥婆等及夜叉　悉見
世間諸所有　十力哀現是化變　衆覩希有皆歎
其中諸佛演說法　於是一切悉見聞　法王法力超群生　常以法財施一切

BD07917號　維摩詰所說經卷上　（4–3）

須弥　於善不善等以慈　心行平等如虛空
孰聞人寶不敬承　今奉世尊此微蓋　於中現我三千
界諸天龍神所居宮　揵闥婆等及夜叉　悉見
世間諸所有　十力哀現是化變　衆覩希有皆歎
其中諸佛演說法　於是一切悉見聞　法王法力超群生　常以法財施一切

BD07917號　維摩詰所說經卷上　（4–4）

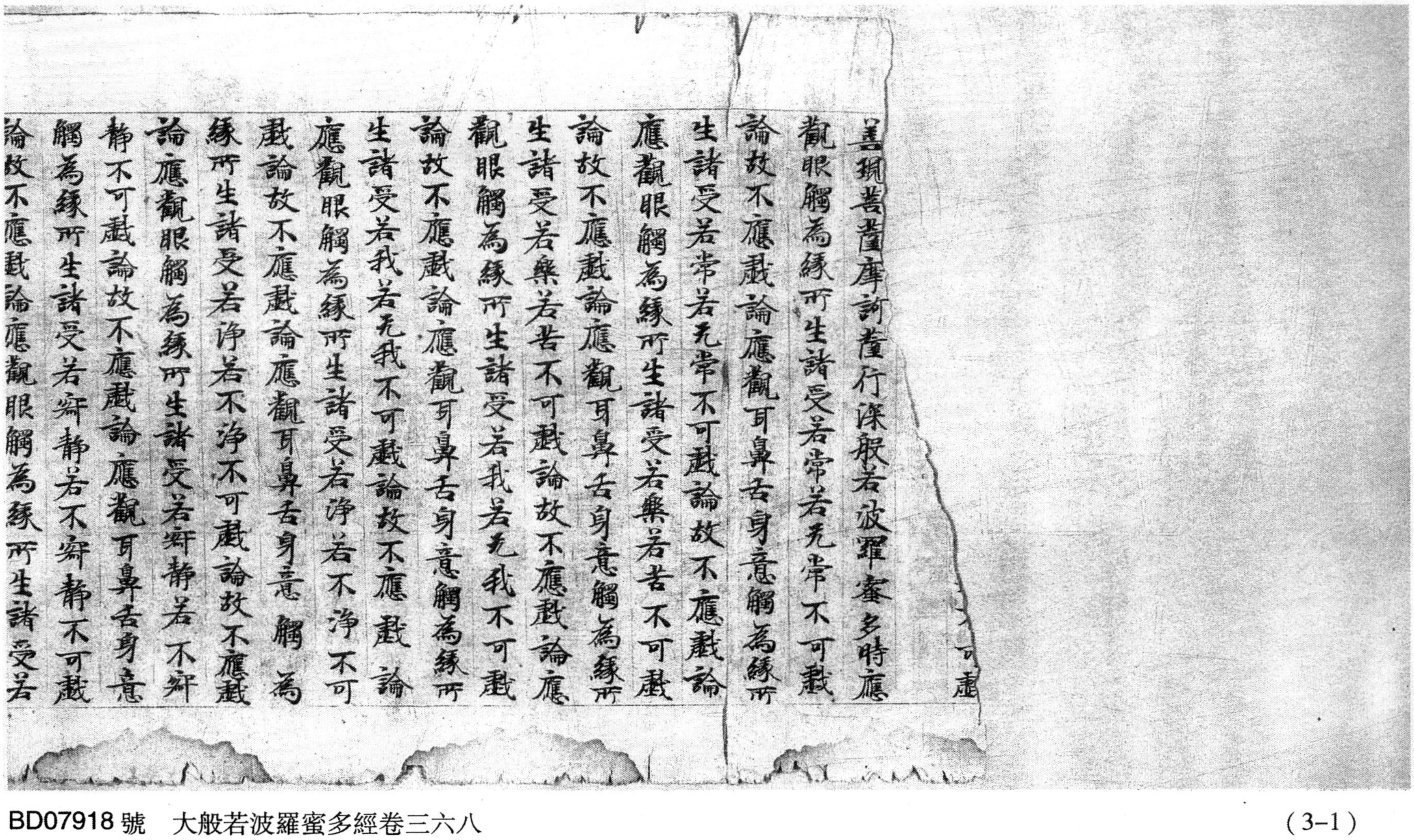

可虛
善現菩薩摩訶薩行深般若波羅蜜多時應
觀眼觸為緣所生諸受若常若无常不可戲
論故不應戲論應觀耳鼻舌身意觸為緣所
生諸受若常若无常不可戲論故不應戲論
應觀眼觸為緣所生諸受若樂若苦不可戲
論故不應戲論應觀耳鼻舌身意觸為緣所
生諸受若樂若苦不可戲論故不應戲論應
觀眼觸為緣所生諸受若我若无我不可戲
論故不應戲論應觀耳鼻舌身意觸為緣所
生諸受若我若无我不可戲論故不應戲論
應觀眼觸為緣所生諸受若淨若不淨不可
戲論故不應戲論應觀耳鼻舌身意觸為
緣所生諸受若淨若不淨不可戲論故不應戲
論應觀眼觸為緣所生諸受若寂靜若不寂
靜不可戲論故不應戲論應觀耳鼻舌身意
觸為緣所生諸受若寂靜若不寂靜不可戲
論故不應戲論應觀眼觸為緣所生諸受若

BD07918號　大般若波羅蜜多經卷三六八　（3–1）

戲論故不應戲論應觀耳鼻舌身意觸爲
緣所生諸受若淨若不淨不可戲論故不應戲
論應觀眼觸爲緣所生諸受若寂靜若不寂
靜不可戲論故不應戲論應觀耳鼻舌身意
觸爲緣所生諸受若寂靜若不寂靜不可戲
論故不應戲論應觀眼觸爲緣所生諸受若
遠離若不遠離不可戲論故不應戲論應觀
耳鼻舌身意觸爲緣所生諸受若遠離若不
遠離不可戲論故不應戲論應觀眼觸爲緣
所生諸受若是所遍知若非所遍知不可戲
論故不應戲論應觀耳鼻舌身意觸爲緣所
生諸受若是所遍知若非所遍知不可戲論
故不應戲論
善現菩薩摩訶薩行深般若波羅蜜多時應
觀地界若常若无常不可戲論故不應戲論
應觀水火風空識界若常若无常不可戲論
故不應戲論應觀地界若樂若苦不可戲論
故不應戲論應觀水火風空識界若樂若苦
不可戲論故不應戲論應觀地界若我若无
我不可戲論故不應戲論應觀水火風空識
界若我若无我不可戲論故不應戲論應觀
地界若淨若不淨不可戲論故不應戲論應
觀水火風空識界若淨若不淨不可戲論故
不應戲論應觀地界若寂靜若不寂靜不可
戲論故不應戲論應觀水火風空識界若寂
靜若不寂靜不可戲論故不應戲論應觀地
界若遠離若不遠離不可戲論故不應戲論

BD07918 號　大般若波羅蜜多經卷三六八　（3–2）

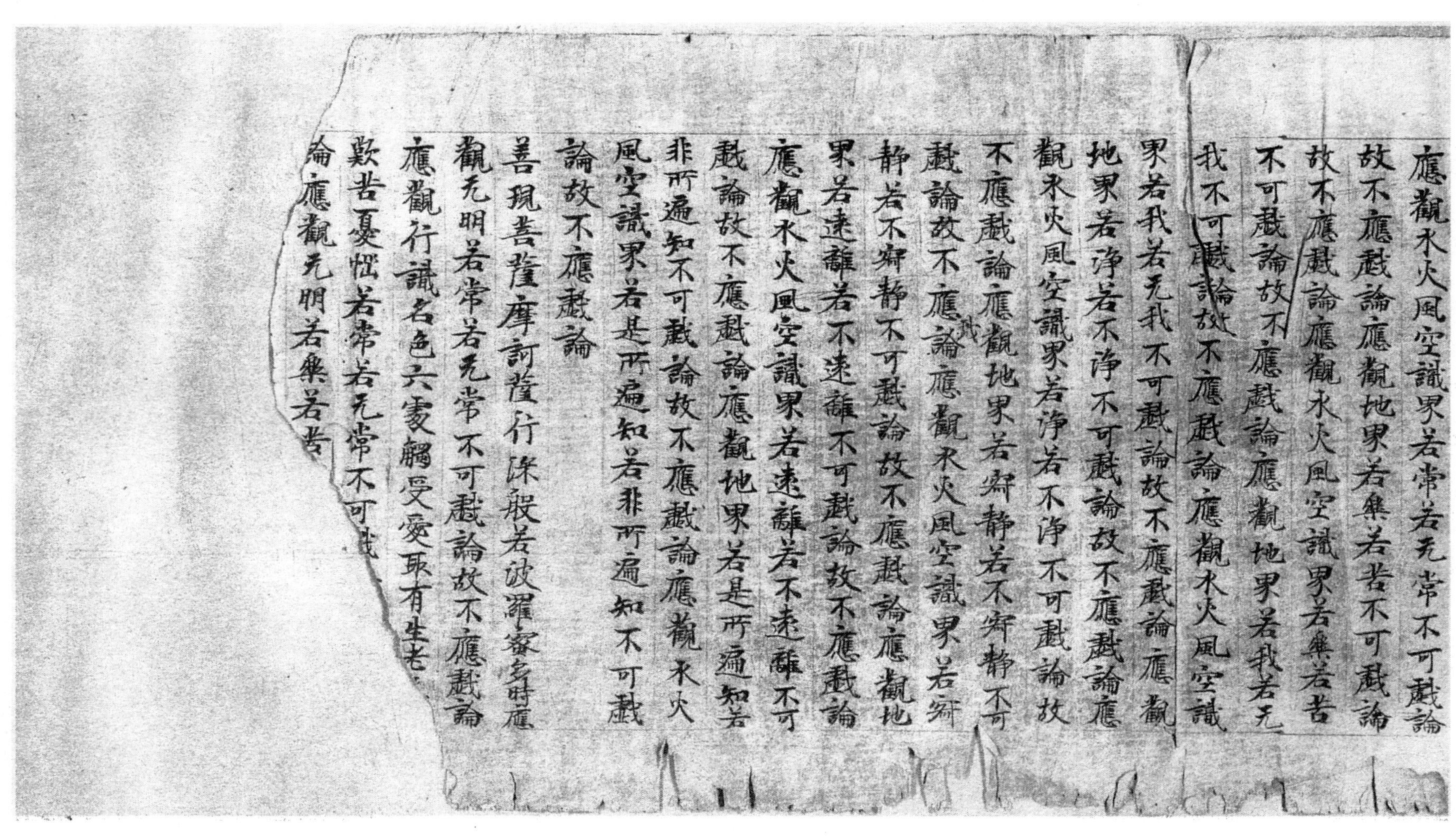

應觀水火風空識界若常若无常不可戲論
故不應戲論應觀地界若樂若苦不可戲論
故不應戲論應觀水火風空識界若樂若苦
不可戲論故不應戲論應觀地界若我若无
我不可戲論故不應戲論應觀水火風空識
界若我若无我不可戲論故不應戲論應觀
地界若淨若不淨不可戲論故不應戲論應
觀水火風空識界若淨若不淨不可戲論故
不應戲論應觀地界若寂靜若不寂靜不可
戲論故不應戲論應觀水火風空識界若寂
靜若不寂靜不可戲論故不應戲論應觀地
界若遠離若不遠離不可戲論故不應戲論
應觀水火風空識界若遠離若不遠離不可
戲論故不應戲論應觀地界若是所遍知若
非所遍知不可戲論故不應戲論應觀水火
風空識界若是所遍知若非所遍知不可戲
論故不應戲論
善現菩薩摩訶薩行深般若波羅蜜多時應
觀无明若常若无常不可戲論故不應戲論
應觀行識名色六處觸受愛取有生老
歎苦憂惱若常若无常不可戲
論應觀无明若樂若苦

BD07918 號　大般若波羅蜜多經卷三六八　（3–3）

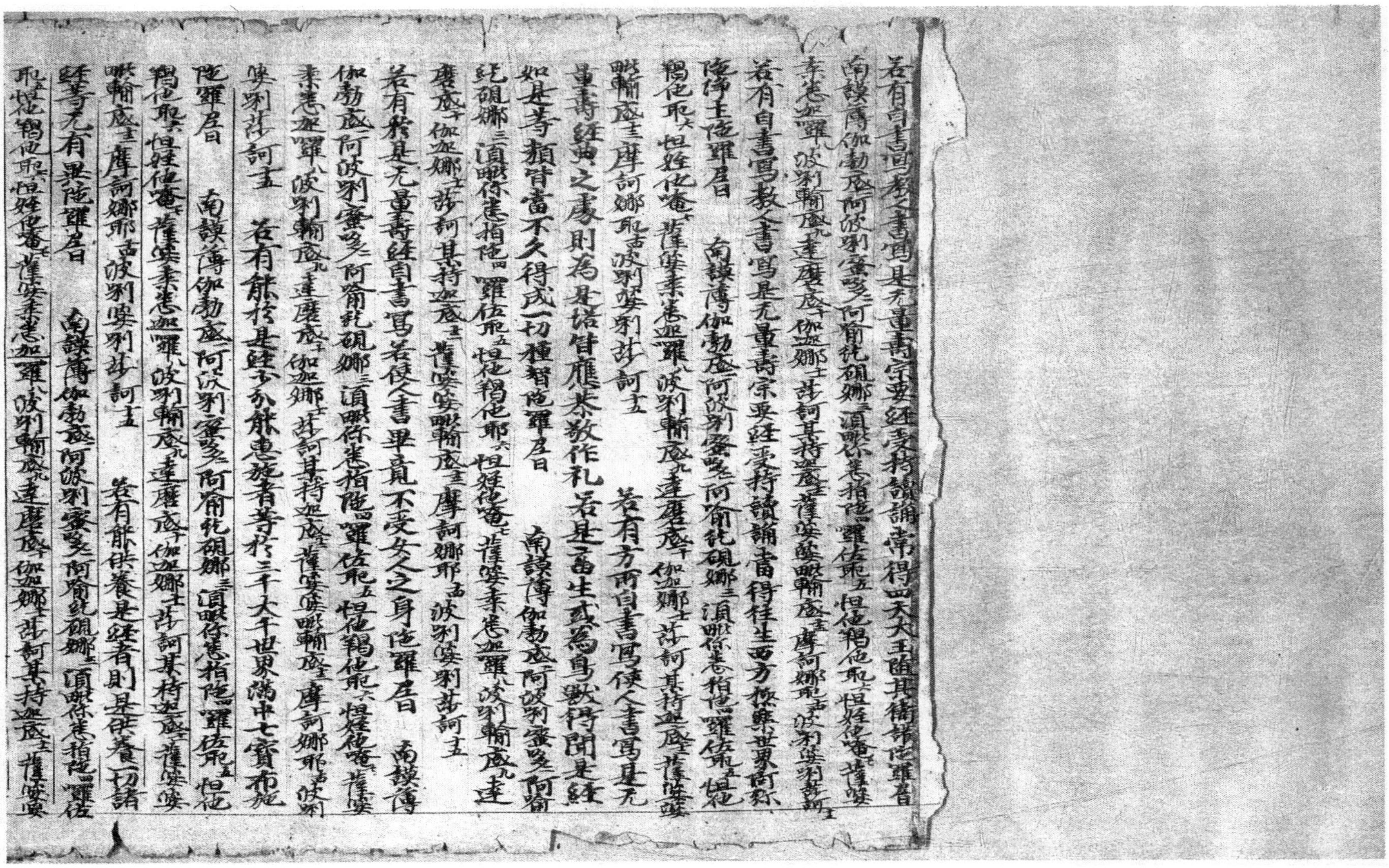

若有自書寫教人書寫是无量壽宗要經受持讀誦當得四天大王隨其衛護陀羅尼曰
南謨薄伽勃底一阿波唎蜜多二阿喻紇硯娜三須毗你悉指陀四囉佐耶五怛他羯他耶六怛姪他唵七薩婆
桑悉迦囉八波唎輸底九達磨底十伽迦娜十一莎訶其持娑底十二薩婆婆毗輸底十三摩訶娜耶十四波唎婆唎莎訶十五
若有自書寫教人書寫是无量壽宗要經受持讀誦當得往生西方極樂世界阿彌
陀淨土陀羅尼曰　南謨薄伽勃底一阿波唎蜜多二阿喻紇硯娜三須毗你悉指陀四囉佐耶五怛他
羯他耶六怛姪他唵七薩婆桑悉迦囉八波唎輸底九達磨底十伽迦娜十一莎訶其持娑底十二薩婆婆
毗輸底十三摩訶娜耶十四波唎婆唎莎訶十五　若有方所自書寫使人書寫是无
量壽經典之處則為是諸皆應恭敬作礼若是畜生或為鳥獸得聞是經
如是等類皆當不久得成一切種智陀羅尼曰　南謨薄伽勃底一阿波唎蜜多二阿喻
紇硯娜三須毗你悉指陀四囉佐耶五怛他羯他耶六怛姪他唵七薩婆桑悉迦囉八波唎輸底九達
磨底十伽迦娜十一莎訶其持娑底十二薩婆婆毗輸底十三摩訶娜耶十四波唎婆唎莎訶十五
若有於是无量壽經自書寫若使人書畢竟不受女人之身陀羅尼曰　南謨薄
伽勃底一阿波唎蜜多二阿喻紇硯娜三須毗你悉指陀四囉佐耶五怛他羯他耶六怛姪他唵七薩婆
桑悉迦囉八波唎輸底九達磨底十伽迦娜十一莎訶其持娑底十二薩婆婆毗輸底十三摩訶娜耶十四波唎
婆唎莎訶十五　若有能於是經少分能惠施者等於三千大千世界滿中七寶布施
陀羅尼曰　南謨薄伽勃底一阿波唎蜜多二阿喻紇硯娜三須毗你悉指陀四囉佐耶五怛他
羯他耶六怛姪他唵七薩婆桑悉迦囉八波唎輸底九達磨底十伽迦娜十一莎訶其持娑底十二薩婆婆
毗輸底十三摩訶娜耶十四波唎婆唎莎訶十五　若有能供養是經者則是供養一切諸
經等无有異陀羅尼曰　南謨薄伽勃底一阿波唎蜜多二阿喻紇硯娜三須毗你悉指陀四囉佐
耶五怛他羯他耶六怛姪他唵七薩婆桑悉迦囉八波唎輸底九達磨底十伽迦娜十一莎訶其持娑底十二薩婆婆

BD07919號　無量壽宗要經　（2–1）

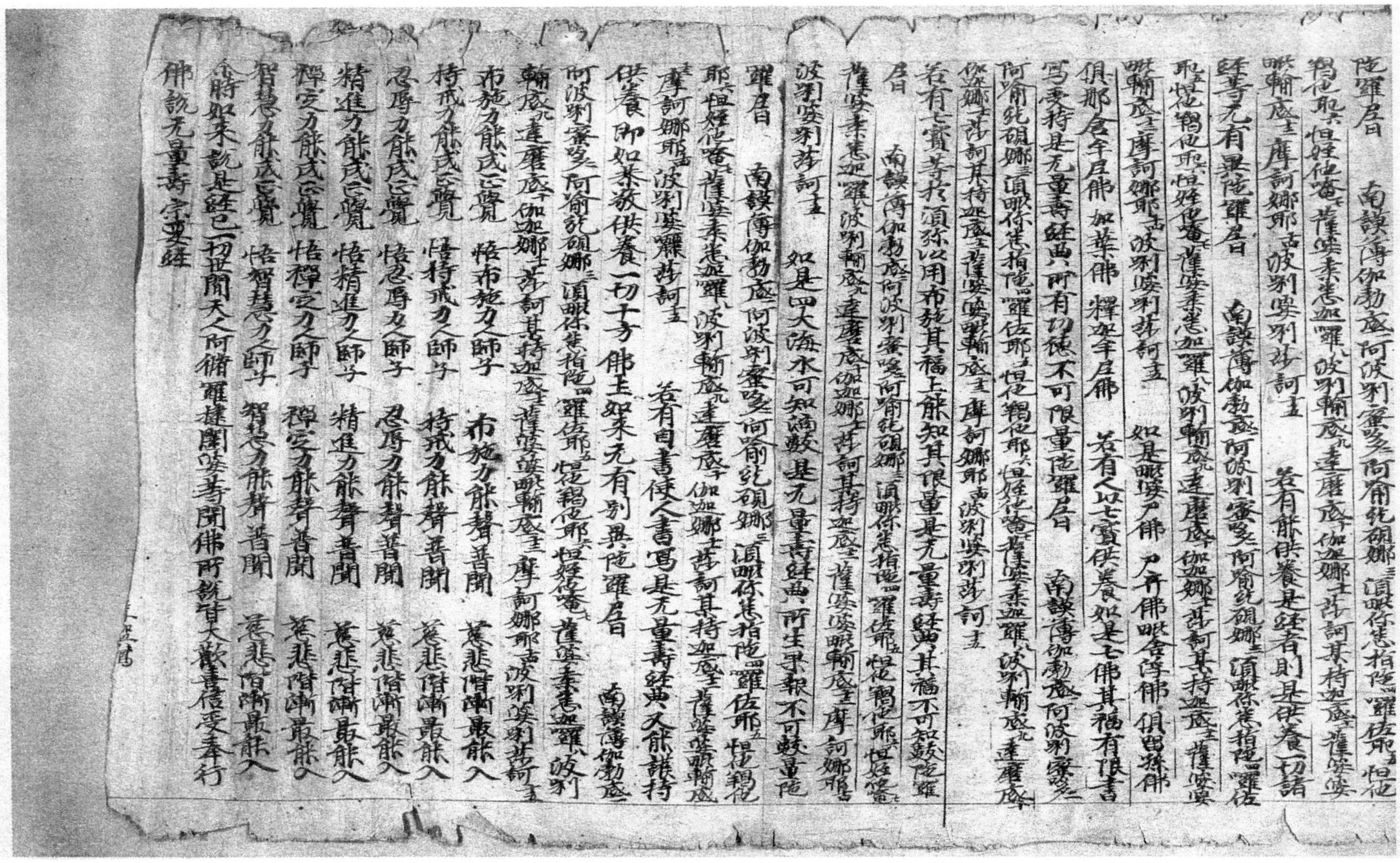

陀羅尼曰　南謨薄伽勃底一阿波唎蜜多二阿喻紇硯娜三須毗你悉指陀四囉佐耶五怛他
羯他耶六怛姪他唵七薩婆桑悉迦囉八波唎輸底九達磨底十伽迦娜十一莎訶其持娑底十二薩婆婆
毗輸底十三摩訶娜耶十四波唎婆唎莎訶十五　若有能供養是經者則是供養一切諸
經等无有異陀羅尼曰　南謨薄伽勃底一阿波唎蜜多二阿喻紇硯娜三須毗你悉指陀四囉佐
耶五怛他羯他耶六怛姪他唵七薩婆桑悉迦囉八波唎輸底九達磨底十伽迦娜十一莎訶其持娑底十二薩婆婆
毗輸底十三摩訶娜耶十四波唎婆唎莎訶十五　如是毗婆尸佛尸棄佛毗舍浮佛俱留孫佛
俱那含牟尼佛迦葉佛釋迦牟尼佛　若有人以七寶供養如是七佛其福有限若
寫受持是无量壽經典所有功德不可限量陀羅尼曰　南謨薄伽勃底一阿波唎蜜多二
阿喻紇硯娜三須毗你悉指陀四囉佐耶五怛他羯他耶六怛姪他唵七薩婆桑悉迦囉八波唎輸底九達磨底十
伽迦娜十一莎訶其持娑底十二薩婆婆毗輸底十三摩訶娜耶十四波唎婆唎莎訶十五
若有七寶等於須彌以用布施其福上能知其限量是无量壽經典其福不可知數陀羅
尼曰　南謨薄伽勃底一阿波唎蜜多二阿喻紇硯娜三須毗你悉指陀四囉佐耶五怛他羯他耶六怛姪他唵七
薩婆桑悉迦囉八波唎輸底九達磨底十伽迦娜十一莎訶其持娑底十二薩婆婆毗輸底十三摩訶娜耶十四
波唎婆唎莎訶十五　如是四大海水可知滴數是无量壽經典所生果報不可數量陀
羅尼曰　南謨薄伽勃底一阿波唎蜜多二阿喻紇硯娜三須毗你悉指陀四囉佐耶五怛他羯他
耶六怛姪他唵七薩婆桑悉迦囉八波唎輸底九達磨底十伽迦娜十一莎訶其持娑底十二薩婆婆毗輸底
十三摩訶娜耶十四波唎婆囉莎訶十五　若有自書使人書寫是无量壽經典又能護持
供養即如恭敬供養一切十方佛土如來无有別異陀羅尼曰　南謨薄伽勃底一
阿波唎蜜多二阿喻紇硯娜三須毗你悉指陀四囉佐耶五怛他羯他耶六怛姪他唵七薩婆桑悉迦囉八波唎
輸底九達磨底十伽迦娜十一莎訶其持娑底十二薩婆婆毗輸底十三摩訶娜耶十四波唎婆唎莎訶十五
布施力能成正覺　悟布施力人師子　布施力能聲普聞　慈悲門中最能入
持戒力能成正覺　悟持戒力人師子　持戒力能聲普聞　慈悲門中最能入
忍辱力能成正覺　悟忍辱力人師子　忍辱力能聲普聞　慈悲門中最能入
精進力能成正覺　悟精進力人師子　精進力能聲普聞　慈悲門中最能入
禪定力能成正覺　悟禪定力人師子　禪定力能聲普聞　慈悲門中最能入
智慧力能成正覺　悟智慧力人師子　智慧力能聲普聞　慈悲門中最能入
尒時如來說是經已一切世間天人阿脩羅揵闥婆等聞佛所說皆大歡喜信受奉行
佛說无量壽宗要經

BD07919號　無量壽宗要經　（2–2）

何以故以諸一[illegible]法乃不
生法不能覺知自心有无外法有无何以故
以不能見不生法故大慧我如是說諸法前
後无有相違大慧我遮外道建立因果義不
相當是故我說諸法不生大慧一切外道愚
癡羣衆作如是說從於有无生一切法不說
自心分別執着因緣而生大慧我說諸法有
亦不生无亦不生是故大慧我說諸法不生
不滅大慧我說一切諸法有者護諸弟子令
知二法何等為二一者攝取諸世間故二者
為護諸斷見故何以故以依業故有種種身
攝六道衆生是故我說言有諸法攝取世間
大慧我說一切法如幻者為令一切愚癡凡夫
畢竟能離自相同相故以諸凡夫癡心執着
墮於耶見以不能知但是自心虛妄見故令
離執着因緣生法是故我說一切諸法如幻
如夢无有實體何以故若不如是說者愚癡
凡夫執耶見心欺誑自心及於他身離如實
見一切法故大慧云何住如實見謂入自心
見諸法故尒時世尊重說偈言

BD07920號　入楞伽經卷四　（10–1）

如夢无有實體何以故若不如是說者愚癡
凡夫執耶見心欺誑自心及於他身離如實
見一切法故大慧云何住如實見謂入自心
見諸法故尒時世尊重說偈言
如汝言諸法　一切不生者　是則謗因果　不生如實見
我說有諸法　攝受諸世間　見諸法如幻　不取諸見相
復次佛告聖者大慧菩薩言大慧我今為諸
菩薩摩訶薩說名字句身相以諸菩薩善知
名句字身相故依名句字身相速得阿耨多
羅三藐三菩提得菩提已為衆生說名句字
相大慧菩薩白佛言善哉世尊唯願速說大
慧何者名身謂依何等何等法作名名身事
物名異義一大慧是名我說名身大慧何者
是句身謂義事決定究竟見義故大慧是名
我說句身大慧何者是字身文謂句畢竟故
大慧復次名身者依何等法了別名字句能了
知自形相故大慧復次句身者謂句事畢竟
故大慧復次名身者所謂諸字從名差別從
阿字乃至呵字名為名身大慧復次字身者
謂聲長短音韻高下名為字身大慧復次句
身者謂巷路行迹如人象馬諸獸行迹等得
名為句大慧復次名字者謂无色四陰依名
而說大慧復次名字相者謂能了別名字相
故大慧是名名句字身相大慧如是名句字
相汝應當學為人演說尒時世尊重說偈言
名身与句身　及字身差別　凡夫癡計著　如象溺深泥
復次大慧未來世中无智慧者以耶見心不
知如實法故因世間論自言智者有智者問

BD07920號　入楞伽經卷四　（10–2）

相海應當學為人演說 尒時世尊重說偈言
名身与句身 及字身差別 夫凡癡計著 如象溺深泥
復次大慧未來世中无智慧者以耶見心不
知如實法故因世間論自言智者有智者問
如實之法離耶見相一異俱不俱亦彼愚人
作如是言是問非是非正念問謂色等法常
无常為一為異如是涅槃有為諸行為一為
異相中所有能見所見為一為異住者所住
為一為異四大中色香味觸為一為異能見
可見為一為異埿團微塵為一為異智者所
知為一為異如是等上上次第相上上无記
置荅佛如是說是為謗我大慧亦我不說如
是法者為遮外道耶見說故何以故大慧外
道等說謂身即命身異命異如是等法外道
所說是无記法大慧外道迷於因果義故是
故无記非我法中名无記也大慧我佛法中
離能見可見虛妄之相无分別心是故我法
中无有置荅諸外道等執著可取能取不知
但是自心見法為彼人故我說言有四種問
法无記置荅非我法中大慧諸佛如來應正
遍知為諸眾生有四種說言置荅者大慧為
待時故說如是法為根未熟非為根熟是故
我說置荅之義
復次大慧一切諸法若離住者及因是故不生
以无住者故是故我說諸法不生佛告大慧
一切諸法无有體相大慧白佛言世尊何故一切
諸法无實體相佛告大慧自智觀察一切諸法
自相同相不見諸法是故我說一切諸法无實

以无住者故是故我說諸法不生佛告大慧
一切諸法无有體相大慧白佛言世尊何故一切
諸法无實體相佛告大慧自智觀察一切諸法
自相同相不見諸法是故我說一切諸法无實
體相佛告大慧一切諸法亦无取相大慧言
世尊以何義故一切諸法亦无取相佛告大
慧自相同相无法可取是故我說无法可取
佛告大慧一切諸法亦无捨相大慧言世尊
何故諸法亦无捨相佛告大慧觀察自相同
相法无法可捨是故我說一切諸法亦无捨相
佛告大慧諸法不滅大慧言世尊何故一切
諸法不滅佛告大慧觀一切法自相同相无
體相故是故我說諸法不滅佛告大慧諸法
无常大慧言世尊何故一切諸法无常佛告
大慧一切諸法常无常相常不生相是故我
說諸法无常復次大慧我說一切諸法无常
大慧言世尊何故一切諸法无常佛告大慧
以相不生以不生體相是常无常是故我說
諸法无常尒時世尊重說偈言
記論有四種 直荅及質荅 分別荅置荅 以制諸外道
有及非有生 僧佉毗世師 亦說悉无記 彼住如是說
正智慧觀察 自性不可得 是故不可說 及說无體相
尒時聖者大慧菩薩摩訶薩白佛言世尊唯
願世尊為我等說須陁洹等行差別相我及
一切菩薩摩訶薩等善知須陁洹等脩行相
已如實知須陁洹斯陁含阿那含阿羅漢等
如是知是為眾生說眾生聞已入二无我相

[illegible]
願世尊為我等說須陀洹等行差別相我及
一切菩薩摩訶薩等善知須陀洹等修行相
已知實知須陀洹斯陀含阿那含阿羅漢等
知是知是為衆生說衆生聞已入二无我相
淨二種鄣次第進取地地勝相得知来不可
思議境界修行得修行處已知知意實隨衆
生念受用境界身口意行故佛告大慧言善
哉善哉善哉大慧諦聽諦聽今為汝說大慧
白佛言善哉世尊唯然聽受佛告大慧言大
慧須陀洹有三種果差別大慧言何等三種
佛告大慧謂下中上大慧何者須陀洹下謂
三有中七返受生大慧何者為中謂三生五
生入於涅槃大慧何者為上謂即一生入於
涅槃大慧是三種須陀洹有三種結謂下中
上大慧何者三結謂身見疑戒取大慧彼五
種結上上勝進得阿羅漢果大慧身見有二
種何等為二一者俱生二者虛妄分別而生
如因緣分別法故大慧辟如依諸因緣法相
虛妄分別而生實相彼因緣法中非有非无
以分別有无非實相故愚癡凡夫執著種種
法相如諸禽獸見於陽炎取以為水大慧是
名須陀洹分別身見何以故以无智故无始
世来虛妄取相故大慧此身見垢見人无我
乃能遠離大慧何者須陀洹俱生身見所謂
自身他身俱見彼二四陰无色色陰生時依
於四大及四塵等彼此因緣和合生色而須
陀洹知已能離有无邪見斷於身見斷身見
已不生貪心大慧是名須陀洹身見之相大

BD07920號　入楞伽經卷四　　（10–5）

乃能遠離大慧何者須陀洹俱生身見所謂
自身他身俱見彼二四陰无色色陰生時依
於四大及四塵等彼此因緣和合生色而須
陀洹知已能離有无邪見斷於身見斷身見
已不生貪心大慧是名須陀洹身見之相大
慧何者須陀洹疑相謂得證法善見相已先
斷身見及於二見分別之心是故於諸法中
不生疑心復不生心於餘尊者以為尊想為
淨不淨故大慧是名須陀洹疑相大慧何者
須陀洹戒取相謂善見受生處苦相故是故
不取戒相大慧戒取者謂諸凡夫持戒精進
種種善行求樂境界生諸天中彼須陀洹不
取是相而取自身内證迴向進趣勝處離諸
妄想修无漏戒分大慧是名須陀洹戒取相
大慧須陀洹斷三結煩惱離貪瞋癡大慧白
佛言世尊世尊說衆多貪須陀洹離何等貪
佛告大慧須陀洹遠離與諸女人和合不為
現在樂種未来苦因遠離打摑鳴抱眄視大
慧須陀洹不生如是貪心何以故以得三昧
樂行故大慧須陀洹遠離如是等貪非離涅
槃貪大慧何者斯陀含果相謂一往見色相
現前生心非虛非分別想見以善見禪修行
相故一往来世間便斷苦盡入於涅槃是名
斯陀含大慧何者阿那含相謂於過去現在
未来色相中生有无心以見使虛妄分別心
諸結不生不来故名阿那含大慧何者阿羅
漢相謂不生分別能思惟所思惟可思惟三
昧解脫力通煩惱苦等分別心故名阿羅漢
大慧菩薩白佛言世尊說三種阿羅漢此說

BD07920號　入楞伽經卷四　　（10–6）

斯陀含大慧何者阿那含相謂於過去現在
未來色相中生有无心以見便虛妄分別心
諸結不生不來故名阿那含大慧何者阿羅
漢相謂不生分別能思惟可思惟三
昧解脫力通煩惱苦等分別心故名阿羅漢
大慧菩薩白佛言世尊說三種阿羅漢此說
何等羅漢名阿羅漢世尊為說得決定寂滅
羅漢為發菩提願善根妄善根羅漢為化應
化羅漢佛告大慧為說得決定寂滅聲聞羅
漢非餘羅漢大慧餘羅漢者謂曾脩行菩薩
行者復有應化佛所化羅漢本願善根方便
力故現諸佛土生大衆中莊嚴諸佛大會衆
故大慧分別去來說種種事遠離證果能思
惟所思惟可思惟故以見自心為見所見說
得果相復次大慧若須陀洹生如是心此是
三結我離三結者大慧是名見二法墮於身
見彼若如是不離三結大慧是故須陀洹不
生如是心復次大慧若欲遠離禪无量无色
界者應當遠離自心見相遠離少相寂滅定
三摩跋提相故大慧若不如是彼菩薩心見
諸法以唯心故尒時世尊重說偈言
諸禪四无量　无色三摩提　少相寂滅定　一切心中无
逆流脩无漏　及於一往來　往來及不還　羅漢心迷沒
思可思能思　遠離見真諦　唯是虛妄心　能知得解脫
復次大慧有二種智何等為二一者觀察智
二者虛妄分別取相住智大慧何者觀察智
謂何等智觀察一切諸法體相離於四法无
法可得是名觀察智大慧何者四法謂一異

思可思能思　遠離見真諦　唯是虛妄心　能知得解脫
復次大慧有二種智何等為二一者觀察智
二者虛妄分別取相住智大慧何者觀察智
謂何等智觀察一切諸法體相離於四法无
法可得是名觀察智大慧何者四法謂一異
俱不俱是名四法大慧若離四法一切法不可
得大慧若欲觀察一切法者當依四法而觀
諸法大慧妄相分別取相住智者所謂執
著堅濕執動虛妄分別四大相故執著建立
因譬喻相故建立非實法以為實大慧是名
虛妄分別執著取相住持智大慧是名二種
智相大慧諸菩薩摩訶薩畢竟知此二相進
趣法无我相善知真實智地行相知已即得
初地得百三昧依三昧力見百佛見百菩薩
能知過去未來各百劫事照百佛世界照百
佛世界已善知諸地上上智相以本願力故
能奮迅示現種種神通於法雲地中依法而
授位證如來內究竟法身智慧地依十无盡
善根願縛為教化衆生種種應化自身示現
種種光明以得自身脩行證智三昧樂故
復次大慧菩薩摩訶薩應善知四大及四塵
相大慧云何菩薩善知四大及四塵相大慧
菩薩摩訶薩如是脩行所言實者謂无四
大處觀察四大本來不生如是觀已復住是
念言觀察者唯自心見虛妄覺知以見外塵
无有實物唯是名字分別心見所謂三界離
於四大及四塵相見如是已離四種見見清
淨法離我我所住於自相如實法中大慧住

念言觀察者唯自心見虛妄覺知以見外塵
无有實物唯是名字分別心見所謂三界離
於四大及四塵相見知是已離四種見見清
淨法離我我所住於自相如實法中大慧住
自相如實法中者謂住建立諸法无生自相
法中大慧於四大中云何有四塵大慧謂妄
想分別柔濕潤生内外水大大慧妄想分別
煖增長力生内外火大大慧妄想分別輕
轉動相生内外風大大慧妄想分別所有堅
相生内外地大大慧妄想分別内外共虛空
生内外想以執著虛妄内外邪見五陰聚落
四大及四塵生故佛告大慧識能執著種種
境界樂求異道取彼境界故大慧四大有因
謂色香味觸大慧四大无因何以故謂地自
體形相長短不生四大相故大慧依形相大
小上下容貌所生諸法不離形相大小長短
所有法故是故大慧外道虛妄分別四大及
四塵非我法中如此分別復次大慧我為汝
說五陰體相大慧何者五陰相謂色受想行
識大慧四陰无色相謂受想行識大慧色依
四大生四大彼此不同相大慧无色想法同
如虛空云何得成四種數相大慧譬如虛空
離於數相而虛妄分別此是虛空大慧陰之
數相離於諸相離有无相離於四相愚癡凡
夫說諸數相非謂聖人大慧我說諸相如幻
種種形相離一二相依假名說如夢鏡像不
離所依大慧如聖人智修行分別見五陰虛
妄大慧是名五陰无五陰體相大慧汝今應

BD07920號　入楞伽經卷四　（10–9）

四大生四大彼此不同相大慧无色想法同
如虛空云何得成四種數相大慧譬如虛空
離於數相而虛妄分別此是虛空大慧陰之
數相離於諸相離有无相離於四相愚癡凡
夫說諸數相非謂聖人大慧我說諸相如幻
種種形相離一二相依假名說如夢鏡像不
離所依大慧如聖人智修行分別見五陰虛
妄大慧是名五陰无五陰體相大慧汝今應
離如是虛妄分別之相離如是已為諸菩薩
說離諸法相寂靜之法為遮外道諸見之相
大慧說寂靜法得證清淨无我之相入遠行
地入[illegible]地已得无量三昧自在如意生身
故以得諸[illegible]三昧故以得自在神通力
修行進趣故隨一切衆生自在用如大地故
大慧譬如大地一切衆生隨意所用大慧菩
薩摩訶薩隨衆生用亦復如是
復次大慧外道說有四種涅槃何等為四一
者自體相涅槃二者種種相有无涅槃三者
自覺體有无涅槃四者諸陰自相同相斷相

BD07920號　入楞伽經卷四　（10–10）

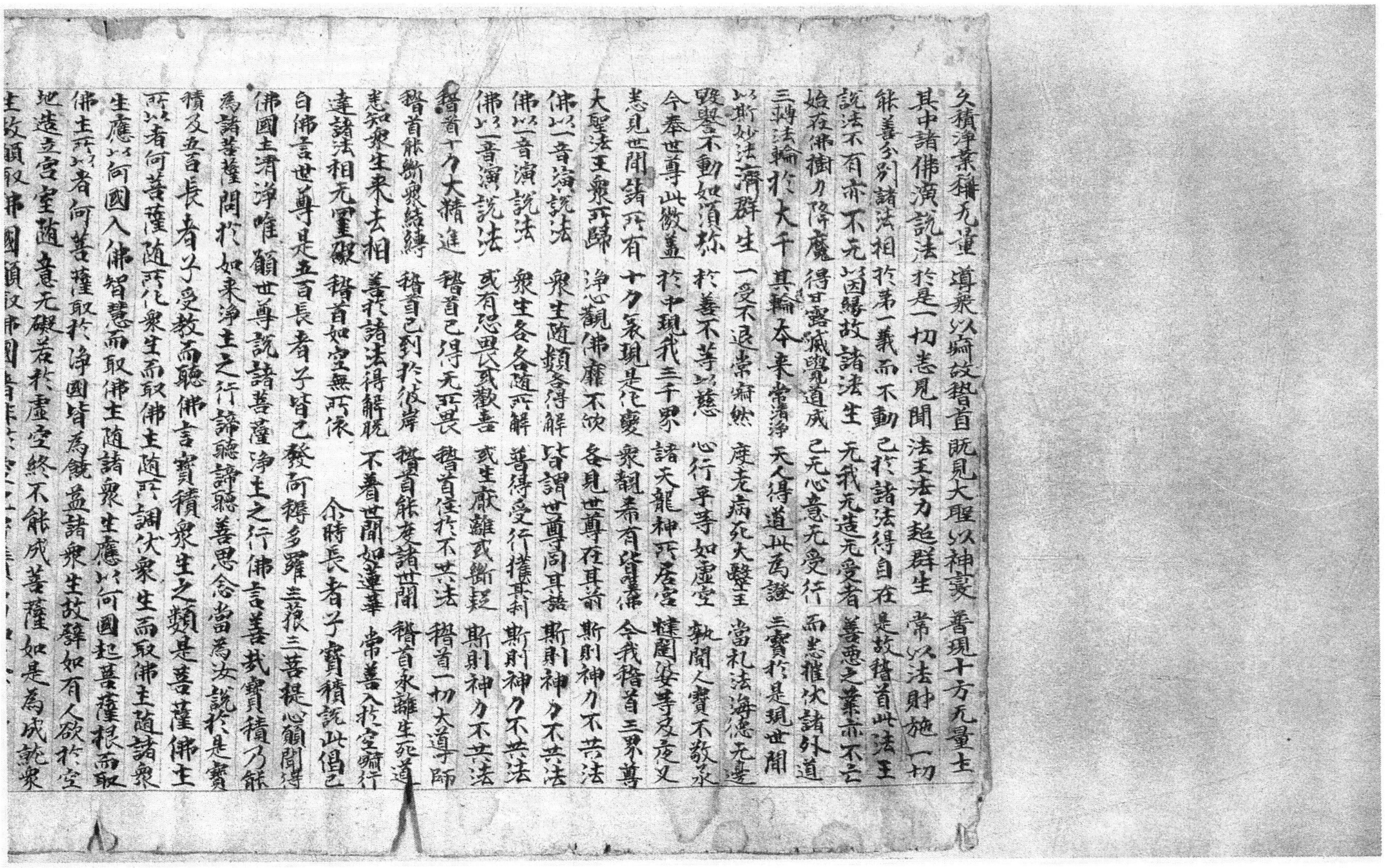

久積淨業稱无量　導衆以寂故稽首　既見大聖以神變　普現十方无量土
其中諸佛演說法　於是一切悉見聞　法王法力超群生　常以法財施一切
能善分別諸法相　於第一義而不動　已於諸法得自在　是故稽首此法王
說法不有亦不无　以因緣故諸法生　无我无造无受者　善惡之業亦不亡
始在佛樹力降魔　得甘露滅覺道成　已无心意无受行　而悉摧伏諸外道
三轉法輪於大千　其輪本來常清淨　天人得道此為證　三寶於是現世間
以斯妙法濟群生　一受不退常寂然　度老病死大醫王　當禮法海德无邊
毀譽不動如須彌　於善不善等以慈　心行平等如虛空　孰聞人寶不敬承
今奉世尊此微蓋　於中現我三千界　諸天龍神所居宮　乾闥婆等及夜叉
悉見世間諸所有　十力哀現是化變　衆睹希有皆歎佛　今我稽首三界尊
大聖法王衆所歸　淨心觀佛靡不欣　各見世尊在其前　斯則神力不共法
佛以一音演說法　衆生隨類各得解　皆謂世尊同其語　斯則神力不共法
佛以一音演說法　衆生各各隨所解　普得受行獲其利　斯則神力不共法
佛以一音演說法　或有恐畏或歡喜　或生厭離或斷疑　斯則神力不共法
稽首十力大精進　稽首已得无所畏　稽首住於不共法　稽首一切大導師
稽首能斷衆結縛　稽首已到於彼岸　稽首能度諸世間　稽首永離生死道
悉知衆生來去相　善於諸法得解脫　不著世間如蓮華　常善入於空寂行
達諸法相无罣礙　稽首如空無所依　尒時長者子寶積說此偈已
白佛言世尊是五百長者子皆已發阿耨多羅三藐三菩提心願聞得
佛國土清淨唯願世尊說諸菩薩淨土之行佛言善哉寶積乃能
為諸菩薩問於如來淨土之行諦聽諦聽善思念之當為汝說於是寶
積及五百長者子受教而聽佛言寶積衆生之類是菩薩佛土
所以者何菩薩隨所化衆生而取佛土隨所調伏衆生而取佛土隨諸衆
生應以何國入佛智慧而取佛土隨諸衆生應以何國起菩薩根而取
佛土所以者何菩薩取於淨國皆為饒益諸衆生故譬如有人欲於空
地造立宮室隨意无礙若於虛空終不能成菩薩如是為成就衆
生故願取佛國願取佛國者非……

BD07921號　維摩詰所說經卷上　（2–1）

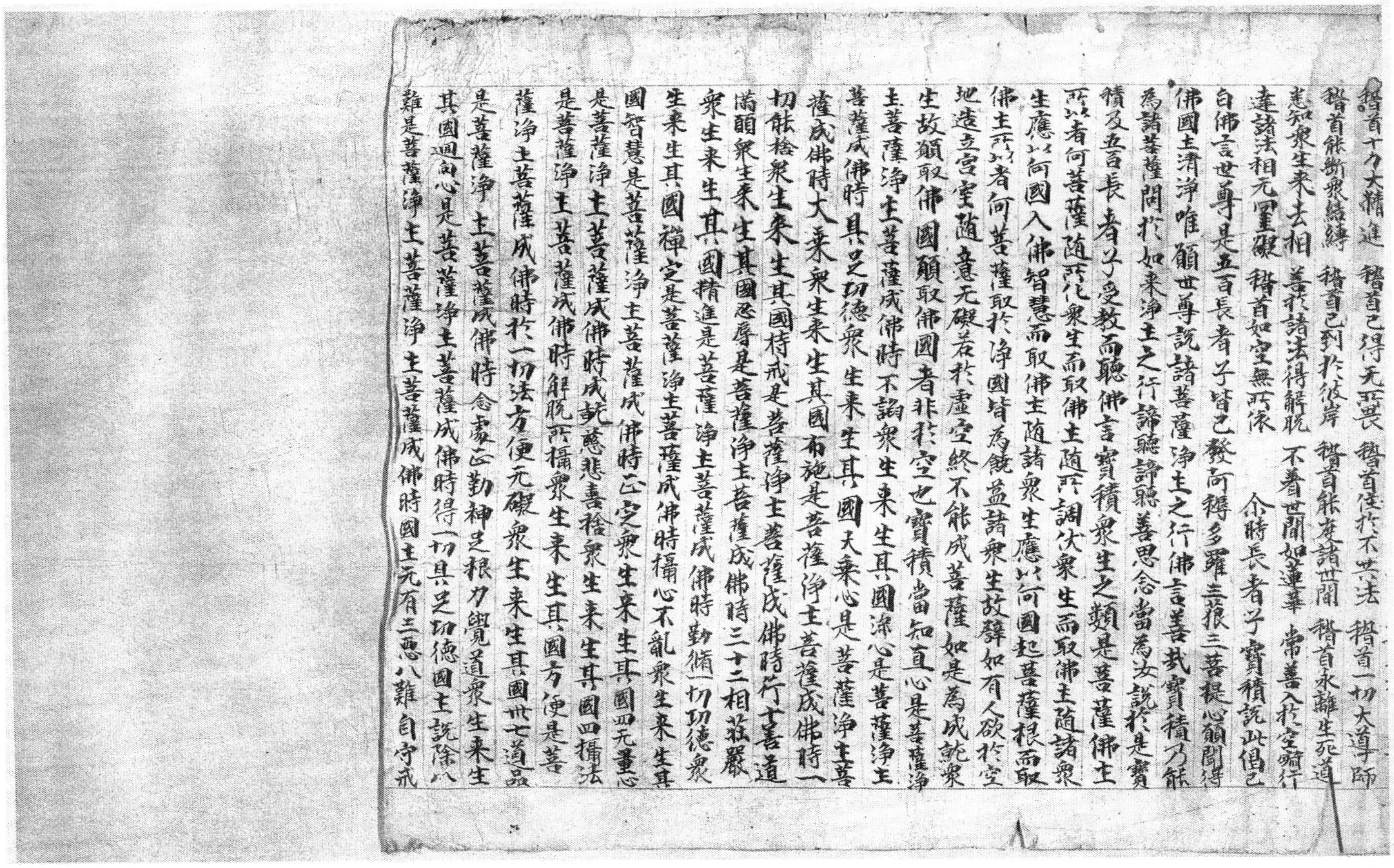

稽首十力大精進　稽首已得无所畏　稽首住於不共法　稽首一切大導師
稽首能斷衆結縛　稽首已到於彼岸　稽首能度諸世間　稽首永離生死道
悉知衆生來去相　善於諸法得解脫　不著世間如蓮華　常善入於空寂行
達諸法相无罣礙　稽首如空無所依　尒時長者子寶積說此偈已
白佛言世尊是五百長者子皆已發阿耨多羅三藐三菩提心願聞得
佛國土清淨唯願世尊說諸菩薩淨土之行佛言善哉寶積乃能
為諸菩薩問於如來淨土之行諦聽諦聽善思念之當為汝說於是寶
積及五百長者子受教而聽佛言寶積衆生之類是菩薩佛土
所以者何菩薩隨所化衆生而取佛土隨所調伏衆生而取佛土隨諸衆
生應以何國入佛智慧而取佛土隨諸衆生應以何國起菩薩根而取
佛土所以者何菩薩取於淨國皆為饒益諸衆生故譬如有人欲於空
地造立宮室隨意无礙若於虛空終不能成菩薩如是為成就衆
生故願取佛國願取佛國者非於空也寶積當知直心是菩薩淨
土菩薩淨土菩薩成佛時不諂衆生來生其國深心是菩薩淨土
菩薩成佛時具足功德衆生來生其國大乘心是菩薩淨土菩
薩成佛時大乘衆生來生其國布施是菩薩淨土菩薩成佛時一
切能捨衆生來生其國持戒是菩薩淨土菩薩成佛時行十善道
滿願衆生來生其國忍辱是菩薩淨土菩薩成佛時三十二相莊嚴
衆生來生其國精進是菩薩淨土菩薩成佛時勤脩一切功德衆
生來生其國禪定是菩薩淨土菩薩成佛時攝心不亂衆生來生其
國智慧是菩薩淨土菩薩成佛時正定衆生來生其國四无量心
是菩薩淨土菩薩成佛時成就慈悲喜捨衆生來生其國四攝法
是菩薩淨土菩薩成佛時解脫所攝衆生來生其國方便是菩
薩淨土菩薩成佛時於一切法方便无礙衆生來生其國卅七道品
是菩薩淨土菩薩成佛時念處正勤神足根力覺道衆生來生
其國迴向心是菩薩淨土菩薩成佛時得一切具足功德國土說除八
難是菩薩淨土菩薩成佛時國土无有三惡八難自守戒

BD07921號　維摩詰所說經卷上　（2–2）

妙法蓮華經藥草喻品第五　三
尒時世尊告摩訶迦葉及諸大弟子善哉善
哉迦葉善說如來真實功德誠如所言如來
復有無量無邊阿僧祇功德汝等若於無量
億劫說不能盡迦葉當知如來是諸法之王
若有所說皆不虛也於一切法以智方便而
演說之其所說法皆悉到於一切智地如來
觀知一切諸法之所歸趣亦知一切衆生深
心所行通達無礙又於諸法究盡明了示諸
衆生一切智慧迦葉譬如三千大千世界山
川谿谷土地所生卉木藂林及諸藥草種類
若干名色各異密雲弥布遍覆三千大千世
界一時等澍其澤普洽卉木叢林及諸藥草
小根小莖小枝小葉中根中莖中枝中葉大
根大莖大枝大葉諸樹大小隨上中下各有
所受一雲所雨稱其種性而得生長華菓敷

BD07922 號　妙法蓮華經卷三　（3–1）

界一時等澍其澤普洽卉木叢林及諸藥草
小根小莖小枝小葉中根中莖中枝中葉大
根大莖大枝大葉諸樹大小隨上中下各有
所受一雲所雨稱其種性而得生長華菓敷
實雖一地所生一雨所潤而諸草木各有差
別迦葉當知如來亦復如是出現於世如大
雲起以大音聲普遍世界天人阿修羅如彼
大雲遍覆三千大千國土於大衆中而唱是
言我是如來應供正遍知明行足善逝世間
解無上士調御丈夫天人師佛世尊未度者
令度未解者令解未安者令安未涅槃者令
得涅槃今世後世如實知之我是一切知者一
切見者知道者開道者說道者汝等天人阿
脩羅衆皆應到此爲聽法故尒時無數千萬
億種衆生來至佛所而聽法如來于時觀
是衆生諸根利鈍精進懈怠隨其所堪而爲
說法種種無量皆令歡喜快得善利是諸衆
生聞是法已現世安隱後生善處以道受樂
亦得聞法既聞法已離諸障礙於諸法中任
力所能漸得入道如彼大雲雨於一切卉木叢
林及諸藥草如其種性具足蒙潤各得生長
如來說法一相一味所謂解脫相離相滅相
究竟至於一切種智其有衆生聞如來法若
持讀誦如說修行所得功德不自覺知所以
者何唯有如來知此衆生種相體性念何事
思何事修何事云何念云何思云何修以何

BD07922 號　妙法蓮華經卷三　（3–2）

生聞是法已現世安隱後生善處以道受樂
亦得聞法既聞法已離諸障礙於諸法中任
力所能漸得入道如彼大雲雨於一切卉木叢
林及諸藥草如其種性具足蒙潤各得生長
如來說法一相一味所謂解脫相離相滅相
究竟至於一切種智其有衆生聞如來法若
持讀誦如說脩行所得功德不自覺知所以
者何唯有如來知此衆生種相體性念何事
思何事脩何事云何念云何思云何脩以何
法念以何法思以何法脩以何法得何法衆
生住於種種之地唯有如來如實見之明了
无礙如彼卉木叢林諸藥草等而不自知上
中下性如來知是一相一味之法所謂解脫
相離相滅相究竟涅槃常寂滅相終歸於空
佛知是已觀衆生心欲而將護之是故不即
爲說一切種智汝等迦葉　甚爲希有能知如
來隨宜

BD07922號　妙法蓮華經卷三　（3–3）

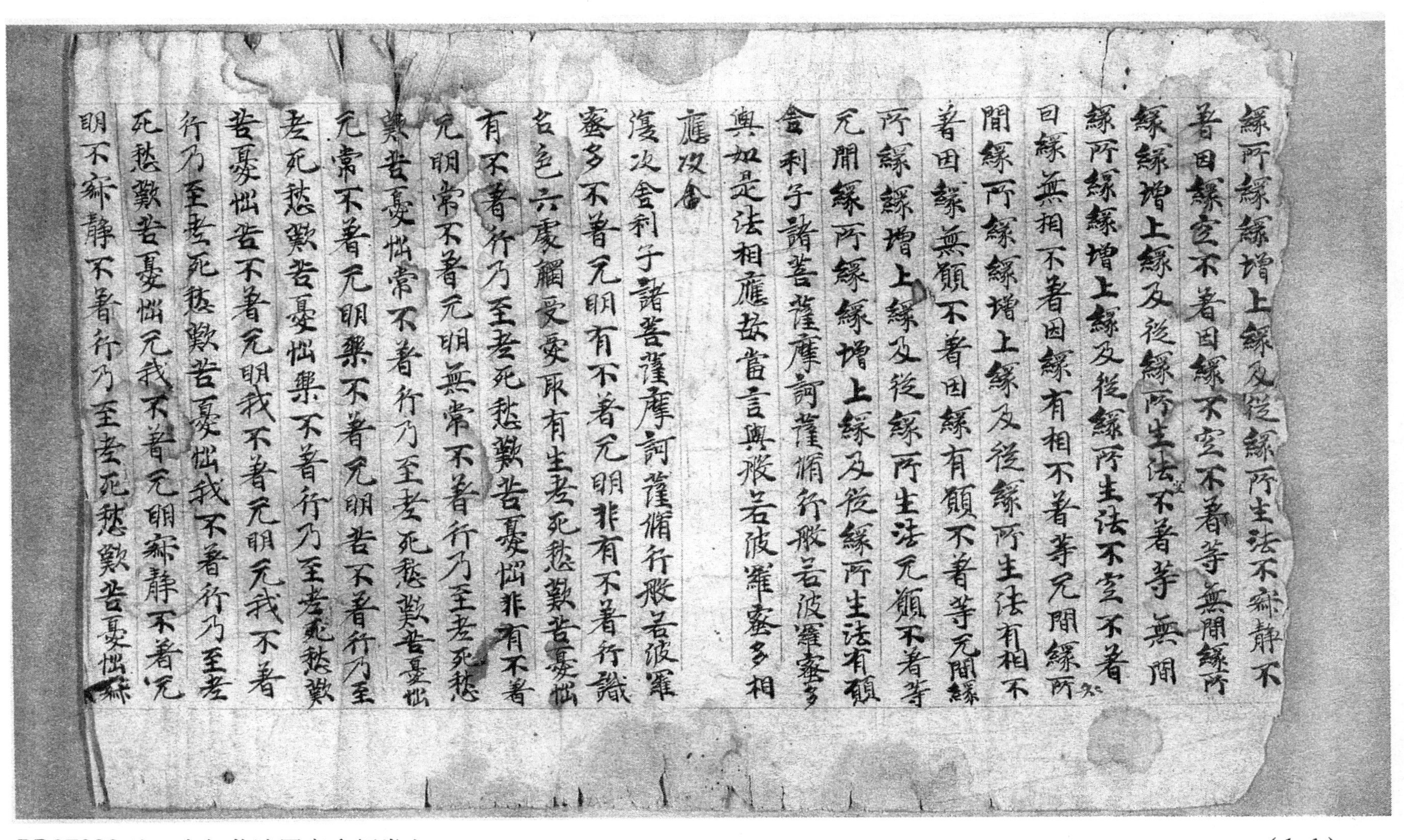
緣所緣緣增上緣及從緣所生法不寂靜不
著因緣空不著因緣不空不著等無間緣所
緣緣增上緣及從緣所生法不著等無間
緣所緣緣增上緣及從緣所生法不空不著
因緣無相不著因緣有相不著等无間緣所
間緣所緣緣增上緣及從緣所生法有相不
著因緣無願不著因緣有願不著等无間緣
所緣緣增上緣及從緣所生法无願不著等
无間緣所緣緣增上緣及從緣所生法有願
舍利子諸菩薩摩訶薩脩行般若波羅蜜多
與如是法相應故當言與般若波羅蜜多相
應復次舍
復次舍利子諸菩薩摩訶薩脩行般若波羅
蜜多不著无明有不著无明非有不著行識
名色六處觸受愛取有生老死愁歎苦憂惱
有不著行乃至老死愁歎苦憂惱非有不著
无明常不著无明無常不著行乃至老死愁
歎苦憂惱常不著行乃至老死愁歎苦憂惱
无常不著无明樂不著无明苦不著行乃至
老死愁歎苦憂惱樂不著行乃至老死愁歎
苦憂惱苦不著无明我不著无明无我不著
行乃至老死愁歎苦憂惱我不著行乃至老
死愁歎苦憂惱无我不著无明寂靜不著无
明不寂靜不著行乃至老死愁歎苦憂惱寂

BD07923號　大般若波羅蜜多經卷六　（1–1）

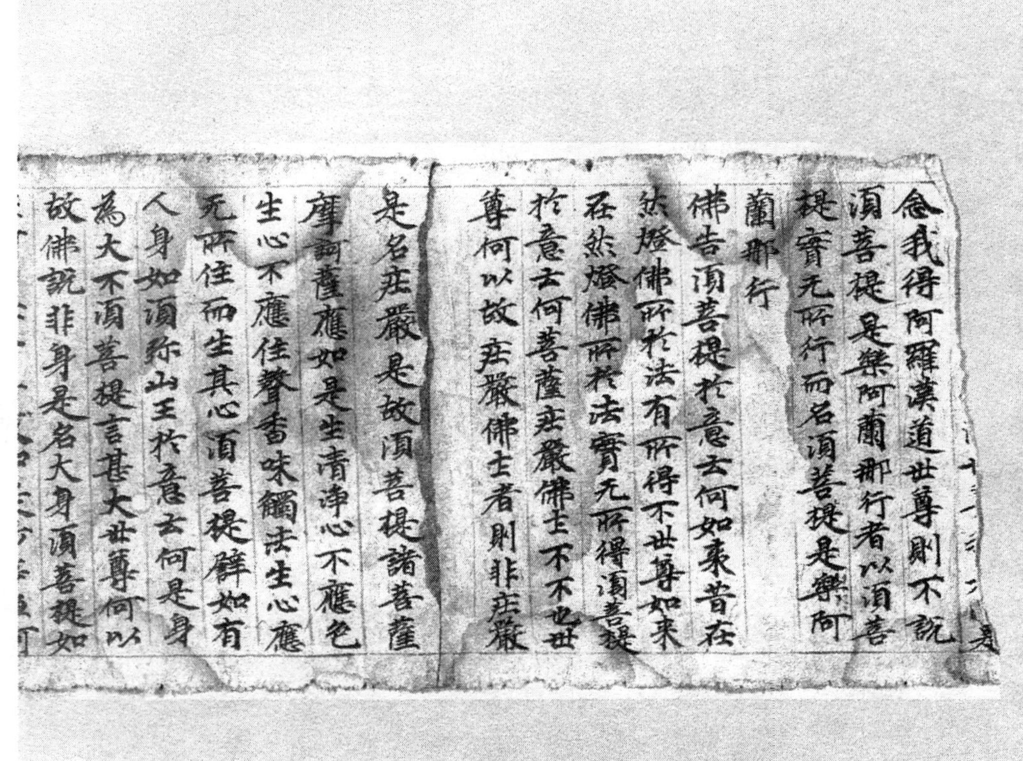

BD07924號　金剛般若波羅蜜經　（3–1）

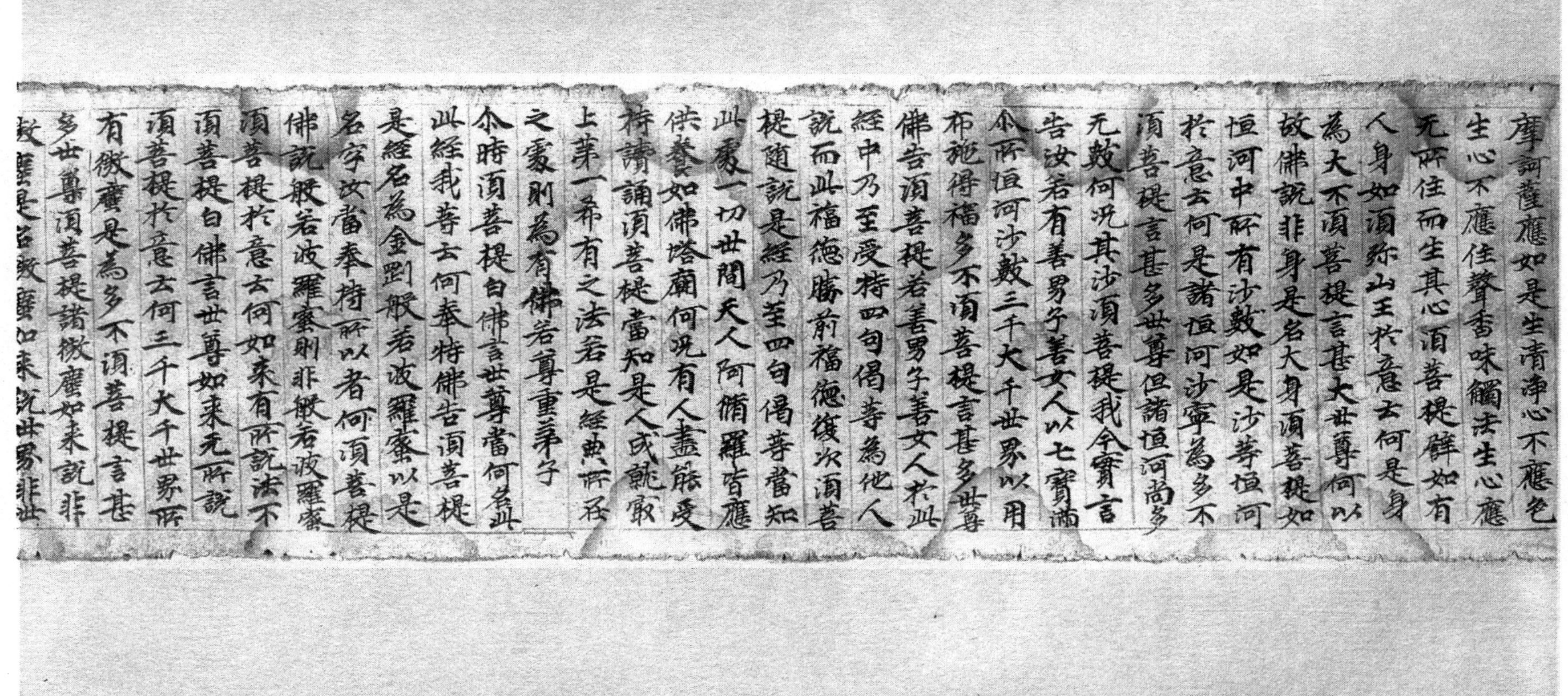

BD07924號　金剛般若波羅蜜經　（3–2）

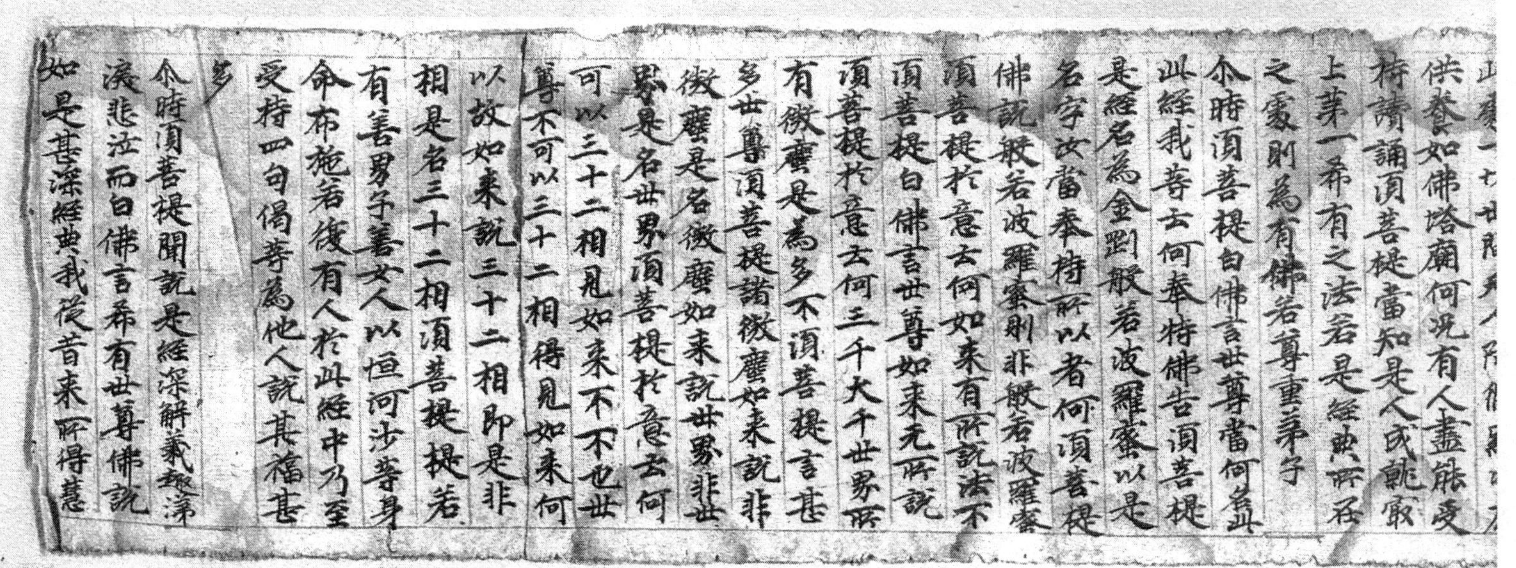
供養如佛塔廟何況有人盡能受
持讀誦須菩提當知是人成就最
上第一希有之法若是經典所在
之處則為有佛若尊重弟子
尒時須菩提白佛言世尊當何名此
經我等云何奉持佛告須菩提
是經名為金剛般若波羅蜜以是
名字汝當奉持所以者何須菩提
佛說般若波羅蜜則非般若波羅蜜
須菩提於意云何如来有所說法不
須菩提白佛言世尊如来无所說
須菩提於意云何三千大千世界所
有微塵是為多不須菩提言甚
多世尊須菩提諸微塵如来說非
微塵是名微塵如来說世界非世
界是名世界須菩提於意云何
可以三十二相見如来不不也世
尊不可以三十二相得見如来何
以故如来說三十二相即是非
相是名三十二相須菩提若
有善男子善女人以恒河沙等身
命布施若復有人於此經中乃至
受持四句偈等為他人說其福甚
多
尒時須菩提聞說是經深解義趣涕
淚悲泣而白佛言希有世尊佛說
如是甚深經典我從昔来所得慧

BD07924 號　金剛般若波羅蜜經　（3–3）

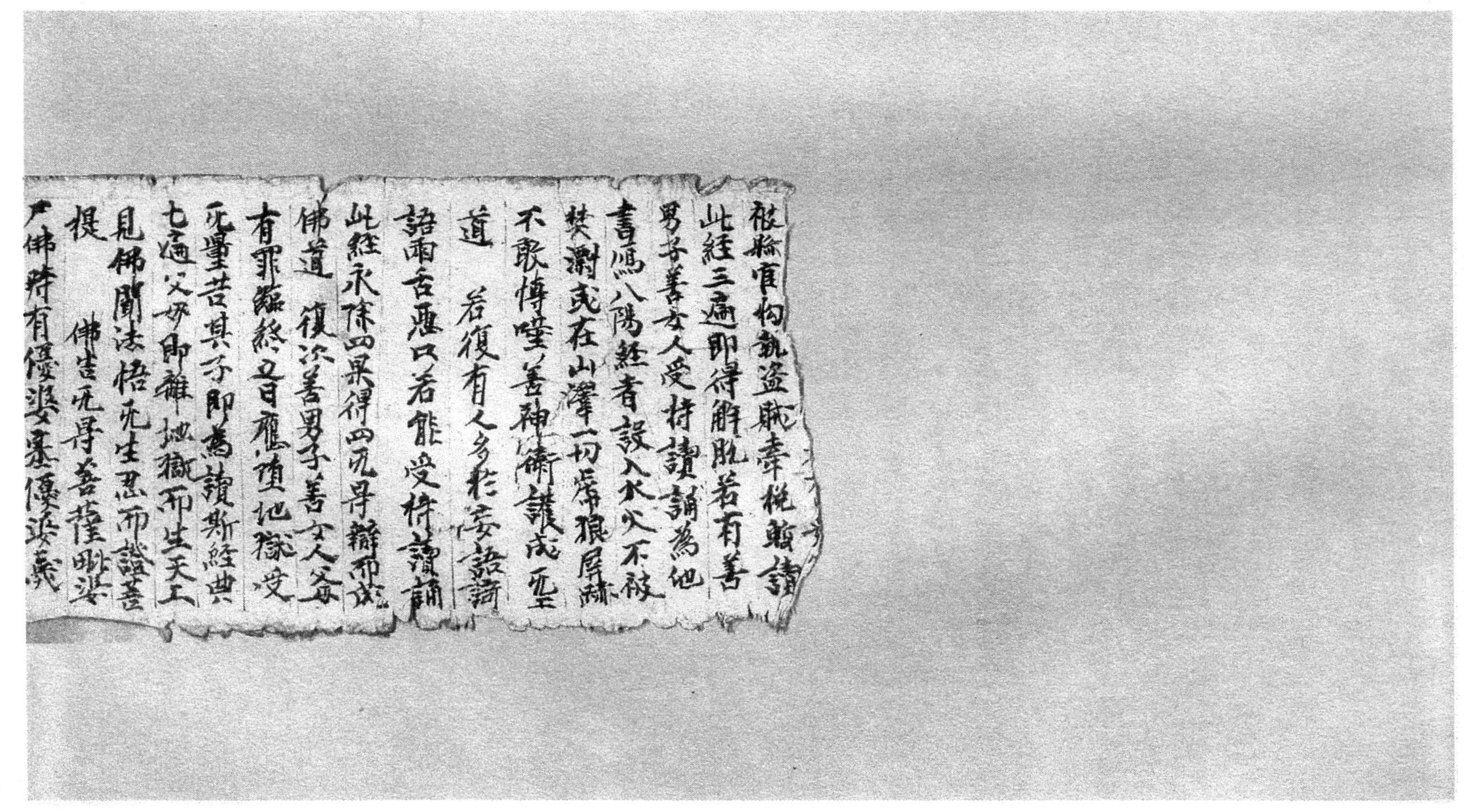
般縣官拘執盜賊牽挽暫讀
此經三遍即得解脫若有善
男子善女人受持讀誦為他
書寫八陽經者設入水火不被
焚漂或在山澤虎狼屏跡
不敢傷害善神衛護成无上
道　若復有人多於妄語綺
語兩舌惡口若能受持讀誦
此經永除四果得四无导辯成
佛道　復次善男子善女人父母
有罪臨終之日應墮地獄受
无量苦其子即為讀誦此經典
七遍父母即離地獄而生天上
見佛聞法悟无生忍而證菩
提
佛告无导菩薩毗婆
尸佛時有優婆塞優婆夷

BD07925 號　天地八陽神咒經　（9–1）

BD07925 號　天地八陽神咒經　（9–2）

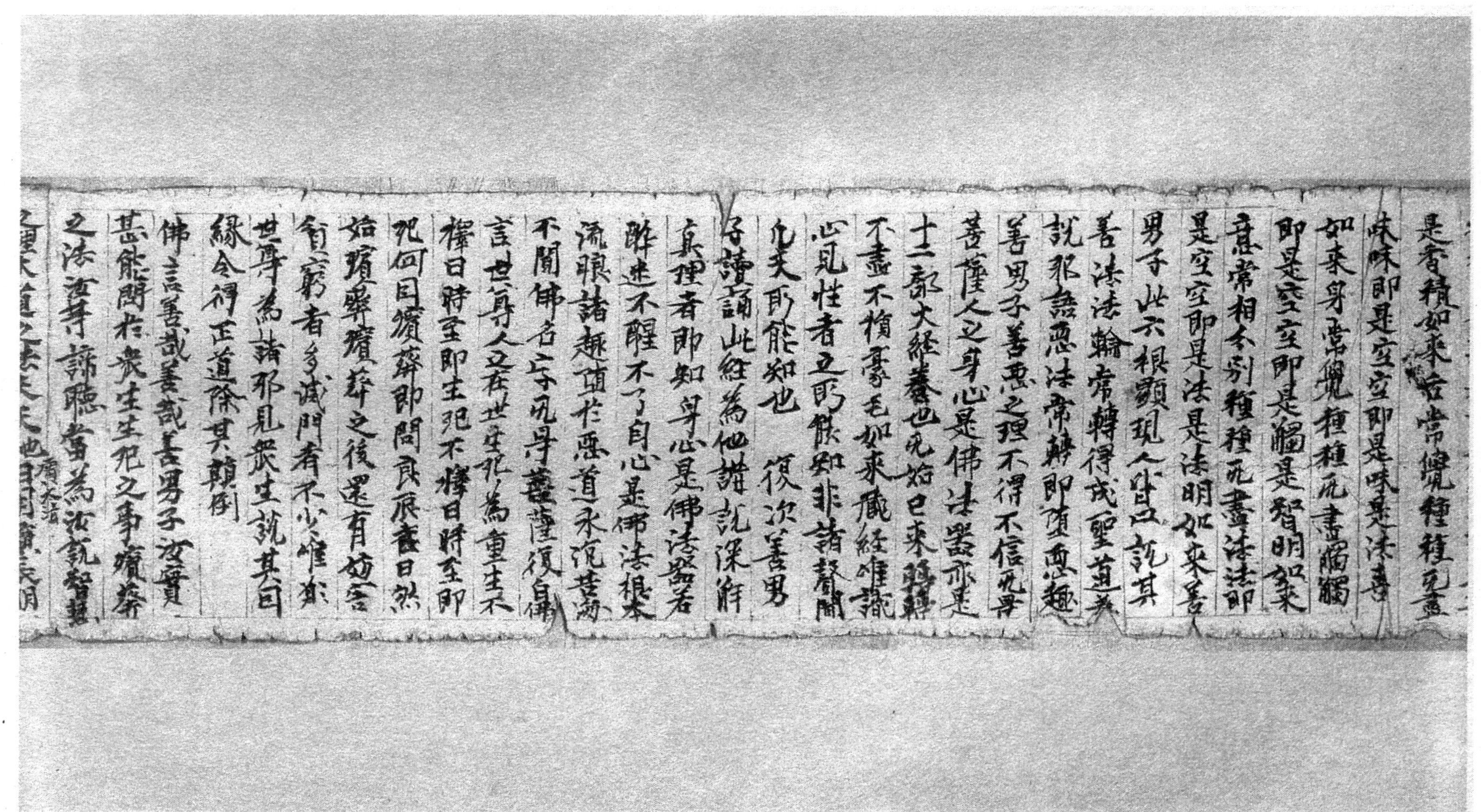

BD07925 號　天地八陽神咒經　（9–3）

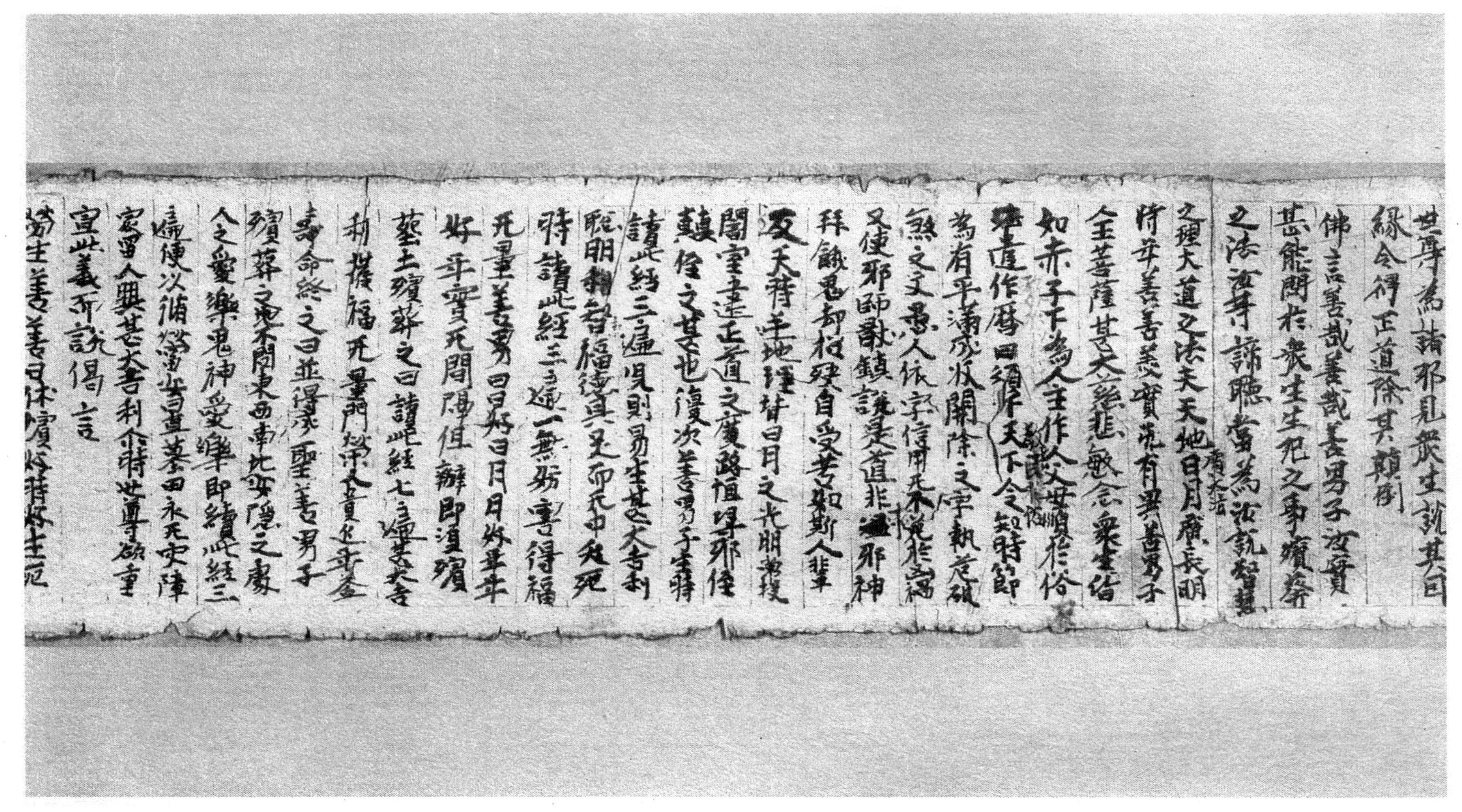

BD07925 號　天地八陽神咒經　（9–4）

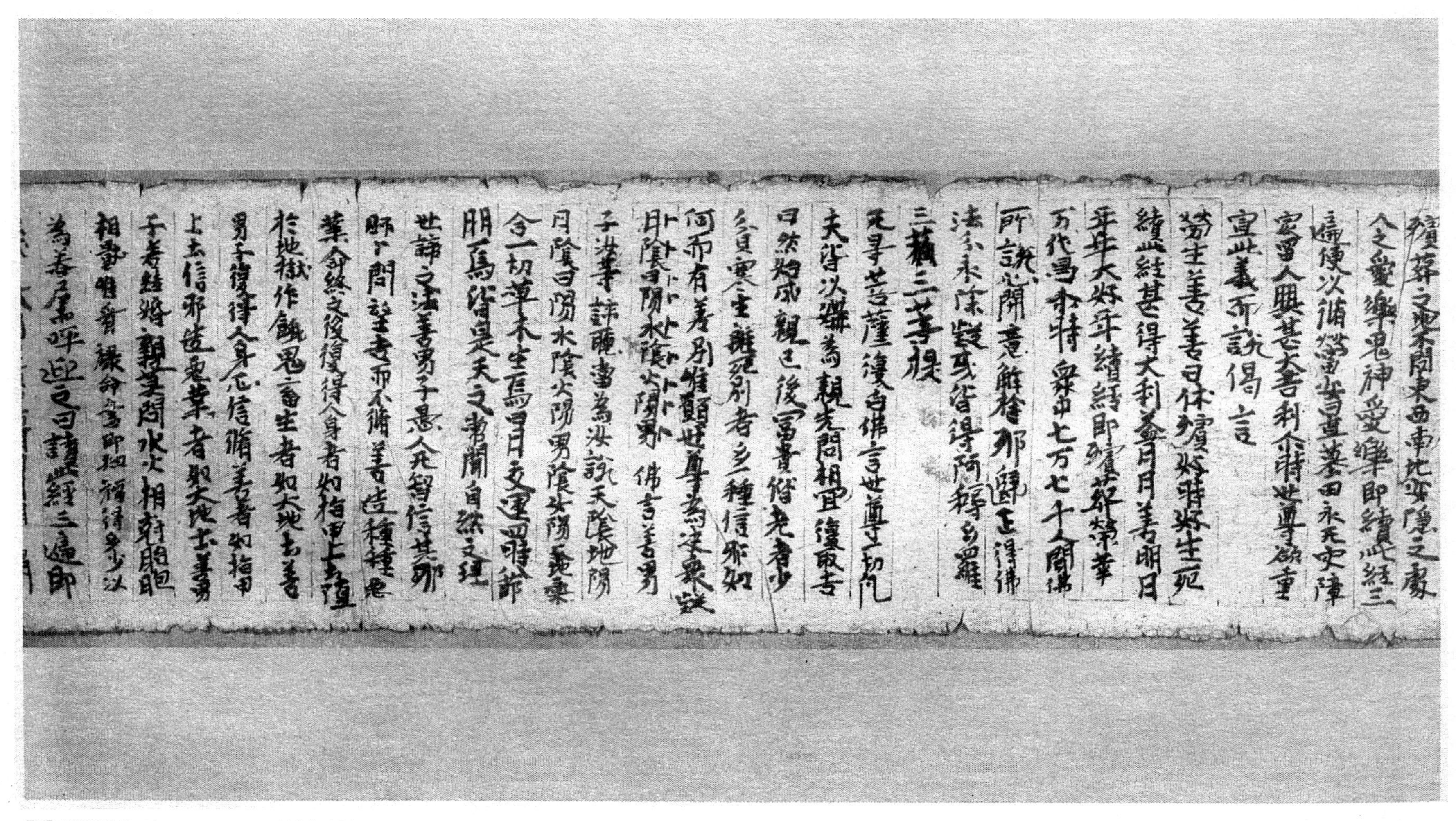

BD07925 號　天地八陽神咒經　（9–5）

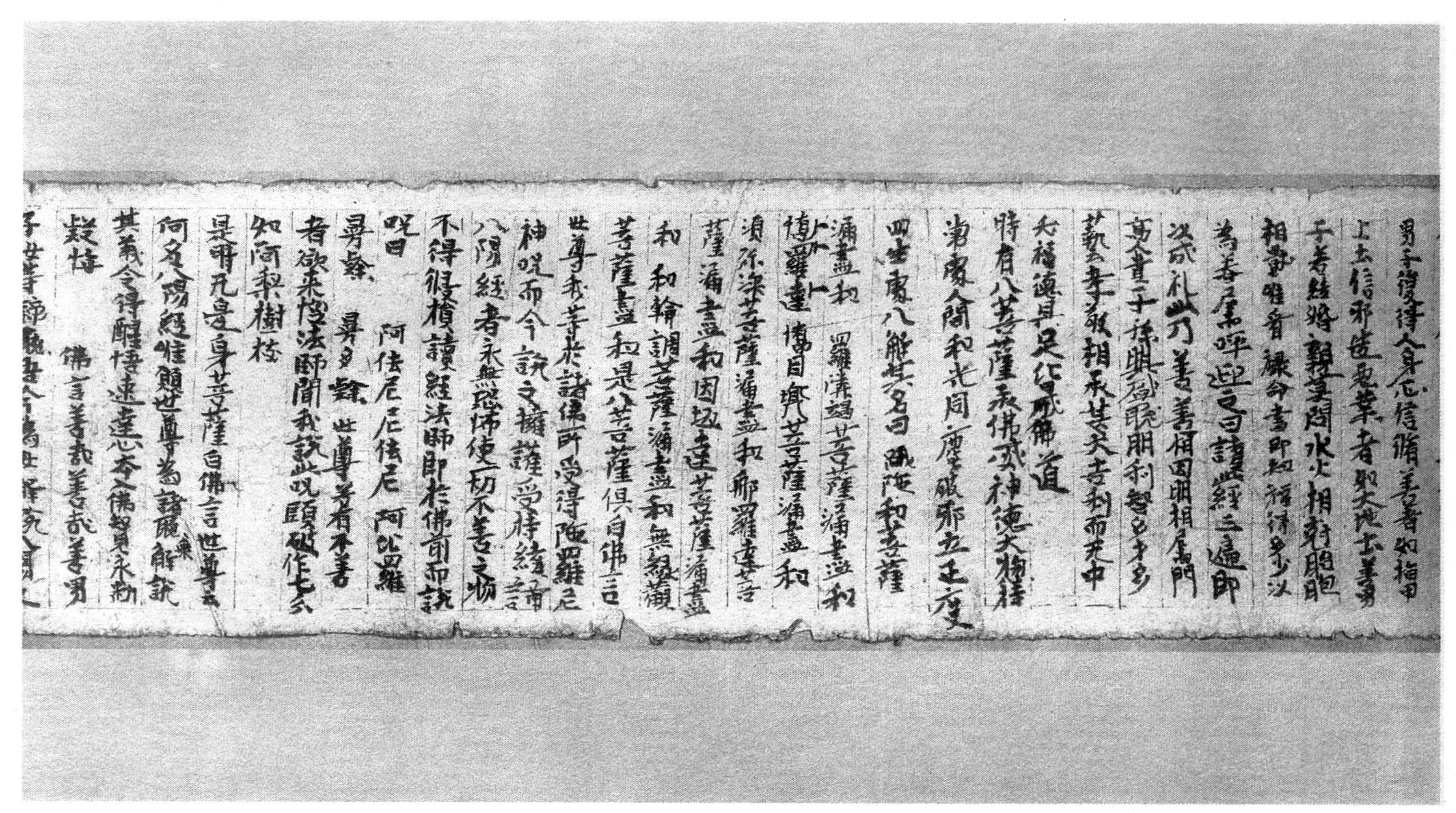
BD07925 號　天地八陽神咒經　　（9–6）

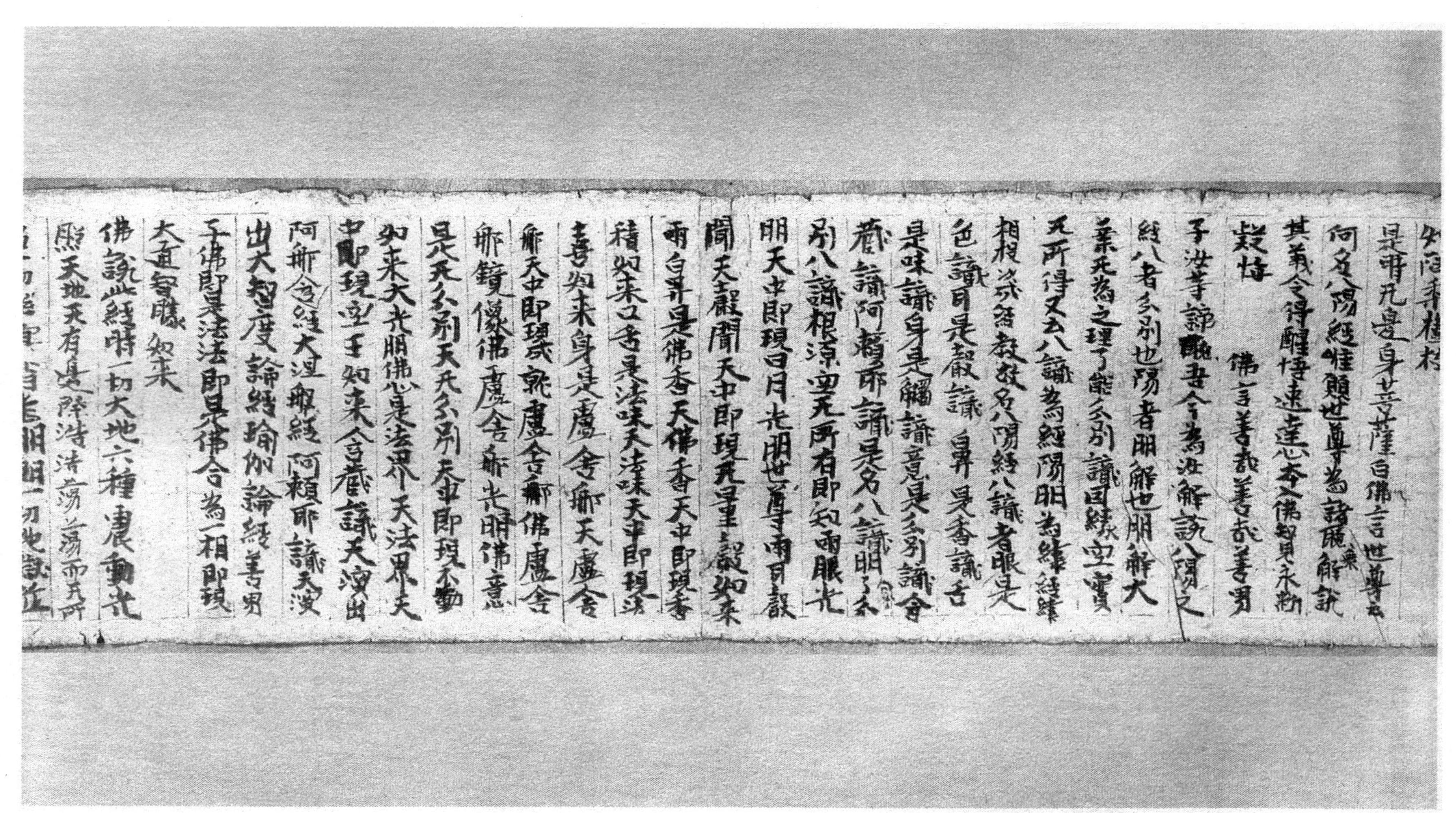
BD07925 號　天地八陽神咒經　　（9–7）

出大智度論經瑜伽論經善男
子佛即是法法即是佛合為一相即現
大通智勝如來
佛說此經時一切大地六種震動光
照天地天有邊際浩浩蕩蕩而无所
名一切幽冥皆悉明朗一切地獄並
皆消滅一切罪人俱得離苦皆發无上
菩薩提心
爾時衆中八万八千菩薩一時成佛号
曰虛空藏如來應正等覺劫名
圓滿國名无邊一切人民无有彼此
並證无諍三昧六万六千比丘比丘
尼優婆塞優婆夷得大總持无
礙天龍夜叉乾闥婆阿脩羅
迦樓羅緊那羅摩睺羅伽
人非人等得法眼淨行菩薩
道復次善男子若復有人等
官登位之日及新入宅之日即讀
此經三遍甚大吉利獲福无量
善男子若讀此經一遍者如讀一切
經一遍能寫一卷者如寫一切經一部
其功德不可稱不可量无邊
除如斯人等即成聖道
復次无邊身菩薩摩訶薩若有
衆生不信正法常生邪見忽聞此經
即誹謗言非佛說是人現世得白癩
病惡瘡膿血遍體交流腥臊臭
穢人皆憎嫉命終之日即墮阿鼻无間
地獄上火徹下下火徹上鐵叉遍身
穿穴五藏洋銅灌口筋骨爛壞一日一

BD07925號　天地八陽神咒經　（9–8）

復次无邊身菩薩摩訶薩若有
衆生不信正法常生邪見忽聞此經
即誹謗言非佛說是人現世得白癩
病惡瘡膿血遍體交流腥臊臭
穢人皆憎嫉命終之日即墮阿鼻无間
地獄上火徹下下火徹上鐵叉遍身
穿穴五藏洋銅灌口筋骨爛壞一日一
夜万生万死受大苦痛无有休息謗
斯經故獲罪如是佛為罪人而說偈
言 身是自然身 五體自然足
長乃自然長 老乃自然老 生乃自然
生 死乃自然死 求長不得長 求短
不得短 苦樂汝自當 邪正由汝
己 欲作有為功 讀經莫問師 千
万万代 得道轉法輪
佛說此經已 一切大衆得未曾有 心明意
淨 歡喜踊躍 皆見諸相非相 入佛
知見悟佛知見 无人无悟无知无見
不得一法 即涅槃樂
佛說八陽神咒經

BD07925號　天地八陽神咒經　（9–9）

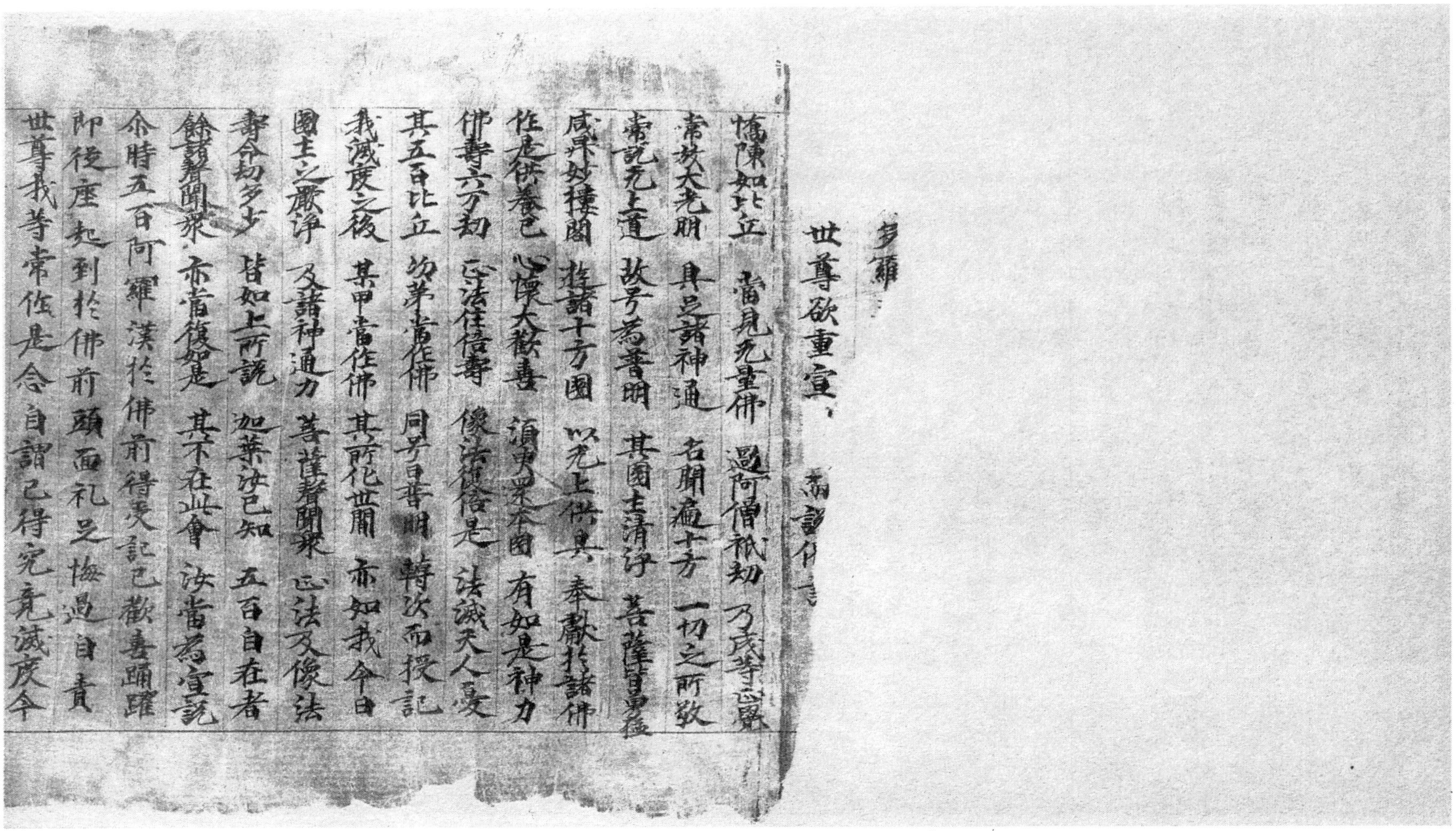

多羅
世尊欲重宣、 而說偈言
憍陳如比丘 當見无量佛 過阿僧祇劫 乃成等正覺
常放大光明 具足諸神通 名聞遍十方 一切之所敬
常說无上道 故号為普明 其國土清淨 菩薩皆勇猛
咸昇妙樓閣 遊諸十方國 以无上供具 奉獻於諸佛
作是供養已 心懷大歡喜 須臾還本國 有如是神力
佛壽六万劫 正法住倍壽 像法復倍是 法滅天人憂
其五百比丘 次第當作佛 同号曰普明 轉次而授記
我滅度之後 某甲當作佛 其所化世間 亦如我今日
國土之嚴淨 及諸神通力 菩薩聲聞衆 正法及像法
壽命劫多少 皆如上所說 迦葉汝已知 五百自在者
餘諸聲聞衆 亦當復如是 其不在此會 汝當為宣說
爾時五百阿羅漢於佛前得受記已歡喜踊躍
即從座起到於佛前頭面礼足悔過自責
世尊我等常作是念自謂已得究竟滅度今

BD07926號　妙法蓮華經卷四　（2–1）

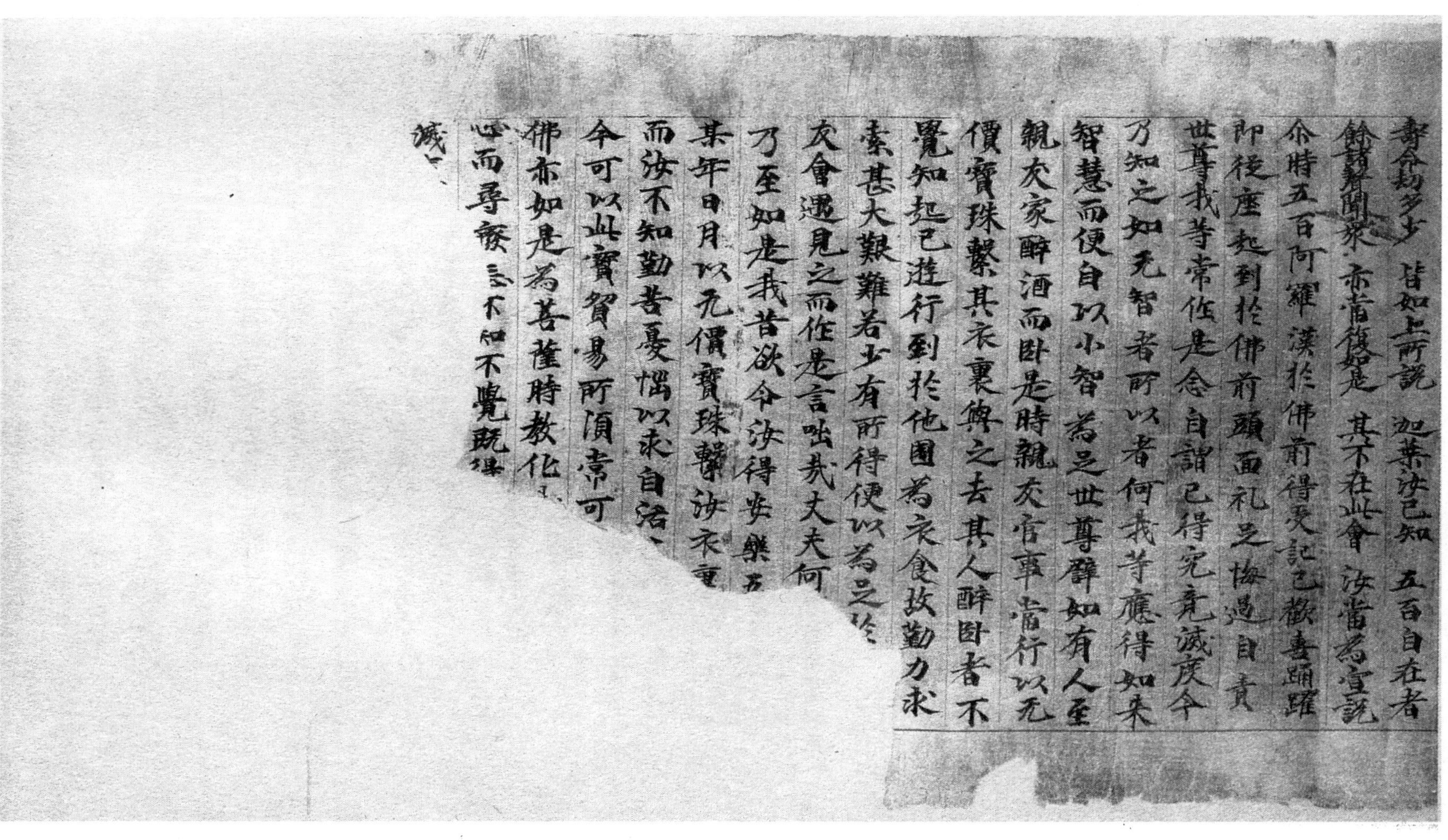
壽命劫多少 皆如上所說 迦葉汝已知 五百自在者
餘諸聲聞衆 亦當復如是 其不在此會 汝當為宣說
爾時五百阿羅漢於佛前得受記已歡喜踊躍
即從座起到於佛前頭面礼足悔過自責
世尊我等常作是念自謂已得究竟滅度今
乃知之如无智者所以者何我等應得如來
智慧而便自以小智為足世尊譬如有人至
親友家醉酒而卧是時親友官事當行以无
價寶珠繫其衣裏與之而去其人醉卧都不
覺知起已遊行到於他國為衣食故勤力求
索甚大艱難若少有所得便以為足於
友會遇見之而作是言咄哉丈夫何
乃至如是我昔欲令汝得安樂五
某年日月以无價寶珠繫汝衣裏
而汝不知勤苦憂惱以求自活
今可以此寶貿易所須常可
佛亦如是為菩薩時教化
心而尋廢忘不知不覺既得
滅、

BD07926號　妙法蓮華經卷四　（2–2）

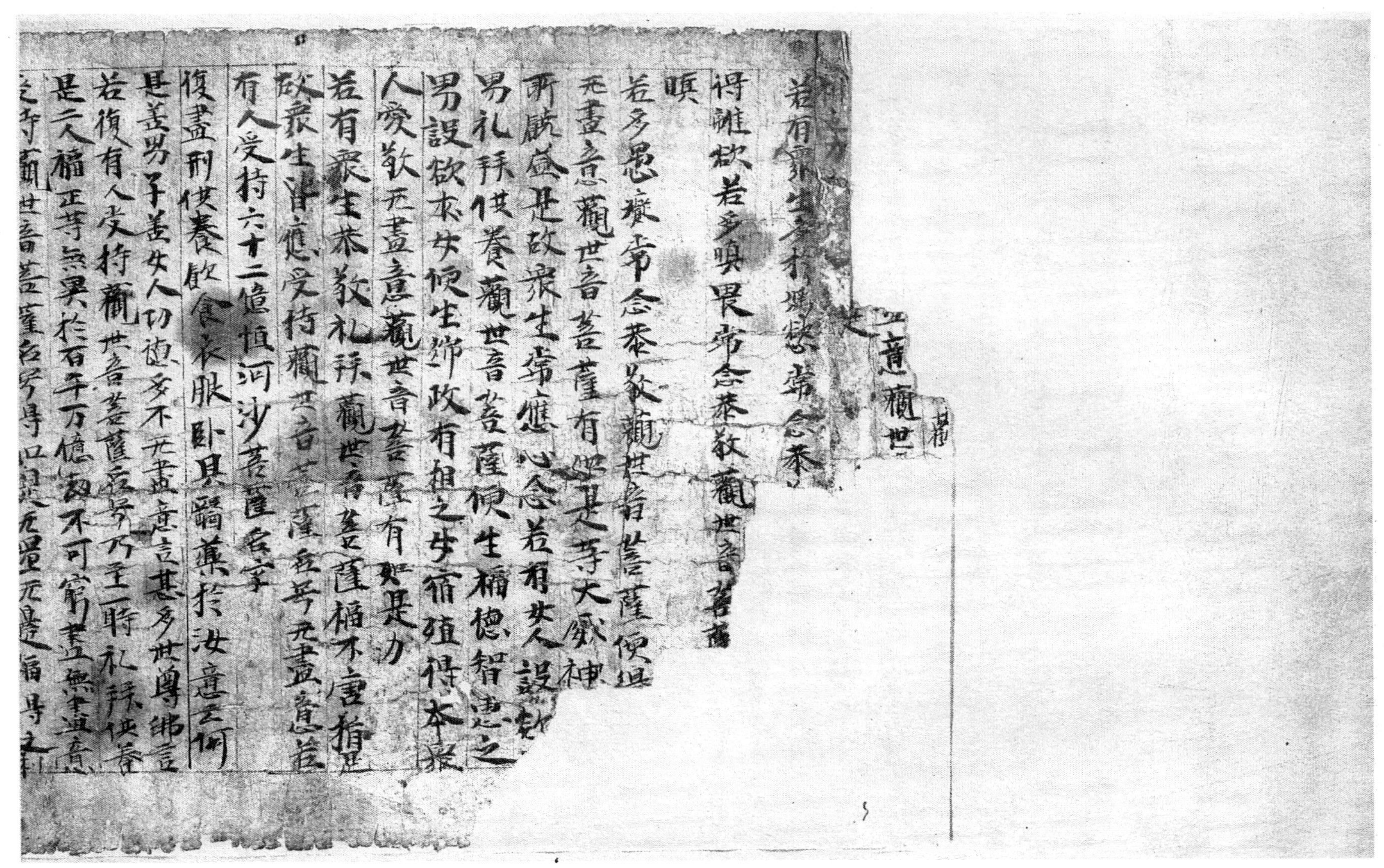

若有衆生多於婬欲常念恭敬觀世音菩薩
得離欲若多瞋恚常念恭敬觀世音菩薩
瞋
若多愚癡常念恭敬觀世音菩薩便得
無盡意觀世音菩薩有如是等大威神
力多所饒益是故衆生常應心念若有女人設欲
求男礼拜供養觀世音菩薩便生福德智慧之
男設欲求女便生端政有相之女宿殖德本衆
人愛敬無盡意觀世音菩薩有如是力
若有衆生恭敬礼拜觀世音菩薩福不唐捐是
故衆生皆應受持觀世音菩薩名号無盡意若
有人受持六十二億恒河沙菩薩名字
復盡形供養飲食衣服卧具醫藥於汝意云何
是善男子善女人功德多不無盡意言甚多世尊佛言
若復有人受持觀世音菩薩名号乃至一時礼拜供養
是二人福正等無異於百千万億劫不可窮盡無盡意
受持觀世音菩薩名号得如是無量無邊福德之利

BD07927 號　觀世音經　（3–1）

有人受持六十二億恒河沙菩薩名字
復盡形供養飲食衣服卧具醫藥於汝意云何
是善男子善女人功德多不無盡意言甚多世尊佛言
若復有人受持觀世音菩薩名号乃至一時礼拜供養
是二人福正等無異於百千万億劫不可窮盡無盡意
受持觀世音菩薩名号得如是無量無邊福德之利
無盡意菩薩白佛言世尊觀世音菩薩云何遊此
衆生說法方便之力其事云何佛告無盡意菩薩
善男子若有國土衆生應以佛身得度者觀世
音菩薩即現佛身而爲說法應以辟支佛身
得度者即現辟支佛身而爲說法應以聲聞身
得度者即現聲聞身而爲說法應以梵王身
得度者即現梵王身而爲說法應以帝釋身得
度者即現帝釋身而爲說法應以自在天身得
度者即現自在天身而爲說法應以天大將軍身
得度者即現天大將軍身而爲說法應以毗沙
門身得度者即現毗沙門身而爲說法應以小
王身得度者即現小王身而爲說法應以長者
身得度者即現長者身而爲說法應以居士身
得度者即現居士身而爲說法應以宰官身得
度者即現宰官身而爲說法應以婆羅門身
得度者即現婆羅門身而爲說法應以比丘比丘尼優婆塞優婆夷
身得度者即現比丘比丘尼優婆塞優婆夷身
而爲說法應以長者居士宰官婆羅門婦女身得
度者即現婦女身而爲說法應以童男童女身
得度者即現童男童女身而爲說法應以天龍夜叉
乾闥婆阿修羅迦樓羅緊那羅摩睺羅伽人
非人等身得度者即皆現之而爲說法應以執

BD07927 號　觀世音經　（3–2）

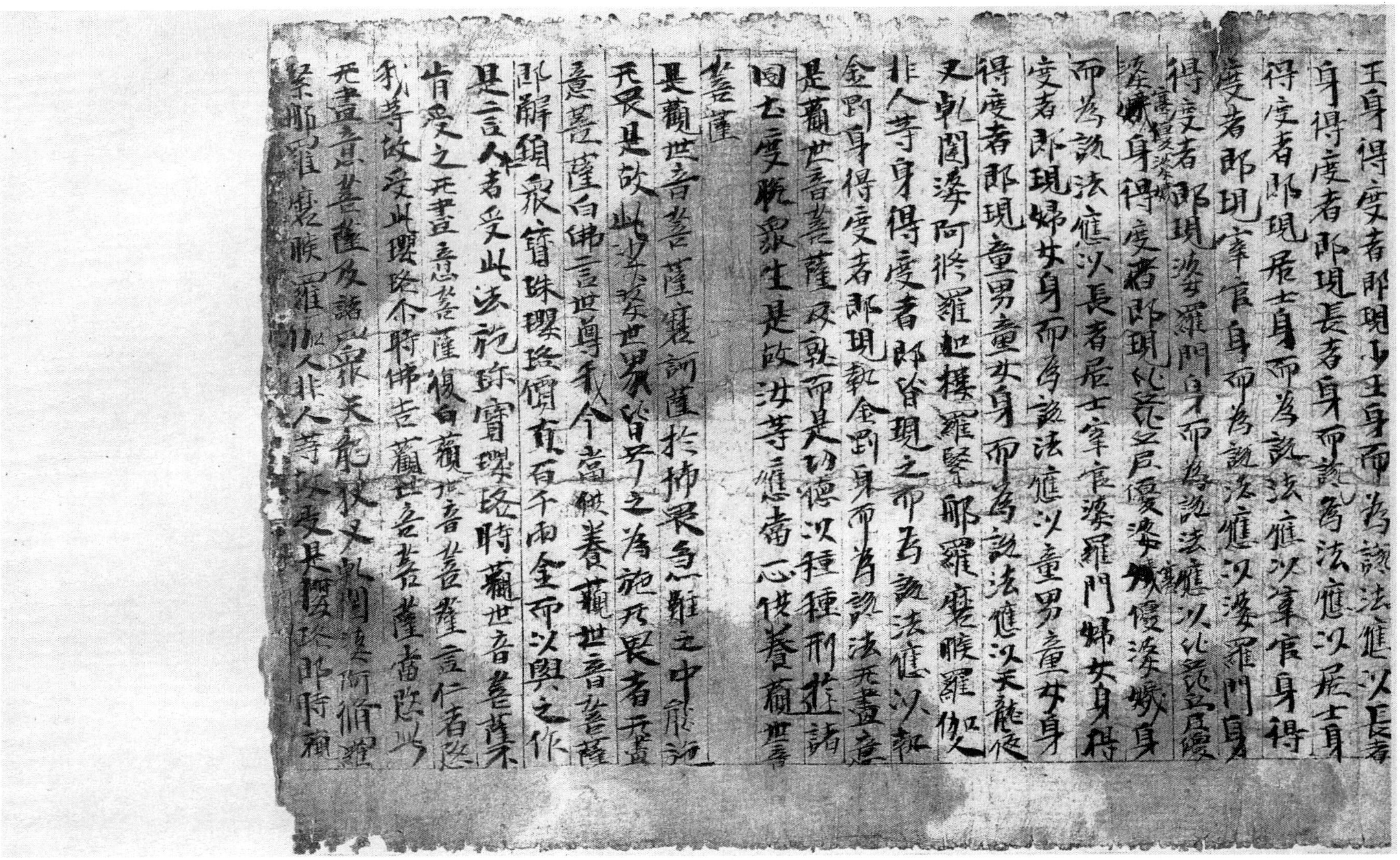

BD07927號　觀世音經　　（3–3）

BD07927號背　人名（擬）　　（2–1）

BD07927 號背　人名（擬）　（2–2）

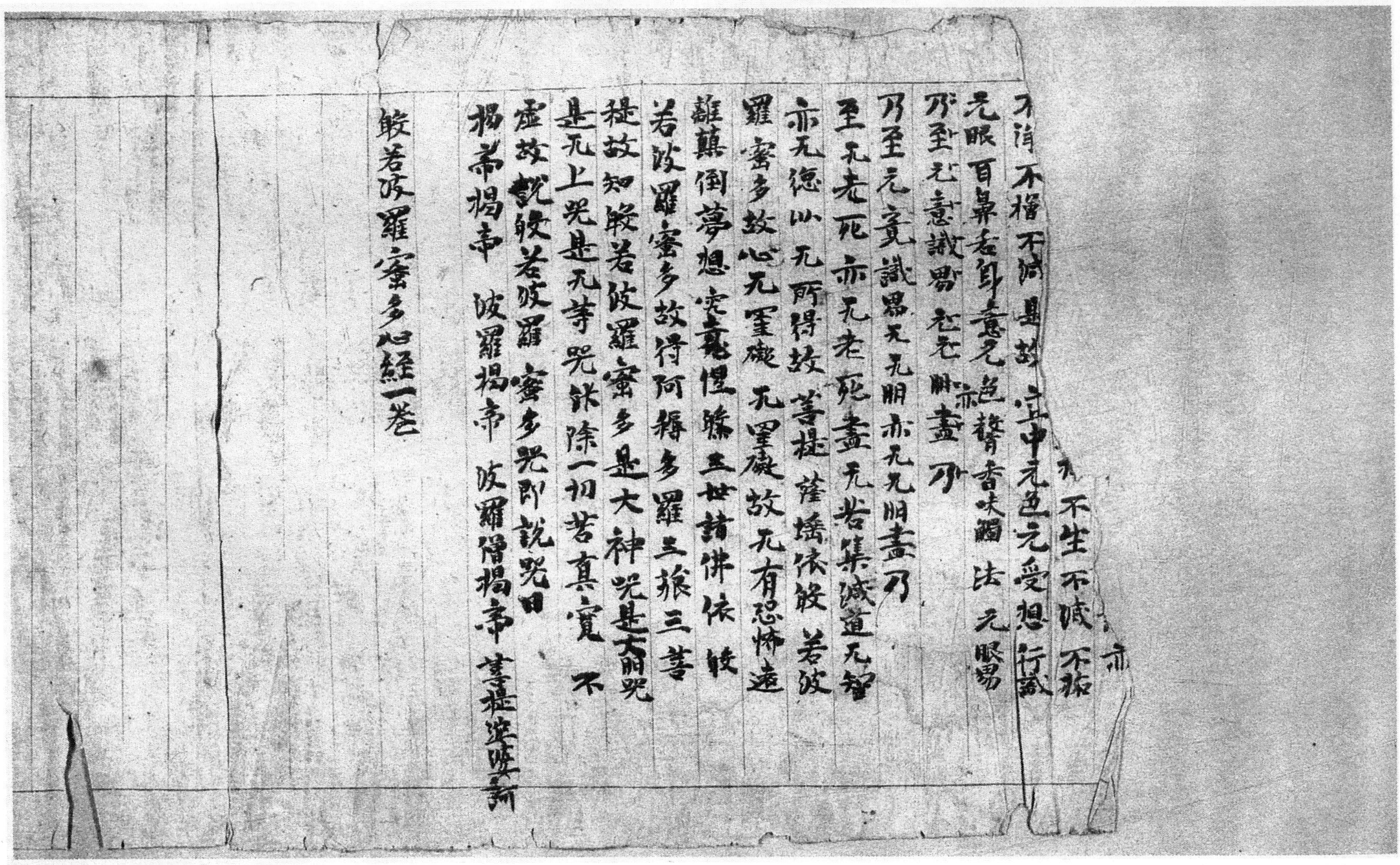

不生不滅不垢　亦
不淨不增不減是故空中无色无受想行識
无眼耳鼻舌身意无色聲香味觸法无眼界
乃至无意識界无无亦盡乃
乃至无意識界无无明亦无无明盡乃
至无老死亦无老死盡无苦集滅道无智
亦无得以无所得故菩提薩埵依般若波
羅蜜多故心无罣礙无罣礙故无有恐怖遠
離顛倒夢想究竟涅槃三世諸佛依般
若波羅蜜多故得阿耨多羅三藐三菩
提故知般若波羅蜜多是大神呪是大明呪
是无上呪是无等等呪能除一切苦真實不
虛故說般若波羅蜜多呪即說呪曰
揭帝揭帝　波羅揭帝　波羅僧揭帝　菩提娑婆訶

般若波羅蜜多心經一卷

BD07928 號 A1　般若波羅蜜多心經　（2–1）

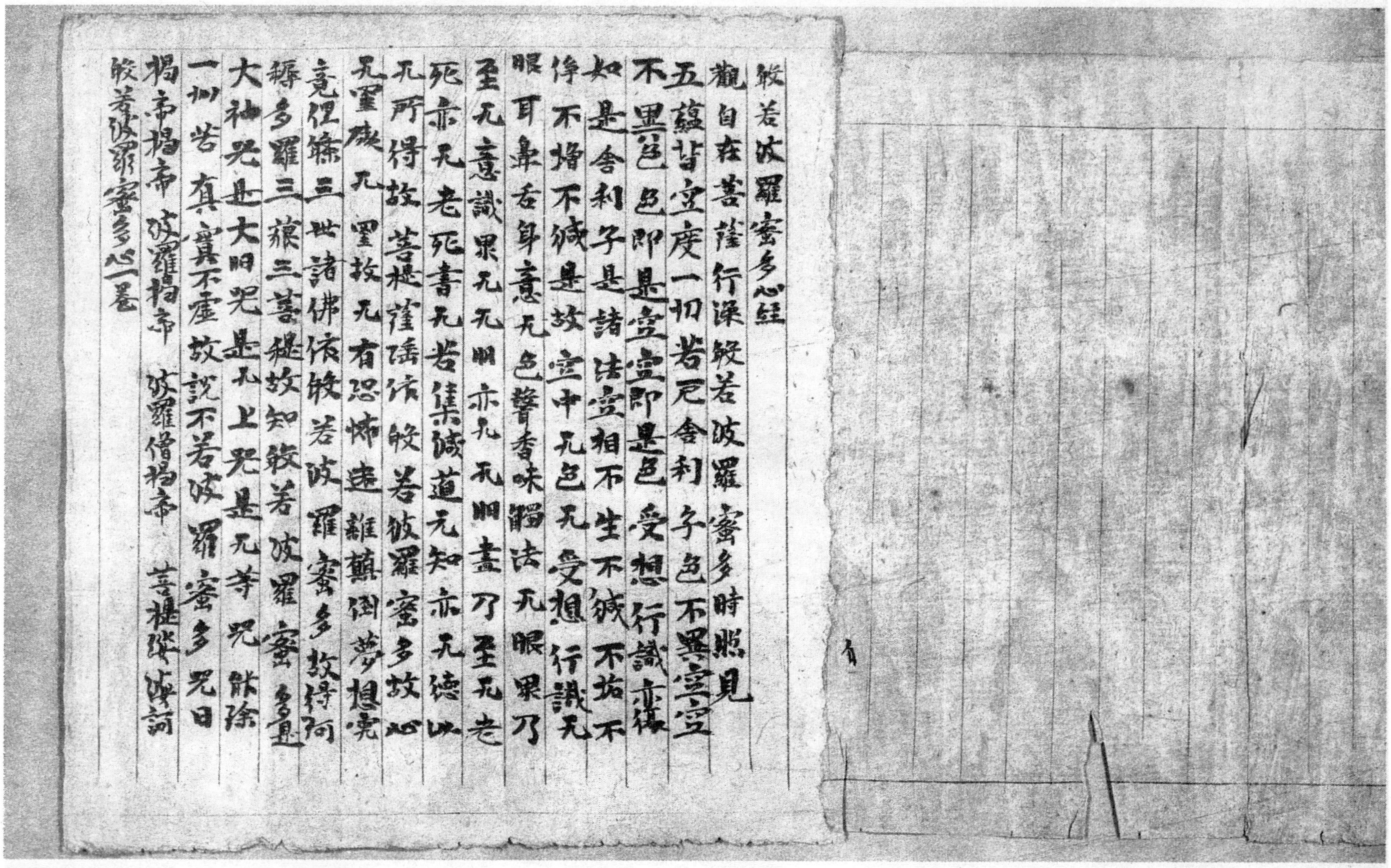

般若波羅蜜多心經
觀自在菩薩行深般若波羅蜜多時照見
五蘊皆空度一切苦厄舍利子色不異空空
不異色色即是空空即是色受想行識亦復
如是舍利子是諸法空相不生不滅不垢不
淨不增不減是故空中无色无受想行識无
眼耳鼻舌身意无色聲香味觸法无眼界乃
至无意識界无无明亦无无明盡乃至无老
死亦无老死盡无苦集滅道无知亦无得以
无所得故菩提薩埵依般若波羅蜜多故心
无罣礙无罣故无有恐怖遠離顛倒夢想究
竟涅槃三世諸佛依般若波羅蜜多故得阿
耨多羅三藐三菩提故知般若波羅蜜多是
大神咒是大明咒是无上咒是无等咒能除
一切苦真實不虛故說般若波羅蜜多咒曰
揭帝揭帝 波羅揭帝 波羅僧揭帝 菩提僧莎訶
般若波羅蜜多心經一卷

BD07928 號 A2　般若波羅蜜多心經　（2–2）

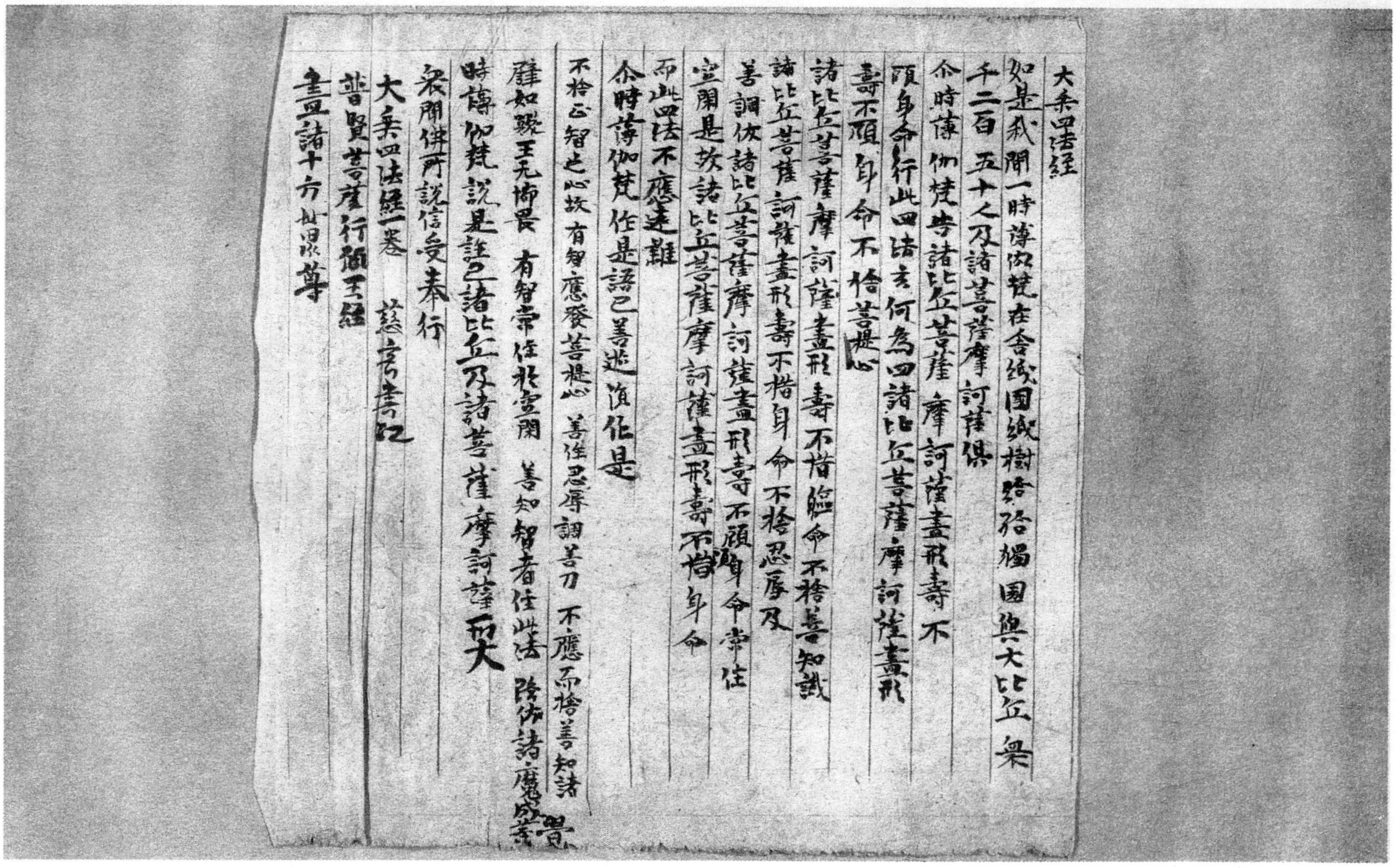

大乘四法經
如是我聞一時薄伽梵在舍衛國逝多林給孤獨園與大比丘衆
千二百五十人及諸菩薩摩訶薩俱
尒時薄伽梵告諸比丘菩薩摩訶薩盡形壽不
顧身命行此四法云何為四諸比丘菩薩摩訶薩盡形
壽不顧身命不捨菩提心
諸比丘菩薩摩訶薩盡形壽不捨身命不捨善知識
諸比丘菩薩摩訶薩盡形壽不捨總命不捨忍辱及
善調伏諸比丘菩薩摩訶薩盡形壽不顧身命常住
空閑是故諸比丘菩薩摩訶薩盡形壽不捨身命
而此四法不應遠離
尒時薄伽梵作是語已善逝復作是
不捨一切智之心故有智應發菩提心 善住忍辱調善刀 不應而捨善知識 諸
雖如癡王无怖畏 有智常住於空閑 善知智者住此法 除彼諸應覺
時薄伽梵說是語已諸比丘及諸菩薩摩訶薩而大
衆聞佛所說信受奉行
大乘四法經一卷 慈宮書記
普賢菩薩行願王經
盡此諸十方世界尊

BD07928 號 B　大乘四法經　（1–1）

論曰若時菩薩於所緣境无分別智都无所得
不取種種戲論相故尒時乃名實住唯識真勝
義性即證真如智與真如平等平等俱離能
取所取相故能所取相俱是分別有所得心戲論
現故有義此智二分俱无說无所取能取相故有
義此智相見俱有帶彼相起名緣彼故若无彼相
名緣彼者應色智等名聲等智若无見分應不能
緣寧可說爲緣真如智勿真如性亦名能緣故應
許此定有見分有義此智見有相无說无相取不取
相故雖有見分而无分別說非能取非取全无雖无
相分而可說此帶如相起不離如故如自證分緣見
分時不變而緣此亦應尒變而緣者便非親證
如後得智應有分別故應許此有見无相加行无
間此智生時體會真如名通達位初照理故亦名
見道然此見道略說有二一真見道謂即所說无
分別智實證二空所顯真理實斷二障分別隨眠
雖多刹那事方究竟而相等故惣說一心有義此

BD07929號　成唯識論卷九　（2–1）

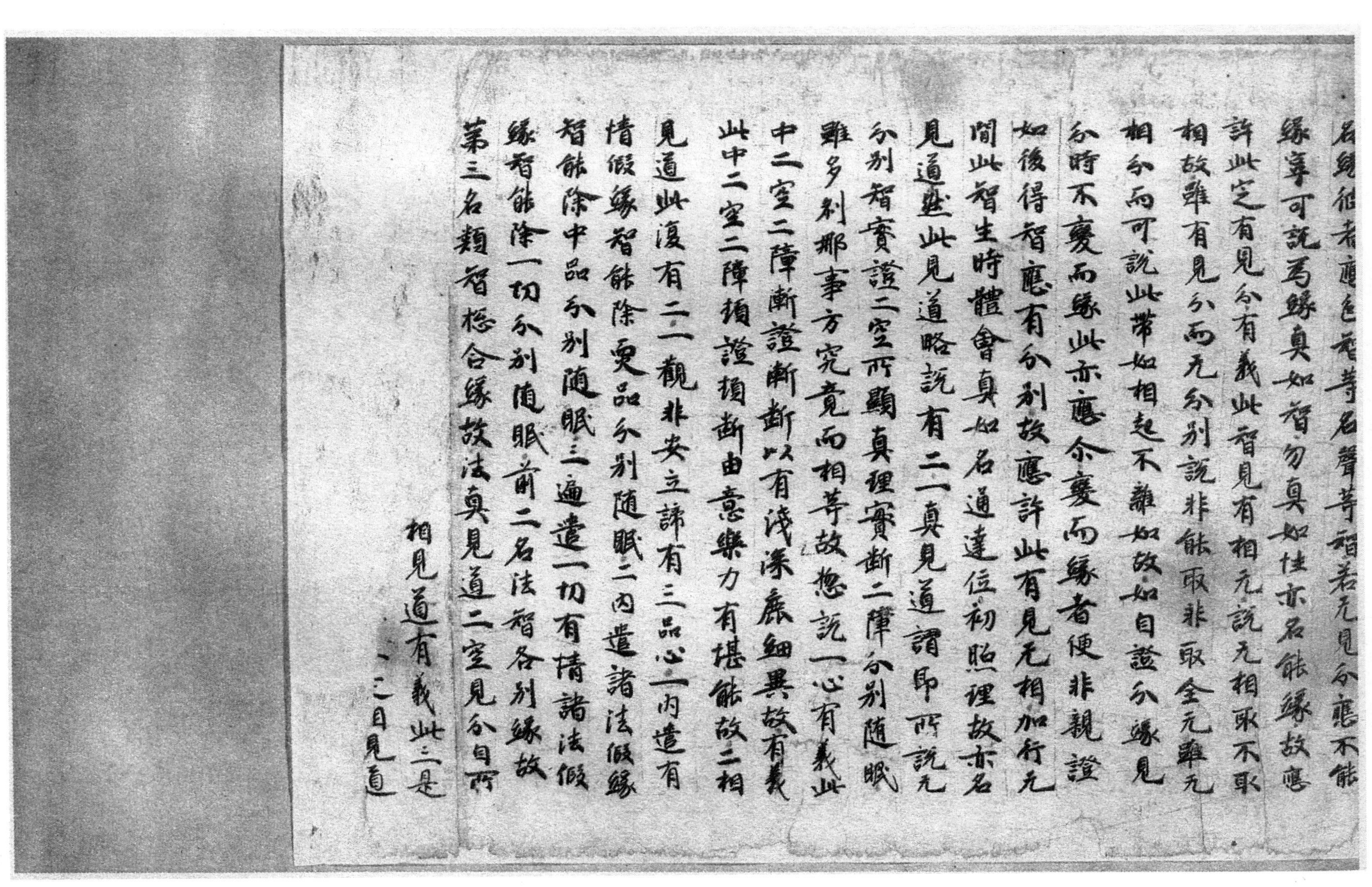

名緣彼者應色智等名聲等智若无見分應不能
緣寧可說爲緣真如智勿真如性亦名能緣故應
許此定有見分有義此智見有相无說无相取不取
相故雖有見分而无分別說非能取非取全无雖无
相分而可說此帶如相起不離如故如自證分緣見
分時不變而緣此亦應尒變而緣者便非親證
如後得智應有分別故應許此有見无相加行无
間此智生時體會真如名通達位初照理故亦名
見道然此見道略說有二一真見道謂即所說无
分別智實證二空所顯真理實斷二障分別隨眠
雖多刹那事方究竟而相等故惣說一心有義此
中二空二障漸證漸斷以有淺深麁細異故有義此
中二空二障頓證頓斷由意樂力有堪能故二相
見道此復有二一觀非安立諦有三品心一內遣有
情假緣智能除耎品分別隨眠二內遣諸法假緣
智能除中品分別隨眠三遍遣一切有情諸法假
緣智能除一切分別隨眠前二名法智各別緣故
第三名類智惣合緣故法真見道二空見分自所
相見道有義此三是
二目見道

BD07929號　成唯識論卷九　（2–2）

持呪人於百
人神亦常侍
語无有虛誑唯
已佛言善哉善哉
菩網令得富樂說是神呪復令此
世時四天王俱從座起偏袒右肩頂礼雙足
右膝著地合掌恭敬以妙伽他讚佛功德
佛面猶如淨滿月　亦如千日放光明
目淨脩廣若青蓮　齒白齊密
佛德无邊如大海　无限妙寶積
智慧德水鎮恒盈　百千勝定咸充滿
足下輪相皆嚴飾　轂輞千輻悉齊平
手足鞔網遍莊嚴　猶如鵝王相具足
佛身光曜等金山　清淨殊特
亦如妙高功德滿　故我稽首佛山王
相好如空不可測　逾於千月放光明
皆如焰幻不思議　故我稽首心无著

BD07930號　金光明最勝王經卷六　（4–1）

足下輪相皆嚴飾　轂輞千輻悉齊平
手足鞔網遍莊嚴　猶如鵝王相具足
佛身光曜等金山　清淨殊特
亦如妙高功德滿　故我稽首佛山王
相好如空不可測　逾於千月放光明
皆如焰幻不思議　故我稽首心无著
尒時四天王讚歎佛已世尊亦以伽
之曰
此金光明最勝經　无上十力之所說
汝等四王常擁護　應生勇猛不退心
此妙經寶極甚深　能与一切有
由彼有情安樂故　常得流通贍部洲
於此大千世界中　所有一切有情類
餓鬼傍生及地獄　如是苦趣悉皆除
住此南洲諸國王　及餘一切有
由經威力常歡喜　皆蒙擁護得安寧
亦使此中諸有情　除衆病苦无賊盜
賴此國土弘經故　安隱豐樂无違
若人聽受此經王　欲求尊貴及財
國土豐樂无違諍　隨心所願悉皆從
能令他方賊退散　於自國界常安隱
由此最勝經王力　離諸苦惱无
如寶樹王在宅內　能生一切諸樂具
最勝經王亦復然　能与人王勝功德
譬如澄潔清冷水　能除飢渴諸熱布
最勝經王亦復然　令樂福者心滿
如人室有妙寶篋　隨所受用悉從心
最勝經王亦復然　福德隨心无所乏
汝等天主及天衆　應當供養此

BD07930號　金光明最勝王經卷六　（4–2）

最勝經王亦復然　令樂福者心滿
如人室有妙寶篋　隨所受用悉從心
最勝經王亦復然　福德隨心无所乏
汝等天主及天眾　應當供養此經
若能依教奉持經　智慧威神皆具足
現在十方一切佛　咸共護念此經王
見有讀誦及受持　稱歎善哉甚希有
若有人能聽此經　身心踊躍生歡喜
常有百千藥叉眾　隨所住處護斯人
於此世界諸天眾　其數无量不思議
悉共聽受此經王　歡喜護持无退轉
若人聽受此經王　威德勇猛常自在
增益一切人天眾　令離衰惱益光明
尒時四天王聞是頌已歡喜踊躍白佛言
世尊我從昔來未曾得聞如是甚深微妙
之法心生悲喜涕淚交流舉身戰動證不思
議希有之事以天曼陀羅花摩訶曼陀羅花
而散佛上作是殊勝供養佛已白佛言世尊
我等四王各有五百藥叉眷屬常當處處擁
護是經及說法師以智光明而為助衛若於此
經所有句義忘失之處我皆令彼憶念不忘
与陀羅尼殊勝法門令得具足復欲令此最
勝經王所在之處為諸眾生廣宣流布不速
隱沒尒時世尊於大眾中說是法時无量眾
生皆得大智聰叡辯才攝受无量福德之
聚離諸憂惱喜樂心善明眾論登出離道
不復退轉速證菩提

BD07930號　金光明最勝王經卷六　（4–3）

我等四王各有五百藥叉眷屬常當處處擁
護是經及說法師以智光明而為助衛若於此
經所有句義忘失之處我皆令彼憶念不忘
与陀羅尼殊勝法門令得具足復欲令此最
勝經王所在之處為諸眾生廣宣流布不速
隱沒尒時世尊於大眾中說是法時无量眾
生皆得大智聰叡辯才攝受无量福德之
聚離諸憂惱喜樂心善明眾論登出離道
不復退轉速證菩提

金光明最勝王經卷第六

胝陟尸　敞昌兩　[illegible]亭徙文　整征郢　殿田見　蝕乘力　㩍娘各　譏士咸　宴
劬　麼摩可　颯蘇合　薜蒲閉　擒車者　拏奴加　窣蘇骨　嚕盧盍　嚧盧致
[illegible]末般　撒以苦

BD07930號　金光明最勝王經卷六　（4–4）

言便爲惡魔之所誑惑是菩薩摩訶薩見有
男子或有女人現爲非人之所魅著受諸苦
惱不能速離即便輕尒發誠諦言我若已從
過去諸佛受得無上正等菩提不退轉記令
是男子或此女人不爲非人之所擾惱彼隨
我語速當捨去是菩薩摩訶薩作此語已
尒時惡魔爲誑惑故即便駈逼非人令去
所以者何惡魔勢力勝彼非人是故非人受魔
教勑即便捨去是菩薩摩訶薩見此事已歡
喜踊躍作是念言非人今去是吾威力所以
者何非人隨我所發誓願即便放此男子女人
無別緣故是菩薩摩訶薩不能覺知惡魔所
作謂是己力妄生歡喜恃此輕弄諸菩薩
言我已從過去諸佛受得無上正等菩提不
退轉記所發誓願皆不唐捐汝等未蒙諸佛
授記不應學我發誠諦言設有要期必定無
果是菩薩摩訶薩輕弄譏毀諸菩薩故妄恃

BD07931號　大般若波羅蜜多經卷四五二　（2–1）

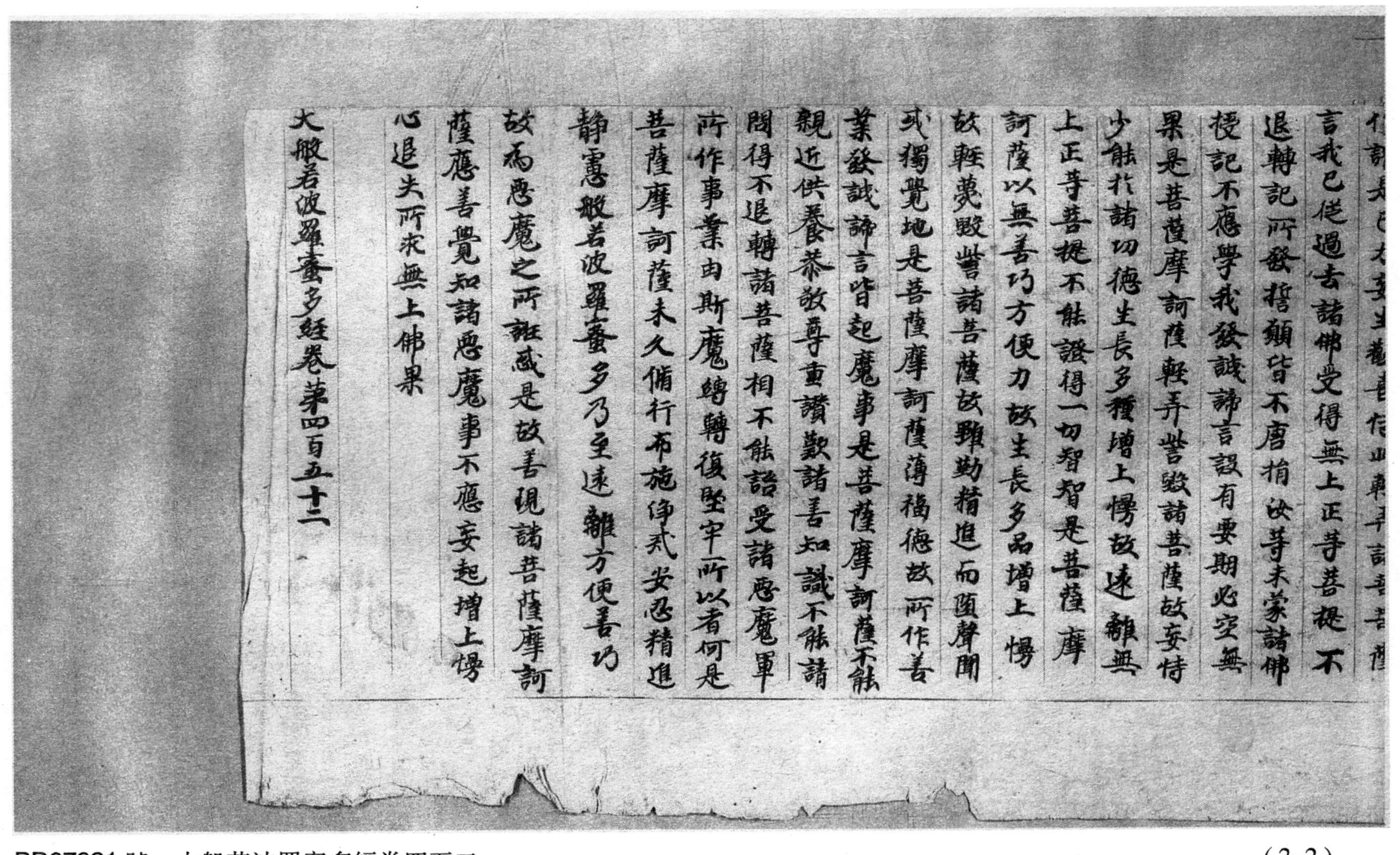
作謂是己力妄生歡喜恃此輕弄諸菩薩
言我已從過去諸佛受得無上正等菩提不
退轉記所發誓願皆不唐捐汝等未蒙諸佛
授記不應學我發誠諦言設有要期必定無
果是菩薩摩訶薩輕弄譏毀諸菩薩故妄恃
少能於諸功德生長多種增上慢故遠離無
上正等菩提不能證得一切智智是菩薩摩
訶薩以無善巧方便力故生長多品增上慢
故輕蔑毀訾諸菩薩故雖勤精進而墮聲聞
或獨覺地是菩薩摩訶薩薄福德故所作善
業發誠諦言皆起魔事是菩薩摩訶薩不能
親近供養恭敬尊重讚歎諸善知識不能請
問得不退轉諸菩薩相不能語受諸惡魔軍
所作事業由斯魔縛轉復堅牢所以者何是
菩薩摩訶薩未久脩行布施淨戒安忍精進
靜慮般若波羅蜜多乃至遠離方便善巧
故爲惡魔之所誑惑是故善現諸菩薩摩訶
薩應善覺知諸惡魔事不應妄起增上慢
心退失所求無上佛果
大般若波羅蜜多經卷第四百五十二

BD07931號　大般若波羅蜜多經卷四五二　（2–2）

大智度論弟四袟

付理之勘　見所化物不久故謂之爲實化者　所所化雖虛而化主不空答曰凡夫人

大智度論卷第三

BD07931號背　勘記　（1–1）

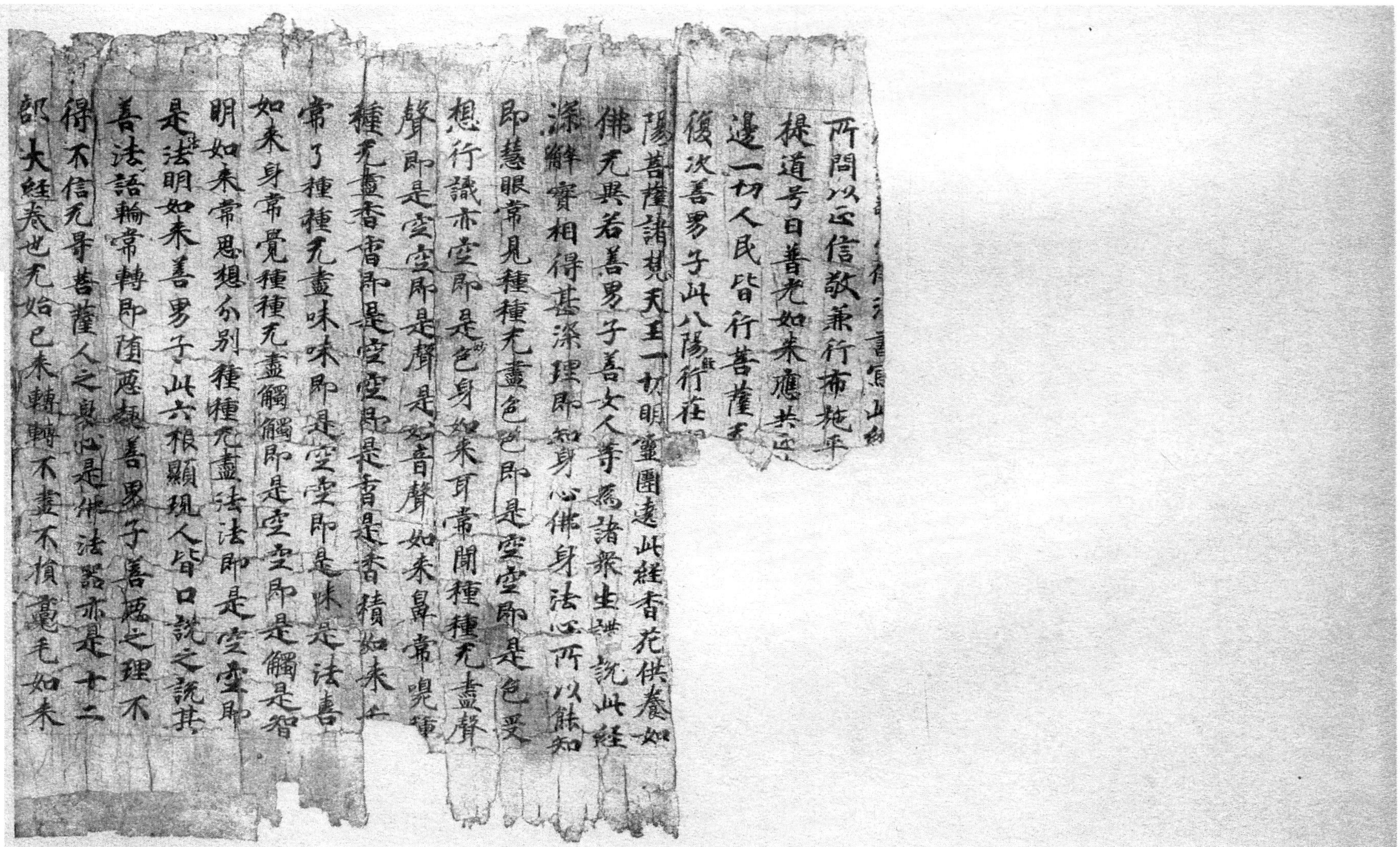

[illegible]

所問以正信敬兼行布施平[illegible]

提道号曰普光如來應共正[illegible]

遑一切人民皆行菩薩[illegible]

復次善男子此八陽經行在[illegible]

陽菩薩諸梵天王一切明靈圍遶此經香花供養如

佛无異若善男子善女人等爲諸衆生講說此經

深解實相得甚深理即知身心佛身法心所以能知

即慧眼常見種種无盡色色即是空空即是色受

想行識亦空空即是色身如來耳常聞種種无盡聲

聲即是空空即是聲是妙音聲如來鼻常嗅種

種无盡香香即是空空即是香是香積如來舌

常了種種无盡味味即是空空即是味是法喜

如來身常覺種種无盡觸觸即是空空即是觸是智

明如來常思想分別種種无盡法法即是空空即

是法明如來善男子此六根顯現人皆口說之說其

善法語輪常轉即隨惡趣善男子善惡之理不

得不信无㝵菩薩人之身心是佛法器亦是十二

部大經卷也无始已來轉轉不盡不損毫毛如來

BD07932號　天地八陽神咒經　（2–1）

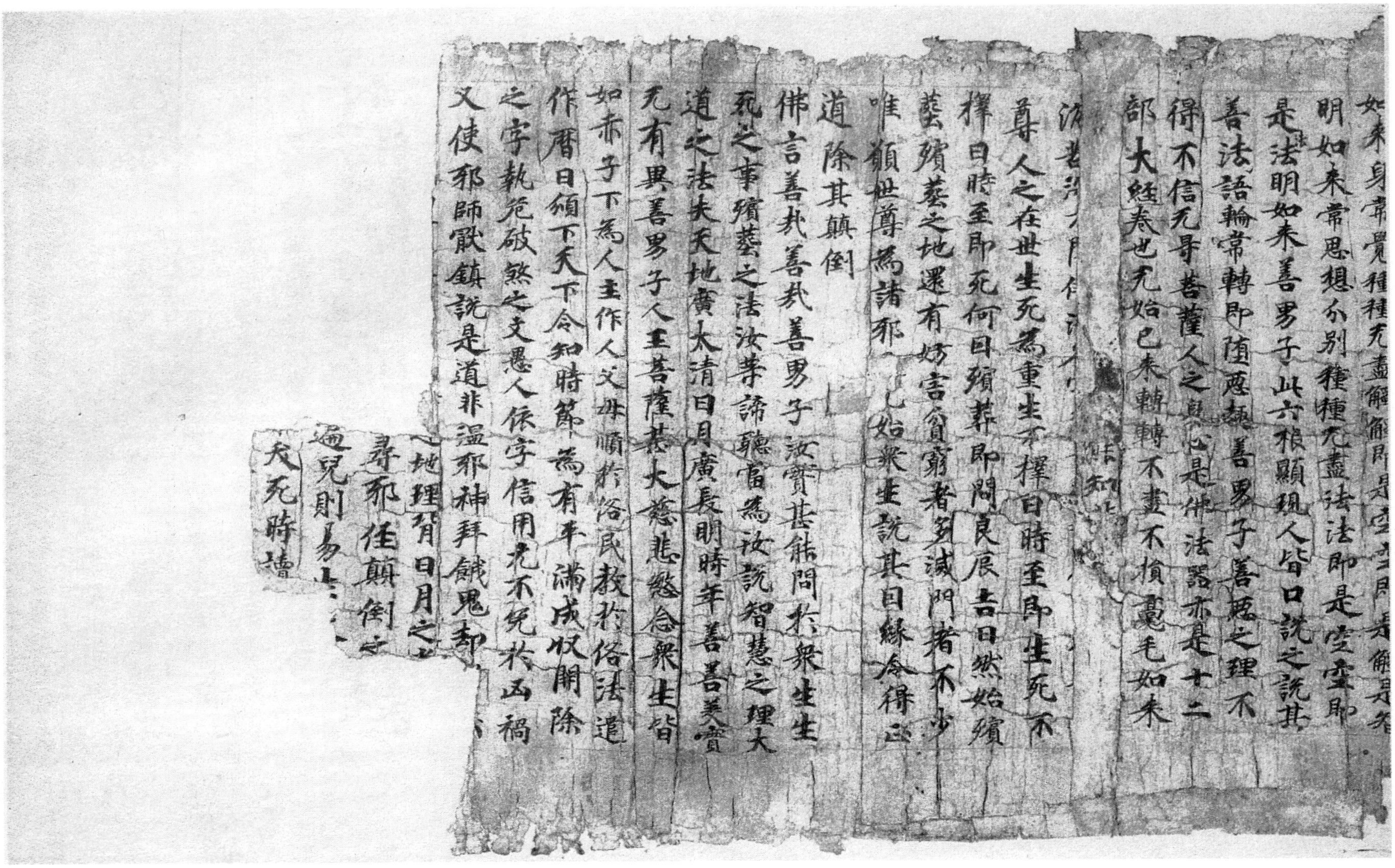

如來身常覺種種无盡解解所是空空即是解是名
明如來常思想分別種種无盡法法即是空空即
是法明如來善男子此六根顯現人皆口說之說其
善法語輪常轉即隨惡趣善男子善惡之理不
得不信无身菩薩人之身心是佛法器亦是十二
部大經卷也无始已來轉轉不盡不損毫毛如來
時知此
汝若[illegible]
尊人之在世生死爲重生不擇日時至即生死不
擇日時至即死何因殯葬即問良辰吉日然始殯
葬殯葬之地還有妨害貧窮者多滅門者不少
唯願世尊爲諸邪見无始衆生說其因緣令得正
道除其顛倒
佛言善哉善哉善男子汝實甚能問於衆生生
死之事殯葬之法汝等諦聽當爲汝說智慧之理大
道之法夫天地廣大清日月廣長明時年善善美實
无有異善男子人王菩薩甚大慈悲愍念衆生皆
如赤子下爲人主作人父母順於俗民教於俗法道
作曆日頒下天下令知時節爲有平滿成收開除
之字執危破煞之文愚人依字信用无不免於凶禍
又使邪師厭鎮說是道非謾邪神拜餓鬼卻
地理曾日月之
尋邪任顛倒之
過見則易
天死時墻

BD07932號　天地八陽神咒經　（2–2）

而爲說法應以
門身而爲說法應以比
丘身得度者即現比丘
夷身而爲說法應以長
婦女身得度者即現婦
童男童女身得度者即現童男童女身
爲說法應以天龍夜叉乾闥婆阿脩羅迦樓
羅緊那羅摩睺羅伽人非人等身得度者即
皆現之而爲說法應以執金剛神得度者即現
執金剛神而爲說法无盡意是觀世音菩薩
成就如是功德以種種形遊諸國土度脫衆
生是故汝等應當一心供養觀世音菩薩是
觀世音菩薩摩訶薩於怖畏急難之中能施
无畏是故此娑婆世界皆號之爲施无畏者
无盡意菩薩白佛言世尊我今當供養觀世
音菩薩即解頸衆寶珠瓔珞價直百千兩金而

BD07933號　妙法蓮華經卷七　（4–1）

成就如是功德以種種形遊諸國土度脫衆
生是故汝等應當一心供養觀世音菩薩是
觀世音菩薩摩訶薩於怖畏急難之中能施
无畏是故此娑婆世界皆号之為施无畏者
无盡意菩薩白佛言世尊我今當供養觀世
音菩薩即解頸衆寶珠瓔珞價直百千兩金而
以與之作是言仁者受此法施珎寶瓔珞時觀
世音菩薩不肯受之无盡意復白觀世音菩
薩言仁者愍我等故受此瓔珞尒時佛告
觀世音菩薩當愍此无盡意菩薩及諸四衆
天龍夜叉乾闥婆阿脩羅迦樓羅緊那羅摩
睺羅伽人非人等故受是瓔珞即時觀世音菩
薩愍諸四衆及於天龍人非人等受其瓔珞
分作二分一分奉釋迦牟尼佛一分奉多寶
佛塔无盡意觀世音菩薩有如是自在神力
遊於娑婆世界尒時无盡意菩薩以偈問曰
世尊妙相具　我今重問彼　佛子何因緣　名為觀世音
具足妙相尊　偈荅无盡意　汝聽觀世行　善應諸方所
弘誓深如海　歷劫不思議　侍多千億佛　發大清淨願
我為汝略說　聞名及見身　心念不空過　能滅諸有苦
假使興害意　推落大火坑　念彼觀音力　火坑變成池
或漂流巨海　龍魚諸鬼難　念彼觀音力　波浪不能沒
或在須弥峯　為人所推墮　念彼觀音力　如日虛空住
或被惡人逐　墮落金剛山　念彼觀音力　不能損一毛
或值怨賊繞　各執刀加害　念彼觀音力　咸即起慈心
或遭王難苦　臨刑欲壽終　念彼觀音力　刀尋段段壞

BD07933號　妙法蓮華經卷七　（4–2）

或在須弥峯　為人所推墮　念彼觀音力　如日虛空住
或被惡人逐　墮落金剛山　念彼觀音力　不能損一毛
或值怨賊繞　各執刀加害　念彼觀音力　咸即起慈心
或遭王難苦　臨刑欲壽終　念彼觀音力　刀尋段段壞
或囚禁枷鎖　手足被杻械　念彼觀音力　釋然得解脫
呪咀諸毒藥　所欲害身者　念彼觀音力　還著於本人
或遇惡羅剎　毒龍諸鬼等　念彼觀音力　時悉不敢害
若惡獸圍繞　利牙爪可怖　念彼觀音力　疾走无邊方
蚖蛇及蝮蠍　氣毒煙火然　念彼觀音力　尋聲自迴去
雲雷鼓掣電　降雹澍大雨　念彼觀音力　應時得消散
衆生被困厄　无量苦逼身　觀音妙智力　能救世間苦
具足神通力　廣脩智方便　十方諸國土　无剎不現身
種種諸惡趣　地獄鬼畜生　生老病死苦　以漸悉令滅
真觀清淨觀　廣大智慧觀　悲觀及慈觀　常願常瞻仰
无垢清淨光　慧日破諸闇　能伏災風火　普明照世間
悲體戒雷震　慈意妙大雲　澍甘露法雨　滅除煩惱焰
諍訟經官處　怖畏軍陣中　念彼觀音力　衆怨悉退散
妙音觀世音　梵音海潮音　勝彼世間音　是故須常念
念念勿生疑　觀世音淨聖　於苦惱死厄　能為作依怙
具一切功德　慈眼視衆生　福聚海无量　是故應頂禮
尒時持地菩薩即從座起前白佛言世尊若
有衆生聞是觀世音菩薩品自在之業普門
示現神通力者當知是人功德不少佛說是普
門品時衆中八万四千衆生皆發无等等阿
耨

BD07933號　妙法蓮華經卷七　（4–3）

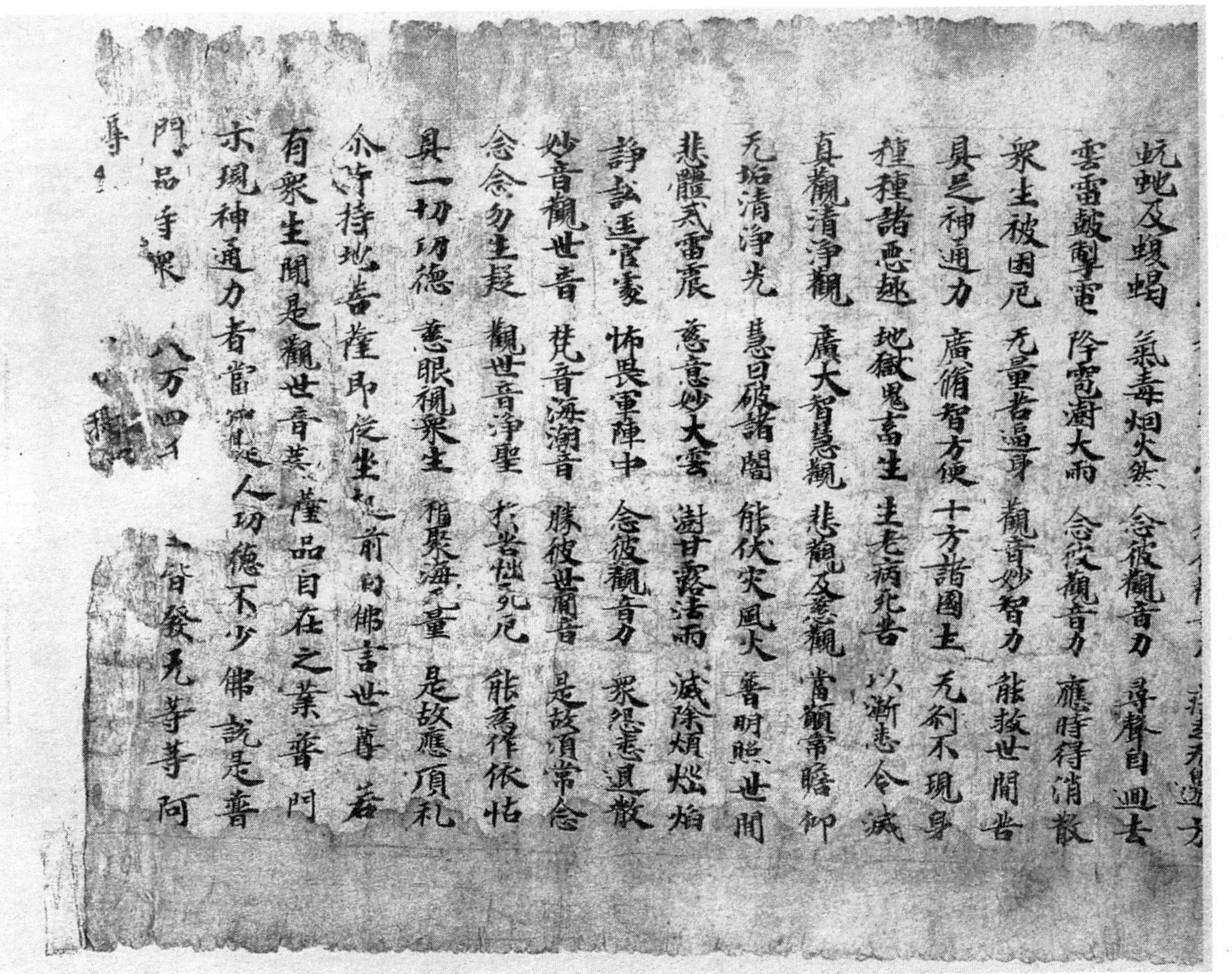

蚖蛇及蝮蝎　氣毒烟火然　念彼觀音力　尋聲自迴去
雲雷鼓掣電　降雹澍大雨　念彼觀音力　應時得消散
衆生被困厄　无量苦逼身　觀音妙智力　能救世間苦
具足神通力　廣脩智方便　十方諸國土　无刹不現身
種種諸惡趣　地獄鬼畜生　生老病死苦　以漸悉令滅
真觀清淨觀　廣大智慧觀　悲觀及慈觀　常願常瞻仰
无垢清淨光　慧日破諸闇　能伏灾風火　普明照世間
悲體戒雷震　慈意妙大雲　澍甘露法雨　滅除煩惱焰
諍訟經官處　怖畏軍陣中　念彼觀音力　衆怨悉退散
妙音觀世音　梵音海潮音　勝彼世間音　是故須常念
念念勿生疑　觀世音淨聖　於苦惱死厄　能為作依怙
具一切功德　慈眼視衆生　福聚海无量　是故應頂礼
尒時持地菩薩即從坐起前白佛言世尊若
有衆生聞是觀世音菩薩品自在之業普門
示現神通力者當知是人功德不少佛說是普
門品時衆中八万四千衆生皆發无等等阿
耨

BD07933號　妙法蓮華經卷七　（4–4）

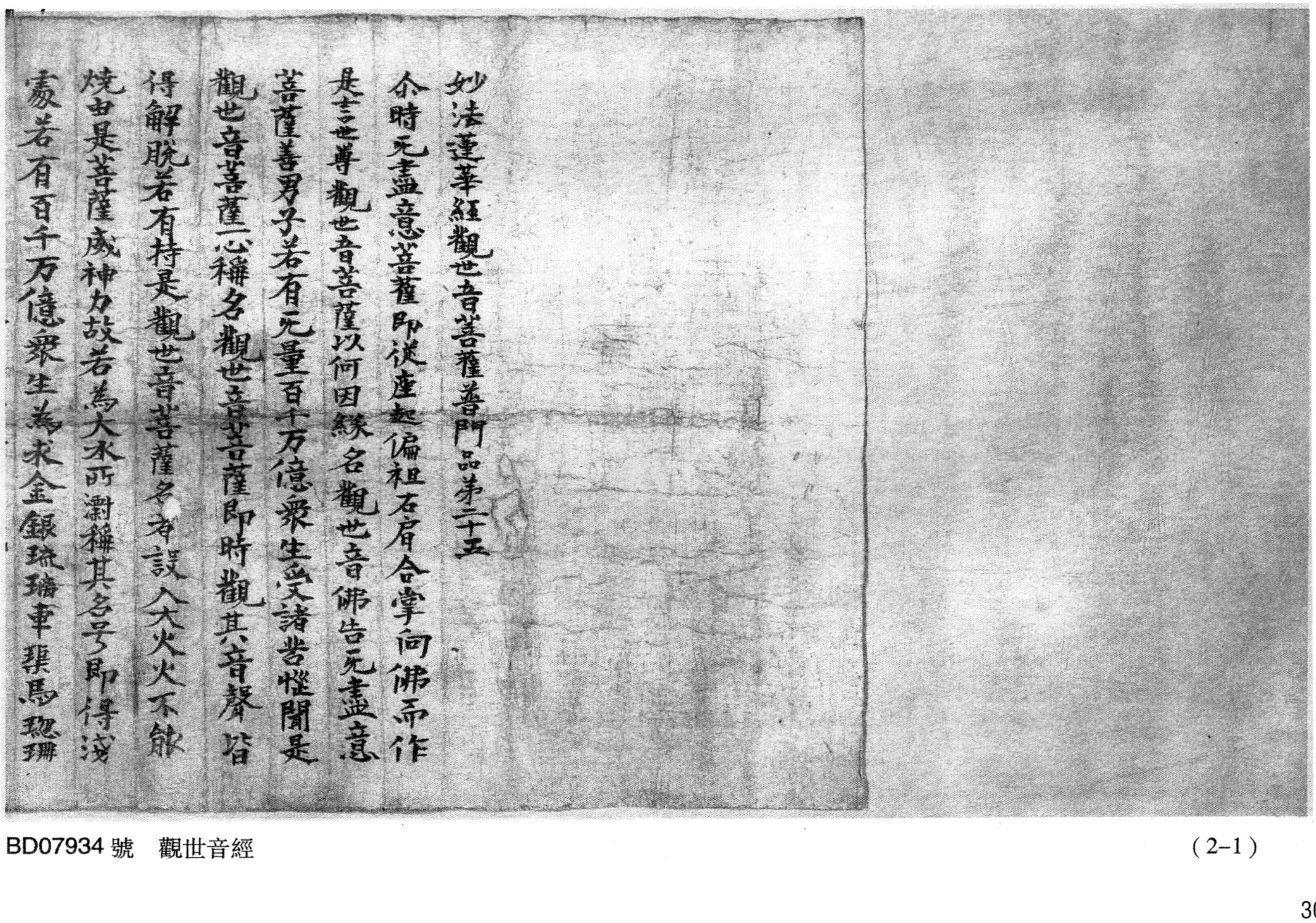

妙法蓮華經觀世音菩薩普門品第二十五
尒時无盡意菩薩即從座起偏袒右肩合掌向佛而作
是言世尊觀世音菩薩以何因緣名觀世音佛告无盡意
菩薩善男子若有无量百千万億衆生受諸苦惱聞是
觀世音菩薩一心稱名觀世音菩薩即時觀其音聲皆
得解脫若有持是觀世音菩薩名者設入大火火不能
燒由是菩薩威神力故若為大水所漂稱其名号即得淺
處若有百千万億衆生為求金銀琉璃車𤦲馬瑙珊

BD07934號　觀世音經　（2–1）

是言世尊觀世音菩薩以何因緣名觀世音佛告无盡意
菩薩善男子若有无量百千万億衆生受諸苦惱聞是
觀世音菩薩一心稱名觀世音菩薩即時觀其音聲皆
得解脫若有持是觀世音菩薩名者設入大火火不能
燒由是菩薩威神力故若為大水所漂稱其名号即得淺
處若有百千万億衆生為求金銀琉璃車𤦲馬瑙珊
瑚虎珀真珠等寶入於大海假使黑風吹其船舫漂墮
羅剎鬼國其中若有乃至一人稱觀世音菩薩名者是
諸人等皆得解脫羅剎之難以是因緣名觀世音若復
有人臨當被害稱觀世音菩薩名者彼所執刀杖尋
段段壞而得解脫若三千大千國土中滿夜叉羅剎欲來惱
人聞其稱觀世音菩薩名者是諸惡鬼尚不能以惡眼
視之況復加害設復有人若有罪若无罪
撿繫其身稱觀世音菩薩名者皆
脫若三千大千國土滿中怨賊有一商主將

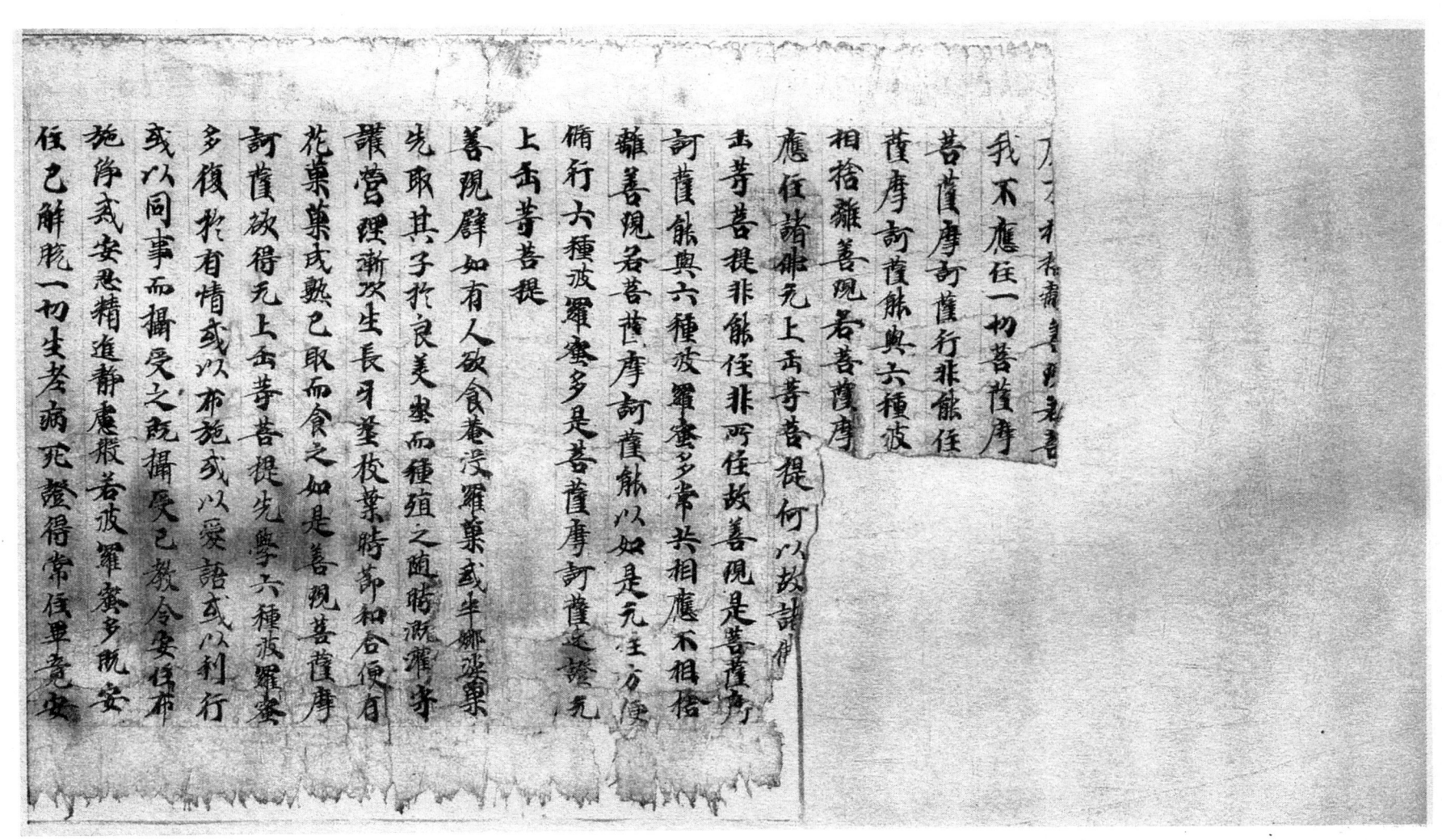

BD07934 號　觀世音經　（2–2）

[illegible]
我不應住一切菩薩摩
菩薩摩訶薩行非能住
薩摩訶薩能與六種波
相捨離善現若菩薩摩
應住諸佛无上正等菩提何以故諸佛
正等菩提非能住非所住故善現是菩薩摩訶
訶薩能與六種波羅蜜多常共相應不相捨
離善現若菩薩摩訶薩能以如是无住方便
脩行六種波羅蜜多是菩薩摩訶薩速證无
上正等菩提
善現譬如有人欲食菴沒羅菓或半娜娑菓
先取其子於良美地而種殖之隨時溉灌守
護營理漸次生長牙莖枝葉時節和合便有
花菓菓成熟已取而食之如是善現菩薩摩
訶薩欲得无上正等菩提先學六種波羅蜜
多復於有情或以布施或以愛語或以利行
或以同事而攝受之既攝受已教令安住布
施淨戒安忍精進靜慮般若波羅蜜多既安
住已解脫一切生老病死證得常住畢竟安

BD07935 號　大般若波羅蜜多經卷三五六　（3–1）

訶薩欲得无上正等菩提先學六種波羅蜜
多復於有情或以布施或以愛語或以利行
或以同事而攝受之既攝受已教令安住布
施淨戒安忍精進靜慮般若波羅蜜多既安
住已解脫一切生老病死證得常住畢竟安
樂菩薩如是當得无上正等菩提轉妙法輪
度无量衆是故善現若菩薩摩訶薩欲於諸
法不藉他緣而自悟解欲能成熟一切有情
欲於佛土能善嚴淨欲疾安坐妙菩提座欲
能降伏一切魔軍欲速證得一切智智欲轉
法輪脫有情類生老病死當學六種波羅蜜
多以四攝事方便攝受諸有情類菩薩如是
勤脩學時應於般若波羅蜜多常勤脩學
介時具壽善現白佛言世尊佛說菩薩摩訶
薩應於般若波羅蜜多常勤學耶佛言善現
如是如是我說菩薩摩訶薩應於般若波羅
蜜多常勤脩學善現若菩薩摩訶薩欲於諸
法得大自在當學般若波羅蜜多何以故善
現甚深般若波羅蜜多能令菩薩於一切法
得自在故復次善現甚深般若波羅蜜多是
諸善法生長方便所趣向門譬如大海是諸
實物生長方便及一切水所趣向門如是善現
甚深般若波羅蜜多是諸善法生長方便
所趣向門是故善現求聲聞乘補特伽羅求
獨覺乘補特伽羅求菩薩乘補特伽羅皆當
於此甚深般若波羅蜜多常勤脩學善現諸

現甚深般若波羅蜜多能令菩薩於一切法
得自在故復次善現甚深般若波羅蜜多是
諸善法生長方便所趣向門譬如大海是諸
實物生長方便及一切水所趣向門如是善現
甚深般若波羅蜜多是諸善法生長方便
所趣向門是故善現求聲聞乘補特伽羅求
獨覺乘補特伽羅求菩薩乘補特伽羅皆當
於此甚深般若波羅蜜多常勤脩學善現諸
菩薩摩訶薩於此般若波羅蜜多勤脩學時
應勤脩學布施波羅蜜多應勤脩學淨戒安
忍精進靜慮般若波羅蜜多應勤安住內空
應勤安住外空內外空空空大空勝義空有
爲空无爲空畢竟空无際空散空无變異空
本性空自相空共相空一切法空不可得空
无性空自性空无性自性空應勤安住真如
應勤安住法界法性不虛妄性不變異性平
等性離生性法定法住實際虛空界不思議
界應勤安住苦聖諦應勤安住集滅道聖
諦應勤脩學四靜慮應勤脩學四无量四无色

貞女

種種嬉戲　諸女

身獨屏處　為汝說法　若說法　无

入里乞食　將一比丘　若无比丘　一心念佛

是則名為　行處近處　以此二處　能安樂說

又復不行　上中下法　有為无為

亦不分別　是男是女　不得諸法　不知

是則名為　菩薩行處

一切諸法　空无所有　无有常住　亦无起滅

是名智者　所親近處

顛倒分別　諸法有无　是實非實　是生非生

在於閑處　脩攝其心　安住不動　如須弥山

觀一切法　皆无所有　猶如虛空　无有堅固

不生不出　不動不退　常住一相

若有比丘　於我滅後　入是行處　及親近處

說斯經時　无有怯弱

菩薩有時　入於靜室　以正憶念　随義觀法

從禪定起　為諸国王　王子臣民　婆羅門等

BD07936 號　妙法蓮華經卷五　（2–1）

不生不出　不動不退　常住一相

若有比丘　於我滅後　入是行處　及親近處

說斯經時　无有怯弱

菩薩有時　入於靜室　以正憶念　随義觀法

從禪定起　為諸国王　王子臣民　婆羅門等

開化演暢　說斯經典　其心安隱　无有怯弱

文殊師利　是名菩薩　安住初法　能於後世　說

法華經

又文殊師利如来滅後於末法中欲說是經

應住安樂行若口宣說若讀經時不樂說人

及經典過亦不輕慢諸餘法師不說他人好

惡長短於聲聞人亦不稱名說其過惡亦不

稱名讚嘆其美又亦不生怨嫌之心善脩如

是安樂心故諸有聽者不逆其意有所難問

不以小乘法荅但以大乘而為解說令得一

切種智尒時世尊欲重宣此義而說偈言

菩薩常樂　安隱說法　於清淨地　而施牀座

以油塗身　澡浴塵穢　著新淨衣　内外俱淨

安處法座　随問為說

若有比丘　及比丘尼　諸優婆塞　及優婆夷

國王王子　羣臣士民　以微妙義　和顏為說

若有難問　随義而荅　因緣譬喻　敷演分別

以是方便　皆使發心　漸漸增益　入於佛道

BD07936 號　妙法蓮華經卷五　（2–2）

不異有是無方
病不離身是病是身
名為慧設身有疾而不永滅是
便文殊師利有疾菩薩應如是調伏其
心不住其中亦復不住不調伏心所以者何若
住不調伏心是愚人法若住調伏心是聲聞
法是故菩薩不當住於調伏不調伏心離此
二法是菩薩行在於生死不為污行住於
涅槃不永滅度是菩薩行非凡夫行非賢聖
行是菩薩行非垢行非淨行是菩薩行雖
過魔行而現降伏衆魔是菩薩行求一切智
无非時求是菩薩行雖觀諸法不生而不
入正位是菩薩行雖觀十二緣起而入諸邪
見是菩薩行雖攝一切衆生而不愛著是
菩薩行雖樂遠離而不依身心盡是菩薩行
雖行三界而不壞法性是菩薩行雖行於空

BD07937號　維摩詰所說經卷中　（7–1）

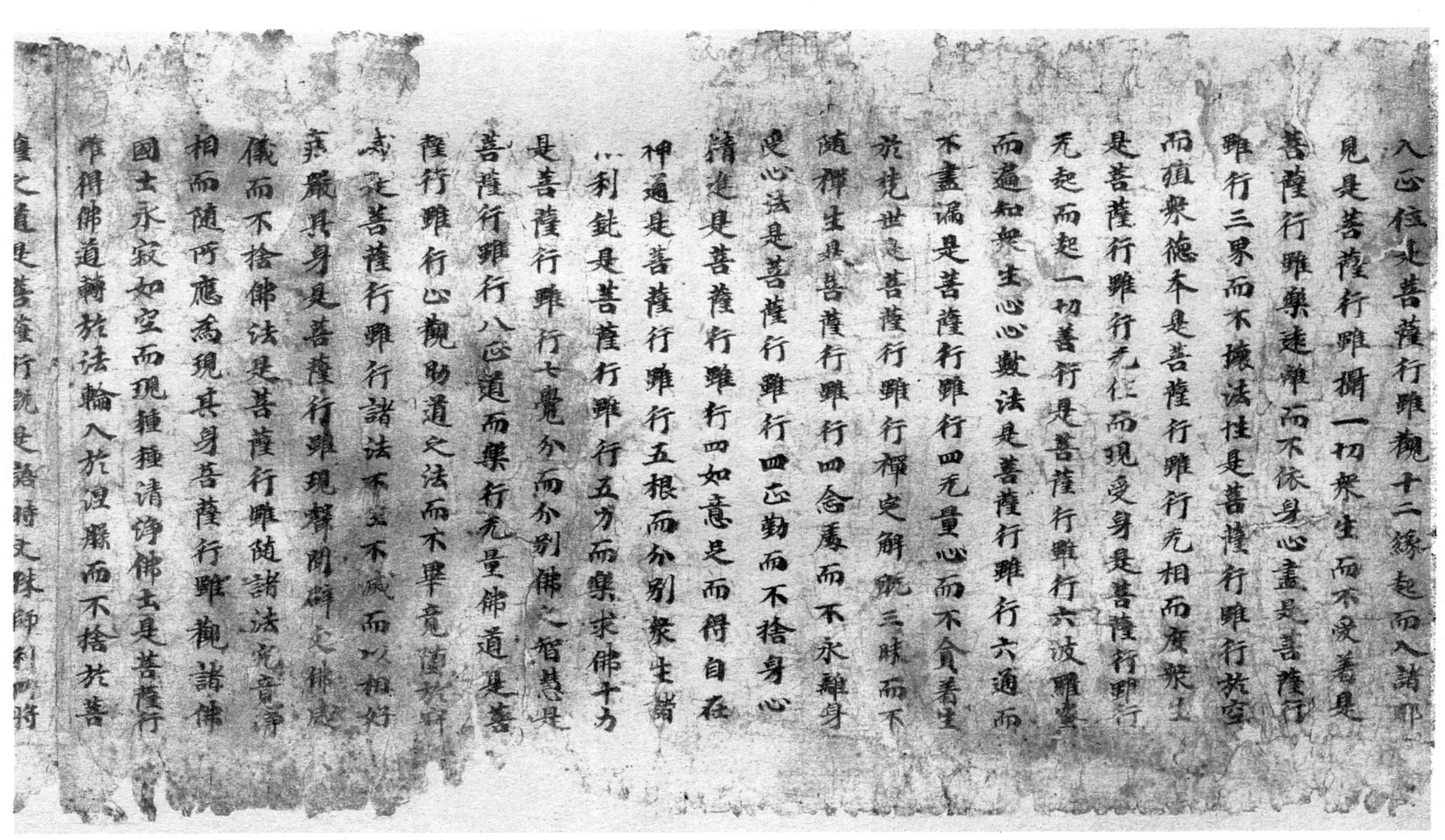
入正位是菩薩行雖觀十二緣起而入諸邪
見是菩薩行雖攝一切衆生而不愛著是
菩薩行雖樂遠離而不依身心盡是菩薩行
雖行三界而不壞法性是菩薩行雖行於空
而殖衆德本是菩薩行雖行无相而度衆生
是菩薩行雖行无作而現受身是菩薩行雖行
无起而起一切善行是菩薩行雖行六波羅蜜
而遍知衆生心心數法是菩薩行雖行六通而
不盡漏是菩薩行雖行四无量心而不貪著生
於梵世是菩薩行雖行禪定解脫三昧而不
隨禪生是菩薩行雖行四念處而不永離身
受心法是菩薩行雖行四正勤而不捨身心
精進是菩薩行雖行四如意足而得自在
神通是菩薩行雖行五根而分別衆生諸
根利鈍是菩薩行雖行五力而樂求佛十力
是菩薩行雖行七覺分而分別佛之智慧是
菩薩行雖行八正道而樂行无量佛道是菩
薩行雖行止觀助道之法而不畢竟墮於寂
滅是菩薩行雖行諸法不生不滅而以相好
莊嚴其身是菩薩行雖現聲聞辟支佛威
儀而不捨佛法是菩薩行雖隨諸法究竟淨
相而隨所應為現其身是菩薩行雖觀諸佛
國土永寂如空而現種種清淨佛土是菩薩行
雖得佛道轉於法輪入於涅槃而不捨於菩
薩之道是菩薩行說是語時文殊師利所將

BD07937號　維摩詰所說經卷中　（7–2）

儀而不捨佛法是菩薩行雖隨諸法究竟淨
相而隨所應為現其身是菩薩行雖觀諸佛
國土永寂如空而現種種清淨佛土是菩薩行
雖得佛道轉於法輪入於涅槃而不捨於菩
薩之道是菩薩行說是語時文殊師利所將
大眾其中八千天子皆發阿耨多羅三藐三
菩提心

不思議品第六

尒時舍利弗見此室中无有牀座作是念斯
諸菩薩大弟子眾當於何坐長者維摩詰
知其意語舍利弗言云何仁者為法來耶求
牀坐耶舍利弗言我為法來非為牀坐維摩
詰言唯舍利弗夫求法者不貪軀命何況牀
坐夫求法者非有色受想行識之求非有界
入之求非有欲色无色之求唯舍利弗夫求法
者不著佛求不著法求不著眾求夫求法者
无見苦求无斷集求无造盡證脩道之求所
以者何法无戲論若言我當見苦斷集證滅
脩道是則戲論非求法也唯舍利弗法名寂
滅若行生滅是求生滅非求法也法名无
染若染於法乃至涅槃是則染著非求法也法无
行處若行於法是則行處非求法也法无取
捨若取捨法是則取捨非求法也法无處所
若著處所是則著處非求法也法名无相若
隨相識是則求相非求法也法不可住若住

BD07937號　維摩詰所說經卷中　（7–3）

染於法乃至涅槃是則染著非求法也法无
行處若行於法是則行處非求法也法无取
捨若取捨法是則取捨非求法也法无處所
若著處所是則著處非求法也法名无相若
隨相識是則求相非求法也法不可住若住
於法是則住法非求法也法不可見聞覺
知若行見聞覺知是則見聞覺知非求法也
法名无為若行有為是求有為非求法也是
故舍利弗若求法者於一切法應无所求說
是語時五百天子於諸法中得法眼淨尒
時長者維摩詰問文殊師利仁者遊於无
量千万億阿僧祇國何等佛土有好上妙功
德成就師子之座文殊師利言居士東方度
三十六恒河沙國有世界名須彌相其佛号
須彌燈王今現在彼佛身長八万四千由旬
其師子座高八万四千由旬嚴飾第一於是
長者維摩詰現神通力即時彼佛遣三万
二千師子座高廣嚴好來入維摩詰室諸菩
薩大弟子釋梵四天王等昔所未見其室廣
博悉苞容三万二千師子座无所妨礙於
毗耶離城及閻浮提四天下亦不迫迮悉見
如故尒時維摩詰語文殊師利就師子座與
諸菩薩上人俱坐當自立身如彼座像其得
神通菩薩即自變形為四万二千由旬坐師
子座諸新發意菩薩及大弟子皆不能昇

BD07937號　維摩詰所說經卷中　（7–4）

毗耶離城及閻浮提四天下亦不迫迮悉見
如故尒時維摩詰語文殊師利就師子座與
諸菩薩上人俱坐當自立身如彼坐像其得
神通菩薩即自變形為四万二千由旬坐師
子座諸新發意菩薩及大弟子皆不能昇
尒時維摩詰語舍利弗就師子座舍利弗言
居士此座高廣吾不能昇維摩詰言唯舍利
弗為須彌燈王如來作礼乃可得坐於是新發
意菩薩及大弟子即為須彌燈王如來作礼
便得坐師子座舍利弗言居士未曾有也如
是小室乃能容受此高廣之座於毗耶離城
所妨礙又於閻浮提聚落城邑及四天下諸天
龍王鬼神宮殿亦不迫迮維摩詰言唯舍利
弗諸佛菩薩有解脫名不可思議若菩薩住
是解脫者以須弥之高廣內芥子中无所增
減須弥山王夲相如故而四天王忉利諸天不
覺不知己之所入唯應度者乃見須弥入芥
子中是名不可思議解脫法門又以四大海
水入一毛孔不嬈魚鼈黿鼉水性之屬而
彼大海夲相如故諸龍鬼神阿脩羅等不
覺不知己之所入於此衆生亦无所嬈又舍利
弗住不可思議解脫菩薩斷取三千大千世
界如陶家輪著右掌中擲過恒河沙世界之
外其中衆生不覺不知己之所往又復還置
夲處都不使人有往来想而此世界夲相如

BD07937號　維摩詰所說經卷中　（7–5）

覺不知己之所入於此衆生亦无所嬈又舍利
弗住不可思議解脫菩薩斷取三千大千世
界如陶家輪著右掌中擲過恒河沙世界之
外其中衆生不覺不知己之所往又復還置
夲處都不使人有往来想而此世界夲相如
故又舍利弗或有衆生樂久住世而可度
者菩薩即演七日以為一劫令彼衆生謂之一
劫或有衆生不樂久住而可度者菩薩即
促一劫以為七日令彼衆生謂之七日又舍利弗
住不可思議解脫菩薩以一切佛土嚴飾之事
集在一國示於衆生又菩薩以一切佛土衆
生置之右掌飛到十方遍示一切而不動夲
處又舍利弗十方衆生供養諸佛之具菩
薩於一毛孔皆令得見又十方國土所有日
月星宿於一毛孔普使見之又舍利弗十方
世界所有諸風菩薩悉能吸著口中而身无
損外諸樹木亦不摧折又十方世界劫盡燒
時以一切火內於腹中火事如故而不為害
又於下方過恒河沙等諸佛世界取一佛土
舉著上方過恒河沙无數世界如持針鋒舉
一棗葉而无所嬈又舍利弗住不可思議
脫菩薩能以神通現作佛身或現辟支佛
身或現聲聞身或現帝釋身或現梵王
身或現世主身或現轉輪王身又十方世界
所有衆聲上中下音皆能變之令作佛聲

BD07937號　維摩詰所說經卷中　（7–6）

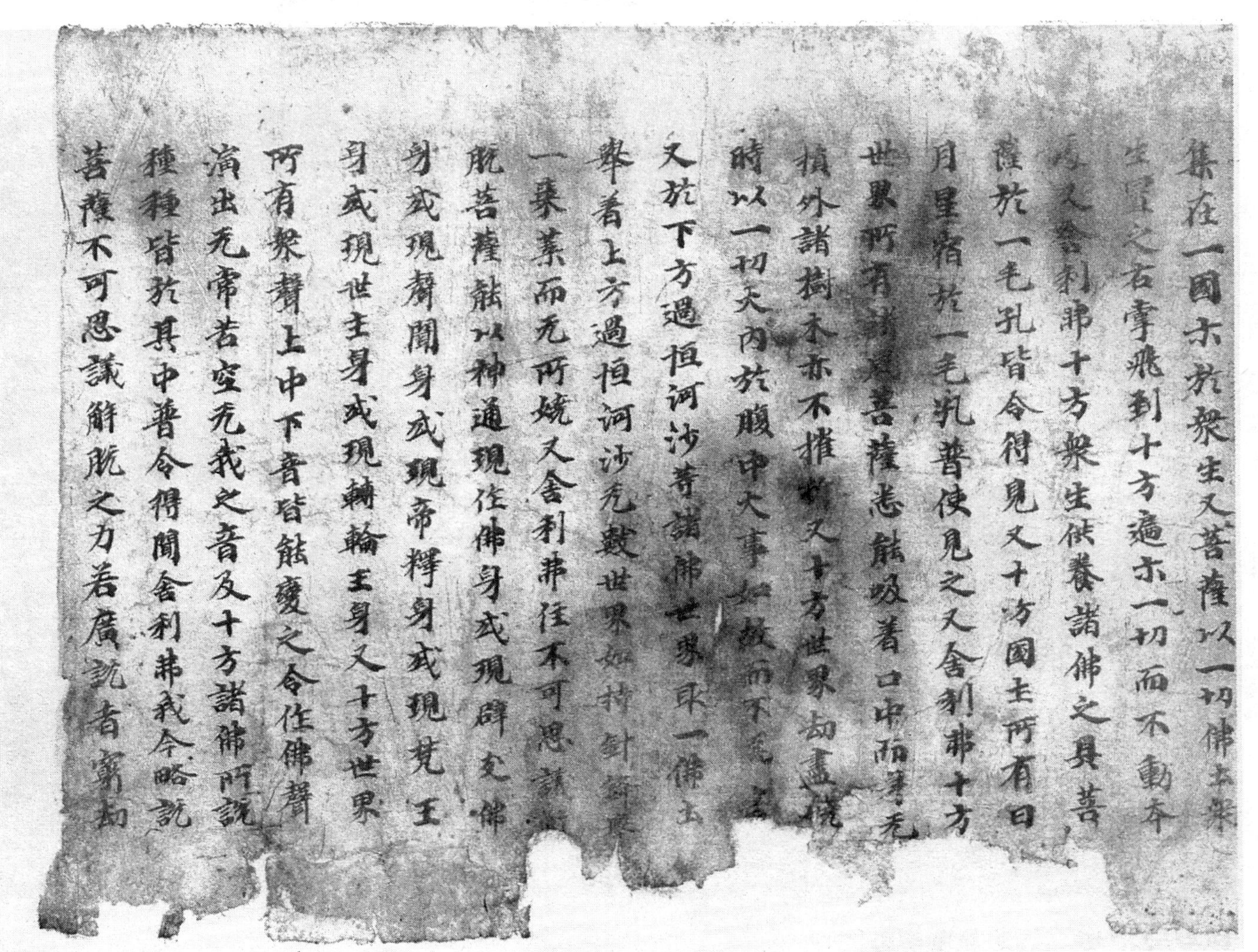
集在一國示於衆生又菩薩以一切佛土衆
生置之右掌飛到十方遍示一切而不動本
處又舍利弗十方衆生供養諸佛之具菩
薩於一毛孔皆令得見又十方國土所有日
月星宿於一毛孔普使見之又舍利弗十方
世界所有諸風菩薩悉能吸著口中而身无
損外諸樹木亦不摧折又十方世界劫盡燒
時以一切火內於腹中火事如故而不爲害
又於下方過恒河沙等諸佛世界取一佛土
舉著上方過恒河沙无數世界如持針鋒舉
一棗葉而无所嬈又舍利弗住不可思議解
脫菩薩能以神通現作佛身或現辟支佛
身或現聲聞身或現帝釋身或現梵王
身或現世主身或現轉輪王身又十方世界
所有衆聲上中下音皆能變之令作佛聲
演出无常苦空无我之音及十方諸佛所說
種種皆於其中普令得聞舍利弗我今略說
菩薩不可思議解脫之力若廣說者窮劫

BD07937號　維摩詰所說經卷中　（7–7）

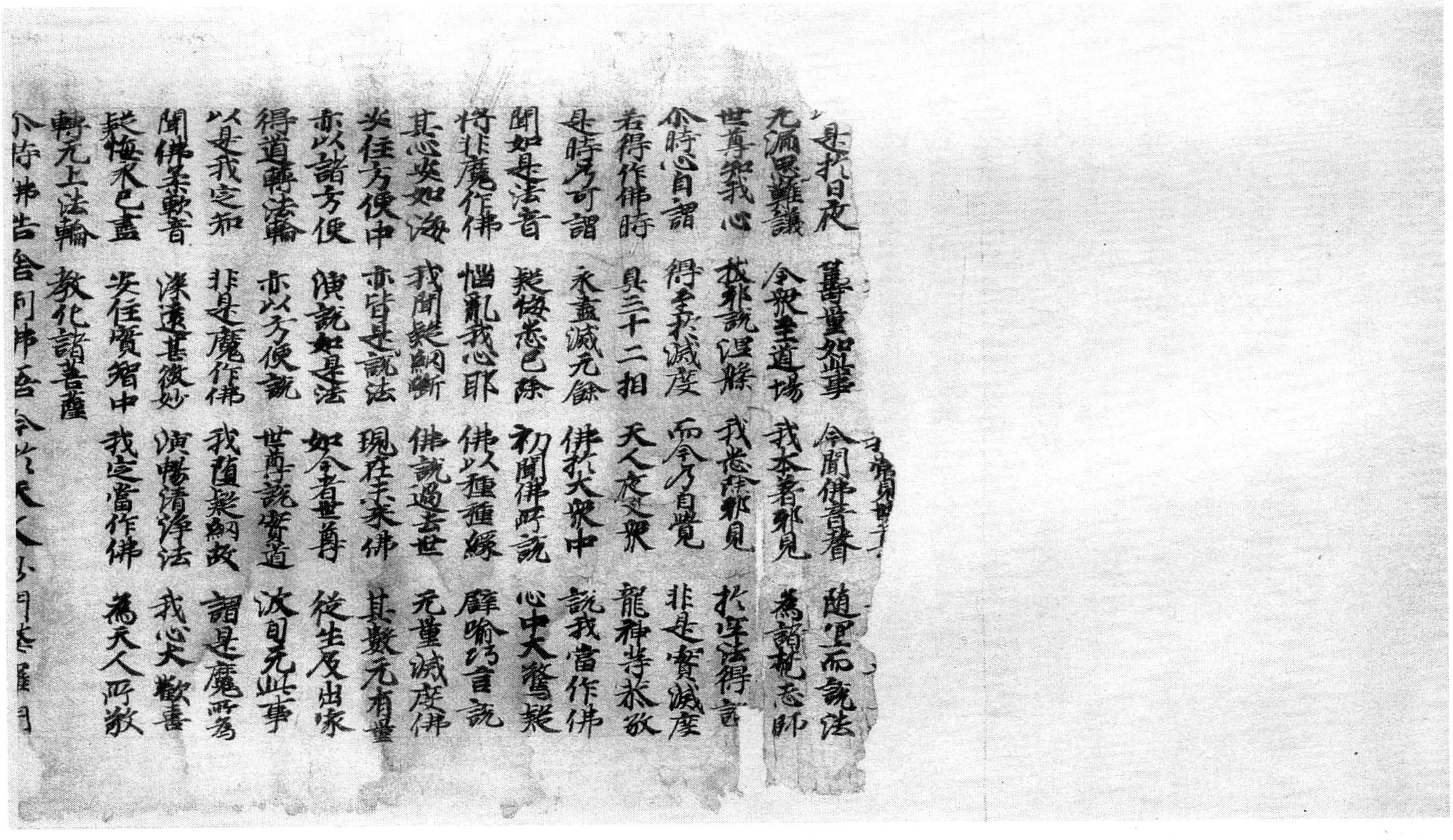

以是於日夜　籌量如是事　今聞佛音聲　隨宜而說法
无漏難思議　令衆至道場　我本著邪見　爲諸梵志師
世尊知我心　拔邪說涅槃　我悉除邪見　於空法得證
尒時心自謂　得至於滅度　而今乃自覺　非是實滅度
若得作佛時　具三十二相　天人夜叉衆　龍神等恭敬
是時乃可謂　永盡滅无餘　佛於大衆中　說我當作佛
聞如是法音　疑悔悉已除　初聞佛所說　心中大驚疑
將非魔作佛　惱亂我心耶　佛以種種緣　譬喻巧言說
其心安如海　我聞疑網斷　佛說過去世　无量滅度佛
安住方便中　亦皆說是法　現在未來佛　其數无有量
亦以諸方便　演說如是法　如今者世尊　從生及出家
得道轉法輪　亦以方便說　世尊說實道　波旬无此事
以是我定知　非是魔作佛　我墮疑網故　謂是魔所爲
聞佛柔軟音　深遠甚微妙　演暢清淨法　我心大歡喜
疑悔永已盡　安住實智中　我定當作佛　爲天人所敬
轉无上法輪　教化諸菩薩
尒時佛告舍利弗吾今於天人[illegible]

BD07938號　妙法蓮華經卷二　（3–1）

得道轉法輪　亦以方便說　世尊說實道　波旬无此事
以是我定知　非是魔作佛　我墮疑網故　謂是魔所為
聞佛柔軟音　深遠甚微妙　演暢清淨法　我心大歡喜
疑悔永已盡　安住實智中　我定當作佛　為天人所敬
轉无上法輪　教化諸菩薩
尒時佛告舍利弗吾今於天人沙門婆羅門
等大眾中說我昔曾於二萬億佛所為无上
道故常教化汝汝亦長夜隨我受學我以方便
引導汝故生我法中舍利弗我昔教汝志
願佛道汝今悉忘而便自謂已得滅度我今
還欲令汝憶念本願所行道故為諸聲聞說
是大乘經名妙法蓮華教菩薩法佛所護念
舍利弗汝於未來世過无量无邊不可思議
劫供養若干千萬億佛奉持正法具足菩薩
所行之道當得作佛号曰華光如來應供正
遍知明行足善逝世間解无上士調御丈夫
天人師佛世尊國名離垢其土平正清淨嚴
飾安隱豐樂天人熾盛琉璃為地有八交道
黃金為繩以界其側其傍各有七寶行樹常
有華菓華光如來亦以三乘教化眾生舍利
弗彼佛出時雖非惡世以本願故說三乘法
其劫名大寶莊嚴何故名曰大寶莊嚴其國
中以菩薩為大寶故彼諸菩薩无量无邊不
可思議筭數譬喻所不能及非佛智力无能
知者若欲行時寶華承足此諸菩薩非初發
意皆久殖德本於无量百千萬億佛所淨修
梵行恒為諸佛之所稱歎常修佛慧具大神通

適知明行足善逝世間解无上士調御丈夫
天人師佛世尊國名離垢其土平正清淨嚴
飾安隱豐樂天人熾盛琉璃為地有八交道
黃金為繩以界其側其傍各有七寶行樹常
有華菓華光如來亦以三乘教化眾生舍利
弗彼佛出時雖非惡世以本願故說三乘法
其劫名大寶莊嚴何故名曰大寶莊嚴其國
中以菩薩為大寶故彼諸菩薩无量无邊不
可思議筭數譬喻所不能及非佛智力无能
知者若欲行時寶華承足此諸菩薩非初發
意皆久殖德本於无量百千萬億佛所淨修
梵行恒為諸佛之所稱歎常修佛慧具大神通
善知一切諸法之門質直无偽志念堅固
如是菩薩充滿其國舍利弗華光佛壽十二
小劫除為王子未作佛時其國人民壽八小劫
華光如來過十二小劫授堅滿菩薩阿耨
多羅三藐三菩提記告諸比丘是堅滿菩薩
次當作佛号曰華足安行多陀阿伽度阿羅
訶三藐三佛陀其佛國土亦復如是舍利弗
是華光佛滅度之後正法住世三十二小劫像
法住世亦三十二小劫尒時世尊欲重宣

此義而說偈言
舍利弗來世　成佛普智尊　號名曰華光　當度无量衆
供養无數佛　具足菩薩行　十力等功德　證於无上道
過无量劫已　劫名大寶嚴　世界名離垢　清淨无瑕穢
以琉璃為地　金繩界其道　七寶雜色樹　常有華菓實
彼國諸菩薩　志念常堅固　神通波羅蜜　皆已悉具足
於无數佛所　善學菩薩道　如是等大士　華光佛所化
佛為王子時　棄國捨世榮　於最末後身　出家成佛道
華光佛住世　壽十二小劫　其國人民衆　壽命八小劫
佛滅度之後　正法住於世　三十二小劫　廣度諸衆生
正法滅盡已　像法三十二　舍利廣流布　天人普供養
華光佛所為　其事皆如是　其兩足聖尊　最勝无倫匹
彼即是汝身　宜應自欣慶
尒時四部衆比丘比丘尼優婆塞優婆夷天
龍夜叉乾闥婆阿修羅迦樓羅緊那羅摩睺
羅伽等大衆見舍利弗於佛前受阿耨多羅
三藐三菩提記心大歡喜踊躍无量各各脫
身所著上衣以供養佛釋提桓因梵天王等
與无數天子亦以天妙衣天曼陀羅華摩訶
曼陀羅華等供養於佛所散天衣住虛空中

BD07939號　妙法蓮華經卷二　（3-1）

龍夜叉乾闥婆阿修羅迦樓羅緊那羅摩睺
羅伽等大衆見舍利弗於佛前受阿耨多羅
三藐三菩提記心大歡喜踊躍无量各各脫
身所著上衣以供養佛釋提桓因梵天王等
與无數天子亦以天妙衣天曼陀羅華摩訶
曼陀羅華等供養於佛所散天衣住虛空中
而自迴轉諸天伎樂百千萬種於虛空中一
時俱作雨衆天華而作是言佛昔於波羅奈
初轉法輪今乃復轉无上最大法輪尒時諸
天子欲重宣此義而說偈言
昔於波羅奈　轉四諦法輪　分別說諸法　五衆之生滅
今復轉最妙　无上大法輪　是法甚深奧　少有能信者
我等從昔來　數聞世尊說　未曾聞如是　深妙之上法
世尊說是法　我等皆隨喜　大智舍利弗　今得受尊記
我等亦如是　必當得作佛　於一切世間　最尊无有上
佛道叵思議　方便隨宜說　我所有福業　今世若過世
及見佛功德　盡迴向佛道
尒時舍利弗白佛言世尊我今無復疑悔親
於佛前得受阿耨多羅三藐三菩提記是諸
千二百心自在者昔住學地佛常教化言我
法能離生老病死究竟涅槃是學无學人亦
各自以離我見及有无見等謂得涅槃而今
於世尊前聞所未聞皆墮疑惑善哉世尊願
為四衆說其因緣令離疑悔尒時佛告舍弗
利我先不言諸佛世尊以種種因緣譬喻言
辭方便說法皆為阿耨多羅三藐三菩提耶
是諸所說皆為化菩薩故然舍利弗今當復

BD07939號　妙法蓮華經卷二　（3-2）

於世尊前聞所未聞皆墮疑惑善哉世尊願
為四衆說其因緣令離疑悔尒時佛告舍弗
利我先不言諸佛世尊以種種因緣譬喻言
辞方便說法皆為阿耨多羅三藐三菩提耶
是諸所說皆為化菩薩故然舍利弗今當復
以譬喻更明此義諸有智者以譬喻得解舍
利弗若國邑聚落有大長者其年衰邁財富
无量多有田宅及諸僮僕其家廣大唯有一
門多諸人衆一百二百乃至五百人止住其
中堂閣朽故牆壁隤落柱根腐敗梁棟傾危
周帀俱時欻然火起焚燒舍宅長者諸子
若十二十或至三十在此宅中長者見是大火
從四面起即大驚怖而作是念我雖能於此
所燒之門安隱得出而諸子等於火宅內樂
著嬉戲不覺不知不驚不怖火來逼身苦痛
切己心不猒患无求出意舍利弗是長者作
是思惟我身手有力當以衣裓若以几案從
舍出之復更思惟是舍唯有一門而復狹小
諸子幼稚未有所識戀著戲處或當墮落
為火所燒我當為說怖畏之事此舍已燒宜時

BD07939 號　妙法蓮華經卷二　（3–3）

兑

毛端渧海尚可量　佛之功德无能數
一切有情皆共讚　世尊名稱諸功德
清淨相好妙莊嚴　不可稱量知分齊
我之所有衆善業　願得速成无上尊
廣說正法利群生　悉令解脫於衆苦
降伏大力魔軍衆　當轉无上正法輪
久住劫數難思議　充足衆生甘露味
猶如過去諸最勝　六波羅蜜皆圓滿
滅諸貪欲及瞋癡　降伏煩惱除衆苦
願我常得宿命智　能憶過去百千生
亦常憶念牟尼尊　得聞諸佛甚深法
願我以斯諸善業　奉事无邊最勝尊
遠離一切不善因　恒得修行真妙法
一切世界諸衆生　悉皆離苦得安樂
所有諸根不具足　令彼身相皆圓滿
若有衆生遭病苦　身形羸瘦无所依
咸令病苦得消除　諸根色力皆充滿
若犯王法當刑戮　衆苦逼身生憂惱
彼受如斯極苦時　无有歸依能救護
若受鞭杖枷鎖繫　種種苦具切其身
無量百千憂惱時　逼迫身心無暫樂

BD07940 號　金光明最勝王經（兌廢稿）卷二　（2–1）

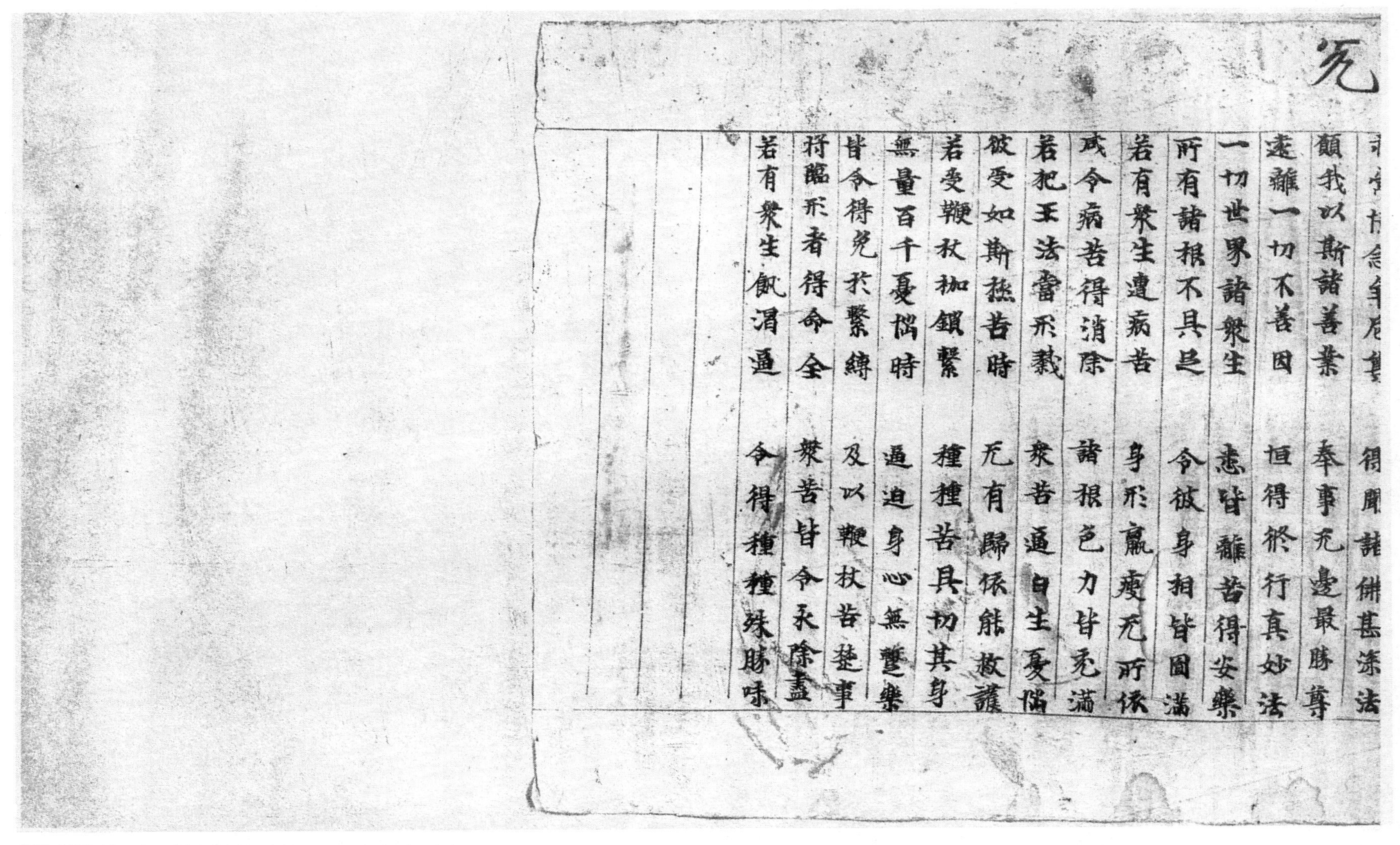

兊

□□□□□□ 得聞諸佛甚深法
願我以斯諸善業 奉事无邊最勝尊
遠離一切不善因 恒得修行真妙法
一切世界諸衆生 悉皆離苦得安樂
所有諸根不具足 令彼身相皆圓滿
若有衆生遭病苦 身形羸瘦无所依
咸令病苦得消除 諸根色力皆充滿
若犯王法當刑戮 衆苦逼迫生憂惱
彼受如斯極苦時 无有歸依能救護
若受鞭杖枷鎖繫 種種苦具切其身
無量百千憂惱時 逼迫身心無暫樂
皆令得免於繫縛 及以鞭杖苦楚事
將臨刑者得命全 衆苦皆令永除盡
若有衆生飢渴逼 令得種種殊勝味

BD07940號　金光明最勝王經（兌廢稿）卷二　（2–2）

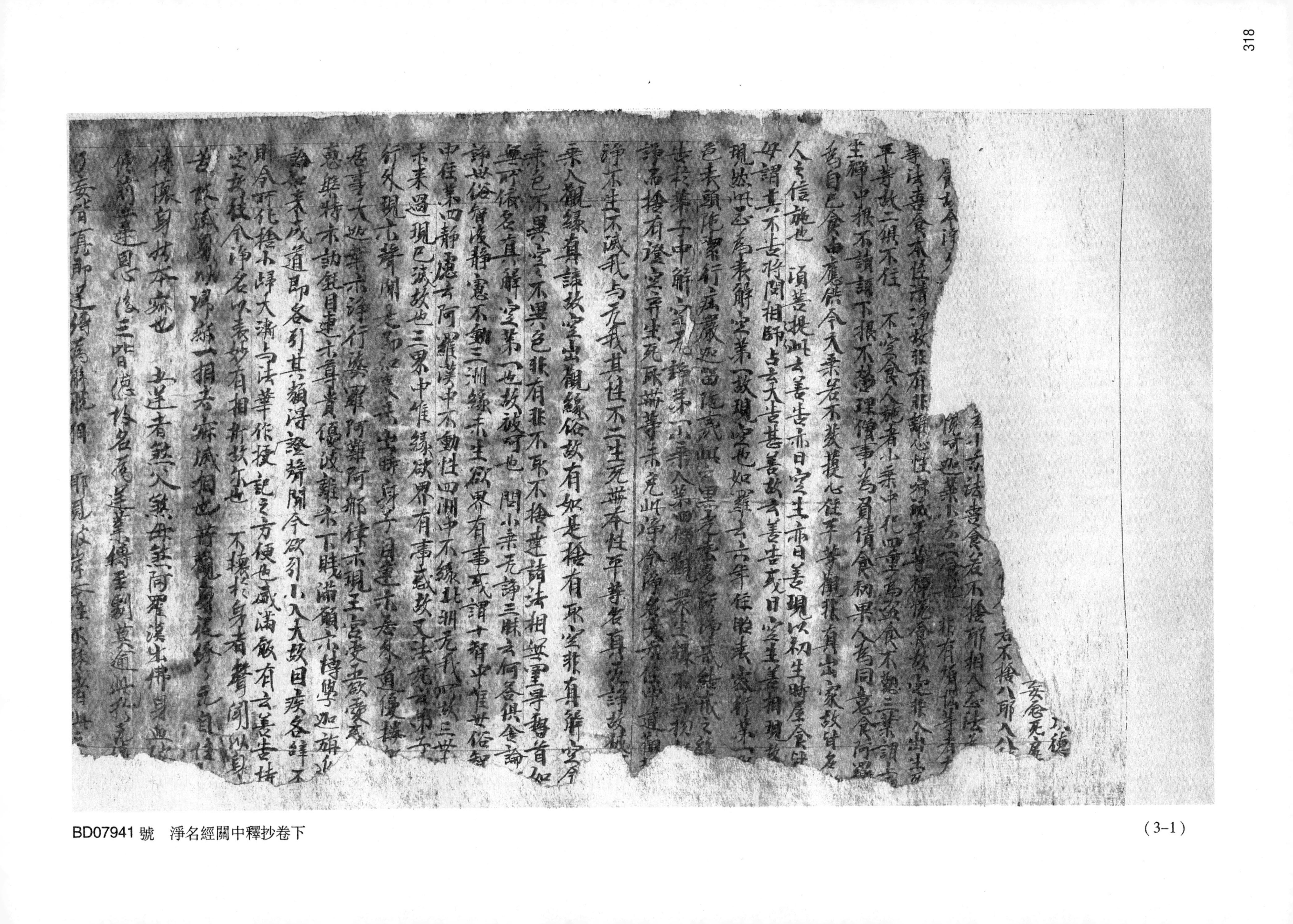

BD07941號　淨名經關中釋抄卷下

（3–1）

亦色不異空不異色非有非不有不捨違諸法相無量尋尋首如
無所依名真解空第一也故所可也　問小乘无諍三昧云何答俱舍論
諍世俗智後靜慮不動三洲緣未生欲界有事或謂十智中唯世俗智
中住第四靜慮云阿羅漢中不動性四洲中不緣北洲无我所故三世
未來過現已滅故也三界中唯緣欲界有事惑故又法元云弟子
行外現亦聲聞是和如來亦出時身子目連亦居不道便據
居事天近亦淨行婆羅阿難阿那律亦現王宮受五欲愛或
惠興特亦動餘目連亦尊貴優波離亦下賤滿願亦博學迦旃延
論知未成道即各引其類得證聲聞今欲引小入大故曰疾各辭不
自今所化捨小歸大漸為法華作授記之方便也咸滿能有云善吉持
空故住今淨名以表妙有相折故亦也　不壞於身者聲聞以身
苦於滅身以歸寂一相者寂滅相也菩薩觀身從緣緣元自性
待壞身於本寂也　五逆者煞父煞母煞阿羅漢出佛身血破
僧前二逆恩後三皆德故名為逆業傳曇劉莫適此化元
了妄皆真即逆傳為解脫相　耶見彼岸本住不殊者此三
中五見非耶非正非難非无難非惱非淨為平等故可取食
從此可取善吉汝二乘偏空是入耶見非中道彼岸住化城之難非元難
涅槃著涅槃之供遠離寂住之淨同化城八難其狀云何答七品經云寧作
地獄三塗獲不便眾生入二乘小道即以小乘見谤无學道為二乘道難
執元我為北洲難出觀緣緣入觀緣真為佛前仙後難不見法身
邪見道為生聾生盲難說生滅不了元生為世智辯聰沉空滯
長壽諸天難大經云十千劫等此並彼入限之故云也此以為難鄣真
道入天八難之患可不畏哉元諍福田真講等言二家不同類此可
元有異者關中以平等一性為元異天台以凡夫滯空為滯難殊
中道為等元有異冥餘欲出者天台云善根難鄣閑無恙擔解空
故淨名返以化妾之也　冒據那前目連可說法解不當此章可
患有七覺人心句是世界悉種心合句是為人悉種根原句是對治悉
種句是第一義悉檀故根性大乘四悉檀者此法名出摂伽智論甚云
此云宗成名文日量如實相即之類也彼印之理此量云宗之教此有四種
故悉檀為未發善根眾生說世名相令生樂欲起信心故二各各為人
種為之種善根緣令增長故三對治悉檀為有異生難種善根為重
即鄣未得成就起對治故四弟一義悉檀為人依行果出離而說
前三順根義四稱理說前三又二未信令生信立世界已信令起行立
治又起行有二起生善行立為人起斷惡行立對治由是緣故如來於
諸中隨理順根生信起行生善斷惡流演八万四千諸餘教門種種差
難故善根故近辭以云則有云文師施設是論云剃髮種未詳

BD07941 號　淨名經關中釋抄卷下

（3–3）

南无不錯思惟佛
南无坐稱佛
南无月光佛
南无清淨行佛
……一切賢聖
師子意佛
……寶光明佛
南无狀光明□ 南无種種婆羼佛
南无月□…… □无蘇摩刈多佛
南无普觀佛 南无不染佛
南无稱光勝佛 □月面佛
南无那伽天佛 南无功德聚佛
南无功德智佛 南无華勝佛
南无愛世間佛 南无甘露光佛
南无地光佛 南无作功德佛
南无華勝佛 南无求那婆睺佛

BD07942號　佛名經（十六卷本）卷一四　（5–1）

南无那伽天佛 南无功德聚佛
南无功德智佛 南无華勝佛
南无愛世間佛 南无甘露光佛
南无地光佛 南无作功德佛
南无華勝佛 南无求那婆睺佛
南无法然燈佛 南无普光佛
南无淨聲佛 南无大莊嚴佛
南无解脫日佛 南无堅精進佛
南无智光明佛 南无功德稱佛
南无善智佛 南无不可量莊嚴佛
南无師子隨那佛 南无功德奮迅佛
南无妙天佛 南无觀行佛
南无天提吒佛 南无電光明佛
南无勝愛佛 南无山幢佛
南无花光佛 南无勝意佛
南无山香佛 南无福德奮迅佛
南无勝慧佛 南无信聖佛
南无寶洲佛 南无妙威德佛
南无寂後見佛 南无愛行佛
南无妙莊嚴佛 南无功德藏勝佛
南无清淨見佛 南无威德力佛
南无清淨眼佛 南无智行佛
南无不謀步佛 南无聖眼佛
南无樂解勝佛 南无大聲佛
南无勝土佛 南无成就光明佛
南无自業佛 南无照稱光明佛
南无光明行佛 南无愛自在佛

BD07942號　佛名經（十六卷本）卷一四　（5–2）

南无不諍步佛　南无聖日佛
南无樂解脫佛　南无大聲佛
南无勝土佛　南无成就光明佛
南无自業佛　南无照稱光明佛
南无光明行佛　南无愛自在佛
南无月賢佛　南无勝吼佛
南无勝功德佛　南无撰擇攝取佛
南无相王佛　南无離熱佛
南无聖德佛　南无法高佛
南无甘露功德佛　南无无导稱佛
南无甘露香佛　南无捨光明佛
南无吼聲佛　南无无畏日佛
南无得无畏佛　南无愛黠慧佛
南无智慧不諍佛　南无虛空光佛
南无增上天佛　南无信如意佛
南无天蓋佛　南无龍光佛
南无妙步佛　南无法威德佛
南无斷諸有佛　南无莊嚴面佛
南无妙色佛　南无普眼佛
南无功德光佛　南无勝月佛
南无平等德佛　南无去何難兒佛
南无眾生自在劫佛　南无與无畏親佛
從此以上万六百佛十二部經一切賢聖
南无攝取眾生意佛　南无降伏諸怨佛
南无攝取光明佛　南无勝山佛
南无一勝光明佛　南无那羅延步佛
南无師子步佛　南无愛成佛

BD07942 號　佛名經（十六卷本）卷一四　（5-3）

從此以上万六百佛十二部經一切賢聖
南无攝取眾生意佛　南无降伏諸怨佛
南无攝取光明佛　南无勝山佛
南无一勝光明佛　南无那羅延步佛
南无師子步佛　南无愛成佛
南无清淨佛　南无信名稱佛
南无畢竟智佛　南无離癡佛
南无功德聚佛　南无能思惟忍佛
南无法蓋佛　南无不動因佛
南无天華佛　南无天波頭摩佛
南无普威德佛　南无月光佛
南无大眾上首佛　南无思惟義佛
南无相王佛　南无華面佛
南无思惟名稱佛　南无樹幢佛
南无師子奮迅佛　南无信大眾佛
南无善香佛　南无智慧讚嘆佛
南无功德梁佛　南无智光明佛
南无智海佛　南无威德力佛
南无勝威德佛　南无佛歡喜佛
南无勝清淨佛　南无愛一切佛
南无遠離諸疑佛　南无善思惟勝義佛
南无大山佛　南无降伏聖佛
南无降伏黠惠佛　南无趣菩提佛
南无妙聲佛　南无大勢力佛
南无樂師子佛

BD07942 號　佛名經（十六卷本）卷一四　（5-4）

南无[illegible]佛　南无天[illegible]佛
南无普威德佛　南无月光佛
南无大衆上首佛　南无思惟義佛
南无相王佛　南无華面佛
南无思惟名稱佛　南无樹幢佛
南无師子奮迅佛　南无信大衆佛
南无善香佛　南无智慧讚嘆佛
南无功德梁佛　南无智光明佛
南无智海佛　南无威德力佛
南无勝威德佛　南无佛歡喜佛
南无勝清淨佛　南无愛一切佛
南无遠離諸疑佛　南无善思惟勝義佛
南无大山佛　南无降伏聖佛
南无降伏黠慧佛　南无趣菩提佛
南无妙聲佛　南无大勢力佛
南无樂師子佛

BD07942號　佛名經（十六卷本）卷一四　（5–5）

作礼而作是言如来世
[illegible]之時恒遣阿難来慰問我我今愁
憂世尊威重无由得見願遣目連尊者
阿難與我相見作是語以悲泣雨淚遥向佛
礼未舉頭頃尒時世尊在耆闍崛山知韋提
希心之所念勅大目連及以阿難從空而来佛
從耆闍崛山沒於王宮出時韋提希礼已舉
頭見世尊釋迦牟尼佛身紫金色坐百寶
蓮花目連侍左阿難侍右釋梵護世諸天
在虛空中普雨天華持用供養時韋提
希見佛世尊自絶瓔珞舉身投地號泣向
佛而白佛言世尊我宿何罪生此惡子世尊
復有何等因緣與提婆達多共為眷屬
唯願世尊為我廣說无憂惱處我當往生
不樂閻浮提濁惡世也此濁惡處地獄餓

BD07943號　觀無量壽佛經　（2–1）

蓮花目連侍左阿難侍右釋梵護世諸天
在虛空中普雨天華持用供養時韋提
希見佛世尊自絶瓔珞舉身投地號泣向
佛而白佛言世尊我宿何罪生此惡子世尊
復有何等因緣與提婆達多共為眷屬
唯願世尊為我廣說无憂惱處我當往生
不樂閻浮提濁惡世也此濁惡處地獄餓
鬼畜生盈滿多不善聚願我未來不聞
惡聲不見惡人今向世尊五體投地求哀
懺悔唯願佛日教我觀於清淨業處
尒時世尊放眉間光其光金色遍照十方无量世界
還住佛頂化為金臺如須弥山十方諸佛淨妙國土皆
於中現或有國土七寶合成復有國土純是蓮華復
有國土如自在天宮復有國土如頗梨鏡十方國
土皆於中現有如是等无量諸佛國土嚴顯
可觀令韋提希見時韋提希白佛言世尊是
諸佛土雖復清淨皆有光明我今樂生極樂
世界阿弥陀佛所唯願世尊教我思惟教我正受

BD07943號　觀無量壽佛經　（2–2）

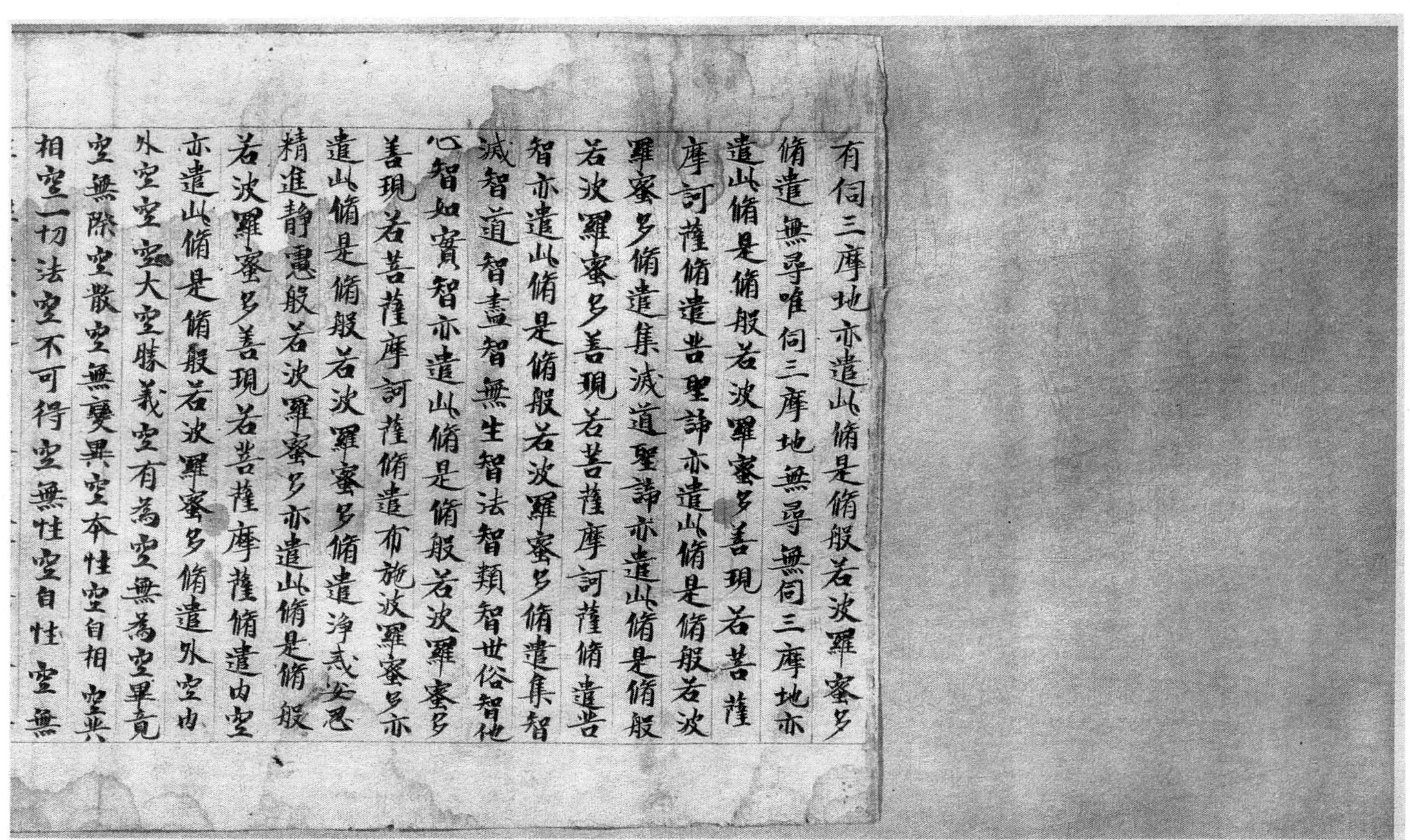
有伺三摩地亦遣此脩是脩般若波羅蜜多
脩遣無尋唯伺三摩地無尋無伺三摩地亦
遣此脩是脩般若波羅蜜多善現若菩薩
摩訶薩脩遣苦聖諦亦遣此脩是脩般若波
羅蜜多脩遣集滅道聖諦亦遣此脩是脩般
若波羅蜜多善現若菩薩摩訶薩脩遣苦
智亦遣此脩是脩般若波羅蜜多脩遣集智
滅智道智盡智無生智法智類智世俗智他
心智如實智亦遣此脩是脩般若波羅蜜多
善現若菩薩摩訶薩脩遣布施波羅蜜多亦
遣此脩是脩般若波羅蜜多脩遣淨戒安忍
精進靜慮般若波羅蜜多亦遣此脩是脩般
若波羅蜜多善現若菩薩摩訶薩脩遣內空
亦遣此脩是脩般若波羅蜜多脩遣外空內
外空空空大空勝義空有為空無為空畢竟
空無際空散空無變異空本性空自相空共
相空一切法空不可得空無性空自性空無

BD07944號　大般若波羅蜜多經（兌廢稿）卷三七〇　（2–1）

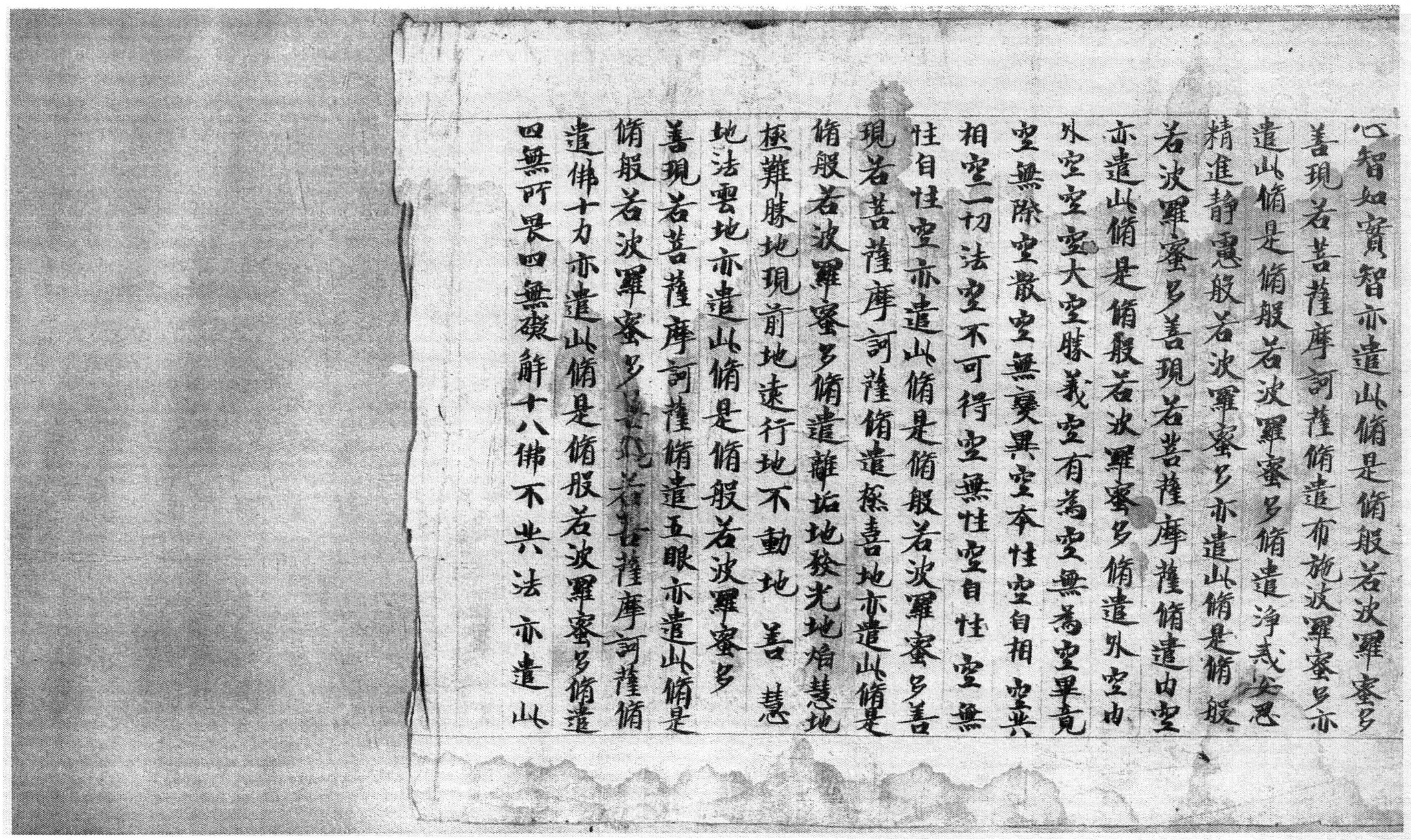

心智如實智亦遣此脩是脩般若波羅蜜多
善現若菩薩摩訶薩脩遣布施波羅蜜多亦
遣此脩是脩般若波羅蜜多脩遣淨戒安忍
精進靜慮般若波羅蜜多亦遣此脩是脩般
若波羅蜜多善現若菩薩摩訶薩脩遣內空
亦遣此脩是脩般若波羅蜜多脩遣外空內
外空空空大空勝義空有為空無為空畢竟
空無際空散空無變異空本性空自相空共
相空一切法空不可得空無性空自性空無
性自性空亦遣此脩是脩般若波羅蜜多善
現若菩薩摩訶薩脩遣極喜地亦遣此脩是
脩般若波羅蜜多脩遣離垢地發光地焰慧地
極難勝地現前地遠行地不動地善慧
地法雲地亦遣此脩是脩般若波羅蜜多
善現若菩薩摩訶薩脩遣五眼亦遣此脩是
脩般若波羅蜜多善現若菩薩摩訶薩脩
遣佛十力亦遣此脩是脩般若波羅蜜多脩遣
四無所畏四無礙解十八佛不共法亦遣此

BD07944號　大般若波羅蜜多經（兑廢稿）卷三七〇　（2–2）

大慈大悲大喜大捨十八佛不共法清淨四
无所畏乃至十八佛不共法清淨故一切智
智清淨何以故若空解脫門清淨若四无所
畏乃至十八佛不共法清淨若一切智智清
淨无二无二分无別无斷故善現空解脫門
清淨故无忘失法清淨无忘失法清淨故一
切智智清淨何以故若空解脫門清淨若无
忘失法清淨若一切智智清淨无二无二分
无別无斷故空解脫門清淨故恒住捨性清
淨恒住捨性清淨故一切智智清淨何以故
若空解脫門清淨若恒住捨性清淨若一切
智智清淨无二无二分无別无斷故善現空
解脫門清淨故一切智清淨一切智清淨故
一切智智清淨何以故若空解脫門清淨若
一切智清淨若一切智智清淨无二无二分
无別无斷故空解脫門清淨故道相智一切
相智清淨道相智一切相智清淨故一切智
智清淨何以故若空解脫門清淨若道相

BD07945號　大般若波羅蜜多經卷二三一　（3–1）

一切智清淨若一切智智清淨无二无二分
无別无斷故空解脫門清淨故道相智一切
相智清淨道相智一切相智清淨故一切智
智清淨何以故若空解脫門清淨若道相
智一切相智清淨若一切智智清淨无二无二
分无別无斷故善現空解脫門清淨故一切
陁羅尼門清淨一切陁羅尼門清淨故一切
智智清淨何以故若空解脫門清淨若一切
陁羅尼門清淨若一切智智清淨无二无二
分无別无斷故空解脫門清淨故一切三摩
地門清淨一切三摩地門清淨故一切智智
清淨何以故若空解脫門清淨若一切三摩
地門清淨若一切智智清淨无二无二分无
別无斷故
善現空解脫門清淨故預流果清淨預流
果清淨故一切智智清淨何以故若空解脫門
清淨若預流果清淨若一切智智清淨无二
无二分无別无斷故空解脫門清淨故一來
不還阿羅漢果清淨一來不還阿羅漢果清
淨故一切智智清淨何以故若空解脫門清
淨若一來不還阿羅漢果清淨若一切智智
清淨无二无二分无別无斷故善現空解脫
門清淨故獨覺菩提清淨獨覺菩提清淨
故一切智智清淨何以故若空解脫門清淨若
獨覺菩提清淨若一切智智清淨无二无二
分无別无斷故善現空解脫門清淨故一切
菩薩摩訶薩行清淨一切菩薩摩訶薩行
清淨一切智智清淨何以故若空解脫門清

BD07945 號　大般若波羅蜜多經卷二三一　（3–2）

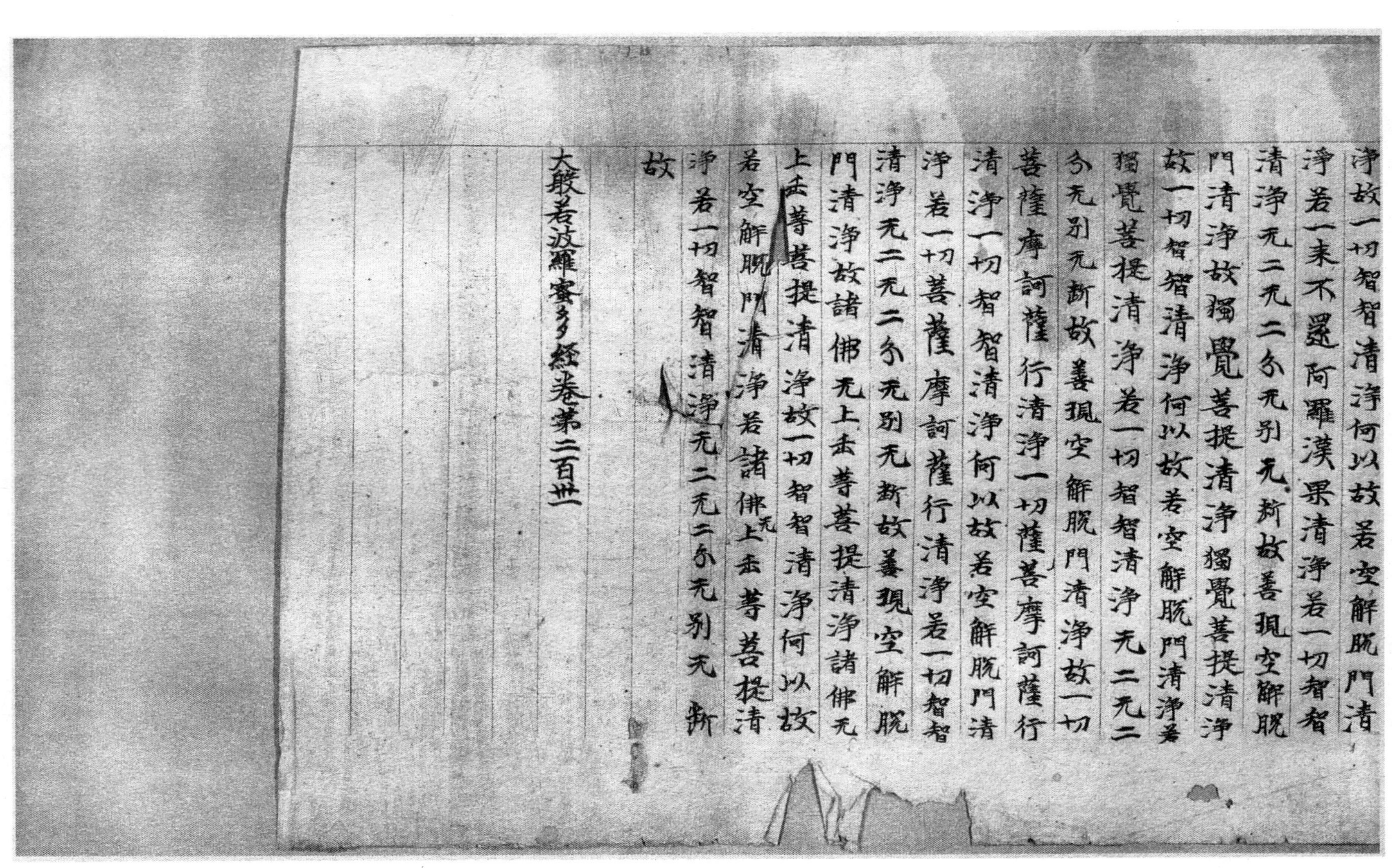
淨故一切智智清淨何以故若空解脫門清
淨若一來不還阿羅漢果清淨若一切智智
清淨无二无二分无別无斷故善現空解脫
門清淨故獨覺菩提清淨獨覺菩提清淨
故一切智智清淨何以故若空解脫門清淨若
獨覺菩提清淨若一切智智清淨无二无二
分无別无斷故善現空解脫門清淨故一切
菩薩摩訶薩行清淨一切菩薩摩訶薩行
清淨一切智智清淨何以故若空解脫門清
淨若一切菩薩摩訶薩行清淨若一切智智
清淨无二无二分无別无斷故善現空解脫
門清淨故諸佛无上正等菩提清淨諸佛无
上正等菩提清淨故一切智智清淨何以故
若空解脫門清淨若諸佛无上正等菩提清
淨若一切智智清淨无二无二分无別无斷
故

大般若波羅蜜多經卷第二百卅一

BD07945 號　大般若波羅蜜多經卷二三一　（3–3）

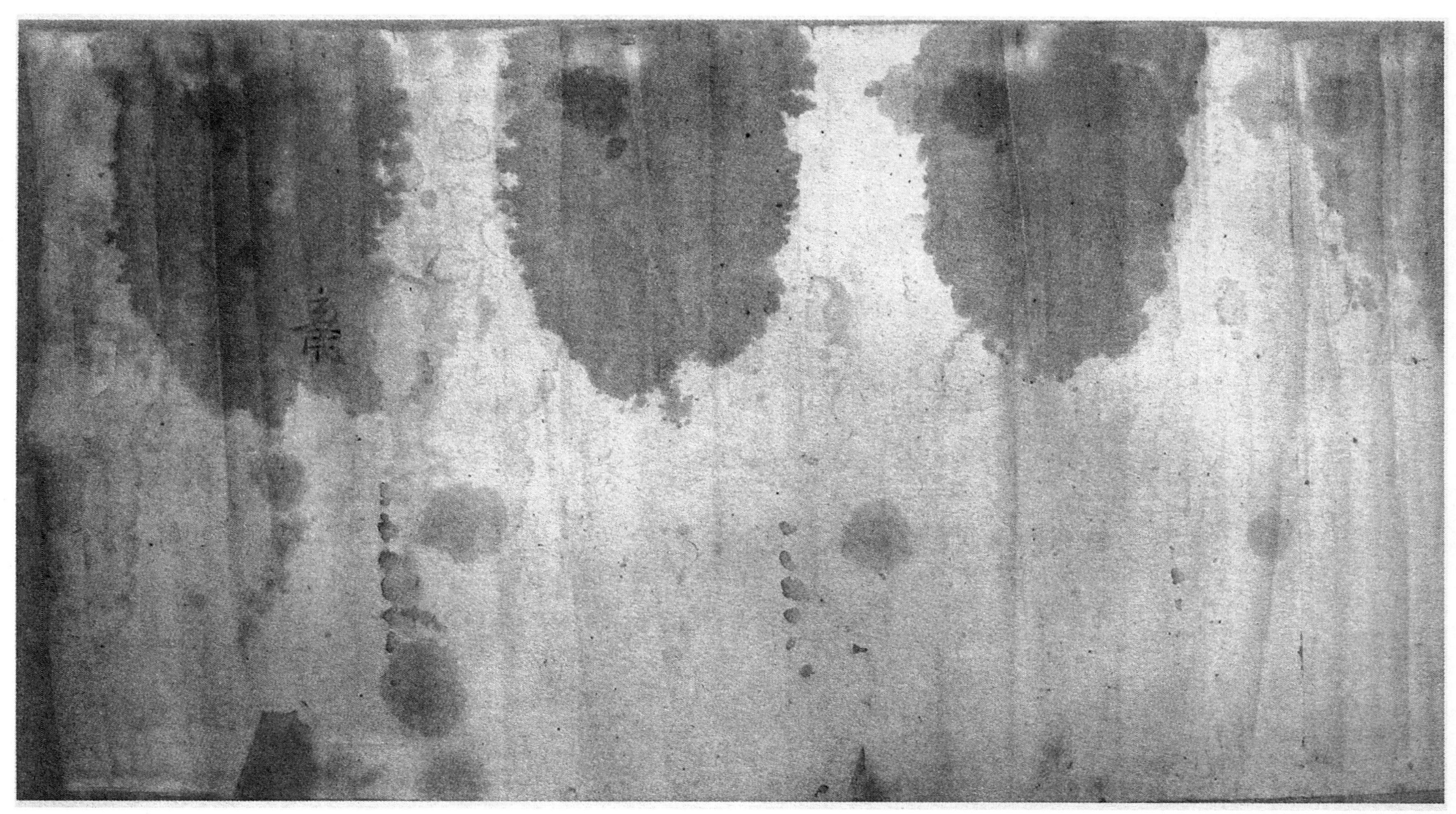

BD07945 號背　勘記　　（1–1）

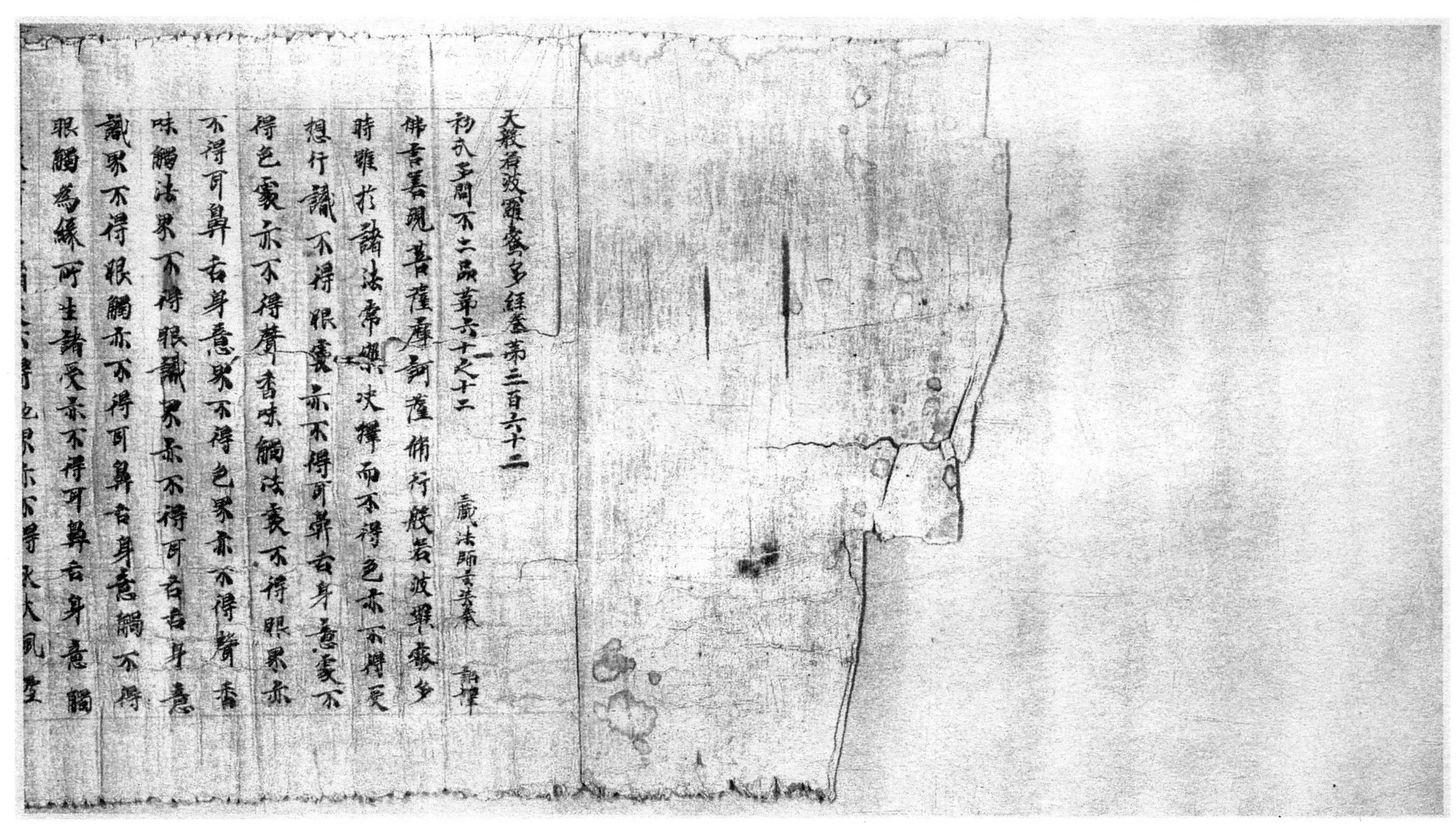

BD07946 號　大般若波羅蜜多經卷三六二　　（2–1）

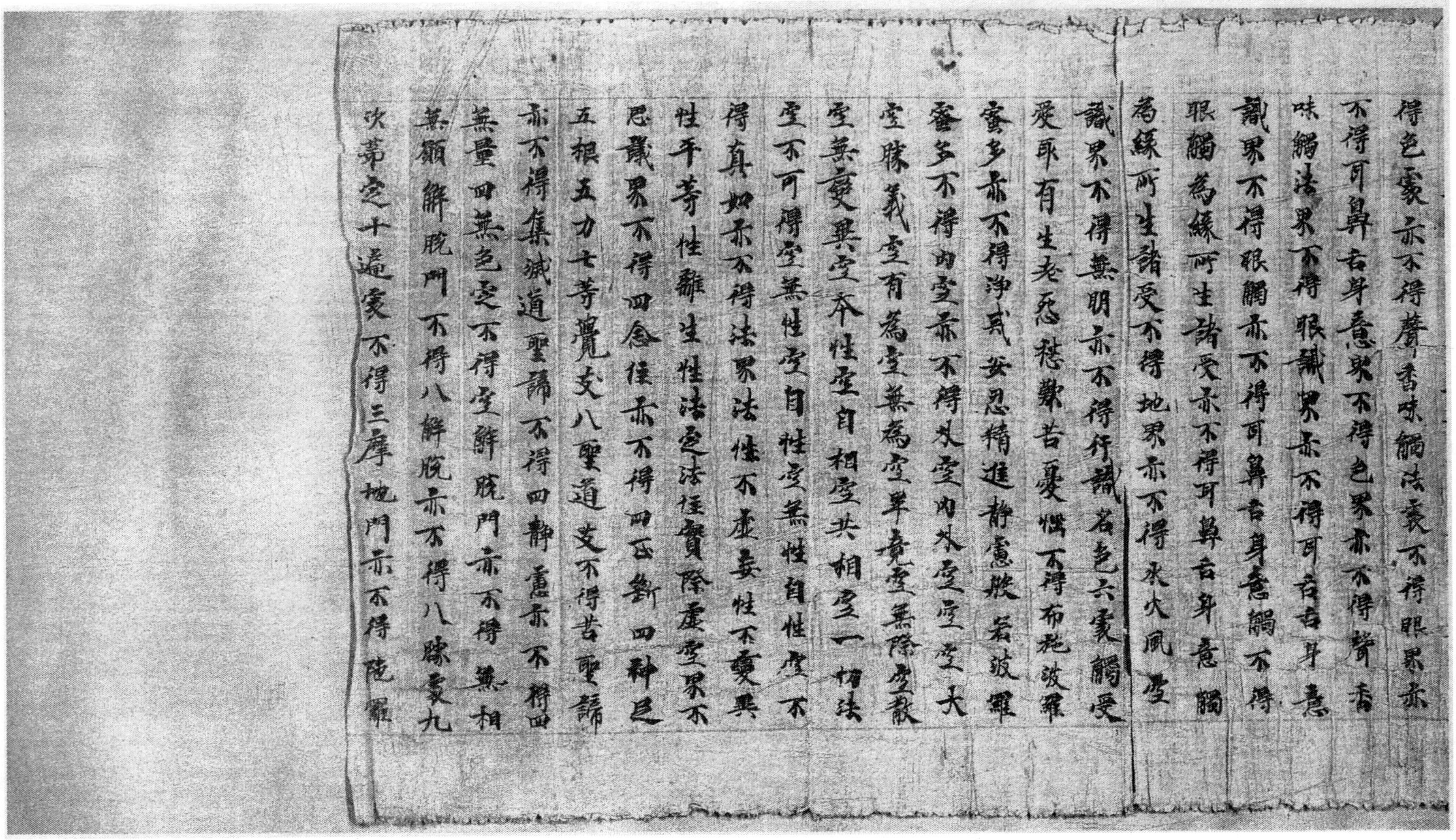

得色處亦不得聲香味觸法處不得眼界亦
不得耳鼻舌身意界不得色界亦不得聲香
味觸法界不得眼識界亦不得耳鼻舌身意
識界不得眼觸亦不得耳鼻舌身意觸不得
眼觸為緣所生諸受亦不得耳鼻舌身意觸
為緣所生諸受不得地界亦不得水火風空
識界不得無明亦不得行識名色六處觸受
愛取有生老死愁歎苦憂惱不得布施波羅
蜜多亦不得淨戒安忍精進靜慮般若波羅
蜜多不得內空亦不得外空內外空空空大
空勝義空有為空無為空畢竟空無際空散
空無變異空本性空自相空共相空一切法
空不可得空無性空自性空無性自性空不
得真如亦不得法界法性不虛妄性不變異
性平等性離生性法定法住實際虛空界不
思議界不得四念住亦不得四正斷四神足
五根五力七等覺支八聖道支不得苦聖諦
亦不得集滅道聖諦不得四靜慮亦不得四
無量四無色定不得空解脫門亦不得無相
無願解脫門不得八解脫亦不得八勝處九
次第定十遍處不得三摩地門亦不得陀羅

BD07946 號　大般若波羅蜜多經卷三六二　（2–2）

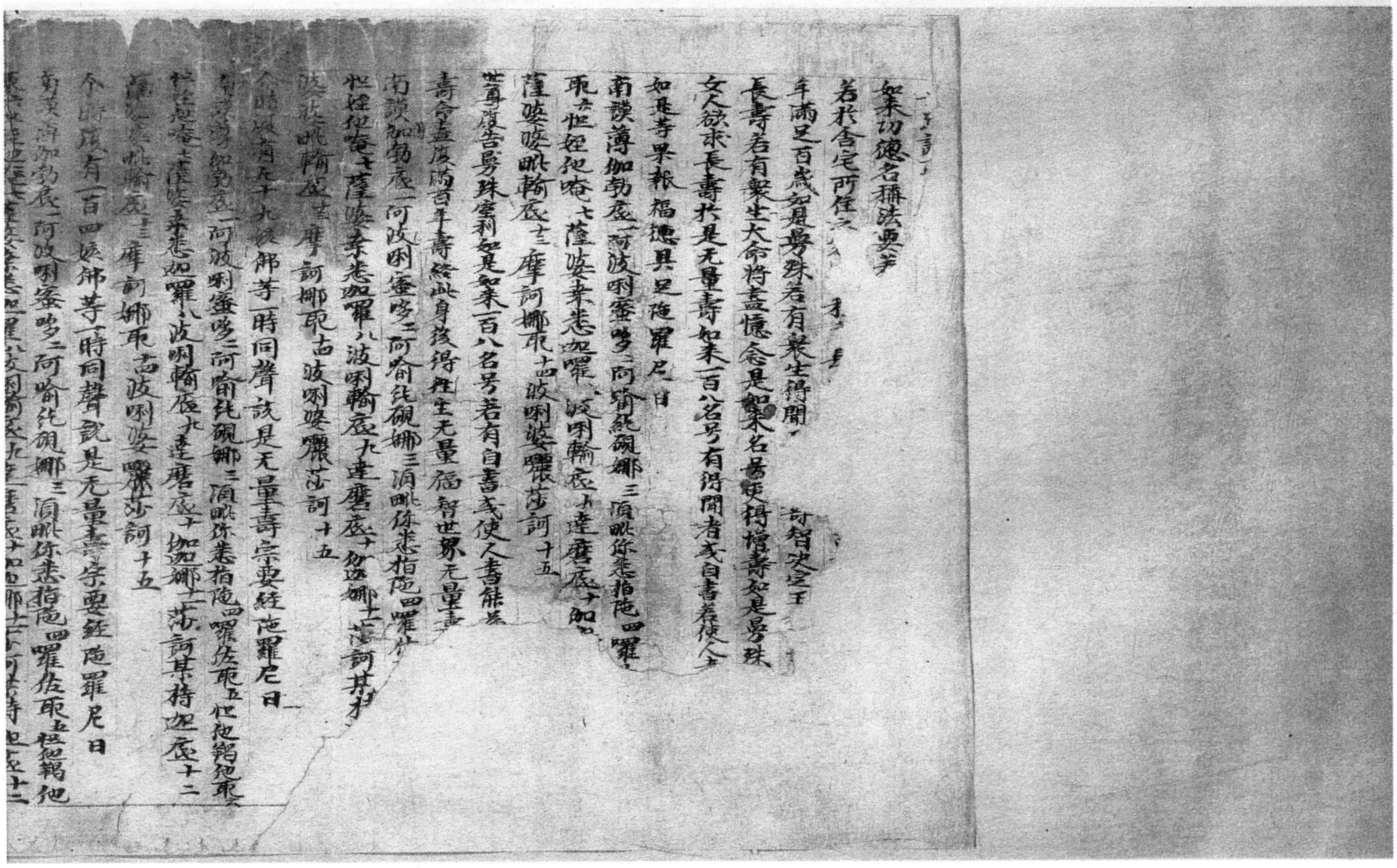

如來功德名稱法要[illegible]
若於舍宅所住之處[illegible]
年滿足百歲如是曼殊若有衆生得聞[illegible]智[illegible]王
長壽若有衆生大命將盡憶念是如來名号便得增壽如是曼殊
女人欲求長壽於是无量壽如來一百八名号有得聞者或自書若使人[illegible]
如是等果報福德具足陀羅尼曰
南謨薄伽勃底一阿波唎蜜哆二阿喻紇硯娜三須毗你悉指陀四囉[illegible]
耶六怛姪他唵七薩婆桒悉迦囉八波唎輸底九達磨底十伽[illegible]
薩婆婆毗輸底十三摩訶娜耶十四波唎婆囉莎訶十五
世尊復告曼殊室利如是如來一百八名号若有自書或使人書能為[illegible]
壽命盡後滿百年壽終此身後得往生无量福智世界无量壽[illegible]
南謨伽勃底一阿波唎蜜哆二阿喻紇硯娜三須毗你悉指陀四囉[illegible]
怛姪他唵七薩婆桒悉迦囉八波唎輸底九達磨底十伽伽娜十一莎訶某持[illegible]
婆婆毗輸底十三摩訶娜耶十四波唎婆囉莎訶十五
今時復有九十九俱胝佛等一時同聲說是无量壽宗要經陀羅尼曰
南謨薄伽勃底一阿波唎蜜哆二阿喻紇硯娜三須毗你悉指陀四囉佐耶五怛他羯他耶六
怛姪他唵七薩婆桒悉迦囉八波唎輸底九達磨底十伽伽娜十一莎訶某持迦底十二
薩婆婆毗輸底十三摩訶娜耶十四波唎婆囉莎訶十五
今時復有一百四俱胝佛等一時同聲說是无量壽宗要經陀羅尼曰
南謨薄伽勃底一阿波唎蜜哆二阿喻紇硯娜三須毗你悉指陀四囉佐耶五怛他羯他
[illegible]

BD07947 號　無量壽宗要經　（3–1）

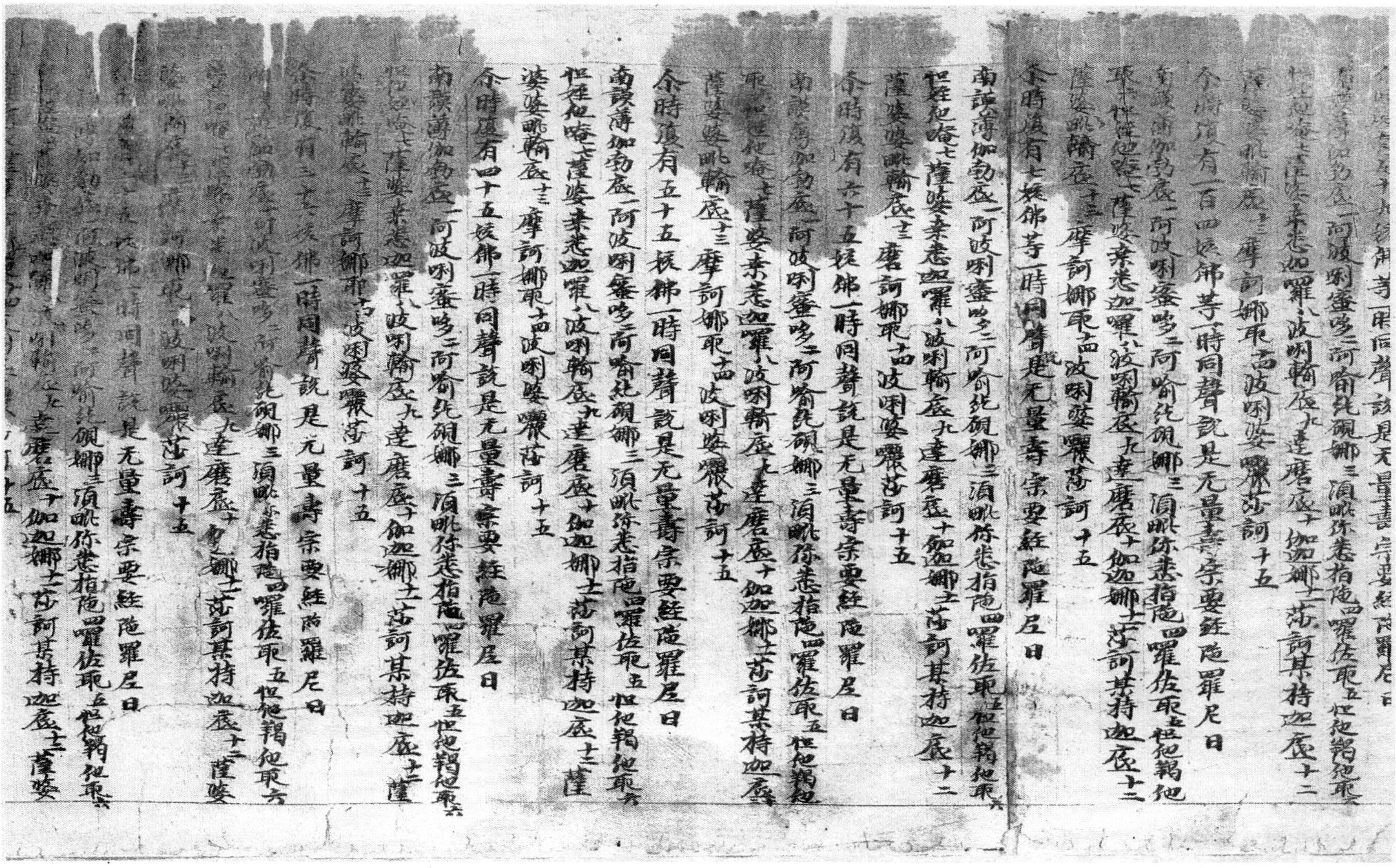

尒時復有……佛等一時同聲說是无量壽宗要經陀羅尼曰
南謨薄伽勃底一阿波唎蜜哆二阿喻紇硯那三須毗你悉指陀四囉佐耶五怛他羯他耶六
怛姪他唵七薩婆桑悉迦囉八波唎輸底九達磨底十伽迦那十一莎訶某持迦底十二
薩婆婆毗輸底十三摩訶娜耶十四波唎婆囉莎訶十五
尒時復有一百四俱胝佛等一時同聲說是无量壽宗要經陀羅尼曰
南謨薄伽勃底一阿波唎蜜哆二阿喻紇硯那三須毗你悉指陀四囉佐耶五怛他羯他
耶六怛姪他唵七薩婆桑悉迦囉八波唎輸底九達磨底十伽迦那十一莎訶某持迦底十二
薩婆婆毗輸底十三摩訶娜耶十四波唎婆囉莎訶十五
尒時復有七俱胝佛等一時同聲說是无量壽宗要經陀羅尼曰
南謨薄伽勃底一阿波唎蜜哆二阿喻紇硯那三須毗你悉指陀四囉佐耶五怛他羯他耶六
怛姪他唵七薩婆桑悉迦囉八波唎輸底九達磨底十伽迦那十一莎訶某持迦底十二
薩婆婆毗輸底十三摩訶娜耶十四波唎婆囉莎訶十五
尒時復有六十五俱胝佛一時同聲說是无量壽宗要經陀羅尼曰
南謨薄伽勃底一阿波唎蜜哆二阿喻紇硯那三須毗你悉指陀四囉佐耶五怛他羯他
耶七怛姪他唵七薩婆桑悉迦囉八波唎輸底九達磨底十伽迦那十一莎訶某持迦底
薩婆婆毗輸底十三摩訶娜耶十四波唎婆囉莎訶十五
尒時復有五十五俱胝佛一時同聲說是无量壽宗要經陀羅尼曰
南謨薄伽勃底一阿波唎蜜哆二阿喻紇硯那三須毗你悉指陀四囉佐耶五怛他羯他耶六
怛姪他唵七薩婆桑悉迦囉八波唎輸底九達磨底十伽迦那十一莎訶某持迦底十二薩
婆婆毗輸底十三摩訶娜耶十四波唎婆囉莎訶十五
尒時復有四十五俱胝佛一時同聲說是无量壽宗要經陀羅尼曰
南謨薄伽勃底一阿波唎蜜哆二阿喻紇硯那三須毗你悉指陀四囉佐耶五怛他羯他耶六
怛姪他唵七薩婆桑悉迦囉八波唎輸底九達磨底十伽迦那十一莎訶某持迦底十二薩
婆婆毗輸底十三摩訶娜耶十四波唎婆囉莎訶十五
尒時復有三十六俱胝佛一時同聲說是无量壽宗要經陀羅尼曰
南謨薄伽勃底一阿波唎蜜哆二阿喻紇硯那三須毗你悉指陀四囉佐耶五怛他羯他耶六
怛姪他唵七薩婆桑悉迦囉八波唎輸底九達磨底十伽迦那十一莎訶某持迦底十二薩婆
婆毗輸底十三摩訶娜耶十四波唎婆囉莎訶十五
尒時復有二十五俱胝佛一時同聲說是无量壽宗要經陀羅尼曰
南謨薄伽勃底一阿波唎蜜哆二阿喻紇硯那三須毗你悉指陀四囉佐耶五怛他羯他耶六
怛姪他唵七薩婆桑悉迦囉八波唎輸底九達磨底十伽迦那十一莎訶某持迦底十二薩婆
……十五

BD07947 號　無量壽宗要經　（3–2）

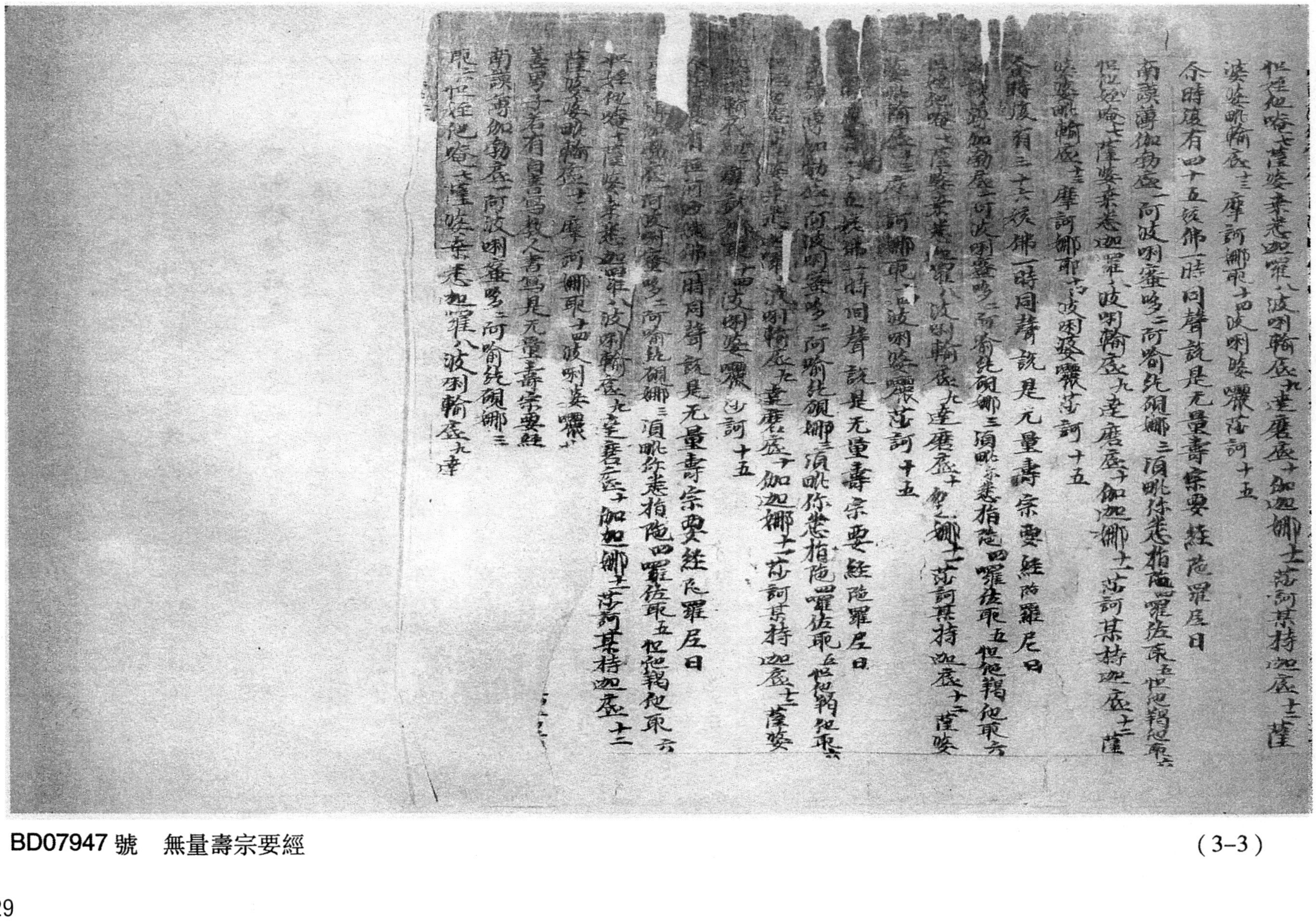

怛姪他唵七薩婆桑悉迦囉八波唎輸底九達磨底十伽迦那十一莎訶某持迦底十二薩
婆婆毗輸底十三摩訶娜耶十四波唎婆囉莎訶十五
尒時復有四十五俱胝佛一時同聲說是无量壽宗要經陀羅尼曰
南謨薄伽勃底一阿波唎蜜哆二阿喻紇硯那三須毗你悉指陀四囉佐耶五怛他羯他耶六
怛姪他唵七薩婆桑悉迦囉八波唎輸底九達磨底十伽迦那十一莎訶某持迦底十二薩
婆婆毗輸底十三摩訶娜耶十四波唎婆囉莎訶十五
尒時復有三十六俱胝佛一時同聲說是无量壽宗要經陀羅尼曰
南謨薄伽勃底一阿波唎蜜哆二阿喻紇硯那三須毗你悉指陀四囉佐耶五怛他羯他耶六
怛姪他唵七薩婆桑悉迦囉八波唎輸底九達磨底十伽迦那十一莎訶某持迦底十二薩婆
婆毗輸底十三摩訶娜耶十四波唎婆囉莎訶十五
尒時復有二十五俱胝佛一時同聲說是无量壽宗要經陀羅尼曰
南謨薄伽勃底一阿波唎蜜哆二阿喻紇硯那三須毗你悉指陀四囉佐耶五怛他羯他耶六
怛姪他唵七薩婆桑悉迦囉八波唎輸底九達磨底十伽迦那十一莎訶某持迦底十二薩婆
婆毗輸底十三摩訶娜耶十四波唎婆囉莎訶十五
尒時復有十俱胝佛一時同聲說是无量壽宗要經陀羅尼曰
南謨薄伽勃底一阿波唎蜜哆二阿喻紇硯那三須毗你悉指陀四囉佐耶五怛他羯他耶六
怛姪他唵七薩婆桑悉迦囉八波唎輸底九達磨底十伽迦那十一莎訶某持迦底十二
薩婆婆毗輸底十三摩訶娜耶十四波唎婆囉
善男子若有自書寫教人書寫是无量壽宗要經
南謨薄伽勃底一阿波唎蜜哆二阿喻紇硯那三
耶六怛姪他唵七薩婆桑悉迦囉八波唎輸底九達

BD07947 號　無量壽宗要經　（3–3）

須菩提於意云何若人滿三千大千世界七
寶以用布施是人所得福德寧為多不須菩
提言甚多世尊何以故是福德即非福德性
是故如來說福德多若復有人於此經中受
持乃至四句偈等為他人說其福勝彼何以
故須菩提一切諸佛及諸佛阿耨多羅三藐
三菩提法皆從此經出須菩提所謂佛法者
即非佛法
須菩提於意云何須陁洹能作是念我得須
陁洹果不須菩提言不也世尊何以故須陁
洹名為入流而无所入不入色聲香味觸法
是名須陁洹須菩提於意云何斯陁含能作
是念我得斯陁含果不須菩提言不也世尊
何以故斯陁含名一往來而實无往來是名
斯陁含須菩提於意云何阿那含能作是念
我得阿那含果不須菩提言不也世尊何以

BD07948號　金剛般若波羅蜜經　（3-1）

是念我得斯陁含果不須菩提言不也世尊
何以故斯陁含名一往來而實无往來是名
斯陁含須菩提於意云何阿那含能作是念
我得阿那含果不須菩提言不也世尊何以
故阿那含名為不來而實无來是故名阿那
含須菩提於意云何阿羅漢能作是念我
得阿羅漢道不須菩提言不也世尊何以故實无
有法名阿羅漢世尊若阿羅漢作是念我
得阿羅漢道即為著我人衆生壽者世尊佛
說我得无諍三昧人中最為第一是第一離
欲阿羅漢我不作是念我是離欲阿羅漢世
尊我若作是念我得阿羅漢道世尊則不說
須菩提是樂阿蘭那行者以須菩提實无所
行而名須菩提是樂阿蘭那行
佛告須菩提於意云何如來昔在然燈佛所
於法有所得不不也世尊如來在然燈佛所於法
實无所得須菩提於意云何菩薩莊嚴佛土
不不也世尊何以故莊嚴佛土者則非莊嚴
是名莊嚴是故須菩提諸菩薩摩訶薩應如
是生清淨心不應住色生心不應住聲香味
觸法生心應无所住而生其心須菩提譬如
有人身如須弥山王於意云何是身為大不
須菩提言甚大世尊何以故佛說非身是名
大身
須菩提如恒河中所有沙數如是沙等恒河

BD07948號　金剛般若波羅蜜經　（3-2）

寶无所得須菩提於意云何菩薩莊嚴佛土
不不也世尊何以故莊嚴佛土者則非莊嚴
是名莊嚴是故須菩提諸菩薩摩訶薩應如
是生清淨心不應住色生心不應住聲香味
觸法生心應无所住而生其心須菩提譬如
有人身如須弥山王於意云何是身為大不
須菩提言甚大世尊何以故佛說非身是名
大身
須菩提如恒河中所有沙數如是沙等恒河
於意云何是諸恒河沙寧為多不須菩提言
甚多世尊但諸恒河尚多无數何況其沙須
菩提我今實言告汝若有善男子善女人以
七寶滿尒所恒河沙數三千大千世界以用
布施得福多不須菩提言甚多世尊佛告須
菩提若善男子善女人於此經中乃至受持
四句偈等為他人說而此福德勝前福德復
次須菩提隨說是經乃至四句偈等當知此
處一切世間天人阿脩羅皆應供養如佛塔
有人盡能受持讀誦須菩提當知是

BD07948號　金剛般若波羅蜜經　（3–3）

已畢竟清淨
大吏不復出迦葉當知无量衆生猶如彼鐵
我以无漏智慧熾火燃彼衆生諸煩惱結迦
葉復言善哉善哉我今諦知如來所說諸佛
王素在後宮或時遊
諸婇女中尒不得言
聖王命終善男子如來亦尒雖不現於閻浮
提界入涅槃中不名无常如來出於无量煩
惱入于涅槃安樂之處遊諸覺華歡娛受樂
素多
已又度煩惱大海若
脩羅共耶輪陀羅生羅
睺羅以是因緣當知如來未度煩惱諸結大
海唯願如來說其因緣佛告迦葉汝不應言
如來久度煩惱大海何緣復共耶輪陀羅生
睺羅
如來未度煩惱諸結
能速大氣故菩今當

BD07949號　大般涅槃經（北本　異卷）卷四　（14–1）

如來久度煩惱大海何緣復共耶輸陀羅生
羅睺羅 如來未度煩惱諸結
能建大義汝等今當
至心諦聽廣為人說莫生驚疑若有菩薩
摩訶薩住大涅槃須彌山王如是高廣悉能
令入亭歷子檜其中眾生依須彌山者亦不
異唯應度者見是薩
復還安止本所住處
善男子復有菩薩摩訶薩住大涅槃能以三千
大千世界置亭歷檜其中眾生亦无迫迮及
往來想如本不異唯應度者見是菩薩以是
檜復還安止本所住
摩訶薩住大涅槃能以三
千大千世界內一毛孔乃至本處亦復如
是善男子復有菩薩摩訶薩住大涅槃斷取
十方三千大千者佛世界置於針鋒如貫棗
葉所有一切眾生不
覺往返為在何處唯應度者乃能見之乃至
本處亦復如是善男子復有菩薩摩訶薩住
大涅槃斷取十方三千大千諸佛世界置於
方微塵世界亦一眾
乃見之可乃至本處
亦復如是善男子復有菩薩摩訶薩住大涅
槃斷取一切十方无量諸佛世界悉內己身
其中眾生悉无迫迮亦无往返及住處想唯
應度者 本處亦復如是善男

亦復如是善男子復有菩薩摩訶薩住大涅
槃斷取一切十方无量諸佛世界悉內己身
其中眾生悉无迫迮亦无往返及住處想唯
應度者 本處亦復如是善男
子復 住大涅槃以十方世界
內一塵中其中眾生亦无迫迮往返之想唯
應度者乃能見之乃至本處亦復如是善男
子是菩薩摩訶薩住大涅槃則能示現種種
无量 大般涅槃是菩薩
摩訶薩所可示現如是无量神通變化一切
眾生无能測量汝今云何能知如來習近婬
欲生羅睺羅善男子我已久住是大涅槃種
種示現神 此三千大千世界百億
日月 亦現如首楞嚴經中
廣說我於三千大千世界或閻浮提示現涅槃
亦不畢竟取於涅槃或閻浮提示入母胎令
其父母生我子想而我此身畢竟不從婬欲
和合 從无量劫來離於婬
欲我今此身即是法身隨順世間示現入胎
善男子此閻浮提林微尼園示現從母摩耶
而生生已即能東行七步唱如是言我於人
天阿脩羅 最上父母人天見已驚喜
生希有 是嬰兒而我此身无
量劫來久離是法如是身者即是法身非是
肉血筋脈骨髓之所成立隨順世間眾生法
故示為嬰兒南行七步示現為欲无量眾生
作是 現生盡永斷老死是

宍血筋脈骨髓之所成立随順世間衆生法
故亦為嬰兒南行七步示現為欲无量衆生
作是 現生盡永斷老死是
冣後身北行七步示現已度諸有生死東行
七步示為衆生而作導首四維七步示現斷
滅種種煩惱四魔種性成於如來應正遍知
上行七、 八淨之物之所染汙猶
如虛空丁 不現法而滅地獄火令彼
衆生受安隱樂毀禁戒者示作霜雹於閻浮
提生七日已又示剃髮諸人皆謂我是嬰兒
初始剃髮一切人天魔王波旬沙門婆羅門
无有 有持刀臨之剃髮者
有持刀至我頂者无有是處我以久於无量
刧中剃除鬚髮為欲随順世間法故示現剃
髮我既生已父母將我入天寺中以我示於
摩醯首 見我時合掌恭敬立
在一面我已久於无量刧中捨離如是入天
寺法為欲随順世間法故示現如是我於閻
浮提示現穿耳一切衆生實无有能穿我耳者
随順世間 現如是復以諸寶作
師子璫 我已於无量刧中離莊
嚴具為欲随順世間法故作是示現示入學
堂脩學書疏然我已於无量刧中具足成就
遍觀三界 无有堪任為我師者為
欲随順 學堂故名如來應正
遍知習學乘象騾馬捔力種種伎藝字復如

BD07949號　大般涅槃經（北本　異卷）卷四　　（14–4）

嚴具為欲随順世間法故作是示現示入學
堂脩學書疏然我已於无量刧中具足成就
遍觀三界 无有堪任為我師者為
欲随順 學堂故名如來應正
遍知習學乘象騾馬捔力種種伎藝字復如
是於閻浮提而復示現為王太子衆生皆見
我為太子於五欲中歡娱受樂然我已於无量
刧中捨 樂為欲随順世間法
故示如是相相師占我若不出家當為轉
輪聖王王閻浮提一切衆生皆信是言然我
已於无量刧中捨轉輪位為法輪王於閻浮
提現離 見老病死及沙門已
出家脩道衆生皆謂悉達太子初始出家然
我已於无量刧中出家學道随順世法故示
如是我於閻浮是示現出家受具足戒精懃
脩道得 含果阿那含果阿羅
漢果衆人皆謂是阿羅漢果易得不難然我
已於无量刧中成阿羅漢果為欲度脫諸衆
生故坐於道場菩提樹下以草為坐摧伏衆
魔衆皆 菩提樹下降伏魔官
然我已於无量刧中久降伏已為欲降伏剛
彊衆生故現是化我又亦現大小便利出息
入息衆生皆謂我有大小便利出息入息然
我是身 如是大小便利出息
入息等随順世間故示如是我又亦現受人
信施然我是身都无飢渴随順世法故示如
是我又示同諸衆生故現有睡眠然我已於

BD07949號　大般涅槃經（北本　異卷）卷四　　（14–5）

入息衆生皆謂我有大小便利出息入息然
我是身　如是大小便利出息
入息等隨順世間故亦如是我又亦現受人
信施然我是身都无飢渴隨順世法故亦如
是我又亦同諸衆生故現有睡眠然我已於
无量劫　以妙智慧遠離三有進
止威儀頭痛腹痛背痛木鎗洗足洗手洗面
漱口嚼楊枝等衆皆謂我有如是事然我此
身都无此事我之清淨猶如蓮華口氣淨絜
如憂鉢　々謂我是人我實非人
我又亦現受糞掃衣浣濯縫打然我久已不
須是衣衆人皆謂羅睺羅者是我之子輸頭
檀王是我之々々耶夫人我是之母處在世
間受諸　事出家學道衆人復言
是王太子瞿曇大性遠離世樂求出世法然
我久離世間婬欲如是等事悉是示現一切衆
生咸謂是々　々實非善男子我雖在此閻
浮提中々　於涅槃然我實不畢竟
涅槃而諸衆生皆謂如來真實滅盡而如來
性實不永滅是故當知是常住法不變易法
善男子大々　々是諸佛如來法界我又
示現閻浮提々出於世間衆生皆謂我始成
佛然我已於无量劫中所作已辦隨順世法
故復示現於閻浮提初出成佛我又示現於
閻浮提　々重罪衆人皆見謂我
實犯然我已於无量劫中堅持禁戒无有缺

故復示現於閻浮提初出成佛我又示現於
閻浮提　々重罪衆人皆見謂我
實犯然我已於无量劫中堅持禁戒无有缺
漏我又亦現於閻浮提為一闡提衆人皆見
是一闡提々々　非一闡提也一闡提者云
何能成阿耨多羅三藐三菩提我又亦現於
閻浮提破和合僧衆生皆謂我是破僧我觀
人天无有能破和合僧者我又亦現於閻浮
提護持々　謂我是護法悉生驚怪
諸佛法尒不應驚怪我又亦現於閻浮提為
魔波旬衆人皆謂我是波旬然我久於无量
劫中離於魔事清淨无染猶如蓮華我又亦
現於閻　々衆人皆言甚奇女人
能成阿耨多羅三藐三菩提如來畢竟不受
女身為欲調伏无量衆生故現女像憐愍一
切諸衆生故　々現種種色像我又亦現
閻浮提中生於四趣然我久已斷諸趣因以
業因故墮於四趣為度衆生故生是中我又
亦現閻浮提中作梵天王令事梵者安住正
法然我實　々咸皆謂我為真梵天
亦現天像遍諸天廟々復如是我又亦現於
閻浮提入婬女舍然我實无貪欲之想清淨
不汙猶如蓮々　々貪欲嗜色衆生於四衢
道宣說妙法々我實无欲穢之心衆人謂我
守護女人我又亦現於閻浮提入青衣舍為
教諸婢令住正法然我實无如是惡業墮在

閻浮提入婬女舍然我實无貪欲之想清淨
不汙猶如蓮華〻〻〻貪欲嗜色眾生於四衢
道宣說妙法〻〻實无欲穢之心眾人謂我
守護女人我又示現於閻浮提入青衣舍為
教諸婢令住正法然我實无如是惡業墮在
青衣我又〻〻〻中而作博士為教童
蒙令住正法又我示現於閻浮提入諸酒會
博奕之處示受種種勝負鬭諍為欲拔濟彼
諸眾生如〻 一惡業而諸眾生皆謂
我作如是惡業我又示現久住冢間作大鷲
身度諸飛鳥而諸眾生皆謂我是真實鷲身
然我久已〻〻〻業為欲度彼諸鷲身故示
如是耳我又〻〻〻閻浮提中作大長者為欲
安立无量眾生住於正法又復示作諸王大
臣王子輔相於是眾中各為第一為脩正法
故住王位 〻閻浮提中疫病劫起多
有眾生為病所惱先施醫藥然後為說微妙
正法令其安住无上菩提眾人皆謂是病劫
起又復示〻 〻〻飢饉劫起隨其所須
供給飲食然後為說微妙正法令其安住无
上菩提又復示現閻浮提中刀兵劫起即為
說法令離怨害使得安住无上菩提又復示
現為計常者〻〻〻〻計樂想者為說苦想
計我想者說无我想計淨想者說不淨想若
有眾生貪著三界即為說法令離是處度眾
生故為說〻〻 〻藥為斷一切煩惱樹
故種植无上法藥之樹為欲拔濟諸外道故

BD07949 號　大般涅槃經（北本　異卷）卷四　（14–8）

現為計常者〻〻〻〻計樂想者為說苦想
計我想者說无我想計淨想者說不淨想若
有眾生貪著三界即為說法令離是處度眾
生故為說〻〻 〻藥為斷一切煩惱樹
故種植无上法藥之樹為欲拔濟諸外道故
說於正法雖復示現為眾生師而心初无眾
生師想為〻 〻〻〻賤故現入其中而為
說法非是惡業受是身也如來正覺如是安
住於大涅槃是故名為常住无變如閻浮提
東弗于逮〻〻〻〻北鬱單曰亦復如是如
四天下三千大千世界亦尒廿五有如首楞
嚴經中廣說以是故名大涅槃若有菩薩摩
訶薩安住如〻〻〻〻涅槃能示如是神通變
化而无所畏迦葉〻〻是因緣故不應言羅
睺羅者是佛之子何以故我於昔法无量劫
中已離欲有〻〻〻如來名曰常住无有變易
迦葉復言如來云何名曰常住如佛言曰如
燈滅已无有方所如來亦尒既滅度已亦无
方所佛言迦〻〻〻男子汝今不應作如是言
燈滅盡已无有方所如來亦尒既滅度已无
有方所善男子譬如男女然燈之時燈爐大
小悉滿中油〻〻〻由在其明猶存若油盡已
明亦俱盡其明滅者喻煩惱滅明雖滅盡燈
爐猶存如來亦尒煩惱雖滅法身常存善男
子於意云何〻〻〻燈爐為俱滅不迦葉答言
不也世尊雖不〻〻然是无常若以法身喻
燈爐者燈爐无常法身亦尒應是无常善男

BD07949 號　大般涅槃經（北本　異卷）卷四　（14–9）

爐猶存如来亦尒煩惱雖滅法身常存善男
子於意云何燈爐為俱滅不迦葉荅言
不也世尊雖不俱滅然是无常若以法身喻
燈爐者燈爐无常法身亦尒應是无常善男
子汝今不應作如是難如世間言器如来世
尊无上福器而是无常非如来也一切法中涅
槃為常如来體之故名為常復次善男子言
燈滅者即是羅漢所證涅槃以滅貪愛諸煩
惱故喻之燈滅阿那含者名曰有貪以有貪
故不得說言同於燈滅是故我昔覆相說言
喻如燈滅非大涅槃同於燈滅阿那含者非
數數来又不還来廿五有更不受於臭身虫
身食身煮身是則名為阿那含也若更受身
名為那含不受身者名阿那含有去来者名
曰那含无去来者名阿那含
尒時迦葉菩薩白佛言世尊如佛所說諸佛
世尊有秘密藏是義不然何以故諸佛世尊
唯有密語无有密藏譬如幻主機關木人人
雖覩見屈申俯仰莫知其內而使之然佛法
不尒咸令衆生悉知見云何當言諸佛世
尊有秘密藏佛讚迦葉善哉善哉善男子如
汝所言如来實无秘密之藏何以故如秋滿
月處空顯露清淨无翳人皆覩見如来之言
亦復如是開發顯露清淨无翳愚人不解謂
之秘藏智者了達則不名藏善男子譬如有
人多積金銀至无量億其心慳悋不肯惠施
拯濟貧窮如是積聚乃名秘藏如来不尒於

月處空顯露清淨无翳人皆覩見如来之言
亦復如是開發顯露清淨无翳愚人不解謂
之秘藏智者了達則不名藏善男子譬如有
人多積金銀至无量億其心慳悋不肯惠施
拯濟貧窮如是積聚乃名秘藏如来不尒於
无量劫積聚无上妙寶心无慳悋常以
惠施一切衆生云何當言如来秘藏善男子
譬如有人身根不具或无一目一手一足以
為耻故不令人見人不見故名為秘藏如来
不尒所有正法具足不藏令人覩見云何當
言如来秘藏善男子譬如貧人多負人財怖
畏責主隱不欲現故名為藏如来不尒不負
一切衆生世法雖負衆生出世之法而亦不
藏何以故恒六　之一子想而為演說无
上法故善男子譬如長者多有財寶唯有一
子心甚愛重情无捨離所有珎寶悉用示之
如来亦尒視諸衆生同於子想善男子如世
間人以男女根醜陋鄙惡以衣覆蔽故名為
藏如来不尒永斷此根以无根故无所覆藏
善男子如婆羅門所有語論終不欲令剎利
毗舍首陁等聞何以故以此論中有過惡故
如来正法則不如是初中後善是故不得名
之秘藏善男子譬如長者唯有一子心常意
念憐愛无已將詣師所欲令受學懼不速成
尋便將還以愛念故晝夜慇懃教其半字而
不教誨毗伽羅論何以故以其幼稚力未堪
故善男子假使長者教半字已是兒即時能

念憐愛无已將、、下欲令受學懷不速成
尋便將還以愛念故晝夜慇懃教其半字而
不教誨毗伽羅論何以故以其幼稚力未堪
故善男子假使長者教半字已是兒即時能
得了知毗伽羅論不不也世尊如是長者於
是子所有秘藏、、、世尊何以故以子年
幼故不為說不以秘故恡如不說所以者何
若有嫉妬秘恡之心乃名為藏如來不尒云何
當言如來秘藏佛言善哉善哉善男子如汝
所言若有瞋心嫉妬慳恡乃名為藏如來无
有瞋心嫉妬云何名藏善男子長者者謂如
來也所言一子者謂一切衆生如來視於一
切衆生猶如一、、、一子者謂聲聞弟子教
半字者謂九部經毗伽論者所謂方等大乘
經典以諸聲聞无有慧力是故如來為說半
字九部經典而不為說毗伽羅論方等大乘
善男子如彼長者子既長大堪任讀學若不
為說毗伽羅論可名為藏若諸聲聞有堪任
力能受大乘毗伽羅論如來祕惜不為說者
可言如來有秘、、如來不尒是故如來无
有秘藏如彼長者教半字已次為演說毗伽
羅論我亦如是為諸弟子說於半字九部經
已次為演說毗伽羅論所謂如來常存不變
復次善男子譬如夏月興大雲雷降注大雨
令諸農夫下種之者多獲果實不下種者无
所剋獲无所獲者非龍王咎而此龍王亦无

BD07949號　大般涅槃經（北本　異卷）卷四　（14–12）

已次為演說毗伽羅論所謂如來常存不變
復次善男子譬如夏月興大雲雷降注大雨
令諸農夫下種之者多獲果實不下種者无
所剋獲无所獲者非龍王咎而此龍王亦无
所藏我今如來亦復如是降大法雨大涅槃
經若諸衆生種善子者得慧牙果无善子者
則无所獲无所獲者非如來咎然佛如來實
无所藏迦葉復言我今定知如來世尊无所
秘藏如佛所說、、、羅論謂佛如來常存不
變是義不然何以故佛昔說偈
諸佛與緣覺　及、、衆　猶捨无常身　何況諸凡夫
今者乃說常存无變是義云何佛言善男子
我為一切聲聞、、、教半字故而說是偈善
男子波斯匿王其母命終悲號戀慕不能自
勝來至我所我、、問言大王何以悲苦懊惱
乃至於此王言世尊國大夫人是日命終假
使有能令我母、、如本者我當捨國象馬
七珍及以身命悉以賞之我復語言大王且
莫愁惱憂悲啼、、、切衆生壽命盡者名之
為死諸佛緣覺聲聞弟子尚捨此身況復凡
夫善男子我為、、、教半字故而說是偈我
今為諸聲聞弟子說毗伽羅論謂如來常存
无有變易若有人言如來无常云何是人舌
不墮落

BD07949號　大般涅槃經（北本　異卷）卷四　（14–13）

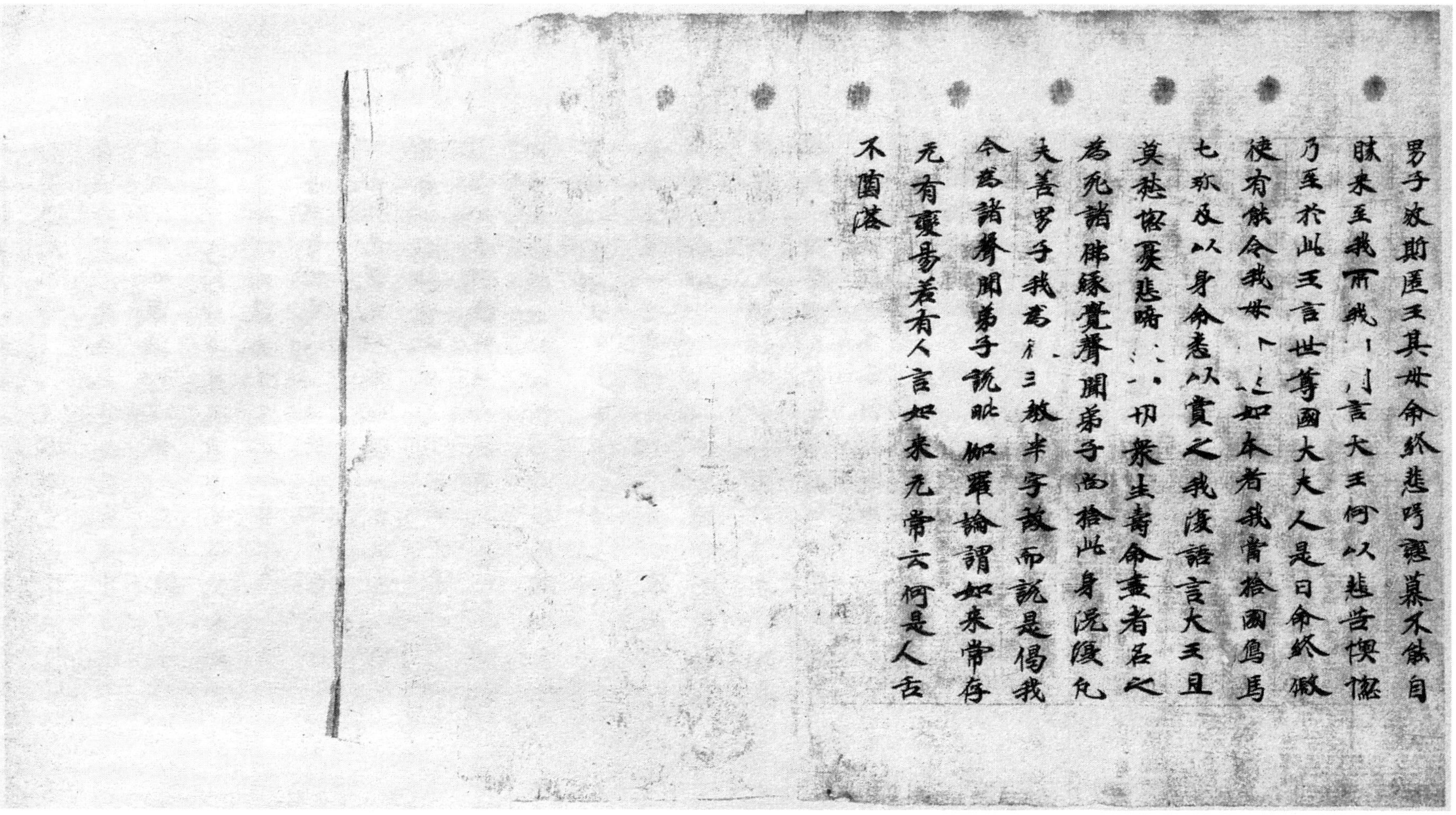

BD07949 號　大般涅槃經（北本　異卷）卷四　　（14–14）

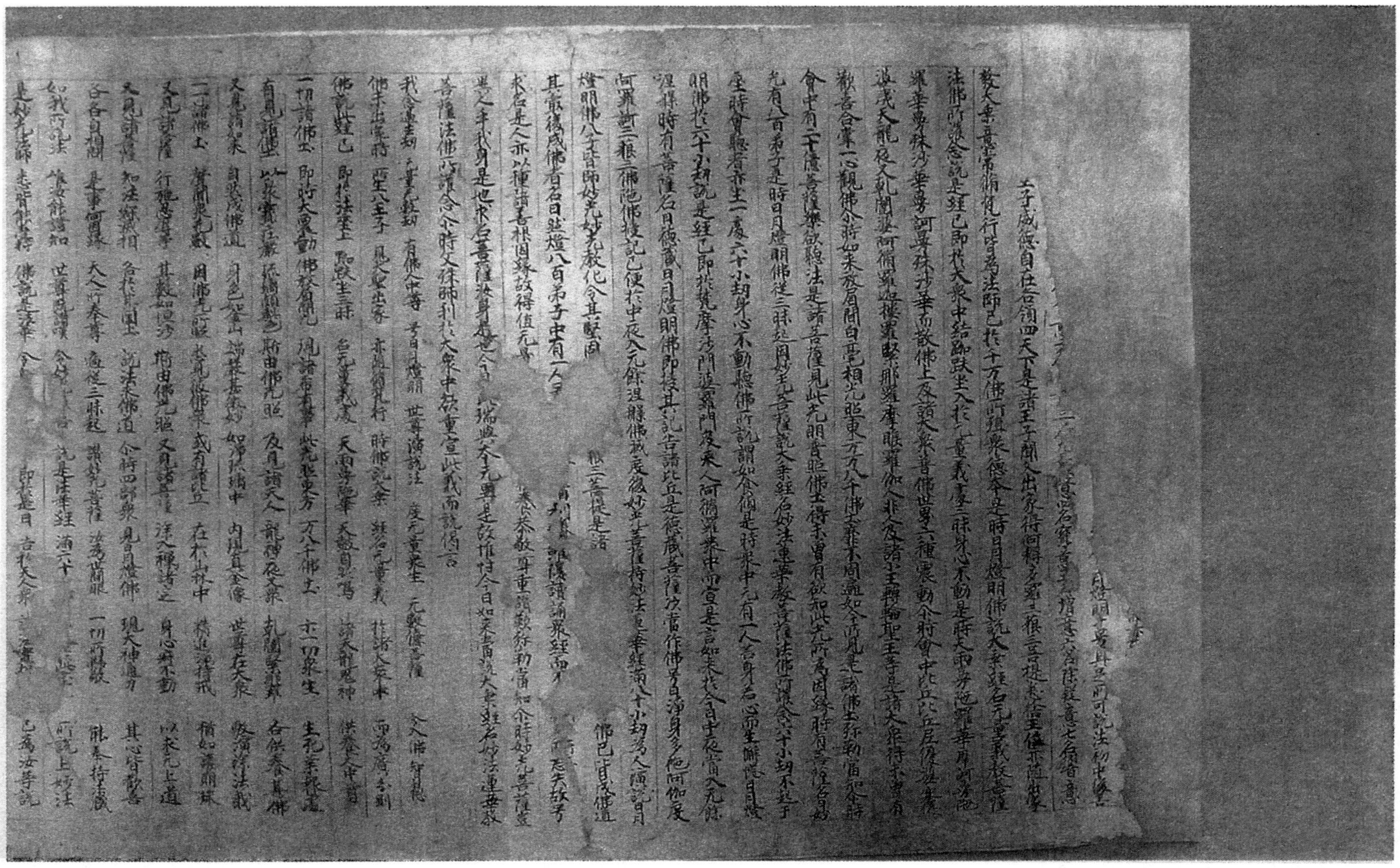

BD07950 號　妙法蓮華經卷一　　（5–1）

又見諸菩薩 行施忍辱等 其數如恒沙 斯由佛光照 又見諸菩薩 深入諸禪定 身心寂不動 以求無上道
又見諸菩薩 知法寂滅相 各於其國土 說法求佛道 爾時四部眾 見日月燈佛 現大神通力 其心皆歡喜
各各自相問 是事何因緣 天人所奉尊 適從三昧起 讚妙光菩薩 汝為世間眼 一切所歸信 能奉持法藏
如我所說法 唯汝能證知 世尊既讚歎 令妙光歡喜 說是法華經 滿六十小劫 不起於此座 所說上妙法
是妙光法師 悉皆能受持 佛說是法華 令眾歡喜已 尋即於是日 告於天人眾 諸法實相義 已為汝等說
我今於中夜 當入於涅槃 汝一心精進 當離於放逸 諸佛甚難值 億劫時一遇 世尊諸子等 聞佛入涅槃
各各懷悲惱 佛滅一何速 聖主法之王 安慰無量眾 我若滅度時 汝等勿憂怖 是德藏菩薩 於無漏實相
心已得通達 其次當作佛 號曰為淨身 亦度無量眾 佛此夜滅度 如薪盡火滅 分布諸舍利 而起無量塔
比丘比丘尼 其數如恒沙 倍復加精進 以求無上道 是妙光法師 奉持佛法藏 八十小劫中 廣宣法華經
是諸八王子 妙光所開化 堅固無上道 當見無數佛 供養諸佛已 隨順行大道 相繼得成佛 轉次而授記
最後天中天 號曰燃燈佛 諸仙之導師 度脫無量眾 是妙光法師 時有一弟子 心常懷懈怠 貪著於名利
求名利無厭 多遊族姓家 棄捨所習誦 廢忘不通利 以是因緣故 號之為求名 亦行眾善業 得見無數佛
供養於諸佛 隨順行大道 具六波羅蜜 今見釋師子 其後當作佛 號名曰彌勒 廣度諸眾生 其數無有量
彼佛滅度後 懈怠者汝是 妙光法師者 今則我身是 我見燈明佛 本光瑞如此 以是知今佛 欲說法華經
今相如本瑞 是諸佛方便 今佛放光明 助發實相義 諸人今當知 合掌一心待 佛當雨法雨 充足求道者
諸求三乘人 若有疑悔者 佛當為除斷 令盡無有餘

妙法蓮華經方便品第二

爾時世尊從三昧安詳而起告舍利弗諸佛智慧甚深無量其智慧門難解難入一切聲聞辟支佛所不能知所以者何佛曾親近百千萬億無數諸佛盡行諸佛無量道法勇猛精進名稱普聞成就甚深未曾有法隨宜所說意趣難解舍利弗吾從成佛已來種種因緣種種譬喻廣演言教無數方便引導眾生令離諸著所以者何如來方便知見波羅蜜皆已具足舍利弗如來知見廣大深遠無量無礙力無所畏禪定解脫三昧深入無際成就一切未曾有法舍利弗如來能種種分別巧說諸法言辭柔軟悅可眾心舍利弗取要言之無量無邊未曾有法佛悉成就止舍利弗不須復說所以者何佛所成就第一希有難解之法唯佛與佛乃能究盡諸法實相所謂諸法如是相如是性如是體如是力如是作如是因如是緣如是果如是報如是本末究竟等爾時世尊欲重宣此義而說偈言

世雄不可量 諸天及世人 一切眾生類 無能知佛者 佛力無所畏 解脫諸三昧 及佛諸餘法 無能測量者
本從無數佛 具足行諸道 甚深微妙法 難見難可了 於無量億劫 行此諸道已 道場得成果 我已悉知見
如是大果報 種種性相義 我及十方佛 乃能知是事 是法不可示 言辭相寂滅 諸餘眾生類 無有能得解
除諸菩薩眾 信力堅固者 諸佛弟子眾 曾供養諸佛 一切漏已盡 住是最後身 如是諸人等 其力所不堪
假使滿世間 皆如舍利弗 盡思共度量 不能測佛智 正使滿十方 皆如舍利弗 及餘諸弟子 亦滿十方剎
盡思共度量 亦復不能知 辟支佛利智 無漏最後身 亦滿十方界 其數如竹林 斯等共一心 於億無量劫
欲思佛實智 莫能知少分 新發意菩薩 供養無數佛 了達諸義趣 又能善說法 如稻麻竹葦 充滿十方剎
一心以妙智 於恒河沙劫 咸皆共思量 不能知佛智 不退諸菩薩 其數如恒沙 一心共思求 亦復不能知
又告舍利弗 無漏不思議 甚深微妙法 我今已具得 唯我知是相 十方佛亦然 舍利弗當知 諸佛語無異
於佛所說法 當生大信力 世尊法久後 要當說真實 告諸聲聞眾 及求緣覺乘 我令脫苦縛 逮得涅槃者
佛以方便力 示以三乘教 眾生處處著 引之令得出

爾時大眾中有諸聲聞漏盡阿羅漢阿若憍陳如等千二百人及發聲聞辟支佛心比丘比丘尼優婆塞優婆夷各作是念今者世尊何故慇懃稱歎方便而作是言佛所得法甚深難解有所言說意趣難知一切聲聞辟支佛所不能及佛說一解脫義我等亦得此法到於涅槃而今不知是義所趣爾時舍利弗知四眾心疑自亦未了而白

BD07950號　妙法蓮華經卷一

（5–2）

於佛所說法 當生大信力 世尊法久後 要當說真實 告諸聲聞眾 及求緣覺乘 我令脫苦縛 逮得涅槃者
佛以方便力 示以三乘教 眾生處處著 引之令得出

爾時大眾中有諸聲聞漏盡阿羅漢阿若憍陳如等千二百人及發聲聞辟支佛心比丘比丘尼優婆塞優婆夷各作是念今者世尊何故慇懃稱歎方便而作是言佛所得法甚深難解有所言說意趣難知一切聲聞辟支佛所不能及佛說一解脫義我等亦得此法到於涅槃而今不知是義所趣爾時舍利弗知四眾心疑自亦未了而白
佛言世尊何因何緣慇懃稱歎諸佛第一方便甚深微妙難解之法我自昔來未曾從佛聞如是說今者四眾咸皆有疑唯願世尊敷演斯事世尊何故慇懃稱歎甚深微妙難解之法爾時舍利弗欲重宣此義而說偈言

慧日大聖尊 久乃說是法 自說得如是 力無畏三昧 禪定解脫等 不可思議法 道場所得法 無能發問者
我意難可測 亦無能問者 無問而自說 稱歎所行道 智慧甚微妙 諸佛之所得 無漏諸羅漢 及求涅槃者
今皆墮疑網 佛何故說是 其求緣覺者 比丘比丘尼 諸天龍鬼神 及乾闥婆等 相視懷猶豫 瞻仰兩足尊
是事為云何 願佛為解說 於諸聲聞眾 佛說我第一 我今自於智 疑惑不能了 為是究竟法 為是所行道
佛口所生子 合掌瞻仰待 願出微妙音 時為如實說 諸天龍神等 其數如恒沙 求佛諸菩薩 大數有八萬
又諸萬億國 轉輪聖王至 合掌以敬心 欲聞具足道

爾時佛告舍利弗止止不須復說若說是事一切世間諸天及人皆當驚疑舍利弗重白佛言世尊唯願說之唯願說之所以者何是會無數百千萬億阿僧祇眾生曾見諸佛諸根猛利智慧明了聞佛所說則能敬信爾時舍利弗欲重宣此義而說偈言

法王無上尊 唯說願勿慮 是會無量眾 有能敬信者

佛復止舍利弗若說是事一切世間天人阿修羅皆當驚疑增上慢比丘將墜於大坑爾時世尊重說偈言

止止不須說 我法妙難思 諸增上慢者 聞必不敬信

爾時舍利弗重白佛言世尊唯願說之唯願說之今此會中如我等比百千萬億世世已曾從佛受化如此人等必能敬信長夜安隱多所饒益爾時舍利弗欲重宣此義而說偈言

無上兩足尊 願說第一法 我為佛長子 唯垂分別說 是會無量眾 能敬信此法 佛已曾世世
教化如是等 皆一心合掌 欲聽受佛語 我等千二百 及餘求佛者 願為此眾故 唯垂分別說
是等聞此法 則生大歡喜

爾時世尊告舍利弗汝已慇懃三請豈得不說汝今諦聽善思念之吾當為汝分別解說說此語時會中有比丘比丘尼優婆塞優婆夷五千人等即從座起禮佛而退所以者何此輩罪根深重及增上慢未得謂得未證謂證有如此失是以不住世尊默然而不制止爾時佛告舍利弗我今此眾無復枝葉純有貞實舍利弗如是增上慢人退亦佳矣汝今善聽當為汝說舍利弗言唯然世尊願樂欲聞佛告舍利弗如是妙法諸佛如來時乃說之如優曇鉢華時一現耳舍利弗汝等當信佛之所說言不虛妄舍利弗諸佛隨宜說法意趣難解所以者何我以無數方便種種因緣譬喻言辭演說諸法是法非思量分別之所能解唯有諸佛乃能知之所以者何諸佛世尊唯以一大事因緣故出現於世舍利弗云何名諸佛世尊唯以一大事因緣故出現於世諸佛世尊欲令眾生開佛知見使得清淨故出現於世欲示眾生佛之知見故出現於世欲令眾生悟佛知見故出現於世欲令眾生入佛知見道故出現於世舍利弗是為諸佛以一大事因緣故出現於世佛告舍利弗諸佛如來但教化菩薩諸有所作常為一事唯以佛之知見示悟眾生舍利弗如來但以一佛乘故為眾生說法無有餘乘若二若三舍利弗一切十方諸佛法亦如是舍利弗過去諸佛以無量無數方便種種因緣譬喻言辭而為眾生演說諸法是法皆為一佛乘故是諸眾生從諸佛聞法究竟皆得一切種智舍利弗未來諸佛當出於世亦以無量無數方便種種因緣譬喻言辭而為眾生演說諸法是法皆為一佛乘故是諸眾生從佛聞法究竟皆得一切種智舍利弗現在十方無量百千萬億佛土中諸佛世尊多所饒益安樂眾生是諸佛亦以無量無數方便種種因緣譬喻言辭而為眾生演說諸法是法皆為一佛乘故是諸眾生從佛聞法究竟皆得一切種智舍利弗是諸佛但教化菩薩欲以佛之知見示眾生故欲以佛之知見悟眾生故欲令眾生入佛之知見故舍利弗我今亦復如是知諸眾生有種種欲深心所著隨其本性以種種因緣譬喻言辭方便力故而為說法舍利弗如此皆為得一佛乘一切種智故舍利弗十方世界中尚無二乘何況有三舍利弗諸佛出於五濁惡世所

BD07950號　妙法蓮華經卷一

（5–3）

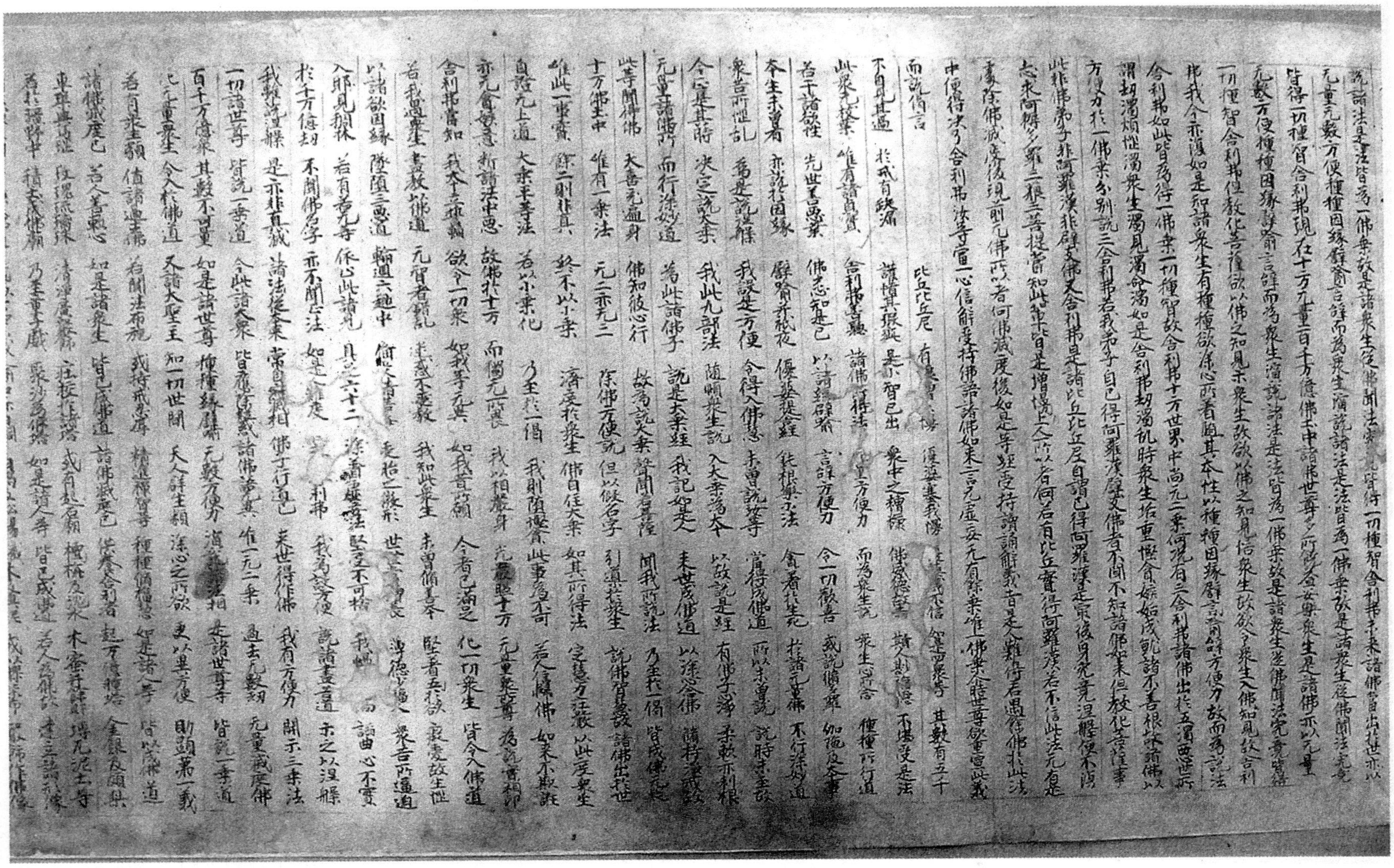

說諸法是法皆為一佛乘故是諸眾生從佛聞法究竟皆得一切種智舍利弗未來諸佛當出於世亦以
无量无數方便種種因緣譬喻言辭而為眾生演說諸法是法皆為一佛乘故是諸眾生從佛聞法究竟
皆得一切種智舍利弗現在十方无量百千萬億佛土中諸佛世尊多所饒益安樂眾生是諸佛亦以无量
无數方便種種因緣譬喻言辭而為眾生演說諸法是法皆為一佛乘故是諸眾生從佛聞法究竟皆得
一切種智舍利弗是諸佛但教化菩薩欲以佛之知見示眾生故欲以佛之知見悟眾生故欲令眾生入佛知見故舍利
弗我今亦復如是知諸眾生有種種欲深心所著隨其本性以種種因緣譬喻言辭方便力故而為說法
舍利弗如此皆為得一佛乘一切種智故舍利弗十方世界中尚无二乘何況有三舍利弗諸佛出於五濁惡世所
謂劫濁煩惱濁眾生濁見濁命濁如是舍利弗劫濁亂時眾生垢重慳貪嫉妬成就諸不善根故諸佛以
方便力於一佛乘分別說三舍利弗若我弟子自謂阿羅漢辟支佛者不聞不知諸佛如來但教化菩薩事
此非佛弟子非阿羅漢非辟支佛又舍利弗是諸比丘比丘尼自謂已得阿羅漢是最後身究竟涅槃便不復
志求阿耨多羅三藐三菩提當知此輩皆是增上慢人所以者何若有比丘實得阿羅漢若不信此法无有是
處除佛滅度後現前无佛所以者何佛滅度後如是等經受持讀誦解義者是人難得若遇餘佛於此法
中便得決了舍利弗汝等當一心信解受持佛語諸佛如來言无虛妄无有餘乘唯一佛乘爾時世尊欲重宣此義
而說偈言
比丘比丘尼　有懷增上慢　優婆塞我慢　優婆夷不信　如是四眾等　其數有五千
不自見其過　於戒有缺漏　護惜其瑕疵　是小智已出　眾中之糟糠　佛威德故去　斯人尠福德　不堪受是法
此眾无枝葉　唯有諸貞實　舍利弗善聽　諸佛所得法　无量方便力　而為眾生說　眾生心所念　種種所行道
若干諸欲性　先世善惡業　佛悉知是已　以諸緣譬喻　言辭方便力　令一切歡喜　或說修多羅　伽陀及本事
本生未曾有　亦說於因緣　譬喻并祇夜　優波提舍經　鈍根樂小法　貪著於生死　於諸无量佛　不行深妙道
眾苦所惱亂　為是說涅槃　我設是方便　令得入佛慧　未曾說汝等　當得成佛道　所以未曾說　說時未至故
今正是其時　決定說大乘　我此九部法　隨順眾生說　入大乘為本　以故說是經　有佛子心淨　柔軟亦利根
无量諸佛所　而行深妙道　為此諸佛子　說是大乘經　我記如是人　來世成佛道　以深心念佛　修持淨戒故
此等聞得佛　大喜充遍身　佛知彼心行　故為說大乘　聲聞若菩薩　聞我所說法　乃至於一偈　皆成佛无疑
十方佛土中　唯有一乘法　无二亦无三　除佛方便說　但以假名字　引導於眾生　說佛智慧故　諸佛出於世
唯此一事實　餘二則非真　終不以小乘　濟度於眾生　佛自住大乘　如其所得法　定慧力莊嚴　以此度眾生
自證无上道　大乘平等法　若以小乘化　乃至於一人　我則墮慳貪　此事為不可　若人信歸佛　如來不欺誑
亦无貪嫉意　斷諸法中惡　故佛於十方　而獨无所畏　我以相嚴身　光明照世間　无量眾所尊　為說實相印
舍利弗當知　我本立誓願　欲令一切眾　如我等无異　如我昔所願　今者已滿足　化一切眾生　皆令入佛道
若我遇眾生　盡教以佛道　无智者錯亂　迷惑不受教　我知此眾生　未曾修善本　堅著於五欲　癡愛故生惱
以諸欲因緣　墜墮三惡道　輪迴六趣中　備受諸苦毒　受胎之微形　世世常增長　薄德少福人　眾苦所逼迫
入邪見稠林　若有若无等　依止此諸見　具足六十二　深著虛妄法　堅受不可捨　我慢自矜高　諂曲心不實
於千萬億劫　不聞佛名字　亦不聞正法　如是人難度　是故舍利弗　我為設方便　說諸盡苦道　示之以涅槃
我雖說涅槃　是亦非真滅　諸法從本來　常自寂滅相　佛子行道已　來世得作佛　我有方便力　開示三乘法
一切諸世尊　皆說一乘道　今此諸大眾　皆應除疑惑　諸佛語无異　唯一无二乘　過去无數劫　无量滅度佛
百千萬億種　其數不可量　如是諸世尊　種種緣譬喻　无數方便力　演說諸法相　是諸世尊等　皆說一乘法
化无量眾生　令入於佛道　又諸大聖主　知一切世間　天人群生類　深心之所欲　更以異方便　助顯第一義
若有眾生類　值諸過去佛　若聞法布施　或持戒忍辱　精進禪智等　種種修福慧　如是諸人等　皆已成佛道
諸佛滅度已　若人善軟心　如是諸眾生　皆已成佛道　諸佛滅度已　供養舍利者　起萬億種塔　金銀及頗梨
車渠與馬腦　玫瑰琉璃珠　清淨廣嚴飾　莊校於諸塔　或有起石廟　栴檀及沉水　木櫁并餘材　塼瓦泥土等
若於曠野中　積土成佛廟　乃至童子戲　聚沙為佛塔　如是諸人等　皆已成佛道　若人為佛故　建立諸形像

BD07950 號　妙法蓮華經卷一　（5–4）

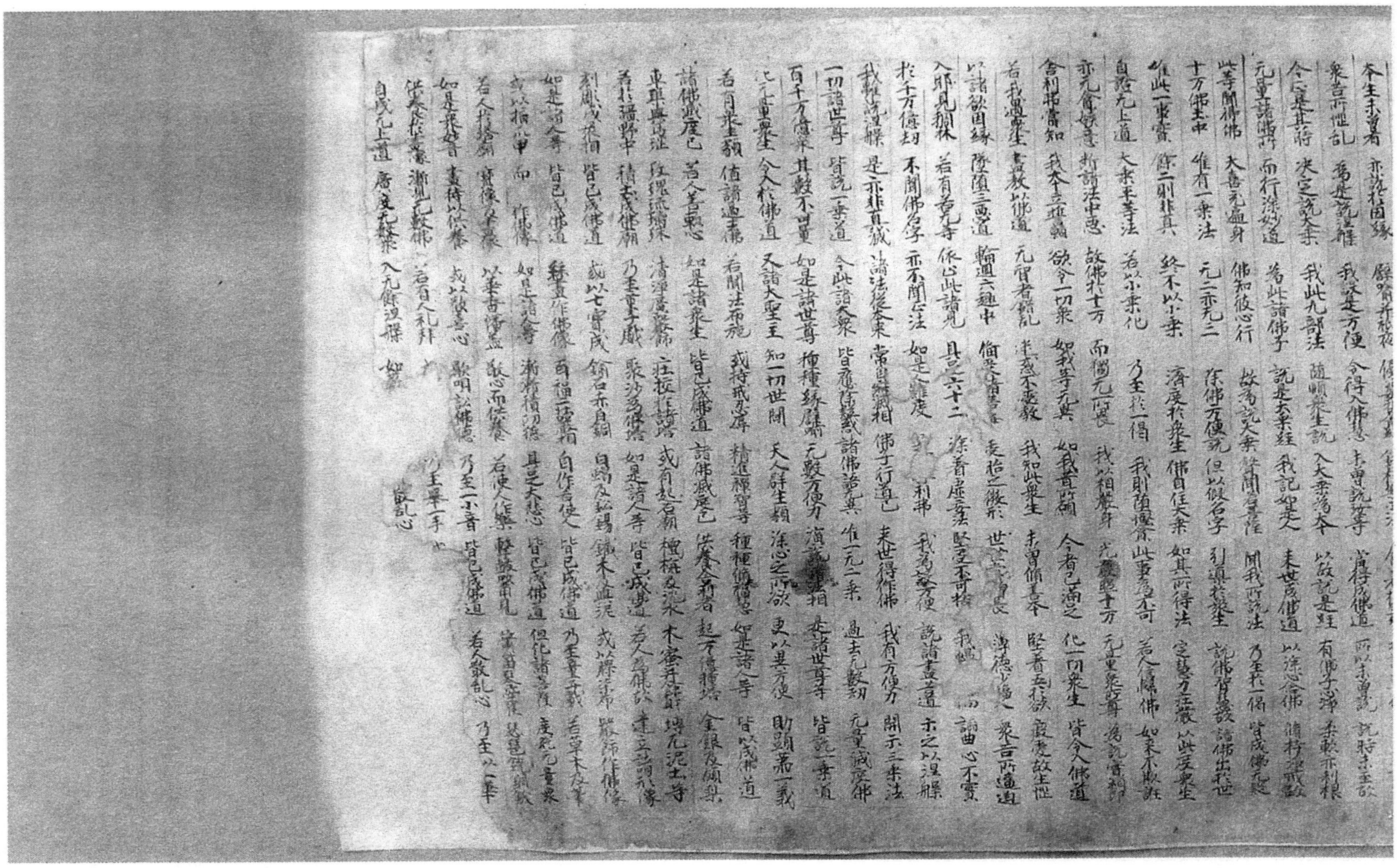

本生未曾有　亦說於因緣　譬喻并祇夜　優波提舍經　鈍根樂小法　貪著於生死　於諸无量佛　不行深妙道
眾苦所惱亂　為是說涅槃　我設是方便　令得入佛慧　未曾說汝等　當得成佛道　所以未曾說　說時未至故
今正是其時　決定說大乘　我此九部法　隨順眾生說　入大乘為本　以故說是經　有佛子心淨　柔軟亦利根
无量諸佛所　而行深妙道　為此諸佛子　說是大乘經　我記如是人　來世成佛道　以深心念佛　修持淨戒故
此等聞得佛　大喜充遍身　佛知彼心行　故為說大乘　聲聞若菩薩　聞我所說法　乃至於一偈　皆成佛无疑
十方佛土中　唯有一乘法　无二亦无三　除佛方便說　但以假名字　引導於眾生　說佛智慧故　諸佛出於世
唯此一事實　餘二則非真　終不以小乘　濟度於眾生　佛自住大乘　如其所得法　定慧力莊嚴　以此度眾生
自證无上道　大乘平等法　若以小乘化　乃至於一人　我則墮慳貪　此事為不可　若人信歸佛　如來不欺誑
亦无貪嫉意　斷諸法中惡　故佛於十方　而獨无所畏　我以相嚴身　光明照世間　无量眾所尊　為說實相印
舍利弗當知　我本立誓願　欲令一切眾　如我等无異　如我昔所願　今者已滿足　化一切眾生　皆令入佛道
若我遇眾生　盡教以佛道　无智者錯亂　迷惑不受教　我知此眾生　未曾修善本　堅著於五欲　癡愛故生惱
以諸欲因緣　墜墮三惡道　輪迴六趣中　備受諸苦毒　受胎之微形　世世常增長　薄德少福人　眾苦所逼迫
入邪見稠林　若有若无等　依止此諸見　具足六十二　深著虛妄法　堅受不可捨　我慢自矜高　諂曲心不實
於千萬億劫　不聞佛名字　亦不聞正法　如是人難度　是故舍利弗　我為設方便　說諸盡苦道　示之以涅槃
我雖說涅槃　是亦非真滅　諸法從本來　常自寂滅相　佛子行道已　來世得作佛　我有方便力　開示三乘法
一切諸世尊　皆說一乘道　今此諸大眾　皆應除疑惑　諸佛語无異　唯一无二乘　過去无數劫　无量滅度佛
百千萬億種　其數不可量　如是諸世尊　種種緣譬喻　无數方便力　演說諸法相　是諸世尊等　皆說一乘法
化无量眾生　令入於佛道　又諸大聖主　知一切世間　天人群生類　深心之所欲　更以異方便　助顯第一義
若有眾生類　值諸過去佛　若聞法布施　或持戒忍辱　精進禪智等　種種修福慧　如是諸人等　皆已成佛道
諸佛滅度已　若人善軟心　如是諸眾生　皆已成佛道　諸佛滅度已　供養舍利者　起萬億種塔　金銀及頗梨
車渠與馬腦　玫瑰琉璃珠　清淨廣嚴飾　莊校於諸塔　或有起石廟　栴檀及沉水　木櫁并餘材　塼瓦泥土等
若於曠野中　積土成佛廟　乃至童子戲　聚沙為佛塔　如是諸人等　皆已成佛道　若人為佛故　建立諸形像
刻彫成眾相　皆已成佛道　或以七寶成　鍮石赤白銅　白鑞及鉛錫　鐵木及與泥　或以膠漆布　嚴飾作佛像
綵畫作佛像　百福莊嚴相　自作若使人　皆已成佛道　乃至童子戲　若草木及筆　或以指爪甲　而畫作佛像
如是諸人等　漸漸積功德　具足大悲心　皆已成佛道　但化諸菩薩　度脫无量眾
若人於塔廟　寶像及畫像　以華香幡蓋　敬心而供養　若使人作樂　擊鼓吹角貝　簫笛琴箜篌　琵琶鐃銅鈸
如是眾妙音　盡持以供養　或以歡喜心　歌唄頌佛德　乃至一小音　皆已成佛道　若人散亂心　乃至以一華
供養於畫像　漸見无數佛　或有人禮拜　或復但合掌　乃至舉一手　或復小低頭　以此供養像
自成无上道　廣度无數眾　入无餘涅槃　如

BD07950 號　妙法蓮華經卷一　（5–5）

BD07951號　無量壽宗要經　（2–1）

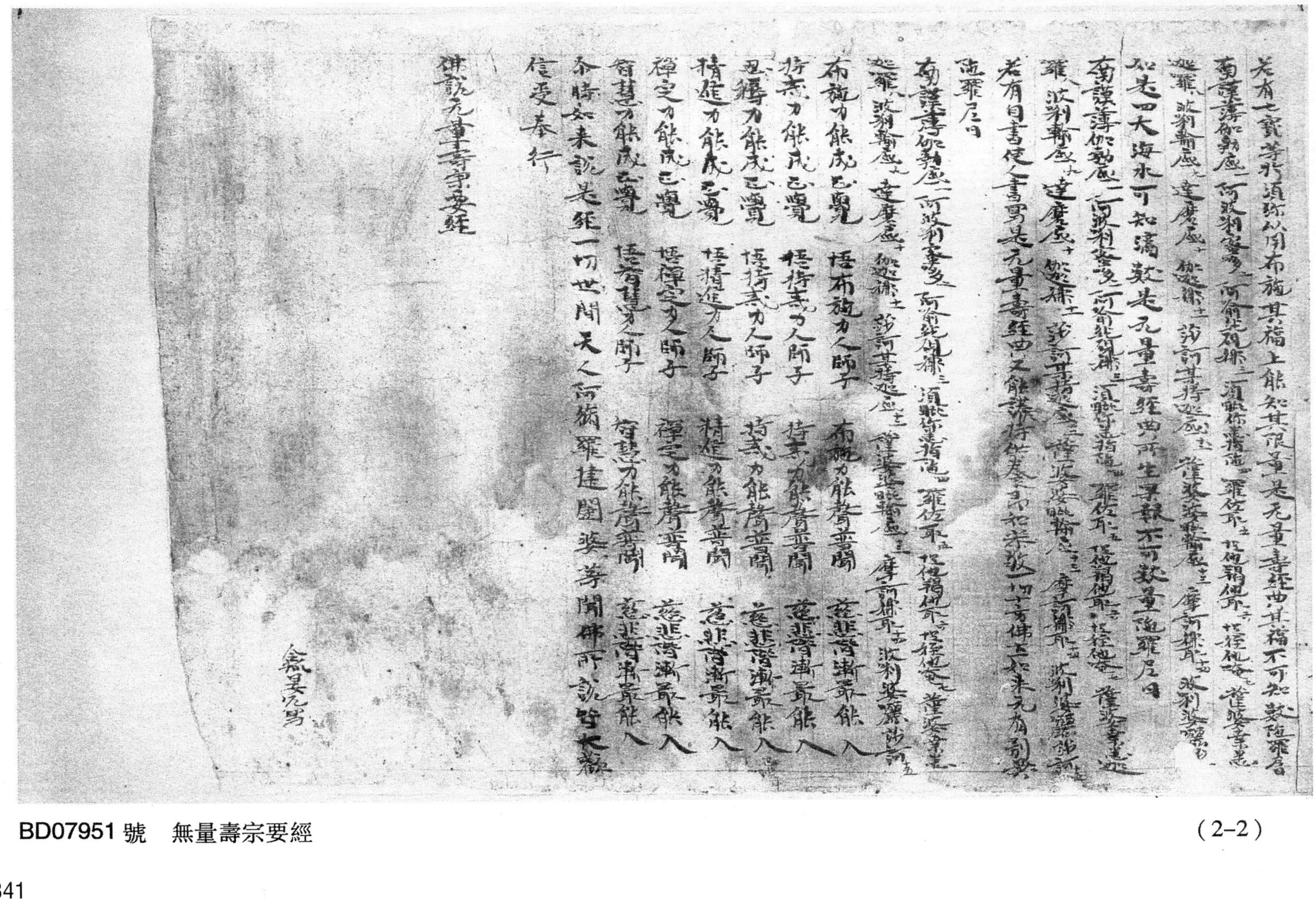

BD07951號　無量壽宗要經　（2–2）

大般若波羅蜜多經卷第四百八十
第三分舍利子品第二之二　三藏法師玄奘奉　詔譯
復次舍利子若菩薩摩訶薩脩行般若波羅
蜜多已能引發如是功德尒時三千大千世
界四大天王歡喜踊躍作是思惟我等今者
應以四鉢奉此菩薩如昔天王奉先佛鉢是
時三千大千世界三十三天夜摩天覩史多
天樂變化天他化自在天歡喜踊躍作是思
惟我等皆應給侍供養如是菩薩令阿素洛
黨類損減使諸天眾眷屬增益是時三千
大千世界梵眾天乃至大梵天光天乃至
極光淨天淨天乃至遍淨天廣天乃至廣果
天無繁天乃至色究竟天歡喜悅豫作是思
惟我等應請如是菩薩疾證無上正等菩提
轉妙法輪饒益一切
復次舍利子若菩薩摩訶薩脩行般若波羅
蜜多增益布施淨戒安忍精進靜慮般若波
羅蜜多及餘善法時彼世界諸善男子善女
人等歡喜踊躍作是思惟我等當為如是菩
薩作父母兄弟妻子眷屬知識朋友時彼世

BD07952號　大般若波羅蜜多經卷四八〇　（2–1）

天樂變化天他化自在天歡喜踊躍作是思
惟我等皆應給侍供養如是菩薩令阿素洛
黨類損減使諸天眾眷屬增益是時三千
大千世界梵眾天乃至大梵天光天乃至
極光淨天淨天乃至遍淨天廣天乃至廣果
天無繁天乃至色究竟天歡喜悅豫作是思
惟我等應請如是菩薩疾證無上正等菩提
轉妙法輪饒益一切
復次舍利子若菩薩摩訶薩脩行般若波羅
蜜多增益布施淨戒安忍精進靜慮般若波
羅蜜多及餘善法時彼世界諸善男子善女
人等歡喜踊躍作是思惟我等當為如是菩
薩作父母兄弟妻子眷屬知識朋友時彼世
界四大王眾天乃至他化自在天梵眾天乃
至大梵天光天乃至極光淨天淨天乃至遍
淨天廣天乃至廣果天無繁天乃至色究竟
天歡喜悅豫作是思惟我等當設種種方便
令是菩薩離婬欲從初發心乃至證得所
求無上正等菩提常脩梵行於順結法不生

BD07952號　大般若波羅蜜多經卷四八〇　（2–2）

BD07952 號背　勘記　（1–1）

著　錄　凡　例

本目錄採用條目式著錄法。諸條目意義如下：

1.1　著錄編號。用漢語拼音首字“BD”表示，意為“北京圖書館藏敦煌遺書”，簡稱“北敦號”。文獻寫在背面者，標註為“背”。件遺書上抄有多個文獻者，用數字1、2、3等標示小號。一號中包括幾件遺書，且遺書形態各自獨立者，用字母A、B、C等區別。

1.2　著錄分類號。本條記目錄暫不分類，該項空缺。

1.3　著錄文獻的名稱、卷本、卷次。

1.4　著錄千字文編號。

1.5　著錄縮微膠卷號。

2.1　著錄遺書的總體數據。包括長度、寬度、紙數、正面抄寫總行數與每行字數、背面抄寫總行數與每行字數。如該遺書首尾有殘，則對殘破部分單獨度量，用加號加在總長度上。凡屬這種情況，長度用括弧標註。

2.2　著錄每紙數據。包括每紙長度及抄寫行數或界欄數。

2.3　著錄遺書的外觀。包括：(1) 裝幀形式。(2) 首尾存況。(3) 護首、軸、軸頭、天竿、縹帶，經名是書寫還是貼簽，有無經號，扉頁、扉畫。(4) 卷面殘破情況及其位置。(5) 尾部情況。(6) 有無附加物（蟲繭、油污、線繩及其他)。(7) 有無裱補及其年。(8) 界欄。(9) 修整。(10) 其他需要交待的問題。

2.4　著錄一件遺書抄寫多個文獻的情況。

3.1　著錄文獻首部文字與對照本核對的結果。

3.2　著錄文獻尾部文字與對照本核對的結果。

3.3　著錄錄文。

3.4　著錄對文獻的説明。

4.1　著錄文獻首題。

4.2　著錄文獻尾題。

5　著錄本文獻與對照本的不同之處。

6.1　著錄本遺書首部可與另一遺書綴接的編號。

6.2　著錄本遺書尾部可與另一遺書綴接的編號。

7.1　著錄題記、題名、勘記等。

7.2　著錄印章。

7.3　著錄雜寫。

7.4　著錄護首及扉頁的內容。

8　著錄年代。

9.1　著錄字體。如有武周新字、合體字、避諱字等，予以説明。

9.2　著錄卷面二次加工的情況。包括句讀、點標、科分、間隔號、行間加行、行間加字、硃筆、墨塗、倒乙、刪除、兑廢等。

10　著錄敦煌遺書發現後，近現代人所加內容，裝裱、題記、印章等。

11　備註。著錄揭裱互見、圖版本出處及其他需要説明的問題。

上述諸條，有則著錄，無則空缺。

為避文繁，上述著錄中出現的各種參考、對照文獻，暫且不列版本説明。全目結束時，將統一編制本條記目錄出現的各種參考書目。

本條記目錄為農曆年份標註其公曆紀年時，未進行歲頭年末之換算，請讀者使用時注意自行換算。

條　記　目　錄

BD07801—BD07952

1.1　BD07801 號
1.3　金光明最勝王經卷四
1.4　制 001
1.5　083:1679
2.1　160.2×26.4 厘米；4 紙；92 行，行 17 字。
2.2　01：34.0，20；　02：41.8，24；　03：42.4，24；　04：42.0，24。
2.3　卷軸裝。首尾均殘。經黄紙。卷首殘破，卷面油污，上邊有水漬。有烏絲欄。已修整。
3.1　首 21 行下殘→大正 665，16/0418B17～C10。
3.2　尾殘→16/0419B27。
8　7～8 世紀。唐寫本。
9.1　楷書。
11　圖版：《敦煌寶藏》，69/245B～247B。

1.1　BD07802 號 1
1.3　金剛般若波羅蜜經
1.4　制 002
1.5　094:4390
2.1　78.5×25 厘米；2 紙；36 行，行 17 字。
2.2　01：50.5，28；　02：28.0，08。
2.3　卷軸裝。首脱尾全。經黄紙。卷首有横向破裂。有燕尾。有烏絲欄。
2.4　本遺書包括 2 個文獻：（一）《金剛般若波羅蜜經》，33 行，今編為 BD07802 號 1。（二）《發菩提心戒咒》，3 行，今編為 BD07802 號 2。
3.1　首殘→大正 235，8/752A28。
3.2　尾全→235，8/752C3。
4.2　金剛般若波羅蜜經（尾）。
8　7～8 世紀。唐寫本。
9.1　楷書。
11　圖版：《敦煌寶藏》，83/94B～95B。

1.1　BD07802 號 2
1.3　發菩提心戒咒
1.4　制 002
1.5　094:4390
2.4　本遺書由 2 個文獻組成，本號為第 2 個，3 行。餘參見 BD07802 號 1 之第 2 項、第 11 項。
3.4　説明：
　　本文獻首尾均全。本文獻為附在《金剛經》之後的咒語。與《大正藏》本《金剛經》卷末所附“真言”雖為同一咒語，但譯音文字有較大出入。
　　本文獻與《金剛經》筆迹不同，顯然是後加的。
8　9～10 世紀。歸義軍時期寫本。
9.1　楷書。

1.1　BD07803 號
1.3　藥師琉璃光如來本願功德經
1.4　制 003
1.5　030:0310
2.1　（9+63）×25.5 厘米；2 紙；45 行，行 17 字。
2.2　01：9+18，17；　02：45.0，28。
2.3　卷軸裝。首殘尾脱。經黄打紙。首紙上下邊有殘損，2 紙均有殘洞。背有古代裱補。有烏絲欄。已修整。
3.1　首 4 行上下殘→大正 0450，14/0407B06～09。
3.2　尾殘→14/0407C24。
8　7～8 世紀。唐寫本。
9.1　楷書。
11　圖版：《敦煌寶藏》，58/18A～19A。
　　本遺書卷背揭下裱補紙 1 塊，今編為 BD16466 號。

1.1　BD07804 號
1.3　金藏論（擬）
1.4　制 004
1.5　198:7173

2.1 126×28 厘米；3 紙；正面 73 行，行 21 字；背面 51 行，行約 27 字。

2.2 01：42.0，21；　02：42.0，21；　03：42.0，31。

2.3 卷軸裝。首殘尾脱。各紙接縫上中開裂，尾紙下部破損。有烏絲欄。已修整。

2.4 本遺書包括 4 個文獻：（一）《金藏論》（擬），73 行，其中行間加行 9 行，今編為 BD07804 號。（二）《菩薩受無盡戒羯磨》，12 行，抄寫在背面，今編為 BD07804 號背 1。（三）《菩薩戒羯磨文》，27 行，抄寫在背面，今編為 BD07804 號背 2。（四）《鳩摩羅什法師誦法》，12 行，抄寫在背面，今編為 BD07804 號背 3。

3.4 説明：

本文獻首 2 行上中殘，尾殘。從形態看，應爲《金藏論》的又一抄本。未為歷代大藏經所收。其中"賓頭盧化拔提長者慳姐緣"條，有行間加行 9 行，引《四分律》，詳述類似故事。該加行相當於附註，故不另作文獻。

6.1 首→BD07798 號。

8 7 世紀。唐寫本。

9.1 楷書。避"世"諱。頗有異體字。

9.2 有重文號。有行間校加字。

11 圖版：《敦煌寶藏》，104/372B～375B。

1.1 BD07804 號背 1

1.3 菩薩受無盡戒羯磨

1.4 制 004

1.5 198:7173

2.4 本遺書由 4 個文獻組成，本號為第 2 個，12 行，抄寫在背面。餘參見 BD07804 號之第 2 項、第 11 項。

3.4 説明：

本文獻首尾均全。包括：入堂偈、香水偈、浴籌偈、受籌偈、還籌偈、各頌經中清淨妙偈、出堂偈。乃受無盡戒羯磨之總綱。未為歷代大藏經所收。

4.1 佛説菩薩受無盡戒羯磨一卷，鳩摩羅什法師誦，惠融等集（首）。

8 8～9 世紀。吐蕃統治時期寫本。

9.1 行書。有合體字"菩薩"。

9.2 有行間校加字。

1.1 BD07804 號背 2

1.3 菩薩戒羯磨文

1.4 制 004

1.5 198:7173

2.4 本遺書由 4 個文獻組成，本號為第 3 個，27 行，抄寫在背面。餘參見 BD07804 號之第 2 項、第 11 項。

3.4 説明：

本文獻首尾均全。為作菩薩戒時之羯磨文。可參見 BD03900 號。未為歷代大藏經所收。

4.1 菩薩羯磨戒文（首）。

8 8～9 世紀。吐蕃統治時期寫本。

9.1 行書。有合體字"菩薩"。

9.2 有行間校加字。有塗抹。

1.1 BD07804 號背 3

1.3 鳩摩羅什法師誦法

1.4 制 004

1.5 198:7173

2.4 本遺書由 4 個文獻組成，本號為第 4 個，12 行，抄寫在背面。餘參見 BD07804 號之第 2 項、第 11 項。

3.4 説明：

本文獻首全尾殘。是慧融撰寫的關於鳩摩羅什授《梵網經》菩薩戒之第一手資料。未為歷代大藏經所收。

6.2 尾→BD07798 號。

4.1 鳩磨（摩）羅什法師誦法，惠融等集（首）。

8 8～9 世紀。吐蕃統治時期寫本。

9.1 行書。有合體字"菩薩"。

9.2 有塗抹。

1.1 BD07805 號 1

1.3 和菩薩戒文

1.4 制 005

1.5 316:8362

2.1 61×29.5 厘米；2 紙；正面 35 行，行 20 餘字；背面 6 行，行 20 餘字。

2.2 01：42.0，25；　02：19.0，10。

2.3 卷軸裝。首尾均全。卷面有油污、殘破及殘洞。背有 3 行接正面經文。已修整。

2.4 本遺書包括 2 個文獻：（一）《和菩薩戒文》，32 行半，今編為 BD07805 號 1。（二）《散花樂讚文》，正面 2 行半，背面 5 行，正背面文字相連，今編為 BD07805 號 2。

3.1 首全→大正 2851，85/1300B05。

3.2 尾全→85/1300C23。

4.1 和戒文一本（首）。

8 963 年。歸義軍時期寫本。

9.1 楷書。

11 圖版：《敦煌寶藏》，110/74B～75B。

1.1 BD07805 號 2

1.3 散花樂讚文（擬）

1.4 制 005

1.5 316:8362

2.4 本遺書由 2 個文獻組成，本號為第 2 個，正面 2 行半，背面 5 行，正背面文字相連。餘參見 BD07805 號 1 之第 2 項、第 11 項。

3.1 首全→《全敦煌詩》，15/第 6754 頁第 12 行。

3.2 尾全→《全敦煌詩》，15/第6755頁第05行。
7.1 背有題記："建隆三年歲次癸亥五月四日律師僧保德自手題記。/比丘僧慈願誦。/"
7.3 卷首背有雜寫"建隆歲癸亥年五月"。
8 963年。歸義軍時期寫本。
9.1 楷書。
11 "建隆三年歲次癸亥"有誤。建隆三年歲次爲壬戌，即西元962年。癸亥年應爲建隆四年，即公元963年。此處依據干支確定年代。

1.1 BD07806號
1.3 金剛般若波羅蜜經
1.4 制006
1.5 094:3576
2.1 (236.3+6.5)×26厘米；7紙；144行，行17字。
2.2 01：24.0，14； 02：39.0，21； 03：41.2，22；
04：41.5，25； 05：41.6，27； 06：41.0，27；
07：8+6.5，08。
2.3 卷軸裝。首尾均殘。首紙碎損嚴重，卷面有水漬及火燒殘洞，第2、3紙的接縫處脱開，第3、4紙接縫處開裂。背有古代裱補。已修整。
3.1 首殘→大正0235，08/0748C29。
3.2 尾3行下殘→08/0750C07～09。
7.3 第7紙背上部有雜寫4字："玠""文""如""是"。
8 7～8世紀。唐寫本。
9.1 楷書。
11 圖版：《敦煌寶藏》，78/620B～623B。

1.1 BD07807號
1.3 無量大慈教經
1.4 制007
1.5 282:8232
2.1 78.5×25.5厘米；3紙；41行，行17字。
2.2 01：31.5，19； 02：47.0，22； 03：05.6，拖尾。
2.3 卷軸裝。首殘尾全。卷面多水漬，有殘破。有烏絲欄。
3.1 首殘→大正2903，85/1445B18。
3.2 尾全→85/1446A01。
4.2 佛說無量大慈教經一卷（尾）。
8 9～10世紀。歸義軍時期寫本。
9.1 楷書。
11 圖版：《敦煌寶藏》，109/359B～360B。

1.1 BD07808號
1.3 菩薩藏修道衆經抄綱目（擬）
1.4 制008
1.5 336:8389
2.1 93.5×28厘米；3紙；正面60行，行字不等；背面9行。
2.2 01：41.5，28； 02：41.0，27； 03：11.0，05。
2.3 卷軸裝。首脱尾全。下邊有破裂。
2.4 本遺書包括2個文獻：（一）《菩薩藏修道衆經抄綱目》（擬），60行，抄寫在正面，今編為BD07808號。（二）《大乘義章三十七道品義科分鈔》（擬），9行，抄寫在背面，今編為BD07808號背。
3.4 説明：

本文獻首殘尾全。《菩薩藏修道衆經抄》是中國人抄集衆經而成的一部著作，現知敦煌遺書中存其卷十二（日本大谷大學藏本）。與《菩薩藏修道衆經抄》卷十二對照，可知本文獻乃《菩薩藏修道衆經抄》的綱目，故擬此名。

本號所存綱目從卷第十八的後部分到卷二十二，首部與BD06771號可以綴接。本文獻是研究中國佛教抄經及整理敦煌遺書的重要資料。

6.1 首→BD06771號。
7.1 尾有題記"大業六年歲次庚午汜（記?）通許"。"瓊"。文中間有題記"法息曇軌、道之"及"法盛許世（?）"，"此之法明"等。
7.3 有雜寫"惠"。
8 5～6世紀。南北朝寫本。
9.1 行楷。
9.2 有行間校加字。有刪除及點刪。
11 圖版：《敦煌寶藏》，110/160B～162A。

1.1 BD07808號背
1.3 大乘義章三十七道品義科分鈔（擬）
1.4 制008
1.5 336:8389
2.4 本遺書由2個文獻組成，本號為第2個，抄寫在背面，9行。餘參見BD07808號之第2項、第11項。
3.3 錄文：

道品義/

道品義三門分別：通釋第一、別解第二、約對九法分別三。/

就通釋中，曲有六門：一、釋名義，二、行門分別，三、行體分別，四、止/

觀分別，五、八正分別，六、大小不同。第一門中，解有四義：一、對人釋，/

二、對障釋，第三、約就行義弁（辨）釋，第四、約就行體分別。/

第二行門，明七種行。有三門分別：一、就行約人，隨位分別。二、就/

一人隨入分別。三、約位分別。第三行體門中，有其三種：一、定/

其行體。二、弁（辨）開合。三、明廢立。即此第二，論其開合。就行論之，/

開六合四；就位而弁（辨），開四合六。/

（錄文完）

3.4 說明：

本文獻是對淨影慧遠所撰《大乘義章》中"三十七道品義"部分的科分摘要。參見《大乘義章》卷一六（大正 1851，44/0774B18～776A25）。

4.1 道品義（首）。

8 7～8 世紀。唐寫本。

9.1 草書。

1.1 BD07809 號

1.3 大般若波羅蜜多經卷四〇四

1.4 制 009

1.5 084:3071

2.1 （4.6＋221.7）×27.4 厘米；6 紙；127 行，行 17 字。

2.2 01：04.6，02； 02：44.1，25； 03：44.4，25； 04：44.4，25； 05：44.2，25； 06：44.6，25。

2.3 卷軸裝。首殘尾脫。卷面多水漬，接縫處有開裂，第 4 紙有 1 處殘洞。卷尾有蟲繭，卷背有鳥糞。有烏絲欄。

3.1 首 2 行上殘→大正 0220，07/0021B17～18。

3.2 尾殘→07/0022C29。

8 9～10 世紀。歸義軍時期寫本。

9.1 楷書。

9.2 有刮改。

11 圖版：《敦煌寶藏》，76/297A～299B。

1.1 BD07810 號

1.3 大般若波羅蜜多經（兑廢稿）卷九三

1.4 制 010

1.5 084:2262

2.1 47.5×25.5 厘米；1 紙；27 行，行 17 字。

2.3 卷軸裝。首脫尾殘。卷面有殘洞及破裂。有烏絲欄。尾有餘空。

3.1 首殘→大正 0220，05/0520A21。

3.2 尾缺→05/0520B17。

7.1 上邊有"兑"字。

8 8～9 世紀。吐蕃統治時期寫本。

9.1 楷書。

9.2 有行間加行及行間校加字。

11 圖版：《敦煌寶藏》，72/472B。

1.1 BD07811 號

1.3 佛本行集經（兑废稿）卷四五

1.4 制 011

1.5 419:8582

2.1 47.6×27 厘米；1 紙；22 行，行 17 字。

2.3 卷軸裝。首尾均脫。卷背有鳥糞。有烏絲欄。尾有餘空。

3.1 首殘→大正 0190，03/0862B19。

3.2 尾缺→03/0862C13。

8 8 世紀。唐寫本。

9.1 楷書。

11 圖版：《敦煌寶藏》，110/628A～B。

1.1 BD07812 號

1.3 無量壽宗要經

1.4 制 012

1.5 275:8102

2.1 （5＋114＋6）×31 厘米；3 紙；87 行，行 30 餘字。

2.2 01：5＋38，31； 02：45.0，31； 03：31＋6，25。

2.3 卷軸裝。首尾均殘。卷面有油污及鳥糞，首紙中間有殘洞，上下邊有破裂殘缺。有烏絲欄。

3.1 首 3 行中下殘→大正 0936，19/0082C17～21。

3.2 尾 2 行中下殘→19/0084C28。

8 8～9 世紀。吐蕃統治時期寫本。

9.1 楷書。

11 圖版：《敦煌寶藏》，109/54A～55B。

1.1 BD07813 號

1.3 維摩詰所說經卷下

1.4 制 013

1.5 070:1279

2.1 91×26.5 厘米；2 紙；56 行，行 17 字。

2.2 01：46.0，28； 02：45.0，28。

2.3 卷軸裝。首斷尾脫。卷面有水漬，上下邊殘破，卷尾有污穢。上邊有蟲繭。有烏絲欄。

3.1 首殘→大正 0475，14/0553C04。

3.2 尾殘→14/0554B05。

8 8～9 世紀。吐蕃統治時期寫本。

9.1 楷書。

11 圖版：《敦煌寶藏》，66/396B～397B。

1.1 BD07814 號

1.3 大般若波羅蜜多經卷三七四

1.4 制 014

1.5 084:3022

2.1 （5.5＋133.3）×26.1 厘米；3 紙；80 行，行 17 字。

2.2 01：5.5＋36.1，24； 02：48.5，28； 03：48.7，28。

2.3 卷軸裝。首尾均殘。通卷下邊殘破。有烏絲欄。

3.1 首 3 行下殘→大正 0220，06/0928A19～22。

3.2 尾殘→06/0929A11。

6.2 尾→BD06546 號。

8 8～9 世紀。吐蕃統治時期寫本。

9.1 楷書。

11 圖版：《敦煌寶藏》，76/112A～113B。

1.1　BD07815 號
1.3　大寶積經卷二三
1.4　制 015
1.5　006:0082
2.1　47.8×26 厘米；1 紙；28 行，行 20 字。
2.3　卷軸裝。首尾均脱。卷尾下邊有破裂。有烏絲欄。已修整。
3.1　首殘→大正 0310，11/0131A09。
3.2　尾殘→11/0131C06。
7.1　背面有勘記“此張要尋知卷頭底”。
8　7～8 世紀。唐寫本。
9.1　楷書。
11　圖版：《敦煌寶藏》，56/345A～346A。

1.1　BD07816 號
1.3　阿彌陀經
1.4　制 016
1.5　014:0144
2.1　(12.5+149.5)×26.3 厘米；5 紙；97 行，行約 19 字。
2.2　01：12.5+6，12；　02：43.8，28；　03：43.5，28；　04：44.0，27；　05：12.2，02。
2.3　卷軸裝。首殘尾全。首紙前有殘缺，上下邊殘破。有燕尾。有烏絲欄。脱落 1 塊殘片，已綴接。已修整。
3.1　首 8 行上下殘→大正 0366，12/0346B29～C09。
3.2　尾全→12/0348A29。
4.2　佛説阿彌陀經一卷（尾）。
7.3　卷背有雜寫筆痕。
8　9～10 世紀。歸義軍時期寫本。
9.1　楷書。
9.2　有刮改。
11　圖版：《敦煌寶藏》，56/638A～640A。

1.1　BD07817 號
1.3　大方廣佛華嚴經（晉譯五十卷本　宫本）卷一七
1.4　制 017
1.5　001:0015
2.1　(8.7+106)×26.5 厘米；3 紙；65 行，行 17 字。
2.2　01：8.7+43，30；　02：53.0，29；　03：10.0，06。
2.3　卷軸裝。首尾均殘。首紙有破裂，下邊有殘缺。有烏絲欄。已修整。
3.1　首 3 行下殘→大正 0278，09/0529C09～12。
3.2　尾 1 行殘→09/0530B27。
5　相當於《大正藏》本卷二十“金剛幢菩薩十迴向品”第二十一之七的後部分及卷二十一同品第二十一之八的前部分。與《大正藏》本相比，卷的開合不同；品的開合相同，但本號的“金剛幢菩薩十迴向品”未分細目。與日本宫内寮本分卷相同。
6.2　尾→BD01312 號。
8　5～6 世紀。南北朝寫本。
9.1　隸楷。
11　圖版：《敦煌寶藏》，56/66B～68A。

1.1　BD07818 號
1.3　大般若波羅蜜多經卷二九一
1.4　制 018
1.5　084:2791
2.1　(10.3+85.4)×24.5 厘米；2 紙；54 行，行 17 字。
2.2　01：10.3+36.7，26；　02：48.7，28。
2.3　卷軸裝。首殘尾脱。卷首右下殘缺，通卷下邊殘破。有烏絲欄。
3.1　首 5 行下殘→06/0477C04～11。
3.2　尾殘→06/0478B03。
4.1　大般若波羅蜜多經卷第二百九□□，/初分著不著相品第卅六之五，□…□/（首）。
7.1　首紙背面有勘記“卅（所屬袟次）”及硃筆“一（袟内卷次）”。
8　8～9 世紀。吐蕃統治時期寫本。
9.1　楷書。
11　圖版：《敦煌寶藏》，75/106A～107B。

1.1　BD07819 號
1.3　大般若波羅蜜多經卷三六六
1.4　制 019
1.5　084:3009
2.1　90.3×27.3 厘米；2 紙；56 行，行 17 字。
2.2　01：45.3，28；　02：45.0，28。
2.3　卷軸裝。首尾均脱。有烏絲欄。
3.1　首殘→大正 0220，06/0889B23。
3.2　尾殘→06/0890A22。
8　9～10 世紀。歸義軍時期寫本。
9.1　楷書。
9.2　有刮改。
11　圖版：《敦煌寶藏》，76/92B～93B。

1.1　BD07820 號
1.3　正法念處經（兑廢稿）卷六五
1.4　制 020
1.5　420:8594
2.1　47.9×26.9 厘米；1 紙；25 行，行 17 字。
2.3　卷軸裝。首尾均脱。上下邊殘破，卷尾中間有殘缺。有烏絲欄。尾有餘空。
3.1　首殘→大正 0721，17/0385B21。
3.2　尾缺→17/0385C17。
7.1　背面有勘記“第九袟”。非本文獻袟次，乃本遺書曾用作其他經卷的袟皮。
8　7～8 世紀。唐寫本。

9.1 楷書。
11 圖版：《敦煌寶藏》，110/642B～643B。

1.1 BD07821號
1.3 無量壽宗要經
1.4 制021
1.5 275:8103
2.1 94×30.5厘米；3紙；63行，行30餘字。
2.2 01：41.5，28； 02：41.0，28 03：11.5，07。
2.3 卷軸裝。首脱尾全。卷面有小殘洞。有烏絲欄。
3.1 首殘→大正0936，19/0083B03。
3.2 尾全→19/0084C29。
4.2 佛説無量壽宗要經（尾）。
7.1 背有題記"丁丑年三月十五（?）"。
7.3 卷背有硃筆雜寫"人生垂（?）泪（?）"。
8 8～9世紀。吐蕃統治時期寫本。
9.1 行楷。
9.2 有行間校加字。
11 圖版：《敦煌寶藏》，109/55A～57A。

1.1 BD07822號
1.3 觀世音經
1.4 制022
1.5 111:6252
2.1 (18.6+123.9)×26厘米；4紙；73行，行18字。
2.2 01：18.6+25，25； 02：44，26； 03：41.9，22；
04：13.0，拖尾。
2.3 卷軸裝。首殘尾全。卷首右下殘缺，通卷上下有等距離殘缺，後部下有等距離殘洞，接縫處多有開裂。已修整。
3.1 首11行中下殘→大正0262，09/0057A20～B03。
3.2 尾全→09/0058B07。
4.2 觀世音經一卷（尾）。
8 8～9世紀。吐蕃統治時期寫本。
9.1 楷書。
9.2 有行間校加字及校改。
11 圖版：《敦煌寶藏》，97/471B～473B。

1.1 BD07823號
1.3 金光明最勝王經咒
1.4 制023
1.5 083:2005
2.1 (7+125.5)×27厘米；4紙；70行，行字不等（咒文）；
2.2 01：7+10，10； 02：42.0，22； 03：42.0，23；
04：31.5，15。
2.3 卷軸裝。首殘尾全。通卷破裂。有燕尾。有烏絲欄。
3.4 説明：
本文獻乃抄集《金光明最勝王經》諸卷中陀羅尼而成，存文70行，所抄為：
第01行～第41行上半：第七卷咒→大正0665，16/0433C17～0436B07；
第41行下半～第58行上半："第八卷咒"→大正0665，16/0439C05～0441C14；
第58行下半～第69行："第九卷咒"→大正0665，16/0449C22～0450A19。
第70行：尾題。
首殘無題，第八卷、第九卷前有"第八卷咒"、"第九卷咒"等子目。
4.2 金光明最勝王經咒一部（尾）。
8 9～10世紀。歸義軍時期寫本。
9.1 楷書。
9.2 有行間校加字及校改。
11 圖版：《敦煌寶藏》，71/312B～314A。

1.1 BD07824號
1.3 四分律比丘戒本
1.4 制024
1.5 156:6851
2.1 (3+171.5)×27.8厘米；5紙；正面111行，行19字；背面24行，行約27字。
2.2 01：3+3.5，04； 02：42.0，27； 03：42.0，27；
04：42.0，27； 05：42.0，26。
2.3 卷軸裝。首殘尾脱。卷面有水漬，首紙上部殘缺，第2紙有殘洞，第3紙上部破裂。第1、2紙背有經文。有烏絲欄。卷尾下部横粘一紙條，7×5厘米；上抄請賓陀羅文。
2.4 本遺書包括5個文獻：（一）《四分律比丘戒本》，111行，抄寫在正面，今編為BD07824號。（二）《啓請文》（擬），抄寫在背面，5行半，今編為BD07824號背1。（三）《社齋文》，抄寫在背面，14行，今編為BD07824號背2。（四）《印佛文》，抄寫在背面，13行，今編為BD07824號背3。（五）《請賓頭羅文》（擬），抄寫在卷尾粘貼的紙條上，2行，今編為BD07824號背4。
背面《啓請文》、《社齋文》、《印沙佛文》的關係有待研究。
3.1 首2行上中殘→大正1429，22/1016B18～19。
3.2 尾殘→22/1018A15。
7.1 紙背有勘記"聲聞戒本"。各紙接縫處有題名"願榮"。
8 8～9世紀。吐蕃統治時期寫本。
9.1 楷書。
9.2 上邊有校加字。
11 圖版：《敦煌寶藏》，102/232B～235B。

1.1 BD07824號背1
1.3 啓請文（擬）
1.4 制024
1.5 156:6851
2.4 本遺書由5個文獻組成，本號為第2個，抄寫在背面，5行

半。餘參見 BD07824 號之第 2 項、第 11 項。

3.3　錄文：

（前殘）

首奉請□…□/

施主自云生身［凡］位，長［乃塵軀；不］識令（靈）異之間，［起住多違乖犯。］/

舉足動步，神自住來。不覺不知，積果（過）深重。今恐禍□…□/

痛奔至，損害愚迷，競放災殃，終於性命。今弟子施主至/

十五月盡日，虔恭懇到（禱），悲悔交生，露胆披肝，殷勤懺謝。/

敬禮常住三寶。

（錄文完）

8　8～9 世紀。吐蕃統治時期寫本。

9.1　楷書。

1.1　BD07824 號背 2

1.3　社齋文

1.4　制 024

1.5　156：6851

2.4　本遺書由 5 個文獻組成，本號為第 3 個，抄寫在背面，14 行。餘參見 BD07824 號之第 2 項、第 11 項。

3.3　錄文：

《社齋文》壹本 夫大覺能人（仁），處六塵如（而）不著；/

吉祥調語（御），越三界以居尊。段（斷）五趣如（而）證多門，截四留（流）如（而）超彼/

岸。不生不滅，無去無來，言不測者矣！厥今座前齋主，捧/

爐慶願，所申意者，奉爲三長邑義保願功德諸（之）加（嘉）會也。惟/

二（三）官諸社衆，乃並是高門君子，孝弟（悌）名家；禮樂資身，忠孝城（成）性。/

加以傾心三寶，攝念無生。越愛染於稠林，悟真如之境界。遂乃共/

結良緣，同曾（增）勝福；會齋凡性，蓮（連）座花臺。崇敬三尊，希求少福。故/

得年三不闕，月六無虧；見（建）位檀那，聿修法會。是日夜（也），開月殿，啓金函；/

聽大乘，敷錦席。厨饌純陀之供，爐焚淨土之香。幡花散滿於庭忠（中），/

鈴梵秋（啾）流於法食（會）。以次（此）設齋功德、无限勝因，先用莊嚴之（諸）賢社即體，/

惟願灾殃沴（殄）滅，是福咸臻；天仙降靈，神祈（祇）效耻（祉）。菩提種子，配佛［性］以開/

芽；煩惱稠林，惠風飄如（而）葉落。又持勝福，次用莊嚴齋主等眷屬即體，/

惟願福同春卉，土（吐）葉生花；罪等浮云，隨風如（而）變滅。然後三界六趣，/

有形無形，俱沐勝因，咸燈（登）佛果。摩訶般若，利樂无邊。

（錄文完）

4.1　社齋文壹本（首）。

8　8～9 世紀。吐蕃統治時期寫本。

9.1　行楷。

1.1　BD07824 號背 3

1.3　印佛文

1.4　制 024

1.5　156：6851

2.4　本遺書由 5 個文獻組成，本號為第 4 個，抄寫在背面，13 行。餘參見 BD07824 號之第 2 項、第 11 項。

3.3　錄文：

印佛文 常/

聞三十三天，崇法社如（而）成勝保（報）；五百王子，承［白］業以得同胎。是之（知）尋因尅果，向/

夜（應）相酬；至哉妙哉，可略言矣！厥今時則有義社之（諸）功（公）等，故於年常/

上春之日，各各率心脫塔、印沙，慶加（嘉）願者，先奉爲龍天八部，雍（擁）護/

何（河）煌，安人浄賽（塞）；梵釋四王，家（加）爲（威）辰（神）力。太保延壽遐長；合宅之（枝）羅，/

咸蒙吉慶，寵祿日新。五國（穀）豐燈（登），万人樂業。次爲合邑執爐三/

官以（與）諸社衆等，並是敦煌性（勝）族，辦（辯）縱碧鶏；促（俱）持文武之能，久承/

鄉典（曲）之譽。結朋有（友）如（而）崇妙善，希求果［以］建勝因。今生縱（種）來世之業，/

見身託當來之福。脫塔則迎身（新）送故；印沙，乃救（九）横利（離）身。罪惡若/

輕雲如（而）非（飛）消，三業等秋如霜（霜而）界（解）散。以斯脫佛功德、散食迴向福因，/

總用莊嚴之（諸）社衆即體：爲（唯）願三千垢累，沐法水以雲消；八万塵勞，/

佛（拂）慈光如（而）淨散。功德保（寶）聚，念念慈（滋）繁；智惠善芽，運運曾（增）長。然/

後三哉（災）殄滅，救（九）横不侵；人修十善之因，共發菩提之願。摩訶般/

若，利樂无邊。

（錄文完）

4.1　印佛文（首）。

8　9～10 世紀。歸義軍時期寫本。

9.1　行楷。

1.1　BD07824 號背 4
1.3　請賓頭羅文（擬）
1.4　制 024
1.5　156:6851
2.4　本遺書由 5 個文獻組成，本號為第 5 個，抄寫粘貼在卷尾的紙條上，2 行。餘參見 BD07824 號之第 2 項、第 11 項。
3.3　錄文：
□...□賓頭盧頗羅墮□…□/
□…□月八日依南瞻部□…□/
（錄文完）
8　8～9 世紀。吐蕃統治時期寫本。
9.1　楷書。

1.1　BD07825 號
1.3　大般若波羅蜜多經（兑廢稿）卷二八〇
1.4　制 025
1.5　084:2762
2.1　（5+41）×27.4 厘米；1 紙；27 行，行 17 字。
2.3　卷軸裝。首尾均脱。卷面油污，紙張變硬，有殘洞、破裂，上下邊有殘缺。有烏絲欄。尾有餘空。已修整。
3.1　首 3 行中下殘→大正 0220，06/0423C20～23。
3.2　尾缺→06/0424A16。
7.1　上邊有一“兑”字。。
8　8～9 世紀。吐蕃統治時期寫本。
9.1　楷書。
11　圖版：《敦煌寶藏》，75/32B。

1.1　BD07826 號
1.3　大般涅槃經（北本）卷二四
1.4　制 026
1.5　115:6434
2.1　（6.5+27.5+5）×26 厘米；1 紙；24 行，行 17 字。
2.3　卷軸裝。首脱尾殘。經黄紙。上邊及卷面有等距離殘洞。有烏絲欄。已修整。
3.1　首 4 行下殘→大正 0374，12/0506A01～05。
3.2　尾 3 行上殘→12/0506A22～25。
8　7～8 世紀。唐寫本。
9.1　楷書。
11　圖版：《敦煌寶藏》，99/189B～。

1.1　BD07827 號
1.3　大唐中興三藏聖教序
1.4　制 027
1.5　083:2004
2.1　（9.5+82.9）×25.8 厘米；2 紙；55 行，行 17 字。
2.2　01：9.5+36，27；　　02：46.9，28。
2.3　卷軸裝。首全尾脱。卷面有水漬及殘破。背有現代裱補。有烏絲欄。
3.1　首 5 行中殘→昭和總目錄 77，3/1421B8～11。
3.2　尾殘→3/1422A2。
4.1　金光明最勝王經卷第一，大唐中興三藏聖教序 御製（首）。
8　8 世紀。唐寫本。
9.1　楷書。
11　圖版：《敦煌寶藏》，71/311A～312A。

1.1　BD07828 號
1.3　摩訶般若波羅蜜經（四十卷本）卷三一
1.4　制 028
1.5　407:8560
2.1　（34.7+11+7.2）×25.9 厘米；2 紙；32 行，行 17 字。
2.2　01：33.0，19；　　02：1.7+11+7.2，13。
2.3　卷軸裝。首尾均殘。經黄打紙；研光上蠟。卷面油污，卷首尾殘缺嚴重。有上下邊欄。已修整。
3.1　首 20 行下殘→大正 0223，08/0376A23～B15。
3.2　尾 5 行上殘→08/0376B22～27。
5　與《大正藏》本對照，分卷、品名、品次不同。與日本《聖語藏》分卷相同，屬於四十卷本。
6.2　尾→BD07831 號。
8　7～8 世紀。唐寫本。
9.1　楷書。
11　圖版：《敦煌寶藏》，110/577A～B。

1.1　BD07829 號
1.3　大般若波羅蜜多經卷四二四
1.4　制 029
1.5　084:3103
2.1　45.1+25.4 厘米；1 紙；26 行，行 17 字。
2.3　卷軸裝。首全尾脱。卷下部有破裂殘損。有烏絲欄。已修整。
3.1　首全→大正 0220，07/0128C17。
3.2　尾殘→07/0129A16。
4.1　大般若波羅蜜多經卷第四百廿四，/第二分遠離品第廿四之二，三藏法師玄奘奉詔譯/（首）。
8　8～9 世紀。吐蕃統治時期寫本。
9.1　楷書。
11　圖版：《敦煌寶藏》，76/388B。

1.1　BD07830 號
1.3　維摩詰所説經卷下
1.4　制 030
1.5　070:1259
2.1　73+26.5 厘米；2 紙；44 行，行 17 字。
2.2　01：27.0，16；　　02：46.0，28。
2.3　卷軸裝。首殘尾脱。卷面略有水漬。有烏絲欄。

3.1　首殘→大正 0475，14/0552C16。
3.2　尾殘→14/0553B3。
8　8～9 世紀。吐蕃統治時期寫本。
9.1　楷書。
11　圖版：《敦煌寶藏》，66/340B～341A。

1.1　BD07831 號
1.3　摩訶般若波羅蜜經（四十卷本）卷三一
1.4　制 031
1.5　088：3454
2.1　（10.2＋40.3＋10.6）×26.2 厘米；2 紙；36 行，行 17 字。
2.2　01：10.2＋23.8，20；　02：16.5＋10.6，16。
2.3　卷軸裝。首尾均殘。經黄打紙；砑光上蠟。卷面有油污，有火灼殘洞。尾紙下部脱落 1 塊殘片，已綴接。有烏絲欄。已修整。
3.1　首 6 行下殘→大正 0223，08/0376B22～29。
3.2　尾 6 行下殘→08/0377A06～11。
5　與《大正藏》本對照，分卷、品名、品次不同。與日本《聖語藏》本相同，屬於四十卷本。
6.1　首→BD07828 號。
6.3　此件似與昃 51、翔 5 同爲一個文獻。
8　7～8 世紀。唐寫本。
9.1　楷書。
11　圖版：《敦煌寶藏》，78/65A～B。

1.1　BD07832 號
1.3　淨名經集解關中疏卷上
1.4　制 032
1.5　78：1343
2.1　85×30.4 厘米；2 紙；55 行，行 31 字。
2.2　01：42.0，28；　02：43.0，27。
2.3　卷軸裝。首尾均脱。卷面有水漬，首紙上部有破裂殘損。有烏絲欄。
3.1　首殘→《藏外佛教文獻》，02/第 214 頁第 001 行。
3.2　尾殘→《藏外佛教文獻》，02/第 218 頁第 16 行。
8　8～9 世紀。吐蕃統治時期寫本。
9.1　行楷。
9.2　有硃筆校改、科分、間隔號及點標。
10　卷首上部、卷尾下部各有一枚長方形陽文硃印“京師圖書館收藏之印”，5×2 厘米。
11　圖版：《敦煌寶藏》，67/61B～62B。

1.1　BD07833 號
1.3　妙法蓮華經卷二
1.4　制 033
1.5　105：4902
2.1　46.4×26 厘米；1 紙；29 行，行 17 字。
2.3　卷軸裝。首尾均脱。打紙。通卷下部破裂殘損，有 1 個殘洞。有烏絲欄。
3.1　首殘→大正 0262，09/0013A16。
3.2　尾殘→09/0013B18。
8　7～8 世紀。唐寫本。
9.1　楷書。
11　圖版：《敦煌寶藏》，87/194B～195A。

1.1　BD07834 號
1.3　維摩詰所說經卷上
1.4　制 034
1.5　070：0940
2.1　（12＋127＋2）×25 厘米；4 紙；83 行，行 17 字。
2.2　01：12＋13.5，15；　02：48.0，28；　03：47.0，28；
　　04：18.5＋2，12。
2.3　卷軸裝。首尾均殘。卷面有殘洞，通卷上下邊殘損，第 2 紙有横破裂，第 2、3 紙接縫處上部開裂。脱落 1 塊殘片，已綴接。背有古代裱補。有烏絲欄。已修整。
3.1　首 7 行上殘→大正 0475，14/0537B17～24。
3.2　尾行上下殘→14/0538B13。
8　8 世紀。唐寫本。
9.1　楷書。
11　圖版：《敦煌寶藏》，64/63B～65A。
　　本號内夾裹 2 塊殘片，今編為 BD16518 號。

1.1　BD07835 號
1.3　大般若波羅蜜多經卷二〇〇
1.4　制 035
1.5　084：2506
2.1　287.6×25 厘米；6 紙；168 行，行 17 字。
2.2　01：47.0，28；　02：48.1，28；　03：48.1，28；
　　04：48.2，28；　05：48.2，28；　06：48.0，28。
2.3　卷軸裝。首尾均脱。卷面多水漬，有殘洞、破裂及上下邊殘缺。脱落 1 塊殘片，已綴接。有烏絲欄。
3.1　首殘→大正 0220，05/1072C03。
3.2　尾殘→05/1074B26。
8　8～9 世紀。吐蕃統治時期寫本。
9.1　楷書。
11　圖版：《敦煌寶藏》，73/536B～540A。

1.1　BD07836 號
1.2　F1110117
1.3　妙法蓮華經卷六
1.4　制 036
1.5　105：5759
2.1　（5.5＋45）×25 厘米；1 紙；28 行，行 17 字。
2.3　卷軸裝。首殘尾脱。卷面多水漬，中間有殘洞，上邊有破

裂。有烏絲欄。已修整。
3.1 首3行中下殘→大正0262，09/0047C09。
3.2 尾殘→09/0048A16。
8 9～10世紀。歸義軍時期寫本。
9.1 楷書。
9.2 有行間校加字。
11 圖版：《敦煌寶藏》，94/633A～B。

1.1 BD07837號
1.3 觀世音經
1.4 制037
1.5 105:5990
2.1 （2.2＋207.7＋2.5）×21.3厘米；8紙；正面131行，行14～15字；背面7行，殘片。
2.2 01：2.2＋13.7，10； 02：29.0，18； 03：29.0，17；
04：28.0，18； 05：28.5，18； 06：29.5，18；
07：29.0，18； 08：21＋2.5，14。
2.3 卷軸裝。首尾均殘。卷前部有橫破裂。背有古代裱補。有烏絲欄。已修整。
2.4 本遺書包括3個文獻：（一）《觀世音經》，131行，抄寫在正面，今編為BD07837號。（二）《請永安寺僧狀》（擬），3行，抄寫在背面裱補紙上，今編為BD07837號背1。（三）《金光明最勝王經》卷六，4行，抄寫在背面裱補紙上，今編為BD07837號背2。
3.1 首2行中上殘→大正0262，09/0056C08～09。
3.2 尾2行下殘→99/0058B07。
4.2 ［觀］□□經一卷（尾）。
8 9～10世紀。歸義軍時期寫本。
9.1 楷書。
11 圖版：《敦煌寶藏》，96/274B～278A。

1.1 BD07837號背1
1.3 請永安寺僧狀（擬）
1.4 制037
1.5 105:5990
2.4 本遺書由3個文獻組成，本號為第2個，抄寫在背面裱補紙上，3行。餘參見BD07837號之第2項、第11項。
3.3 錄文：
謹請永安□…□/
右今月廿日，就當私宅內奉爲故男□/
□□供，伏乞 慈悲，依時早赴。/
（錄文完）
8 9～10世紀。歸義軍時期寫本。
9.1 楷書。

1.1 BD07837號背2
1.3 金光明最勝王經卷六
1.4 制037
1.5 105:5990
2.4 本遺書由3個文獻組成，本號為第3個，抄寫在背面裱補紙上，4行。餘參見BD07837號之第2項、第11項。
3.1 首殘→大正0665，16/0432B23。
3.2 尾殘→16/0432B26。
8 8～9世紀。吐蕃統治時期寫本。
9.1 楷書。

1.1 BD07838號
1.3 大般若波羅蜜多經卷二八一
1.4 制038
1.5 084:2763
2.1 （1.3＋77.5＋8.2）×24.7厘米；2紙；53行，行17字。
2.2 01：1.3＋40.5，26； 02：37＋8.2，27。
2.3 卷軸裝。首全尾殘。首紙有殘洞，尾紙有殘缺，通卷上下邊殘破。背有古代裱補。有烏絲欄。已修整。
3.1 首行上殘→大正0220，06/0424B07。
3.2 尾4行下殘→06/0425A02～04。
4.1 大般若波羅蜜經卷第二百八十一，/初分難信解品第三十四之一百，三藏法師玄奘奉詔譯/（首）。
7.1 背有勘記"廿九"，為本文獻袟次。
8 8世紀。唐寫本。
9.1 楷書。
11 圖版：《敦煌寶藏》，75/33A～34A。

1.1 BD07839號
1.3 大般若波羅蜜多經（兌廢稿）卷三三一
1.4 制039
1.5 084:2903
2.1 47.1×26.1厘米；1紙；26行，行17字。
2.3 卷軸裝。首尾均脫。有烏絲欄。尾有餘空。
3.1 首殘→大正0220，06/0696B22。
3.2 尾缺→06/0696C20。
7.1 上邊有一"兌"字。。
7.3 尾2行爲經文雜寫。
8 8～9世紀。吐蕃統治時期寫本。
9.1 楷書。有武周新字"正"。
11 圖版：《敦煌寶藏》，75/429A。

1.1 BD07840號
1.3 金剛般若波羅蜜經
1.4 制040
1.5 094:4070
2.1 （9＋306）×28厘米；7紙；182行，行17字。
2.2 01：9＋27，21； 02：48.5，29； 03：49.0，29；
04：49.0，29； 05：48.5，29； 06：49.0，29；

07：35.0，16。
2.3　卷軸裝。首殘尾全。有燕尾。有烏絲欄。
3.1　首5行上殘→大正0235，08/0750B07～10。
3.2　尾全→08/0752C03。
4.2　金剛般若波羅蜜經（尾）。
5　與《大正藏》本相比，本卷經文無冥司偈，參見《大正藏》，8/751C16～19。
8　8世紀。唐寫本。
9.1　楷書。
9.2　有行間校加字。
11　圖版：《敦煌寶藏》，82/24A～28A。

1.1　BD07841號
1.3　金光明最勝王經卷三
1.4　制041
1.5　083:1634
2.1　（192.9+5）×25.7厘米；5紙；117行，行17字。
2.2　01：20.0，12；　02：47.1，28；　03：47.0，28；
04：47.3，28；　05：31.5+5，21。
2.3　卷軸裝。首尾均殘。全卷破碎嚴重。背有古代及現代裱補。有烏絲欄。
3.1　首殘→大正0665，16/0415C01。
3.2　尾3行上殘→16/0417A05～08。
8　9～10世紀。歸義軍時期寫本。
9.1　楷書。
11　圖版：《敦煌寶藏》，69/48B～51A。

1.1　BD07842號
1.3　大般若波羅蜜多經卷四四六
1.4　制042
1.5　084:3141
2.1　（21.5+46.6）×24.9厘米；2紙；26行，行17字。
2.2　01：21.5，護首；　02：46.6，26。
2.3　卷軸裝。首殘尾脫。有護首，已殘缺。尾紙前部有横裂及殘洞。背有古代裱補。有烏絲欄。
3.1　首全→大正0220，07/0247C16。
3.2　尾殘→07/0248A16。
4.1　大般若波羅蜜多經卷第四百卌六，/第二分初業品第五十之二，三藏法師玄裝（奘）奉詔譯/（首）。
7.4　護首有"□...□百卌六，卌五（袟次）"。
8　8世紀。唐寫本。
9.1　楷書。
11　圖版：《敦煌寶藏》，76/476B～477A。

1.1　BD07843號
1.3　金光明最勝王經卷三
1.4　制043
1.5　083:1640
2.1　（5+97.5）×26厘米；3紙；60行，行17字。
2.2　01：5+10，09；　02：46.5，28；　03：41.0，23。
2.3　卷軸裝。首殘尾脫。前2紙破碎嚴重。背有古代裱補。有烏絲欄。尾紙與前2紙紙質不同。已修整。
3.1　首3行下殘→大正0665，16/0417A05～08。
3.2　尾殘→16/0417C11。
8　9～10世紀。歸義軍時期寫本。
9.1　楷書。
11　圖版：《敦煌寶藏》，69/62A～63A。

1.1　BD07844號
1.3　金光明最勝王經卷七
1.4　制044
1.5　083:1841
2.1　（6.8+489.1+3.5）×26.5厘米；12紙；288行，行17字。
2.2　01：6.8+26，19；　02：43.3，25；　03：43.5，25；
04：43.5，25；　05：43.5，25；　06：43.5，25；
07：43.5，25；　08：43.3，25；　09：43.5，25；
10：43.5，25；　11：43.0，25；　12：29+3.5，19。
2.3　卷軸裝。首尾均殘。經黄紙。通卷黴爛，前部嚴重。有烏絲欄。已修整。
3.1　首4行上殘→大正0665，16/0433C08～11。
3.2　尾2行中殘→16/0437B11～12。
7.3　第9紙下邊有雜寫"佛"。
8　8世紀。唐寫本。
9.1　楷書。
11　圖版：《敦煌寶藏》，70/297B～304A。

1.1　BD07845號
1.3　迷理義（擬）
1.4　制045
1.5　430:8621
2.1　41×29厘米；1紙；18行，行20字。
2.3　卷軸裝。首尾均全。上邊有污穢及殘破。尾有餘空。
3.4　說明：
本文獻首缺尾全。佛教把不明四諦之理，稱爲理惑，又稱見惑。本文獻即論述迷於理惑及斷除此理惑的問題。反映了敦煌僧人的義理水平。此為中國人所撰佛教典籍，應為敦煌僧人所撰。未為歷代大藏經所收。
8　8～9世紀。吐蕃統治時期寫本。
9.1　楷書。
9.2　有行間校加字。有重文號。
11　圖版：《敦煌寶藏》，111/27A。

1.1　BD07846號

1.3　大般若波羅蜜多經卷八八
1.4　制 046
1.5　084:2247
2.1　46.5×25.5 厘米；1 紙；28 行，行 17 字。
2.3　卷軸裝。首尾均脫。卷面有殘洞及破裂。背有古代裱補。有烏絲欄。已修整。
3.1　首殘→大正 0220，05/0490A27。
3.2　尾殘→05/0490B26。
8　8～9 世紀。吐蕃統治時期寫本。
9.1　楷書。
11　圖版：《敦煌寶藏》，72/426A。

1.1　BD07847 號
1.3　佛頂尊勝陀羅尼經（佛陀波利本）
1.4　制 047
1.5　229:7369
2.1　（23.5+49.5+1.5）×25.7 厘米；2 紙；44 行，行 17 字。
2.2　01：23.5+20.5，26；　02：29+1.5，18。
2.3　卷軸裝。首尾均殘。經黄紙。卷面有黴爛，首紙有殘洞、上下邊有殘破。首紙脫落 1 塊殘片，已綴接。有烏絲欄。已修整。
3.1　首 15 行上殘→大正 0967，19/0351A14～29。
3.2　尾行下殘→19/0351C03。
8　7～8 世紀。唐寫本。
9.1　楷書。
11　圖版：《敦煌寶藏》，105/611B～612B。

1.1　BD07848 號
1.3　千手千眼觀世音菩薩廣大圓滿無礙大悲心陀羅尼經
1.4　制 048
1.5　245:7463
2.1　（2.2+96）×28.1 厘米；2 紙；56 行，行 17 字。
2.2　01：2.2+47.4，29；　02：48.6，27。
2.3　卷軸裝。首殘尾全。卷面有油污及紅色污痕，首尾有破損。有烏絲欄。卷尾中間粘一紙條，4×3 厘米；上有 2 行殘字，僅可識“正月五日愿”。
3.1　首行下殘→大正 1060，20/0110B04～05。
3.2　尾全→20/0111A04。
4.2　千臂千眼大悲陀羅尼經，西天竺伽梵達摩沙門於于闐譯（尾）。
5　與《大正藏》本對照，此卷經文相當於《大正藏》本前半部。
8　9～10 世紀。歸義軍時期寫本。
9.1　楷書。
11　圖版：《敦煌寶藏》，106/336B～337B。

1.1　BD07849 號
1.3　妙法蓮華經押座文（擬）
1.4　制 049
1.5　109:6204
2.1　（13.5+91.5）×28 厘米；4 紙；51 行，行 20 餘字。
2.2　01：13.5，07；　02：40.5，20；　03：42.0，21；　04：09.0，03。
2.3　卷軸裝。首殘尾斷。卷面多油污，第 2 紙有横向破裂。首紙有殘片脫落，已綴接。尾有餘空。已修整。
3.4　説明：

本文獻首 5 行中殘，尾缺。乃開講《妙法蓮華經》時所用的押座文。但文中在“經題名字唱將來”下註曰：“《法華》文，臨事蓋轉餘經亦得。”可見該押座文亦可用於其他經典。又，本文獻第 1～20 行文字與《維摩經押座文》（大正 2845）相近，可參見 85/1297A12～B30（其中缺 1297A21～27、1297B02～04、B27～28）。

本文獻對研究當時的講經活動有一定的價值。未為歷代大藏經所收。

8　9～10 世紀。歸義軍時期寫本。
9.1　楷書。
9.2　有行間校加字。有重文號。有倒乙。
11　圖版：《敦煌寶藏》，97/300B～301B。

1.1　BD07850 號
1.3　佛名經（十二卷本）卷六
1.4　制 050
1.5　062:0582
2.1　（3+61+1）×26.5 厘米；2 紙；37 行，行 17 字。
2.2　01：3+39，24；　02：22+1，13。
2.3　卷軸裝。首尾均殘。經黄紙。卷面多水漬，首紙上下有殘破，接縫下部開裂。有烏絲欄。
3.1　首 2 行上殘→大正 0440，14/0143A03。
3.2　尾 1 行上中殘→14/0143B06。
3.4　説明：

佛名經（十六卷本）卷七亦有相同內容。參見《七寺古逸經典研究叢書》，3/355 頁第 470 行。佛名經（二十卷本）卷九亦有相同内容。詳情待考。

5　與《大正藏》本對照，佛名略有不同。
8　7～8 世紀。唐寫本。
9.1　楷書。
11　圖版：《敦煌寶藏》，60/157B～158A。

1.1　BD07851 號
1.3　無量壽宗要經（兑廢稿）
1.4　制 051
1.5　275:8187
2.1　46×26 厘米；1 紙；28 行，行 17 字。
2.3　卷軸裝。首尾均脫。下邊有破裂殘缺。有烏絲欄。

3.1　首殘→大正 0936，19/0083C03。
3.2　尾殘→19/0084A05。
7.1　上邊有“兑”字。。
8　8～9 世紀。吐蕃統治時期寫本。
9.1　楷書。
9.2　有刮改。
11　圖版：《敦煌寶藏》，109/198A～B。

1.1　BD07852 號
1.3　阿彌陀經
1.4　制 052
1.5　014:0129
2.1　44.2×26.2 厘米；1 紙；26 行，行 17 字。
2.3　卷軸裝。首斷尾脱。經黄打紙。卷前部多處破裂。卷上部破裂處有古人粘接，部分字因紙張疊壓遮掩。有烏絲欄。已修整。
3.1　首殘→大正 0366，12/0346B29。
3.2　尾殘→12/0347A11。
8　7～8 世紀。唐寫本。
9.1　楷書。
11　圖版：《敦煌寶藏》，56/600A～600B。

1.1　BD07853 號
1.3　陀羅尼鈔（擬）
1.4　制 053
1.5　270:7683
2.1　56×32.3 厘米；1 紙；21 行，行字不等。
2.3　卷軸裝。首脱尾全。卷面有破裂及殘洞。有折疊欄。尾有餘空。
3.4　説明：

本文獻首脱尾全。現存陀羅尼八種。第一種首殘，其餘七種陀羅尼為：

多聞不忘陀羅尼，
降魔大力鬼神陀羅尼，
自在心王陀羅尼，
大威陀羅尼，
降伏陀羅尼，
降魔陀羅尼，
救苦陀羅尼。

本文獻未為歷代大藏經所收。

8　8～9 世紀。吐蕃統治時期寫本。
9.1　行楷。
9.2　有校改。有行間校加字及塗抹。有斷句。
11　圖版：《敦煌寶藏》，107/314A～B。

1.1　BD07854 號
1.3　大般若波羅蜜多經（兑廢稿）卷四四七
1.4　制 054
1.5　084:3143
2.1　48.3×27.6 厘米；1 紙；24 行，行 17 字。
2.3　卷軸裝。首尾均脱。尾有餘空。有烏絲欄。
3.1　首殘→大正 0220，07/0256A17。
3.2　尾缺→07/0256B13。
8　9～10 世紀。歸義軍時期寫本。
9.1　楷書。
11　圖版：《敦煌寶藏》，76/478B。

1.1　BD07855 號
1.3　無量壽宗要經
1.4　制 055
1.5　275:8104
2.1　(14+164.5)×31.5 厘米；4 紙；113 行，行 30 餘字。
2.2　01：14+25，25；　02：46.5，30；　03：46.5，30；　04：46.5，28。
2.3　卷軸裝。首殘尾全。卷面多水漬，第 2、3 紙接縫處中部開裂。有烏絲欄。
3.1　首 9 行中上殘→大正 0936，19/0082A13～27。
3.2　尾全→19/0084C29。
4.2　佛說無量宗要經（尾）。
7.1　尾紙末有題名記“張涓子寫”。
8　8～9 世紀。吐蕃統治時期寫本。
9.1　行楷。
11　圖版：《敦煌寶藏》，109/57B～59B。

1.1　BD07856 號
1.3　無量壽宗要經
1.4　制 056
1.5　275:8105
2.1　(14+196.5)×31.5 厘米；5 紙；137 行，行 30 餘字。
2.2　01：14+28.5，27；　02：42.0，28；　03：42.0，28；　04：42.0，28；　05：42.0，26。
2.3　卷軸裝。首尾均全。卷面油污，卷首上下殘缺，第 4、5 紙接縫處下部開裂。第 5 紙上下邊有破裂。有烏絲欄。
3.1　首 8 行上下殘→大正 0936，19/0082A05～14。
3.2　尾全→19/0084C29。
4.2　佛說無量壽宗要經（尾）。
7.1　尾紙末有題名“田廣談”。
8　8～9 世紀。吐蕃統治時期寫本。
9.1　行楷。
9.2　有倒乙。
11　圖版：《敦煌寶藏》，109/60A～62B。

1.1　BD07857 號
1.3　劫章誦

1.4　制 057
1.5　461:8734
2.1　67.5×30 厘米；2 紙；39 行，行 28 字。
2.2　01：43.0，25；　02：24.5，14。
2.3　卷軸裝。首尾均全。首紙下邊破裂。第 1 紙為折疊欄，第 2 紙有烏絲欄。
3.4　説明：

本文獻首尾均全。用偈頌的形式論述佛教的劫變理論。於成住壞空四劫中主要論述住劫。未為歷代大藏經所收。

4.1　劫章誦（首）。
7.3　卷尾有雜寫“卅唯識頌”、“世親菩薩造”。並有墨跡一處，似為兩字，模糊不清。
8　8～9 世紀。吐蕃統治時期寫本。
9.1　行楷。
9.2　有行間校加字。
11　圖版：《敦煌寶藏》，111/332A～B。

1.1　BD07858 號
1.3　無量壽宗要經
1.4　制 058
1.5　275:8106
2.1　（12+162）×31.5 厘米；4 紙；110 行，行 30 餘字。
2.2　01：12+27.5，27；　02：45.5，30；　03：45.5，30；　04：43.5，23。
2.3　卷軸裝。首尾均全。有護首，已殘。上邊多油污，卷首上下殘缺。卷尾有蟲繭。有烏絲欄。已修整。
3.1　首 9 行上下殘→大正 0936，19/0082A05～20。
3.2　尾全→19/0084C29。
4.2　佛説無量壽宗要經（尾）。
7.1　尾紙末有題記“張瀛寫”。
8　8～9 世紀。吐蕃統治時期寫本。
9.1　行楷。
9.2　有行間校加字。
11　圖版：《敦煌寶藏》，109/63A～65A。
原卷中夾有 1 殘片，非本遺書經文，今編為 BD16425 號。

1.1　BD07859 號
1.3　無量壽宗要經
1.4　制 059
1.5　275:8188
2.1　（14+138+6.5）×31 厘米；4 紙；107 行，行 30 餘字。
2.2　01：14+29.5，30；　02：45.0，30；　03：45.0，30；　04：18.5+6.5，17。
2.3　卷軸裝。首尾均殘。卷面油污，首紙上下破裂殘缺，第 2 紙上邊有破裂，第 3、4 紙接縫處中部開裂。有烏絲欄。已修整。
3.1　首 10 行中上殘→大正 0936，19/0082A06～24。
3.2　尾 4 行中下殘→19/0084C18～23。
8　8～9 世紀。吐蕃統治時期寫本。
9.1　行楷。
11　圖版：《敦煌寶藏》，109/199A～200B。

1.1　BD07860 號
1.3　空號（遺失）
1.4　制 060
3.4　説明：

在《敦煌石室經卷總目》第八冊中，對該號著録如下：1 尺 2 寸。起字為“大尊”，止字為“摩四”。下邊註“尊勝陀羅尼”。上粘一個浮簽，上書：“此卷經民國十六年一月復查時未見。”

《敦煌劫餘録》第一冊第 65 葉 A 註謂：“制 60 號，民國十六年註失。”

由此可知，該卷應為《佛頂尊勝陀羅尼經》，存約 40 厘米，可能為一紙。從起止字看，所存經文前部分應為經文，後部分應為頂尊勝陀羅尼。考慮到敦煌遺書中《佛頂尊勝陀羅尼經》的頂尊勝陀羅尼均同《思溪藏》本，故本文獻的首部文字大約相當於大正 0967，19/0350A27，尾部文字大約相當於 19/0352B02。

《敦煌石室經卷總目》在該號的著録上，鈐有民國初年的各種勘查印記。可見該號當時尚存，民國十六年（1927）一月以前遺失。

1.1　BD07861 號
1.3　齋文（擬）
1.4　制 061
1.5　315:8353
2.1　（15.5+65.8）×30.5 厘米；2 紙；34 行，行 15 字。
2.2　01：15.5+22.5，16；　02：43.3，18。
2.3　卷軸裝。首殘尾全。首紙下部油污。有折疊欄。
3.1　首 6 行下殘→《敦煌雜録》，第 295 頁第 02 行。
3.2　尾全→《敦煌雜録》，第 296 頁第 07 行。
8　9～10 世紀。歸義軍時期寫本。
9.1　楷書。
9.2　有倒乙。
11　圖版：《敦煌寶藏》，110/60B～61B。

1.1　BD07862 號
1.3　七階佛名經
1.4　制 062
1.5　305:8335
2.1　111.4×30.5 厘米；3 紙；60 行，行字不等。
2.2　01：27.0，15；　02：42.3，22；　03：42.1，23。
2.3　卷軸裝。首殘尾全。首紙下有殘損，卷面有等距離油污。背有古代裱補。有折疊欄。首紙脱落 1 塊殘片，可綴接。已修整。
3.4　説明：

首3行上下殘，尾缺。為敦煌地區甚爲流行的佛教禮懺典籍。流傳形態複雜，有待進一步研究。

7.3　卷背面有“南無精進喜佛，南無精進君佛”、“籍（?）娘”等5行雜寫。

8　9～10世紀。歸義軍時期寫本。

9.1　楷書。

9.2　有倒乙。

11　圖版：《敦煌寶藏》，110/14A～15B。

從該遺書背面揭下古代裱補紙，今編爲BD16289號。另有夾裹殘片一塊，今編為BD16433號。

1.1　BD07863號

1.3　四分律比丘戒本

1.4　制063

1.5　156:6819

2.1　84.5×28.4厘米；2紙；61行，行24字。

2.2　01：42.0，30；　02：42.5，31。

2.3　卷軸裝。首全尾脫。卷首中部横向破裂。有烏絲欄，無上下邊欄。

3.1　首全→大正1429，22/1015A18。

3.2　尾殘→22/1016B22。

4.1　四分戒本一卷，出曇無德律（首）。

8　8～9世紀。吐蕃統治時期寫本。

9.1　楷書。

11　圖版：《敦煌寶藏》，102/99B～100B。

1.1　BD07864號

1.3　正法念處經（兌廢稿）卷三三

1.4　制064

1.5　174:7174

2.1　47.5×27.8厘米；1紙；28行，行17字。

2.3　卷軸裝。首尾均脫。有烏絲欄。

3.1　首殘→大正0721，17/0195A01。

3.2　尾殘→17/0195A29。

7.1　上邊有1個“兌”字。

8　8世紀。唐寫本。

9.1　楷書，

9.2　有行間加行。

11　圖版：《敦煌寶藏》，104/376A～377A。《敦煌寶藏》此號所拍實爲BD03672號（爲72）圖版。

1.1　BD07865號

1.3　妙法蓮華經卷六

1.4　制065

1.5　105:6176

2.1　（47.5+2.5）×23.5厘米；2紙；28行，行17字。

2.2　01：30.5，17；　02：17.5+2.5，11。

2.3　卷軸裝。首尾均殘。首紙下部有豎破裂，通卷下邊有火燒殘缺。有烏絲欄。已修整。

3.1　首殘→大正0262，09/0048A27。

3.2　尾2行上殘→09/0048C05～07。

8　7～8世紀。唐寫本。

9.1　楷書。

11　圖版：《敦煌寶藏》，97/194A～B。

1.1　BD07866號

1.3　大方廣佛華嚴經（唐譯八十卷本）卷二八

1.4　制066

1.5　002:0048

2.1　（3+128+5）×25.3厘米；3紙；79行，行17字。

2.2　01：3+45，28；　02：48.0，28；　03：35+5，23。

2.3　卷軸裝。首脱尾殘。經黄打紙。卷首右下殘缺。有烏絲欄。

3.1　首2行下殘→大正0279，10/0151B13～15。

3.2　尾2行上殘→10/0152B04～05。

6.2　尾→BD03087號。

8　7～8世紀。唐寫本。

9.1　楷書。

11　圖版：《敦煌寶藏》，56/226B～228A。

1.1　BD07867號

1.3　七佛八菩薩所說大陀羅尼神咒經卷一

1.4　制067

1.5　242:7454

2.1　361.2×28.3厘米；10紙；160行，行字不等。

2.2　01：24.0，11；　02：40.3，18；　03：40.6，18；
04：40.6，18；　05：40.8，18；　06：40.7，19；
07：40.7，18；　08：40.7，18；　09：40.7，18；
10：12.1，04。

2.3　卷軸裝。首殘尾全。薄皮紙。首紙有殘洞，前數紙上下有破裂殘損。

3.1　首行殘→大正1332，21/0537B15。

3.2　尾全→21/0543A07。

4.2　七佛八菩薩所說陀羅尼咒經（尾）。

8　7～8世紀。唐寫本。

9.1　行楷。

11　圖版：《敦煌寶藏》，106/312B～317A。

1.1　BD07868號A

1.3　五無反復經

1.4　制068

1.5　140:6679

2.1　69×28厘米；3紙；41行，行20餘字。

2.2　01：25.0，14；　02：40.0，24；　03：04.0，03。

2.3　卷軸裝。首尾均全。下邊有等距離火燒殘缺。有折疊欄。

3.1　首全→大正 0751a，17/0573A03。
3.2　尾全→17/0573C04。
4.1　佛說五無返復經一卷（首）。
4.2　五無返復經一卷（尾）。
5　與《大正藏》對照，文字略有差異。可供校勘。
8　7~8 世紀。唐寫本。
9.1　楷書。
9.2　有行間校加字。
11　圖版：《敦煌寶藏》，101/134A~B。

1.1　BD07868 號 B
1.3　玉耶經
1.4　制 068
1.5　461:8681
2.1　（11+83.2）×28 厘米；3 紙；53 行，行 22 字。
2.2　01：11+28.5，24；　02：40.2，24；　03：14.5，05。
2.3　卷軸裝。首殘尾全。通卷下部有等距離火燒殘損。有折疊欄。
3.1　首 7 行下殘→大正 0142b，02/0864C28~0865A09。
3.2　尾全→02/0865C14。
8　7~8 世紀。唐寫本。
9.1　楷書。
9.2　有行間校加字。
11　圖版：《敦煌寶藏》，111/162B~163B。

1.1　BD07869 號
1.3　金光明最勝王經卷八
1.4　制 069
1.5　083:898
2.1　（8.5+108.6）×25.5 厘米；3 紙；66 行，行 17 字。
2.2　01：8.5+34.3，25；　02：42.8，25；　03：31.5，16。
2.3　卷軸裝。首脫尾全。經黃打紙。卷首上下殘缺。有烏絲欄。已修整。
3.1　首 5 行上下殘→大正 0665，16/0442B29~C09。
3.2　尾全→16/0444A09。
4.2　金光明最勝王經卷第八（尾）。
5　尾附音義。
8　8 世紀。唐寫本。
9.1　楷書。
11　圖版：《敦煌寶藏》，70/510B~512A。

1.1　BD07870 號
1.3　妙法蓮華經卷二
1.4　制 070
1.5　105:4907
2.1　（7.3+85.8+3.2）×25.7 厘米；3 紙；58 行，行 17~19 字。
2.2　01：07.3，04；　02：46.3，28；　03：39.5+3.2，26。
2.3　卷軸裝。首尾均殘。打紙。第 2 紙前方有橫裂，尾紙有殘洞及破裂。有烏絲欄。已修整。
3.1　首 4 行下殘→大正 0262，09/0013B03~07。
3.2　尾 2 行上殘→09/0014A08~11。
8　7~8 世紀。唐寫本。
9.1　楷書。
11　圖版：《敦煌寶藏》，87/204A~205B。

1.1　BD07871 號
1.3　金光明經卷二
1.4　制 071
1.5　081:1393
2.1　70.5×27.7 厘米；2 紙；42 行，行 17 字。
2.2　01：47.0，28；　02：23.5，14。
2.3　卷軸裝。首脫尾斷。卷面多水漬，首紙下部殘破。有烏絲欄。已修整。
3.1　首殘→大正 0663，16/0343A14。
3.2　尾殘→16/0343B28。
8　9~10 世紀。歸義軍時期寫本。
9.1　楷書。
11　圖版：《敦煌寶藏》，67/325A~325B。

1.1　BD07872 號
1.3　金光明最勝王經卷九
1.4　制 072
1.5　083:1926
2.1　96.2×25.5 厘米；2 紙；56 行，行 17 字。
2.2　01：48.2，28；　02：48.0，28。
2.3　卷軸裝。首尾均脫。經黃打紙。背有現代裱補。有烏絲欄。
3.1　首殘→大正 0665，16/0445C14。
3.2　尾殘→16/0447A08。
8　8 世紀。唐寫本。
9.1　楷書。
11　圖版：《敦煌寶藏》，71/23A~24A。

1.1　BD07873 號
1.3　大乘四法經論廣釋開決記
1.4　制 073
1.5　461:8683
2.1　（13.5+86.3）×29.7 厘米；3 紙；54 行，行 27 字。
2.2　01：13.5+25.3，22；　02：43.0，27；　03：18.0，05。
2.3　卷軸裝。首殘尾全。上下有破裂殘損。
3.4　說明：

本文獻首殘尾缺。為沙門法成所撰對《大乘四法經》的論述。未為歷代大藏經所收。

8　9~10 世紀。歸義軍時期寫本。

9.1 楷書。有合體字“涅槃”、“菩薩”。
9.2 有重文號。
11 圖版:《敦煌寶藏》,111/165A~166A。

1.1 BD07874 號
1.3 觀無量壽佛經
1.4 制 074
1.5 016:0213
2.1 92.6×25 厘米;2 紙;48 行,行 17 字。
2.2 01:46.3,28; 02:46.3,20。
2.3 卷軸裝。首脫尾全。經黄打紙。卷首下部殘缺,通卷下部黴爛,接縫處下方開裂,尾紙上下有破損。首紙脫落 1 殘片,已綴接。有烏絲欄。已修整。
3.1 首殘→大正 0365,12/0345C28。
3.2 尾全→12/0346B21。
4.2 佛說無量壽觀經(尾)。
8 7~8 世紀。唐寫本。
9.1 楷書。
11 圖版:《敦煌寶藏》,57/204B~205B。

1.1 BD07875 號
1.3 妙法蓮華經卷二
1.4 制 075
1.5 105:4903
2.1 (1.6+37.9+4.9)×27.9 厘米;2 紙;26 行,行 17 字。
2.2 01:01.6,01; 02:37.9+4.9,25。
2.3 卷軸裝。首尾均殘。卷背有鳥糞。有烏絲欄。
3.1 首行上殘→大正 0262,09/0013A17。
3.2 尾 3 行下殘→09/0013B12~14。
8 8 世紀。唐寫本。
9.1 楷書。
11 圖版:《敦煌寶藏》,87/195B。

1.1 BD07876 號
1.3 灌頂章句拔除過罪生死得度經
1.4 制 076
1.5 250:7523
2.1 (2.9+124.8+5.6)×25.9 厘米;3 紙;79 行,行 17 字。
2.2 01:2.9+36.8,23; 02:46.7,28;
03:41.3+5.6,28。
2.3 卷軸裝。首殘尾脫。打紙。通卷下部黴爛殘損嚴重,尾紙上有殘損。首紙脫落 1 塊殘片,已綴接。有烏絲欄。已修整。
3.1 首行中殘→大正 1331,21/0535B05。
3.2 尾 3 行下殘→21/0536A28~B01。
8 7~8 世紀。唐寫本。
9.1 楷書。
11 圖版:《敦煌寶藏》,106/570B~572A。

1.1 BD07877 號
1.3 妙法蓮華經(八卷本)卷七
1.4 制 077
1.5 105:6177
2.1 142.5×20.5 厘米;4 紙;78 行,行 17 字。
2.2 01:39.0,21; 02:50.5,28; 03:50.5,28;
04:02.5,01。
2.3 卷軸裝。首尾均殘。經黄打紙;研光上蠟。通卷上部有火燒殘缺,第 2 紙上下邊有破裂。有烏絲欄。
3.1 首殘→大正 0262,09/0054C24。
3.2 尾殘→09/0055C25。
5 與《大正藏》本對照,分卷不同。相當於《大正藏》卷六藥王菩薩本事品的後部分及卷七妙音菩薩品前部分。相當於八卷本卷七,或十卷本卷九。此處暫定為八卷本。
8 7~8 世紀。唐寫本。
9.1 楷書。
11 圖版:《敦煌寶藏》,97/195A~196B。

1.1 BD07878 號
1.3 維摩詰所說經卷上
1.4 制 078
1.5 070:0941
2.1 88.5×24.5 厘米;3 紙;39 行,行 17 字。
2.2 01:12.0,護首; 02:56.0,27; 03:20.5,12。
2.3 卷軸裝。首全尾殘。有護首,倒接。護首有竹質天竿,繫有紫色縹帶,已壞,用麻繩綁在天竿上。護首下有蟲繭。第 2、3 紙接縫處下部開裂。有烏絲欄。
3.1 首全→大正 0475,14/0537A03。
3.2 尾殘→14/0537B17。
4.1 維摩詰所說經,一名不可思義解脫,佛國品第一(首)。
7.4 護首有經名“維摩詰經卷第一”。
8 8~9 世紀。吐蕃統治時期寫本。
9.1 楷書。
11 圖版:《敦煌寶藏》,64/65B~66B。

1.1 BD07879 號
1.3 佛性觀修善法
1.4 制 079
1.5 333:8386
2.1 405.5×38.5 厘米;11 紙;正面 244 行,行 20 餘字;背面 2 行。
2.2 01:37.0,24; 02:38.0,25; 03:39.0,25;
04:39.0,25; 05:39.0,24; 06:39.0,25;
07:39.0,24; 08:36.5,20; 09:37.0,21;
10:37.0,21; 11:25.0,10。
2.3 卷軸裝。首斷尾全。首紙有破裂和殘洞,第 2、3 紙接縫處上邊開裂,尾紙上下邊有破損。背有古代裱補。有烏絲欄。

2.4　本遺書包括2個文獻：（一）《佛性觀修善法》，244行，抄寫在正面，今編為BD07879號。（二）《五言詩二首》，抄寫在背面，2行，今編為BD07879號背。

3.1　首殘→《藏外佛教文獻》，9/第18頁第08行。

3.2　尾全→《藏外佛教文獻》，9/第37頁第08行。

4.2　［佛性］觀修善法一卷（尾）。

7.1　卷尾有硃筆題記"一校定"。

8　7~8世紀。唐寫本。

9.1　行楷。

9.2　有硃筆行間加行、行間校加字、斷句、校改及塗抹。有墨筆刪除、倒乙及重文號。

11　圖版：《敦煌寶藏》，110/146B~152B。

1.1　BD07879號背

1.3　五言詩二首（擬）

1.4　制079

1.5　333:8386

2.4　本遺書由2個文獻組成，本號為第2個，抄寫在背面，2行。餘參見BD07879號之第2項、第11項。

3.3　錄文：

五言：于須記別畢，王州促追，將身而◇弊，舍提洛乃。/

五言：他道梅（沒?）書紙；長安◇有名，如今盜（?）錢。/

（錄文完）

8　9~10世紀。歸義軍時期寫本。

9.1　行楷。

1.1　BD07880號1

1.3　阿彌陀經

1.4　制080

1.5　014:0145

2.1　189×25.8厘米；5紙；108行，行17字。

2.2　01：23.7，13；　02：48.0，29；　03：48.0，29；
04：44.8，27；　05：24.5，10。

2.3　卷軸裝。首殘尾全。首紙有殘洞及碎裂，通卷下邊油污。有燕尾。首紙係歸義軍時期後補。首紙上下為刻劃欄，堅欄為折疊欄。

2.4　本遺書包括2個文獻：（一）《阿彌陀經》，98行，今編為BD07880號1。（二）《阿彌陀佛說咒》，10行，今編為BD07880號2。

3.1　首殘→大正0366，12/0346C11。

3.2　尾全→12/0348A28。

5　與《大正藏》本對照，首紙與第2紙相接處經文有缺，缺文見大正12/0347A09~11。又，尾行較《大正藏》本少"作禮而去"四字。

8　8世紀。唐寫本。

9.1　楷書。

11　圖版：《敦煌寶藏》，56/640B~643A。

1.1　BD07880號2

1.3　阿彌陀佛說咒

1.4　制080

1.5　014:0145

2.4　本遺書由2個文獻組成，本號為第2個，10行。餘參見BD07880號1之第2項、第11項。

3.1　首全→大正0369，12/0352A23。

3.2　尾全→12/0352B03。

4.1　阿彌陀佛說咒曰（首）。

5　與《大正藏》對照，末多說明一句："咒中諸口傍字皆依本音轉舌言之，無口者依字讀。"

8　8世紀。唐寫本。

9.1　楷書。

1.1　BD07881號

1.3　大乘稻芉經

1.4　制081

1.5　058:0483

2.1　49.2×27.5厘米；1紙；30行，行24字。

2.3　卷軸裝。首尾均脫。卷首中間殘缺，卷面油污，上邊有殘缺。有烏絲欄。已修整。

3.1　首2行中殘→大正0712，16/0825B04~06。

3.2　尾脫→16/0825C17。

8　9~10世紀。歸義軍時期寫本。

9.1　楷書。

11　圖版：《敦煌寶藏》，59/319B~320A。

1.1　BD07882號

1.3　妙法蓮華經卷六

1.4　制082

1.5　105:5838

2.1　51×26厘米；1紙；28行，行17字。

2.3　卷軸裝。首尾均脫。經黃打紙。卷面油污，上下邊多破裂。有烏絲欄。

3.1　首殘→大正0262，09/0052C19。

3.2　尾殘→09/0053A19。

8　7~8世紀。唐寫本。

9.1　楷書。

11　圖版：《敦煌寶藏》，95/329A~B。

1.1　BD07883號

1.3　押座文（擬）

1.4　制083

1.5　461:8735

2.1　（5.5+64+5.5）×28厘米；3紙；31行，行15~16字。

2.2 01：05.5，02； 02：43.0，18； 03：21 +5.5，11。
2.3 卷軸裝。首尾均殘。通卷殘破。有烏絲欄。已修整。
3.4 說明：
本文獻首 2 行中上殘，尾 2 行中上殘。為押座文前部文字。
8 9 ~ 10 世紀。歸義軍時期寫本。
9.1 行楷。
9.2 有行間校加字。有校改。
11 圖版：《敦煌寶藏》，111/333A ~ B。

1.1 BD07884 號
1.3 究竟大悲經卷二
1.4 制 084
1.5 283: 8237
2.1 （49 +34）×28 厘米；3 紙；42 行，行 20 字。
2.2 01：05.0，03； 02：44.0，27； 03：34.0，12。
2.3 卷軸裝。首殘尾全。卷面有污漬及破裂，通卷上下邊殘損，卷尾左下殘缺。有烏絲欄。已修整。
3.1 首殘→大正 2880，85/1371C10。
3.2 尾 12 行下殘→85/1372A19 ~ B03。
4.2 究竟大悲經卷第二（尾）。
8 7 ~ 8 世紀。唐寫本。
9.1 楷書。
11 圖版：《敦煌寶藏》，109/383B ~ 384B。

1.1 BD07885 號
1.3 妙法蓮華經卷七
1.4 制 085
1.5 105: 5905
2.1 （6.5 +192）×26.5 厘米；4 紙；101 行，行 17 字。
2.2 01：6.5 +39，23； 02：51.0，26； 03：51.0，26；
04：51.0，26。
2.3 卷軸裝。首殘尾脫。卷面多水漬。有烏絲欄。已修整。
3.1 首 3 行中殘→大正 0262，09/0055A17 ~ 19。
3.2 尾殘→09/0056B09。
8 9 ~ 10 世紀。歸義軍時期寫本。
9.1 楷書。
11 圖版：《敦煌寶藏》，96/10B ~ 13A。

1.1 BD07886 號
1.3 無量壽宗要經
1.4 制 086
1.5 275: 8107
2.1 （10.5 +200）×30.5 厘米；5 紙；137 行，行 30 餘字。
2.2 01：10.5 +32，27； 02：42.0，28； 03：42.0，28；
04：42.0，28； 05：42.0，26。
2.3 卷軸裝。首尾均全。卷首右上殘缺，前 2 紙有等距離殘洞，接縫處多有開裂。有烏絲欄。已修整。

3.1 首 9 行上下殘→大正 0936，19/0082A05 ~ 13。
3.2 尾全→19/0084C29。
4.2 佛說無量壽宗要經（尾）。
7.1 首紙有題記“龍興”。
8 8 ~ 9 世紀。吐蕃統治時期寫本。
9.1 行楷。
11 圖版：《敦煌寶藏》，109/65B ~ 68A。

1.1 BD07887 號
1.3 無量壽宗要經
1.4 制 087
1.5 275: 8108
2.1 （2.5 +144）×31 厘米；4 紙；99 行，行 30 餘字。
2.2 01：2.5 +11，10； 02：46.5，33； 03：43.5，31；
04：43.0，25。
2.3 卷軸裝。首殘尾全。首紙下邊有破裂殘缺，中間有橫向破裂。有烏絲欄。
3.1 首 2 行上下殘→大正 0936，19/0082B22 ~ 24。
3.2 尾全→19/0084C29。
4.2 佛說無量壽宗要經（尾）。
7.1 尾紙末有題記“令狐晏兒寫”。
8 8 ~ 9 世紀。吐蕃統治時期寫本。
9.1 行楷。
9.2 有刮改。
11 圖版：《敦煌寶藏》，109/68B ~ 70A。

1.1 BD07888 號
1.3 妙法蓮華經卷七
1.4 制 088
1.5 105: 5985
2.1 （7 +53 +1.5）×25 厘米；2 紙；35 行，行 17 字。
2.2 01：7 +38.5，26； 02：14.5 +1.5，09。
2.3 卷軸裝。首全尾殘。經黄打紙。卷首右上殘缺，通卷殘破嚴重。背有古代裱補。有烏絲欄。已修整。
3.1 首 3 行上中殘→大正 0262，09/0056C02 ~ 05。
3.2 尾行殘→09/0057A09 ~ 10。
4.1 □…□普門品第二十五（首）。
8 7 ~ 8 世紀。唐寫本。
9.1 楷書。
11 圖版：《敦煌寶藏》，96/263A ~ B。

1.1 BD07889 號
1.3 大般涅槃經疏（擬）
1.4 制 089
1.5 120: 6620
2.1 （5 +63 +4.5）×26 厘米；3 紙；47 行，行 20 餘字。
2.2 01：5 +12，11； 02：35.5，23； 03：15.5 +4.5，13。

2.3　卷軸裝。首尾均殘。通卷殘破。有烏絲欄。
3.4　說明：
本文獻首 3 行中上殘，尾 3 行中下殘。為對《大般涅槃經》的疏釋。未為歷代大藏經所收。
7.3　背有雜寫“南無佛”和“卌四袟”等字。
8　5～6 世紀。南北朝寫本。
9.1　行書。
9.2　有硃筆點標。有墨筆行間校加字、校改及刪除。
11　圖版：《敦煌寶藏》，100/625A～B。

1.1　BD07890 號
1.3　大般涅槃經（北本）卷一四
1.4　制 090
1.5　117:6572
2.1　148×26 厘米；4 紙；91 行，行 17 字。
2.2　01：32.5，20；　02：47.0，29；　03：47.0，29；
04：21.5，13。
2.3　卷軸裝。首尾均殘。前 2 紙上部有殘缺。背有古代裱補。有烏絲欄。有劃界欄針孔。
3.1　首殘→大正 0374，12/0446B16。
3.2　尾殘→12/0447B23。
8　5～6 世紀。南北朝寫本。
9.1　楷書。
11　圖版：《敦煌寶藏》，100/376A～377B。

1.1　BD07891 號
1.3　大般涅槃經（北本）卷三五
1.4　制 091
1.5　117:6589
2.1　（5+31.5）×25 厘米；2 紙；21 行，行 17 字。
2.2　01：5+14，10；　02：17.5+2，11。
2.3　卷軸裝。首尾均殘。卷面有殘洞，上下邊有破裂。有烏絲欄。
3.1　首 2 行下殘→大正 0374，12/0569B19～21。
3.2　尾 1 行中殘→12/0569C11。
8　5～6 世紀。南北朝寫本。
9.1　楷書。
11　圖版：《敦煌寶藏》，100/421B。

1.1　BD07892 號
1.3　大般涅槃經（北本）卷一五
1.4　制 092
1.5　117:6577
2.1　（41+3）×26 厘米；2 紙；27 行，行 17 字。
2.2　01：28.0，17；　02：13+3，10。
2.3　卷軸裝。首尾均殘。首紙破裂。有烏絲欄。已修整。
3.1　首殘→大正 0374，12/0453C01。
3.2　尾 2 行上殘→12/0453C27～28。
8　5～6 世紀。南北朝寫本。
9.1　隸楷。
11　圖版：《敦煌寶藏》，100/383B～384A。

1.1　BD07893 號
1.3　大方等陀羅尼經卷二
1.4　制 093
1.5　240:7450
2.1　（3.3+53.1+3.7）×26.4 厘米；3 紙；37 行，行 17 字。
2.2　01：03.3，02；　02：40.4，25；　03：12.7+3.7，10。
2.3　卷軸裝。首尾均殘。有烏絲欄。已修整。
3.1　首 2 行下殘→大正 1339，21/0650B10～12。
3.2　尾 2 行下殘→21/0650C19～20。
8　5～6 世紀。南北朝寫本。
9.1　楷書。
9.2　有行間校加字、重文號。有硃筆點標。
11　圖版：《敦煌寶藏》，106/300A～B。

1.1　BD07894 號 1
1.3　大般涅槃經（北本）卷四
1.4　制 094
1.5　115:6312
2.1　（3.5+45.7）×25 厘米；2 紙；正面 23 行，行約 27 字；背面 26 行，行字不等。
2.2　第 1 紙：2+5+5+5；第 2 紙：3+3。
第 1 紙背：4+5+4+2；第 2 紙背：4+4。
第 1 紙 4 折，第 2 紙 3 折。每葉長 7.5 厘米；5 行。
2.3　經折裝。首殘尾斷。每隔 5 行有 1 折痕。有烏絲欄。
2.4　本遺書包括 3 個文獻：（一）《大般涅槃經》（北本）卷四，20 行，今編為 BD07894 號 1。（二）《佛經目錄》（擬），3 行，今編為 BD07894 號 2。（三）《大般涅槃經節鈔》（擬），抄寫在背面，26 行，今編為 BD07894 號背。
3.1　首 2 行上殘→大正 0374，12/0386A13～14。
3.2　尾缺→12/0386B14。
8　9～10 世紀。歸義軍時期寫本。
9.1　楷書。
11　圖版：《敦煌寶藏》，98/70B～72A。

1.1　BD07894 號 2
1.3　佛經目錄（擬）
1.4　制 094
1.5　115:6312
2.4　本遺書由 3 個文獻組成，本號為第 2 個，3 行。餘參見 BD07894 號 1 之第 2 項、第 11 項。
3.3　錄文：
涅槃經卌二卷，佛頂經一秩十卷，報恩經七卷，十輪經十/

卷，雜寶藏經八卷，大乘入楞伽經八卷，法花經/卷，最勝王經十卷，優婆塞戒經十卷。/

（録文完）

8　9～10 世紀。歸義軍時期寫本。

9.1　楷書。

1.1　BD07894 號背

1.3　大般涅槃經節鈔（擬）

1.4　制 094

1.5　115：6312

2.4　本遺書由 3 個文獻組成，本號為第 3 個，抄寫在背面，26 行。餘參見 BD07894 號 1 之第 2 項、第 11 項。

3.4　説明：

本文獻前 4 行為雜寫，後 22 行為《大般涅槃經（北本）節鈔》，詳情如下：

第 5～21 行：大正 0374，12/0386B14～C05（卷四）中加"又云"2 字；

第 22～26 行：大正 0374，12/0415C02～07（卷八）。

7.3　首部有 4 行佛名、無意義雜寫，並畫有人頭像。

8　9～10 世紀。歸義軍時期寫本。

9.1　楷書。

1.1　BD07895 號

1.3　大般若波羅蜜多經卷二四三

1.4　制 095

1.5　084：2638

2.1　102.7×26 厘米；3 紙；53 行，行 17 字。

2.2　01：32.7，20；　02：46.0，28；　03：24.0，05。

2.3　卷軸裝。首殘尾全。第 2 紙有横向破裂，首紙脱落 1 塊殘片，已綴接。有燕尾。有烏絲欄。已修整。

3.1　首 20 行下殘→大正 0220，06/0229B10～29。

3.2　尾全→06/0230A03。

4.2　大般若波羅蜜多經卷第二百卌三（尾）。

8　8～9 世紀。吐蕃統治時期寫本。

9.1　楷書。

11　圖版：《敦煌寶藏》，74/312A～313A。

1.1　BD07896 號

1.3　觀世音經

1.4　制 096

1.5　105：6035

2.1　（26+143）×28.5 厘米；5 紙；97 行，行 17～21 字。

2.2　01：04.0，01；　02：22+17.5，25；　03：42.5，24；
04：42.5，24；　05：40.5，23。

2.3　卷軸裝。首殘尾脱。卷端殘破嚴重，前 3 紙接縫處中間開裂，第 3 紙下邊有殘缺。有折疊欄。尾紙比前 4 紙紙幅略窄。已修整。

3.1　首 9 行中下殘→大正 0262，09/0056C19～C28。

3.2　尾殘→09/0058B07。

8　9～10 世紀。歸義軍時期寫本。

9.1　楷書。

9.2　有行間校加字。有圈刪。

11　圖版：《敦煌寶藏》，96/362A～364A。

1.1　BD07897 號

1.3　大般涅槃經（北本）卷一八

1.4　制 097

1.5　115：6400

2.1　（9.5+104.9+9.5）×26.8 厘米；4 紙；67 行，行 17 字。

2.2　01：9.5+11，11；　02：40.7，22；　03：40.7，22；
04：12.5+9.5，12。

2.3　卷軸裝。首尾均殘。首紙下部殘缺，前 3 紙上下邊殘破嚴重，尾紙上部殘破。有烏絲欄。有劃界欄針孔。

3.1　首 5 行下殘→大正 0374，12/0471C18～23。

3.2　尾 5 行上殘→12/0472B24～28。

8　5～6 世紀。南北朝寫本。

9.1　楷書。

11　圖版：《敦煌寶藏》，98/586A～587B。

1.1　BD07898 號

1.3　無垢淨光大陀羅尼經六波羅蜜咒鈔（擬）

1.4　制 098

1.5　271：7686

2.1　（3+81）×29.5 厘米；2 紙；57 行，行 17 字。

2.2　01：3+43，31；　02：38.0，26。

2.3　卷軸裝。首殘尾斷。通卷有多處殘洞，上下殘缺。有折疊欄。已修整。

3.4　説明：

本文獻首行上下殘，尾殘。抄寫《無垢淨光大陀羅尼經》中"六波羅蜜咒"（參見大正 1024，19/0721A01～04）二十八遍。

7.1　背有勘記"六波羅咒足"。

8　8～9 世紀。吐蕃統治時期寫本。

9.1　楷書。

11　圖版：《敦煌寶藏》，107/320B～321B。

1.1　BD07899 號

1.3　無垢淨光大陀羅尼經自心印陀羅尼鈔（擬）

1.4　制 099

1.5　236：7382

2.1　（2.3+63.2+1.2）×31.6 厘米；2 紙；47 行，行字不等。

2.2　01：2.3+19.5，15；　02：43.7+1.2，32。

2.3　卷軸裝。首尾均殘。通卷殘損嚴重。有折疊欄。

3.4　説明：

本文獻首行上下殘，尾行上下殘。抄寫《無垢淨光大陀羅尼經》中“自心印陀羅尼”（參見大正 1024，19/0719C27 ~ 720A06）11 遍。

8　9 ~ 10 世紀。歸義軍時期寫本。

9.1　楷書。

9.2　有倒乙。

11　圖版：《敦煌寶藏》，105/661A ~ B。

1.1　BD07900 號

1.3　無垢淨光大陀羅尼經自心印陀羅尼鈔（擬）

1.4　制 100

1.5　236:7381

2.1　45 ×31.2 厘米；1 紙；29 行，行字不等。

2.3　卷軸裝。首斷尾全。卷面有殘洞、油污，全卷殘破。有折疊欄。

3.4　説明：

本文獻首行上殘，尾全。抄寫《無垢淨光大陀羅尼經》中“自心印陀羅尼”（參見大正 1024，19/0719C27 ~ 720A06）8 遍。

8　9 ~ 10 世紀。歸義軍時期寫本。

9.1　楷書。

11　圖版：《敦煌寶藏》，105/660B。

1.1　BD07901 號

1.3　沙彌護戒偈（擬）

1.4　文 001

1.5　198:7175

2.1　（7.5 +59.5）×26.5 厘米；2 紙；51 行，行 20 字。

2.2　01：7.5 +13，20；　02：46.5，31。

2.3　卷軸裝。首殘尾脱。卷面有油污及污穢，首紙有殘洞，卷下方破損。脱落 2 塊殘片，已綴接。有折疊欄。已修整。

3.4　説明：

本文獻首 6 行上下殘，尾殘。存文以偈頌的方式，論述沙彌應守護的八戒。前後殘缺的部分，内容不清。故暫擬此名。未為歷代大藏經所收。

8　9 ~ 10 世紀。歸義軍時期寫本。

9.1　楷書。

11　圖版：《敦煌寶藏》，104/377B ~ 378B。

1.1　BD07902 號 1

1.3　唯識名數雜釋（擬）

1.4　文 002

1.5　340:8393

2.1　194.5 ×30.5 厘米；5 紙；106 行，行 20 字左右。

2.2　01：43.0，22；　02：42.0，21；　03：42.5，26；　04：42.0，26；　05：25.0，11。

2.3　卷軸裝。首尾均全。首紙上下邊有殘損，中間有破裂。有折疊欄，頂天立地抄寫。

2.4　本遺書包括 5 個文獻：（一）《唯識名數雜釋》（擬），20 行，今編為 BD07902 號 1。（二）《三獸渡河》，23 行，今編為 BD07902 號 2。（三）《四弘誓願附頌》（擬），5 行，今編為 BD07902 號 3。（四）《三科法門》，49 行，今編為 BD07902 號 4。（五）《賢者等雜釋義》（擬），9 行，今編為 BD07902 號 5。

3.4　説明：

本文獻首尾均全。乃對唯識理論若干關鍵名數的解釋。内容包括：三性三無性、八識、二無我、五位法、六度、唯識五性。本文獻為敦煌僧人所編，對我們研究敦煌當時的僧人教育有一定的價值。

8　9 ~ 10 世紀。歸義軍時期寫本。

9.1　行楷。

9.2　有行間校加字、有倒乙、有圈删、有删除號、有重文號、塗改。

11　圖版：《敦煌寶藏》，110/177B ~ 180A。

1.1　BD07902 號 2

1.3　三獸渡河

1.4　文 002

1.5　340:8393

2.4　本遺書由 5 個文獻組成，本號為第 2 個，23 行。餘參見 BD07902 號 1 之第 2 項、第 11 項。

3.4　説明：

本文獻首尾均全。以兔、馬、象三獸渡河，比喻聲聞行、緣覺行、菩薩行。雖然以四諦解釋聲聞行、以十二因緣解釋緣覺行、以六度解釋菩薩行均符合佛教傳統理論。但其解釋聲聞行時機械抄錄《三寶四諦文》，不僅抄入三寶文字，而且抄人對大乘四諦的解釋，則與佛教原意不符。本文獻為敦煌僧人所編，對我們研究敦煌當時的僧人教育有一定的價值。

4.1　三首（獸）度（渡）河（首）。

8　9 ~ 10 世紀。歸義軍時期寫本。

9.1　行楷。

9.2　有行間校加字、有圈删、有重文號。有塗抹、塗改。

1.1　BD07902 號 3

1.3　四弘誓願附頌（擬）

1.4　文 002

1.5　340:8393

2.4　本遺書由 5 個文獻組成，本號為第 3 個，5 行。餘參見 BD07902 號 1 之第 2 項、第 11 項。

3.4　説明：

本文獻首尾均全。抄寫《四弘誓願》，其後接抄偈頌一首，故擬此名。有首題，但抄寫在第 2 行。

從卷面抄寫形態看，本文獻應為利用《三獸渡河》與《小乘三科》（異本）之間的空白處插入，故行密字小。

4.1　四弘聖（誓）願（首）

8　9 ~ 10 世紀。歸義軍時期寫本。

9.1　行楷。
9.2　有倒乙。

1.1　BD07902 號 4
1.3　三科法門
1.4　文 002
1.5　340:8393
2.4　本遺書由 5 個文獻組成，本號為第 4 個，49 行。餘參見 BD07902 號 1 之第 2 項、第 11 項。
3.4　說明：
本文獻首尾均全。是在《小乘三科》的基礎上，加上禪宗思想改寫的佛教普及讀物。為敦煌僧人所編，對研究敦煌佛教具有較大價值。
4.1　三課（科）（首）。
4.2　三課（科）法門竟（尾）。
8　9～10 世紀。歸義軍時期寫本。
9.1　行楷。
9.2　有行間校加字。有塗抹、塗改。有重文號。

1.1　BD07902 號 5
1.3　賢者等雜釋義（擬）
1.4　文 002
1.5　340:8393
2.4　本遺書由 5 個文獻組成，本號為第 5 個，9 行。餘參見 BD07902 號 1 之第 2 項、第 11 項。
3.4　說明：
本文獻首尾均全。解釋“賢者”、“三明六通”等名詞的含義。
8　9～10 世紀。歸義軍時期寫本。
9.1　行楷。
9.2　有行間校加字

1.1　BD07903 號
1.3　無量壽宗要經
1.4　文 003
1.5　275:7905
2.1　（176.5+4）×31.5 厘米；4 紙；130 行，行 30 餘字。
2.2　01：46.5，33；　02：46.0，34；　03：44.0，33；　04：40+4，30。
2.3　卷軸裝。首全尾殘。卷面油污，尾紙上下邊有破裂和殘洞。有烏絲欄。
3.1　首全→大正 0936，19/0082A03。
3.2　尾全→19/0084C29。
4.1　大乘無量壽經（首）。
4.2　佛說無量壽宗要經（尾）。
7.1　尾紙後有題記“張略設藏寫”。
8　8～9 世紀。吐蕃統治時期寫本。
9.1　楷書。
11　圖版：《敦煌寶藏》，108/270B～272B。

1.1　BD07904 號
1.3　瑜伽師地論卷六
1.4　文 004
1.5　201:7185
2.1　（2.2+126.4）×31 厘米；4 紙；92 行，行 31～33 字不等。
2.2　01：02.2，01；　02：42.9，33；　03：41.0，32；　04：42.5，26。
2.3　卷軸裝。首殘尾全。卷面有殘洞，上下有殘缺，第 2、3 紙接縫處下開裂。前 3 紙有烏絲欄。
3.1　首行上殘→大正 1579，30/0306B21。
3.2　尾全→30/0308C08。
4.2　瑜伽師地論卷第六（尾）。
8　9～10 世紀。歸義軍時期寫本。
9.1　楷書。
9.2　有行間加行及刪除號。
11　圖版：《敦煌寶藏》，104/409A～410B。

1.1　BD07905 號
1.3　大乘稻芉經
1.4　文 005
1.5　058:0484
2.1　46.5×27.3 厘米；1 紙；27 行，行 22～25 字不等。
2.3　卷軸裝。首全尾斷。卷面多水漬。有烏絲欄。
3.1　首全→大正 0712，16/0823B20。
3.2　尾斷→16/0823C28。
4.1　佛說大乘稻竿經一卷（首）。
5　與《大正藏》本經對照，大正本不分段，而該件分段。
7.1　卷端背有勘記“佛〔說〕稻芉大乘經一卷”。並把“稻芉大乘”勾圈起來。
8　8～9 世紀。吐蕃統治時期寫本。
9.1　行楷。
11　圖版：《敦煌寶藏》，59/320B～321A。

1.1　BD07906 號
1.3　大般若波羅蜜多經卷二八四
1.4　文 006
1.5　084:2777
2.1　（2.7+126.7）×25.9 厘米；3 紙；75 行，行 17 字。
2.2　01：2.5+46，28；　02：47.9，28；　03：32.8，19。
2.3　卷軸裝。首殘尾斷。有烏絲欄。已修整。後配趙城金藏軸。
3.1　首行下殘→大正 0220，06/0446B24。
3.2　尾殘→06/0447B11。
8　9～10 世紀。歸義軍時期寫本。
9.1　楷書。

11　圖版：《敦煌寶藏》，75/66B ~ 68A。

1.1　BD07907 號
1.3　大般若波羅蜜多經（兑廢稿）卷四三五
1.4　文 007
1.5　084:3127
2.1　（41.3 +7）×26.8 厘米；1 紙；26 行，行 17 字。
2.3　卷軸裝。首尾均脱。卷上邊有殘缺。尾有餘空。有烏絲欄。
3.1　首殘→大正 0220，07/0190C02。
3.2　尾 2 行上殘→07/0190C25 ~ 27。
7.1　上邊有 1 個“兑”字。
7.3　下邊處有雜寫：“善現”等字。
8　8 ~ 9 世紀。吐蕃統治時期寫本。
9.1　楷書。
11　圖版：《敦煌寶藏》，76/449B。

1.1　BD07908 號
1.3　大般若波羅蜜多經（兑廢稿）卷一二九
1.4　文 008
1.5　084:2350
2.1　47.9 ×27.2 厘米；1 紙；26 行，行 17 字。
2.3　卷軸裝。首尾均脱。卷面有横向破裂及下邊殘缺。脱落 1 塊殘片，已綴接。有烏絲欄。尾有餘空。已修整。
3.1　首殘→大正 0220，05/0706B10。
3.2　尾缺→05/0706C09。
8　8 ~ 9 世紀。吐蕃統治時期寫本。
9.1　楷書。
11　圖版：《敦煌寶藏》，73/47。

1.1　BD07909 號
1.3　維摩詰所説經卷下
1.4　文 009
1.5　070:1260
2.1　（1.5 +143 +2）×26 厘米；3 紙；87 行，行 17 字。
2.2　01：1.5 +47，29；　02：49.0，29；　03：47 +2，29。
2.3　卷軸裝。首全尾殘。卷面多水漬，卷首右上殘缺，上下邊有破裂殘缺。背有古代裱補。有烏絲欄。
3.1　首行上殘→大正 0475，14/0552A03。
3.2　尾行上殘→14/0553A08 ~ 09。
4.1　□□詰經香積品第十（首）。
8　8 世紀。唐寫本。
9.1　楷書。
11　圖版：《敦煌寶藏》，66/341B ~ 343A。

1.1　BD07910 號
1.3　觀世音經
1.4　文 010
1.5　111:6233
2.1　（8 +154.3）×24.3 厘米；4 紙；92 行，行 17 字。
2.2　01：8 +22，16；　02：43.3，25；　03：43.0，25；　04：46.0，26。
2.3　卷軸裝。首殘尾全。卷上部有横向殘損。有烏絲欄。已修整。
2.4　本遺書包括 2 個文獻：（一）《觀世音經》，92 行，今編為 BD07910 號。（二）《丈夫患文》，抄寫在背面，9 行，今編為 BD07910 號背。
3.1　首 5 行上殘→大正 0262，09/0057A02 ~ 05。
3.2　尾全→09/0058B07。
4.2　觀音經一卷（尾）。
7.3　卷背面有雜寫“瞻”。
8　8 ~ 9 世紀。吐蕃統治時期寫本。
9.1　楷書。
11　圖版：《敦煌寶藏》，97/427B ~ 430A。

1.1　BD07910 號背
1.3　丈夫患文
1.4　文 010
1.5　111:6233
2.4　本遺書由 2 個文獻組成，本號為第 2 個，抄寫在背面，9 行。餘參見 BD07910 號之第 2 項、第 11 項。
3.3　錄文：
丈夫患文。夫慈悲普化，遍滿閻浮。大/
覺威雄，度群迷於六道。故使維磨（摩）/
現託在毗耶，諸賢問疾之徒，往於/
方丈諸室。菩薩現疾，應品類之根/
機；馬麥金創（槍），表衆生之本業。惟/
願發身神足，運悲心，降臨道場，/
證明所謂。然金（今）坐（座）前施主，倖（捧）爐/
啓願捨施，所身（申）意者，奉爲某人染患/
經今/
（錄文完）
8　9 ~ 10 世紀。歸義軍時期寫本。
9.1　楷書。

1.1　BD07911 號
1.3　金剛般若波羅蜜經
1.4　文 011
1.5　094:3959
2.1　（98 +2）×28 厘米；2 紙；57 行，行 17 字。
2.2　01：51.0，29；　02：47 +2，28。
2.3　卷軸裝。首脱尾殘。下邊有殘損，接縫處開裂。有烏絲欄。
3.1　首殘→大正 0235，08/0749C27。
3.2　尾行上殘→08/0750B28 ~ 29。
8　9 ~ 10 世紀。歸義軍時期寫本。

9.1 楷書。
11 圖版:《敦煌寶藏》,81/333A~334A。

1.1 BD07912號
1.3 金剛般若波羅蜜經
1.4 文012
1.5 094:3583
2.1 (23.5+177)×25.7厘米;4紙;111行,行17字。
2.2 01:23.5+28,27; 02:49.5,28; 03:50.0,28;
04:49.5,28。
2.3 卷軸裝。首全尾殘。卷首右下殘缺,有等距離殘洞及1處横裂,卷面多水漬,有破裂。有烏絲欄。
3.1 首11行下殘→大正0235,08/0748C17~0749A01。
3.2 尾殘→08/0750A21。
4.1 金剛般若波羅蜜經(首)。
8 7~8世紀。唐寫本。
9.1 楷書。
11 圖版:《敦煌寶藏》,78/657B~660A。

1.1 BD07913號
1.3 大般若波羅蜜多經(兌廢稿)卷三三一
1.4 文013
1.5 084:2900
2.1 97.5×27.1厘米;2紙;55行,行17字。
2.2 01:47.5,27; 02:50.0,28。
2.3 卷軸裝。首尾均脱。首紙上下邊略有殘破。有烏絲欄。
3.1 首殘→大正0220,06/0694C03。
3.2 尾殘→06/0695A27。
7.1 首紙上邊有一"兌"字。首紙背有勘記"卅一,第一紙",第2紙背面有勘記"卅一,第二紙"。
8 9~10世紀。歸義軍時期寫本。
9.1 楷書。
9.2 有校改、刮改。有行間校加字。
11 圖版:《敦煌寶藏》,75/422A~423A。

1.1 BD07914號
1.3 四分律比丘戒本
1.4 文014
1.5 156:6828
2.1 (7+157)×26厘米;4紙;99行,行18字。
2.2 01:7+31,23; 02:43.0,26; 03:42.0,26;
04:41.0,24。
2.3 卷軸裝。首殘尾全。卷面多水漬,卷首上下殘缺。卷背有鳥糞。有烏絲欄,尾紙為折疊欄。卷尾粘紙條,3.5×3.5厘米;背有"十"字。
3.1 首5行上下殘→大正1429,22/1015A23~B03。
3.2 尾殘→22/1016C10。
8 9~10世紀。歸義軍時期寫本。
9.1 楷書。
11 圖版:《敦煌寶藏》,102/122B~124B。

1.1 BD07915號
1.3 文殊師利所說般若波羅蜜經(異本)
1.4 文015
1.5 093:3498
2.1 51.5×25.8厘米;1紙;28行,行17字。
2.3 卷軸裝。首尾均脱。經黄打紙。卷下部有多處豎裂。有烏絲欄。
3.4 説明:
本文獻又名《文殊説摩訶般若經》、《文殊般若經》,爲我國歷代大藏經收録。但《高麗藏》本與《資福藏》等本行文差異較大,已經形成異本。可參見《大正藏》及《中華藏》的相關校記。
本文獻將全經列爲四十二分,一一具列標題,使全經綱目清楚,主題突出,並增加偈頌與序言。形態與已經收入大藏經的兩種異本均不相同,是流通過程中,經過中國人加工而產生的新的異本。
6.2 尾→斯00576號。
8 7~8世紀。唐寫本。
9.1 楷書。
11 圖版:《敦煌寶藏》,78/301B~302A。

1.1 BD07916號
1.3 佛名經(十六卷本)卷一五
1.4 文016
1.5 062:0594
2.1 (6+143)×26厘米;4紙;74行,行字不等。
2.2 01:6+36,21; 02:50.5,25; 03:50.5,25;
04:06.0,03。
2.3 卷軸裝。首殘尾斷。卷面有等距離水漬及黴爛,首紙殘破,上下斷開。有烏絲欄。已修整。
3.1 首2行上下殘→《七寺古逸經典研究叢書》,3/第772頁第338行~第340行。
3.2 尾中下殘→《七寺古逸經典研究叢書》,3/第777頁第413行。
8 7~8世紀。唐寫本。
9.1 楷書。
11 圖版:《敦煌寶藏》,60/209A~211A。

1.1 BD07917號
1.3 維摩詰所説經卷上
1.4 文017
1.5 070:0942
2.1 (10+129.5)×27厘米;3紙;61行,行21~26行。

2.2　01：10+34，26；　02：48.0，28；　03：47.5，07。
2.3　卷軸裝。首尾均全。首紙上下殘缺，卷面多水漬，第2、3紙接縫處有開裂。背有古代裱補，用絲線穿連。有烏絲欄。尾有餘空。
3.1　首6行上下殘→大正0475，14/0537A06~13。
3.2　尾缺→14/0537C28。
4.1　□…□佛國品第一（首）。
7.3　尾行爲《維摩詰經》經文雜寫，見大正0475，14/0537C11~12。
8　9~10世紀。歸義軍時期寫本。
11　圖版：《敦煌寶藏》，64/67A~68B。

1.1　BD07918號
1.3　大般若波羅蜜多經卷三六八
1.4　文018
1.5　084:3013
2.1　（2.6+75.7）×25厘米；3紙；49行，行17字。
2.2　01：2.6+5.3，04；　02：47.3，28；
　03：23.1+5.5，17。
2.3　卷軸裝。首尾均殘。卷面有水漬，接縫處上開裂，上下邊有殘缺。有烏絲欄。
3.1　首行上殘→大正0220，06/0897A07~08。
3.2　尾3行下殘→06/0897B24~26。
8　8世紀。唐寫本。
9.1　楷書。
9.2　有行間校加字。
11　圖版：《敦煌寶藏》，76/96A~97A。

1.1　BD07919號
1.3　無量壽宗要經
1.4　文019
1.5　275:8109
2.1　64×31.5厘米；2紙；44行，行30餘字。
2.2　01：43.0，29；　02：21.0，15。
2.3　卷軸裝。首脱尾全。通卷上下邊有破裂殘損。有烏絲欄。
3.1　首殘→大正0936，19/0083C22。
3.2　尾全→19/0084C29。
4.2　佛説無量壽宗要經（尾）。
7.1　尾紙末有題記“李加興寫”。
8　8~9世紀。吐蕃統治時期寫本。
9.1　行楷。
11　圖版：《敦煌寶藏》，109/70B~71A。

1.1　BD07920號
1.3　入楞伽經卷四
1.4　文020
1.5　037:0334
2.1　（1+349.1）×26.5厘米；10紙；218行，行17字。
2.2　01：1+3，02；　02：41.5，26；　03：41.5，26；
　04：41.8，26；　05：41.5，26；　06：41.7，26；
　07：41.6，26；　08：41.5，26；　09：41.0，26；
　10：14.0，08。
2.3　卷軸裝。首尾均殘。卷中破裂多處，尾部尤重。卷背有鳥糞。有烏絲欄。有劃界欄針孔。已修整。
3.1　首1行殘→大正0671，16/0535C17~18。
3.2　尾斷→16/0538B26。
8　5~6世紀。南北朝寫本。
9.1　隸書。
9.2　有行間校加字。
11　圖版：《敦煌寶藏》，58/139A~143B。

1.1　BD07921號
1.3　維摩詰所説經卷上
1.4　文021
1.5　070:0943
2.1　50×28.5厘米；1紙；41行，行22~27字。
2.3　卷軸裝。首尾均脱。卷面有火灼殘洞，下邊有破裂。有烏絲欄。
3.1　首殘→大正0475，14/0537C09。
3.2　尾殘→14/0538B21。
8　8~9世紀。吐蕃統治時期寫本。
9.1　楷書。
11　圖版：《敦煌寶藏》，64/69A~69B。

1.1　BD07922號
1.3　妙法蓮華經卷三
1.4　文022
1.5　105:5060
2.1　（76.5+3.8）×26.8厘米；2紙；46行，行17字。
2.2　01：45.9，26；　02：30.6+3.8，20。
2.3　卷軸裝。首全尾殘。卷面多水漬，有等距離黴爛，首紙有3殘洞。有烏絲欄。已修整。
3.1　首全→大正0262，09/0019A14。
3.2　尾2行中下殘→09/0019C06~07。
4.1　妙法蓮華經藥草喻品第五，三（首）。
8　9~10世紀。歸義軍時期寫本。
9.1　楷書。
11　圖版：《敦煌寶藏》，88/410A~411A。

1.1　BD07923號
1.3　大般若波羅蜜多經卷六
1.4　文023
1.5　084:2020
2.1　39×25.9厘米；1紙；24行，行17字。

2.3　卷軸裝。首殘尾斷。卷面有殘洞，上邊有破裂。卷背多鳥糞。有烏絲欄。
3.1　首殘→大正 0220，05/0029A17。
3.2　尾殘→05/0029B12。
8　8～9 世紀。吐蕃統治時期寫本。
9.1　楷書。
11　圖版：《敦煌寶藏》，71/370。

1.1　BD07924 號
1.3　金剛般若波羅蜜經
1.4　文 024
1.5　094:3902
2.1　(1.2+78)×14.3 厘米；3 紙；56 行，行 12～13 字。
2.2　01：1.2+13.5，10；　02：51.5，37；　03：13.0，09。
2.3　卷軸裝。首尾均殘。卷面多水漬。有烏絲欄。袖珍本。
3.1　首 1 行上、中殘→大正 0235，08/0749C13。
3.2　尾殘→08/0750A29。
8　8 世紀。唐寫本。
9.1　楷書。
11　圖版：《敦煌寶藏》，81/133A～134B。

1.1　BD07925 號
1.3　天地八陽神咒經
1.4　文 025
1.5　256:7631
2.1　307.7×14.5 厘米；8 紙；205 行，行字不等。
2.2　01：13.9，08；　02：42.2，29；　03：42.0，29；
04：42.0，29；　05：42.1，29；　06：42.0，29；
07：42.0，28；　08：41.5，24。
2.3　卷軸裝。首殘尾全。第 2、4、7 紙有殘洞，第 3 紙下邊殘破，第 7 紙下邊殘缺。第 1 至 6 紙有烏絲欄。袖珍本。
3.1　首殘→大正 2897，85/1423A09。
3.2　尾全→85/1425B03。
4.2　佛說八陽神咒經（尾）。
8　9～10 世紀。歸義軍時期寫本。
9.1　楷書。
9.2　有刪除號。
11　圖版：《敦煌寶藏》，107/168A～174B。

1.1　BD07926 號
1.3　妙法蓮華經卷四
1.4　文 026
1.5　105:5306
2.1　(3+31+14)×25 厘米；2 紙；28 行，行 17 字。
2.2　01：03.0，01；　02：31+14，27。
2.3　卷軸裝。首尾均殘。卷面有破裂。有烏絲欄。已修整。
3.1　首 2 行上下殘→大正 0262，09/0028C05～07。
3.2　尾 8 行中下殘→09/0029A10～18。
8　9～10 世紀。歸義軍時期寫本。
9.1　楷書。
11　圖版：《敦煌寶藏》，90/508A～B。

1.1　BD07927 號
1.3　觀世音經
1.4　文 027
1.5　105:6014
2.1　(17+64+3.5)×30 厘米；3 紙；正面 54 行，行 20～22 字；背面 4 行，行字不等。
2.2　01：04.0，02；　02：13+27，26；　03：37+3.5，26。
2.3　卷軸裝。首尾均殘。卷面油污，後 2 紙多有破裂，第 2、3 紙接縫上邊開裂。背有古代裱補。有烏絲欄。已修整。
2.4　本遺書包括 2 個文獻：（一）《觀世音經》，54 行，今編為 BD07927 號。（二）《人名》（擬），抄寫在背面裱補紙上，4 行，今編為 BD07927 號背。
3.1　首 8 行上下殘→大正 0262，09/0056C29～0057A07。
3.2　尾殘→09/0057C03。
8　9～10 世紀。歸義軍時期寫本。
9.1　楷書。
9.2　有行間校加字。
11　圖版：《敦煌寶藏》，96/322B～324A。

1.1　BD07927 號背
1.3　人名（擬）
1.4　文 027
1.5　105:6014
2.4　本遺書由 2 個文獻組成，本號為第 2 個，4 行。餘參見 BD07927 號之第 2 項、第 11 項。
3.3　錄文：
□保德、王富定、王醜子/
□醜兒、何（？）□□、/
李丑兒、雇定昌/
□□自定、曹勝忠/
（錄文完）
3.4　說明：
上述人名分別抄寫在四塊狹長裱補紙上，粘貼在卷背的不同部位。字跡模糊，難以辨認。從形態看，這四塊裱補紙應為某種世俗文書的殘片。究竟是何種文書，相互有何關係，均需研究。
7.3　有雜寫“王永（彥）”。
8　9～10 世紀。歸義軍時期寫本。
9.1　楷書。
9.2　名稱上有鉤稽。

1.1　BD07928 號 A1

1.3　般若波羅蜜多心經
1.4　文 028
1.5　102:4463
2.1　(4+64.5)×29 厘米；3 紙；33 行，行字不等。
2.2　01：4+26，16；　02：13.5，素紙；　03：25.0，17。
2.3　卷軸裝。首殘尾全。第 2 紙下方有破裂。有烏絲欄。
2.4　本遺書包括 2 個文獻：(一)《般若波羅蜜多心經》，16 行，今編為 BD07928 號 A1。(二)《般若波羅蜜多心經》，17 行，今編為 BD07928 號 A2。
3.1　首 3 行上殘→大正 0251，08/848C09～11。
3.2　尾全→08/0848C24。
4.2　般若波羅蜜多心經一卷（尾）。
8　9～10 世紀。歸義軍時期寫本。
9.1　楷書。
9.2　有行間校加字。有刪除號。
11　圖版：《敦煌寶藏》，83/298A～299A。

1.1　BD07928 號 A2
1.3　般若波羅蜜多心經
1.4　文 028
1.5　102:4463
2.4　本遺書由 2 個文獻組成，本號為第 2 個，17 行。餘參見 BD07928 號 A1 之第 2 項、第 11 項。
3.1　首全→大正 0251，08/0848C04。
3.2　尾全→08/0848C24。
4.1　般若波羅蜜多心經（首）。
4.2　般若波羅蜜多心經一卷（尾）
8　9～10 世紀。歸義軍時期寫本。
9.1　楷書。

1.1　BD07928 號 B
1.3　大乘四法經
1.4　文 028
1.5　102:4463
2.1　27.5×29.2 厘米；1 紙；19 行，行字不等。
2.3　卷軸裝。首尾均全。有烏絲欄。
3.4　說明：

本文獻首尾均全。為敦煌被吐蕃統治時期翻譯的佛教典籍，與大藏經中所收同名經典內容不同。未為歷代大藏經所收。

4.1　大乘四法經（首）。
4.2　大乘四法經一卷（尾）。
5　與其他敦煌本對照，本件第四行“薄伽梵告諸比丘”下少“言：諸比丘”四字。
7.1　尾題下有題記“慈音（言?）書記”。
7.3　尾 2 行爲《普賢菩薩行願王經》經名及經文雜寫 2 行。
8　9～10 世紀。歸義軍時期寫本。
9.1　楷書。
9.2　有行間校加字。
11　圖版：《敦煌寶藏》，83/299B。

1.1　BD07929 號
1.3　成唯識論卷九
1.4　文 029
1.5　435:8631
2.1　(40.5+3)×28 厘米；2 紙；26 行，行 19 字。
2.2　01：40.5，24；　02：03.0，02。
2.3　卷軸裝。首尾均殘。首紙有破裂。有烏絲欄。已修整。
3.1　首殘→大正 1585，31/0049C18。
3.2　尾 2 行上殘→31/0050A17～19。
8　7～8 世紀。唐寫本。
9.1　楷書。
9.2　有硃筆斷句。
11　圖版：《敦煌寶藏》，111/55B。

1.1　BD07930 號
1.3　金光明最勝王經卷六
1.4　文 030
1.5　083:1813
2.1　119.4×26 厘米；3 紙；67 行，行 17 字。
2.2　01：44.4，28；　02：44.0，28；　03：31.0，11。
2.3　卷軸裝。首脫尾全。卷面多水漬，有殘洞，前 2 紙下部殘損嚴重。有烏絲欄。
3.1　首 6 行中下殘→大正 0665，16/0432A02～09。
3.2　尾全→16/0432C10。
4.2　金光明最勝王經卷第六（尾）。
5　尾附音義。
8　8 世紀。唐寫本。
9.1　楷書。
11　圖版：《敦煌寶藏》，70/155A～156B。

1.1　BD07931 號
1.3　大般若波羅蜜多經卷四五二
1.4　文 031
1.5　084:3150
2.1　60.1×24.1 厘米；2 紙；32 行，行 17 字。
2.2　01：49.2，28；　02：10.9，04。
2.3　卷軸裝。首脫尾全。通卷上邊被剪去。有烏絲欄。
3.1　首行下殘→大正 0220，07/0284A26～27。
3.2　尾全→07/0284B28。
4.2　大般若波羅蜜多經卷第四百五十二（尾）。
7.1　卷背面有 3 處文字，似為勘記。分別爲：

(1)“付理還（?）勘”。下為雙行小字“見所化物不久，故謂之爲空。化主久/所，所化雖虛，而化主不空。答曰：凡夫人”。

（2）“大智度論第四袟”。
（3）“大智度論卷第三”。
8　8～9 世紀。吐蕃統治時期寫本。
9.1　楷書。
11　圖版：《敦煌寶藏》，76/489A～490A。

1.1　BD07932 號
1.3　天地八陽神咒經
1.4　文 032
1.5　256:7639
2.1　（6.5＋48.5＋7.5）×25 厘米；2 紙；36 行，行 18～20 字。
2.2　01：6.5＋44，28；　02：4.5＋7.5，08。
2.3　卷軸裝。首尾均殘。通卷碎損嚴重。背有古代裱補。首紙脫落 1 塊殘片，已綴接。有烏絲欄。已修整。
3.1　首 4 行下殘→大正 2897，85/1423A24～B01。
3.2　尾 5 行上下殘→85/1423C14～18。
8　7～8 世紀。唐寫本。
9.1　楷書。
9.2　有行間校加字。
11　圖版：《敦煌寶藏》，107/193B～194A。

1.1　BD07933 號
1.3　妙法蓮華經卷七
1.4　文 033
1.5　105:6045
2.1　（9＋82.5＋4）×25.5 厘米；3 紙；56 行，行 17 字。
2.2　01：9＋6，09；　02：47.5，28；　03：29＋4，19。
2.3　卷軸裝。首尾均殘。通卷殘破嚴重。有烏絲欄。已修整。
3.1　首 6 行下殘→大正 0262，09/0057B09～15。
3.2　尾 2 行中上殘→09/0058B06～07。
8　9～10 世紀。歸義軍時期寫本。
9.1　楷書。
11　圖版：《敦煌寶藏》，96/380A～381A。

1.1　BD07934 號
1.3　觀世音經
1.4　文 034
1.5　105:5978
2.1　（42＋8）×30 厘米；2 紙；17 行，行 21～22 字。
2.2　01：42.0，14；　02：08.0，03。
2.3　卷軸裝。首全尾殘。卷面有殘洞，接縫處上下開裂。有折疊欄。已修整。
3.1　首全→大正 0262，09/0056C02。
3.2　尾 3 行下殘→09/0056C21～23。
4.1　妙法蓮華經觀世音菩薩普門品第二十五（首）。
8　9～10 世紀。歸義軍時期寫本。
9.1　楷書。
11　圖版：《敦煌寶藏》，96/253A。

1.1　BD07935 號
1.3　大般若波羅蜜多經卷三五六
1.4　文 035
1.5　084:2972
2.1　（9.3＋79.4）×25.4 厘米；2 紙；51 行，行 17 字。
2.2　01：9.3＋31.7，23；　02：47.7，28。
2.3　卷軸裝。首殘尾脫。首紙有殘洞及上邊殘破，通卷下邊殘破。有烏絲欄。
3.1　首 5 行下殘→大正 0220，06/0832A23～27。
3.2　尾殘→06/0832C16。
8　8～9 世紀。吐蕃統治時期寫本。
9.1　楷書。
9.2　有行間校加字。
11　圖版：《敦煌寶藏》，75/669B～670B。

1.1　BD07936 號
1.3　妙法蓮華經卷五
1.4　文 036
1.5　105:5545
2.1　（18＋42.5）×25 厘米；2 紙；35 行，行 17 字。
2.2　01：13.0，07；　02：5＋42.5，28。
2.3　卷軸裝。首殘尾脫。經黄打紙。下部有等距離黴爛殘洞，上下有破裂。有烏絲欄。已修整。
3.1　首 10 行上下殘→大正 0262，09/0037C05～16。
3.2　尾殘→09/0038A17。
8　7～8 世紀。唐寫本。
9.1　楷書。
11　圖版：《敦煌寶藏》，93/1A～2A。

1.1　BD07937 號
1.3　維摩詰所說經卷中
1.4　文 037
1.5　070:1114
2.1　（8＋206）×25.5 厘米；5 紙；120 行，行 17 字。
2.2　01：8＋7，08；　02：49.0，28；　03：50.0，28；
04：50.0，28；　05：50.0，28。
2.3　卷軸裝。首殘尾脫。卷面油污，多污穢，通卷殘破嚴重。已修整。
3.1　首 4 行中上殘→大正 0475，14/0545B20～24。
3.2　尾殘→14/0547A02。
8　9～10 世紀。歸義軍時期寫本。
9.1　楷書。
11　圖版：《敦煌寶藏》，65/370A～372B。

1.1　BD07938 號

1.3 妙法蓮華經卷二
1.4 文038
1.5 105:4832
2.1 (5.8+71.9)×25.1厘米;2紙;48行,行16~18字。
2.2 01:5.8+26.1,20; 02:45.8,28。
2.3 卷軸裝。首殘尾脫。經黄打紙。卷面多水漬,卷首殘破。有烏絲欄。已修整。
3.1 首4行上下殘→大正0262,09/0011A07~12。
3.2 尾殘→09/0011C12。
6.2 尾→BD07939號。
8 7~8世紀。唐寫本。
9.1 楷書。
11 圖版:《敦煌寶藏》,87/41B~42B。

1.1 BD07939號
1.3 妙法蓮華經卷二
1.4 文039
1.5 105:4858
2.1 92.8×25.3厘米;2紙;56行,行17字。
2.2 01:46.8,28; 02:46.0,28。
2.3 卷軸裝。首尾均脫。經黄打紙。首紙前端有破裂殘損,2紙接縫處脫開。有烏絲欄。
3.1 首殘→大正0262,09/0011C12。
3.2 尾殘→09/0012B28。
6.1 首→BD07938號。
8 7~8世紀。唐寫本。
9.1 楷書。
11 圖版:《敦煌寶藏》,87/103A~104A。

1.1 BD07940號
1.3 金光明最勝王經(兑廢稿)卷二
1.4 文040
1.5 404:8542
2.1 44.5×27.1厘米;1紙;24行,行14字。
2.3 卷軸裝。首尾均脫。有烏絲欄。尾有餘空。
3.1 首殘→大正0665,16/0412C21。
3.2 尾缺→16/0413A15。
7.1 上邊有1個"兑"字。
8 8世紀。唐寫本。
9.1 楷書。
11 圖版:《敦煌寶藏》,110/553B~554A。

1.1 BD07941號
1.3 淨名經關中釋抄卷下
1.4 文041
1.5 403:8539
2.1 77.5×25厘米;3紙;65行,行28~29字。
2.2 01:16.5,15; 02:48.0,39; 03:13.0,11。
2.3 卷軸裝。首尾均殘。卷面有水漬及污穢,通卷破損並下殘。有烏絲欄。
3.1 首殘→大正2778,85/0519C10~17。
3.2 尾殘→85/0520C29。
8 8~9世紀。吐蕃統治時期寫本。
9.1 楷書。
9.2 有重文號。
11 圖版:《敦煌寶藏》,110/549A~550A。

1.1 BD07942號
1.3 佛名經(十六卷本)卷一四
1.4 文042
1.5 063:0782
2.1 (12.5+123+2.5)×28厘米;5紙;80行,行字不等。
2.2 01:12.5,07; 02:40.4,24; 03:41.2,24; 04:41.4,24; 05:02.5,01。
2.3 卷軸裝。首尾均殘。經黄打紙。第2紙中間有殘洞。有烏絲欄。已修整。
3.1 首7行中殘→《七寺古逸經典研究叢書》,3/687頁第016~022行。
3.2 尾行下殘→《七寺古逸經典研究叢書》,3/693頁第095行。
8 7~8世紀。唐寫本。
9.1 楷書。
11 圖版:《敦煌寶藏》,62/281A~282B。

1.1 BD07943號
1.3 觀無量壽佛經
1.4 文043
1.5 016:0200
2.1 (4+52)×28.2厘米;1紙;26行,行15~21字不等。
2.3 卷軸裝。首殘尾脫。上下界欄為刻劃欄。已修整。
3.1 首2行上殘→大正0365,12/0341B03~04。
3.2 尾殘→12/0341C01。
8 8世紀。唐寫本。
9.1 楷書。
11 圖版:《敦煌寶藏》,57/132B~132B。

1.1 BD07944號
1.3 大般若波羅蜜多經(兑廢稿)卷三七〇
1.4 文044
1.5 084:3019
2.1 45.5×26.5厘米;1紙;26行,行17字。
2.3 卷軸裝。首尾均脫。卷面有水漬及殘洞。有烏絲欄。尾有餘空。
3.1 首殘→大正0220,06/0909B15。

3.2 尾殘→06/0909C13。
8 8~9世紀。吐蕃統治時期寫本。
9.1 楷書。
11 圖版:《敦煌寶藏》, 76/102A。

1.1 BD07945號
1.3 大般若波羅蜜多經卷二三一
1.4 文045
1.5 084:2596
2.1 88.5×27.1厘米; 2紙; 50行, 行17字。
2.2 01: 44.5, 28; 02: 44.0, 22。
2.3 卷軸裝。首脱尾全。卷面有等距離油污, 通卷下邊殘缺, 尾紙有殘洞及蟲繭。有烏絲欄。
3.1 首殘→大正0220, 06/0165C10。
3.2 尾全→06/0166B02。
4.2 大般若波羅蜜多經卷第二百卅一(尾)。
7.1 背有勘記"龍"。
8 8~9世紀。吐蕃統治時期寫本。
9.1 楷書。
11 圖版:《敦煌寶藏》, 74/165A~166A。

1.1 BD07946號
1.3 大般若波羅蜜多經卷三六二
1.4 文046
1.5 084:2999
2.1 (3.9+52)×25.4厘米; 2紙; 26行, 行17字。
2.2 01: 3.5+9, 護首; 02: 43.0, 26。
2.3 卷軸裝。首全尾斷。有護首, 已殘缺。尾紙殘破, 中間裂開。背有古代裱補, 裱補紙上有字, 朝内粘貼, 所抄文字乃《大般若波羅蜜多經》。有烏絲欄。
3.1 首全→大正0220, 06/0864A22。
3.2 尾殘→06/0864B21。
4.1 大般若波羅蜜多經卷第三百六十二, /初分多問不二品第六十一之十二, 三藏法師玄奘奉詔譯/(首)。
8 8~9世紀。吐蕃統治時期寫本。
9.1 楷書。
11 圖版:《敦煌寶藏》, 76/64B~65A。

1.1 BD07947號
1.3 無量壽宗要經
1.4 文047
1.5 275:8189
2.1 (19.5+51.5+6)×31厘米; 2紙; 53行, 行30餘字。
2.2 01: 19.5+14.5, 23; 02: 37+6, 30。
2.3 卷軸裝。首尾均殘。通卷殘破, 上部多油污及殘碎。有烏絲欄。已修整。
3.1 首13行中下殘→大正0936, 19/0082A12~0082B07。
3.2 尾4行中下殘→19/0083A15~20。
8 8~9世紀。吐蕃統治時期寫本。
9.1 行楷。
11 圖版:《敦煌寶藏》, 109/201A~B。

1.1 BD07948號
1.3 金剛般若波羅蜜經
1.4 文048
1.5 094:3805
2.1 (82+2)×26.5厘米; 2紙; 47行, 行17字。
2.2 01: 48.5, 27; 02: 33.5+2, 20。
2.3 卷軸裝。首脱尾殘。經黄紙。卷面有水漬及殘洞。有烏絲欄。
3.1 首殘→大正0235, 08/0749B18。
3.2 尾1行上殘→08/0750A08~09。
8 7~8世紀。唐寫本。
9.1 楷書。
11 圖版:《敦煌寶藏》, 80/415B~416B。

1.1 BD07949號
1.3 大般涅槃經(北本 異卷)卷四
1.4 文049
1.5 115:6309
2.1 (1.8+488.5)×25.5厘米; 11紙; 282行, 行17字。
2.2 01: 1.8+5, 04; 02: 52.3, 31; 03: 52.0, 31; 04: 52.2, 31; 05: 52.4, 31; 06: 52.5, 31; 07: 52.3, 31; 08: 52.3, 31; 09: 52.0, 31; 10: 51.5, 30; 11: 14.0, 拖尾。
2.3 卷軸裝。首殘尾全。通卷有等距離黴斑及鼠嚙殘洞, 尾有原軸, 軸頭已脱落。有燕尾。有烏絲欄。已修整。
3.1 首行上下殘→大正0374, 12/0388A02。
3.2 尾全→12/0391B05。
5 與《大正藏》本對照, 分卷不同。相當於《大正藏》本卷四如來性品第四之一的後部及卷五如來性品第四之二的前部分。與歷代諸藏分卷均不同, 屬於異卷。暫定為卷四。
8 5~6世紀。南北朝寫本。
9.1 隸楷。
11 圖版:《敦煌寶藏》, 98/53B~60A。

1.1 BD07950號
1.3 妙法蓮華經卷一
1.4 文050
1.5 105:4572
2.1 (3.5+159.1+3.7)×28.6厘米; 5紙; 138行, 行40~42字不等。
2.2 01: 03.5, 03; 02: 41.0, 33; 03: 40.7, 34; 04: 41.1, 34; 05: 36.3+3.7, 34。

2.3 卷軸裝。首尾均殘。第 2 紙多有殘損及殘洞。背有古代裱補。有烏絲欄。
3.1 首 3 行上殘→大正 0262，09/0004A01 ~07。
3.2 尾 3 行中下殘→09/0009A14 ~23。
8 8 ~9 世紀。吐蕃統治時期寫本。
9.1 楷書。
11 圖版：《敦煌寶藏》，84/551A ~553A。

1.1 BD07951 號
1.3 無量壽宗要經
1.4 文 051
1.5 275:8110
2.1 (15.5 +40) ×31.5 厘米；2 紙；30 行，行 30 餘字。
2.2 01：15.5，10； 02：40.0，20。
2.3 卷軸裝。首殘尾全。卷面多水漬，尾紙上下邊有破裂殘損。脫落 1 塊殘片，已綴接。有烏絲欄。已修整。
3.1 首 10 行中上殘→大正 0936，19/0084A26 ~B19。
3.2 尾全→19/0084C29。
4.2 佛說無量壽宗要經（尾）。
7.1 尾紙末有題記“令狐晏兒寫”。
8 8 ~9 世紀。吐蕃統治時期寫本。
9.1 行楷。
11 圖版：《敦煌寶藏》，109/71B ~72A。

1.1 BD07952 號
1.3 大般若波羅蜜多經卷四八〇
1.4 文 052
1.5 084:3197
2.1 44.3 ×25.3 厘米；1 紙；26 行，行 17 字。
2.3 卷軸裝。首全尾脫。尾部有破損。背有古代裱補，裱補紙上補寫出經文。有烏絲欄。
3.1 首全→大正 0220，07/0432C16。
3.2 尾殘→07/0433A15。
4.1 大般若波羅蜜多經卷第四百八十，/第三分舍利子品第二之二，三藏法師玄奘奉詔譯/（首）。
7.1 卷首背有勘記“卌八（所屬袟次），十（袟内卷次）”。
8 7 ~8 世紀。唐寫本。
9.1 楷書。
11 圖版：《敦煌寶藏》，76/605B。

新舊編號對照表

一、千字文號與北敦號、縮微膠卷號對照表

千字文號	北敦號	縮微膠卷號
制 001	BD07801 號	083：1679
制 002	BD07802 號 1	094：4390
制 002	BD07802 號 2	094：4390
制 003	BD07803 號	030：0310
制 004	BD07804 號	198：7173
制 004	BD07804 號背 1	198：7173
制 004	BD07804 號背 2	198：7173
制 004	BD07804 號背 3	198：7173
制 005	BD07805 號 1	316：8362
制 005	BD07805 號 2	316：8362
制 006	BD07806 號	094：3576
制 007	BD07807 號	282：8232
制 008	BD07808 號	336：8389
制 008	BD07808 號背	336：8389
制 009	BD07809 號	084：3071
制 010	BD07810 號	084：2262
制 011	BD07811 號	419：8582
制 012	BD07812 號	275：8102
制 013	BD07813 號	070：1279
制 014	BD07814 號	084：3022
制 015	BD07815 號	006：0082
制 016	BD07816 號	014：0144
制 017	BD07817 號	001：0015
制 018	BD07818 號	084：2791
制 019	BD07819 號	084：3009
制 020	BD07820 號	420：8594
制 021	BD07821 號	275：8103
制 022	BD07822 號	111：6252
制 023	BD07823 號	083：2005
制 024	BD07824 號	156：6851
制 024	BD07824 號背 1	156：6851
制 024	BD07824 號背 2	156：6851
制 024	BD07824 號背 3	156：6851
制 024	BD07824 號背 4	156：6851
制 025	BD07825 號	084：2762
制 026	BD07826 號	115：6434
制 027	BD07827 號	083：2004
制 028	BD07828 號	407：8560
制 029	BD07829 號	084：3103
制 030	BD07830 號	070：1259
制 031	BD07831 號	088：3454
制 032	BD07832 號	78：1343
制 033	BD07833 號	105：4902
制 034	BD07834 號	070：0940
制 035	BD07835 號	084：2506
制 036	BD07836 號	105：5759
制 037	BD07837 號	105：5990
制 037	BD07837 號背 1	105：5990
制 037	BD07837 號背 2	105：5990
制 038	BD07838 號	084：2763
制 039	BD07839 號	084：2903
制 040	BD07840 號	094：4070
制 041	BD07841 號	083：1634
制 042	BD07842 號	084：3141
制 043	BD07843 號	083：1640
制 044	BD07844 號	083：1841
制 045	BD07845 號	430：8621
制 046	BD07846 號	084：2247
制 047	BD07847 號	229：7369
制 048	BD07848 號	245：7463
制 049	BD07849 號	109：6204
制 050	BD07850 號	062：0582
制 051	BD07851 號	275：8187
制 052	BD07852 號	014：0129
制 053	BD07853 號	270：7683
制 054	BD07854 號	084：3143
制 055	BD07855 號	275：8104
制 056	BD07856 號	275：8105

制 057	BD07857 號	461：8734
制 058	BD07858 號	275：8106
制 059	BD07859 號	275：8188
制 060	BD07860 號	
制 061	BD07861 號	315：8353
制 062	BD07862 號	305：8335
制 063	BD07863 號	156：6819
制 064	BD07864 號	174：7174
制 065	BD07865 號	105：6176
制 066	BD07866 號	002：0048
制 067	BD07867 號	242：7454
制 068	BD07868 號 A	140：6679
制 068	BD07868 號 B	461：8681
制 069	BD07869 號	083：898
制 070	BD07870 號	105：4907
制 071	BD07871 號	081：1393
制 072	BD07872 號	083：1926
制 073	BD07873 號	461：8683
制 074	BD07874 號	016：0213
制 075	BD07875 號	105：4903
制 076	BD07876 號	250：7523
制 077	BD07877 號	105：6177
制 078	BD07878 號	070：0941
制 079	BD07879 號	333：8386
制 079	BD07879 號背	333：8386
制 080	BD07880 號 1	014：0145
制 080	BD07880 號 2	014：0145
制 081	BD07881 號	058：0483
制 082	BD07882 號	105：5838
制 083	BD07883 號	461：8735
制 084	BD07884 號 –	283：8237
制 085	BD07885 號	105：5905
制 086	BD07886 號	275：8107
制 087	BD07887 號	275：8108
制 088	BD07888 號	105：5985
制 089	BD07889 號	120：6620
制 090	BD07890 號	117：6572
制 091	BD07891 號	117：6589
制 092	BD07892 號	117：6577
制 093	BD07893 號	240：7450
制 094	BD07894 號 1	115：6312
制 094	BD07894 號 2	115：6312
制 094	BD07894 號背	115：6312
制 095	BD07895 號	084：2638
制 096	BD07896 號	105：6035
制 097	BD07897 號	115：6400
制 098	BD07898 號	271：7686
制 099	BD07899 號	236：7382
制 100	BD07900 號	236：7381
文 001	BD07901 號	198：7175
文 002	BD07902 號 1	340：8393
文 002	BD07902 號 2	340：8393
文 002	BD07902 號 3	340：8393
文 002	BD07902 號 4	340：8393
文 002	BD07902 號 5	340：8393
文 003	BD07903 號	275：7905
文 004	BD07904 號	201：7185
文 005	BD07905 號	058：0484
文 006	BD07906 號	084：2777
文 007	BD07907 號	084：3127
文 008	BD07908 號	084：2350
文 009	BD07909 號	070：1260
文 010	BD07910 號	111：6233
文 010	BD07910 號背	111：6233
文 011	BD07911 號	094：3959
文 012	BD07912 號	094：3583
文 013	BD07913 號	084：2900
文 014	BD07914 號	156：6828
文 015	BD07915 號	093：3498
文 016	BD07916 號	062：0594
文 017	BD07917 號	070：0942
文 018	BD07918 號	084：3013
文 019	BD07919 號	275：8109
文 020	BD07920 號	037：0334
文 021	BD07921 號	070：0943
文 022	BD07922 號	105：5060
文 023	BD07923 號	084：2020
文 024	BD07924 號	094：3902
文 025	BD07925 號	256：7631
文 026	BD07926 號	105：5306
文 027	BD07927 號	105：6014
文 027	BD07927 號背	105：6014
文 028	BD07928 號 A1	102：4463
文 028	BD07928 號 A2	102：4463
文 028	BD07928 號 B	102：4463
文 029	BD07929 號	435：8631
文 030	BD07930 號	083：1813
文 031	BD07931 號	084：3150
文 032	BD07932 號	256：7639
文 033	BD07933 號	105：6045
文 034	BD07934 號	105：5978
文 035	BD07935 號	084：2972
文 036	BD07936 號	105：5545
文 037	BD07937 號	070：1114

文 038	BD07938 號	105：4832	文 046	BD07946 號	084：2999
文 039	BD07939 號	105：4858	文 047	BD07947 號	275：8189
文 040	BD07940 號	404：8542	文 048	BD07948 號	094：3805
文 041	BD07941 號	403：8539	文 049	BD07949 號	115：6309
文 042	BD07942 號	063：0782	文 050	BD07950 號	105：4572
文 043	BD07943 號	016：0200	文 051	BD07951 號	275：8110
文 044	BD07944 號	084：3019	文 052	BD07952 號	084：3197
文 045	BD07945 號	084：2596			

二、縮微膠卷號與北敦號、千字文號對照表

縮微膠卷號	北敦號	千字文號	縮微膠卷號	北敦號	千字文號
	BD07860 號	制 060	083：2004	BD07827 號	制 027
001：0015	BD07817 號	制 017	083：2005	BD07823 號	制 023
002：0048	BD07866 號	制 066	083：898	BD07869 號	制 069
006：0082	BD07815 號	制 015	084：2020	BD07923 號	文 023
014：0129	BD07852 號	制 052	084：2247	BD07846 號	制 046
014：0144	BD07816 號	制 016	084：2262	BD07810 號	制 010
014：0145	BD07880 號 1	制 080	084：2350	BD07908 號	文 008
014：0145	BD07880 號 2	制 080	084：2506	BD07835 號	制 035
016：0200	BD07943 號	文 043	084：2596	BD07945 號	文 045
016：0213	BD07874 號	制 074	084：2638	BD07895 號	制 095
030：0310	BD07803 號	制 003	084：2762	BD07825 號	制 025
037：0334	BD07920 號	文 020	084：2763	BD07838 號	制 038
058：0483	BD07881 號	制 081	084：2777	BD07906 號	文 006
058：0484	BD07905 號	文 005	084：2791	BD07818 號	制 018
062：0582	BD07850 號	制 050	084：2900	BD07913 號	文 013
062：0594	BD07916 號	文 016	084：2903	BD07839 號	制 039
063：0782	BD07942 號	文 042	084：2972	BD07935 號	文 035
070：0940	BD07834 號	制 034	084：2999	BD07946 號	文 046
070：0941	BD07878 號	制 078	084：3009	BD07819 號	制 019
070：0942	BD07917 號	文 017	084：3013	BD07918 號	文 018
070：0943	BD07921 號	文 021	084：3019	BD07944 號	文 044
070：1114	BD07937 號	文 037	084：3022	BD07814 號	制 014
070：1259	BD07830 號	制 030	084：3071	BD07809 號	制 009
070：1260	BD07909 號	文 009	084：3103	BD07829 號	制 029
070：1279	BD07813 號	制 013	084：3127	BD07907 號	文 007
078：1343	BD07832 號	制 032	084：3141	BD07842 號	制 042
081：1393	BD07871 號	制 071	084：3143	BD07854 號	制 054
083：1634	BD07841 號	制 041	084：3150	BD07931 號	文 031
083：1640	BD07843 號	制 043	084：3197	BD07952 號	文 052
083：1679	BD07801 號	制 001	088：3454	BD07831 號	制 031
083：1813	BD07930 號	文 030	093：3498	BD07915 號	文 015
083：1841	BD07844 號	制 044	094：3576	BD07806 號	制 006
083：1926	BD07872 號	制 072	094：3583	BD07912 號	文 012

094：3805	BD07948 號	文 048
094：3902	BD07924 號	文 024
094：3959	BD07911 號	文 011
094：4070	BD07840 號	制 040
094：4390	BD07802 號 1	制 002
094：4390	BD07802 號 2	制 002
102：4463	BD07928 號 A1	文 028
102：4463	BD07928 號 A2	文 028
102：4463	BD07928 號 B	文 028
105：4572	BD07950 號	文 050
105：4832	BD07938 號	文 038
105：4858	BD07939 號	文 039
105：4902	BD07833 號	制 033
105：4903	BD07875 號	制 075
105：4907	BD07870 號	制 070
105：5060	BD07922 號	文 022
105：5306	BD07926 號	文 026
105：5545	BD07936 號	文 036
105：5759	BD07836 號	制 036
105：5838	BD07882 號	制 082
105：5905	BD07885 號	制 085
105：5978	BD07934 號	文 034
105：5985	BD07888 號	制 088
105：5990	BD07837 號	制 037
105：5990	BD07837 號背 1	制 037
105：5990	BD07837 號背 2	制 037
105：6014	BD07927 號	文 027
105：6014	BD07927 號背	文 027
105：6035	BD07896 號	制 096
105：6045	BD07933 號	文 033
105：6176	BD07865 號	制 065
105：6177	BD07877 號	制 077
109：6204	BD07849 號	制 049
111：6233	BD07910 號	文 010
111：6233	BD07910 號背	文 010
111：6252	BD07822 號	制 022
115：6309	BD07949 號	文 049
115：6312	BD07894 號 1	制 094
115：6312	BD07894 號 2	制 094
115：6312	BD07894 號背	制 094
115：6400	BD07897 號	制 097
115：6434	BD07826 號	制 026
117：6572	BD07890 號	制 090
117：6577	BD07892 號	制 092
117：6589	BD07891 號	制 091
120：6620	BD07889 號	制 089
140：6679	BD07868 號 A	制 068
156：6819	BD07863 號	制 063
156：6828	BD07914 號	文 014
156：6851	BD07824 號	制 024
156：6851	BD07824 號背 1	制 024
156：6851	BD07824 號背 2	制 024
156：6851	BD07824 號背 3	制 024
156：6851	BD07824 號背 4	制 024
174：7174	BD07864 號	制 064
198：7173	BD07804 號	制 004
198：7173	BD07804 號背 1	制 004
198：7173	BD07804 號背 2	制 004
198：7173	BD07804 號背 3	制 004
198：7175	BD07901 號	文 001
201：7185	BD07904 號	文 004
229：7369	BD07847 號	制 047
236：7381	BD07900 號	制 100
236：7382	BD07899 號	制 099
240：7450	BD07893 號	制 093
242：7454	BD07867 號	制 067
245：7463	BD07848 號	制 048
250：7523	BD07876 號	制 076
256：7631	BD07925 號	文 025
256：7639	BD07932 號	文 032
270：7683	BD07853 號	制 053
271：7686	BD07898 號	制 098
275：7905	BD07903 號	文 003
275：8102	BD07812 號	制 012
275：8103	BD07821 號	制 021
275：8104	BD07855 號	制 055
275：8105	BD07856 號	制 056
275：8106	BD07858 號	制 058
275：8107	BD07886 號	制 086
275：8108	BD07887 號	制 087
275：8109	BD07919 號	文 019
275：8110	BD07951 號	文 051
275：8187	BD07851 號	制 051
275：8188	BD07859 號	制 059
275：8189	BD07947 號	文 047
282：8232	BD07807 號	制 007
283：8237	BD07884 號 –	制 084
305：8335	BD07862 號	制 062
315：8353	BD07861 號	制 061
316：8362	BD07805 號 1	制 005
316：8362	BD07805 號 2	制 005
333：8386	BD07879 號	制 079
333：8386	BD07879 號背	制 079
336：8389	BD07808 號	制 008

336：8389	BD07808 號背	制 008
340：8393	BD07902 號 1	文 002
340：8393	BD07902 號 2	文 002
340：8393	BD07902 號 3	文 002
340：8393	BD07902 號 4	文 002
340：8393	BD07902 號 5	文 002
403：8539	BD07941 號	文 041
404：8542	BD07940 號	文 040
407：8560	BD07828 號	制 028
419：8582	BD07811 號	制 011
420：8594	BD07820 號	制 020
430：8621	BD07845 號	制 045
435：8631	BD07929 號	文 029
461：8681	BD07868 號 B	制 068
461：8683	BD07873 號	制 073
461：8734	BD07857 號	制 057
461：8735	BD07883 號	制 083